GERHARD BARKLEIT

Manfred von Ardenne

Zeitgeschichtliche Forschungen

Band 30

Die Dresdner Malerin Gerda Lepke (Jg. 1939) malte Manfred von Ardenne 1980/81
in Öl auf Leinwand. Die Gemäldegalerie Neue Meister ist heute im Besitz des 110 x 92 cm
großen Porträts.

(SLUB Dresden / Abt. Deutsche Fotothek, Hans Reinecke 1982)

Manfred von Ardenne

Selbstverwirklichung im
Jahrhundert der Diktaturen

Von

Gerhard Barkleit

Duncker & Humblot · Berlin

Bibliografische Information Der Deutschen Bibliothek

Die Deutsche Bibliothek verzeichnet diese Publikation in
der Deutschen Nationalbibliografie; detaillierte bibliografische
Daten sind im Internet über <http://dnb.ddb.de> abrufbar.

Umschlagbild: Manfred von Ardenne am Schreibtisch in seinem Arbeitszimmer
undatiert (vermutlich Anfang der 1980er Jahre)
(© ullstein-ullstein bilderdienst)

ISSN 1438-2326
ISBN 3-428-12084-1
978-3-428-12084-0

Gedruckt auf alterungsbeständigem (säurefreiem) Papier
entsprechend ISO 9706 ⊖

Internet: http://www.duncker-humblot.de

Für Gabriele

Vorwort

*Nur wer nach den Sternen greift,
hat die Chance, Früchte zu ernten,
die unerreichbar hoch
zu hängen scheinen.*

Der Mann, dessen Lebenswerk dieses Buch gewidmet ist, stellte eine Ausnahmeerscheinung in der deutschen Wissenschaftsgeschichte dar. Manfred Baron von Ardenne leistete Herausragendes als Erfinder und Wissenschaftler, und er war als Unternehmer auch in drei Diktaturen erfolgreich. Sein wissenschaftliches Lebenswerk besticht durch Originalität und eine seltene Breite der Interessen. Er verkörperte die durchaus nicht selbstverständliche Verbindung von außergewöhnlicher Zielstrebigkeit und Beharrlichkeit mit überschäumender Kreativität.

Mit kontinuierlich fortgeschriebenen Autobiographien sorgte Ardenne selbst dafür, dass seine wissenschaftlichen Leistungen nicht nur in Fachkreisen, sondern auch in der Öffentlichkeit bekannt wurden. Deshalb ist die intensive Beschäftigung mit seiner Person nur durch eine Fragestellung zu rechtfertigen, die zu Einsichten führt, die über eine Selbstdarstellung mit fachwissenschaftlichem Schwerpunkt hinausgehen. Die leitende Fragestellung der vorliegenden Studie klingt relativ simpel: Auf welche Weise und mit welchen Mitteln gelang es Ardenne, in unterschiedlichen gesellschaftlichen Systemen seine Vision vom unaufhaltsamen technischen Fortschritt zu leben? Der nach dem Zusammenbruch der DDR mögliche Zugang zu den relevanten Archiven und die Nutzung des Nachlasses erlaubten es, nach Antworten auf diese und daraus abgeleitete weitere Fragen zu suchen. Das Bestreben, Ardennes Handlungen und Haltungen zu verstehen und zu erklären, rückt zwangsläufig den „homo politicus" in den Vordergrund. Dennoch werden seine wichtigsten Erfindungen beschrieben und in ihren technik- bzw. wissenschaftsgeschichtlichen Kontext eingeordnet. Der von Fragen und Thesen geleitete empirisch-analytische Zugriff gestattet es, das „Phänomen Ardenne" als einen Fall erfolgreicher Selbstverwirklichung in Weltanschauungsdiktaturen zu begreifen und zugleich mit moralischen Urteilen zurückhaltend umzugehen.

Auf manche Frage muss ich die Antwort schuldig bleiben. Das von Gerda Lepke Anfang der 1980er Jahre gemalte Porträt, mit dem Ardenne selbst nichts anzufangen wusste, habe ich ganz bewusst in dieses Buch aufgenommen. Es ist nicht nur künstlerisch sehr gelungen, sondern visualisiert auch meine Überzeugung, dass es unmöglich ist, einem Menschen vollständig gerecht zu werden – unabhängig davon, ob es sich um einen „ganz Großen" der Geschichte oder einen „normalen

Zeitungsleser" handelt. Ein anderer als der von mir gewählte Ansatz wird möglicherweise auch zu anderen Antworten führen. Der umfängliche Nachlass lädt geradezu zu weiteren Forschungen ein – eine Fundgrube nicht nur für Technikgeschichtler und Medizinhistoriker. Es ist zu hoffen, dass Möglichkeiten gefunden werden, diesen Nachlass zu pflegen, zu bewahren und der Forschung zu erschließen.

Bei einem Buch, das der Diktaturforschung im weiteren und der DDR-Forschung im engeren Sinne zuzuordnen ist, erscheint der Hinweis angebracht, dass die Verkürzung des Namens „von Ardenne" allein der besseren Lesbarkeit geschuldet ist. Aus dem gleichen Grunde werden die akademischen Grade der Akteure in der Regel nur einmal erwähnt.

Danksagungen

Mein besonderer Dank gilt der Familie von Ardenne für das Vertrauen, mir für dieses Projekt des Hannah-Arendt-Instituts einen uneingeschränkten Zugang zum Nachlass zu gewähren. Dr. Thomas und Dr. Alexander von Ardenne standen mir darüber hinaus jederzeit bereitwillig für meine zahlreichen Nachfragen zur Verfügung.

Prof. Dr. Klaus-Dietmar Henke, Institutsdirektor von 1997 bis 2001, danke ich für die Ermutigung, ein Thema von derartiger Spannweite anzupacken. Prof. Dr. Dr. Gerhard Besier sei für die wohlwollend kritische Begleitung des Projekts sowie die Unterstützung bei der Suche nach einem geeigneten Verlag gedankt.

Meinen Kollegen verdanke ich zahlreiche Hinweise und Anregungen. Besonders erwähnen möchte ich diejenigen, die sich der Mühe unterzogen, das ganze Buch zu lesen. Es waren dies der Politikwissenschaftler apl. Prof. Uwe Backes, der Philosoph PD Dr. Lothar Fritze, Dipl.-Ing. Walter Heidenreich, der darüber hinaus auch noch seine reichen Erfahrungen als „Cheflayouter" einbrachte, sowie die Historiker Dr. Michael Richter und Dr. Francesca Weil.

Zwei studentische Hilfskräfte unterstützten mich in den Jahren der Arbeit an diesem Buch. Franziska Richter arbeitete unzählige Kopien von Archivalien in Datenbanken ein und besorgte die Rohübersetzung der zahlreichen Dokumente aus dem Russischen. Michael Meißner sichtete die umfangreiche Sekundärliteratur im Nachlass und bearbeitete die Fußnoten und Anhänge.

Ein besonderer Dank gilt auch Kollegen Dr. Rainer Karlsch für intensive Diskussionen und das kritische „Gegenlesen" des Kapitels „Kernphysikalische Interessen im Dritten Reich" sowie Prof. Dr. Harald Sommer, dem Leiter der Radioonkologischen Abteilung der 1. Universitätsfrauenklinik der LMU München, der das Kapitel über die Krebsforschung vorab gelesen hat.

Dankbar bin ich auch allen jenen Experten, die mir bereitwillig ihre Zeit opferten, um mich dort zu beraten, wo ich auf ihre Kompetenz angewiesen war. Freunden und ehemaligen Mitarbeitern Manfred von Ardennes danke ich für offene Türen und ebenso offene Gespräche. Es sind deren zu viele, als das ich jeden beim Namen nennen könnte.

Zum Schluss danke ich dem Verleger Dr. Florian R. Simon und der Verlagsdirektorin Ingrid Bührig aus dem Hause Duncker & Humblot für die gute Zusammenarbeit und die Aufnahme des Buches in diese renommierte Reihe.

Dresden, im Herbst 2006   *Gerhard Barkleit*

Inhalt

Abkürzungsverzeichnis

Abt.	Abteilung
ADN	Allgemeiner Deutscher Nachrichtendienst
AdW	Akademie der Wissenschaften
AE	Angström-Einheit
AEG	Allgemeine Elektricitäts-Gesellschaft
AIM	Archivierter IM-Vorlauf
AOK	Allgemeine Ortskrankenkasse
APO	Abteilungsparteiorganisation
ARD	Arbeitsgemeinschaft der öffentlich-rechtlichen Rundfunkanstalten der Bundesrepublik Deutschland
Ast.	Außenstelle
BDC	Berlin Document Center
BGB	Bürgerliches Gesetzbuch
BGL	Betriebsgewerkschaftsleitung
BL	Bezirksleitung
BStU	Behörde der Bundesbeauftragten für die Unterlagen des Staatssicherheitsdienstes der ehemaligen DDR
BUND	Bund für Umwelt und Naturschutz in Deutschland
BV	Bezirksverwaltung
CDU	Christlich Demokratische Union Deutschlands
CIA	Central Intelligence Agency (Auslandsaufklärungsdienst der USA)
DAW	Deutsche Akademie der Wissenschaften
DFG	Deutsche Forschungsgemeinschaft
FBI	Federal Bureau of Investigation (Bundesuntersuchungsbehörde der USA)
FDJ	Freie Deutsche Jugend
FSB	Federal'naâ Služba Bezopasnosti (Föderaler Sicherheitsdienst Russlands)
GI	Geheimer Informator
GmbH	Gesellschaft mit beschränkter Haftung
GPU	Gosudarstvennoe Političeskoe Upravlenie (Politische Hauptverwaltung – Vorgänger des NKVD / KGB)
HJ	Hitlerjugend

HU	Humboldt-Universität (Berlin)
HV	Hauptverwaltung
HWA	Heereswaffenamt
IBM	International Business Machines Corporation
IM	Inoffizieller Mitarbeiter
IM / GMS	Inoffizieller Mitarbeiter / Gesellschaftlicher Mitarbeiter für Sicherheit
IMB	Inoffizieller Mitarbeiter zur Bearbeitung im Verdacht der Feindtätigkeit stehender Personen
IMS	Inoffizieller Mitarbeiter Sicherheit
IvA	Institut von Ardenne
KD	Kreis-Dienststelle
KG	Kommandit-Gesellschaft
KGB	Komitet Gosudarstvennoj Bezopasnosti (Komitee für Staatssicherheit)
KMT	Krebs-Mehrschritt-Therapie
KP	Kommunistische Partei
KPD	Kommunistische Partei Deutschlands
KPdSU	Kommunistische Partei der Sowjetunion
KSZE	Konferenz über Sicherheit und Zusammenarbeit in Europa
kV	Kilovolt
kW	Kilowatt
KWI	Kaiser-Wilhelm-Institut
LAZ	Leistungsabhängiger Zuschlag
mA	Milliampere
MeV	Mega-Elektronen-Volt
MfG	Ministerium für Gesundheitswesen
MfS	Ministerium für Staatssicherheit
mg%	Milligramm-Prozent (auch Milligramm pro 100 Milliliter)
mmol / l	Millimol pro Liter
MPI	Max-Planck-Institut
MWT	Ministerium für Wissenschaft und Technik
NASA	National Aeronautics and Space Administration (Nationale Luft- und Raumfahrtbehörde der USA)
NATO	North Atlantic Treaty Organization (Nordatlantikvertrag-Organisation)
NDPD	Nationaldemokratische Partei Deutschlands
NKVD	Narodnyj Komissariat Vnutrennih Del (Volkskommissariat für innere Angelegenheiten)

NÖS (PL)	Neues Ökonomisches System (der Planung und Leitung der Volks-wirtschaft)
NSDAP	Nationalsozialistische Deutsche Arbeiterpartei
NSW	Nichtsozialistisches Wirtschaftsgebiet
ÖS	Österreichische Schilling
OSS	Office of Strategic Services (Büro für strategische Dienste)
PB	Politbüro
PDS	Partei des demokratischen Sozialismus
PEN	International Association of Poets, Essayists, and Novelists
PTI	Physikalisch-Technisches Institut
PTR	Physikalisch-Technische Reichsanstalt
RFR	Reichsforschungsrat
RFT	Rundfunk- und Fernsehtechnik
RGW	Rat für gegenseitige Wirtschaftshilfe
RIAS	Rundfunk im amerikanischen Sektor
RM	Reichsmark
SAPMO	Stiftung Archiv Parteien und Massenorganisationen der DDR
SBZ	Sowjetische Besatzungszone
SDI	Strategic Defense Initiative (Strategische Verteidigungsinitiative)
SED	Sozialistische Einheitspartei Deutschlands
sKMT	systemische Krebs-Mehrschritt-Therapie
SPD	Sozialdemokratische Partei Deutschlands
SPK	Staatliche Plankommission
SU	Sowjetunion
TASS	Telegrafnoe Agentstvo Sovetskogo Soûza (Telegrafen-Agentur der Sowjetunion)
TH	Technische Hochschule
TU	Technische Universität
UdSSR	Union der Sozialistischen Sowjetrepubliken
UKW	Ultrakurzwellen
UNO	United Nations Organization (Vereinte Nationen)
USA	United States of America (Vereinigte Staaten von Amerika)
VEB	Volkseigener Betrieb
VVB	Vereinigung Volkseigener Betriebe
ZfK	Zentralinstitut für Kernforschung
ZK	Zentralkomitee
ZR	Zentralrat

A. Einleitung

„Die große Zahl und das breite Spektrum guter Einfälle, das sich bei Ihnen theoretisch und experimentell immer erneut gestaltet, die Fähigkeit in dieser Vielfalt ordnende Prinzipien aufrechtzuerhalten und dazu die Hauptbereiche kristallisieren zu lassen, bewundere ich sehr."

Brief von Peter Adolf Thiessen an Manfred von Ardenne vom 2. April 1965[1]

I. Methode und leitende Fragestellung

Der am 20. Januar 1907 in Hamburg geborene Manfred Baron von Ardenne wurde in den Massenmedien nicht selten als einer der großen Universalgelehrten des 20. Jahrhunderts gefeiert. Er war nicht nur ein begnadeter Erfinder und Wissenschaftler, sondern darüber hinaus auch ein sehr erfolgreicher Unternehmer. Geboren im deutschen Kaiserreich, aufgewachsen in der Weimarer Republik, lebte und wirkte er in jenen europäischen Diktaturen, die gegenwärtig übereinstimmend als „totalitär" bezeichnet werden bzw. unübersehbare totalitäre Züge aufwiesen. Im nationalsozialistischen Deutschen Reich, in der kommunistischen Sowjetunion unter Stalin auf dem Höhepunkt seiner Macht sowie in der „realsozialistischen" DDR leistete er Außergewöhnliches und wurde dafür mit höchsten Ehrungen und Auszeichnungen bedacht.

Das Verlassen tradierter Pfade, das anfangs eher spielerische, später jedoch zunehmend systematische Ausreizen neu entdeckter Phänomene brachte Ardenne bereits in jungen Jahren spektakuläre Erfolge ein. Anfang der 1930er Jahre gelang ihm die weltweit erste Übertragung bewegter Bilder auf rein elektronischem Wege. Damit legte er den Grundstein für das aus unserem Leben nicht mehr wegzudenkende vollelektronische Fernsehen. Sein Interesse an der kernphysikalischen Forschung im „Dritten Reich" und seine Mitwirkung an der Entwicklung der sowjetischen Atombombe wirken bis heute nach, so dass sein Name in der nicht enden wollenden Debatte um die deutschen Protagonisten dieser physikalischen Disziplin immer wieder auftaucht. Als sich der inzwischen 50-jährige Ardenne nach der Rückkehr aus der Sowjetunion der Medizin zuwandte, vermochte er es zwar, im Bereich der Medizintechnik durch die Entwicklung einer Herz-Lungen-Maschine sowie einer Sonde zur Untersuchung des Magen-Darm-Traktes rasch die Anerkennung der Ärzte zu erringen, sein von der Vision des Sieges über den Krebs getrage-

---

[1] Nachlass, Ordner Wichtige Briefe.

nes innovatives therapeutisches Konzept, die systemische Krebs-Mehrschritt-Therapie, kollidierte jedoch mit den traditionellen Denkstrukturen der Schulmedizin und konnte sich bis heute nicht durchsetzen.

Nach den Erfahrungen des Zweiten Weltkrieges und dem Einsatz der Atombombe äußerte sich Ardenne auch immer wieder zu politischen Fragen von globaler Bedeutung. Seine öffentlichen Warnungen vor dem Inferno eines Atomkrieges, die er vor allem in den 1950er Jahren mit großem Nachdruck vortrug, wurden von den Medien in Ost und West gleichermaßen verbreitet. Der besonderen Verantwortung des Physikers für eine friedliche Welt blieb er bis zum Ende seines Lebens verpflichtet, wie seine Studie „Sternenkrieg" als Stellungnahme zum SDI-Projekt der USA im Jahre 1985 zeigte. Die Berufung in den Forschungsrat der DDR und seine Bereitschaft, ein Mandat der Volkskammer wahrzunehmen, dienten keineswegs ausschließlich, wie gelegentlich von linientreuen SED-Genossen unterstellt wurde, egoistischen Zielen eines nach maximaler Anerkennung strebenden Institutsdirektors, sondern waren zweifellos auch Ausdruck seines Bemühens, über sein Institut hinaus Verantwortung für die Gesellschaft zu übernehmen.

Walter Ulbricht und Otto Grotewohl, die führenden Politiker in der Partei- und Staatsführung, waren sehr darum bemüht, Ardenne nach der Freigabe durch die Sowjetunion in die DDR zu holen. Sie versprachen sich einen beträchtlichen Imagegewinn auf der internationalen Bühne, wenn es gelänge, einen der namhaftesten in der Sowjetunion tätigen deutschen Wissenschaftler dazu zu bewegen, sich für ein Leben im „sozialistischen Deutschland" zu entscheiden. Entsprechend groß waren die Zugeständnisse im Vorfeld dieser Entscheidung sowie der Empfang in der DDR und die Ausstattung mit einer Reihe von Privilegien. Geradezu als Selbstverleugnung der politisch Mächtigen ist die Genehmigung anzusehen, im Widerspruch zu dem kommunistischen Ideal von der „Vergesellschaftung der Produktionsmittel" ein privates Forschungsinstitut errichten und auf diese Weise, wie Ulbricht es ausdrückte, „mit kapitalistischen Methoden im sozialistischen System arbeiten" zu dürfen.[2] Zehn Jahre nach der flächendeckenden Enteignung von „Ausbeutern" und der Vertreibung von „Junkern" kam ein Adliger aus dem „Mutterland des Fortschritts" in den ersten „Staat der Arbeiter und Bauern auf deutschem Boden", um sich als wissenschaftlicher Unternehmer zu etablieren – gefördert und hofiert von den führenden Repräsentanten der Sozialistischen Einheitspartei. Unmittelbar nach seiner Ankunft in Dresden besuchte ihn Ulbricht höchstpersönlich. In einem Zeitraum von nur zehn Tagen, zwischen dem 17. und dem 27. Juni 1955, traf er dann maßgebende Vertreter des Rates des Bezirkes, den Ministerpräsidenten und den Oberbürgermeister der Stadt Dresden.[3] Der tiefen Ironie dieser paradoxen Situation scheinen sich die Beteiligten allerdings nicht bewusst gewesen zu sein.

---

[2] Ardenne zitiert diesen Ausspruch Ulbrichts anlässlich eines Gesprächs am 19. 7. 1963 in allen Ausgaben seiner Autobiographie.

[3] Nachlass, Terminkalender 1955.

Die vorliegende biographische Studie will zum einen dem Menschen, Wissenschaftler und Unternehmer gerecht werden. Sie ist zum anderen aber auch ein Versuch, das „Phänomen Manfred von Ardenne" zu begreifen. Darüber hinaus lassen sich an seinem Beispiel die Wechselwirkungen einer außergewöhnlichen Persönlichkeit der Zeitgeschichte mit dem jeweiligen gesellschaftlichen Umfeld sowie den politischen Institutionen bzw. Akteuren in Weltanschauungsdiktaturen in den Blick nehmen. Das dient keineswegs nur zur Illustration inzwischen längst bekannter Tatsachen, sondern führt, das hofft zumindest der Autor, auch zu neuen Einsichten. Die ideologischen, ökonomischen, sozialen und kulturellen Dimensionen des Lebens in der Diktatur lassen sich in ihrer gegenseitigen Verflechtung eben nicht nur an Institutionen, bestimmten gesellschaftlichen Gruppierungen oder gar Eliten festmachen, sondern auch am einzelnen Individuum. Die Analyse des „Menschen in der Diktatur" ist ein Stück weit auch Diktaturforschung in des Wortes eigentlichem Sinne. Neben sozial- und politikwissenschaftlichen Implikationen ist die Tatsache, dass ein Autodidakt ohne Abitur und universitären Abschluss den Gipfel weit auseinander liegender Wissenschaftsdisziplinen erklimmen konnte, darüber hinaus unter wissenschaftsgeschichtlichen Gesichtspunkten interessant.

In der Hoffnung, ein hohes Maß an Authentizität zu erreichen und somit der historischen Wahrheit möglichst nahe zu kommen, wird eine quellennahe Darstellungsform gewählt. Selbst wenn man das Bohrsche „Komplementaritätsprinzip" nur als Ausdruck der Schwierigkeiten ansieht, das Geschehen in atomaren Dimensionen mit anschaulichen Begriffen wie Welle und Teilchen beschreiben zu wollen, und die Heisenbergsche Unschärferelation als Maß für die mangelnde Passfähigkeit dieser Begriffe versteht, so eröffnet die Übertragung in den Bereich des Philosophischen auch den Geschichtswissenschaften interessante methodische Perspektiven. Waren für Heisenberg Ort und Impuls sowie Energie und Zeit jeweils zueinander komplementär, so hielt Bohr auch Wahrheit und Klarheit für komplementäre Kategorien. Nach der Unschärferelation ist es unmöglich, zu einem bestimmten Zeitpunkt Ort und Impuls eines atomaren Objekts gleichzeitig mit beliebiger Genauigkeit anzugeben. Genau so ist es für den Historiker unmöglich, bei der Rekonstruktion von Vergangenheit Wahrheit und Klarheit gleichermaßen zu maximieren. Das bedeutet aber nicht, dass einer der beiden Kategorien eine größere Bedeutung zukomme als ihrem Pendant. Ein Oszillieren historischer Darstellungen zwischen Wahrheit und Klarheit, das durchaus nicht allein der Quellenlage geschuldet sein muss, sondern ebenso unterschiedlichem Erkenntnisinteresse entspringen kann, sollte der Normalfall sein.

Der chronologischen Darstellung einer Biographie im Wesentlichen folgend, wird das Thema durch einen systematischen Zugriff anhand von leitenden Fragestellungen strukturiert. Die bei einem solchen Zugriff kaum vermeidbaren Redundanzen werden zugunsten einer größeren analytischen Schärfe bewusst in Kauf genommen. Ein solcher, problemorientiert zu nennender, Ansatz lässt die Privatsphäre weitgehend in den Hintergrund treten, so interessant das Familienleben und der Freundeskreis auch immer gewesen sein mögen. Die Kapitel B bis E, in denen

Leben und Wirken Ardennes beschrieben sind, werden am Ende jeweils kurz zusammengefasst. In den beiden abschließenden Kapiteln „Vergleich der Autobiographien" sowie „Erbe und Vermächtnis" werden wesentliche, für den Forschungsansatz dieser Studie konstitutive, Fragestellungen noch einmal aufgegriffen, so dass auf eine abschließende Bilanz (Zusammenfassung) des gesamten Buches aus Sicht des Autors verzichtet werden konnte. Mit ihrem Nachwort tragen Dr. Alexander und Dr. Thomas von Ardenne zur Abrundung des Bildes ihres Vaters aus Sicht der Familie bei.

Auf welche Weise vermochte es der in der „realsozialistischen" DDR zur Institution gewordene Adlige Manfred Baron von Ardenne, trotz denkbar ungünstiger Ausgangsbedingungen, in den unterschiedlichen politischen Systemen als Wissenschaftler Herausragendes zu leisten und als Unternehmer zu überleben? Das ist die zentrale Fragestellung dieser biographischen Studie „aus der Sicht eines Naturwissenschaftlers". Auf den ersten Blick mag diese Frage durchaus banal erscheinen. Aus ihr leiten sich jedoch nahezu zwanglos weitere Fragen ab, die auf der Basis zweier Thesen von unterschiedlicher Reichweite zu beantworten sind.

These 1:

Da Ardenne kein nennenswertes Vermögen zur Verfügung stand, war er von Kind auf gezwungen, sich die zur Verwirklichung seiner Ziele und Visionen benötigten Ressourcen selbst zu beschaffen. Er war erfolgreich, weil er es glänzend verstand, seine Strategien den unterschiedlichen gesellschaftlichen Rahmenbedingungen anzupassen.

Ehefrau, Kinder, Mitarbeiter und Freunde bestätigten in den Interviews übereinstimmend, dass die Arbeit das Wichtigste in seinem Leben war. An zweiter Stelle stand die Familie, die er erst in seiner zweiten Ehe fand. Sein Interesse für Politik wuchs zwar im Verlaufe des Lebens, erreichte aber bestenfalls punktuell eine größere Bedeutung. Der Stellenwert und die Entfaltungsmöglichkeiten von Wissenschaftlern und Technikern waren für ihn das entscheidende Kriterium bei der Beurteilung und dem Vergleich von unterschiedlichen Gesellschaftsordnungen. Das Herrschaftssystem und auch die Ideologie besaßen für ihn letzten Endes nur eine untergeordnete Bedeutung.

Seinen Aufstieg vom Schulabbrecher zum anerkannten Erfinder, Wissenschaftler und Unternehmer verdankte er nicht einem großen Familienvermögen, sondern vor allem seiner Intelligenz und Tüchtigkeit. Die alles überragende Bedeutung freier kreativer Tätigkeit erklärt auch seinen ausgeprägten Sinn für persönliches Eigentum, worunter vor allem seine experimentelle Basis zu verstehen ist. Das Institut wurde zu einem unverzichtbaren Bestandteil seines Lebens. Die Anstrengungen, es vor Schaden zu bewahren und als privaten Besitz zu erhalten, ziehen sich wie ein roter Faden durch seine Biographie. Formelhaft zugespitzt galt: Wer das Institut hat, der hat auch Ardenne. Um die noch aus dem Lichterfelder Laboratorium stammenden Geräte und Forschungshilfsmittel nicht aufgeben zu müssen, entschied er sich bei der Rückkehr nach Deutschland für die DDR. Auch später musste die Staatspartei aus diesem Grunde niemals wirklich fürchten, er könne von einer seiner zahlreichen Westreisen nicht in den SED-Staat zurückkehren.

Ardenne verfügte mit seinem überbordenden kreativen Potential über ein Kapital, dass es ihm ermöglichte, sich auch unter den Bedingungen von Weltanschauungsdiktaturen selbst zu verwirklichen. Selbstverwirklichung auf anderen als den verordneten Pfaden ist in Weltanschauungsdiktaturen zwar nicht prinzipiell unmöglich, jedoch mit Zugeständnissen an das System und persönlichen Risiken verbunden. Ein Rückzug in die „Nische", wie er vor allem für das Leben in der DDR geradezu als charakteristisch gelten kann, kam für ihn grundsätzlich nicht in Frage. Darüber hinaus erkannte er bereits in früher Jugend, dass die Realisierung seiner Ziele mit risikoreichen Entscheidungen verbunden sein würde. Er besaß über diese Einsicht hinaus auch den Mut, solche Entscheidungen zu treffen. Diese ermöglichten es ihm, die notwendigen Instrumente zur Umsetzung seiner wissenschaftlichen bzw. technischen Ideen zu schaffen. Neben der Bereitschaft, sich mit der Macht zu arrangieren, beherrschte er die Kunst der perfekten Selbstinszenierung – eine Fähigkeit, die er keineswegs vordergründig zur Befriedigung von Eitelkeit und Geltungsbedürfnis einsetzte, wie ihm gelegentlich von Neidern vorgeworfen wurde. Er setzte sie ganz bewusst als Mittel ein, um Aufmerksamkeit zum Zwecke der leichteren Beschaffung von Ressourcen zu erregen.

Für sein Arrangement mit der Macht kamen im Wesentlichen zwei Ebenen in Betracht: das persönliche Verhältnis zu den Mächtigen in Politik und Gesellschaft und das Engagement für Prestigeprojekte (in Friedenszeiten) bzw. strategisch bedeutsame Rüstungsvorhaben (in Zeiten „heißer" wie „kalter" Kriege). Die Generationen überspannende militärische Tradition seiner Familie ließ ihn zunächst auch ganz unbefangen nach Verwertungsmöglichkeiten seiner Erfindungen außerhalb des zivilen Bereichs suchen. Ardenne agierte bei der Erschließung von materiellen und immateriellen Ressourcen außerordentlich geschickt und selbstbewusst mal auf der einen, mal auf der anderen Ebene, zuweilen auch auf beiden zugleich. Will man dieses Arrangement angemessen beurteilen, so gilt es zunächst einmal, einen fundamentalen Unterschied zwischen nationalsozialistischer und kommunistischer Diktatur zu beachten. Während der Nationalsozialismus das Privateigentum an Produktionsmitteln weithin unangetastet ließ, definierten sich kommunistische Regime geradezu darüber, dass langfristig jegliches Privateigentum an Produktionsmitteln abgeschafft werden sollte – und Wissenschaft galt in der Ideologie des Sozialismus bekanntlich als Produktivkraft. Sowohl in der UdSSR als auch in der DDR lebte und arbeitete Ardenne als „Akteur im Ausnahmezustand" – in ständiger Sorge um seinen persönlichen Besitz bzw. um seine Existenz als freier Unternehmer. Das Arrangement mit der Macht war deshalb für ihn nach 1945 von wahrhaft existentieller Bedeutung.

Für die Zeit in der Weimarer Republik und auch für die NS-Zeit dürfte vor allem der Ehrgeiz des Autodidakten, der er trotz eines sich über vier Semester erstreckenden Studiums der Physik, Chemie und Mathematik an der Berliner Universität

noch immer war, die entscheidende Rolle gespielt haben, den gestandenen Akademikern zu beweisen, dass beruflicher Erfolg auch ohne Diplom und akademische Weihen möglich ist. Aber auch der Zufall spielte im „Dritten Reich" eine
nicht zu unterschätzende Rolle, nämlich die aus dem Ersten Weltkrieg herrührende
Bekanntschaft des Vaters mit dem Reichspostminister. Einerseits fand Ardenne im
Nationalsozialismus die hilfreiche Nähe zu exponierten Vertretern der Macht und
engagierte sich für strategisch bzw. militärisch bedeutsame Projekte. Andererseits
beschäftigte er in seinem Institut nicht nur politisch Verfolgte, sondern auch erklärte Regimegegner.

In der Sowjetunion bestand sein Beitrag zur Entwicklung der Kerntechnik vor
allem in einem breiten und umfassenden Technologietransfer. Obwohl er in leitender Stellung in das Netzwerk der nuklearen Rüstung eingebunden war, wirkte er
nicht an der Entwicklung und dem Bau der ersten sowjetischen Atombombe mit.
In den zehn Jahren in der Sowjetunion entwickelte sich eine enge und Jahrzehnte
fortdauernde Freundschaft zu Vasilij S. Emel'ânov, dem damaligen Leiter der wissenschaftlich-technischen Abteilung der Ersten Hauptverwaltung beim Ministerrat
und späteren Verantwortlichen für den gesamten Kernenergiesektor der UdSSR.
Auch wenn Belege aus den relevanten russischen Archiven nicht verfügbar sind,
dürften keinerlei Zweifel daran bestehen, dass Ardenne bei der Arbeit für ein solch
sensibles Projekt, wie es die Atombombe nun einmal war, offizielle Kontakte zum
Geheimdienst nicht erspart blieben. Es spricht vieles dafür, dass er weniger mit
dessen repressivem Charakter konfrontiert wurde, sondern diesen Dienst als eine
Institution erlebte, die als zusätzliche Hilfe bei der Beschaffung materieller und
immaterieller Ressourcen genutzt werden konnte. Möglicherweise ahnte er nicht
einmal, dass es dem sowjetischen Geheimdienst gelungen war, einen Spitzel unter
seinen engsten Vertrauten zu platzieren.

In der DDR angekommen, stellte er zügig und zielstrebig belastbare Beziehungen zu den drei Säulen der aus Staatspartei, Staatsapparat und Staatssicherheit bestehenden Führungstrias her, eine Strategie, die nicht nur den Zugriff auf Ressourcen sicherte und damit sein Überleben als Unternehmer garantierte, sondern auch
seinen raschen Aufstieg zum Vorzeigewissenschaftler des SED-Regimes ermöglichte. Ohne ernsthaft nach politischer Macht zu streben, übernahm er politische
und gesellschaftliche Funktionen. Er wurde Abgeordneter der Volkskammer, des
verfassungsgebenden Organs der DDR, und Mitglied des Forschungsrates, eines
beratenden Gremiums der politischen Führung von wechselnder Bedeutung. Innerhalb weniger Jahre entwickelte er sich zu der von Mythen und Legenden umrank-
ten Persönlichkeit, die er bis zur friedlichen Revolution vom Herbst 1989 auch
blieb – trotz eines unübersehbaren Geltungsverlustes in der Honecker-Ära, über
den er sich in einem vertraulichen Gespräch beim Chef der Bezirksverwaltung
Dresden des MfS einmal bitter beklagte.[4] Zur Mitarbeit an Prestigeprojekten, wie

---

[4] Tonbandmitschnitt einer Aussprache zwischen Generalmajor Markert und Manfred von
Ardenne vom 25. 10. 1975, BStU Ast. Dresden, MfS, BV Dresden, Leiter der BV, Nr. 10905,
Bl. 258–273.

dem Kernenergie- oder Mikroelektronikprogramm, sowie strategisch bedeutsamen militärischen Vorhaben kam es nur in Ansätzen. Mit dem Anwachsen der technologischen Lücke zwischen der DDR und dem Westen wuchs auch die Bedeutung des MfS als Beschaffungsorgan für Know-how und moderne Mess- und Produktionsgeräte. Um daran zu partizipieren, ließ sich Ardenne zu durchaus bedenklichen Offerten hinreißen. Er bot die Beschaffung von Informationen aus Wirtschaft und Wissenschaft des Westens sowie von Baumustern besonders interessanter High-Tech-Produkte an. Das MfS reagierte zwar mit „äußerster Zurückhaltung und Vorsicht bei Beauftragung zur Informationsbeschaffung", lehnte jedoch solche Offerten keineswegs generell ab.[5]

Der Aufwand an Zeit und Energie, den Ardenne für die Mobilisierung von Ressourcen verwandte, war vergleichsweise gering, aber doch von ausschlaggebender Bedeutung für den wissenschaftlichen und ökonomischen Erfolg. Für sein Arrangement mit der Macht gab es jedoch Grenzen, die er niemals überschritt: Er identifizierte sich nicht mit der politischen Macht bzw. der herrschenden Ideologie. So trat er weder in die NSDAP noch später in die SED ein. Elementare Grundsätze menschlichen Zusammenlebens, wie das Eintreten für Schwache, Ausgegrenzte und Gefährdete, versuchte er zeitlebens mit seinen Interessen als Wissenschaftler und Unternehmer in Einklang zu bringen. Für dieses Bemühen steht sein Einsatz für politisch Verfolgte im „Dritten Reich", für den die Anstellung des Kernphysikers Friedrich Houtermans in seinem Berliner Institut ein weithin bekanntes Beispiel ist. Im Dresdner Institut fanden nicht nur viele „Andersdenkende" und durch die Staatspartei Ausgegrenzte eine Anstellung, sondern auch ausgesprochene Querdenker, die ihre Schwierigkeiten mit dem ideologisch überfrachteten Wissenschaftsbetrieb hatten. Als jedoch die Gefahr bestand, dass die Arbeiten an der Krebs-Mehrschritt-Therapie durch eine mögliche „Republikflucht" des leitenden Mediziners gefährdet werden könnten, verhinderte er das durch Einschaltung des MfS.

These 2:

Der innovative Autodidakt hatte sich zeitlebens der Angriffe von Etablierten zu erwehren, die ihre Wissenschaft als Handwerk verstanden, sie auch in diesem Sinne praktizierten und sich einem Manne überlegen dünkten, dessen Kreativität und Leistungsvermögen sie auch nicht annähernd erreichten.

Obgleich diese im Unpolitischen angesiedelte These eine deutlich geringere Reichweite hat als die These von der Notwendigkeit der Ressourcenbeschaffung, entfaltet sie dennoch an mehreren Stellen eine beträchtliche Erklärungskraft. Vor allem die Jahrzehnte währenden Widerstände der Schulmedizin gegen eine vorurteilsfreie Erprobung seiner Krebstherapie finden auf dieser Grundlage eine plausible Erklärung.

---

5 BStU Ast. Dresden, Abt. XVIII-835, Band I, Bl. 213–214.

II. Quellen

Voraussetzung dafür, diese biographische Studie überhaupt schreiben zu können, war der freie Zugang zum gesamten Nachlass, der immerhin etwa 370 Aktenordner sowie eine mehrere hundert Mappen umfassende Sammlung von Zeitschriften- und Zeitungsausschnitten, den persönlichen Terminkalender und den Kalender des Sekretariats ab 1955 enthält. Zu den vergleichsweise wenigen Zeugnissen aus der Zeit vor 1955 gehört der Schriftwechsel, der im Zusammenhang mit dem Abschluss von Industrieverträgen ab 1926 angefallen ist. Eine vergleichbare Zäsur in der Überlieferungsdichte zeigte sich in den relevanten Archiven. Recherchiert wurden vor allem die Bestände der Abteilung DDR, der Stiftung Archiv der Parteien und Massenorganisationen der DDR sowie die Bestände der Abteilung Deutsches Reich im Bundesarchiv, einschließlich des ehemaligen Berlin Document Center und der Notgemeinschaft der Deutschen Wissenschaft. Zahlreiche Dokumente wurden bei der Bundesbeauftragten für die Unterlagen des Staatssicherheitsdienstes der ehemaligen DDR und im Sächsischen Hauptstaatsarchiv gefunden. Einige wenige, aber durchaus aufschlussreiche Funde aus den National Archives in College Park, Maryland, ergänzen die Ergebnisse der Recherchen in Deutschland. Leider erwiesen sich die russischen Archive als ausgesprochen unzugänglich, so dass die sicherlich aussagefähigen Bestände, vor allem wohl des FSB-Archivs, bislang nicht ausgewertet werden konnten.

Die wichtigsten Stationen und Ereignisse seines Lebens hat Ardenne ausführlich und akribisch in kontinuierlich fortgeschriebenen Autobiographien festgehalten und auch veröffentlicht. Immerhin erschienen zwischen 1972 und 1997 sowohl in der DDR als auch in der Bundesrepublik mehrere Ausgaben dieser Autobiographien, nach der Wiedervereinigung durch thematisch enger gefasste Titel ergänzt, die jedoch ebenfalls im Wesentlichen sein Leben reflektieren.

Daneben existiert eine umfangreiche Memoirenliteratur der so genannten „Spezialisten", wie die in die Sowjetunion verbrachten Wissenschaftler und Ingenieure in der Literatur gern bezeichnet werden. Unter dem Aspekt der „immateriellen Reparationen" bzw. des „Technologietransfers" erschien auch schon eine nicht unbeträchtliche Anzahl wissenschaftlicher Untersuchungen über diesen Personenkreis: Dazu gehören neben dem 1992 erschienenen Buch „Die sowjetische Atombombe" von Andreas Heinemann-Grüder vor allem Christoph Mick's „Forschen für Stalin – Deutsche Fachleute in der sowjetischen Rüstungsindustrie 1945–1958" aus dem Jahre 2000 und der von Matthias Judt und Burghard Ciesla 1996 herausgegebene Sammelband „Technology Transfer Out of Germany After 1945". Allen diesen Darstellungen ist der eingeschränkte Zugang zu russischen Quellen anzumerken. Als glücklicher Umstand ist deshalb eine mehrbändige russische Quellenedition über den Aufbau der zivilen und militärischen Kerntechnik zu werten, die das Kapitel über Ardenne im Netzwerk der sowjetischen nuklearen Rüstung überhaupt erst zu schreiben erlaubte.

Weiterhin konnte eine umfangreiche Sekundärliteratur ausgewertet werden, die für zahlreiche Forschungsfelder vorliegt, auf denen Ardenne gearbeitet hat. Er selbst sammelte nicht nur alle ihm zugänglichen Titel, sondern las sie auch sorgfältig und versah sie mit Randbemerkungen.

Für Interviews und Gespräche standen neben der Ehefrau Bettina Baronin von Ardenne und den Söhnen Dr. Thomas und Dr. Alexander von Ardenne zahlreiche weitere Zeitzeugen zur Verfügung. Schwierig war es allerdings, noch Mitarbeiter und Weggefährten aus der Zeit des Nationalsozialismus und des Aufenthaltes in der Sowjetunion zu finden. Prof. Hans Westmeyer, der 1953 nach Sinop zu Ardenne kam, erinnerte sich als Einundneunzigjähriger noch erstaunlich präzise an die gemeinsame Zeit, die Mitte der 1960er Jahre mit seinem Eintritt in den Ruhestand endete. Bereitwillig beantworteten ehemalige leitende Mitarbeiter vielfältige Fragen zur Entwicklung des Instituts und dessen Forschungsvorhaben. Neben dem ökonomischen Leiter und langjährigen Geschäftsführer der Von Ardenne Anlagentechnik GmbH, Dr. Peter Lenk, waren das die Mediziner Prof. Hans-Georg Lippmann und Dr. Heinrich Günther, der leitende Biologe Dr. Paul Gerhard Reitnauer, der Hauptabteilungsleiter für Betriebstechnik Ing. Bernd Hocker, der langjährige Mitarbeiter in der Dokumentationsabteilung Dr. Siegfried Reball, der theoretische Physiker Frank Rieger sowie der langjährige Parteisekretär Roland Liebusch. Für Gespräche zur Bewertung der Krebs-Mehrschritt-Therapie stellten sich die Universitätsprofessoren Thomas Herrmann, Johannes Schorcht, beide Dresden, sowie Harald Sommer, München, zur Verfügung. Der im Jahre 2004 verstorbene Kritiker, Freund und Bewunderer Prof. Otto Westphal sowie einer der frühesten Mitstreiter auf dem Gebiet der Krebsforschung, Prof. Paul Schostok, erinnerten sich an bewegte Debatten und heftige Intrigen um das innovative Konzept in der Krebstherapie. Der letzte von der SED gestellte Ministerpräsident der DDR, Dr. Hans Modrow, äußerte sich zum Verhältnis zwischen Staatspartei und dem privilegierten Wissenschaftler. Einzig der von Ardenne bis zum Zusammenbruch der DDR weithin respektierte Prof. Siegfried Schiller, von 1965 bis zur Umstrukturierung des Instituts als Stellvertreter Direktor im physikalisch-technischen Bereich tätig, lehnte ein Gespräch ab und erklärte schriftlich, „aus gesundheitlichen Gründen in *keinerlei Weise* mitwirken" zu können.[6]

---

[6] Per Fax am 8. 7. 2001 an den Autor.

B. Erfinder und Unternehmer
in der Weimarer Republik und im „Dritten Reich"

I. Vom Amateurfunk
zum vollelektronischen Fernsehen

1. Die Familie

Die Geschichte der Familie von Ardenne lässt sich bis ins elfte Jahrhundert zurückverfolgen. Als ersten Träger dieses Namens nennt der durch Harda von Bormann, der Tochter des 1940 gefallenen Ekkehard von Ardenne, zusammengestellte Stammbaum Alain d'Ardenne Vicomte de Warwick, der im Jahre 1060 geboren wurde.[1]

In seinen Autobiographien erwähnte Manfred von Ardenne neben den Eltern auch jene Großeltern, mit denen sich prägende Erinnerungen verbanden. Sein Vater Egmont (1877 – 1947) war Offizier. Er diente Anfang des Jahrhunderts als Brigadeadjutant in der Garnison Rendsburg. Kurz vor Beginn des Ersten Weltkrieges wurde er nach Berlin versetzt, wo er im Allgemeinen Kriegsdepartement mit der Prüfung der technischen und militärischen Aspekte von Waffen betraut war. 1919 schied er im Range eines Oberstleutnants aus dem Heeresdienst aus. Als Regierungs-, später Oberregierungsrat gelang ihm im Versorgungsamt des Heeres eine, wenn auch eher bescheidene, zivile Karriere. 1932 folgte er der Aufforderung Hermann Görings nicht, in die NSDAP einzutreten, obwohl ihn dieser Schritt rasch in eine leitende Position hätte aufrücken lassen.[2] Auch die seit dem Ersten Weltkrieg bestehende Bekanntschaft mit dem späteren Reichspostminister Wilhelm Ohnesorge nutzte er nicht zur Beförderung seiner eigenen Karriere aus. Mutter Adela (1885 – 1978) entstammte der weit verzweigten Familie Mutzenbecher. In Südamerika waren Träger dieses Namens zu beachtlichem Wohlstand gekommen. Der in Norddeutschland ansässige Teil der Familie brachte über mehrere Generationen hinweg neben engagierten Unternehmern auch immer wieder Pfarrer hervor, die als moralische Autoritäten akzeptiert und gefragt waren.

Manfred hatte vier Geschwister, die Brüder Ekkehard (1914 – 1940) und Gothilo (1917 – 1939) sowie die Schwestern Magdalena (1909 – 1985) und Renata

---

[1] Den Titel *Vicomte* trugen seit der Karolingerzeit unterhalb des Grafen stehende Verwalter. Als weisungsgebundene und auswechselbare Amtsträger des Herzogs bildeten sie die Grundpfeiler der Lokalverwaltung. Vgl. Lexikon des Mittelalters: Band VIII, Sp. 1618 – 1622.

[2] *Ardenne,* Sechzig Jahre, S. 122.

(1924 – 1999). Beide Brüder folgten der langen Familientradition und schlugen die militärische Laufbahn ein. Leutnant Gothilo fiel in den ersten Wochen des Zweiten Weltkrieges. Als Kompanieführer im Potsdamer Infanterie-Regiment 9, aus dem mehrere der Verschwörer des 20. Juli 1944 stammten, erlitt Oberleutnant Ekkehard Monate später das gleiche Schicksal. Magdalena, die ältere der beiden Schwestern, zeichnete sich durch ein starkes kirchliches und soziales Engagement aus. Verheiratet mit Otto Hartmann und im Westteil von Berlin lebend, unterstützte sie ihren Bruder ein Leben lang, vor allem aber während seines Aufenthaltes in der Sowjetunion. Renata, die jüngere Schwester, interessierte sich wie Manfred für die Naturwissenschaften. Als promovierte Chemikerin lehrte sie am Lettehaus, einer 1873 eingeweihten Stätte zur Ausbildung von Frauen am Victoria-Luise-Platz in Berlin.

Manfreds Großvater väterlicherseits, Armand (1848 – 1919) wirkte lange als Lehrer an der Preußischen Kriegsakademie. Er schrieb unter dem Pseudonym „Bernays" die Geschichte der Zieten-Husaren und wurde 1904 von Hindenburg aus dem Heer entlassen. Armand, der zuletzt im Range eines Generalleutnants in Magdeburg diente, hatte sich beim Kaiser unbeliebt gemacht, als er ein positives Gutachten über ein neues Geschütz anfertigte, das nicht von der Firma Krupp entwickelt worden war. Mit Krupp jedoch fühlte sich Ihre Majestät aufs engste verbunden. Von diesem Großvater, so glaubte Manfred, habe er möglicherweise „die Neigung zu Physik und Technik geerbt".[3]

Die Großmutter Elisabeth, geb. Edle und Freiin von Plotho (1853 – 1952), ging als Effi Briest in die Geschichte ein. Theodor Fontane verarbeitete ihre tragisch endende Liebe zu dem Düsseldorfer Amtsgerichtsrat E. Hartwich in dem 1895 erschienenen gleichnamigen Roman. Der geltende Ehren- und Sittenkodex zwang Armand von Ardenne 1886, den Liebhaber seiner Frau zum Duell zu fordern, in dem er Hartwich dann erschoss. Elisabeth von Ardenne war eine ungewöhnliche Frau, die Zeit ihres Lebens Kranke pflegte. Nicht zuletzt deshalb verehrte Manfred sie sehr. Im Alter von sechzig Jahren lernte sie, Ski zu laufen, und mit achtzig Jahren begann sie, sich mit dem Fahrrad anzufreunden.

Die sich durch mehrere Generationen ziehende berufliche Bindung der männlichen Glieder der Familie an das Kriegshandwerk, größtenteils sogar als aktiv Dienende, prägte auch die Haltung des heranwachsenden Manfred gegenüber dem Militärwesen. Keineswegs verwunderlich, sondern vielmehr selbstverständlich erscheinen deshalb die Intentionen des jungen Erfinders, die Verwertung seiner Ergebnisse nicht nur im zivilen, sondern möglichst auch im auch militärischen Sektor anzustreben. Anflüge von Obrigkeitsdenken sollten ihn über weite Strecken des Lebens begleiten.

Der Großvater mütterlicherseits, Dr. Matthias Mutzenbecher, ein kunstsinniger und sozial engagierter Jurist, besaß auch einen Sinn für technische Lösungen, die

---

[3] *Ardenne,* Erinnerungen fortgeschrieben, S. 166.

das Alltagsleben vereinfachten. Sein Haus blieb Manfred vor allem deshalb in besonderer Erinnerung, weil dort Rohrleitungen zwischen den einzelnen Stockwerken und der Küche die Kommunikation innerhalb des Gebäudes schon lange vor der Erfindung des Telefons ermöglichten.

2. Als Schüler ein „Problemfall"

Eine ungewöhnliche Neugier, verbunden mit dem Drang, möglichst vieles selbst auszuprobieren, zeichnete den Knaben aus. Die Lust zu provozieren, Grenzen zu überschreiten, gesellte sich in der Pubertät hinzu – alles in allem ein Ensemble von Charaktereigenschaften, das auch Voraussetzung für einen gänzlich anderen Lebenslauf hätte sein können. Die anfängliche Vorliebe für Astronomie und Fotografie schwächte sich soweit ab, dass er der Versuchung nicht widerstehen konnte, sich den explosionsartig, also mit Knall und Gestank, ablaufenden chemischen Reaktionen zuzuwenden. Erst ein Machtwort des Vaters, der zu recht fürchtete, eines Tages könnte die Wohnungseinrichtung abbrennen, lenkte die Experimentierwut seines Ältesten in jene Bahnen, die sich letzten Endes als die richtigen erweisen sollten. Als Vierzehnjähriger begann er sich intensiv für die drahtlose Telegraphie zu interessieren.

Obwohl die Reichspost 1920 über den Sender Königs Wusterhausen ein Rundfunkprogramm ausstrahlte, betrachtete die Politik mit Sorge die massenhafte Gründung von Radio-Klubs in ganz Deutschland. Die Erinnerung an den Einsatz des Funkwesens in den Tagen der Novemberrevolution von 1918, als eine zentrale Funkleitung der Soldatenräte entstand, wirkte nach. Bei seiner ersten Begegnung mit dem Rundfunkempfang reagierte Polizeiminister Karl Severing entsetzt und rief: „Wenn jeder einen derartigen Apparat im Hause hat, ist es eine Kleinigkeit, die Monarchie auszurufen".[4] Ob dem jungen Ardenne die politischen Implikationen seines Hobbys bekannt waren, darf zu recht bezweifelt werden. Anzunehmen ist aber, dass er sich dadurch in keiner Weise hätte beeindrucken lassen.

Der Silizium-Detektorempfänger geringer Leistung genügte dem begeisterten Amateurfunker und besessenen Bastler schon bald nicht mehr, so dass er sich zum Einsatz von Glühkathodenröhren entschloss. Es bedurfte beträchtlicher Mühe, einen solchen Empfänger optimal abzugleichen, so dass die Rückkopplung funktionierte und die Empfindlichkeit und Selektivität ein Niveau erreichten, mit dem er eines Abends im Telefonhörer die Klänge einer französisch gesungenen Oper hören konnte.[5] An einen Lautsprecher war damals nicht zu denken. Auch der Geschäftssinn, der den später so erfolgreichen Unternehmer auszeichnete, entwickelte sich sehr früh. Er nutzte die ungewöhnlichen Preisunterschiede der aus Heeresbeständen stammenden Teile von Funkstationen in verschiedenen Berliner Geschäf-

---

[4] *Bredow,* Im Bann der Ätherwellen, Bd. 2, S. 177.

[5] *Ardenne,* Sechzig Jahre, S. 50.

ten für einen schwunghaften Zwischenhandel, der nicht nur die Finanzierung seiner eigenen Experimente ermöglichte, sondern ihm zu einem „gewissen Wohlstand" verhalf, wie er selbst es nannte.[6]

Die vom Inhaber eines kleinen Kellergeschäftes in der Blücherstraße vermittelte Bekanntschaft mit Dr. Siegmund Loewe, der ein Laboratorium besaß, in dem Forschung und Entwicklung auf dem Gebiet der Hochfrequenztechnik betrieben wurden, sollte sich als ein glücklicher Umstand mit außerordentlicher Tragweite erweisen. Loewe erlaubte es dem Fünfzehnjährigen, der ihn mit einer Fülle von Fragen bombardierte und mit profunden Kenntnissen sowie einer gehörigen Portion an eigener experimenteller Erfahrung überraschte, ihn so oft er wollte in seinem Laboratorium zu besuchen. Dort lernte er „den Wert gründlicher systematischer Arbeit bei der Überwindung technischer Schwierigkeiten, die Fehlerortsbestimmung in physikalischen Anlagen, die Vakuum-Röhrentechnik und besonders jene Probleme kennen, die mit einer Massenfertigung von Elektronenröhren und Elektronengeräten verknüpft sind".[7] Loewe ermöglichte ihm auch Einblicke in die Patentarbeit seines Unternehmens.

Abb. 1: Auf dieser Postkarte aus dem Jahre 1925 markierte Ardenne
sein Labor im vierten Stock des Eckhauses rechts.

Die intensive Beschäftigung mit der drahtlosen Telegraphie, die mitunter die Grenzen der Legalität überschritt, mündete in das erste Patent, das dem Sechzehn-

---

[6] Nachlass, Urfassung der Autobiographie, Ordner 1, S. 33.

[7] Ebd., S. 34.

jährigen am 14. Oktober 1923 für ein „Verfahren zur Erzielung einer Tonselektion, insbesondere für die Zwecke der drahtlosen Telegraphie" erteilt wurde. Etwa zur gleichen Zeit arbeitete er am Manuskript seines ersten Buches, das als „Funk-Ruf-Buch" 1924 erschien. Es enthielt „zunächst", wie er in seiner Autobiographie schrieb, eine Zusammenstellung aller in Berlin zu empfangenden Funkstationen einschließlich ihrer Rufzeichen und Wellenlängen, darunter auch die streng geheimen Sender der Reichswehr und der Polizei. Dem dringenden Rat des Beamten, der das amtliche Verzeichnis der Funkstationen betreute, das Manuskript komplett zurückzuziehen, folgte er nicht. Das Honorar benötigte er dringend zur Verbesserung der Geräteausstattung seines Labors.[8]

Alle diese Nebentätigkeiten gingen zu Lasten des Zeitbudgets, das einem Gymnasiasten für Hausaufgaben und Unterrichtsvorbereitung zur Verfügung steht. Aber nicht nur das, die Vorbereitung der nachmittäglichen bzw. abendlichen Experimente verlagerte sich zunehmend in die Schulstunden – mit dem absehbaren Ergebnis ungenügender Leistungen in mehreren Fächern. Als die Gefahr bestand, ein weiteres Mal nicht versetzt zu werden, verließ er im September 1923 mit der Primareife das Friedrich-Realgymnasium und wurde Praktikant in einer feinmechanischen Werkstatt.[9] Die während der praktischen Ausbildung erworbenen handwerklichen Fertigkeiten sowie Einsichten in die Abläufe und den Aufwand mechanischer Fertigung sollten ihm später immer wieder von Nutzen sein. Von 1924 an bestritt er seinen Lebensunterhalt aus eigenen Mitteln. Dazu gehörten auch die Kosten der beruflichen Aus- und Fortbildung. Die Einnahmen aus der Veröffentlichung der ersten Bücher, der Verwertung technischer Entwicklungen und Erfindungen erlaubten es ihm darüber hinaus, eine Miete für das größte Zimmer der elterlichen Wohnung zu zahlen, das ihm als Labor zur Verfügung stand.

3. Sprung in die Selbständigkeit

Immer deutlicher wurde ihm bewusst, dass er Ausbildungsdefizite beheben musste, um auch künftig erfolgreich sein zu können. Nachdem sich Physiker ausgesprochen abfällig über seine Arbeitsweise geäußert hatten, die sie als „Basteltätigkeit" ansahen, und ihn davon überzeugten, dass sorgfältiges Messen und tiefe Kenntnis der theoretischen Zusammenhänge für einen wirklichen Fortschritt in Wissenschaft und Technik unabdingbar seien, entschloss er sich umgehend, an der Berliner Universität Vorlesungen in Physik, Chemie und Mathematik zu besuchen.[10] Dank der Befürwortung durch den Nobelpreisträger Walther Nernst und Georg Graf von Arco, einen der Pioniere der drahtlosen Telegraphie und der Rundfunktechnik, durfte er sich trotz fehlenden Abiturs einschreiben. Er erwarb Testate

---

[8] Ebd., S. 48.
[9] Ebd., S. 51.
[10] Ebd., S. 52.

bei den Physikern Planck und Nernst und bei mehreren Mathematikern, so bei Bieberbach und von Mises. Der 1886 geborene Ludwig Bieberbach arbeitete über Funktionentheorie und deren Verbindungen zu anderen Gebieten der Mathematik. Er wurde später aktives Mitglied der NSDAP, beteiligte sich engagiert an der Diskriminierung jüdischer Wissenschaftler und versuchte, eine typisch „Deutsche Mathematik" zu begründen. 1945 wurde er aller Ämter enthoben.[11] Richard von Mises, 1883 in Lemberg in der Ukraine geboren, lehrte in Straßburg, Dresden, Berlin und Istanbul. Er befasste sich vor allem mit Strömungslehre, speziell unter Berücksichtigung der besonderen Erfordernisse des Flugzeugbaus. Er verließ das nationalsozialistische Deutschland und unterrichtete ab 1939 an der Harvard University.

Wenngleich ihn der Vater seinerzeit dazu bewegen konnte, die chemischen Experimente aufzugeben, so war Manfreds Interesse an dieser Wissenschaft inzwischen keinesfalls vollkommen erloschen. Die Lehrveranstaltungen des Chemikers Wilhelm Schlenk verfolgte er mit großem Vergnügen.[12]

Das wissenschaftliche und geistige Klima einer Universität, die damals Wissenschaftler von Weltgeltung prägten, beeindruckte den jungen Erfinder. Er selbst nannte mit Albert Einstein, Max Planck, Max von Laue, Walter Nernst, Peter Pringsheim, Arthur Wehnelt und Wilhelm Westphal fast ausnahmslos Physiker, deren „lebendiges Vorbild" ihm einen „unerhört starken Impuls" verlieh.[13] Dass die damals schon weltberühmten Gelehrten Einstein, Planck, von Laue und Nernst zu den Genannten gehören, ist keine Überraschung, sondern eher selbstverständlich. Die Nennung der drei anderen Physiker ist hingegen vielmehr den ganz speziellen Interessen des Studenten Ardenne zuzuschreiben. Der 1881 geborene Pringsheim zählte zwar nicht zu den ganz Großen seiner Zunft, gehörte jedoch durchaus zu den Mitgestaltern einer großen Epoche der Physik. Durch seine Verwandtschaft mit Thomas Mann, dessen Frau Katia eine geborene Pringsheim war, stand er als Physiker der Literatur zumindest nahe.[14] Wilhelm Westphal, im März 1882 in Hamburg geboren, arbeitete im Ersten Weltkrieg unter Leitung von Fritz Haber und wurde auf diese Weise in den Giftgaskrieg hineingezogen. Er machte sich nicht nur als Physiker einen Namen, sondern war der erste deutsche Wissenschaftler, der nach der Oktoberrevolution die Sowjetunion besuchte. In seiner Eigenschaft als Referent im Preußischen Kultusministerium besuchte er 1922 das Büro für ausländische Wissenschaft und Technik beim Obersten Volkswirtschaftsrat, das sich für gute Verbindungen zu Deutschland einsetzte.[15] Die besondere Wertschät-

---

11 Wikipedia, http://de.wikipedia.org/wiki/Ludwig_Bieberbach, 14. 6. 2005.

12 Österreich-Lexikon, http://www.aeiou.at/aeiou.encyclop.m/m684713.htm, 14. 6. 2005.

13 *Ardenne,* Sechzig Jahre, S. 70.

14 Erinnerungen an die Glanzzeit der Berliner Physik: Das Leben von Peter Pringsheim, in: http://www.uni-protokolle.de/nachrichten/id/54112/, 14. 6. 2005.

15 Kalenderblatt 5. Juni 1978, in: Humboldt vom 12. Juni 2003, S. 11, http://www.hu-berlin.de/presse/zeitung/archiv/02_03/num_8/geschichte.pdf, 14. 6. 2005.

zung des 1871 in Rio de Janeiro geborenen Arthur Wehnelt dürfte vor allem auf
dessen Verbesserungen der Braunschen Röhre zurückzuführen sein. Als „Wehnelt-
Zylinder" ging die zusätzliche Elektrode zur Steuerung des Elektronenstrahls, die
er erstmals 1902 beschrieb, in die Geschichte ein. Im Jahre 1903 gelang es Wehnelt, mit der Erfindung der Glühkathode die Leistungsfähigkeit der Braunschen
Röhre zu verbessern. Im Jahr darauf erfand er die Gleichrichterröhre.

    Binnen weniger Jahre etablierte sich nun der Schulabbrecher unter den führen-
den Protagonisten einer neuen Technik, deren innovatives Produkt nicht nur elitäre
Zirkel begeisterte, sondern das bald Einzug in die Alltagskultur breitester Kreise
der Gesellschaft halten sollte. Zum bis dahin größten wirtschaftlichen Erfolg des
jugendlichen Erfinders sollte die so genannte „Dreifachröhre" werden, die als erste
integrierte Schaltung der Welt gilt.[16] Um störende Eigenkapazitäten der Span-
nungsverstärkung mit Widerstandskopplung zu minimieren, kam er auf die Idee,
alle Röhrensysteme und Kopplungsglieder mit kürzesten Verbindungen in einem
einzigen Glaskolben unterzubringen.

Abb. 2: Der Loewe-Ortsempfänger mit Dreifachröhre nach Ardenne
aus dem Jahre 1926.

Der grundsätzliche elektrische Vorteil der Mehrfachröhre gegenüber allen anderen bisher bekannt gewordenen Röhrenanordnungen, schrieben Eugen Nesper und
Walter Kunze 1928, „besteht in der außerordentlichen Reinheit und Klarheit der
Wiedergabe" aufgrund des erstmals möglichen verzerrungsfreien Empfangs.[17]
Loewe erkannte sofort die Vorzüge dieses Konzepts und es gelang ihm, 1926 einfache Ortsempfänger dieser Bauart zu einem Preis von 65,– Mark auf den Markt
zu bringen, was etwa einem Drittel des bislang üblichen Preises entsprach. Für

---

16 *Riedel*, Fernsehen, S. 61.
17 *Nesper/Kunze*, Die Mehrfachröhre, S. 14 f.

diesen Preis lieferte Loewe noch zwei Ersatzröhren mit.[18] Da dieses Gerät millionenfach verkauft werden konnte und die Dreifachröhre selbst in noch größeren Stückzahlen über die Ladentische ging, verdiente Ardenne daran so gut, dass er seine Schulden tilgen und darüber hinaus auch noch in sein Laboratorium investieren konnte.[19] Allerdings trug er selbst auch nach Kräften zur Werbung für den Mehrfachröhren-Ortsempfänger bei. In den ihm zugänglichen europäischen Fachzeitschriften veröffentlichte er mehr als fünfzig Aufsätze über das innovative Erzeugnis und hielt Vorträge in zahlreichen größeren deutschen Städten.[20] Darstellungen, in denen dem Firmeninhaber Siegmund Loewe das Hauptverdienst an der Entwicklung der Dreifachröhre zugesprochen wird, wies er später zurück. So trug er im Oktober 1973 in das Buch „Die Loewe-Story" des Autors Rolf Dennewitz die Bemerkung ein: „Nur zum Teil historisch richtig. Wird meinem Anteil an den Entwicklungen nicht gerecht."

Abb. 3: Manfred von Ardenne im Sommer 1929 mit den Brüdern
Dr. Siegmund (2. von links) und Dr. Bernhard Loewe.
Im weißen Rock und hellem Pulli Dorothea Jahn, Ardennes erste Ehefrau.

---

[18] Prospekt der Firma Loewe vom Frühjahr 1926 (Nachlass).

[19] *Ardenne,* Sechzig Jahre, S. 76.

[20] Ebd., S. 81.

3*

Akzeptieren konnte er hingegen die Formulierung von Günter Abele, der in seinem Buch „Historische Radios: eine Chronik in Wort und Bild" 1996 von „Loewe-
Mehrfachröhren" sprach und diese als gemeinsame Entwicklungen des Firmen-
inhabers und Ardennes charakterisierte.

4. Das Laboratorium Manfred von Ardenne

Dass vor dem wissenschaftlichen wie auch vor dem unternehmerischen Erfolg
oft risikoreiche Entscheidungen liegen, ist eine weitere wichtige Erkenntnis, die
Ardenne bereits als Jugendlicher verinnerlichte. Schon bald genügte das Zimmer
in der elterlichen Wohnung nicht mehr, die erforderliche experimentelle Ausrüstung aufzunehmen. Ende 1927 beschäftigte er darüber hinaus bereits mehrere Mitarbeiter. Deshalb entschloss er sich im Januar 1928, ein großes mehrstöckiges Haus
am Jungfernstieg 19 in Berlin-Lichterfelde zu mieten. Da er noch nicht volljährig
war, musste sein Vater den Vertrag mit unterzeichnen. Trotz des langfristigen Miet-
vertrages stellte ihn der Eigentümer nach nur einem Jahr vor die Alternative, das
Haus mit dem 5.000 Quadratmeter großen Gründstück zu kaufen, oder sich nach
einer anderen Immobilie umzusehen. Er entschloss sich zum Kauf. Den Zweiund-
zwanzigjährigen belasteten damit über Nacht Schulden in Höhe von 150.000 RM,
davon 50.000 RM als Kredit der Firma Loewe. Der war allerdings mit einer absoluten Härteklausel versehen. Sollte Ardenne diese Summe nicht fristgemäß zurück-
zahlen können, würde sein Laboratorium in den Besitz der Firma Loewe überge-
hen. Dank eines lukrativen Auftrags der Deutschen Reichspost über die Lieferung
von Messgeräten konnte er allerdings fristgemäß zahlen. Das habe ihm David Loewe, der Bruder seines Förderers Siegmund und Mitinhaber der Firma, nie verzei-
hen können, erinnert sich Ardenne. Der Vertrag mit der Reichspost sei eine bewusste Hilfestellung des damaligen Staatssekretärs Dr. A. Kruckow gewesen, der
ihm in Kenntnis seiner prekären Lage helfen wollte.[21]

Nachdem die drahtlose Übertragung von Tönen durch den Bau hinreichend leistungsfähiger Rundfunksender und mit der Entwicklung preiswerter Empfänger als
gelöst betrachtet werden konnte, wandte sich Ardenne dem Problem der Übertragung bewegter Bilder zu. Sowohl der militärische, als auch der zivile Schiffsver-
kehr trieben zu Beginn des 20. Jahrhunderts die Bildtelegraphie energisch voran,
mit der die drahtlose Übertragung von Wetterkarten möglich war. In den Anfangsjahren erwies sich Max Dieckmann als besonders erfolgreich, der 1908 seine private „Drahtlostelegraphische und luftelektrische Versuchsanstalt Gräfelfink" gegründet hatte und sich dort mit der Anwendung elektromagnetischer Wellen für
Kommunikation, Navigation und Ortung beschäftigte sowie elektrische Prozesse
in der Atmosphäre untersuchte.[22] Während des Ersten Weltkrieges entwickelte er
ein Verfahren, das in den 1920er Jahren durchaus zufriedenstellende Ergebnisse

---

[21] Ebd., S. 92.
[22] www.kp.dlr.de/pressestelle/pm31_97.htm.

lieferte. Vor allem Telefunken und Siemens zeigten sich als Unternehmen an dieser neuen Technologie interessiert. Zu den Aktivisten innerhalb der „Telefunken Gesellschaft für drahtlose Telegraphie m.b.H." gehörte neben dem Chefingenieur Graf Georg von Arco vor allem August Karolus. Letzterem gelang es, ein Verfahren zu entwickeln, das als „Karlographie" in die Bildtelegraphie einging und dessen Potential für eine breite Anwendung durch das Reichspostministerium positiv eingeschätzt wurde. Das Verfahren von Dieckmann konnte die Erwartungen letztlich nicht erfüllen.[23] Karolus, Professor am Physikalischen Institut der Universität Leipzig, richtete 1927 in Zusammenarbeit mit Siemens und Telefunken den ersten Bildübertragungsdienst zwischen Berlin und Wien ein.

5. Die Anfänge des Fernsehens

Das Ziel, nun endlich auch bewegte Bilder übertragen zu können, wurde mit den Mitteln in Angriff genommen, die als hinreichend entwickelt angesehen werden konnten. Für die drei grundlegenden Schritte, die Umwandlung der Helligkeitswerte innerhalb des Bildfeldes in elektrische Signale, die Übertragung dieser Signale an einen beliebigen Ort und schließlich die Rückverwandlung der elektrischen Signale in Graustufen, die dann wiederum das Originalbild zeigten, existierten prinzipielle Lösungen.

Bereits Ende des 19. Jahrhunderts hatte man erkannt, dass es unmöglich ist, den Sehvorgang des menschlichen Auges mit technischen Hilfsmitteln so zu simulieren, dass die Übertragung auch nur eines einzigen Bildes auf elektronischem Wege möglich würde. Der Ausweg bestand darin, das Bild in einzelne Bildpunkte zu zerlegen, die nicht gleichzeitig, sondern nacheinander übertragen und im Empfänger wieder zu einem Bild zusammengesetzt werden. Um auf der Empfängerseite ein stehendes Bild zu erzeugen, musste auf der Senderseite das zu übertragende Bild mindestens zehn Mal pro Sekunde abgetastet werden. Nach vielen, teilweise phantastisch anmutenden Versuchen und Irrtümern, erschienen für eine solche Bildzerlegung vor allem solche Verfahren als besonders aussichtsreich, deren Grundelemente dem Stand der Technik entsprechend aus dem Reservoir des optisch-mechanischen Gerätebaus stammten. 1884 erfand der damals vierundzwanzigjährige Student Paul Nipkow mit dem „Elektrischen Teleskop" die erste brauchbare Vorrichtung zur Zerlegung und Zusammensetzung von Bildern. Die unter dem Namen „Nipkow-Scheibe" in die Fernsehgeschichte eingegangene rotierende Scheibe mit spiralförmig angeordneten quadratischen Löchern kann als Ausgangspunkt einer Entwicklung angesehen werden, die zur technischen Realisierung dessen führte, was heute unter „Fernsehen" verstanden wird. Dieckmann und Glage schlugen im Jahre 1906 die Verwendung der Braunschen Röhre auf der Empfängerseite vor.[24] Damit konnte die trägheitslose Steuerung des bilderzeugenden Elek-

---

[23] BArch, R 47.01 – 14752, Bildfunk März 1925 – Dezember 1927.

[24] Vgl. *Begrich,* Die Entwicklung des Fernsehens, S. 241 – 258.

tronenstrahls realisiert werden. Die Synchronisation von Sender und Empfänger erwies sich aber nach wie vor als schwieriges Problem. Die Erfindung der Elektronenröhre zur Verstärkung der „hochfrequenten Bildströme" und der Photozelle zur „Umwandlung" von Licht in elektrische Signale beseitigte die letzten Hindernisse auf dem Weg zum Bau der ersten „Fernsehapparatur". Auf der Berliner Funkausstellung stellte der Ungar D. von Mihály 1928 erstmals eine solche Anlage vor. Er konnte Schattenbilder einfacher Gegenstände und Diapositive einzelner Köpfe „einigermaßen erkennbar" wiedergeben.[25]

In England führte J. L. Baird mit Nipkow-Scheiben auf der Sender- und Empfängerseite bereits 1926 Fernsehbilder einfacher Art vor. In Amerika fand 1927 nach dem gleichen Prinzip die erste Fernsehübertragung zwischen New York und Washington statt. Zur Jahreswende 1926/27 nahm das Reichspostzentralamt eigene Versuche zur Entwicklung des Fernsehens auf. Darüber hinaus suchte das Amt die Zusammenarbeit mit der sich allmählich entwickelnden rundfunk- und fernsehtechnischen Industrie sowie einzelnen Erfindern, um für die weitere Entwicklung einheitliche Richtlinien erarbeiten zu können. Die Norm der ersten Übertragungen sah 30 Zeilen zu je 40 Bildpunkten von je 1,2 Quadratmillimeter Größe vor. Bei einem Verhältnis von Bildhöhe zu Bildbreite von 3:4 und 12,5 Bildwechseln pro Sekunde betrug die maximale Frequenz 7.500 Hz. Die Fernseh-AG baute Fernsehanlagen nach dem Vorbild der Baird-Gesellschaft, mit denen 1930 Versuchssendungen des Reichspostzentralamtes über den Sender Witzleben ausgestrahlt wurden. Allerdings setzten die zwischenstaatlichen Vereinbarungen zum Frequenzabstand im Rundfunkbereich eine Grenze für die Anzahl der pro Sekunde übertragenen Bildpunkte, die 9.000 nicht überschreiten durfte. Entsprechend bescheiden war die Qualität der Übertragungen. Auch an der Idee, die Braunsche Röhre zur Bilderzeugung einzusetzen, wurde weltweit weiter gearbeitet. Dieckmann führte auf der Verkehrsausstellung 1925 in München eine Braunsche Röhre vor, mit der unbewegte Bilder, vor allem einfache geometrische Figuren übertragen werden konnten.

In Amerika hatte Vladimir K. Zworykin bereits 1923 einen brauchbaren elektronischen Bildabtaster erfunden und zum Patent angemeldet, die so genannte „Ikonoskop-Röhre", die ab 1934 in Serie produziert wurde. Beim Ikonoskop wird das aufzunehmende Bild dadurch „zerlegt", dass ein schneller Elektronenstrahl ein fotoaktives Mosaik abtastet, das in der Lage ist, Ladungen zu speichern. Die geringe Empfindlichkeit des Ikonoskops erforderte allerdings zur Erzeugung eines verwertbaren Signals eine extrem gute Beleuchtung, so dass der Einsatz auf das Fernsehstudio beschränkt blieb, wo die Lichtverhältnisse den Anforderungen der Aufnahmekamera angepasst werden konnten. Zur Bildwiedergabe entwickelte Zworykin 1929 die „Kineskop-Röhre". Später sollte Ardenne eine besondere Wesensverwandtschaft mit Zworykin feststellen, da beide mehrmals nahezu zeitgleich ähnliche Erfindungen machten. „Unsere Gehirnstrukturen waren einander offenbar

---

[25] Ebd.

sehr ähnlich", deutete er dieses Phänomen.[26] Als sich Ardenne für das Fernsehen zu interessieren begann, bestimmten in Deutschland noch die mechanischen Komponenten zur Bilderzeugung den Stand der Technik. Ardenne und seine gleichfalls jungen Mitarbeiter waren mit der Elektronenröhre „groß geworden" und nicht durch das mechanische Fernsehen vorbelastet. Ihre Überlegungen zum Fernsehen gingen deshalb von Anfang an in die Richtung, möglichst nur elektronische Komponenten einzusetzen. Im Mai 1930 gelang es Ardenne bei seinen Versuchen erstmals, auf einer Braunschen Röhre Bilder wiederzugeben. Diese stammten aber noch von einem mechanischen Geber.[27]

6. Das vollelektronische Fernsehen

Im Dezember 1930, so stellte es Ardenne selbst dar, sei ihm plötzlich klar geworden, dass in seinem Lichterfelder Laboratorium „fast alles betriebsbereit zur Verfügung stand, um einen ersten Versuch zur Übertragung von Diapositiven unter Verwendung der Elektronenstrahlröhre auf der Sende- und Empfangsseite vorzunehmen". Gemeinsam mit seinem Glasbläser Emil Lorenz stellte er innerhalb eines Tages eine Versuchsanordnung zusammen. Unter Verwendung einer lichtstarken optischen Linse und einer Photozelle geringer Trägheit erhielten sie ermutigende Ergebnisse.[28] Auf dem zweiten Symposium des URANIA-Vortragszentrums zu Ehren seines Vaters stellte Dr. Thomas von Ardenne am 26. Mai 1999 in Dresden die Anlage von 1930 vor. Sie bestand aus den vier grundlegenden Baugruppen Leuchtfleckabtaster mit Netzgerät, Fotozelle mit Breitbandverstärker, Kippschwingungserzeuger und Bildempfänger. Die zum „Leuchtfleckabtaster" weiterentwickelte Braunsche Röhre, unter der amerikanischen Bezeichnung „flying-spot scanner" in die Geschichte des Fernsehens eingegangen, erwies sich aber nur für die Abtastung zweidimensionaler Vorlagen als geeignet, nicht für Live-Übertragungen im Studio oder gar im Freien. Zehn Tage nach dem erfolgreichen Laborversuch, am Heiligen Abend des Jahres 1930, besuchte ihn sein Freund und Gönner Kruckow, um sich persönlich an diesem „Quantensprung" in der Entwicklung des Fernsehens zu erfreuen.[29]

In einem 1932 erschienenen Fachbuch beschrieb Fritz Schröter, Leiter der Fernsehentwicklung der Firma Telefunken, sehr anschaulich das Verfahren der Bilderzeugung nach Ardenne. Er wies allerdings auch mit aller Deutlichkeit darauf hin, dass dieses Verfahren „bisher nur in lokaler Übertragung", d. h. „im Kurzschluß" vorgeführt worden sei. Die Braunsche Röhre, so erläuterte Schröter dem Leser, diene sowohl zum Senden wie zum Empfangen. Zwei Kippschwingungen von na-

---

26 *Ardenne*, Erinnerungen fortgeschrieben, S. 166.
27 *Bruch*, Kleine Geschichte, S. 34 f.
28 *Ardenne*, Sechzig Jahre, S. 103.
29 Nachlass, Gästebuch.

hezu rechtwinklig-dreieckiger Kurvenform steuerten gleichzeitig, und daher zwangsläufig synchron, die Strahlablenkungen im Sender und im Empfänger. Der Lichtfleck der Senderöhre werde mit Hilfe eines Objektivs verkleinert auf den als Vorlage dienenden Kinofilm abgebildet, hinter dem sich die Photozelle befinde. Der verstärkte Photostrom moduliere in der Empfangsröhre die Punkthelligkeit, „indem er der die Glühkathode umgebenden Wehnelt-Elektrode zugeführt wird". Die von Ardenne im Laboratorium erhaltenen Bilder entsprechen in ihrer Güte, urteilte Schröter, „annähernd solchen, die auf dem klassischen Wege der Hellig-keitssteuerung erzielt werden". Das Verfahren bleibe jedoch zunächst auf Kinofilm-übertragungen beschränkt."[30]

Cathode radio television station on which Baron von Ardenne of Germany has been experimenting since 1928. The transmitter and receiver (inset) will be exhibited in a forthcoming Berlin Radio Exposition. The images are seen on the end of the tube in the square aperture of the receiver.

The Flying Spot Scanner

Abb. 4: Meldung der New York Times vom 16. August 1931 über das vollelektronische Fernsehen nach Manfred von Ardenne.

Im Frühjahr 1931 gelang es Ardenne, Kinofilme mit den damaligen Spitzenwer-ten der Fernsehgeräte auf mechanischer Grundlage, d. h. einer Auflösung von 10.000 Bildpunkten auf rein elektronischem Wege zu übertragen, aber mit einer deutlich größeren Bildhelligkeit. Als „Weltpremiere des elektronischen Fernse-

---

[30] *Schröter,* Handbuch der Bildtelegraphie, S. 461 f.

hens" gilt die Vorführung seiner Anlage auf der „8. Großen Deutschen Funkausstellung Berlin 1931", die vom 21. bis 30. August stattfand. Die Firma Radio AG
Loewe präsentierte eine Versuchsanlage mit der Bildzerlegung nach Ardenne mit
6.000 Bildpunkten, 100 Zeilen und 20 Bildwechseln pro Sekunde.[31] Mit diesem
„Handstreich" hatte sich der dreiundzwanzigjährige Ardenne an die Spitze der
technischen Entwicklung gesetzt. Er hatte das „Stichwort gegeben, Post und Industrie folgten".[32] Dennoch dominierte auf der Aufnahmeseite noch Jahre hin-
durch die Nipkow-Scheibe in unterschiedlichsten Ausführungen.

7. Trennung von Loewe

Die Zusammenarbeit mit der Firma Loewe gestaltete sich für Ardenne immer
schwieriger. Siegmund Loewe bemühte sich, an seinen geschäftlichen Erfolg mit
der Dreifachröhre anzuknüpfen und möglichst auch für jede Komponente seines
Fernsehgerätes einfache und kostengünstige Lösungen zu finden. Er versuchte, Ardenne von der Überlegenheit einer Methode zur Verbesserung der Bildqualität zu
überzeugen, die sich der Amerikaner Reginald Clay patentieren lassen hatte. Zwei
Verfahren zur Verbesserung der Bildgüte konkurrierten damals miteinander. Clay
verwendete eine konstante Abtastgeschwindigkeit und variierte die Intensität des
Kathodenstrahls. Ardenne hingegen favorisierte eine konstante Strahlintensität und
variierte statt dessen die Abtastgeschwindigkeit, wie es schon 1930 Rudolph Thun
vorgeschlagen hatte. Loewe erkannte die Überlegenheit des Verfahrens von Clay
für die Zwecke des Fernsehens. Die Meinungsverschiedenheiten mit Ardenne
erwiesen sich als unüberwindlich, so dass Loewe 1932 den Vertrag mit Ardenne
auflöste und in seiner Firma ein eigenes Fernsehlabor einrichtete. Die Leitung dieses Labors trug er K. Schlesinger an, der bis dahin bei Ardenne beschäftigt war.[33]
Der verbuchte seine Enttäuschung darüber, dass ihn mitten in der Wirtschaftskrise
langjährige Mitarbeiter verließen und „weniger hundert Mark wegen" plötzlich zu
„seinen Gegnern" wurden, als Lehrgeld bei der Sammlung von Lebenserfahrungen
und Menschenkenntnis.[34] Jahrzehnte später räumte Ardenne auf beharrliches
Nachfragen eines Interviewers schließlich ein, dass die Liniensteuerung sich zu
recht nicht durchsetzen konnte. Weil dieses Verfahren „im ganzen Ablauf solche
Komplizierungen" zur Folge hatte, gingen die Techniker andere Wege, erklärte er
im Oktober 1989.[35]

Die Suche nach einem potenten Geschäftspartner führte ihn in eine existenz-
bedrohende Lage. Im Vertrauen auf die Seriosität und wissenschaftliche Lauterkeit
eines Kunden, der in Lichterfelde die Entwicklung und Produktion einer Reihe von

---

[31] Vgl. *Begrich,* Die Entwicklung, S. 241–258.

[32] *Riedel,* Fernsehen, S. 62.

[33] *Blumtritt,* The Flying-spot Scanner, S. 84–115.

[34] *Ardenne,* Sechzig Jahre, S. 116.

[35] *Nowara,* Interview, S. 21.

Messgeräten für kurze Wellen in Auftrag gegeben hatte, gründete er mit diesem gemeinsam eine Aktiengesellschaft. Ein Schweizer Industrieller zeichnete den Hauptteil des Kapitals von einer Million Schweizer Franken. Da sein wissenschaftlicher Partner, ein „Ingenieur namens Kassner", immer neue Ausflüchte fand, seine spektakulären Messergebnisse zur Beeinflussung von Lebensvorgängen mit Hilfe von elektromagnetischen Wellen kurzer Wellenlänge durch Ardenne überprüfen zu lassen, wurde dieser misstrauisch. Kassner verfügte über exzellente Beziehungen zu führenden Politikern der Weimarer Republik. Ardenne gelang es in dieser von ihm als bedrohlich empfundenen Lage, Kassners Verbindungen zu seiner eigenen Rettung zu nutzen. General Kurt von Schleicher veranlasste die Spionageabteilung der Reichswehr, Ardenne zu unterstützen.[36] Der Gang zum späteren Reichskanzler Schleicher, dem Spiritus Rector der damaligen Politik, den Nationalsozialismus durch Einbindung in eine konservativ-nationale Rechtskoalition zu zähmen,[37] zeigt das gewachsene Selbstbewusstsein des erfolgreichen Erfinders. Ardenne beanspruchte, auf gleicher Augenhöhe mit den Spitzen von Politik und Gesellschaft zu verkehren. Einzelheiten über die absolut unübliche Art und Weise, sich ohne Verluste aus einer gerade gegründeten Gesellschaft zurückzuziehen, gab er auch später nicht preis. Die positive Grunderfahrung mit der militärischen Spionageabwehr der Weimarer Republik wirkte aber offenbar ein Leben lang nach, wie der später praktizierte unbefangene Umgang mit dem KGB und dem MfS erkennen lässt. Einige Monate nach der Trennung von dem umtriebigen, sich „an der Grenze zwischen physikalischer Dichtung und Wahrheit" bewegenden Herrn Kassner erhielt Ardenne Kenntnis von dessen Versuch, Göring für die Gründung einer Forschungsgesellschaft mit dem Startkapital von einer Million Reichsmark zu gewinnen. Auf Empfehlung des Reichspostministers Ohnesorge erhielt er die Gelegenheit, Göring persönlich in dessen „mit märchenhafter Pracht" ausgestatteten Arbeitszimmer vorzutragen und vor Kassner zu warnen.[38] Ohnesorge war auf den jungen Erfinder aufmerksam geworden, als er am 21. Oktober 1930 dessen Vortrag über die Verbesserung des Rundfunkempfangs in den Zentren der Großstädte mittels Breitbandverstärkern besuchte – ein Vortrag in der Berliner Technischen Hochschule, der von heftigen Kontroversen mit führenden Vertretern der Rundfunkindustrie begleitet wurde.[39]

Noch im Jahre 1933 schloss Ardenne mit der C. Lorenz AG einen Vertrag ab, der die Existenz seines Instituts sicherte. Das Festhalten am Prinzip einer konstanten Intensität des Elektronenstrahls und die damit verbundene Konzentration auf die regelungstechnischen Probleme des Abtastvorganges haben sich möglicherweise positiv auf die Entwicklung des Rasterelektronenmikroskops ausgewirkt. Wer weiß, wohin Ardenne die Beschäftigung mit der Feinsteuerung der Strahl-

---

36 *Ardenne,* Sechzig Jahre, S. 116–120.
37 Vgl. *Tyrell,* Der Aufstieg der NSDAP, S. 467–483.
38 Nachlass, Urfassung der Autobiographie, Ordner 1, Bl. 92.
39 Ebd., Bl. 71–73.

intensität geführt hätte? Im Auftrag der Lorenz AG lieferte er Breitbandverstärker und Oszillographen an die Versuchsstellen von Marine und Pioniereinheiten für die Entwicklung der Radartechnik, womit er nach eigener Einschätzung „wesentliche Beiträge" leistete.[40]

Der steile, scheinbar unaufhaltsame Aufstieg des Schulabbrechers auf den Olymp der Elektronen- und in den 1940er Jahren wohl auch der experimentellen Kernphysik wurde durch die Machtergreifung der Nationalsozialisten in keiner Weise beeinträchtigt. Rückblickend beurteilte er selbst den Ardenne der 1930er Jahre als „politisch noch sehr unerfahren", weil er sich „viel zu wenig Gedanken über politische Probleme gemacht [hatte], um auch nur zu ahnen, was im Jahre 1933 begann". Sein „leidenschaftliches Interesse" galt nahezu ausschließlich den „technisch-wissenschaftlichen Problemen", die auf ihn „einstürmten".[41] So genoss er den Imagegewinn, der mit dem Besuch Hitlers am Stand seiner Versuchsanlage auf der Fernsehausstellung der Deutschen Reichspost verbunden war. Ohnesorge stellte ihn „mit besonders freundlichen Worten" dem Reichskanzler vor, woraufhin einige ihm „bis dahin sehr kühl gegenüberstehende Beamte" sofort ihre Einstellung änderten.[42]

Ergebnis eines solchen „Einstürmens technisch-wissenschaftlicher Probleme" beim abendlichen Plausch mit dem Astronomen H. J. Gramatzki, war die Idee des so genannten Bildwandlers, den er am 25. Februar 1934 unter der Bezeichnung „Anordnung zur Umformung von Bildern aus einem Spektralgebiet in ein anderes" zum Patent anmeldete. Seine grundlegende Idee, die Energie von Photoelektronen durch eine hohe Anodenspannungen um Größenordnungen zu verstärken, findet heute vielfältige Anwendungen, so z. B. in Nachtsichtgeräten, die mit infraroten Strahlen arbeiten, und in der Röntgendiagnostik. Nur dem Umstand, dass er die Verwertungsrechte an Siemens abtrat, verdankt er die späte Zuerkennung seiner Prioritätsansprüche nach beinahe zwanzig Jahren der Auseinandersetzung mit zahlreichen weltweit operierenden Firmen.[43] Die praktische Erprobung führte er in einem „Geheimlabor für Dezimeterwellen" durch, das ihm Ohnesorge Anfang 1934 im Reichspostzentralamt in Tempelhof eingerichtet hatte.[44]

8. Andere übernehmen die Führung

Im Jahre 1935 gelang es endlich, das bis dahin die Freude erheblich trübende Flimmern des Fernsehbildes zu beseitigen. Ursache dieses störenden Effekts war das zu kurze Nachleuchten des Bildschirms. Die obersten Zeilen waren bereits ver-

---

[40] Ebd., Bl. 90.

[41] *Ardenne,* Sechzig Jahre, S. 123 f.

[42] Ebd., S. 125.

[43] Ebd., S. 126 f.

[44] Nachlass, Urfassung der Autobiographie, Ordner 1, Bl. 92.

blasst, wenn der Elektronenstrahl in der letzten Zeile des Bildschirms angekommen war. Die Lösung bestand nun darin, jedes einzelne Bild zwei Mal aufzubauen. In einem ersten Durchlauf wurden nur die ungeraden Zeilen, im zweiten die geraden „belichtet". Man musste dazu nur 50 Halbbilder pro Sekunde statt wie bisher 25 komplette Bilder erzeugen und übertragen. Für diese bis heute angewandte Methode hat sich die Bezeichnung „Zeilensprungverfahren" eingebürgert.

Übertragungen von Ereignissen, die im Freien stattfanden, erfolgten ab 1935 nach dem so genannten „Zwischenfilmverfahren". Bei diesem Verfahren wurde das zu übertragende Ereignis zunächst mit einem normalen Kinofilm aufgenommen, der entwickelt, fixiert und im Wasserbad gespült wurde. Das Ganze wurde so weit optimiert, dass der Film 65 Sekunden nach der Aufnahme gesendet werden konnte.[45] Ab Mitte der 1930er Jahre setzten sich als Aufnahmeröhren zunehmend die von Farnsworth und Zworykin entwickelten Typen durch.

Das Reichspostministerium unterstützte die Verbreitung des Fernsehens auf jede nur erdenkliche Weise. Wenngleich der Einzug in den Alltag breiter Bevölkerungskreise noch kein Thema sein konnte, galt das Interesse des Ministeriums von Anfang an einer öffentlichen Stellung und Nutzung dieses neuen Mediums. Ganz sicher haben die bevorstehenden Olympischen Spiele und die damit verbundene Chance, der Weltöffentlichkeit auf eindrucksvolle Weise den hohen Standard deutscher Technologie zu demonstrieren, motivierend gewirkt und zusätzliche Ressourcen erschlossen. Die Planungen des Jahres 1935 sahen vor, dass ein Jahr vor den Olympischen Spielen, am 18. Juli 1935, in Berlin vier Fernsehstellen in Betrieb genommen werden sollten. Man wollte einem breiten Publikum Gelegenheit geben, den Vorführungen beizuwohnen, weshalb diese Fernsehstuben an Werktagen von 20.30 bis 22.00 Uhr und an den Sonntagen von 10.00 bis 12.00 Uhr geöffnet werden sollten. Da der 1932 gebaute Fernsehsender in Witzleben durch einen Brand zerstört wurde und erst am 23. Dezember 1935 seinen Sendebetrieb wieder aufnahm, konnten die öffentlichen Fernsehstellen erst am 15. Januar 1936 in Betrieb genommen werden.[46]

Auf der 10. Berliner Funkausstellung im August 1935 hatte sich die Braunsche Röhre bereits als „elektronischer Bildschreiber" durchgesetzt. Es vergingen dennoch einige Jahre, bis sich die Industrie auf das vollelektronische Fernsehen umstellte. Auf der Leipziger Frühjahrsmesse 1936 demonstrierte die Reichspost den aktuellen Entwicklungsstand und begleitete die praktischen Vorführungen mit Vorträgen zur technischen Realisierung des Fernsehens. „Zur Bildzerlegung wird auch heute noch vielfach die so genannte Nipkow-Scheibe benutzt", schrieb der Referent am 14. Februar 1936 in sein Manuskript. Auf das vollelektronische Verfahren ging er zwar ein, nannte aber keine Namen. Es käme künftig „auch eine unmittelbare Übertragung mit einer besonderen Art von Braunschen Röhren, an deren Vervollkommnung eben gearbeitet wird, in Frage", formulierte er vorsichtig. In „ab-

---

[45] *Riedel*, Fernsehen, S. 75.
[46] BArch, R 47.01 – 20818, Fernsehen, praktischer Dienst 1. 6. 1935 – 1940.

sehbarer Zeit" werde man „vielleicht in der Lage sein, mit solch einem elektronischen Auge überall dort Fernsehsendungen aufzunehmen, wo die Lichtverhältnisse auch für eine gewöhnliche Filmaufnahme ausreichen würden." Auf der Empfänger-Seite verzichtete man zu diesem Zeitpunkt schon auf jegliche mechanischen Bauelemente und setzte ausschließlich die Braunsche Röhre ein.[47]

Am 16. Juni 1936, sechs Wochen vor der Eröffnung der Olympischen Spiele in Berlin, besuchte der Reichspostminister seinen kompetenten Berater Ardenne in dessen Wohnhaus am Jungfernstieg. Es ist anzunehmen, dass der bevorstehende Einsatz des neuen Mediums sowie der Betrieb von vierundzwanzig öffentlichen Fernsehstellen in Berlin zu den dominierenden Gesprächsthemen gehörten. Im Mittel sahen in jeder dieser Fernsehstuben täglich etwa 360 Zuschauer die Übertragungen von den Olympischen Spielen.[48] Bei diesen Übertragungen wurde nicht nur das Zwischenfilmverfahren angewendet, dessen Qualität noch unübertroffen war, sondern es kamen auch zwei elektronische Verfahren mit so genannten Bildgebern zum Einsatz. In den Werkstätten des Reichspostzentralamtes und durch die Firma Telefunken war zum einen das Verfahren nach Zworykin so weit qualifiziert worden, dass Übertragungen von Freilichtveranstaltungen möglich wurden. Die Firma Telefunken baute speziell für die Olympische Spiele eine Ikonoskop-Kamera, die wegen ihrer beträchtlichen Abmessungen auch „Fernsehkanone" genannt wurde. Allein das Objektiv mit 160 Zentimeter Brennweite wies einen Durchmesser von 40 Zentimeter auf und wog 45 Kilogramm.[49] Zum anderen hatte die Fernseh-AG das so genannte Farnsworth-System zu einem vergleichbaren Stand geführt. Trotz der besseren Bildqualität des Zwischenfilmverfahrens zeigte sich das Reichspostministerium davon überzeugt, dass die Zukunft der Fernsehtechnik „ohne Zweifel bei dem Bildfänger" liege.[50]

Bis 1936 waren Fernseh-Direktübertragungen ohne das Hilfsmittel des Zwischenfilms weder nach dem mechanischen noch nach dem vollelektronischen Verfahren in befriedigender Qualität möglich. Die Industrie, die sich inzwischen auf das Zwischenfilm-Verfahren eingerichtet hatte, war nicht leicht von den Vorzügen des elektronischen „Bildfängers" zu überzeugen. Bei der Übertragung des Fußballspiels zwischen Deutschland und Italien am 15. November 1936 auf dem Reichssportfeld wurden beide Verfahren im Wechsel angewendet. Die Zeitung „World-Radio" berichtete am 20. November, dass eine „erstaunlich gute" Übertragung nur mit dem Zwischenfilm-Verfahren möglich war. „Wenn aber auf den Bildfänger umgeschaltet wurde, war der Ball nicht mehr zu sehen, und die Spieler konnte man nur noch durch ihre dunklen Sporthosen erkennen." Anzumerken ist an dieser Stelle jedoch, dass die Übertragung nur mit 180 Zeilen durchgeführt wurde.[51]

---

47 Ebd.

48 *Riedel,* Fernsehen, S. 84.

49 Ebd., S. 81.

50 Vgl. *Begrich,* Die Entwicklung, S. 241 – 258.

51 BArch, R 47.01 – 20818, Fernsehen, praktischer Dienst 1. 6. 1935 – 1940.

Auf der 13. Großen Deutschen Funkausstellung 1936 in Berlin spielten mechanische Baugruppen für das Fernsehen erstmals keine Rolle mehr. Ardenne, dessen Auftritt sich dank des nicht lange zurückliegenden Besuches des Ministers der besonderen Aufmerksamkeit der Beamten des Reichspostministeriums erfreute, stellte neue Messgeräte vor, die nicht unmittelbar und ausschließlich den Zwecken der Fernsehübertragung dienten. Die 1934 gegründete „Leybold und von Ardenne Oszillographen-Gesellschaft" war mit einem Oszillographen vertreten, der die Oszillogramme in Polarkoordinaten aufzeichnete und vor allem für Zwecke der Kurzzeitmessung entwickelt worden war. Mit etwa zwei hundertstel Millisekunden erreichte das Auflösungsvermögen dieses Gerätes für damalige Verhältnisse einen Spitzenwert.[52]

Die Forschungsanstalt der Reichspost vertrat 1937 noch immer die Auffassung, dass mechanisch arbeitende Systeme zur Bildabtastung vor allem für die Übertragung von Filmen auch weiterhin ihre Bedeutung behalten werden. Bei den elektronischen „Fernsehkameras" schien noch keine Entscheidung zwischen dem Ikonoskop von Zworykin und dem „Sonden-Bildfänger" nach Farnsworth gefallen zu sein. Einer höheren Lichtempfindlichkeit des Ikonoskops standen einfacherer Aufbau und höhere Bildschärfe des Systems von Farnsworth gegenüber. Darüber hinaus lehnte die Post eine weitere Erhöhung der Zeilenzahl ab, da sie „die Gefahr einer zu schwierigen Technik in den Übertragungseinrichtungen" befürchtete, den Zwischenverstärkern, UKW-Sendern und den auch damals schon diskutierten und teilweise angewendeten Kabeln zur Übertragung der Fernsehsignale.[53]

Auf der Pariser Weltausstellung im November 1937 war die Deutsche Reichspost nach eigenen Darstellungen außergewöhnlich erfolgreich, vor allem durch die Vorführung des Fernsprechdienstes mit Bildübertragung sowie des so genannten „Fernsehrundfunks". Als „geniale Erfindung" des Oberingenieurs Mechau von Telefunken feierte sie einen „Linsenkranzabtaster" als Kernstück eines mechanischen Bildzerlegers, der bei den Fernsehsprechvorführungen eingesetzt und mit einem Grand Prix ausgezeichnet wurde. Ein hausinterner Bericht von Postrat Gehrts vom März 1938 beziffert die Kosten dieses Auftritts, der noch auf die „sichere Bank" mechanischer Komponenten setzte, auf etwa 140.000 RM.[54]

Im Gegensatz zu Hitler, der sich für das neue Medium „Fernsehen" nicht sonderlich interessierte, und Goebbels, der auf Film und Hörfunk setzte, stand der Reichspostminister den Bemühungen der Industrie, endlich ihre Forschungs- und Entwicklungsergebnisse zu vermarkten und die Serienproduktion von Fernsehgeräten

---

[52] Vgl. *Kette,* Fernsehen, S. 332–339.

[53] *Banneitz, F. / Ring, F.,* Fortschritte der Fernsehtechnik im Jahre 1937 (BArch, R 47.05 – 22988, Reichspostministerium, Forschungsanstalt der Deutschen Reichspost, Fernsehen, Veröffentlichungen und Patente (Sonderdrucke aus „Telegraphen-, Fernsprech-, Funk- und Fernseh-Technik – TFT") 1935–1943).

[54] BArch, R 47.01 – 20813, Fernsehen auf Ausstellungen und Sonderveranstaltungen 1. 12. 1937–1939.

aufnehmen zu dürfen, aufgeschlossen gegenüber. Im „Völkischen Beobachter" informierte Ohnesorge am 15. Juli 1937 die Öffentlichkeit persönlich über die verbindliche Festlegung auf das 441-Zeilen-Bild als neuen Standard, mit dem das Flimmern der Bilder beseitigt werden konnte. „Das neue deutsche Fernsehbetriebsverfahren wird von keiner Auslandstechnik überboten", stellte er voller Stolz klar. „Es ist kein Zufall", schrieb Ohnesorge wenige Monate später in seinem Leitspruch zum Presseball am 5. Februar 1938, dass das Fernsehen „erst im „Dritten Reich" Tatsache geworden ist". Über ein halbes Jahrhundert habe die Menschheit bereits an seiner Verwirklichung gearbeitet. Aber „erst die einheitliche nationalsozialistische Willensgebung", die es, wie er genau wusste, zumindest in diesem Fall nicht gegeben hatte, sowie „die Zusammenfassung aller schöpferischen Kräfte und der Einsatz sämtlicher verfügbaren technischen und wirtschaftlichen Mittel" hätten die großen Erfolge der deutschen Fernsehtechnik möglich gemacht. Diese Errungenschaften sollten in Zukunft dem deutschen Volke „zu ernsten und heiteren Zwecken dienstbar sein", zum „Frohsinn und der Daseinsfreude".[55]

Ohnesorge hoffte offensichtlich, dass der geniale Ardenne den erforderlichen Qualitätssprung bei den Übertragungseinrichtungen energisch vorantreiben und entscheidend zur Akzeptanz des Mediums „des Frohsinns und der Daseinsfreude" beitragen werde. Der hatte jedoch zu diesem Zeitpunkt bereits ganz andere wissenschaftliche Ziele, wie die Entwicklung des Rasterelektronenmikroskops im Jahre 1937 zeigt. Vielleicht gehörte es aber in der Tat auch nicht zu seinen Visionen, den Alltag der Gesellschaft durch gezielte Verbreitung von Informationen sowie ausgewählter Unterhaltungsprogramme zu dominieren. Seine Vision auf dem Gebiet der Nachrichtentechnik war ganz und gar nicht alltagsbezogen, sondern bestand vielmehr, wie Blumtritt meint, in einer umfassenden Entwicklung und Nutzung der Hochfrequenz- und Breitbandtechnologie.[56]

In den Veröffentlichungen jener Periode offenbarte sich das ungebrochene Interesse Ardennes an ungelösten Problemen. Gemeinsam mit Hans Preßler publizierte er 1938 eine Arbeit zum Farbfernsehen, in der sowohl grundsätzliche Fragen der Auflösung farbiger Bilder (Preßler), als auch der Zusammenhang zwischen der Anzahl der Bildelemente, der Größe des Betrachtungswinkels, dem Bildmotiv sowie der Breite des Frequenzbandes (Ardenne) behandelt wurden.[57]

---

[55] Ebd.

[56] *Blumtritt,* The Flying-spot scanner, S. 106.

[57] *Ardenne/Preßler,* Zum Problem des Farbfernsehens, in: Telegraphen-, Fernsprech-, Funk- und Fernseh-Technik – TFT, Heft 7, 1938, S. 264–273.

9. Partner der Reichspost

Bei dem großen Interesse des technisch gebildeten und überaus ehrgeizigen Ohnesorge am Fernsehen mutet es merkwürdig an, dass er erst Anfang 1938 mit Ardenne einen förmlichen Vertrag abschloss, mit dem er ihn verpflichtete, sich dauerhaft auf diesem Gebiet zu engagieren. Darüber hinaus fällt in diesem Vertragstext die Bezeichnung des noch immer auf jedwede akademische Weihen verzichten müssenden Autodidakten Ardenne als „Erfinder" auf. So stand im Paragraphen 1, dass „zwischen dem Deutschen Reich (Deutsche Reichspost) vertreten durch den Leiter der Forschungsanstalt der Deutschen Reichspost, Berlin-Tempelhof und Herrn Manfred von Ardenne, Berlin-Lichterfelde (im folgenden kurz ‚Erfinder' genannt)" mit Wirkung vom 1. Januar 1938 ein Vertrag geschlossen wird, in dem sich Ardenne verpflichtet, Aufträge der Deutschen Reichspost für die technische Entwicklung des Fernsehens zu übernehmen und diese „nach besten Kräften" zu erledigen sowie „aus eigenem Antrieb die technische Entwicklung des Fernsehens zu fördern und zu betreiben". In den Folgeverträgen rückte die Reichspost von der Kurzform „Erfinder" ab und verwendete stattdessen das Namenskürzel „vA". Sie verpflichtete sich im Vertrag von 1938, Ardenne jährlich 35.000 RM zu zahlen – in Monatsraten und jeweils im voraus. Weitere finanzielle Verpflichtungen ging die Post nicht ein. Obwohl der Vertrag auf unbestimmte Zeit abgeschlossen wurde, enthielt er aber dennoch Möglichkeiten der vorzeitigen Kündigung.[58]

In Veröffentlichungen des Jahres 1938 widmete sich Ardenne prinzipiellen Problemen zur Verbesserung des Empfangs von Fernsehbildern. Seine Aufmerksamkeit galt vor allem den so genannten Projektionsempfängern. In diesen Geräten wurden die Nachteile der geringen Bildgröße der Braunschen Röhren von etwa fünf Zentimetern in Höhe und Breite dadurch ausgeglichen, das dieses „Originalbild" mittels optischer Anordnungen vergrößert auf eine Bildfläche projiziert wurde. Diese Bildflächen waren entweder Bestandteil des Empfängers oder standen in der Entfernung von einigen Metern davor. Letztere, als Großbildempfänger bezeichnete Geräte, übernahmen das im Kino seit langem praktizierte Verfahren und waren in der Lage, mit Glasperlen beschichtete Flächen von der Größenordnung eines Quadratmeters auszuleuchten. Neben den Grundlagen dieses Empfängers[59] beschäftigte er sich auch mit verschiedenen Möglichkeiten der praktischen Realisierung.[60] Gehrts äußerte sich bereits im Juni 1938 kritisch über die Leistungen Ardennes für die Reichspost. Daraufhin legte der Minister fest, Ardenne habe sich „in Zukunft in größerem Umfange an den für den Betrieb wichtigen Entwicklungsaufgaben" der Deutschen Reichspost zu beteiligen.[61] Ohnesorge hatte am 22. Juli

---

[58] BArch, R 47.01 – 20827, Physikalische Sonderfragen 28. 12. 1940 – 1944.

[59] BArch, R 47.05 – 22988, Reichspostministerium, Forschungsanstalt der Deutschen Reichspost, Fernsehen, Veröffentlichungen und Patente (Sonderdrucke aus „Telegraphen-, Fernsprech-, Funk- und Fernseh-Technik – TFT") 1935 – 1943.

[60] *Ardenne*, Zur praktischen Ausführung, S. 403 – 407.

verkünden lassen, dass die „öffentliche Teilnahme am Fernsehrundfunk voraussichtlich am 1. 10. 1938 eingeführt wird".[62] Der von ihm offenbar erhoffte ganz große Wurf gelang Ardenne jedoch nicht. In einem hausinternen Vermerk von Ministerialrat Flanze zum Jahresbericht 1938, dem ersten Jahr des Vertrages mit dem Postministerium, stellte dieser am 10. Januar 1939 fest, dass die wissenschaftlichen Arbeiten Ardennes zwar „nicht von überragender Bedeutung" seien, eine Fortsetzung des Vertragsverhältnisses aber gerechtfertigt erscheinen lassen.[63] Jahrzehnte später bekannte Ardenne, dass „ein kleines Privat-Laboratorium" aufgrund der sich stürmisch entwickelnden Komplexität des Fernsehens nicht mit den „vielköpfigen Arbeitsgemeinschaften von Staats-Laboratorien oder von großindustriellen Forschungsstätten" Schritt halten konnte.[64] Die Chancen für ihn und sein kleines Team, sich zu behaupten, lagen vor allem darin, kreative Lösungen auf neuen Gebieten anzubieten und diese nicht nur in Deutschland, sondern auch in England und den USA zu publizieren.

Abb. 5: Ein 180 PS starker Sportwagen von Mercedes – ab 1931
das mobile Zeichen wirtschaftlichen Erfolges.

Zu einem Zeitpunkt, als der Auftraggeber mit seinen Leistungen auf dem Gebiet des Fernsehens alles andere als zufrieden war, veröffentlichte Ardenne in der Zeitschrift für Physik seine Arbeit „Das Elektronen-Rastermikroskop. Theoretische Grundlagen". Das Manuskript, das bereits am 25. Dezember 1937 bei der Redaktion eingegangen war, belegt die Hinwendung zu einem neuen Forschungsschwer-

---

61 BArch, R 47.01 – 20809, Fernsehen, Allgemeines 1. 7. 1938 – 1940, 28. 8 1940 – 1943, Bl. 25 f.

62 Ebd., Bl. 35.

63 Ebd., Bl. 167.

64 Nachlass, Urfassung der Autobiographie, Ordner 1, Bl. 78.

punkt. Ardenne schickte diese Arbeit selbstverständlich auch an den Postminister. Dieser bedankte sich zwar höflich, wies jedoch darauf hin, dass er es begrüßen würde, wenn der Erfinder sich in seinen künftigen Arbeiten auf dem Fernsehgebiet „ganz besonders mit den vielen Problemen [. . .] befassen würde", [. . .] die „einer schnellen Lösung zugeführt werden müssen". Ohnesorge forderte Ardenne nachdrücklich auf, sich mit dem Präsidenten der Forschungsanstalt der Deutschen Reichspost, Friedrich Gladenbeck, „wegen der Übernahme neuer Arbeiten im Rahmen des Vertragsverhältnisses in Verbindung zu setzen".[65]

Die Spannungen zwischen der Reichspost und Ardenne sollten einige Zeit andauern. Im September 1938 sprach ihm Gladenbeck in seiner Eigenschaft als Leiter der Forschungsanstalt das Missfallen über den Abschluss eines Vertrages mit der Fernseh-A.G. aus, in dem Ardenne die Nutzungsrechte von drei Patenten zum Empfang farbiger Fernsehbilder an diese Firma abgetreten hatte. Gladenbeck beanspruchte für die Reichspost ganz selbstverständlich ein Mitspracherecht auch in solchen Fragen. Ardenne hätte diesen Vertrag nach Auffassung von Gladenbeck mit den Firmen Siemens und Telefunken abschließen müssen.[66] Der akzeptierte diese Einmischung und bemühte sich, für die Verwertung der Ergebnisse seiner Arbeiten zu Elektronenstrahl-Speicher-Projektionsröhren mit Kristallschirmen sowie zu „Grossflächen-Licht- und Farbrelais" einen Vertrag mit Siemens bzw. Telefunken abzuschließen.

Die wirtschaftlichen Rahmenbedingungen gegen Ende der 1930er Jahre erschwerten die von Ohnesorge betriebene Einführung eines öffentlichen Fernsehprogramms, das neben einem dichten Netz von Sendeanlagen auch für breite Kreise erschwingliche Fernsehgeräte voraussetzte. Schon im August 1936 hatte Hitler mit einer Denkschrift die Wirtschaft voll auf Autarkie und Militarisierung ausgerichtet, wodurch strategisch bedeutsame Entscheidungen dem Primat der Wehrwirtschaft untergeordnet wurden. Er forderte, dass die deutsche Wirtschaft innerhalb von vier Jahren kriegsfähig und die deutsche Armee in vier Jahren einsatzbereit zu sein habe. Die unter der Leitung von Göring stehende „Vierjahresplanbehörde" zeichnete dafür verantwortlich, die erforderlichen Maßnahmen einzuleiten. Dazu gehörte auch die Bewirtschaftung von Rohstoffen. Für die potentiellen Produzenten von Fernsehgeräten bedeutete das, die benötigten Mengen an Eisen und Kupfer nicht mehr frei beziehen zu können. Der Grad der Selbstversorgung des Deutschen Reichs gerade mit Kupfer war trotz aller Bemühungen in der zweiten Hälfte der 1930er Jahre von 45 auf etwa 40 Prozent gesunken. Der „Kampf um die kriegswirtschaftliche Mobilmachung", der im Juli 1938 einsetzte, war mit organisatorischen Veränderungen und wechselnden Zuständigkeiten verbunden, was die Produktionsvorbereitungen in den betreffenden Firmen nicht gerade erleichterte.[67] Als im April 1939 die Absprachen zwischen der Reichspost

---

[65] BArch, R 47.01 – 20809, Fernsehen, Allgemeines 1. 7. 1938 – 1940, 28. 8. 1940 – 1943, Bl. 167 f.

[66] Ebd., Bl. 90.

[67] Vgl. *Petzina*, Autarkiepolitik, S. 57 – 133.

und der Fernsehindustrie so weit gediehen waren, dass eine Einigung über den so
genannten Einheitsempfänger erzielt werden konnte, musste die Freigabe von 85
Tonnen Eisen und 22,5 Tonnen Kupfer erwirkt werden. Zu einem Bruttopreis von
etwa 600,– RM sollten im Herbst zunächst 4.600 dieser Empfänger auf den Markt
kommen.[68] Fünf Firmen teilten sich das Geschäft. Die Fernseh-AG und Telefunken
produzierten jeweils 1.250 Stück, Lorenz und Loewe je 800 und mit der geringsten
Stückzahl von 500 beteiligte sich die Firma Te-Ka-De.[69]

10. Die Reichspost-Fernseh-Gesellschaft

Nachdem Ohnesorge mit der Forschungsanstalt der Deutschen Reichspost eine
Einrichtung geschaffen hatte, die mit Erfolg die technische Entwicklung des Fernsehens koordinierte und auch selbst entscheidende Impulse setzte, ging er daran,
der Post das Monopol künftiger Fernsehprogramme zu sichern. Er versuchte, den
Reichsminister der Finanzen als Verbündeten zu gewinnen. Allerdings verdankte
er so manchen Erfolg ganz offenbar der Sensibilität seiner Beamten, die ihn vor
Ungeschicklichkeiten zu bewahren vermochten. Die erfolgreiche Intervention
eines Mitarbeiters gegen einen Brief an den Finanzminister im Februar 1939 mag
als Beleg dafür dienen. Ohnesorge glaubte, seinen Anspruch unter Berufung auf
einen Führererlass vom 11. Dezember 1935 begründen zu müssen, mit dem ihm
die Verantwortung auf dem Gebiet des Fernsehwesens übertragen worden sei. Er
vergaß auch nicht, seine Verdienste bei der Gründung der Forschungsanstalt der
Reichspost in Erinnerung zu rufen. Sein Mitarbeiter Flanze hielt in diesem konkreten Fall eine solche Art der Argumentation für ausgesprochen kontraproduktiv und
konnte Ohnesorge davon überzeugen, den bereits ausformulierten Brief nicht abzu-
schicken.[70] Welche Wirkung dieser Brief gehabt hätte, lässt sich nicht sagen.
Jedenfalls startete am 1. Juni sein neues Unternehmen, die Reichspost-Fernseh-Gesellschaft, mit 129 Beschäftigten, von denen 91 allein für den Studiobetrieb eingesetzt waren. Sechs Mitarbeiter arbeiteten in der Reportageabteilung und 18 in der
Abteilung Technik. Die Verwaltung war mit 14 Arbeitskräften besetzt. Mit der Eintragung der „Reichspost-Fernseh-Gesellschaft mit beschränkter Haftung (RFG)" in
das Handelsregister erreichte Ohnesorge am 14. August 1939, zwei Wochen vor
dem Ausbruch des Zweiten Weltkrieges, auch formaljuristisch sein Ziel. Als Gesellschafter wurden der Präsident der Forschungsanstalt der Deutschen Reichspost,
Dipl.-Ing. Friedrich Gladenbeck, sowie Dipl.-Ing. Friedrich Stumpf aus Berlin in
die Urkunde aufgenommen. Der am 5. Dezember vorgelegte Haushaltsvoranschlag
sah für den Zeitraum vom 1. September 1939 bis zum 31. März 1940 Mittel in
Höhe von ca. zwei Millionen RM vor.[71]

---

[68] BArch, R 47.01 – 20809, Fernsehen, Allgemeines 1. 7. 1938 – 1940, 28. 8. 1940 – 1943,
Bl. 290.

[69] Ebd., Bl. 300.

[70] BArch, R 47.01 – 20815, Reichspostfernsehgesellschaft 3. 6. 1939 – 1940.

[71] Ebd.

4*

Ohnesorge war daran gelegen, der Reichspost über die Monopolstellung in Deutschland hinaus auch europaweit eine führende Position zu verschaffen. Schon 1938 trat sein Ministerium über das Auswärtige Amt an die finnische Regierung mit dem Angebot heran, die Fernsehtechnik bei den Olympischen Spielen 1940 „in großem Umfange einzusetzen". Am 15. Juni 1939 schloss das Organisationskomitee für die XII. Olympischen Spiele mit dem Beauftragten des Reichspostministers in Helsinki einen entsprechenden Vertrag ab.[72] Die Internationalisierung des neuen Mediums „Fernsehen" erlitt durch den Überfall Deutschlands auf Polen einen herben Rückschlag. So wurde eine im Rahmen der Schweizerischen Landesausstellung vom 4. bis 17. September 1939 in Zürich geplante Tagung „wegen der politischen Lage" auf unbestimmte Zeit verschoben. Die Physikalische Gesellschaft hatte bedeutende Physiker aus aller Welt eingeladen. Zu den Hauptreferenten der Sektion IV (Fernsehen) sollte auch Zworykin aus den USA gehören. Von deutscher Seite war die Teilnahme von Karl Kupfmüller von Siemens & Halske sowie von Fritz Schröter von Telefunken vorgesehen. Ardenne gehörte nicht zum Kreis der Eingeladenen.[73]

In Deutschland gab der Präsident des Reichspostzentralamts am 24. Oktober 1939 „mit Rücksicht auf die jetzigen Zeitverhältnisse" die Einstellung aller Planungen für den Bau von Fernsehsendern bekannt.[74] Im August 1940, zu einem Zeitpunkt, als in Deutschland der Staat sein Engagement bei der Entwicklung des Fernsehfunks schon deutlich reduziert hatte, weilte eine russische Delegation in Berlin, um sich ein Jahr nach Kriegsbeginn ein Bild vom Stand der Entwicklung zu verschaffen und das Interesse der Sowjetunion an der Übernahme der deutschen Norm zu bekunden.[75]

Ardenne erfüllte seinen Vertrag mit der Forschungsanstalt der Deutschen Reichspost im Jahre 1939 durch den Verkauf von elf Patenten an Telefunken für insgesamt 15.000 RM und die Abtretung einer Verwertungsoption an den Großkonzern „Radio Corporation of America", der den amerikanischen Markt für die kommerzielle Nutzung des Rundfunks beherrschte, für 500 US-Dollar. Die mit England angebahnten Patentgeschäfte zerschlugen sich bei Ausbruch des Krieges. Darüber hinaus veröffentlichte er fünf Arbeiten mit vertragsrelevantem Inhalt.[76] Als „indirekt" durch die Reichspost geförderte Arbeiten zählte er acht Publikationen auf, die sämtlich seinem neuen Hauptinteressenfeld gewidmet waren, der Elektronenmikroskopie.[77] Die Aufgabe der ehrgeizigen mittel- und langfristigen

---

[72] BArch, R 47.01 – 20813, Fernsehen auf Ausstellungen und Sonderveranstaltungen 1. 12. 1937 – 1939.

[73] BArch, R 47.01 – 20809, Fernsehen, Allgemeines 1. 7. 1938 – 1940, 28. 8. 1940 – 1943, Bl. 327 – 329.

[74] Ebd., Bl. 334.

[75] Ebd., Bl. 536.

[76] Ebd., Bl. 398 – 400.

[77] Ebd., Bl. 421 – 450.

Pläne der Reichspost schmerzte ihn wenig, stellten doch zukunftsträchtige Forschungsschwerpunkte, wozu neben die Elektronenmikroskopie zunehmend auch die Kernphysik rückte, neue und große Herausforderungen dar.

11. Aktuelle Debatten um Prioritäten

Einerseits hatte die Weltpremiere des vollelektronischen Fernsehens Ardenne zwar weltweit bekannt gemacht, andererseits jedoch keineswegs dazu geführt, dass er sich fortan nur noch mit diesem Gebiet beschäftigte. Darüber hinaus hatten die führenden Elektronikunternehmen keinerlei Interesse daran, den entscheidenden innovativen Impuls des Betreibers eines kleinen privat finanzierten Laboratoriums besonders zu würdigen. So kam es zu dem für Ardenne unbefriedigenden Zustand, dass sein Beitrag zur Entwicklung des Fernsehens bis in die 1960er Jahre hinein sowohl in der Fachliteratur, als auch in Ausstellungen der Industrie und in den einschlägigen Museen „oft übergangen" wurde. Erst Walter Bruch habe es sich in seinem 1967 erschienenen Buch „Kleine Geschichte des deutschen Fernsehens" erlauben können, schrieb Ardenne, „gegen die Interessen seines Konzerns stehende Wahrheiten offen auszusprechen".[78] Durch diese Veröffentlichung offenbar ermutigt, beklagte er sich in einem Brief an das Deutsche Museum in München darüber, dass dort die „wahre" Geschichte des Fernsehens nicht korrekt dargestellt werde. Der in München seit Ende der 1930er Jahre gezeigte Aufbau betone die Funktion der Steuerung der Bildlinien und unterdrücke u. a. den Breitbandverstärker von 1925 sowie die Kathodenstrahlröhre von 1929, monierte er. Oskar Blumtritt, Kurator am Deutschen Museum, beschäftigte sich 2004 erneut mit diesem Brief und der Frage, ob Ardenne zu recht die Priorität bei der Realisierung des vollelektronischen Fernsehens für sich beanspruchen dürfe. Blumtritt schreibt, dass Ardenne zwar in Fachaufsätzen und Büchern einräumte, der flyingspot-scanner eignete sich insbesondere für das „Telekino", also für die Wiedergabe zweidimensionaler Vorlagen, dennoch aber am Anspruch festhielt, der „Erfinder der ersten vollelektronischen Fernsehanlage" gewesen zu sein – eine Aussage, die weder wahr noch falsch sei. Blumtritt attestiert Ardenne jedoch, die bis dahin übliche und durchaus „problematische Unterscheidung zwischen Telekino und Fernsehen" überwunden zu haben.[79] Um Fernsehen nicht nur als „Telekino", sondern im Freien und buchstäblich bei jedem Wetter zu ermöglichen, galt es vor allem, hochempfindliche Aufnahmeröhren für die Kameras zu entwickeln. Dazu hat Ardenne in der Tat keine herausragenden Beiträge mehr geleistet. Dennoch zählte er auch weiterhin zu den führenden Exponenten der Rundfunk- und Fernsehtechnik. Seine zusammenfassende Darstellung „Die Kathodenstrahlröhre und ihre Anwendung in der Schwachstromtechnik" erschien erstmals 1933 und war 1939 noch so aktuell, dass eine englische Ausgabe aufgelegt wurde. Das 1935

---

[78] Nachlass, Urfassung der Autobiographie, Ordner 1, Bl. 77c.

[79] *Blumtritt*, The Flying-spot Scanner, S. 84–115.

erschienene Buch „Fernsehempfang" wurde schon ein Jahr später auch in England verlegt.

II. Sehen ohne Licht – die Elektronenmikroskopie

1. Die Anfänge

Fernrohr und Mikroskop hatten bereits in der Renaissance Einzug in die Wissenschaft gehalten. Mit diesen Hilfsmitteln konnten weit entfernte bzw. sehr kleine Gegenstände beobachtet werden. Am Ende des 19. Jahrhunderts schuf Ernst Abbe die theoretischen Grundlagen der mikroskopischen Abbildung. Danach ist die mit einem Mikroskop zu erreichende Vergrößerung umgekehrt proportional zur Wellenlänge des Lichtes. Erst im 20. Jahrhundert stellte sich die Frage, ob Blicke in den Mikrokosmos tatsächlich nur in traditioneller Weise mit Hilfe des lichtoptischen Mikroskops möglich sind. Zur Beschreibung des atomaren Geschehens hatten Erwin Schrödinger und Werner Heisenberg die Quantenmechanik entwickelt, eine praktikable Möglichkeit, um bewährte Begriffe aus der klassischen Physik wie Ort und Impuls, aber auch Welle und Teilchen, weiterhin verwenden zu können. Eine Konsequenz dieses Konzepts ist der so genannte „Welle-Teilchen-Dualismus", wonach das Elektron sowohl Teilchen- als auch Welleneigenschaften besitzt. In fruchtbarer Verallgemeinerung dieses Prinzips ordnete man später auch anderen atomaren Bausteinen mit einer von Null verschiedenen Ruhemasse, wie z. B. Ionen, eine Wellenlänge zu. Diese ist umgekehrt proportional zur Energie des Teilchens und für Elektronen sehr viel kürzer als die Wellenlängen des sichtbaren Lichts. Daraus folgt, dass mit einem Mikroskop, in dem anstelle von Licht Elektronenstrahlen zur Abbildung benutzt werden, theoretisch eine sehr viel stärkere Vergrößerung zu erreichen ist, als mit dem Lichtmikroskop, da die Wellenlängen der Elektronen etwa fünf Größenordnungen kleiner als die des Lichts sind.

Nicht Physiker gingen aber daran, diese neuen Einsichten ihrer Disziplin in die Praxis umzusetzen, sondern Elektrotechniker. Am 7. April 1931 führte Ernst Ruska das erste zweistufige Elektronenmikroskop vor. Eine Gasentladungsröhre lieferte Elektronen, die mit Spannungen bis zu 70.000 Volt beschleunigt und durch magnetische Linsen fokussiert werden konnten. Damit erzielte er eine zunächst bescheiden anmutende siebzehnfache Vergrößerung. Zusammen mit Max Knoll, dem Leiter einer Arbeitsgruppe am Elektrotechnischen Institut der Technischen Hochschule in Berlin-Charlottenburg, die sich eigentlich mit der Weiterentwicklung von Oszillographen beschäftigen sollte, reichte Ruska die Ergebnisse gemeinsamer Arbeit bei den „Annalen der Physik" ein. In dieser Veröffentlichung führten sie den Begriff „Elektronenmikroskop" in die wissenschaftliche Literatur ein. Zur Abgrenzung von der optischen Mikroskopie setzte sich für die Elektronenmikroskopie dann bald die Bezeichnung „Übermikroskopie" durch.

Einige Zeit später stieß mit Bodo von Borries ein außerordentlich fähiger Mann zu Ruska, der 1937 auch sein Schwager werden sollte. Im Frühjahr 1937 richtete die Firma Siemens & Halske AG in einem früher als Gewehrfabrik und Großbäckerei genutzten Gebäude in Berlin-Spandau ein Laboratorium für Übermikroskopie ein.[80] Unter Leitung von Ernst Brüche arbeitete auch die AEG an der Entwicklung eines Elektronenmikroskops. Im Gegensatz zu Ruska und Knoll setzte man dort aber auf Elektronen mit einer Energie von nur einigen hundert Volt und elektrostatische statt magnetische Linsen.[81]

2. Das Raster-Elektronenmikroskop

Neben den genannten Gruppen wandte sich auch Ardenne diesem neuen Gebiet der Elektronenphysik zu. Zunächst beschäftigte er sich mit den Abbildungsfehlern, die das Auflösungsvermögen der Elektronenmikroskope begrenzten. Um diese zu vermeiden, dürften die aus dem Untersuchungsobjekt austretenden Elektronen, so seine Überlegungen, nicht mehr mittels elektrischer bzw. magnetischer Linsen zur Abbildung herangezogen werden. Und wieder einmal löste er ein Problem auf völlig neue Weise. Nach eigenen Angaben fixierte er die spontane Idee eines zunächst vielleicht nicht einmal so bezeichneten „Raster-Elektronenmikroskops" innerhalb weniger Stunden am 16. Februar 1937.

Wie schon bei der Realisierung des vollelektronischen Fernsehens profitierte er zum einen von seiner intimen Kenntnis der bisherigen Entwicklungen, wodurch er wieder einmal auf dem aktuellsten Stand der Technik aufbauen konnte. Er selbst nannte an wichtigen Voraussetzungen vor allem die magnetische Polschuhlinse kurzer Brennweite, die Ruska und von Borries bereits Anfang der 1930er Jahre beschrieben hatten.[82] Zum anderen kam ihm neben der wissenschaftlichen Phantasie auch seine Risikofreude zugute. Er arbeitete nicht nur umgehend die theoretischen Grundlagen dieses neuartigen Abbildungsverfahrens aus, sondern baute und erprobte gemeinsam mit dem Physiker Herbert Reibedanz und seinem Freund, dem Glasbläser Emil Lorenz, innerhalb weniger Monate in seinem Laboratorium ein Versuchsmuster. So konnte er seiner Arbeit „Das Elektronen-Rastermikroskop. Theoretische Grundlagen", die im Juli 1938 in der „Zeitschrift für Physik" erschien, bereits erste Ergebnisse beifügen.[83] Schon die ersten Bilder deuteten auf einen entscheidenden Vorzug dieses Abbildungsverfahrens hin, die erstaunliche Tiefenschärfe. Die Funktionsweise dieses Geräts bedeutete eine völlige Abkehr von den grundlegenden Prinzipien der noch jungen Elektronenmikroskope, bei der das aus der optischen Mikroskopie bekannte Abbildungsverfahren im Grunde bei-

---

80 *Ruska*, Die frühe Entwicklung, S. 69.

81 Vgl. *Gloede*, Vom Lesestein zum Elektronenmikroskop, S. 172 – 182.

82 Vgl. *Ardenne*, Zur Geschichte der Rasterelektronenmikroskopie.

83 *Ardenne*, Das Elektronen-Rastermikroskop, S. 553 – 572.

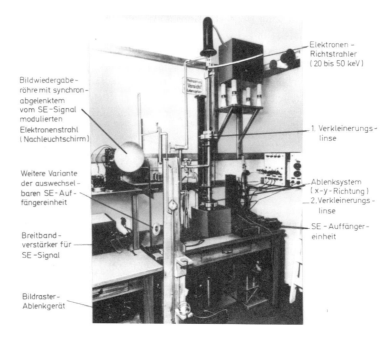

Elektronen –
Richtstrahler
(20 bis 50 keV)

Bildwiedergabe-
röhre mit synchron-
abgelenktem
vom SE-Signal
moduliertem
Elektronenstrahl
(Nachleuchtschirm)

1. Verkleinerungs-
linse

Weitere Variante
der auswechsel-
baren SE-Auf-
fängereinheit

Ablenksystem
(x-y-Richtung)
2. Verkleinerungs-
linse

Breitband-
verstärker für
SE-Signal

SE-Auffänger-
einheit

Bildraster-
Ablenkgerät

Abb. 6: Das erste Rasterelektronenmikroskop der Welt (1937)
und seine wichtigsten Funktionseinheiten.

behalten und „lediglich" die lichtoptischen durch elektronenoptische Baugruppen
ersetzt wurden. In beiden Fällen entsteht das vergrößerte Abbild eines geeigneten
Objekts dadurch, dass die von je einem Objektpunkt ausgehenden Licht- bzw.
Elektronenstrahlen gebrochene oder gekrümmte Wege durchlaufen und sich dann
wieder in jeweils einem Punkt treffen. Die beiden Bildpunkte haben nun allerdings
einen größeren Abstand voneinander, als die Objektpunkte. Bei diesem klassischen
Verfahren wird ein festgelegter Ausschnitt aus dem Objekt sofort und direkt im
Bild sichtbar.

Beim Raster-Elektronenmikroskop hingegen wird das Objekt Punkt für Punkt
mit einem extrem feinen Elektronenstrahl abgetastet, was eine gewisse Zeit dauert.
Die Vergrößerung entsteht bei diesem Verfahren dadurch, dass der „Empfänger",
der das Bild aufbaut, mit einem Vielfachen der Abtastgeschwindigkeit des Primär-
strahls bewegt wird. Neben der Konstanz des Verhältnisses dieser beiden Ge-
schwindigkeiten ist auch die Synchronisation der Zeilensprünge entscheidend für
das Ergebnis. Das Verfahren weist gewisse Ähnlichkeiten mit der Bilderzeugung
beim Fernsehen auf. Nicht zuletzt deshalb wohl veranschaulichte Ardenne auf
seiner ersten Skizze das Funktionsprinzip durch den Begriff „Bildtelegraphie"
und schloss andere als Elektronenstrahlen zur Bilderzeugung nicht aus. Ob er
am 16. Februar 1937 schon den Begriff „Elektronenrastermikroskop" verwendete

oder ihn später hinzufügte, ist nicht zu ermitteln und wohl auch nicht entscheidend. Die Skizze weist neben den gängigen transparenten Untersuchungsobjekten auch auf die Möglichkeit hin, die Topographie von Oberflächen nicht durchstrahlbarer Objekte abzubilden. Für diese Option sah Ardenne eine Sekundärelektronenverstärker mit Lenardfenster sowie einen Spitzenzähler nach Geiger vor, der bei langsamer Abtastung eingesetzt werden sollte.

Im ersten funktionsfähigen Rasterelektronenmikroskop tastete der fein fokussierte Elektronenstrahl mit einem Durchmesser von etwa einem zehntel Mikrometer das Untersuchungsobjekt zeilenweise ab und übertrug dessen vergrößertes Abbild auf eine rotierende Filmtrommel. Da es zu dieser Zeit noch keine genügend rauscharmen Verstärkersysteme gab, musste zunächst hochempfindliches Filmmaterial eingesetzt werden. Mit diesem Gerät gelang Ardenne der Durchbruch in den sublichtmikroskopischen Bereich.[84] Das Auflösungsvermögen in Zeilenrichtung gab Ardenne mit etwa vier Hunderstel Mikrometern an.[85] Der Dresdner Physiker Dietrich Schulze nennt dieses noch sehr einfache Mikroskop, bei allem Respekt vor dem Erfinder, ein elektronisches Schreibgerät.[86] Mit der Erfindung des Rasterelektronenmikroskops begann im Februar 1937 für Ardenne die ernsthafte Beschäftigung mit einer Technik, die bis zum Ende des Krieges etwa fünfzig Prozent der Kapazität seines Laboratoriums beanspruchte.[87]

Wenige Monate später besuchten Ruska und von Borries das Labor in Lichterfelde, um sich vor Ort das Gerät vorführen zu lassen.[88] Ein vertraulicher Aktenvermerk über diesen Besuch fiel Ardenne in der Sowjetunion in die Hände, als er Unterlagen der Forschungsabteilung von Siemens sichten konnte.[89] Dem Bericht zufolge reagierten beide bereits am 30. Juni 1937 auf die innovativen Ideen ihres Konkurrenten. Mit dem Argument der höheren Energiedichte des Feinstrahls beim Rastermikroskop begründeten sie dessen Unterlegenheit im Auflösungsvermögen. Die durch den Feinstrahl verursachte höhere thermische Belastung der Probe müsse sich, so ihr Fazit, auf das Auflösungsvermögen viel stärker auswirken als der chromatische Fehler beim Durchstrahlungsmikroskop.[90]

Auf dem Deutschen Physiker- und Mathematikertag in Baden-Baden hielt Ardenne am 16. September 1938 einen Vortrag über die „Praktische Ausführung" des Elektronen-Rastermikroskops. Er hob besonders seine „Elektronensonde mit einer Spitzenschärfe von 10^{-5} mm" zur Abtastung des Objekts hervor. Bereits am Tag darauf berichtete die „Deutsche Bergwerks-Zeitung" über das Elektronen-Raster-

---

84 *Pfefferkorn,* Das Rasterverfahren, S. 82.
85 *Ardenne,* Das Elektronen-Rastermikroskop, S. 553 – 572.
86 *Schulze,* Sehen, verstehen, gestalten, S. 26.
87 *Ardenne,* Sechzig Jahre, S. 143.
88 Nachlass, Gästebuch.
89 *Ardenne,* Reminiscenses on the Origins, S. 635 – 652.
90 Nachlass, Kasten Elektronen-Rastermikroskop.

mikroskop als „weitere Vervollkommnung der Elektronenmikroskopie". Neben einer ausführlichen Beschreibung des Funktionsprinzips wurden auch Anwendungsmöglichkeiten außerhalb der Elektronenmikroskopie erwähnt, wie z. B. die von Ardenne vorgeschlagene interessante Möglichkeit, bei biologischen Experimenten „in lebenden Zellen einzelne Teile" gezielt abzutöten.

„Bildtelegraphie aus dem Mikrokosmos" überschrieb die Reichsausgabe der „Kölnischen Zeitung" am 18. September 1938 ihren ausführlichen Beitrag über das „neue Rastermikroskop". Besonders betont wurde darin, dass dieses mit Unterstützung der Siemens & Halske AG gebaute Gerät nach der kurzen Entwicklungszeit von nur anderthalb Jahren bereits Bilder liefere, die „ein wesentlich höheres Auflösungsvermögen erkennen lassen, als es das Lichtmikroskop besitzt". Aber auch eine Reihe von Zeitschriften für die höheren Ansprüche technisch gebildeter Fachleute, wie die „Rundschau Deutscher Technik" und „Der Deutsche Techniker", berichtete ausführlich über Ardenne, seinen Vortrag in Baden-Baden und seine neueste Erfindung.[91] Gegen Ende des Jahres folgten ausführliche Darstellungen in den Zeitschriften „Der Naturforscher" und „Die Umschau in Wissenschaft und Technik", die unter Berufung auf die Ausführungen des Erfinders das Potential des fein fokussierten Elektronenstrahls auch außerhalb rein mikroskopischer Anwendungen betonten und übereinstimmend auf eine große Zukunft der „Elektronensonde als wissenschaftliches Forschungsmittel" hinwiesen.[92] Einen Beitrag im „Völkischen Beobachter" nutzte der Erfinder selbst zu einem Appell, der „übermikroskopischen Forschung – und zwar trotz der großen hierzu aufzuwenden Mittel" auch weiterhin „besondere aktive Aufmerksamkeit" zu schenken. Wohl Ernst Abbe und Zeiss Jena im Hinterkopf, nannte er die Entwicklung des Lichtmikroskops nicht ganz zutreffend „eine rein deutsche Angelegenheit" und verwies zu recht darauf, dass bislang die Elektronenmikroskopie „ausschließlich in Deutschland wirksam gefördert" werde.[93]

Siemens & Halske, bereits im Besitz der wichtigsten Patente für Elektronenmikroskope, sicherten sich 1937 durch einen Vertag mit Ardenne auch die Rechte am Rasterelektronenmikroskop. Der bis 1945 laufende Vertrag war mit der Auflage verbunden, dass Ardenne nicht auf dem Gebiet der konventionellen Elektronenmikroskopie tätig werden durfte. Der empfand „dieses auf Ruska zurückgehende Verbot" als Verstoß gegen die Regeln der „wissenschaftlichen Ethik" und entwickelte 1939 „heimlich das Universalelektronenmikroskop für Hellfeld-, Dunkelfeld- und Stereobetrieb". Diese Arbeiten wurden von Peter Adolf Thiessen gefördert, dem Direktor des Kaiser-Wilhelm-Instituts für Physikalische Chemie.[94] Die für eine Untersuchung von Oberflächen besonders geeignete Option seines Rasterelektronenmikroskops, bei der in oberflächennahen Schichten ausgelöste Sekundärelek-

---

91 Nachlass, Mappe 72.
92 Nachlass, Mappe 73.
93 Völkischer Beobachter vom 16. 5. 1939, S. 5.
94 Vgl. *Ardenne*, On the History, S. 1 – 21.

tronen zur Bilderzeugung verwendet werden, brach Ardenne vertragsgemäß zugunsten der Entwicklung des Raster-Transmissions-Elektronenmikroskops ab. Davon erhoffte man sich, trotz gegenteiligen Votums von Ruska und seinem Mitarbeiter von Borries, eine deutliche Verringerung des chromatischen Fehlers und somit die Chance, auch Proben größerer Dicke untersuchen zu können. Weil seine Elektronenmikroskope bei einem Luftangriff im Frühjahr 1944 zerstört wurden, konnte Ardenne diese Arbeiten nicht weit genug treiben. Erst etwa fünfundzwanzig Jahre später wurden vor allem in den USA und in England leistungsfähige Rasterelektronenmikroskope für die hochauflösende und analytische Mikroskopie entwickelt.[95]

Die Veröffentlichungen des Jahres 1938 zum Rasterelektronenmikroskop fielen mit dem zehnjährigen Bestehen seines Laboratoriums zusammen. Aus diesem Anlass gab Ardenne im Selbstverlag eine reich bebilderte Festschrift heraus. Dadurch vermochte er es, die Aufmerksamkeit der deutschen und ausländischen Presse auf zehn erfolgreiche Jahre als Unternehmer zu lenken. In der Aprilausgabe der Zeitschrift „Das Weltall" wurde auf sehr anschauliche Weise sein privates Laboratorium gewürdigt, das ein ganzes Haus vom Keller bis zum Dach ausfülle. Es sei „mit einer auf äußerste Zweckmäßigkeit berechneten Einrichtung" ausgestattet, schwärmte der Journalist, und mit einer Menge von Apparaten und Messeinrichtungen bestückt, „um die es viele Universitätsinstitute beneiden können".[96]

3. Das Universal-Elektronenmikroskop

Am 28. Juli 1939 beantragte Ardenne beim Präsidenten des Reichsforschungsrates einen „Sachkredit" in Höhe von 25.000 RM, um die in seinem Institut bereits vorhandenen Elektronenmikroskope weiter zu entwickeln und so zu qualifizieren, dass gemeinsam mit dem Kaiser-Wilhelm-Institut für physikalische Chemie und Elektrochemie geplante experimentelle Untersuchungen möglich würden.[97] Thiessen, der nicht nur das genannte Institut, sondern auch die Fachgliederung Chemie im Reichsforschungsrat leitete, unterstütze diesen Antrag mit der Begründung, dass die Elektronenmikroskope der Firma Siemens bislang nur eine 25.000-fache Vergrößerung erreicht hätten und eine Reihe von Abbildungsfehlern die Interpretation der Ergebnisse erschwerte. Darüber hinaus biete die Strategie von Siemens, kein „unabhängiges Gedankengut von anderer Seite" einfließen zu lassen, auch nicht die Gewähr, diese Mängel in absehbarer Zeit zu beseitigen. Ardenne sei aufgrund seiner Erfahrungen auf diesem Gebiet und zahlreiche Innovationen, wie „die Raster-Elektronen-Mikroskopie", und konkrete Maßnahmen zur „Steigerung des Auflösungsvermögens des magnetischen Elektronen-Mikroskopes", für ihn der ge-

---

95 *Schulze,* Sehen, verstehen, gestalten, S. 27.
96 Nachlass, Mappe 71.
97 BArch Abt. Koblenz, R73 / 10090.

eignete Partner, erklärte Thiessen, um auf „experimentell und theoretisch gesicherter Grundlage sehr bald zu einer Vervollkommnung des Instruments und zu fruchtbaren Ergebnissen" zu gelangen.[98] Da auch die Fachsparte Physik im Reichsforschungsrat, die Abraham Esau leitete, diese Meinung „in Bezug auf die Leistungsfähigkeit der Ardenneschen Apparatur gegenüber der von anderer Seite entwickelten" teilte, unterstützte auch sie diesen Antrag.[99]

Obwohl Ardenne am 22. September 1939 in einem Schreiben an die Deutsche Forschungsgemeinschaft erklärte, dass er nach dem Ausbruch des Krieges nicht mehr in der Lage sei, private Mittel in erforderlicher Höhe vorzustrecken,[100] wurden ihm zunächst nur 15.000 RM bewilligt. Darüber hinaus konnte keine Einigung darüber erzielt werden, welche Besitzansprüche an den mit diesen Mitteln gebauten Geräten, eines mit 80 kV und eines mit 300 kV Beschleunigungsspannung, der Deutschen Forschungsgemeinschaft übertragen werden sollten. Anders als bei staatlichen Forschungseinrichtungen erschien die vollständige Übertragung von Eigentum eines Privatlabors rechtlich nicht so ohne weiteres möglich. Erst im Juli 1941 einigte man sich schließlich darauf, dass von der Deutschen Forschungsgemeinschaft ausgewählte Wissenschaftler kostenlos die Elektronenmikroskope im Lichterfelder Labor nutzen durften und Ardenne bis zur Tilgung der Kredite die Hälfte aller Gewinne aus der Verwertung angemeldeter Schutzrechte an die Deutsche Forschungsgemeinschaft abführen musste.[101]

Von dieser Vereinbarung dürften neben den Mitarbeitern des Kaiser-Wilhelm-Instituts für physikalische Chemie und Elektrochemie auch die Wissenschaftler der Kaiser-Wilhelm-Institute für Biochemie und Biologie profitiert haben. Aber auch die Werkstoffwissenschaften lernten die Leistungsfähigkeit der Elektronenmikroskopie rasch schätzen. Im Oktober 1941 wandte sich Prof. Opitz, der Leiter des Laboratoriums für Werkzeugmaschinen und Betriebslehre an der TH Aachen, über die Deutsche Forschungsgemeinschaft an Ardenne, um die Untersuchung von Oberflächen hochbeanspruchter Maschinenteile zu vereinbaren, die für den Bau von Leichtmotoren von großer Bedeutung waren.[102] Die Biologen zeigten Interesse an der elektronenmikroskopischen Abbildung von Viren, wie z. B. des Erregers der Maul- und Klauenseuche,[103] sowie einzelner Moleküle.[104]

Thiessen berichtete dem Präsidenten des Reichsforschungsrates bereits im Januar 1940 darüber, dass er persönlich die verschiedenen damals verfügbaren Elektronenmikroskope in Augenschein genommen habe. „Das von Herrn von Ardenne entwickelte Instrument", schrieb er, müsse „als das leistungsfähigste be-

---

98 Ebd.

99 Schreiben vom 2. 9. 1939 (BArch Abt. Koblenz, R73 / 10090).

100 BArch Abt. Koblenz, R73 / 10090.

101 Ebd.

102 Ebd.

103 *Ardenne,* Versuche zur Abbildung, S. 531.

104 *Ardenne,* Abbildung feinster Einzelteilchen, S. 1.

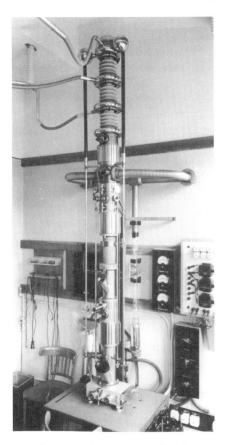

Abb. 7: Das von Ardenne gebaute Universal-Elektronenmikroskop
war Anfang der 1940er Jahre das leistungsfähigste Gerät weltweit.

zeichnet werden".[105] In einem wissenschaftlichen Gutachten vom 16. April 1940
ging Thiessen weniger auf die methodischen Aspekte ein. Er erwähnte zwar, dass
die bewilligten Mittel „zu einer sehr fruchtbringenden Entwicklung geführt" hätten, betonte angesichts der besonderen Anforderungen einer Kriegswirtschaft
jedoch stärker den erzielten Nutzen. Das neue Instrument, so führte er aus, habe
auf dem Gebiet der Katalyse und in der Kunststoffchemie zu Einsichten geführt,
„die sich jetzt für eine Reihe kriegs- und staatswichtiger Arbeiten entscheidend
auswirken".[106]

Ardenne hatte auf dem Gebiet der Standard-Durchstrahlungs-Elektronenmikro-
skopie einen deutlichen Vorsprung gegenüber dem Konkurrenten Siemens er-

---

[105] BArch Abt. Koblenz, R73 / 10090.
[106] Ebd.

reicht und die entscheidenden technischen Details durch Patente abgesichert. Dadurch war er in der Lage, mit Siemens in Verhandlungen einzutreten und die Bedingungen zu diktieren. Das Ergebnis war ein Zusatzvertrag, in dem die Entwicklung des Universal-Elektronenmikroskops nicht nur nachträglich gebilligt, sondern auch mit finanziert wurde. Ruska und von Borries sicherten sich damit das innovative Potential des erfolgreichen Ardenne.[107] Dennoch konnte das Auflösungsvermögen des Universal-Elektronenmikroskops bis zum Kriegsende von keinem anderen Gerät erreicht werden. Dieses Spitzengerät mit seinen vielfältigen Einsatzmöglichkeiten lockte die Berliner wissenschaftliche Prominenz in das Labor am Jungfernstieg und verhalf Ardenne zu wichtigen neuen Verbindungen. Als erster besichtigte im Dezember 1939 Max von Laue die Anlage. Ihm folgte Max Planck im Februar 1940. Gleichfalls 1940 erschien sein Buch „Elektronen-Übermikroskopie", das im Jahr darauf auch in den USA, Japan und der Sowjetunion verlegt wurde. Die Preußische Akademie der Wissenschaften zeichnete im Sommer 1941 die Pioniere der Elektronenmikroskopie mit der Silbernen Leibniz-Medaille aus. Zu den sieben Ausgezeichneten gehörte neben Ruska, von Borries und Knoll auch Ardenne.

4. Innovationsboom der frühen 1940er Jahre

Trotz der intensiven Betätigung auf diesem zukunftsträchtigen Gebiet, zogen Ardenne Fragen der Nachrichten- und Messtechnik immer wieder geradezu magisch an. Zusammen mit dem befreundeten Physiker Hans Erich Hollmann, einem Spezialisten für Kurzwellen, diskutierte er die Möglichkeit, mit dem von ihm entwickelten Polarkoordinaten-Oszillographen ein Panorama-Radargerät aufzubauen. Wenngleich Ardenne sich konsequent weigerte, an der Entwicklung von Waffen mitzuarbeiten oder gar neuartige Waffensysteme zu entwickeln, so war er durchaus nicht abgeneigt, Ressourcen auch aus Quellen zu beschaffen, die ganz eindeutig die Rüstungsproduktion speisten. Die Firma Loewe-Opta bekundete sofort Interesse an einem Projekt, dessen militärische Bedeutung allen Beteiligten so klar war, dass sie sich damit am 28. Oktober 1940 direkt an Göring wandten. Der jedoch lehnte den Vorschlag mit der Begründung ab, dass es sich um eine mehrjährige Entwicklung handele, „die sich nicht mehr lohne, denn der Krieg sei schon so gut wie gewonnen". Jahre später, als den deutschen Militärs ein ähnliches Gerät britischer Herkunft in die Hände fiel und „die ganze deutsche Physik von Dönitz zu seiner Bekämpfung aufgerufen" wurde, erinnerte man sich der Initiative von 1940 und zog auch Ardenne als technischen Gutachter zu Rate. Der konnte es sich nicht verkneifen, im schriftlichen Bericht auf den unbeachtet gebliebenen Vorschlag zu verweisen und sich damit die „eisige Zurückhaltung" bis dahin wohlwollender Politiker einzuhandeln.[108]

---

107 *Ardenne*, Sechzig Jahre, S. 148.
108 Nachlass, Urfassung der Autobiographie, Ordner 1, Bl. 114.

Die frühen 1940er Jahre wurden für Ardenne zu einer ungewöhnlich kreativen Phase. Mit erstaunlicher Energie und Einfallsreichtum führte er zahlreiche innovative Techniken in die Elektronenmikroskopie ein und erprobte bzw. überlegte völlig neuartige Möglichkeiten mikroskopischer Abbildungen.

Auf einem Kolloquium des Kaiser-Wilhelm-Instituts für physikalische Chemie und Elektrochemie führte Ardenne am 28. Oktober 1942 erstmals Filmstreifen elektronenmikroskopischer Beobachtungen von Sintervorgängen an Zement und Porzellan sowie zum Schmelzen von Uran vor. Thiessen sprach in seinen Begrüßungsworten davon, dass wohl selten ein Instrument für die Wissenschaft so wertvolle Früchte getragen habe, wie das beim Übermikroskop der Fall sei. Der Einsatz der neuen Technik reiche von der Grundlagenforschung bis in die „lebenswichtigen Fragen der aktuellen Kriegführung und Landesverteidigung".[109] Die deutschsprachigen Zeitungen vom Rhein bis an die Memel und von Wien bis Oslo feierten die Vorführung als Sensation. „Kinoaufnahmen mit dem Übermikroskop – neues deutsches Forschungsmittel im kriegswichtigen Einsatz" titelte das „Hamburger Tageblatt" am 4. November. Thiessens Hinweis, dass nunmehr „chemisch-physikalische Vorgänge untersucht werden können, deren Kenntnis von größter Kriegswichtigkeit" sei, verfehlte seine Wirkung nicht.[110]

Nur stichwortartig seien das Elektronen- und das Röntgenschattenmikroskop genannt, denen Siemens jedoch keinerlei Realisierungschancen einräumte, wie Ardenne später schrieb.[111] Ganz anders verhielt es sich mit dem Ionenmikroskop, das er selbst nirgends erwähnt, obwohl er 1943 versuchte, ein solches Gerät zu entwickeln. Nachdem Anfang 1943 die Entwicklung von Ionenquellen für die kernphysikalischen Großgeräte, das Zyklotron und den van de Graaff-Generator, abgeschlossen war, entschloss er sich, die dabei gewonnenen Erfahrungen für die Konstruktion einer Ionenquelle zu nutzen, die für den Betrieb eines Ionenmikroskops geeignet sein sollte. Um den hohen Anforderungen an die Oberflächenbeschaffenheit der Elektroden der elektrostatischen Linsen genügen zu können, errichtete er eine eigene Verchromungsanlage in seinem Institut. Mehrere Fremdfirmen hatten sich als unfähig erwiesen, die Elektroden in geforderter Qualität zu liefern.[112] Die Beseitigung von Schäden durch die Luftangriffe auf Berlin forderte ihn zeitweise so stark, dass er sich nicht ausschließlich auf die wissenschaftlichen Fragestellungen konzentrieren konnte. Weshalb er, der stets sehr großen Wert auf die Wahrung seiner Prioritätsansprüche legte, das Ionenmikroskop später keiner Erwähnung für wert befand, erscheint einigermaßen unverständlich. Schließlich gelang es dem amerikanischen Physiker Erwin Wilhelm Müller, mit dem Feld- Ionenmikroskop 1955 erstmals einzelne Atome sichtbar zu machen. Heute halten Ionenmikroskope, die bislang überwiegend in der Fehleranalyse und Modifikation

---

109 Preußische Zeitung (Königsberg) vom 4. 11. 1942.
110 Hamburger Tageblatt vom 4. 11. 1942.
111 Nachlass, Urfassung der Autobiographie, Ordner 1, Bl. 105.
112 Bericht vom 31. 12. 1943, BArch Abt. Koblenz, R73 / 10090.

moderner Mikrochips und mikromechanischer Systeme angewendet wurden, nach und nach auch Einzug in die Materialwissenschaften und die Biologie. In den modernen Geräten wird überwiegend das inzwischen klassisch zu nennende Grundprinzip des Rasterelektronenmikroskops angewandt.

Vor allem dank der nachdrücklichen Unterstützung durch Thiessen erhielt Ardenne zwischen Juli 1939 und Februar 1945 vom Reichsforschungsrat Kredite in Höhe von mindestens 189.000 RM – in Einzelmargen zwischen 10.000 und 25.000 RM.[113] Bemerkenswert sind dabei vor allem drei Zahlungen in den letzten Monaten des „Dritten Reiches", als ihm zwischen dem 20. Februar und dem 17. April 1945 insgesamt 43.500 RM überwiesen wurden.[114] Dieses Geld musste auch im Chaos des untergehenden NS-Staates sachgerecht ausgegeben werden. Der im so genannten „Nero-Befehl" von Hitler am 19. März 1945 ausgegebenen Direktive, die Lebensgrundlagen des deutschen Volkes zu zerstören, setzte Ardenne unbeirrt die Weiterarbeit an den zentralen Themen seines Labors und Planungen für die Zeit nach dem Krieg entgegen. Noch am 6. Februar 1945 erstellte Thiessen ein positives Gutachten zur „Fortsetzung von Sonderentwicklungen", ohne auf Einzelheiten einzugehen.[115]

D. McMullan vom Cavendish Laboratory der Universität Cambridge, der dort 1952 mit einer Arbeit zu den Konstruktionsprinzipien von Elektronenmikroskopen promoviert wurde, brachte 1988 eine überaus kreative Phase im Schaffen Manfred von Ardennes auf den Punkt. In einem Aufsatz hob er hervor, dass Ardenne innerhalb von nur sieben Jahren, von denen er übrigens nur eines dem Rasterelektronenmikroskop widmete, einen größeren Beitrag zur Entwicklung der Elektronenmikroskopie leistete, als viele andere in einem ganzen Wissenschaftlerleben.[116]

III. Kernphysikalische Interessen im „Dritten Reich"

1. Der Reiz des Neuen

Ob Ardenne die weit reichenden Konsequenzen der Entdeckung der Kernspaltung im Dezember 1938 sofort überblickte, darf zu Recht bezweifelt werden, hatte er sich doch bis dahin nicht mit den Problemen der Atomphysik beschäftigt. Ein Aufsatz von Siegfried Flügge in der „Deutschen Allgemeinen Zeitung" vom 15. August 1939, in dem die Bedeutung der Kernspaltung in leicht verständlicher Form dargelegt wurde, regte ihn dazu an, nach Möglichkeiten zu suchen, sich das

---

[113] BArch Abt. Koblenz, personenbezogene Unterlagen des ehemaligen Berlin Document Center zu Manfred von Ardenne.

[114] BArch Abt. Koblenz, R73 / 10090.

[115] BArch Abt. Koblenz, R73 / 10090 (6. 2. 1945).

[116] *McMullan,* Von Ardenne, S. 283 – 288.

neue Phänomen auf die ihm gemäße Weise der praktischen Betätigung zu erschließen. Er suchte im Umfeld von Otto Hahn nach Verbündeten, um bei offiziellen Stellen Mittel für den Aufbau einer experimentellen Basis der Kernphysik zu erwirken. Dabei dachte er zunächst daran, sich direkt an Göring zu wenden, von dem er sich am ehesten eine wirksame Unterstützung versprach. Doch Prof. Philipp, damals Mitarbeiter Hahns, hielt nichts von einem solchen Vorgehen, das die zuständigen Instanzen der Kaiser-Wilhelm-Institute überging.[117] Zugang zum engeren Zirkel der deutschen Kernphysiker erhielt Ardenne folglich nicht. Er wandte sich deshalb Ende 1939 mit einem Schreiben an den Reichspostminister Ohnesorge, in dem er auf die „ungeheure Bedeutung der Hahn- und Strassmann'schen Entdeckung, sowie auf die Möglichkeit und Gefahr einer Uranbombe" ebenso hinwies wie auf die „Tragweite des Fehlens leistungsfähiger Atomumwandlungsanlagen für die zukünftige kernphysikalische Forschung".[118] Ohnesorge lud daraufhin Ardenne zu einem persönlichen Gespräch ein. Dieser nutzte die Gelegenheit, seine Vorstellungen über einen Einstieg in die aussichtsreiche neue physikalische Disziplin der Kernphysik sehr detailliert vorzutragen. Resultat des ausführlichen Vortrags war ein „Zusatzvertrag" mit dem „Erfinder" Manfred von Ardenne, der die „Entwicklung von Verfahren und Anlagen auf dem Gebiet der Atomzertrümmerung im Ardenne-Labor" einleitete. Der Reichspostminister genehmigte diese Vereinbarung bereits am 17. Januar 1940. Der Vertrag scheint in ziemlicher Eile abgeschlossen zu sein, wie die wenig präzisen Vorstellungen der Beteiligten über den Vertragsgegenstand vermuten lassen.

Mit diesem Zusatzvertrag dehnte Ardenne seine von der Reichspost finanzierten Forschungen auf das junge Gebiet der Kernphysik aus. Der Vertrag enthielt die Verpflichtung des Erfinders, Aufträge der Deutschen Reichspost „für die technische Entwicklung von Verfahren und Anlagen auf dem Gebiet der Atomzertrümmerung zu übernehmen und nach besten Kräften auszuführen, sowie diese technische Entwicklung aus eigenem Antrieb für die Interessen des Reiches zu fördern und zu betreiben".[119] Dafür gewährte das Ministerium einen einmaligen Zuschuss von 40.000 RM, mit dem Ardenne den Bau einer „1 Millionen Volt van de Graaff-Anlage" finanzierte, ein so genannter Linearbeschleuniger, der als Neutronengenerator arbeitete.[120] Schon die ersten Teilchenbeschleuniger in der Geschichte der Physik erwiesen sich nicht nur als große und komplizierte, sondern auch als kostspielige Forschungsmittel. Im Jahre 1942 konnte der Beschleuniger fertig gestellt werden.

Da das Prinzip des Linearbeschleunigers keine allzu großen Teilchenenergien gestattet, stellte Ardenne noch 1940 erste Überlegungen an, einen so genannten Kreisbeschleuniger zu bauen. Er entschied sich für den bekanntesten Vertreter die-

---

[117] Nachlass, Urfassung der Autobiographie, Ordner 1, S. 115.

[118] Ebd., S. 116.

[119] BArch, R 47.01 – 20827, Physikalische Sonderfragen 28. 12. 1940 – 1944.

[120] Nachlass, Urfassung der Autobiographie, Ordner 1, S. 116.

ses Typs, das Zyklotron, mit dem wesentlich höhere Teilchenenergien erreichbar waren. 1941 schloss die Forschungsanstalt der Deutschen Reichspost mit Ardenne einen weiteren Vertrag ab, der die Errichtung eines „Cyclotron-Labors der Deutschen Reichspost" vorsah.[121] Dieses Labor sollte auf einem Grundstück errichtet werden, das möglichst unmittelbar neben dem Grundstück Ardennes in Berlin-Lichterfelde lag. Diese für ihn optimale Lösung hatte Ardenne in den Vorabsprachen durchsetzen können. Die Kosten für den Erwerb des Grundstücks sowie für den Bau des Labors, einschließlich des Beschleunigers, übernahm die Reichspost, die ihr Risiko aber dadurch minimierte, dass sie sich nicht zur Ausführung des Projekts verpflichtete. Ardenne übernahm es, „unverzüglich" die Konstruktion und die technische Ausgestaltung des Zyklotrons „bis in alle Einzelheiten und bis zum 30. 6. 1942 so zu entwerfen, daß die werkstattmäßige Herstellung möglich ist". Die Anlage wurde für Deuteronen, die Kerne eines schweren Isotops des Wasserstoffs, einer Energie von mindestens sieben MeV ausgelegt. Der Vertrag räumte Ardenne im Weiteren großzügige Rechte ein, die bis hin zur Verwendung der Anlage für eigene wirtschaftliche Zwecke reichten. Der Reingewinn allerdings sollte beiden Vertragspartnern zu gleichen Teilen zugute kommen. Im Paragraph 11 des Vertrages verpflichtete sich Ardenne zur Geheimhaltung aller mit seinen Arbeiten an der Zyklotron-Anlage zusammenhängenden Tatsachen Dritten gegenüber. Das galt auch für seine Mitarbeiter, die gleichermaßen zur Geheimhaltung zu verpflichten waren. Ardenne haftete der Deutschen Reichspost gegenüber für die Verletzung dieser Bestimmungen durch sich und seine Mitarbeiter – eine Haftung, die sich auf einen Zeitraum von sechs Monaten nach einer eventuellen Kündigung des Vertrages erstreckte. Ohnesorge genehmigte diesen Vertrag erst am 1. März 1941, obwohl als Vertragsbeginn der 1. Januar 1941 vereinbart war. Ein realistisches Gespür für die Größenordnung des Projekts einerseits, aber auch phantastische Vorstellungen von der Lebensdauer des „Tausendjährigen Reiches" andererseits, spiegeln sich im Paragraphen 13 wider. Hier wurde eine Laufzeit des Vertrages bis zum 31. Dezember 1950 festgeschrieben, „falls er nicht 1 Jahr vorher verlängert wird". Das Institut auf dem Nachbargrundstück des Ardenne-Labors erhielt die offizielle Bezeichnung „Kernphysikalisches Institut des Reichspostministeriums Berlin-Lichterfelde-Ost". Mit dem Argument, dass bei einem Zyklotron besondere Maßnahmen erforderlich seien, um den Strahlenschutz des Bedienpersonals gewährleisten zu können, setzte Ardenne den Bau großer unterirdischer Betonbunker durch. Bei der Errichtung der Bunker kamen auch Häftlinge des KZ-Außenlagers Lichterfelde zum Einsatz. In diesem Außenlager des KZ Sachsenhausen brachte die SS ab Juni 1942 zunächst zwischen 500 und 700 Gefangene aus verschiedenen europäischen Ländern unter, die im Vergleich zu anderen Lagern schonender behandelt wurden. Darüber hinaus trugen die Lagerinsassen nicht ausschließlich Häftlingsbekleidung, sondern mitunter auch Zivilkleidung, so dass sie sich äußerlich nicht von normalen Arbeitern unterschieden. Sie wurden in verschiedenen Firmen im Einzugsbereich der Außenstelle eingesetzt.[122] Mit ihrer Hilfe konnten die

---

[121] BArch, R 47.01 – 20827, Physikalische Sonderfragen 28. 12. 1940 – 1944.

Bunker für das Zyklotron und andere wichtige Experimentiereinrichtungen Ende 1942 fertig gestellt werden, gerade noch rechtzeitig vor den ersten Luftangriffen, die dennoch größere Schäden verursachen sollten.

Obwohl ihm vertraglich lediglich die Benutzung der Anlage und des Laboratoriums für eigene Zwecke zugesichert war, trat Ardenne im Schriftverkehr als Leiter dieser Einrichtung auf, merkt Thomas Stange kritisch an.[123] Es gibt jedoch keinerlei Hinweis darauf, dass der Minister sich veranlasst gesehen hätte, daran Kritik zu üben. Mit der Konstruktion und dem Aufbau eines 60-Tonnen-Zyklotrons konnte Ardenne allerdings erst 1943 beginnen. Warum er darüber hinaus den Bau eines weiteren kernphysikalischen Instituts der Reichspost in Miersdorf bei Zeuthen anregte, ist unklar.[124]

Die Freisetzung von Energie aus dem Atomkern auf dem Wege der Kernspaltung setzt eine von Neutronen getragene und sich selbst erhaltende Kettenreaktion voraus. Diese Voraussetzungen schienen zunächst nur beim Uranisotop mit der Massenzahl 235 erfüllt zu sein, das aber im natürlichen Uran nur in der sehr geringen Menge von 0,71 Prozent enthalten ist. Es dominiert das Isotop mit der Massenzahl 238. Um die Energie des Uran-235 nutzen zu können, musste das störende Uran-238 abgetrennt werden. Die Trennung verschiedener Isotope ein und desselben Elements ist nun aber mit den Methoden der chemischen Verfahrenstechnik prinzipiell unmöglich. Es galt, physikalische Trennverfahren zu entwickeln. Alle in Betracht kommenden Phänomene (wie z. B. Diffusion, elektromagnetisches Feld, Zentrifugalkraft) erwiesen sich im Vergleich mit den chemischen Verfahren als technologisch außerordentlich aufwendig und wenig effektiv, wie sich schon bei den ersten konzeptionellen Studien herausstellte.

Nach Absprachen mit Friedrich Gladenbeck, dem Präsidenten der Forschungsanstalt der Deutschen Reichspost, wurde ein weiterer Zusatzvertrag mit Ardenne abgeschlossen, der die Aufnahme von Arbeiten zur Isotopentrennung zum Gegenstand hatte. Dieser Zusatzvertrag trat am 1. April 1942, dem Tag der Genehmigung durch Ohnesorge, in Kraft.[125] Um dem Laboratorium des Herrn von Ardenne „eine ab 1. 2. 42 wesentlich verstärkte Entwicklungstätigkeit auf kernphysikalischem Gebiet zu ermöglichen", wie es hieß, wurden zusätzliche Mittel bewilligt. Dadurch standen Ardenne für diese Aufgaben 1942 insgesamt 65.000 RM zur Verfügung. In der Begründung verwies das Ministerium am 14. März 1942 auf das Votum des Forschungsrates, der festgestellt hatte, dass die „US-Amerikaner" dem Deutschen Reich auf diesem Gebiet „offenbar weit voraus sind". Es sei nicht absehbar, „welche Überraschungen möglich sind, wenn wir in dieser Richtung im Rückstand bleiben".[126] Mit aller Deutlichkeit wurde die „außerordentliche Kriegswichtigkeit der

---

122 Vgl. *Leutner*, KZ-Außenlager, S. 28.

123 Vgl. *Stange*, Institut X, S. 20–24.

124 *Ardenne*, Erinnerungen fortgeschrieben, S. 201.

125 BArch, R 47.01–20827, Physikalische Sonderfragen 28. 12. 1940–1944, Bl. 130 f.

126 Ebd., Bl. 127.

kernphysikalischen Forschungsarbeiten" betont. Dieser Hinweis war deshalb so wichtig, weil Beschaffungsprobleme 1941 den planmäßigen Fortgang der Arbeiten behindert hatten. Es fehlte die so genannte „SS-Dringlichkeit".

Erst gegen Ende 1941 gelang es der Forschungsanstalt der Reichspost, diesen für die Beschaffung von Material und anderen Ressourcen so wichtigen Status für ihre kernphysikalischen Forschungen zu erlangen. Mit der formalen Erteilung eines Forschungsauftrages „Arbeiten auf dem Gebiete der Kernphysik" durch den Reichsminister der Luftfahrt und Oberbefehlshaber der Luftwaffe vom 8. Oktober 1941 erhielt das Amt für physikalische Sonderfragen endlich die „SS-Dringlichkeit". Im Gegenzug verpflichtete sich die Forschungsanstalt der Deutschen Reichspost, „die Versuchs- und Forschungsergebnisse auf dem Gebiet der Kernphysik [...] der Forschungsführung des Reichsministers der Luftfahrt und Oberbefehlshabers der Luftwaffe zur Kenntnis zu übermitteln".[127] Auf dieser Grundlage erhielt Kurt Diebner vom Kaiser-Wilhelm-Institut für Physik Anfang Juni 1942 die als geheim eingestufte Arbeit Ardennes „Über einen neuen magnetischen Isotopentrenner für hohen Massentransport" sowie bereits Anfang April einen Bericht über die „Absorption langsamer Neutronen in seltenen Erden und in Cadmium".

Im November 1942 verfügte der Präsident der Forschungsanstalt der Deutschen Reichspost die Verlängerung der Verträge und Zahlung von Sonderbeihilfen, da „Herr von Ardenne die aus den bisherigen Verträgen erwachsenen Verpflichtungen ordnungsmäßig erfüllt" hat.[128] Dazu gehörte die Umrüstung der Van-de-Graaff-Anlage, die auf Wunsch des Kaiser-Wilhelm-Instituts für Chemie so verändert wurde, dass sowohl Deuteronen, als auch Elektronen beschleunigt werden konnten. Auf dem Gebiet der magnetischen Isotopentrennung lag der Schwerpunkt auf der Entwicklung geeigneter Ionenquellen. Für das Jahr 1943 standen Ardenne für die kernphysikalischen Arbeiten 17 Mitarbeiter zur Verfügung. Er musste keinerlei Beschränkung dieses Potentials befürchten. Oberpostrat Hartwig schätzte als zuständiger Sachbearbeiter ein, „daß sie ihm erhalten bleiben" würden bzw. dass die Zahl der Mitarbeiter „gegebenenfalls noch vergrößert werden kann."[129] Wie in der Vergangenheit immer wieder praktiziert, packte Ardenne auch die Isotopentrennung energisch und in möglichst großer Breite an. Er beauftragte 1942 seinen Mitarbeiter Fritz Houtermans, über die Möglichkeit nachzudenken, Uranisotope mit einer Ultrazentrifuge zu trennen. Seine Ergebnisse legte Houtermans in Form einer Aktennotiz „über den Zusammenhang zwischen Trennfaktor, Druckverhältnis und Transport in der Ultrazentrifuge" vor, wobei er den konkreten Fall von Uranhexafluorid durchrechnete.[130] Mit Unterstützung der Reichspost wurde zu dieser Zeit auch schon experimentell an der Entwicklung einer Ultrazentrifuge gearbeitet.[131]

---

[127] Ebd., Bl. 133–134.
[128] Ebd., Bl. 135–137.
[129] Ebd., Bl. 135.
[130] Nachlass, Ordner Kernphysik 1.
[131] BArch, R 47.01–20827, Physikalische Sonderfragen 28. 12. 1940–1944, Bl. 136.

Dafür wurden 1943 genau 34.463 RM ausgegeben, obwohl ursprünglich nur 19.000 RM genehmigt worden waren. Für 1944 wurde ein Bedarf von 34.000 RM anerkannt.[132] Die Arbeiten waren aber offenbar noch nicht so weit fortgeschritten, dass weitergehende finanzielle Forderungen zu begründen gewesen wären.

Abb. 8: Einbringen des Magneten für das 60-Tonnen-Zyklotron
in den Bunker.

Houtermans, „eine faszinierende Persönlichkeit mit großem Intellekt und Wiener Charme, voller Ideen und Humor, Vertreter des emanzipierten Bürgertums der 20er Jahre des vorigen Jahrhunderts", so Konrad Landrock, war „sowohl ein Physiker von internationalem Rang als auch ein glühender Gegner des Nationalsozialismus", und seit dem 1. Januar 1941 Mitarbeiter im Laboratorium von Ardenne.[133] Bis zu seiner Verhaftung durch den sowjetischen Geheimdienst im Rahmen der großen stalinistischen Säuberung 1937 gehörte Houtermans zu den Intellektuellen, die voller Bewunderung auf die „revolutionäre Umwandlung des feudalen Russland" blickten und nicht zuletzt deshalb auch Mitglied der KPD wurden.[134] Seine schwärmerische Neigung für den Kommunismus hatte ihn über England nach Charkov geführt, wo er von 1935 bis zu seiner Verhaftung als wissenschaftlicher Mitarbeiter am Ukrainischen Physikalisch-Technischen Institut tätig war. Am

132 BArch, R 47.05–22994, Reichspostministerium, Forschungsanstalt der Deutschen Reichspost, Haushaltmittel für das Fernmeldewesen, Allgemeines (Bereitstellungen für Bauvorhaben und Beschaffungen 1941–1944).

133 *Landrock*, Friedrich Georg Houtermans, S. 187–199.

134 Ebd.

2. Mai 1940 wurde er vom NKVD an die Gestapo übergeben. Max von Laue war es schließlich, der ihn an Ardenne vermittelte. Dieser wiederum brachte den Mut auf, einen auch in Deutschland vorübergehend inhaftierten Regimekritiker einzustellen. Im Herbst 1941 gehörte Houtermans dann einer Wissenschaftlergruppe um Kurt Diebner an, die in der Ukraine nach Verwertbarem für die deutsche Kernphysik fahndete.

Wenn auch das Amt für physikalische Sonderfragen Ardenne die „ordnungsmäßige Erfüllung" seiner vertraglichen Verpflichtungen bescheinigte, so bedeutete das keineswegs, dass die Arbeiten zur Erweiterung der kernphysikalischen Grundausstattung planmäßig verliefen. Besondere Schwierigkeiten bereitete der Bau eines Kurzwellensenders für das Zyklotron. Nachdem einige potentielle Hersteller erklärt hatten, dazu nicht in der Lage zu sein, trat im Dezember 1942 die Berliner C. Lorenz AG mit der Zusicherung auf den Plan, den Sender Ende 1943 zu liefern, wenn ihr die benötigten Dringlichkeitsatteste erteilt und darüber hinaus 16 zusätzliche Arbeitskräfte für die Fertigung bewilligt würden.[135] Die Lieferung des großen Magneten erwartete Ardenne im Februar oder März 1943. Der vom 1. Januar bis zum 31. Dezember 1943 gültige Vertrag weist einen Finanzumfang von insgesamt 155.000 RM aus, die sich wie folgt zusammensetzten: 35.000 RM gemäß Vertrag von 1938, 65.000 RM für die Fortführung der bisherigen „kriegswichtigen Arbeiten" und 55.000 RM Sonderforschungsbeihilfe für neue Aufgaben.

Neben der Montage, dem Abgleich und der Inbetriebnahme des Zyklotrons hatte Ardenne mit diesen Geldern die Van-de-Graaff-Anlage zu betreiben und die Entwicklung von Ionenquellen kontinuierlich fortzusetzen. Darüber hinaus sollte eine Anlage zur Isotopentrennung nach dem elektromagnetischen Verfahren fertig gestellt werden, die aufgrund der geringen Feldstärke des verwendeten Magneten den Charakter einer Laboranlage besaß. Das umfangreiche Aufgabenspektrum wurde durch die Forderung komplettiert, ein Massenspektrometer in Betrieb zu nehmen sowie zwei neue Indikator-Laboratorien mit je zwei bis drei Messplätzen einzurichten.[136] An einer raschen Inbetriebnahme des Zyklotrons war besonders Fritz Houtermans interessiert, dem für seine Messungen im Zusammenhang mit der Abschätzung des Energieverbrauchs bei der Isotopentrennung nur die schwachen natürlichen Strahlquellen zur Verfügung standen.

Obwohl Ohnesorge bereit war, der kernphysikalischen Forschung ausreichende Mittel zur Verfügung zu stellen, konnten diese zunächst bei weitem nicht ausgeschöpft werden. Eine Zusammenstellung des Reichspostministeriums weist für das Rechnungsjahr 1941 Ausgaben in Höhe von 83.928,53 RM für die Einrichtung der Laboratorien für physikalische Kernforschung aus. Weitere 100.000 RM an genehmigten Mitteln konnten nicht verbraucht werden. Im Jahre 1943 gestaltete sich die Bilanz des Reichspostministeriums sehr viel günstiger. Von den bereit-

---

[135] BArch, R 47.01 – 20827, Physikalische Sonderfragen 28. 12. 1940 – 1944, Bl. 138 – 139.

[136] Ebd., Bl. 147 f.

gestellten 1.201.564 RM konnten immerhin 1.152.184 RM ausgegeben werden. Auch für 1944 plante das Ministerium mit 1.219.780 RM Ausgaben in gleichem Umfang.[137] Unklar ist allerdings, ob in diese Bilanzen die Kosten für die Beseitigung der Bombenschäden zweier Luftangriffe einflossen, von denen die Laboratorien in Lichterfelde betroffen waren. Der erste schwere Luftangriff erfolgte am 1. März 1943. Kurz zuvor hatte Ardenne „alle wertvollen Apparate des Laboratoriums, die wichtigsten in arbeitsfähigem Zustand" sowie die gesamte Wohnungseinrichtung in einem Bunker unterbringen lassen.[138] Dadurch hielten sich die Schäden in Grenzen, für deren Kompensation ihm das Reichspostministerium im Dezember einen Betrag von 50.000 RM zusagte.[139] Der zweite Luftangriff am 24./25. März 1944 richtete trotz umfangreicher Vorsorgemaßnahmen beträchtlichen Schaden an, den Ardenne mit etwa 200.000 RM bezifferte. Diesmal reagierte das Ministerium umgehend und sicherte ihm am 30. März einen Betrag von 150.000 RM zu.[140]

Ardenne setzte unter diesen schwierigen äußeren Umständen bewusst auf eine Intensivierung der fachlichen Arbeit. Rückblickend stellte er fest, dass „Physik und Elektronik [uns] während der Angriffe so sehr [beschäftigten], dass keine Zeit zum Nachdenken über die Gefahren des Augenblicks blieb".[141] Bezeichnend für sein Drängen auf Beschleunigung des Aufbaus der experimentellen Grundausstattung ist wohl auch ein Schreiben an den „hochverehrten Herrn Reichspostminister Ohnesorge" vom 1. Juni 1944, in dem er darum bat, 60.000 RM der zugesagten Hilfe für die Beseitigung von Bombenschäden direkt an einen Nachauftragnehmer in Thüringen zu überweisen, da dieser nicht in der Lage sei, die Fertigung dringend benötigter Ersatzteile für das Zyklotron vorzufinanzieren.[142]

Ein Teil dieser Strategie des intensiven Forschens als Mittel gegen die Angst war die Forcierung der Arbeiten an einem leistungsfähigen magnetischen Massentrenner mit einem Magneten von zwei Tonnen Gewicht, einem ringförmigen Trennmagnetfeld und zentral angeordneter Plasma-Dampf-Ionenquelle. Genau dieses Verfahren sollte 1945 zum zentralen Thema seiner Mitwirkung an der Entwicklung der sowjetischen Atombombe werden.[143]

Trotz der Verpflichtung zur Geheimhaltung konnten auch einige Publikationen zu kernphysikalischen Fragestellungen erscheinen. Houtermans veröffentlichte 1941 in den „Annalen der Physik" als Mitteilung aus dem Laboratorium Manfred von Ardenne seine Arbeit „Über den Energieverbrauch bei der Isotopentren-

---

137 BArch, R 47.05–22994, Reichspostministerium, Forschungsanstalt der Deutschen Reichspost, Haushaltmittel für das Fernmeldewesen, Allgemeines (Bereitstellungen für Bauvorhaben und Beschaffungen 1941–1944).

138 Nachlass, Urfassung der Autobiographie, Ordner 1, S. 122.

139 BArch, R 47.01–20827, Physikalische Sonderfragen 28. 12. 1940–1944.

140 Ebd.

141 Nachlass, Urfassung der Autobiographie, Ordner 1, S. 127.

142 BArch, R 47.01–20827, Physikalische Sonderfragen 28. 12. 1940–1944.

143 Nachlass, Urfassung der Autobiographie, Ordner 1, S. 132.

nung".[144] Bereits 1942 publizierte Ardenne eine Arbeit zum magnetischen Massentrenner, dessen Entwicklung aber erst 1945 abgeschlossen werden konnte. Die Anlage war mit einer Plasma-Ionenquelle ausgestattet und wurde mit Lithium-Isotopen erprobt. Bis 1945 erschienen aus dem Lichterfelder Laboratorium weitere Arbeiten auf dem Gebiet der Kernphysik, darunter die als „Mitteilung aus dem Laboratorium Manfred von Ardenne" ausgewiesene theoretische Abhandlung von Houtermans „Zur Frage der Auslösung von Kern-Kettenreaktionen". Anlass dieser Überlegungen war die Frage, ob es Alternativen zu den technologisch anspruchsvollen und wenig effektiven physikalischen Verfahren zur Trennung der Uranisotope geben könne. Dazu müsste das bislang als „störend" empfundene Uran-238 in ein anderes Element umgewandelt werden. Houtermans konnte zeigen, dass mit Hilfe thermischer Neutronen aus dem Isotop Uran-238 ein Element mit der Massenzahl 239 gewonnen werden könnte, das ebenso wie Uran-235 zu einer sich selbst erhaltenden Kettenreaktion fähig sein müsste. Später wurde dieses Element „Plutonium" genannt. Da das Verhältnis von Uran-238 zu Uran-235 im natürlichen Uran, wie bereits erwähnt, etwa 140 zu 1 beträgt, ließe sich auf diese Weise tatsächlich auch das Uran-238 zur Gewinnung von Energie aus dem Atomkern nutzen. Am Ende seiner Abhandlung verwendete Houtermans die Begriffe „Brennstoff" und „Explosivstoff", allerdings ohne jede weitere Erläuterung.[145] Diesen im August 1941 entstandenen Geheimbericht seines Haustheoretikers sandte Ardenne an die Creme der deutschen Kernphysik.[146] Nahezu zeitgleich meldete Carl Friedrich von Weizsäcker eine Plutoniumbombe zum Patent an.[147]

Als alleiniger Autor veröffentlichte Ardenne 1943 in der „Zeitschrift für Physik" seine Arbeit „Über eine Atomumwandlungsanlage für Spannungen bis zu 1 Million Volt", in der er den Van-de-Graaff-Generator als Neutronenquelle beschrieb. Auch der bereits erwähnte Geheimbericht der Forschungsanstalt der Deutschen Reichspost vom 12. April 1942 „Über einen neuen magnetischen Isotopentrenner für hohen Massentransport" weist ihn als alleinigen Autor aus. Gemeinsam mit Fritz Bernhard publizierte er 1944 in der „Zeitschrift für Physik" eine Arbeit zur Methode der Aktivierungsanalyse mit Neutronen, die den Titel „Ein physikalisches Verfahren zur Bestimmung geringer Kohlenstoffzusätze in Eisen" trug. Seine zusammenfassende Darstellung „Die physikalischen Grundlagen der Anwendung radioaktiver oder stabiler Isotope als Indikatoren" konnte 1944 im Springer-Verlag erscheinen, nachdem Abraham Esau als Beauftragter für Kernphysik des Reichsforschungsrates durch Walter Gerlach abgelöst worden war. Esau habe „mit Hilfe

---

[144] Nachlass, Korrespondenz mit Wissenschaftlern bis 1965, Ordner I-K.

[145] *Houtermans,* Fritz: Zur Frage der Auslösung von Kern-Kettenreaktionen (Nachlass, Ordner Kernphysik 1).

[146] Ardenne selbst nannte später die Namen Flügge, Geiger, Hahn, Harteck, Heisenberg, Mattauch, Philipp, Strassmann, Walcher und von Weizsäcker (Nachlass, Ordner Kernphysik 1).

[147] *Karlsch,* Hitlers Bombe, S. 75.

einer Kontrollstelle im Propagandaministerium", so Ardenne, das Erscheinen des Buches über ein Jahr lang erfolgreich verhindert.[148]

Allerdings hatte dieser Publikationserfolg auch seinen Preis. Im Vorwort schrieb Ardenne: „Besonders verpflichtet bin ich dem *Reichspostminister* (im Original kursiv gesetzt, d. Verf.) für die Förderung unserer Forschungsarbeit".[149] Nannte er den Namen Ohnesorge tatsächlich nicht, weil es ihm, wie er später behauptete, „nicht angängig" schien, „den Namen eines nationalsozialistischen Reichsministers in einer Schrift zu nennen, die erst nach Beendigung des Krieges zur Kenntnis der weiteren Fachkreise kommen konnte"?[150] Nicht auszuschließen ist aber auch, dass der Postminister in dem „Fauxpas" eine günstige Gelegenheit erblickte, die langjährige Zusammenarbeit zu beenden. Über wachsende Differenzen oder gar ein sich anbahnendes Zerwürfnis finden sich nirgends irgendwelche Belege, sieht man einmal von der bereits erwähnten Kritik des Jahres 1938 ab, als sich Ohnesorge unzufrieden mit Ardennes Engagement für die Fernsehtechnik zeigte. Die heftige Reaktion des Ministers hatte Ardenne aber wohl doch nicht einkalkuliert. Dieser ließ ihm durch Gladenbeck übermitteln, dass er ab sofort als „persona ingrata" gelte und sämtliche Verträge zum nächstmöglichen Zeitpunkt gekündigt würden. Nächstmöglicher Zeitpunkt für die Beendigung der Zahlungen war der 31. Dezember 1945. Der damit verbundene Verlust von etwa 200.000 RM an jährlicher Forschungsförderung beunruhigte Ardenne so sehr, dass er den Bruch mit dem Reichspostministerium seinen Mitarbeitern gegenüber bis zum Kriegsende verschwieg.[151] Dank der bedingungslosen Kapitulation Hitlerdeutschlands im Mai 1945 blieb die Kündigung der Verträge allerdings folgenlos. Das Buch wurde übrigens 1948 vom Nobelpreisträger des Jahres 1958, Ilja Mihailovič Frank, in Moskau in russischer Sprache herausgegeben.

Beginnend mit dem Herbstsemester 1943 hielt Ardenne an der Berliner Universität wöchentlich eine zweistündige Vorlesung über „Konstruktion und Bau von Anlagen der Elektronen- und Korpuskelphysik" mit Demonstrationen und Übungen. In ihrem Antrag an das Ministerium begründete die Mathematisch-Naturwissenschaftlich Fakultät den Wunsch, ihn „mit der Universität in festere Verbindung zu bringen" mit der besonderen Stellung, die sich „Baron von Ardenne im wissenschaftlichen Leben erarbeitet" habe. Seine Leistung läge vor allem in der Schaffung von Hilfsmitteln für die Forschung. Darin seien „seine Fähigkeiten und Verdienste so einmalig, daß der Wunsch, ihn in den Lehrkörper einzugliedern, berechtigt erscheint." Als die Luftangriffe auf Berlin sich häuften, führte er die Lehrveranstaltung in den unterirdischen Betonbunkern der Lichterfelder Laboratorien durch. „Trotz der Ungunst der Zeit hatte er einen Stamm interessierter Zuhörer", schrieb Friedrich Herneck.[152]

---

[148] Nachlass, Urfassung der Autobiographie, Ordner 1, S. 131.

[149] *Ardenne,* Die physikalischen Grundlagen.

[150] Nachlass, Urfassung der Autobiographie, Ordner 1, S. 135.

[151] Ebd.

2. Die „Nichtentwicklung" einer deutschen Atombombe

Es gibt wohl nur wenige Ereignisse in der Geschichte der Menschheit, die sich gerade deshalb eines ungebrochenen Interesses erfreuen, weil sie niemals stattfanden. Immer wieder wird die Öffentlichkeit mit neuen Erkenntnissen konfrontiert, die eine sechs Jahrzehnte alte Frage letztlich doch wieder einmal nicht beantworten: Wollten die deutschen Physiker die Atombombe nicht entwickeln, oder konnten sie es nicht? Statt eine Antwort zu geben, zementieren die Historiker ihre unterschiedlichen Auffassungen. Einigkeit besteht darüber, dass die deutschen Physiker und Ingenieure nicht mit aller Energie an der Entwicklung einer Atombombe arbeiteten. Ließen sie es an Eifer mangeln, weil sie die Bombe für physikalisch unmöglich hielten, oder weil sie Hitler solch eine Waffe nicht in die Hände geben wollten? Für jede dieser beiden alternativen Deutungen lassen sich gute Gründe anführen. Es geht letztlich darum, auf welcher Stelle einer Skala die Akteure von damals einzuordnen sind – der Skala, die von der Kollaboration mit den Nazis an dem einen Ende bis hin zu aktivem Widerstand am anderen Ende reicht. Spätestens nach dem ersten Einsatz der Atombombe war klar, dass es sich nicht um eine Waffe im bisherigen Sinne handelte, mit der gegnerische Truppen bekämpft werden, sondern um ein Massenvernichtungsmittel. Dessen Einsatz war unvermeidlich mit der Tötung einer vorher nicht denkbaren Anzahl von Unschuldigen verbunden. Lothar Fritze geht in seiner moralphilosophischen Untersuchung der Bedingungen, unter denen das Leben Unschuldiger geopfert werden kann, um das Leben anderer zu retten, auch auf den Fall völkerrechtlich gerechtfertigter Verteidigungskriege ein. Seine Schlussfolgerung, dass ein Aggressor „auch unter Inkaufnahme der Tötung von Zivilisten" bekämpft werden darf, versieht er allerdings mit der Einschränkung, dass die „Verhältnismäßigkeit" gewahrt werden müsse.[153] Damit benennt er das Dilemma, in dem sich vor allem die Politik sieht, das aufzulösen aber auch alle diejenigen umtreibt, die an der Entwicklung derartiger Waffensysteme arbeiteten. Widerstand oder wissenschaftlicher Irrtum – die Protagonisten der einen Lesart gehen dabei mitunter sehr ruppig mit den Anhängern der anderen Interpretation der schriftlichen Quellen und der Aussagen von Zeitzeugen um.

Die zentrale Figur in diesem Streit ist der Nobelpreisträger Werner Heisenberg, dem die Schlüsselposition in der Frage einer möglichen Nutzung der Kernenergie im „Dritten Reich" zugeschrieben wird. Auf den Punkt gebracht, besteht die „Lesart Nr. 1" in der zentralen Behauptung, Heisenberg habe sein Wissen um die Realisierbarkeit einer Bombe bewusst verschwiegen, um sie zu verhindern. Einer der exponiertesten Vertreter dieser Sicht ist Thomas Powers, der seine Auffassung in dem 1993 in Hamburg auch in deutscher Sprache erschienen Buch „Heisenbergs Krieg. Die Geheimgeschichte der deutschen Atombombe" entwickelte und begründete. Die konträre Sicht, nämlich dass Heisenberg einem fundamentalen Irrtum er-

---

[152] *Herneck,* Manfred von Ardenne, S. 34 f.

[153] *Fritze,* Die Tötung Unschuldiger, S. 199. Vgl. dazu auch *Höffe,* Zur Ethik des Atomzeitalters, S. 282–298.

lag und deshalb die Bombe für physikalisch unmöglich hielt, verficht mit starkem persönlichen Engagement Paul Lawrence Rose, dessen Buch „Heisenberg und das Atombombenprojekt der Nazis" knapp zehn Jahre später, nämlich 2001, ebenfalls in deutscher Sprache erschien. Rose fällt ein vernichtendes Urteil über Powers umfassendes Werk. „Die Verbindung von naturwissenschaftlicher und kulturgeschichtlicher Ignoranz macht das gesamte Buch zu einem wissenschaftlichen Fiasko", heißt es dort auf Seite 104. Gitta Sereny sieht anhand eines Vergleichs der veröffentlichten Erinnerungen Albert Speers mit den Zeugnissen aus seinem Nachlass wesentliche Fakten als widerlegt an, die Powers Argumentation stützen.[154] Auch John Cornwell geht in seinem 2003 erschienenen Buch „Hitler's Scientists" ausführlich auf die zwiespältige Rolle Heisenbergs im „Dritten Reich" ein. Er betont dabei besonders die Tatsache, dass Heisenberg nach dem Krieg „für den Rest seines Lebens eine isolierte Figur" gewesen sei.[155]

Die schönen Künste haben sich dieser Kontroverse ebenfalls angenommen. Michael Frayn schrieb ein Theaterstück mit dem schlichten Titel „Kopenhagen", das seit der deutschen Erstaufführung im Februar 2001 auf vielen Bühnen zu sehen ist. „Kopenhagen" wurde mit Preisen bedacht und von einigen Rezensenten, überwältigt von den Dimensionen des Problems und der Komplexität des Stückes, noch über Brechts „Galilei" und Dürrenmatts „Physiker" gestellt. In diesem Stück werden verschiedene Möglichkeiten einer Begegnung von Werner Heisenberg und Niels Bohr im September 1941 in Kopenhagen durch gespielt, bei der, so die zentrale These des Autors, die Entwicklung der Atombombe in Deutschland und den USA im Mittelpunkt gestanden habe. Die Schlüsselfrage beantwortet Frayn nach einer intensiven Auseinandersetzung mit der umfangreichen Literatur folgendermaßen: „Das Denken der Deutschen hatte, was die praktischen Zielsetzungen angeht, beim Reaktor haltgemacht; es gab keinerlei Bestreben, darüber hinaus die Möglichkeit von Waffen ins Auge zu fassen."[156]

Auf der Grundlage bislang unzugänglicher Dokumente aus russischen Archiven konnte Rainer Karlsch 2005 zeigen, das die Physiker der Heeresversuchsanstalt in Gottow unter der Leitung von Kurt Diebner bei ihren Experimenten mit dem Kernreaktor deutlich weiter kamen als Heisenberg mit seinen Mitarbeitern. Walter Gerlach, seit 1944 offizieller Leiter der deutschen Kernforschung, stand an der Spitze eines Kreises von Akteuren, die nach Karlsch in den letzten Kriegsmonaten in heftige Aktivitäten verfielen, um dem Führer in letzter Minute doch noch die Wunderwaffe präsentieren zu können. Mit der These, dass die Deutschen im März 1945 im thüringischen Ohrdruf eine Zwei-Phasen-Kernwaffe testeten, deren „Strahlenwirkung vergleichbar einer Neutronenwaffe" gewesen sei, begibt sich der Autor allerdings eindeutig in das Reich des Spekulativen.[157] In den Medien entbrannte eine

---

[154] *Sereny*, Albert Speer, S. 382 – 386.
[155] *Cornwell*, Hitler's Scientists, S. 415.
[156] *Frayn*, Kopenhagen, S. 116.
[157] Vgl. *Karlsch*, Hitlers Bombe, S. 235.

kontroverse Debatte, die leider nicht immer von ausreichender Sachkompetenz getragen war.[158]

Der Name Manfred von Ardenne taucht in allen Darstellungen und Debatten um die deutsche Kernphysik im „Dritten Reich" auf. Nicht nur deshalb, weil er sich nach der Entdeckung der Kernspaltung, wie bereits ausgeführt, sofort für kernphysikalische Fragestellungen interessierte und in seiner zupackenden Art auch umgehend daran ging, sich grundlegende Experimentiereinrichtungen zu schaffen, sondern viel mehr als Kronzeuge für einen fundamentalen Irrtum Heisenbergs. Carl Friedrich von Weizsäcker hatte ihn nämlich bei einem abendlichen Besuch schon Anfang 1942 davon unterrichtet, dass er und Heisenberg eine explosiv ablaufende Kettenreaktion für unmöglich hielten. Der Wirkungsquerschnitt für die Kernspaltung des Urans, so argumentierte sie, nehme bei den zu erwartenden hohen Temperaturen so stark ab, dass die Kettenreaktion von selbst zum Stillstand kommen müsse. Für die Plausibilität einer solchen Schlussfolgerung spricht die Tatsache, dass die Temperatur eines Urankerns nach dem Einfang eines langsamen Neutrons immerhin einen Wert von etwa sechs Milliarden Grad Celsius erreicht.[159] Das sind Temperaturen, an die sich die Physiker damals erst einmal gewöhnen mussten, so dass Extrapolationen in diese Bereiche mit großen Unsicherheiten behaftet waren. „In diesem Irrtum blieben Heisenberg und von Weizsäcker bis zum Tag von Hiroshima befangen", schrieb Ardenne noch in der letzten von ihm selbst redigierten Ausgabe seiner Autobiographie.[160]

Nicht nur die Sorge um ihren Ruf als Physiker veranlasste Heisenberg und seinen Freund Weizsäcker, der Erinnerung Ardennes vehement zu widersprechen, sie hätten geglaubt, dass eine Atombombe nicht möglich sei, und die Kernkettenreaktion nur in einer Uranmaschine ausgenutzt werden könne, bei der die Temperaturen relativ niedrig blieben. Diesen wissenschaftlichen „Irrtum von großer Tragweite" machte Ardenne 1955 öffentlich, was ihm „Herr von Weizsäcker, mit dem bis dahin freundschaftliche Beziehungen bestanden, leider nachgetragen" habe. Dieser habe nach dem Massaker von Hiroshima offiziell erklärt, dass die Atombombe in Deutschland bewusst nicht in Angriff genommen worden sei, um sie Hitler vorzuenthalten.[161] Mit dieser Behauptung stellten beide nicht nur klar, dass eventuelle Vorwürfe, an der Entwicklung des bis zu diesem Tage furchtbarsten Massenvernichtungsmittels in der Geschichte der Menschheit gearbeitet zu haben, völlig fehl adressiert wären, sondern sie statt dessen eher zum Kreis derjenigen zu zählen seien, die totalitären Versuchungen in der Nazizeit zu widerstehen wussten. Einer solchen Deutung der eigenen Rolle im „Dritten Reich" stand die Erinnerung

---

[158] Zu den löblichen Ausnahmen gehörte ein Beitrag von *Ulf von Rauchhaupt,* der unter der Überschrift „Basteln an Hitlers Bombe" in der Frankfurter Allgemeinen Sonntagszeitung vom 13. 3. 2005 erschien (S. 69 – 70).

[159] Vgl. z. B. *Richter,* Kernreaktionen, S. 61 – 106.

[160] *Ardenne,* Erinnerungen fortgeschrieben, S. 200.

[161] Nachlass, Urfassung der Autobiographie, Ordner 1, S. 116 f.

Ardennes entgegen. Sowohl Heisenberg als auch Weizsäcker versuchten, ihre Glaubwürdigkeit dadurch zu erhöhen, dass sie vorgaben, ihr Wissen vor Ardenne geheim gehalten zu haben, da sie diesem zutrauten, eine „große Propaganda für die Atombombenherstellung" zu entfachen. Das schrieb Heisenberg 1966 und begründete seinen Verdacht damit, dass Ardenne „an einer gewissen Geltung in der Öffentlichkeit, an groß angelegter Organisation und an Einfluß auf Regierungsstellen gelegen war".[162] Weizsäcker konnte sich später „gar nicht daran erinnern", jemals eine Atombombe für „nicht möglich" gehalten zu haben. Sollte er sich genau so geäußert haben, wie Ardenne es berichtet, so nur, um ihn von Schritten abzuhalten, die „dieser sonst unternommen hätte".[163] Es ist nur allzu verständlich, dass ihr Vater die ersten Veröffentlichungen der erstaunten Reaktionen der in Farm Hall internierten deutschen Kernphysiker über den Einsatz der beiden amerikanischen Atombomben als Beweis für die Wahrheit seiner öffentlichen Äußerungen zu Heisenbergs Irrtum auffasste, erinnern sich Thomas und Alexander von Ardenne.[164] Immer wieder habe er das Urteil Otto Hahns zitiert, der Heisenberg am Abend des 6. August 1945 „zweitklassig" nannte, weil er es nicht für möglich hielt, dass die Amerikaner tatsächlich eine Atombombe bauen konnten.[165] Weizsäcker gestand allerdings zumindest ein, die Sorge der deutschen Physiker sei es schon bald nicht mehr gewesen, Atombomben entwickeln zu müssen, „denn wir sahen, dass wir es nicht konnten". Es habe sie in Farm Hall in der Tat „ganz ungeheuer verblüfft", dass die Amerikaner „es gekonnt haben".[166] Mit dem „nicht können" der Deutschen meinte Weizsäcker in seinen Erinnerungen an Heisenberg wohl nicht nur physikalische und technologische Defizite, sondern auch politische und ethische Hemmschwellen. Er habe unmittelbar nach der Entdeckung der Kernspaltung begriffen, dass der Menschheit die Gefahr droht, sich selbst zu vernichten, wenn sie es nicht lernt, „die Institution des Krieges zu überwinden".[167]

Die kontroverse Interpretation von Heisenbergs Agieren, für die hier stellvertretend Powers und Rose stehen, erweist sich solange als nicht auflösbares Dilemma, wie man glaubt, es gebe immer nur die eine Wahrheit. Beide sehen sich durch die Veröffentlichung von Dokumenten aus dem Bohr-Archiv im Februar 2002 in ihren Positionen bestärkt. Die „Wahrheit" liegt wohl eher zwischen den beiden Extremen. Wenn Heisenberg darauf versessen gewesen wäre, die Bombe zu bauen, so hätten sein scharfer Verstand und das disziplinierte Denken des Ausnahmephysikers ihn früher oder später seinen Irrtum hinsichtlich des Wirkungsquerschnitts und der kritischen Masse erkennen lassen. Das hat er ja dann auch in Farm Hall innerhalb einer Woche bewiesen. Sein Ehrgeiz auf dem Gebiet der praktischen An-

---

[162] Vgl. *Rose*, Heisenberg, S. 75.

[163] Ebd., S. 76.

[164] Gespräch mit Dr. Thomas und Dr. Alexander von Ardenne am 21. 1. 2005.

[165] Vgl. *Hoffmann*, Operation Epsilon, S. 147.

[166] *Weizsäcker*, Große Physiker, S. 326.

[167] Ebd., S. 325.

wendung kernphysikalischer Erkenntnisse könnte doch auch darauf gerichtet gewesen sein, die Kernkettenreaktionen möglichst als Erster wirklich zu beherrschen statt ihr ausgeliefert zu sein. Das wäre überdies ein sehr viel höherer Anspruch, als „lediglich" eine atomare Explosion hervorrufen zu wollen. Der Weg über eine kontrollierte Kettenreaktion ließ, das schien er zumindest bis zu den Ereignissen von Hiroshima und Nagasaki zu glauben, die Option einer Bombe ebenso zu, wie die eines Reaktors zur Energiegewinnung. Heisenberg hätte demnach den Bau einer deutschen Atombombe weder bewusst hintertrieben, noch hätte er mit aller Energie darauf hin gearbeitet.

Nach der Aussöhnung mit Carl Friedrich von Weizsäcker, die dessen Bruder Richard als amtierender Bundespräsident 1986 in die Wege leiten konnte, verließ Ardenne seine bisherige Argumentationslinie vom fundamentalen Irrtum Heisenbergs und unterstützte die These vom „bewussten Verschweigen" der Kenntnisse über die Physik der Bombe. „Die Notlüge der Physiker" überschrieb „Die Welt" vom 8. Mai 1993 eine Rezension des Buches von Thomas Powers aus der Feder Ardennes. Darin nennt dieser die frühere Behauptung, dass die Wirkungsquerschnitte bei sehr hohen Temperaturen kleiner würden, eine „gezielt irreführende Aussage" von Heisenberg und Weizsäcker. Geschickt nutzte er diese Gelegenheit, auf seine eigenen Leistungen zu verweisen. Er selbst habe, so schrieb er in diesem Zeitungsbeitrag, zehn Jahre später in der Sowjetunion „fast ausschließlich mit deutschen Spezialisten" beweisen können, dass „in Wirklichkeit Deutschland in der Lage gewesen wäre, die Entwicklung industrieller Verfahren zur Gewinnung von Kernbrennstoffen durchzuführen". Als Beweis für diese Behauptung betrachtete er offensichtlich den in der Sowjetunion tatsächlich erbrachten Nachweis, in Magnetfeldern ausreichender Stärke auch ausreichende Mengen von waffenfähigem Uran-235 separieren zu können. Übrigens war es nicht ganz einfach, diese Kehrtwende in die Öffentlichkeit zu tragen. So hatte „Die Zeit" die Veröffentlichung dieser Rezension abgelehnt, wie Ardenne in einem Brief an Wolf Graf von Baudissin bedauernd feststellte.[168]

Es bedarf ohnehin nicht des Hinweises auf die „Lösung des Problems" durch die deutschen Spezialisten in der Sowjetunion, um Zweifel an dem Potential der Physiker und Ingenieure zu zerstreuen, die nach dem Machtantritt Hitlers nicht ins Exil gingen. Der Exodus zahlreicher Spitzenwissenschaftler hatte Deutschland beileibe nicht gänzlich seiner Elite beraubt. Wie die spätere Verbreitung von Kernwaffen zeigte, waren auch Länder zu deren Bau und Entwicklung fähig, deren Voraussetzungen hinsichtlich des wissenschaftlichen und technologischen Niveaus sowie auch der wirtschaftlichen Potenz keinesfalls besser gewesen sein dürften als diejenigen Deutschlands in den 1940er Jahren. Zweifellos ist eine erhöhte Sensibilität moralisch integrer Wissenschaftler in einem verbrecherischen System bei allen rückblickenden Interpretationsversuchen in Rechnung zu stellen. Dennoch wäre wohl die Bombe in Deutschland gebaut worden, hätte es an den Schaltstellen des

---

polykratischen Machtapparates genügend einflussreiche Männer mit hinreichender Fachkompetenz gegeben.

Ardenne fällte Ende der 1980er Jahre ein geradezu salomonisches Urteil über die in Deutschland gebliebenen Kernphysiker: „Mit Dankbarkeit kann gegenüber dem Schicksal festgestellt werden, dass Zurückhaltung, Irrtümer und Zufälle ernste Initiativen zur Entwicklung einer Atombombe in Deutschland verhinderten".[169] In der Politik haben „geistige Begrenztheit und Wissenschaftsfeindlichkeit der damaligen Machthaber" dazu geführt, das Potential einer Kernwaffe zu ignorieren. „In diesem Fall zum Glück für die Menschheit", schrieb er im Juni 1988 an Rolf Hochhuth, den ebenfalls die Frage umtrieb, warum Deutschland keine Atombombe gebaut hatte.[170]

3. Zeitzeuge am Rande des Geschehens

Zu dem kleinen Kreis von Physikern, die sich am 16. September 1939 zum „Uranverein" zusammenschlossen und unter Federführung des Heereswaffenamtes über die Nutzung der Kernenergie nachdachten – bis hin zur Möglichkeit und Machbarkeit einer Atombombe – sowie die weiteren Forschungen zur Kernspaltung koordinierten, fand Ardenne keinen Zugang. Kurt Diebner, Referent für Kernphysik des Heereswaffenamtes, beauftragte Erich Bagge, der nach dem Krieg über zwei Jahrzehnte lang als Professor an der Universität Kiel Kernphysik lehrte, die Teilnehmer an der Gründungsversammlung auszuwählen. Bagge stellte für Diebner im Handumdrehen eine Liste mit neun Namen zusammen, auf der so bedeutende Physiker wie Walther Bothe, der 1954 gemeinsam mit Max Born den Nobelpreis für Physik erhalten sollte, Siegfried Flügge, Hans Geiger, Otto Hahn, Paul Harteck, Werner Heisenberg und Josef Mattauch standen. Diebner habe die Teilnahme der Theoretiker Heisenberg und Flügge für unnötig gehalten und sie von der Liste gestrichen, erinnerte sich Bagge später.[171] Auch für die entscheidende Konferenz am 26. Februar 1942 im Harnack-Haus der Kaiser-Wilhelm-Gesellschaft in Berlin, auf der ein Reaktor als Hauptziel des Uranprojekts definiert wurde, erhielt Ardenne keine Einladung. Heisenberg, der inzwischen eine führende Rolle im „Uranverein" einnahm, hielt im Harnack-Haus einen Vortrag über die theoretischen Grundlagen für die Energiegewinnung aus der Uranspaltung, den Rose als „Missverständnis des grundlegenden Prinzips einer Atombombe" interpretiert.[172]

In der Urfassung seiner Autobiographie schrieb Ardenne auch über sein spontanes Interesse an dem Phänomen der Kernspaltung und der Möglichkeit von

---

169 *Ardenne*, Sechzig Jahre, S. 163.
170 Nachlass, Korrespondenz mit Wissenschaftlern ab 1981, Ordner Ho.
171 *Bagge*, Keine Atombombe für Hitler, S. 27–49.
172 Vgl. *Rose*, Heisenberg, S. 202 ff.

Kettenreaktionen mit lawinenartig wachsender Anzahl von Spaltneutronen. Bei Besuchen in Dahlem und Lichterfelde habe er 1940 sowohl Otto Hahn als auch Werner Heisenberg die Frage vorgelegt, wie viel Gramm des reinen Uran-235 zur Entfesselung einer „momentan", d. h. explosionsartig ablaufenden Kernkettenreaktion benötigt würden. „Mir wurde geantwortet: ‚Wenige Kilogramm'." Es sei technisch durchaus möglich, Mengen von einigen Kilogramm U-235 mit Hilfe hochgezüchteter magnetischer Massentrenner herzustellen, habe er seinen Gästen erklärt. Allerdings müsste man sich dazu entschließen, die Möglichkeiten der großen Elektrokonzerne für den Bau solcher Geräte einzusetzen, die übrigens gerade in seinem Labor konzipiert würden. „Es kam", so resümierte er bei der ersten Niederschrift der Ereignisse der 1940er Jahre, „– aus heutiger Sicht betrachtet glücklicherweise – nicht zu einem gemeinsamen Schritt in dieser Richtung".[173]

Ist die damalige Sicht von der „heutigen" so grundsätzlich verschieden? Hätte er es damals abgelehnt, sich für eine deutsche Atombombe zu engagieren? Auf diese Frage geben die Autoren der zahlreichen Publikationen über die kernphysikalischen Ambitionen im „Dritten Reich", wie auch im Fall von Werner Heisenberg, durchaus unterschiedliche Antworten. Klaus Hoffmann schrieb in seiner Biographie Otto Hahns, dass Ardennes Begeisterung für die Atomforschung „bald durch moralische Bedenken gedämpft" worden sei und schreibt diesen Sinneswandel dem denkwürdigen Gespräch mit Max Planck vom 2. Februar 1940 zu.[174] Für Karlsch hingegen war Ardenne bis zum Kriegsende einer der Ideengeber des Reichspostministers in allen Fragen der kernphysikalischen Forschung, der sein Interesse an der Entwicklung einer Atombombe niemals wirklich aufgab.[175] Er stützt seine These u. a. auf Planungen vom Frühjahr 1942 zum Bau einer elektromagnetischen Trennanlage, mit der etwa ein Zehntelgramm Uran-235 pro Stunde erzeugt werden sollte.[176] Mit einer solchen Leistung hätte die Anlage allerdings länger als ein Jahrzehnt kontinuierlich betrieben werden müssen, um die für eine Bombe notwendige Menge zu produzieren. Ardenne selbst charakterisierte seine Stellung in der Kernphysik als eine „gewisse Zurückgezogenheit" und begründete diese damit, dass sich sein Laboratorium „nicht zufällig" vor allem „mit Themen der Grundlagenforschung" beschäftigte.[177] Eine solche Beschränkung entsprach so gar nicht seinem Wissenschaftsverständnis, demzufolge Forschung immer auch die Anwendung im Blick haben müsse. In der „Indikatorenmethode" fand er schließlich eine Anwendungsmöglichkeit seiner Arbeiten jener Jahre. Die Markierung wie der Nachweis „bestimmter Atome oder Elemente" schrieb er im Vorwort einer kleinen Monographie, sei ein „sehr wertvolles Instrument zur Entwirrung des Atom-

---

[173] Nachlass, Urfassung der Autobiographie, Ordner 1, S. 116 f.

[174] *Hoffmann,* Otto Hahn, S. 227.

[175] *Karlsch,* Hitlers Bombe, S. 92.

[176] Ebd., S. 126–128.

[177] Nachlass, Urfassung der Autobiographie, Ordner 1, S. 130.

austauschs (Stoffwechsels) in den komplizierten Verbindungen oder Systemen der Chemie, Physik, Biologie und Medizin".[178]

Rose zitiert David Irving mit der Aussage, dass sowohl Heisenberg als auch von Weizsäcker im Mai bzw. Juni 1966 „vehement der Erinnerung Ardennes" an die Begegnung von 1940 widersprochen haben. Beide hätten Irving erklärt, mit „diesem Mann" niemals näher zu tun gehabt zu haben – „einem bloßen Manager, der für jeden eine Bombe bauen würde".[179] Die Behauptung, dass beide „niemals näher" mit Ardenne zu tun hatten, beschreibt sicherlich die Tatsache korrekt, dass es keine wissenschaftliche Kooperation gegeben hat. Der private Besuch des Ehepaares Weizsäcker im Hause Ardenne spricht allerdings mehr für eine gewisse Nähe als dagegen. Das Attribut „bloßer Manager", mit dem die beiden exzellenten Physiker mit einer klassischen akademischen Laufbahn und entsprechender Arroganz den erfolgreichen Seiteneinsteiger herabwürdigten, zeigt die tiefe Verwundung, die Ardenne ihnen zugefügt hatte. Der bemühte in den 1960er Jahren General Leslie Groves, den Leiter des Manhattan-Projekts der Vereinigten Staaten, als Zeugen für die Glaubwürdigkeit seiner Darstellung. Groves schrieb in seinen 1962 erschienenen Erinnerungen, dass die in Farm Hall internierten deutschen Kernphysiker um von Laue, Hahn und Heisenberg mit ungläubigem Staunen auf die Meldung des Londoner Rundfunks über den Abwurf der ersten amerikanischen Atombombe reagiert hätten.

In einem Brief vom 9. August 1984, so Rose, habe ihm Ardenne mitgeteilt, „wegen seiner Abneigung gegen die Nazis nur an dem wissenschaftlichen Isotopenproblem interessiert gewesen" zu sein. Deshalb habe er auch niemals versucht, den Reichspostminister oder den Siemens-Konzern „von der Entwicklung des Trennungsprozesses zu überzeugen". Das mag zutreffen, obwohl Ardenne, wie bereits ausgeführt, im Frühjahr 1942 Arbeiten zur Isotopentrennung in Angriff genommen hatte. In diesem Zusammenhang wies Rose auf das Dilemma aller deutschen Wissenschaftler hin, die sich unter der NS-Herrschaft mit Kernphysik beschäftigten und sich später dafür zu rechtfertigen versuchten. „Ardennes Äußerungen sollte man sich daher wie die Heisenbergs mit gebührender Skepsis zu Gemüte führen".[180] Warum er Weizsäcker nicht in diese Mahnung einbezog, ist unklar. Zumal der seine damalige „komplizierte persönliche Motivation" später durchaus eingestand und ihr mit einer dialektischen Interpretation von Lüge und Wahrheit zu begegnen suchte.[181]

Powers ist sichtlich bemüht, zur Stützung seiner These Ardenne fachlich und moralisch zu diskreditieren. So attestierte er diesem, „am äußersten Rand der deutschen Kernforschung" gestanden und „im engeren Sinne weder Kenntnisse des Fachgebietes noch Zugang zu den Forschungsberichten über das Projekt des Hee-

---

[178] *Ardenne*, Die physikalischen Grundlagen.
[179] *Rose*, Heisenberg, S. 170.
[180] *Rose*, Heisenberg, S. 407, Anm. 25.
[181] Vgl. *Weizsäcker*, Bewusstseinswandel, S. 370.

reswaffenamtes" besessen zu haben. Ardennes Interesse an der Kernspaltung sei zudem erloschen gewesen, nachdem ihn Weizsäcker mit der Erklärung von der Unmöglichkeit einer Atombombe in die Irre geführt habe.[182] Powers hält es zudem für möglich, dass Houtermans mit der Annahme Recht hatte, Ardenne sei die Tragweite seiner Plutonium-Arbeit nicht bewusst gewesen. Er selbst habe im Interview am 17. Mai 1989 von Ardenne die Antwort erhalten, dass Houtermans Arbeit nichts mit Plutonium zu tun gehabt habe, obwohl „eindeutig das Gegenteil der Fall ist".[183] An dieser Stelle sei noch einmal darauf hingewiesen, dass Houtermans, sicherlich im Auftrag seines Chefs, nach Alternativen zu den physikalischen Methoden der Isotopentrennung und nicht nach einem alternativen Kernsprengstoff suchte. Wohl zu Unrecht wird diese Abhandlung in die Nähe der Atombombe gerückt. Powers Behauptung, dass Ardenne mit dem Versand dieser Arbeit das „Interesse an einem Reaktorprojekt" wecken wollte, steht darüber hinaus in einem gewissen Widerspruch zu der These vom mangelnden Verständnis Ardennes.[184] Rose beurteilt den „politisch außerordentlich anpassungsfähigen" Manfred von Ardenne insgesamt recht kritisch – ein „begabter Erfinder", der zunächst „munter für die Nazis, danach für Stalin und später für die DDR" gearbeitet habe, „wo er sowohl für seine politischen als auch wissenschaftlichen Verdienste geehrt wurde, ehe er sich schließlich zu einem Helden der friedlichen Revolution von 1989 stilisierte".[185]

Wenngleich Powers den Bericht des bekannten Schweizer Physikers Paul Scherrer von der Eidgenössischen Technischen Hochschule Zürich über Ardenne als einen „konfusen Bericht" regelrecht abqualifizierte, in dem dieser von dem „Supernazi aus Berlin-Lichterfelde-Ost" schrieb, der damit prahle, „eine Uranbombe zu konstruieren", so hielt er aber dieses „harte Urteil" aus dem Jahre 1944 keineswegs für abwegig, sondern möglicherweise für „durchaus gerecht".[186] Scherrer arbeitete nach Powers Darstellung für den amerikanischen Geheimdienst, ohne „ein Spion im üblichen Sinn des Wortes" oder ein „Agent von Allan Dulles oder des OSS"[187] gewesen zu sein.[188] In der bereits erwähnten Rezension ging Ardenne auf die ehrabschneidenden Auslassungen mit keinem Wort ein, sondern bescheinigte „Heisenbergs Krieg", eine unverzichtbare Grundlage der Geschichtsforschung zu diesem Thema zu sein.

Nachdem er das Buch „Heller als tausend Sonnen" gelesen hatte, schrieb Ardenne am 3. April 1957 einen Brief an den Autor. Darin bestätigte er den Irrtum

---

[182] *Powers,* Heisenbergs Krieg, S. 189.

[183] Ebd., S. 681, Anm. 20.

[184] Ebd., S. 160.

[185] *Rose,* Heisenberg, S. 168.

[186] *Powers,* Heisenbergs Krieg, S. 380.

[187] Das OSS wurde während des Zweiten Weltkriegs als Geheimdienstorganisation gegründet und war eine der Vorgängerorganisationen der CIA. Im Oktober 1945 wurde das OSS aufgelöst und seine Aufgaben zwischen dem amerikanischen Außenministerium und dem Kriegsministerium aufgeteilt. Mit dem National Security Act von 1947 wurde die CIA gebildet.

[188] *Powers,* Heisenbergs Krieg, S. 373.

Heisenbergs von der Unmöglichkeit einer Bombe wegen der Abnahme des Wirkungsquerschnitts für die Spaltung mit steigenden Temperaturen, korrigierte aber Jungks „unrichtige" Darstellung der Kabinettssitzung mit Ohnesorge. Dieser habe zum Problem der Kernspaltung „eine resignierende Haltung eingenommen", wie er es ihm gegenüber „1941 und 1942 wiederholt zum Ausdruck brachte". Allerdings scheint Ohnesorge selbst der Meinung gewesen zu sein, dass die Reichspost auf dem Gebiet der Atomforschung „am weitesten fortgeschritten war". So stellte es zumindest Gusti Ohnesorge kurz nach dem Tode ihres Mannes im März 1962 gegenüber der „Deutschen Soldatenzeitung" dar.[189] Zu der immer wieder thematisierten Arbeit von Houtermans schrieb Ardenne, dass dieser „bereits 1941 die Spaltbarkeit und die Perspektiven des Plutoniums 239 vorausgesagt" hätte.[190] Jungk reagierte allerdings weder auf diesen Brief, noch auf einen weiteren Versuch vom 13. April 1959.

Das Thema an sich, besonders aber seine eigene Rolle, beschäftigte Ardenne bis an sein Lebensende. Er wurde nicht müde, in der nicht enden wollenden Debatte Stellung zu beziehen. So wiederholte er am 26. Juni 1988 in einem Brief an Rolf Hochhut wieder einmal, den Reichspostminister niemals „auf die technische Möglichkeit der Entwicklung einer Atombombe hingewiesen" zu haben. Das gelte auch für seine Mitarbeiter, von denen ohnehin wohl nur Houtermans in Betracht gekommen wäre. Allerdings betonte Ardenne in diesem Brief ausdrücklich, dass ihm selbst „seit dem Besuch Otto Hahns am 10. Dezember 1941 der technologische Weg zur Atombombe ziemlich klar war". Er habe aber die von Ohnesorge finanzierte kernphysikalische Forschung „scharf auf die Herstellung und Nutzung von radioaktiven und stabilen Isotopen" ausgerichtet.[191]

Sein Freund Friedrich Dieckmann, Sohn des langjährigen Volkskammerpräsidenten der DDR, drängte Ardenne im Sommer 1988, zu einigen „noch nicht restlos geklärten Fragen" das Wort zu ergreifen. Am 28. Juni 1988 antwortete der und bestätigte, dass Houtermans damals von ihm beauftragt worden sei, sich „mit dem Uran-Problem theoretisch zu beschäftigen, aber nur im Hinblick auf den Kernreaktor". Am 12. Juli schrieb er einen weiteren Brief an Dieckmann, in dem er sich zu einigen weiteren unklaren Punkten in den bisherigen Darstellungen der Atomprojekte im „Dritten Reich" äußerte. Er habe zwar im Augenblick keine Zeit, „eine ganze Reihe von Fehlinformationen" in der Literatur zu korrigieren, meinte er, wolle es jedoch gemeinsam mit ihm demnächst mit Hilfe des Gästebuches und anderer Unterlagen aus seinem Archiv tun.[192] Dazu ist es jedoch nicht gekommen.

In seinen zahlreichen schriftlichen Äußerungen über die kernphysikalischen Forschungen seines Laboratoriums und die theoretischen Arbeiten von Fritz Houtermans im Verlaufe mehrerer Jahrzehnte drückte er sich nicht immer ganz präzise

---

[189] Deutsche Soldatenzeitung vom 16. 3. 1962.

[190] Nachlass, Korrespondenz mit Wissenschaftlern bis 1965, Ordner I-K.

[191] Nachlass, Korrespondenz mit Wissenschaftlern ab 1981, Ordner Ho.

[192] Nachlass, Privat-Korrespondenz, Ordner C-M.

aus. Das mag mitunter auch daran gelegen haben, dass er dem Adressaten keine allzu große Kompetenz in diesen Fragen zubilligte. In der Summe trugen seine Äußerungen aber dazu bei, denjenigen gewichtige Argumente zu liefern, die dem Kernphysiker Ardenne die Kompetenz auf diesem Gebiet absprechen wollten. Die weitreichende Schlussfolgerung Powers, Ardenne sei damals zu wenig Kernphysiker gewesen um die Bedeutung der Houtermanschen Arbeit mit allen ihren Konsequenzen wirklich zu verstehen, ist nur ein Beispiel dieser Strategie. In einem Brief an den Dresdner Oberbürgermeister Walter Weidauer schrieb Ardenne am 29. Juli 1964, dass er vom Auswärtigen Amt im Sommer 1944 um eine Stellungnahme zu einer schwedischen Pressemeldung über die amerikanischen Arbeiten an der Atombombe gebeten worden sei. In diesem Zusammenhang „ist Houtermans sicher damals von mir befragt worden".[193] Wenngleich Ardenne nicht über das mathematische Handwerkszeug des theoretischen Physikers verfügte, sollten dennoch keinerlei Zweifel daran bestehen, dass er den Houtermanschen Erklärungen folgen konnte. Hätte er als Chef dessen „Geheimveröffentlichung" über die Auslösung von Kernkettenreaktionen von 1941 dem „Uranverein" zugestellt, ohne sie beurteilen zu können? Rose lastete Houtermans an, „im Zuge der deutschen Erfolge in Russland sowohl aktiv am deutschen Atomprojekt als auch an widerwärtigen Nazimissionen in besetzte Länder" teilgenommen zu haben, bei denen er auch sowjetische Forschungslaboratorien geplündert haben soll. Er habe sich dadurch derart kompromittiert, dass er nach dem Kriege um seine Rehabilitierung kämpfen musste.[194] In diesem Zusammenhang wandten sich 1958 Houtermans Anwälte auch an Ardenne. In einem knappen Antwortschreiben bestätigte dieser die Anstellung an seinem Lichterfelder Privatinstitut, äußerte sich jedoch mit keinem Wort zu den Arbeitsaufgaben oder gar zur Person.[195] Anfragen von Wissenschaftlern und Journalisten zu Fritz Houtermans erreichten ihn noch bis in die Mitte der 1990er Jahre. Nicht alle Anfragen beantwortete er mit der einem solch sensiblen Thema angemessenen Sorgfalt.

Als ihn im April 1994 sein langjähriger Freund Otto Westphal, der als Immunbiologe kaum kernphysikalische Kenntnisse besaß, nach einem anderen Protagonisten der Uranszene fragte, erhielt er eine Antwort, die an Präzision durchaus zu wünschen übrig ließ. Auf die Frage, ob er ihm nicht Näheres zu Nikolaus Riehl sagen könne, erwähnte Ardenne in seiner Antwort zwar einige Begegnungen mit diesem „Helden der Sowjetunion", der „in der Uranmetallurgie der SU entscheidend geholfen" und dafür diese hohe Auszeichnung erhalten habe. Er vergaß aber offenbar zu erwähnen, dass Riehl ihn am 16. April 1955 in Dresden aufgesucht hatte. Wichtig und mitteilenswert erschien ihm hingegen die Tatsache, dass ihm selbst in der Sowjetunion seine Uranvorräte, „etwa 100 kg metallisches Uran oder Urandioxyd", weggenommen worden seien. Auch auf den Houtermanschen „ver-

---

[193] Nachlass, Korrespondenz mit Wissenschaftlern bis 1965, Ordner W.

[194] *Rose,* Heisenberg, S. 177.

[195] Nachlass, Korrespondenz mit Wissenschaftlern bis 1965, Ordner H.

schleierten Bericht über den gefundenen Plutonium-Weg" wies er den Freund hin.[196] Die unpräzise Angabe „metallisches Uran oder Urandioxyd" könnte einerseits auf ungenügende Detailkenntnis hindeuten, andererseits aber auch so interpretiert werden, dass er sich damals für die Gewinnung von Energie aus Uran nicht wirklich interessierte, sondern sich ganz auf das Problem der radioaktiven und stabilen Isotope konzentrierte.

Die Frage, warum in Hitlerdeutschland nicht zielstrebig an der Entwicklung einer Atombombe gearbeitet wurde, lässt sich nicht auf das Problem von Engagement bzw. Verweigerung der maßgeblichen deutschen Physiker reduzieren. Selbst wenn Albert Speer in seinen Erinnerungen schrieb, dass schon im Herbst 1942 „auf Vorschlag der Kernphysiker" auf die Entwicklung der Atombombe verzichtet worden sei, so bedeutet das keine Aufwertung der Wissenschaftler zu Entscheidungsträgern.[197] Am Willen Hitlers führte trotz des polykratischen Charakters des nationalsozialistischen Herrschaftssystems kein Weg vorbei. Für den „Führer" gab es nun aber mehr als nur einen Grund zu glauben, auf eine Waffe verzichten zu können, die nach dem Urteil Speers „ganz offensichtlich sein Begriffsvermögen" überforderte.[198] Hatte Göring den Vorschlag Ardennes zur Entwicklung eines Panorama-Radargerätes mit der Begründung zurückgewiesen, dass der Krieg zum Zeitpunkt des Abschlusses einer derart langfristigen Entwicklung längst gewonnen sei, so war Hitler 1942 erst recht davon überzeugt. Warum sollte er das unnötige Risiko einer die ganze Erde erfassenden Kettenreaktion eingehen? Speer erwähnte ja auch, dass Hitler von der Möglichkeit, dass die Erde sich unter seiner Herrschaft in einen glühenden Stern verwandeln könne, „offensichtlich nicht entzückt" gewesen sei.[199] Rainer Karlsch hingegen gelangte anhand bislang unzugänglicher Quellen zu der Überzeugung, dass der Diktator noch im April 1945 verzweifelt auf den Einsatz von Nuklearwaffen wartete, um die Niederlage in buchstäblich letzter Sekunde abwenden zu können.[200]

Heisenberg und von Weizsäcker ist, unabhängig von den eigentlichen Intentionen ihres Urteils, insoweit zuzustimmen, dass Ardenne aufgrund seiner überragenden experimentellen und logistischen Fähigkeiten sowie seines Gespürs für wissenschaftliche Exzellenz auf dem Gebiet der technischen Physik durchaus in der Lage gewesen wäre, ein deutsches Bombenprogramm auf den Weg zu bringen und auch zu leiten.

---

[196] Nachlass, Ordner Otto Westphal.

[197] *Speer*, S. 241 f.

[198] Ebd.

[199] Ebd.

[200] *Karlsch*, Hitlers Bombe, S. 238–254.

IV. Zusammenfassung

Als das „Dritte Reich" am 8. Mai 1945 bedingungslos kapitulierte, gehörte der begeisterte Bastler und Schulabbrecher des Jahres 1923 längst zu den international anerkannten deutschen Wissenschaftlern und Erfindern. Ardennes Fähigkeit, einen Baustein der Atome, das negativ geladene Elektron, als Medium zur Übertragung von Informationen im weitesten Sinne zu begreifen, war die entscheidende Voraussetzung für seine Bahn brechenden Leistungen von der Rundfunk- und Fernsehtechnik bis hin zur Elektronenmikroskopie. Die Faszination, die neue Erkenntnisse auf ihn ausübten, sei es im atomaren Bereich, sei es im Universum, führte den „Macher" Ardenne nach der Entdeckung der Kernspaltung nahezu folgerichtig zur Entwicklung und zum Aufbau einer experimentellen Grundausstattung für kernphysikalische Forschungen.

Das sich bereits in frühester Jugend abzeichnende unternehmerische Geschick mündete in die Gründung eines privaten Forschungslaboratoriums, dessen Finanzbedarf aus den Erlösen seiner zahlreichen Patente und Bücher gedeckt werden konnte. Vor allem der „Ortsempfänger" der Loewe AG sowie die Fernsehröhren der Leybold und von Ardenne Oszillographengesellschaft verschafften ihm persönlichen Wohlstand und die Mittel, das Laboratorium durch Einstellung von Wissenschaftlern und technischen Mitarbeitern zügig zu erweitern. Darüber hinaus gelang es ihm, sich zusätzliche Ressourcen zu erschließen. Neben dem Reichspostministerium, das insbesondere seine Arbeiten auf dem Gebiet der Fernsehtechnik und der Kernphysik finanzierte, unterstützte die Deutsche Forschungsgemeinschaft die Entwicklung und den Bau von Elektronenmikroskopen.

Politisch kaum interessiert, erkannte das junge Genie den verbrecherischen Charakter des NS-Regimes erst relativ spät. Dennoch erwies sich Ardenne als resistent gegenüber der nationalsozialistischen Rassenideologie und geriet niemals ernsthaft in Versuchung, sich der NSDAP anzuschließen. Aus einer Offiziersfamilie kommend und schon zu Kriegsbeginn beide Brüder verlierend, setzte er sein kreatives Potential auch aktiv für die Lösung militärisch relevanter Probleme ein. Für die Entwicklung von Waffen stellte er sich nicht zur Verfügung. Dem vergeblichen Versuch, über Göring die Entwicklung eines radargestützten Systems zur Abwehr von Luftangriffen zu bewirken, steht die Absage an Wernher von Braun gegenüber, sich in die Entwicklung der Raketenwaffen einzubringen.

Das seine Existenz als Unternehmer sichernde positive Grunderlebnis mit dem Geheimdienst in der Weimarer Republik sollte eine Langzeitwirkung entfalten, die seinen späteren unbefangenen Umgang mit derartigen Diensten auch in totalitären Diktaturen erklären kann. Bei der Erschließung von Ressourcen bewies er nicht immer ausreichende Sensibilität, wie der Einsatz von Häftlingen des KZ-Außenlagers Lichterfelde beim Bau von Bunkern zeigt. Andererseits gehörte Mut dazu, sowohl Juden als auch Gegner der NS-Diktatur in seinem Institut zu beschäftigen. Der Kernphysiker Houtermans war einer derjenigen, die er dadurch zu schützen vermochte.

Ardennes Versuche, Einfluss auf die Wissenschaftspolitik des „Dritten Reiches"
zu nehmen, erwiesen sich als wenig erfolgreich. Erst im Januar 1945 wurde er in
den Reichsforschungsrat berufen. Der 1944 erfolgte Bruch mit seinem jahrelangen
Förderer und Gönner, dem Reichspostminister Ohnesorge, könnte Ausdruck der
Unzufriedenheit des Ministers mit der konsequenten Ausrichtung der kernphysikalischen Forschungen des Ardenne-Instituts auf eine zivile Nutzung gewesen sein.

C. Im Netzwerk der sowjetischen nuklearen Rüstung

I. Mit dem Institut nach Osten

In den letzten Monaten des Krieges, kurz vor dem Durchbruch der Roten Armee bei Küstrin, schlug Ardenne, wie er es selbst darstellte, das Angebot aus, sein Institut nach dem Westen Deutschlands zu verlagern.[1] Er fürchtete die damit verbundenen unvermeidlichen Schäden und Verluste.[2] Immer wieder betonte er auch später die Richtigkeit dieser Entscheidung, deren Tragweite ihm damals gar nicht klar sein konnte. Der Physiker Hans Erich Hollmann, Gründer eines elektromedizinischen Labors in der Nähe des Ardenneschen Anwesens und Freund der Familie, bedauerte es sehr, dass Ardenne sein Verbleiben in Berlin teuer bezahlen musste. Für ihn lag auf der Hand, dass Ardenne „nur widerwillig gen Osten abgewandert ist", weil „wir oft genug besprochen und abgemacht hatten, uns bei Kriegsende gen Westen hin abzusetzen". Nach einem zweijährigen Intermezzo als Professor für Hochfrequenztechnik an der Universität Jena in Kalifornien lebend und für die NASA tätig, bedauerte es Hollmann außerordentlich, dass sein Freund „den Anschluss verpasst hat, und dass sein Genie nun der anderen Seite zu Gute kommt".[3] Auch einem Dossier des MfS aus dem Jahre 1954 zufolge, favorisierte Ardenne nach der Kapitulation Hitlerdeutschlands eine Tätigkeit „für die Amerikaner". Ein entsprechendes Schreiben an die amerikanische Militärregierung sei vorhanden. Da die sowjetischen Truppen jedoch vor den Amerikanern in Berlin eintrafen, „richtete er ein Schreiben an den Genossen Stalin und bot der Sowjetregierung seine Dienste an".[4] Ardenne nennt den 10. Mai 1945 als den Tag, an dem er auf Anraten von Generaloberst V. A. Machnëv, dem Beauftragten für den Sektor Wissenschaft und Technik und Verbindungsoffizier zur sowjetischen Akademie der Wissenschaften, einen Antrag auf wissenschaftliche Zusammenarbeit an die „zuständigen Stellen der UdSSR" richtete.[5] Ardenne adressierte diesen Antrag an Stalin persönlich und beendete sein Schreiben mit den Worten: „Mit dem heutigen Tage stelle ich der sowjetischen Regierung sowohl meine Institute als auch mich selbst zur Verfügung".[6] Als er seine Unterschrift unter diesen Brief setzte, war das

---

[1] *Ardenne*, Ein glückliches Leben, S. 150 f.

[2] *Ardenne*, Erinnerungen fortgeschrieben, S. 224.

[3] Brief Dr. H. E. Hollmanns aus dem Jahre 1953 an einen Dr. G. Lehmann in Dresden (im August 2004 der Familie von Ardenne durch Prof. em. Günther Lehmann übergeben).

[4] BStU Ast. Dresden, AOP 2554 / 76, Bd. 40, Bl. 104.

[5] *Ardenne*, Ein glückliches Leben, S. 152.

Grundstück in Lichterfelde allerdings durch etwa 150 sowjetische Soldaten abgeriegelt. „Unter Schutz gestellt" umschrieb Ardenne diese Art der Demonstration von Macht.[7] Bereits wenige Tage später, am 19. Mai, unterbreitete ihm Machnév das Angebot, „Aufbau und Leitung eines großen, für die Sowjetunion arbeitenden, technisch-physikalischen Forschungsinstituts zu übernehmen", dessen Schwerpunkte Elektronenphysik, kernphysikalische Messtechnik, magnetische Isotopentrennung und Massenspektrometrie sein sollten.[8] Ein solches Angebot, selbst wenn es nahezu unmöglich gewesen wäre, es auszuschlagen, bot nicht nur eine Chance, der kriegszerstörten Heimat zu entfliehen, sondern war auch mit der Hoffnung verbunden, auf gute Bedingungen für ambitionierte wissenschaftliche Arbeit zu treffen. Zwei Tage darauf startete er in Begleitung seiner Frau, der Sekretärin Elsa Suchland, dem Schwiegervater Alexander Bergengruen sowie dem Biologen Dr. Wilhelm Menke als wissenschaftlichem Berater vom Flughafen Berlin-Tempelhof aus zu zweiwöchigen Verhandlungen nach Moskau. Er konnte nicht ahnen, dass er Deutschland erst zehn Jahre später wieder sehen sollte.

In Briefen an Kollegen, die in Deutschland geblieben waren, drückte er deutlich aus, mit seinem Schicksal nicht zu hadern. Zu den Adressaten gehörte auch Bruno Lange, der Erfinders des fotoelektrischen Belichtungsmessers, der diese Nachricht an das FBI weitergab, das Ermittlungen über deutsche Wissenschaftler anstellte, die nach dem Kriege freiwillig oder gezwungenermaßen in der Sowjetunion tätig waren. Auf der Grundlage der Informationen von Lange erhielt der Direktor des FBI am 18. Oktober 1946 eine Aktennotiz. Über den „exzellenten Wissenschaftler auf dem Gebiet der Rundfunktechnik", der während des Krieges „ein gegen Bombenangriffe gesichertes Laboratorium" betrieben habe, teilte Lange mit, dass dieser von den Russen eingeladen worden sei, in der Sowjetunion ein Institut zu leiten. Ardenne habe ihm mitgeteilt, dass er dort nicht nur ein mit seinem Berliner Inventar komplett ausgestattetes Laboratorium, sondern auch eine „Kolonie deutscher Wissenschaftlerkollegen" vorgefunden habe und mit seinem Schicksal sehr zufrieden sei.[9]

II. Die bescheidenen Anfänge
der sowjetischen Kernphysik

Abram Fedorovič Ioffe, der in seiner Jugend einer der fähigsten Schüler Conrad Röntgens in München war und als Nestor der sowjetischen Physik gilt, begann Anfang der 1930er Jahre mit dem Aufbau einer Arbeitsrichtung „Physik der Atom-

---

6 Zitiert nach *Karlsch,* Hitlers Bombe, S. 263.

7 *Ardenne,* Ein glückliches Leben, S. 152.

8 Ebd., S. 153.

9 NARA FBI file for Manfred von Ardenne, Rg. 65 230/86/11/05, Class#105, File #437110, Box#021.

kerne" im Physikalisch-Technischen Institut in Leningrad. Bis zu diesem Zeitpunkt, so schrieb der namhafte Festkörperphysiker Jakov Ilič Frenkel, arbeiteten
die sowjetischen Physiker auf diesem Gebiet „fast nicht".[10] Den Beginn einer diesen Namen tatsächlich verdienenden „sowjetischen Kernphysik" markiert die Initiative einer Gruppe von Physikern, die sich im März 1938 in einem Brief an den
Vorsitzenden des Rates der Volkskommissare wandten und Vâčeslav Mihailovič
Molotov darum baten, den Kernphysikern zwei Gramm Radium und Mittel für den
Bau eines Zyklotrons zur Verfügung zu stellen.[11] Vorsitzender einer Kommission,
die sich wenige Monate vor der Entdeckung der Kernspaltung konstituierte und
die Kernphysik auch in der Sowjetunion zu einer eigenständigen Disziplin entwickeln wollte, wurde Pëtr Leonidovič Kapica. Dieser glänzende Physiker, der
seine Kenntnisse als Mitarbeiter von Ernest Rutherford in England erworben hatte,
einem der bedeutendsten Experimentalphysiker des 20. Jahrhunderts und einem
der führenden Protagonisten dieser jungen Disziplin, war seit dem Sommer 1934
ein Gefangener Stalins, da ihm nach einem Besuch in seiner Heimat die Rückkehr
zu seinem Mentor nach England versagt worden war.

Dass sich Kapica an die Spitze dieser Kommission stellte, ist deshalb besonders
bemerkenswert, weil er sich in der Sowjetunion einem neuen Forschungsfeld hatte
zuwenden müssen und gerade in jenem Jahre 1938 die Suprafluidität des Heliums
bei tiefen Temperaturen entdeckte, eine Leistung, für die er 1978 den Nobelpreis
erhalten sollte. Ob die Wahl von Kapica zum „Sprecher" der Kernphysiker deren
Anliegen beförderte, lässt sich nicht einschätzen. Die praktische Umsetzung der
Projekte und Ideen dieser Kommission erwies sich jedenfalls als überaus schwierig, vor allem auch deshalb, weil kernphysikalische Experimentieranlagen hinsichtlich Präzision und Zuverlässigkeit besonders hohe Anforderungen an die Hersteller der einzelnen Komponenten stellten. Solchen Ansprüchen war die sowjetische Industrie in den 1930er Jahren in der Regel nicht gewachsen.

Die Entdeckung der Kernspaltung Ende 1938 veranlasste die Physiker um Kapica und Igor' Vasil'evič Kurčatov offenbar nicht zu Überlegungen, welche weitreichenden Folgen daraus erwachsen könnten. Die Nutzung der beim Zerfall des
Atomkerns frei werdenden Energie erschloss sich ihnen erst dann als realistische
Option, als der sowjetische Geheimdienst die Regierung über die Pläne der Amerikaner und Engländer unterrichtete, erhebliche Mittel für eine atomare Rüstung
bereit zu stellen. Die ersten Informationen über Entscheidungen der britischen
Regierung erreichten den sowjetischen Geheimdienst (NKVD)[12] am 24. September 1941. Sechs Monate hielt Beriâ diese alarmierenden Berichte zurück. Im März
1942 unterrichtete er Stalin über die britischen Atomforschungen und schlug vor,

---

[10] *Frenkel*, Abram Fedorovič Ioffe, S. 18.

[11] Brief von Wissenschaftlern des Leningrader PTIs an den Vorsitzenden des Rates der
Volkskommissare V. M. Molotov über die experimentelle Grundlage der Kernforschung vom
5. 3. 1938, in: *Râbev*, Atomnyj proekt SSSR, Čast' 1, S. 17–20.

[12] NKVD (Narodnyi komissariat vnutrennyh del) – zwischen 1934 und 1946 offizielle Bezeichnung des sowjetischen Geheimdienstes.

das Thema „gründlich mit kompetenten Wissenschaftlern" zu diskutieren. Ein weiteres halbes Jahr später, am 6. Oktober 1942, legte der NKVD dann einen umfassenden Bericht über die englischen und amerikanischen Pläne vor. Daraufhin beschloss Stalin Ende 1942, dass in der Sowjetunion ebenfalls die Entwicklung einer Atombombe in Angriff zu nehmen sei.[13]

Diese Entscheidung auf dem Höhepunkt der Schlacht um Stalingrad, die zum Wendepunkt des Zweiten Weltkrieges werden sollte, war für Stalin ein Wechsel auf die Zukunft. Er begriff sehr wohl, dass sein Land nicht in der Lage war, eine solche Bombe noch im „Großen Vaterländischen Krieg" zum Einsatz zu bringen. Aus dem Einsatz an Ressourcen der Engländer und Amerikaner, für den es in der Geschichte kein Beispiel gab, schloss er jedoch, dass eine militärische Technologie von bislang ungeahnter Wirkung im Entstehen begriffen war. Wollte er sein Ziel, den Kommunismus weltweit durchzusetzen, nicht aufgeben, so musste auch er über eine solche Waffe verfügen. Deutschland hatte noch nicht einmal kapituliert, da erklärte Stalin dem Führer der jugoslawischen Kommunisten, Josip Broz Tito, seine Verbündeten in fünfzehn bis zwanzig Jahren, „wenn wir uns erholt haben", entscheidend herausfordern zu wollen.[14] Anfang der 1950er Jahre versuchte er dann auch tatsächlich mit aller Kraft, „in seinem Machtbereich die Atmosphäre eines Endkampfes zu erzeugen".[15]

Aber nicht Kapica, sondern Kurčatov wurde zum Leiter des sowjetischen Atomprojekts ernannt. Dieser wertete im März 1943 die vom Geheimdienst zur Verfügung gestellten Unterlagen aus und stufte sie als „für unseren Staat und unsere Wissenschaft von unschätzbarem Wert" ein. Schon zu diesem frühen Zeitpunkt erhielt Kurčatov auch Einblick in die wichtigsten Komplexe des Manhattan-Projekts, die zu einer „Revision" der bisherigen sowjetischen Ansichten über die Entwicklung einer Atombombe führten. Als Konsequenzen aus diesen neuen Einsichten veranlasste er nach dem Vorbild der Verbündeten die forcierte Aufnahme von Arbeiten zur Trennung des Isotops Uran-235 nach der Diffusionsmethode, den Bau eines Kernreaktors auf der Basis von Uran und schwerem Wasser sowie die Erforschung der Eigenschaften des Elements mit der Ordnungszahl 94, des Plutoniums.[16]

Wenn auch die Sowjetunion über viele Jahre an der Legende wob, sie habe die Bombe ohne fremde Hilfe bauen können, so räumten russische Autoren in den letzten Jahren ein, dass die detaillierten und kompetenten Informationen ihrer Agenten entscheidend dazu beitrugen, dass die Sowjetunion im Spätsommer 1949 ihre erste Atombombe zünden konnte. „Vor allem dank Hall und Fuchs sollte die sowjetische Atombombe [...] ein exakter Nachbau der Bombe von Alamogordo werden", dem Ort des Tests der ersten amerikanischen Kernwaffe unweit der

---

13 Vgl. *Andrew / Mitrchin,* Das Schwarzbuch des KGB, S. 167 ff.

14 *Conquest,* Stalin, S. 353.

15 *Luks,* Geschichte Russlands und der Sowjetunion, S. 437.

16 Vgl. *Andrew / Mitrohin,* Das Schwarzbuch des KGB, S. 171.

Grenze zu Mexiko, betonen Andrew und Mitrohin.[17] Klaus Fuchs, der 1946 gemeinsam mit dem Mathematiker und Computerpionier John von Neumann das Patent einer Wasserstoffbombe anmeldete und deshalb von dem russischen Wissenschaftshistoriker Gennadi Gorelik als „Stammvater der britischen, sowjetischen und amerikanischen Wasserstoffbombe" angesehen wird,[18] rechtfertigte seine Spionage für die Sowjetunion mit der Behauptung, er habe voraussehen können, dass sich die USA nach dem Kriege „die Rolle eines mit dem Atomknüppel ausgerüsteten Weltgendarmen anmaßen würde". Eine solche Voraussicht, die auf „einer klaren, marxistisch fundierten Analyse komplexer gesellschaftlicher Zusammenhänge und den Erlebnissen in Europa" fußte, meint sein Neffe Klaus Fuchs-Kittowski, konnte man von den amerikanischen Kollegen nicht erwarten.[19] Nachdem Fuchs enttarnt wurde und am 27. Januar 1950 ein umfassendes Geständnis ablegte, wurde er in England zu vierzehn Jahren Haft verurteilt. Im Juni 1959 kam er auf dem Wege der Begnadigung vorzeitig frei und ging in die DDR.[20]

Der „brillante, frühreife Harvard-Physiker Theodore Alvin Hall" hatte sich als Neunzehnjähriger im November 1944 zur Zusammenarbeit mit dem sowjetischen Geheimdienst bereit erklärt, weil „ein amerikanisches Atommonopol den Frieden der Nachkriegswelt gefährden würde".[21] Schon in der Frühphase der atomaren Rüstung tauchte bei Wissenschaftlern und Intellektuellen, die sich vom mythischen Image des sowjetischen Arbeiter- und Bauernstaates und dessen Gesellschaftsutopie vom Paradies auf Erden angezogen fühlten, jenes Argument auf, das später zur allseits akzeptierten These vom „friedenserhaltenden atomaren Patt" weiterentwickelt wurde.

Auf den Abwurf einer Uranbombe auf die japanische Stadt Hiroshima und einer Plutoniumbombe auf Nagasaki im August 1945 reagierte Stalin umgehend und veranlasste die umfassende Reorganisation der kernphysikalischen Arbeiten in der Sowjetunion. Am 20. August bildete er ein Spezialkomitee, dessen Aufgabe es war, in der kriegsgeschwächten Sowjetunion, deren technologisches Niveau weit unter demjenigen der USA lag, innerhalb kürzester Zeit ebenfalls eine Atombombe zu bauen. Mit der Leitung dieses Komitees beauftragte Stalin seinen Intimus Beriâ. Als Mitglieder wurden berufen: Georgij Maksimilianovič Malenkov, Leiter der Abteilung Kader beim ZK der Kommunistischen Partei (Bolscheviki), Nikolaj Alekseevič Voznesenskij, Vorsitzender der Staatlichen Plankommission, Boris L'vovič Vannikov, Leiter der 1. Hauptabteilung beim Ministerrat, Generalleutnant Avraamij Pavlovič Zavenâgin, die Physiker Kurčatov und Kapica sowie Generalleutnant Michail Georgievič Pervuhin. General V. A. Machnëv wurde zum Sekretär des Komitees bestimmt.[22]

---

17 Ebd., S. 192.

18 Zitiert nach *Fuchs-Kittowski,* Der humanistische Auftrag in der Wissenschaft.

19 *Fuchs-Kittowski,* Der humanistische Auftrag in der Wissenschaft.

20 Vgl. *Panitz,* Treffpunkt Banburry.

21 Vgl. *Andrew / Mitrohin,* Das Schwarzbuch des KGB, S. 187.

Diesem politischen Gremium wurde ein Technischer Rat an die Seite gestellt, mit dessen Leitung Vannikov beauftragt wurde. Stalin persönlich schlug ihn für diese Schlüsselstellung vor, weil er „nicht nur im ganzen Land, sondern insbesondere auch den Spezialisten der Industrie und des Militärs" bekannt sei.[23] Dem Technischen Rat gehörten darüber hinaus A. I. Alichanov, Vosnesenskij, Zavenâgin, Abram Fedorovič Ioffe, Kapica, Isaak Kušelevič Kikoin, Kurčatov, Machnëv und Ûlij Borisovič Hariton an. Während die Berufung von Ioffe nicht nur dem Ansehen, sondern auch der praktischen Arbeit des Rates zugute kam, spielten Zavenâgin und Machnëv die Rolle von Aufpassern des Diktators Stalin.[24]

In der Anfangsphase belastete das gespannte Verhältnis zwischen Beriâ und Kapica die Arbeit des Spezialkomitees schwer. Kapica beklagte sich bei Stalin darüber, dass Beriâ, Malenkov und Voznesenskij sich wie Herrenmenschen aufführten und Beriâ einem Dirigenten gleiche, der die Partitur nicht zu lesen verstünde. Sich des hohen Risikos bewusst, das er mit solch harten Attacken einging, intervenierte Kapica letzten Endes doch erfolgreich und konnte am 21. Dezember 1945 aus dem Spezialkomitee und dem Technischen Rat ausscheiden.[25] Die Gründe der Verweigerung Kapicas sind keineswegs ethisch-moralischer Natur, noch der Eitelkeit des Wissenschaftlers geschuldet, der nicht bereit ist, sich einem Polit-Bürokraten unterzuordnen. Seine offensichtliche Abneigung gegenüber Beriâ ist vielmehr als wiederholter und diesmal wohl außerordentlich riskanter Protest gegen den seit Sommer 1934 andauernden Arrest zu verstehen. Dafür machte er Beriâ persönlich verantwortlich und scheute auch nicht davor zurück, diesen einen Banditen zu nennen, mit dem er sich nicht verbünden wollte.[26] Trotz dieser Verweigerung schützte Stalin 1945 den großen Physiker vor der Rache Beriâs.[27] Der gleichermaßen ehrenvollen wie einträglichen Mitarbeit an der Entwicklung der Wasserstoffbombe entzog sich Kapica wenige Jahre später nicht.

III. Deutsches Know-how und deutsche Spezialisten

Eine mehrbändige Quellenedition russischer Historiker ermöglicht erstmals tiefere Einblicke in die Geschichte der sowjetischen Atombombe, wodurch auch eine differenziertere Beurteilung der Mitwirkung deutscher Wissenschaftler und Ingenieure möglich wird.[28] Veröffentlicht wurden nicht nur die Protokolle der Sitzun-

---

22 Brief von Wissenschaftlern des Leningrader PTIs an den Vorsitzenden des Rates der Volkskommissare V. M. Molotov über die experimentelle Grundlage der Kernforschung vom 5. 3. 1938, in: *Râbev*, Atomnyj proekt SSSR, Čast' 1, S. 17–20.

23 *Sokolov*, Beriâ, S. 204.

24 *Torčinov/Leontûk*, Vokrug Stalina, S. 287.

25 *Sokolov*, Beriâ, S. 204 f.

26 Ebd., S. 205.

27 *Rayfield*, Stalin und seine Henker, S. 509 f.

gen des Spezialkomitees und des Technischen Rates, sondern auch Berichte zum Stand der Arbeiten, Briefe Beriâs an Stalin, Beschlüsse des Ministerrats und andere wichtige Dokumente. Eine Schlüsselstellung für den späteren Einsatz deutscher Wissenschaftler und Ingenieure kam dem Bericht von Kurčatov und Kikoin über die Nutzung der Kernenergie in Deutschland zu. Schon im August 1945, also unmittelbar nach dem ersten Einsatz einer Atombombe, stand fest, dass einige deutsche Koryphäen bereit waren, ihre wissenschaftliche Arbeit in der UdSSR fortzusetzen. Die Informationen, die Kurčatov und Kikoin in aller Eile über diese Personen zusammengetragen hatten, mögen in dem einen oder anderen Detail unzutreffend gewesen sein. Sie beschrieben aber die Fähigkeiten des Einzelnen gut genug, um seinen Wert für den geplanten Einsatzzweck beurteilen zu können. Unter den bekannten, ja berühmten Wissenschaftlern waren „der Physiker und Erfinder Prof. Ardenne" sowie „der bekannte deutsche Physiker und Nobelpreisträger Prof. Hertz", die beide mit einer Gruppe von Mitarbeitern kämen. Zu der Gruppe von Hertz gehörte auch der „bekannte Physiker und Chemiker Prof. Volmer". Weiterhin seien Prof. Riehl, ein namhafter Spezialist für die Verarbeitung von Uran, mit einer Gruppe von Chemie-Ingenieuren und Prof. Döpel, ein „enger Mitarbeiter von Prof. Heisenberg", der seinerseits einer der „führenden Leiter" der Arbeiten zum schwerwassermoderierten Reaktor in Deutschland gewesen sei, zur Kooperation bereit. „Alle diese Spezialisten", so heißt es in dem Bericht, „werden für die Arbeit am Problem ‚Uran' eingesetzt".[29]

Es dauerte ein weiteres Jahr bis sich die sowjetischen Fachleute einen umfassenden Überblick über die deutschen Vorhaben zur Nutzung der Kernenergie verschafft hatten. Am 8. August 1946 sandte Zavenâgin seinen ausführlichen „Bericht über den Stand der Arbeiten zur Nutzung der Atomenergie in Hitlerdeutschland" an Beriâ. Zu diesem Zeitpunkt arbeiteten schon zahlreiche deutsche Spezialisten am sowjetischen Bombenprojekt mit. Zavenâgins Bericht enthielt neben einer Beurteilung der deutschen Aktivitäten auch die Namen derjenigen deutschen Spezialisten, die in die UdSSR „gebeten wurden", verbunden mit einer kurzen Darstellung ihrer früheren wissenschaftlichen Leistungen.[30]

Den deutschen Stand in der Forschung und Entwicklung konnte das Spezialkomitee anhand der experimentellen Einrichtungen, die in die Hände der Sowjetunion gefallen waren, relativ schnell überblicken. Ergänzt durch die Befragung einer Reihe von Physikern und Ingenieuren ließen sich ebenso rasch Schlüsse zie-

---

[28] *Râbev,* Atomnyj proekt SSSR, Kniga 1: 1999; Kniga 2: 2000; Kniga 3: 2001; Kniga 4: 2003.

[29] Nachforschungen von I. V. Kurčatov und I. K. Kikoin „Über den Stand und die Resultate der wissenschaftlichen Forschungsarbeiten" vom August 1945, in: *Râbev,* Atomnyj proekt SSSR, Kniga 2, S. 307 – 312.

[30] Brief Zavenâgins an Beriâ mit dem angeforderten Bericht über den Stand der Arbeiten zur Nutzung der Atomenergie in Deutschland mit einer Liste der deutschen Spezialisten, die in der Sowjetunion arbeiten vom 8. 1. 1946, in: *Râbev,* Atomnyj proekt SSSR, Kniga 2, S. 374 – 381.

hen, welchen Nutzen man aus der Demontage von kernphysikalischen Großgeräten und der Einbindung von wissenschaftlichem Personal erzielen könnte. Bei den Geräten handelte es sich um drei der vier deutschen Zyklotrons, die demontiert und in die UdSSR verbracht wurden. Ein Zyklotron stammte, ebenso wie eine von vier Hochspannungsanlagen, aus dem Lichterfelder Labor. Ardenne hatte ja bereits 1941 den Van-de-Graaff-Generator mit einer Beschleunigungsspannung von einer Million Volt gebaut und mit dem Bau einer 60-Tonnen-Zyklotron-Anlage begonnen, die allerdings bis zum Kriegsende nicht in Betrieb genommen werden konnte.

Dank einer bedeutenden Menge großer Gelehrter mit guter Ausbildung, die Deutschland auf dem Gebiet der Kernphysik hervorgebracht hatte, habe das Land alle Möglichkeiten besessen, „das Problem der Atombombe zu lösen", stellte Zavenâgin fest. „Die deutschen Wissenschaftler haben auch", so fuhr er fort, „an Prozessen zur Gewinnung von reinem metallischem Uran gearbeitet". Darüber hinaus erwähnte er die Arbeiten zur Gewinnung von schwerem Wasser, dessen Herstellung auf dem Wege der Elektrolyse in Norwegen bedeutend erweitert wurde. Aber auch die Entwicklung einer neuen Methode für die Herstellung von schwerem Wasser, an der insbesondere in Hamburg und Bitterfeld intensiv gearbeitet worden war, blieb den sowjetischen Rechercheuren nicht verborgen. „Die Deutschen haben kein schweres Wasser hergestellt", konnte Zavenâgin berichten. Die in Bitterfeld vorgenommenen Versuche, schweres Wasser durch Destillation oder durch Isotopenaustausch herzustellen, „haben bis zum Ende des Krieges keine positiven Resultate erzielt".

Bedauernd stellte Zavenâgin fest, dass ein großer Teil der interessanten deutschen Spitzenwissenschaftler in amerikanische und englische Hände gefallen war. Er nannte im einzelnen Hahn, Heisenberg, Gerlach, Diebner, Bothe sowie Laue. Der Sowjetunion sei nur der kleinere Teil geblieben. Hertz, Ardenne, Volmer, Robert Döpel und eine Reihe anderer qualifizierter Physiker, Chemiker und Ingenieure hätten allerdings ihre Zustimmung signalisiert, für die Sowjetunion zu arbeiten bzw. arbeiteten bereits hier, schrieb er. Dabei sahen die sowjetischen Fachleute Ardenne, wie bereits an anderer Stelle hervorgehoben wurde, als weltweit führenden Spezialisten für Elektronenoptik und Konstruktion von Elektronenmikroskopen und nicht als ausgewiesenen Kernphysiker. Interesse bekundete Zavenâgin an weiteren Wissenschaftlern der ersten Garnitur wie Friedrich Hund, Heinz Pose sowie Karl Friedrich Bonhoeffer, die sich damals noch in der Sowjetischen Besatzungszone befanden und zusammen mit anderen Spitzenkräften in die Sowjetunion „eingeladen" werden sollten.

Die Gründe dafür, dass in Deutschland keine Atombombe gebaut worden ist, erschlossen sich dem Spezialkomitee fast ausschließlich durch die Befragung der Wissenschaftler. Diese hoben vor allem die Tatsache hervor, so Zavenâgin, dass die deutsche Regierung überhaupt nicht begriff, welches Vernichtungspotential in der militärischen Nutzung der Atomenergie liege. Darin haben sie übereinstimmend den Hauptgrund gesehen, der ganzen Angelegenheit nur ungenügende Aufmerksamkeit zu widmen. Allein schon die ersten Personalentscheidungen unterstrichen ihrer Meinung nach diese Ignoranz. Zunächst seien General Erich Schumann und der Physiker Abraham Esau mit der Leitung des Projekts beauftragt worden, die keineswegs als sachkundig gelten konnten. Später sei die Leitung dann dem Vorsitzenden des Reichsverteidigungsrates, Hermann Göring, und den beiden kompetenten Physikern Walter Gerlach und Kurt Diebner übergeben worden. Aber die zur Verfügung gestellten Mittel seien zu gering gewesen. Die deutsche Regierung habe ihre Hoffnungen vor allem auf die reaktive Technik gesetzt, auf Flugzeuge und Raketengeschosse. Das Problem der Atomenergie sei den Fragen der reaktiven Technik und der Unterseeflotte untergeordnet worden. Ein weiterer Grund für das Zurückbleiben Deutschlands sei nach Meinung der befragten deutschen Wissenschaftler die Bombardierung der deutschen Städte gewesen, wodurch die Forschungseinrichtungen zu ständigen Umzügen von einem Ort zum anderen gezwungen waren.

Dennoch, so Zavenâgin, haben die Deutschen „völlig ausreichende wissenschaftliche Vorstellungen über die Prozesse zur Gewinnung von Atomenergie" besessen. Ihre Arbeiten an der Konstruktion eines Reaktors unter Verwendung von Uranoxid, metallischem Uran sowie schwerem Wasser und Parafin als Moderatorsubstanzen seien relativ gut vorangekommen. In kleinen Modellen, zusammengesetzt aus metallischem Uran und schwerem Wasser, sei eine Vervielfältigung von Neutronen um 150 bis 200 Prozent erreicht worden. Der in die Sowjetunion eingeladene deutsche Physiker Döpel, eine Zeit lang Assistent Heisenbergs, habe Fotografien einer solchen „Uranmaschine" aufbewahrt. Die Anlage selbst sei allerdings bei einem Luftangriff zerstört worden. Eine „bekannte Fehleinschätzung" der Deutschen sei die Annahme gewesen, dass man Graphit nicht als Moderator für Neutronen verwenden könne. Andererseits hätten sie die Bedeutung von Graphit als Reflektormaterial durchaus begriffen, mit dessen Hilfe das Entweichen von Neutronen aus der Anlage verhindert werden könne. „Aber als Moderator haben sie schwerem Wasser und Parafin den Vorzug gegeben", wiederholte er den aus seiner Sicht entscheidenden Irrtum.

Auch über die Versorgung Deutschlands mit Uran vermittelte der Bericht Zavenâgins ein zutreffendes Bild. Deutschland hatte die eigenen Uranvorkommen in Sachsen zwar erkundet, aber noch nicht erschlossen und beutete deshalb die tschechoslowakischen Vorkommen in Joachimsthal aus. Es förderte dort drei bis vier Tonnen Metall im Jahr. Etwa tausend Tonnen pro Jahr wurden aus Belgien importiert, die dort bei der Herstellung von Radium aus Uranerz anfielen, das aus Belgisch-Kongo stammte. Ein Teil dieses Urans belgischen Ursprungs, etwa 200 Tonnen, wurde „von uns in der Sowjetisch Besetzten Zone beschlagnahmt und in die UdSSR exportiert", heißt es in dem Bericht. Der weitaus größere Teil, etwa 500 bis 1000 Tonnen, sei von den Amerikanern am dritten Tag nach der Ankunft ihrer Truppen aus Stadtilm „exportiert" worden, das inzwischen zur sowjetisch besetzten Zone gehöre. Dennoch reiche der beschlagnahmte deutsche Bestand belgischen Urans völlig aus, um die Arbeiten am Uranproblem umfassend weiter zu führen.

Als bedeutendstes Ergebnis dieser umfangreichen Erhebung sollte sich, das zeigte der Fortgang der Arbeiten an der sowjetischen Atombombe, die Übernahme des Know-hows zur Herstellung von reinem Uran erweisen. Daran hatte Dr. Riehl in der Berliner Aktiengesellschaft „Auer" gearbeitet. Das Forschungsinstitut dieses Unternehmens wurde „zusammen mit seinen Mitarbeitern in die Sowjetunion eingeladen", schrieb Zavenâgin.

Da keinerlei Unterlagen gefunden wurden, die Arbeiten an einer deutschen Atombombe belegten, kam Zavenâgin zu dem Schluss, dass es infolge des Mangels an Uran-235 und Plutonium noch nicht zur Herstellung von Kernsprengstoff gekommen war. „Die Möglichkeit der Schaffung einer Atombombe war den Deutschen aber vollkommen bewusst", betonte er nochmals, und bei der Entwicklung eigener Atomwaffen gelte es, das Wissen und die Fähigkeiten der Deutschen maximal auszunutzen.

IV. Die Einbindung der Deutschen in das Bombenprogramm

Die Befürchtung, dass nicht alle aus Deutschland „eingeladenen" Wissenschaftler und Techniker bereitwillig am Bau der Atombombe mitwirken würden, veranlasste Beriâ am 16. August 1946 die Mitglieder des Spezialkomitees anzuweisen, Zuckerbrot und Peitsche konsequent aber differenziert einzusetzen.[31] Das galt auch für die von Ardenne und Hertz geleiteten Institute „A" (wie Ardenne) und „G" (wie Gertz, die russischen Schreibweise des Namens Hertz). Hier mussten Pervuhin und Zavenâgin gemeinsam mit Lejpunskij innerhalb von zwei Wochen „vor Ort den Stand der Arbeiten prüfen, die nötigen Maßnahmen ergreifen und einen Vorschlag zur Gewährleistung der maximalen Nutzung der Deutschen vorlegen." Beriâ verlangte die Einführung regelmäßiger Kontrollen der von den Deutschen auszuführenden Aufgaben, um Qualität und Termintreue sicher zu stellen. „Im Fall von erfolgreich ausgeführten Aufgaben", schrieb er, „müssen Prämien ausgeschüttet werden". Wenn aber nicht gearbeitet werde oder Fälle von Arbeitsbummelei aufträten, so „müssen die Betreffenden aus den Instituten entfernt und in Lager eingewiesen werden."[32]

Ardenne schlug Beriâ vor, geeignete Wissenschaftler, Techniker und Handwerker aus den Kriegsgefangenenlagern für eine Mitarbeit in den Instituten „A" und

---

[31] Anweisung L. P. Beriâs an B. L. Vannikov, M. G. Pervuhin und A. P. Zavenâgin zur Arbeit mit den deutschen Spezialisten vom 16. 8. 1946, in: *Râbev,* Atomnyj proekt SSSR, Kniga 3, S. 485.

[32] Zu diesen „Lagern" gehörte u. a. ein Bleibergwerk, wie sich Ardenne erinnerte (Nachlass, Urfassung der Autobiographie, S. 192).

„G" zu rekrutieren. So stellte es zumindest Nikolaus Riehl in seinen Memoiren dar.[33] Für die ausgewählten Gefangenen bedeutete das Verlassen des Lagers zwar das sichere Überleben, war aber mit dem Risiko verbunden, später als die anderen Gefangenen nach Deutschland zurückkehren zu können. Der Vorschlag wurde vom Spezialkomitee aufgegriffen und umgesetzt. Am 4. November 1946 legten die damit beauftragten Mitglieder des Komitees ihren Bericht vor. Pervuhin und Zavenâgin unterrichteten Beriâ, „in Übereinstimmung mit Ihrer Anweisung" in Frage kommende Kriegsgefangene überprüft und 208 Spezialisten ausgewählt zu haben. Davon wurden 89 zu Ardenne und Hertz sowie in das Labor „V" geschickt. Den Einsatz weiterer 190 Gefangener hielten sie für möglich, von denen 93 für die Institute „A" und „G" geeignet seien.[34] Anfang 1947 erhielten diese Laboranten, Feinmechaniker und Handwerker die Möglichkeit, ihre Familien nachkommen zu lassen.[35]

Drei Gruppen deutscher Spezialisten wurden in die Entwicklung der sowjetischen Atombombe integriert. Sie arbeiteten an unterschiedlichen Standorten unter der Leitung von Nikolaus Riehl, Gustav Hertz sowie Manfred von Ardenne. Im August 1946 bestand die Gruppe Riehl aus insgesamt acht Mitgliedern. Hertz verfügte über siebzehn Mitarbeiter, während sechsundzwanzig Wissenschaftler, Ingenieure und technische Mitarbeiter den Nukleus des von Ardenne zu leitenden Instituts bildeten. Die nachfolgende namentliche Aufstellung anhand des bereits erwähnten Berichts vom 8. August 1946[36] ist leider mit einigen Mängeln behaftet. Zum einen enthält die Vorlage nicht alle Vornamen und zum anderen ließen sich die Familiennamen nicht immer eindeutig zurück ins Deutsche übertragen. Die zahlenmäßig kleine Gruppe von Riehl sollte sich schnell zum wichtigsten deutschen Team innerhalb des Gesamtvorhabens entwickeln. Zu ihm gehörten neben dem wissenschaftlichen Leiter noch Henri Orthmann, Karl Riewe, Günther Wirtz, Herbert Thieme, Werner Kirst, Walter Sommerfeld und Heinrich Tobin.

Der 1887 geborene Hertz näherte sich schon dem 60. Lebensjahr, als er in die Sowjetunion „eingeladen" und mit dem Aufbau eines Instituts beauftragt wurde. Seine Arbeiten zur Isotopentrennung gasförmiger Gemische durch Diffusion, die zur Darstellung von Neon-22 in fast reiner Form führten, das im natürlichen Neon nur zu etwa zehn Prozent enthalten ist, ließen ihn für die Entwicklung industrieller Diffusionsanlagen zur Trennung von Uran als ganz besonders geeignet erscheinen. 1925 hatte er gemeinsam mit James Franck den Nobelpreis für Physik erhalten.

---

[33] *Riehl,* Zehn Jahre im goldenen Käfig, S. 102.

[34] Schreiben von A. D. Zverev an V. A. Machnëv mit einem Brief M. G. Pervuhins und A. P. Zavenâgins an L. P. Beriâ über den Einsatz von kriegsgefangenen Spezialisten vom 4. 6. 1946, in: *Râbev,* Atomnyj proekt SSSR, Kniga 3, S. 522–523.

[35] *Ardenne,* Ein glückliches Leben, S. 169.

[36] Brief Zavenâgins an Beriâ mit dem angeforderten Bericht über den Stand der Arbeiten zur Nutzung der Atomenergie in Deutschland mit einer Liste der deutschen Spezialisten, die in der Sowjetunion arbeiten, vom 8. 1. 1946, in: *Râbev,* Atomnyj proekt SSSR, Kniga 2, S. 374–381.

Für einen Teil seiner damaligen Mitarbeiter erwies sich die Mitarbeit an der Atombombe als Ausgangspunkt einer steilen Karriere in der DDR. Der Chemiker Max Volmer, zwei Jahre älter als Hertz, avancierte unmittelbar nach seiner Rückkehr aus der Sowjetunion zum Präsidenten der Akademie der Wissenschaften der DDR. Heinz Barwich war von 1956 bis zum Verlassen der DDR im Jahre 1964 Direktor des Zentralinstituts für Kernforschung der Akademie der Wissenschaften und Vizedirektor des Vereinigten Instituts für Kernforschung in Dubna bei Moskau. Ludwig Bewilogua baute die Arbeitsstelle für Tieftemperaturphysik der Akademie der Wissenschaften auf und lehrte dieses Spezialgebiet auch als Professor an der Technischen Universität Dresden. Werner Hartmann gilt als „Vater der Mikroelektronik" der DDR. Er begann 1961 mit dem Aufbau der Arbeitsstelle für Molekularelektronik in Dresden, die sich zum späteren Forschungszentrum des SED-Staates für Mikroelektronik entwickelte. Jahrzehntelang vom MfS argwöhnisch beobachtet, wurde Hartmann 1976 mit der Begründung abgelöst, den Rückstand der DDR auf dem Gebiet der Mikroelektronik bewusst herbeigeführt zu haben.[37] Zur Gruppe Hertz gehörten darüber hinaus noch Werner Schütze, Gustav Richter, Justus Mühlenpfordt, Helmut Bumm, Karl Zühlke, Kremer, Reinhold Reichmann, Viktor Bayerl, Staudenmaier, Ernst Rottmann, Gerhard Renov, Paul Esche und Max Segel.

Die Gruppe Ardenne war nicht nur zahlenmäßig die größte unter den deutschen Gruppen, die in das Bombenprogramm integriert wurde, sie unterschied sich auch dadurch von den anderen, dass mit Peter Adolf Thiessen und Max Steenbeck zwei erfahrene Wissenschaftler mit Führungsqualitäten aber auch mit den entsprechenden Ansprüchen zu integrieren waren. Wenngleich diese Gruppe den Nukleus eines einzigen Instituts bildete, so arbeiteten Thiessen und Steenbeck dennoch von Anfang an gleichberechtigt neben und unabhängig von Ardenne in jeweils einem eigenen Teilinstitut.[38]

Die Mitglieder der Gruppe Ardenne seien nun nicht nur namentlich genannt, sondern auch kurz vorgestellt. Es werden deshalb auch diejenigen Informationen angefügt, die Zavenâgin im Zusammenhang mit dem vorgesehenen „Verwendungszweck" für besonders erwähnenswert hielt. Darüber hinaus zeigen diese knappen Informationen, welche wissenschaftliche und technische Kompetenz Ardenne auch unter solch extremen Bedingungen um sich versammeln konnte. Duktus und Terminologie des russischen Originals werden dabei im Wesentlichen beibehalten.[39]

---

[37] Vgl. *Barkleit*, Wann hört ihr endlich auf zu klauen?, S. 28–31.

[38] *Ardenne*, Ein glückliches Leben, S. 178.

[39] Brief Zavenâgins an Beriâ mit dem angeforderten Bericht über den Stand der Arbeiten zur Nutzung der Atomenergie in Deutschland mit einer Liste der deutschen Spezialisten, die in der Sowjetunion arbeiten vom 8. 1. 1946, in: *Râbev*, Atomnyj proekt SSSR, Kniga 2, S. 374–381.

1. Manfred von Ardenne:

geb. 1907, Kenntnisse der englischen und französischen Sprache, Abschluss an der Berliner Universität nach vier Semestern, erhielt die Leibniz-Medaille der Preußischen Akademie der Wissenschaften, Direktor eines wissenschaftlichen Forschungslabors, großer Spezialist für Elektroneneigenschaften, großer Erfinder, Verfasser wissenschaftlicher Arbeiten.

2. Peter Thiessen:

geb. 1899, Mitglied der Preußischen Akademie der Wissenschaften, Kenntnisse der englischen und französischen Sprache, Universitätsabschluss, arbeitete als Direktor des chemischen Instituts der Universität Münster, danach am Kaiser-Wilhelm-Institut für Physikalische Chemie, Verfasser wissenschaftlicher Arbeiten, großer Spezialist auf dem Gebiet der physikalischen Chemie.

3. Max Steenbeck:

geb. 1904, Doktor, Physiker, Absolvent der Universität Kiel, arbeitete als Direktor des Gleichstromwerkes „Siemens-Schukert", Verfasser wissenschaftlicher Arbeiten, großer Erfinder und Konstrukteur auf dem Gebiet der Gasentladung, von Quecksilbergleichrichtern und der Hochspannung (Gleichstrom).

4. Kurt Müh:

geb. 1900, Doktor, Physiker, Universitätsabschluss, Kenntnisse der englischen und französischen Sprache, arbeitete als wissenschaftlicher Mitarbeiter im Kaiser-Wilhelm-Institut sowie im physikalisch-chemischen Institut der Universität Berlin und als Physiker im Radiolampenwerk „Telefunken", Spezialist für Funkmessung.

5. Fritz Bernhard:

geb. 1913, Physikingenieur, Absolvent der Berliner Universität, Kenntnisse der englischen Sprache, arbeitete im Laboratorium von Ardenne als Abteilungsleiter, Verfasser wissenschaftlicher Arbeiten.

6. Ernst Friedrich Abitsch:

geb. 1894, Elektro-Ingenieur, Abschluss nach sechs Semestern an der Technischen Hochschule Berlin, Kenntnisse der französischen Sprache, arbeitete als Oberingenieur in den Werken „Reiche" und „Vogel" in Berlin, Verfasser wissenschaftlicher Arbeiten.

7. Helmut Hepp:

geb. 1920, Absolvent der Berliner Universität, Kenntnisse der englischen, französischen und spanischen Sprache, Chemiker, Spezialist für Röntgenographie und Elektronenoptik. Mitarbeiter (für Röntgenographie) von Prof. Kurt Hess am Kaiser-Wilhelm-Institut für Chemie.

8. Herbert Reibedanz:

geb. 1921, Absolvent einer Universität, Spezialisierung auf Konstruktionsphysik, Spezialist für Elektronenmikroskopie.

9. Ludwig Ziehl:
geb. 1920, Chemieingenieur, Absolvent der Technischen Hochschule Berlin, Wissenschaftlicher Mitarbeiter im Kaiser-Wilhelm-Institut für Physikalische Chemie.

10. Wilhelm Menke:
geb. 1910, Dozent, Abschluss am Naturwissenschaftlichen Institut der Universität Berlin, Assistent, Dozent an dieser Universität, Verfasser wissenschaftlicher Arbeiten.

11. Gerhard Siewert:
geb. 1913, Abschluss der Pharmazeutischen und Chemischen Fakultät der Universität Berlin, Chemiker, Verfasser wissenschaftlicher Arbeiten, wissenschaftlicher Assistent und Stellvertretender Direktor des Pharmazeutischen Instituts der Universität Berlin.

12. Gerhard Jäger:
geb. 1913, Konstruktionsingenieur, Abschluss der Ingenieurschule nach fünf Semestern. Hat in einer Reihe von Firmen als Konstrukteur gearbeitet, zuletzt als Stellvertreter des Meisters im Laboratorium Ardenne.

13. Emil Lorenz:
geb. 1908, Hochvakuumtechniker, Glasblastechniker, arbeitete als technischer Leiter im Laboratorium Ardenne.

14. Karl-Heinz Sille:
geb. 1910, Kenntnisse der englischen und französischen Sprache, Konstruktionsingenieur für Feinmechanik.

15. Siegfried Klein:
geb. 1903, Techniker für Feinmechanik, arbeitete als Feinmechanikermeister in Berlin.

16. Hans Richter:
geb. 1910, Technischer Mechaniker, arbeitete seit 1938 als selbständiger Meister für Feinmechanik.

17. Erich Hermann Franke:
geb. 1903, Abschluss der Mittleren Technischen Schule in Feinmechanik und Elektrotechnik. Spezialist für Röntgentechnik, Vakuum- und Elektronenoptik, arbeitete als Ingenieur im Kaiser-Wilhelm-Institut für Physikalische Chemie.

18. Kurt Heptner:
geb. 1911, Elektrotechniker, Abschluss einer Spezialschule für Elektrotechnik, arbeitete im Kaiser-Wilhelm-Institut für Physikalische Chemie.

19. Erwin Becker:
geb. 1913, Meister für Glasinstrumente und -apparaturen, arbeitete im Kaiser-Wilhelm-Institut für Physikalische Chemie.

20. Viktor Hofmann:
geb. 1882, Optiker, Spezialist für die Herstellung von Spiegeln für astronomische Geräte.

21. Willi Hoffs:
geb. 1901, Elektromonteur, arbeitete seit 1933 in den Werken „Reiche" und „Vogel".

22. Gustav Fliegner, geb. 1892, Schlosser.

23. Walter Schröder, Elektromonteur.

24. Horst Schröder, Elektromonteur.

25. Ludwig Wetzler, Elektrotechnik-Meister.

26. Karl Schulz, Konstruktionsmechaniker.

Peter Adolf Thiessen trat bereits 1926, im Jahr seiner Habilitation, in die NSDAP ein, wurde 1935 Direktor des Kaiser-Wilhelm-Instituts für physikalische Chemie und Elektrochemie und 1937 mit der Leitung der Fachsparte Chemie des Reichsforschungsrates beauftragt. Unmittelbar nach Kriegsende schloss die Preußische Akademie der Wissenschaften das Ordentliche Mitglied Thiessen aus ihren Reihen aus. Dieser hatte allen Grund zu der Befürchtung, seine Karriere in der sowjetisch besetzten Zone nicht fortsetzen zu können. Eingedenk solch unerfreulicher Aussichten bat er Ardenne, nach Sinop kommen zu können. Thiessen hatte seinerzeit entscheidend dazu beigetragen, dass die Deutsche Forschungsgemeinschaft ein Abkommen zur Zusammenarbeit auf dem Gebiet der Elektronenmikroskopie mit Ardenne schloss. Deshalb erfüllte er ihm gerne diesen Wunsch.[40] Welchen Freundschaftsdienst er Thiessen damit erwies, zeigte dessen spätere Karriere in der DDR. 1956 zurückgekehrt, wurde er 1957 Vorsitzender des Forschungsrats und erhielt zwischen 1958 und 1969 hohe staatliche Auszeichnungen. Der Ausschluss aus der Akademie der Wissenschaften wurde in unmittelbarem Zusammenhang mit der Rückkehr aufgehoben.

Thiessen war übrigens nicht allein nach Moskau gekommen, sondern hatte einige Mitarbeiter mitgebracht, die aber nicht alle in das Institut „A" gingen. Zu denjenigen, die an anderen Stellen eingesetzt wurden, gehörten die Physiko-Chemiker Dr. Werner Wittstadt und Dr. Hans Bartel, der Ingenieur Willi Lange, ein Spezialist für Elektronenmikroskopie, und die Mechaniker- und Glasbläsermeister Wolfgang Strocke, Erwin Becker und Werner Siegling sowie die Laboranten Stripling und Kittan.

Auch Max Steenbeck ging an das Institut „A", in voller Übereinstimmung mit Ardenne, wie Zavenâgin in seinem Bericht über die „Berufung deutscher Spezialisten" vom 8. Oktober 1945 an Beriâ betonte.[41] Steenbeck wurde nach seiner

---

[40] *Ardenne,* Ein glückliches Leben, S. 162 f.

[41] Schriftlicher Bericht A. P. Zavenâgins an L. P. Beriâ über die Berufung deutscher Spezialisten vom 8. 10. 1945, in: *R_âbev,* Atomnyj proekt SSSR, Kniga 2, S. 340–341.

Rückkehr ebenfalls sofort Ordentliches Mitglied der Akademie der Wissenschaften, Direktor des Instituts für magnetische Werkstoffe und trat 1965 die Nachfolge von Thiessen als Vorsitzender des Forschungsrats an.

Eine lebenslange Zusammenarbeit, ja Freundschaft, entwickelte sich zwischen Ardenne und dem 1946 aus einem Lager für Kriegsgefangene zu ihm gestoßenen Willy Roggenbuck. Während des Zweiten Weltkrieges hatte Roggenbuck bei Telefunken in der Fertigung von Radaranlagen gearbeitet. Ardenne setzte den fähigen Zweiunddreißigjährigen als Leiter der Institutswerkstatt ein, eine Vertrauensstellung, die er dann auch bis zum Eintritt in den Ruhestand in Dresden innehatte. Mit seinem gelegentlich überschäumenden Temperament brachte Roggenbuck nicht nur sich selbst in Gefahr, sondern auch seinen verehrten Chef in Schwierigkeiten. So ärgerte er sich eine geraume Weile über nicht aufzudeckende Diebstähle von Werkzeug, das in Sinop keineswegs leicht zu ersetzen war. Die Wachmannschaften erklärten, dass es sich bei den Dieben nur um Deutsche handeln könne. Daraufhin entschloss er sich am Ende eines Arbeitstages, einige Werkzeuge mit einer Stromquelle zu verbinden. Der Erfolg war in der Tat durchschlagend und die Täter konnten gefasst werden. Es waren keineswegs deutsche, sondern sowjetische Werkstattangehörige. Das durfte nicht wahr sein und der Kommandant wollte sich an Roggenbuck rächen. Er drohte, wegen dieser gefährlichen Attacke nicht Roggenbuck selbst, sondern dessen Frau in ein Lager bringen zu lassen. „Nur über meine Leiche", erklärte Roggenbruck, wie sich seine Frau noch heute erinnert. Nur unter Einsatz seiner ganzen Autorität gelang es Ardenne, den Kommandanten zu beschwichtigen und Strafmaßnahmen gegen das Ehepaar Roggenbuck abzuwenden.[42]

Nach Abschluss der Entwicklung des Kernkraftwerkes in Obninsk bei Moskau kam 1953 der Physiker Hans Westmeyer, der dort von August 1945 an gearbeitet hatte, zur Quarantäne für zwei Jahre zu Ardenne nach Sinop. In Dresden avancierte er später zum „Chefphysiker und physikalischen Gewissen" seines verehrten Direktors, wie er es selbst nannte, sowie zu dessen Stellvertreter. Die Ernennung zum Professor verdankte er einer Intervention seines Chefs beim zuständigen Staatssekretariat, das ihm daraufhin die Habilitation unter vereinfachten Bedingungen ermöglichte.[43] Sein Verhältnis zu Ardenne sei immer ausgesprochen gut und freundschaftlich gewesen, erklärte er am Ende seines Lebens,[44] obgleich ihm junge und kreative Kollegen schon bald den Rang abliefen, wie es die Veröffentlichungen des Instituts in der zweiten Hälfte der 1950er Jahre zeigen.

Zu einem engen Mitarbeiter wurde auch der Österreicher Max Wied, der 1950 im Auftrag des sowjetischen Geheimdienstes NKVD aus einem Kriegsgefangenenlager zu Ardenne kam.[45] Wied verstand es, zunächst das Vertrauen der Privatsekre-

---

42 Auskunft von Christa Roggenbuck vom 20. 11. 2004.
43 Nachlass, Korrespondenz mit Wissenschaftlern bis 1965, Ordner H.
44 Interview mit Prof. Hans Westmeyer am 13. 9. 2001.

tärin Elsa Suchland und später das seines Chefs zu gewinnen. Er bezeichnete sich gegenüber dem MfS, das ihn 1955 als GM „Kurt Kühne" anwarb, als Sekretär „vor allem für seine privaten Ankäufe in der Sowjetunion", dem aber auch redaktionelle Arbeiten am neuesten Fachbuch übertragen worden seien.[46]

V. Aufgaben und Aufbau des Instituts „A"

Bereits in seiner dritten Sitzung legte das Sonderkomitee am 8. September 1945 die Aufgaben für die von Ardenne, Hertz, Riehl, Volmer und Döpel geleiteten deutschen Gruppen fest. Dem von Ardenne zu leitenden Institut wurden die magnetische Isotopentrennung, die Elektronenmikroskopie sowie die Entwicklung von Geräten für die Kernphysik übertragen.[47]

Wie Ardenne in seiner Autobiographie schrieb, konnte er für den Standort seines künftigen Instituts zwischen Moskau, der Krim und Grusinien wählen. Vor allem wegen der reizvollen Landschaft und des milden Klimas habe er sich damals für Grusinien entschieden, eine Entscheidung, der sich später Gustav Hertz anschloss. Beide Institute wurden daraufhin in unmittelbarer Nachbarschaft errichtet, in der Nähe der Stadt Suchumi. Das Institut „A" erhielt seinen Sitz in Sinop, das Institut „G" in Agudzery. Hertz und Ardenne wurden Objekte zugewiesen, die bis dahin als Sanatorien eine gänzlich andere Klientel beherbergten, aber akzeptable Voraussetzungen für einen Umbau zum physikalisch-technischen Institut besaßen. Ardenne stand sofort ein dreistöckiges Gebäude mit nahezu einhundert Räumen zur Verfügung.

Das Spezialkomitee konzentrierte sich in der Anlaufphase des Projekts vor allem darauf, effektive Strukturen und Netzwerke zu schaffen sowie eine straffe Anleitung und scharfe Kontrolle aller beteiligten Einrichtungen sicher zu stellen. Das galt für die von Deutschen geleiteten Gruppen natürlich in besonderem Maße. Als Vorsitzender des Technischen Rates des Spezialkomitees legte Vannikov fest, in welchem Umfang einzelne Spezialisten über ihre unmittelbare Arbeitsaufgabe hinaus weiter reichende Einblicke erhalten durften. Ardenne sollte, ebenso wie die sowjetischen Physiker Ioffe und Arcimovič, ohne jede Einschränkung über alle Einzelheiten der Entwicklung des magnetischen Trennverfahrens informiert werden. Wie alle wichtigen Entscheidungen, so musste auch diese Festlegung von Beriâ bestätigt werden.[48]

---

[45] Auf Anfrage teilte die Verwaltung für Registrierung und Archivfonds des FSB am 14. 4. 2005 mit, dass in ihren Beständen keine Akten zu Manfred von Ardenne und Max Wied existieren.

[46] BStU Ast. Dresden, AIM 1886 / 62, Bd. I, Bl. 56 – 57.

[47] Protokoll Nr. 3 der Sitzung des Sonderkomitees beim Rat der Volkskommissare der UdSSR vom 8. 9. 1945, in: *Râbev,* Atomnyj proekt SSSR, Kniga 1, S. 20 – 23.

[48] Schriftlicher Bericht Vannikovs an Beriâ über die Informierung inländischer Spezialisten vom 15. 11. 1945, in: *Râbev,* Atomnyj proekt SSSR, Kniga 2, S. 355 – 356.

Abb. 9: Ardenne mit Hans Westmeyer, einem seiner engsten Mitarbeiter
der frühen 1960er Jahre – im Hintergrund das Institut in Sinop.

Am 10. Oktober 1945 beauftragte das Spezialkomitee die Mitglieder des Technischen Rates Alihanov und Ioffe, die „Speziallaboratorien" von Ardenne und Hertz zu besuchen, um sich mit dem Anlaufen der Forschung vertraut zu machen und gemeinsam mit den Leitern konkrete Arbeitspläne aufzustellen. Darüber hinaus waren beide gehalten, auf eine Beschleunigung aller Vorhaben in Sinop und Agudzery zu drängen.[49] In seiner zehnten Sitzung befasste sich das Spezialkomitee dann am 14. Dezember 1945 mit allen Details des Aufbaus beider Einrichtungen. Das betraf die wissenschaftliche Thematik, die Stellenpläne, Löhne und Kosten sowie die Richtlinien für die Versorgung mit Lebensmitteln.[50]

Einen Monat später, am 7. Januar 1946, verabschiedete der Rat der Volkskommissare den Beschluss Nr. 17 – 9ss „Über den Aufbau der Objekte A und G des Volkskommissariats für innere Angelegenheiten der UdSSR".[51] Dieser umfangreiche Katalog an Maßnahmen sah im Jahr 1946 die Bereitstellung von 40 Millionen Rubel für die Forcierung des Aufbaus der beiden Einrichtungen vor. Für die Bauarbeiten sowie die damit verbundenen Transporte wurde ein Bataillon von „nicht zur Demobilisierung neigenden" und „zwischen 1911 und 1926 geborenen sowie für Bauarbeiten geeigneten" Soldaten zusammengestellt. Die Stärke dieser Einheit

---

[49] Protokoll Nr. 6 der Sitzung des Spezialkomitees beim Rat der Volkskommissare der UdSSR vom 10. 10. 1945, in: *Râbev,* Atomnyj proekt SSSR, Kniga 1, S. 36 – 38.

[50] Protokoll Nr. 10 der Sitzung des Spezialkomitees beim Rat der Volkskommissare der UdSSR vom 14. 12. 1945, in: *Râbev,* Atomnyj proekt SSSR, Kniga 1, S. 53 – 60.

[51] Beschluss des Rates der Volkskommissare Nr. 17 – 9ss „Über den Aufbau der Objekte A und G des Volkskommissariats für innere Angelegenheiten der UdSSR" vom 7. 1. 1946, in: *Râbev,* Atomnyj proekt SSSR, Kniga 2, S. 99 – 101.

betrug 1.000 Soldaten und 50 Offiziere. An Transportmitteln wurden Autos und Pferde bereitgestellt. Der Beschluss regelte darüber hinaus auch die Versorgung mit notwendigem Gerät aller Art, die Beschaffung der Küchenausstattung sowie auch die Gestaltung des kulturellen Lebens. Den örtlichen Organen wurde ausdrücklich verboten, die materiell-technischen Ressourcen, die Arbeitskräfte und die Transportkapazitäten „zu welchen Zielen auch immer" in Anspruch zu nehmen. Für die medizinische Betreuung des Baubataillons wurde eigens ein Krankenhaus mit 50 Betten eingerichtet. Dessen Ausstattung entsprach der Norm des Volkskommissariats für Verteidigung, was den Einsatz von vier Ärzten und sechs Unterärzten bzw. Arzthelfern sowie die Bereitstellung von drei Krankenwagen bedeutete. Für den Ankauf einer Reihe von Produkten, die im Inland nicht zu beschaffen waren, stellte das Volkskommissariat für Außenhandel 1,5 Millionen Rubel in Devisen zur Verfügung. Damit konnten Kabel und Bauelemente für elektrische Anlagen, Beleuchtungsarmaturen, elektrotechnische Laborausstattungen und sanitärtechnische Ausrüstungen sowie Armaturen für Gas und Wasserdampf aus Deutschland und Finnland importiert werden. Darüber hinaus standen als Sofortmittel 500.000 US-Dollar zur Verfügung, die nur zum Teil aus den Devisenreserven des Landes stammten. Die fehlenden Devisen sollten durch „erste Einkünfte aus den USA" aufgebracht werden.[52]

Drei Monate nach der Verabschiedung des Beschlusses über den Aufbau der Institute „A" und „G", ordnete das Spezialkomitee an, künftig in einem Abstand von nur zwei Wochen einen Bericht vorgelegt zu bekommen.[53] Die Aufgabenverteilung zwischen den Instituten wurde neu geregelt und beide Einrichtungen ab Juli 1946 dem Laboratorium Nr. 2 der Akademie der Wissenschaften der UdSSR zugeordnet, das 1943 eigens für das „Uranproblem" geschaffen wurde und seinen Sitz in Moskau hatte.[54] Durch eine „organische Verbindung" mit diesem großen Institut könnten, so die Begründung, die deutschen Gelehrten und Spezialisten „am besten und zweckmäßigsten ausgenutzt" werden.[55]

Im Mai 1946 waren die Räumlichkeiten in den ehemaligen Erholungsheimen „Sinop" und „Agudzery" so weit umgerüstet, dass sie als Laboratorien bezeichnet werden konnten. Trotz vielerorts „noch unzureichender Grundlagen", wie das Spezialkomitee einräumte, begann die wissenschaftliche Arbeit. Die inzwischen zuständige 9. Verwaltung des Ministeriums für innere Angelegenheiten stellte sich das Ziel, den Aufbau der beiden Institute trotz der schwierigen Rahmenbedingungen bis zum Ende des Jahres 1947 im Wesentlichen zu beenden. Dazu gehörte auch

---

[52] Einzelheiten über die erwarteten Einkünfte aus den USA enthält der Beschluss vom 7. 1. 1946 nicht.

[53] Protokoll Nr. 19 der Sitzung des Spezialkomitees beim Ministerrat der UdSSR vom 13. 4. 1946, in: *Râbev,* Atomnyj proekt SSSR, Kniga 1, S. 90–94.

[54] Später erhielt das Laboratorium Nr. 2 den Namen „Kurčatov-Institut für Atomenergie" und heißt heute „Russisches Forschungszentrum ‚Kurčatov-Institut'".

[55] Protokoll Nr. 23 der Sitzung des Spezialkomitees beim Minsterrat der UdSSR, in: *Râbev,* Atomnyj proekt SSSR, Kniga 1, S. 115–122.

eine deutliche Verstärkung des bis dahin 49 deutsche Spezialisten umfassenden Personals, wovon immerhin 28 Wissenschaftler waren.[56]

Obwohl die Verfahrensentwicklung noch ganz am Anfang stand, beschäftigte sich der Technische Rat schon mit der Projektierung von Fabriken zur Isotopentrennung sowohl nach dem Diffusionsverfahren wie auch nach der elektromagnetischen Methode. Am 20. Juli 1946 schlugen Kruglov, Vannikov, Kurčatov, Pervuhin und Lejpunskij in einem Bericht „über die Verwendung der deutschen Spezialisten" dem Vorsitzenden des Spezialkomitees die Einbindung der Institute „A" und „G" in diese Arbeiten vor.[57] Das hieß für Hertz und seine Gruppe, dass sie nicht nur für die Entwicklung der Diffusionsanlagen die Verantwortung trugen, sondern auch am Aufbau eines kompletten Werkes mitwirken mussten. Die Federführung lag bei Prof. Kikoin vom Laboratorium Nr. 2. Darüber hinaus erhielt Hertz den Auftrag, die Methode zur Isotopentrennung durch Diffusion gasförmiger Uranverbindungen in strömenden Dämpfen weiter zu verfolgen. An diesem Thema arbeitete auch Thiessen mit, der geeignete Diaphragmen für die Diffusionsanlagen zu entwickeln hatte. Kikoin und Lejpunskij erhielten Order, die Präzisierung der Aufgabenstellung und die Festlegung von Terminen „gemeinsam mit Hertz und Thiessen" vorzunehmen. In ähnlicher Weise vollzog sich die Einbindung der Gruppe Ardenne in den Aufbau industrieller Kapazitäten zur Isotopentrennung auf elektromagnetischem Wege, für die Prof. Arcimovič vom Laboratorium Nr. 2 die wissenschaftliche Verantwortung trug. Lejpunskij war übrigens auch an der Entwicklung dieses Verfahrens maßgeblich beteiligt.

Die sowjetischen Experimentalphysiker sahen in Ardenne einen Spezialisten, der ihnen moderne Messgeräte bauen und sie in der Elektronenmikroskopie mit einem Schlag an die internationale Spitze bringen konnte. Die „maximale Ausnutzung der deutschen Spezialisten" bedeutete im Falle von Ardenne deshalb auch, ihn nicht nur mit kernphysikalischen Fragestellungen zu betrauen, sondern dessen besondere Fähigkeiten und vielfältige Erfahrungen auf anderen Gebieten der technischen Physik sowie der Messtechnik abzurufen. Auf diesen Gebieten bestand in der Sowjetunion erheblicher Nachholbedarf. Wiederum war es Lejpunskij, der für eine Erweiterung des Aufgabenspektrums zu sorgen hatte, die Bearbeitung von „Aufgaben biologischen Charakters" sowie Untersuchungen zu Spezialwerkstoffen des Flugzeugbaus. Auf beiden Gebieten versprach man sich viel von der Anwendung elektronenoptischer Untersuchungsmethoden. Zur Einarbeitung in die jeweils spezifische Technik des elektronenmikroskopischen Experimentierens entsandte das Ministerium für Elektroindustrie zwei qualifizierte Wissenschaftler, die bereits mit einem Elektronenmikroskop gearbeitet hatten, zur Fortbildung in das Institut „A".[58]

---

[56] Rechenschaftsbericht über den Stand der Arbeit der 9. Verwaltung des Ministeriums für innere Angelegenheiten der UdSSR vom 1. 9. 1947, in: *Râbev,* Atomnyj proekt SSSR, Kniga 3, Dokument Nr. 345.

[57] Brief S. N. Kruglovs, B. L. Vannikovs, I. V. Kurčatovs, M. G. Pervuhins und A. I. Lejpunskijs an Beriâ über die Verwendung deutscher Spezialisten vom 20. 7. 1946, in: *Râbev,* Atomnyj proekt SSSR, Kniga 2, S. 546–548.

Auf seiner 23. Sitzung genehmigte das Spezialkomitee am 24. Juli 1946 die Aufstellung „aus Deutschland importierter" kernphysikalische Großgeräte im Institut „A". Es handelte sich dabei um den Van-de-Graaf-Generator mit einer Beschleunigungsspannung von einer Millionen Volt und das 60-Tonnen-Zyklotron aus dem Lichterfelder Institut Manfred von Ardennes.[59] Die technische Ausstattung des Instituts in Sinop erreichte damit einen Stand, der dem Berliner Niveau der frühen 1940er Jahre nahe kam.

Bereits in einer der ersten Sitzungen des „Technischen Sowjets", so stellte es Ardenne dar, trafen Zavenâgin und Pervuhin eine Entscheidung „von größter Tragweite". Sie legten fest, dass sämtliches in die Sowjetunion verbrachte Inventar des Lichterfelder Instituts „nicht als Beute der Sieger" anzusehen sei, sondern auch weiterhin Privateigentum bleiben könne. Denn die Verfassung der UdSSR sah vor, dass alles das, was ein Mensch durch seine eigene geistige oder körperliche Arbeit gewinnt, als sein Privatbesitz zu gelten habe. Ardenne konnte das Gremium davon überzeugen, dass die Laborausrüstung seines Instituts „vorwiegend" von ihm selbst erarbeitet worden sei. Sie stellte den Gegenwert „für Hunderte an die deutsche Industrie abgetretene Patente" dar, die auf seinen Namen ausgestellt worden seien.[60]

Mit der Verordnung Nr. 9731rs des Ministerrats der UdSSR vom 9. August 1946 über die „Verwendung der deutschen Physiker und Spezialisten" wurde die vom Spezialkomitee geforderte „organische Verbindung" des Instituts „A" mit dem Labor Nr. 2 nun auch regierungsamtlich festgeschrieben. Punkt 3c dieser Verordnung regelte die Zuordnung der Gruppe Ardenne zum Laboratorium Nr. 2, und zwar konkret zu den Arbeiten „nach der Methode von Prof. Arcimovič".[61] Als typisch für den unerbittlichen Druck auf das Tempo in diesem Projekt kann die Forderung an Arcimovič und Lejpunskij gelten, „innerhalb von zehn Tagen die Aufgaben der Gruppe von Ardenne auszuarbeiten, um sie dann vom Technischen Rat der Ersten Hauptverwaltung beim Ministerrat der UdSSR bestätigen zu lassen." Die straffe politische und wissenschaftliche Führung durch das Spezialkomitee und die Regierung ließ den deutschen Wissenschaftlern in konzeptionellen Fragen nur bescheidene Freiräume zur Entfaltung ihrer Kreativität. Das traf Ardenne sicherlich besonders hart, galt aber auch für Hertz und Thiessen, die mit ihren Gruppen nun ebenfalls dem Laboratorium Nr. 2 unterstellt wurden. Punkt 4 der Verordnung formulierte Probleme, „für deren Lösung wahrscheinlich das Elektronenmikroskop

---

[58] Brief S. N. Kruglovs, B. L. Vannikovs, I. V. Kurčatovs, M. G. Pervuhins und A. I. Lejpunskijs an Beriâ über die Verwendung deutscher Spezialisten vom 20. 7. 1946, in: *Râbev,* Atomnyj proekt SSSR, Kniga 2, S. 546–548.

[59] Protokoll Nr. 24 der Sitzung des Spezialkomitees beim Ministerrat der UdSSR vom 24. 7. 1946, in: *Râbev,* Atomnyj proekt SSSR, Kniga 1, S. 118–122.

[60] Nachlass, Urfassung der Autobiographie, Ordner 2, Bl. 183–185.

[61] Anordnung des Ministerrates der UdSSR Nr. 9731-rs zum Einsatz der deutschen Gelehrten, Physiker und Spezialisten vom 9. 8. 1946, in: *Râbev,* Atomnyj proekt SSSR, Kniga 2, S. 281–283.

genutzt werden kann, das im Institut ‚A' aufgestellt ist". Das betraf, wie bereits erwähnt, sowohl strahlenbiologische Phänomene, als auch Untersuchungen an Werkstoffen des Flugzeugbaus. Die Forschungen zum Strahlenschutz erfolgten im Institut „A" in dem von Wilhelm Menke geleiteten „Laboratorium für biologische Fragen".

In ihrem detaillierten Bericht über den „Stand der Arbeit am Problem der Nutzung der Atomenergie für 1945 und 7 Monate des Jahres 1946" erläuterten Vannikov, Kurčatov, Pervuhin, Malyšev und Kikoin am 15. August 1946 dem Vorsitzenden des Spezialkomitees auch ausführlich die ersten Schritte zur Integration der deutschen Spezialisten in das Gesamtprojekt.[62] Neben der Mitwirkung an der Entwicklung eines Reaktors sowie an Methoden zur Trennung von Wasserstoffisotopen in industriellem Maßstab, so heißt es in diesem Bericht, arbeiteten zwei Gruppen deutscher Physiker an „speziellen Methoden der Trennung von Uranisotopen" sowohl für eine industrielle Anwendung, wie auch für den Fortschritt der Kernphysik überhaupt. Die Berichterstatter hoben einzelne Ergebnisse der von Hertz und Ardenne geleiteten Institute besonders hervor. Genannt wurden u. a. die Entwicklung eines Massenspektrometers durch Schütze (Institut „G") sowie theoretische Arbeiten zur Kernphysik und die Bearbeitung biologischer Fragestellungen durch Menke (Instituts „A"). Alle theoretischen Arbeiten zu Kernphysik und Biologie leitet Ardenne als Direktor des Instituts „A", betonten die Autoren des Berichts. Die Konstruktion von Pumpen für die Isotopentrennung nach dem von Hertz 1934 erstmals angewandten Verfahren, das Steenbeck und Mühlenpfordt vorantrieben, wurde ebenso erwähnt, wie die Entwicklung einer Apparatur zur Erprobung von Diaphragmen für das Diffusionsverfahren, an der Zühlke unter Leitung von Hertz arbeitete. Barwich beschäftigte sich im Institut „G" mit der Isotopentrennung durch Thermodiffusion, einem seit 1911 bekannten Verfahren, das sich durch Einfachheit und niedrige Kosten auszeichnet. Die Gruppe von Steenbeck untersuchte im Institut „A" die Möglichkeit der Isotopentrennung durch Kondensation aus der Gasphase. Nach Abschluss der Erprobung des Verfahrens bei der Trennung von Chlorisotopen war der Übergang zu sechswertigen Uranverbindungen vorgesehen.

Die Arbeiten an der Bombe ließen sich offenbar nur schwer mit den gewohnten Ritualen der sowjetischen Kommandowirtschaft vereinbaren. Die Intentionen von minutiöser Planbarkeit innovativer Technologien erwiesen sich in der Praxis als schwer durchsetzbar. So akzeptierte das Spezialkomitee erst am 10. September 1946 den Arbeitsplan der Institute „A" und „G" für das Jahr 1946, allerdings mit Auflagen. Die Änderungen und Ergänzungen zielten vor allem auf eine größere Verbindlichkeit bei den Terminen sowie bei der Festlegung von Verantwortlichen für die einzelnen Komplexe.[63] Die offen ausgesprochene „beste und zweck-

---

[62] Bericht B. L. Vannikovs, I. V. Kurčatovs, M. G. Pervuhins, I. I. Malyševs und I. K. Kikoin an L. P. Beriâ über den Stand der Arbeit am Problem der Nutzung der Atomenergie für 1945 und 7 Monate des Jahres 1946 vom 15. 8. 1946, in: *Râbev*, Atomnyj proekt SSSR, Kniga 2, S. 552 – 609.

mäßigste Ausnutzung" der Deutschen beinhaltete aber nicht nur deren direkte Mitwirkung am Bau der Atombombe, sondern auch die generelle Abschöpfung von
Wissen und Know-how. Die Abordnung sowjetischer Fachleute in die von Deutschen geleiteten Institute erhöhte zum einen deren Potential, stellte zum anderen
aber auch eine besondere Form des Technologietransfers dar. Natürlich wurde
diese Personengruppe besonders sensibel überwacht. Auch dazu beschloss das
Spezialkomitee am 10. September detaillierte Regelungen. Der Wissenschaftlich-
Technische Rat der Ersten Hauptverwaltung musste seine Landsleute in zweiwö-
chigem Abstand überprüfen und bestätigen. Weitere Festlegungen sicherten die
materiell-technischen Grundlagen für einen zügigen Aufbau der beiden Institute
sowie deren Einbindung in das Netzwerk des Gesamtprojekts. Kurčatov, Kikoin
und Arcimovič wurden persönlich dafür verantwortlich gemacht, dass sich die Verbindung der Institute „A" und „G" zum Labor Nr. 2 optimal gestaltete. Zavenâgin
wurde nahe gelegt, die Mitarbeiter der Institute „A" und „G" mit dem sowjetischen
Prämiensystem vertraut zu machen. Damit schienen die wesentlichen Voraussetzungen für die Durchsetzung kommandowirtschaftlicher Methoden und Instrumente in den beiden Einrichtungen erfüllt zu sein.

Darüber hinaus führte das Spezialkomitee auch eine Reihe praktischer Probleme
an, die nur im Zusammenwirken zahlreicher unterschiedlicher Institutionen gelöst
werden konnten. Kruglov und Zavenâgin bekamen die persönliche Verantwortung
für die termingerechte Versorgung der Institute „A" und „G" mit noch immer fehlender Ausstattung und notwendigen Materialien übertragen. Pervuhin, Kruglov
und Zavenâgin erhielten mit Saburov den Stellvertretenden Vorsitzenden der Staatlichen Plankommission an die Seite gestellt und wurden beauftragt, innerhalb von
drei Tagen den Bedarf der Institute „A" und „G" zu präzisieren, die Quellen zur
Deckung dieses Bedarfs zu benennen, Liefertermine festzulegen sowie die Maßnahmen für die erfolgreiche Entwicklung des Projekts mit den relevanten Ministerien zu koordinieren und abschließend zu bearbeiten. Der Projektbeschluss „Über
die Arbeit der Institute A und G" musste umgehend Stalin zur Bestätigung vorgelegt werden.

Dass beide Institute keine autonomen Forschungseinrichtungen waren, sondern
das Spezialkomitee hinein regierte und auch Institutsinterna regelte, zeigt der Auftrag an Pervuhin, Kruglov, Kurčatov und Zavenâgin, innerhalb von drei Tagen einen
Vorschlag zur Bestimmung von stellvertretenden Direktoren vorzulegen. Kruglov
wurde außerdem angewiesen, Mitarbeiter, die der Arbeit fern geblieben waren, in
Speziallager einzuweisen. In den Instituten existierten entsprechende Listen, die Pervuhin, Zavenâgin und Kurčatov vorlagen. Weiterhin sollten Personen, die sich aufgrund mangelnder Qualifikation als nicht geeignet für die anstehenden Aufgaben
erwiesen, von der Arbeit entbunden werden und die Institute verlassen. Allerdings
wurde auch diesmal nicht nur die Peitsche geschwungen, sondern ebenso Zuckerbrot
gereicht. Handelte es sich bei den „nicht Geeigneten", die aufgrund dieser Fest-

---

[63] Protokoll Nr. 26 der Sitzung des Spezialkomitees beim Ministerrat der UdSSR vom
10. 9. 1946, in: Râbev, Atomnyj proekt SSSR, Kniga 1, S. 126–131.

legung ihre Arbeit verloren, um Familienmitglieder von Spezialisten, so wurde das Gehalt der Familienoberhäupter etwas erhöht, um Härtefälle zu vermeiden.

Allerdings versuchte Ardenne auch unter diesen Bedingungen, seine Ansprüche an die Qualität vor allem der leitenden Mitarbeiter durchzusetzen. Das galt nicht nur für Deutsche, sondern für Russen gleichermaßen. So setzte er im Februar 1949 eine Kommission ein, die sich mit der kritikwürdigen Arbeitsweise des Leiters der Institutswerkstatt auseinandersetzen sollte. Thiessen, Steenbeck, Menke sowie die technischen Mitarbeiter Roggenbuck, Tauber und Handke waren gehalten, auf der Grundlage einer von Ardenne vorgelegten „Stellungnahme der Institutsleitung"[64] über „die Eignung von Herrn Petrow als Werkstattleiter" zu befinden.[65] Trotz des Rückhaltes durch die Kommission musste er Petrow auf Drängen der verantwortlichen Militärs eine weitere Chance geben, „sich in die schwierige Aufgabe der Leitung unserer zentralen Werkstatt hineinzufinden". Die Militärs hatten zu bedenken gegeben, dass es zu unsicher sei, sehr schnell einen „wirklich guten" Ersatz zu finden. Dennoch bat Ardenne General Mešik und Prof. Emel'ânov, Vorsorge für den Fall treffen zu dürfen, dass „der derzeitige Werkstattleiter in seine Aufgabe nicht hineinwächst".[66] Neben fachlicher Eignung als notwendiger Voraussetzung für eine Beschäftigung in seinem Institut erwartete Ardenne von den Deutschen darüber hinaus auch eine unbedingte Loyalität. Unter den Bedingungen der Internierung war gerade das besonders wichtig. Illoyales Verhalten tolerierte er nicht. So forderte er im Februar 1950 die Versetzung seines langjährigen Mitarbeiters Fritz Bernhard, weil der ihn während seiner Abwesenheit gegenüber Dritten als „Saboteur an der Arbeit" bezeichnet hatte. Allerdings sollte der „Austausch gegen einen anderen Physiker" erst nach Beendigung gerade laufender Experimente erfolgen, in die Bernhard eingebunden war.[67] Wie es dazu kommen konnte, dass ein Mitarbeiter, der schon in Berlin bei ihm tätig war, sich zu solchen Äußerungen hinreißen ließ, konnte nicht ermittelt werden. Ganz sicher führten die besonderen Bedingungen der harten Arbeit im „goldenen Käfig" eines Internierungslagers und unter hohem Termindruck gelegentlich auch zu Kurzschlussreaktionen.

Ardenne wusste sehr wohl, dass eine interessante wissenschaftliche Tätigkeit und gute Verpflegung allein nicht ausreichten, sowohl eine kreative Atmosphäre, als auch sozialen Frieden zu garantieren. Er organisierte deshalb u. a. Schallplattenabende und Festlichkeiten der unterschiedlichsten Art. Nach dem Erhalt einer Sendung von 28 Schallplatten schrieb er seiner Mutter voller Freude, dass er damit „vier abendfüllende Konzertprogramme" zusammenstellen konnte.[68] Neben Klassikern wie Schubert, Chopin, Beethoven, Haydn und Bruch stand auch Tanzmusik auf seinen musikalischen Wunschzetteln.

---

64 „Stellungnahme der Institutsleitung zur Führung der Werkstatt durch Ingenieur Petrow" vom 9. 2. 1949 (Nachlass).

65 Einladung vom 12. 2. 1949 (Nachlass).

66 Brief Ardennes an General Mešik und Prof. Emel'ânov vom 17. 2. 1949 (Nachlass).

67 Brief Ardennes an Prof. Novikov vom 21. 2. 1950 (Nachlass).

68 Brief an Adela Baronin von Ardenne vom 11. 5. 1948 (Nachlass).

Im September 1946 waren 52 Institute, Laboratorien, Konstruktionsbüros sowie andere Einrichtungen mit insgesamt 10.878 Beschäftigten für das Atomprojekt tätig.[69] Erst nach einem Jahr intensiver Anstrengungen unterrichtete Beriâ offenbar seinen obersten Dienstherren in einem offiziellen Bericht über den Standort und die Aufgaben der Institute „A" und „G".[70] Der Arbeitsplan bis zum Ende des Jahres 1946, so schrieb Beriâ an Stalin, „ist den konkreten Aufgaben untergeordnet, die in diesem Moment von unseren sowjetischen Physikern zum Problem der Atomenergie beschlossen werden, und wird sich nach dem zweckmäßigsten Einsatz der deutschen Spezialisten richten". Damit wies er den Deutschen unmissverständlich einen untergeordneten Rang im Gesamtvorhaben zu. Als vordringlichste Aufgabe, unterstrich er diese Intention, sehe das Spezialkomitee derzeit die „Sicherstellung des ständigen Kontakts der Institute A und G mit dem Laboratorium Nr. 2" sowie die Verstärkung durch sowjetische Spezialisten an.

VI. Das Jahr 1946 und die erste Auszeichnungswelle

In dem Ministerratsbeschluss Nr. 2215–908ss vom 30. September 1946 „Über die Arbeit der Institute A und G der 9. Verwaltung des Ministeriums für innere Angelegenheiten der UdSSR" wurden die schon im August 1945 formulierten Forschungsschwerpunkte bestätigt, konkrete Leistungen bis zum Jahresende 1946 definiert sowie die verantwortlichen Bearbeiter benannt.[71] An erster Stelle stand in dem Beschluss die Ausarbeitung einer elektromagnetischen Methode zur Trennung von Uranisotopen. Aber auch die Mess- und Analysentechnik wurde als Schwerpunkt der Institutsarbeit besonders hervorgehoben. Der Katalog von Aufgaben, die das Institut „A" bis zum Jahresende 1946 zu bearbeiten hatte, umfasste folgende Positionen:

1. Ausarbeitung einer elektromagnetischen Methode zur Trennung von Uranisotopen
   Bearbeiter: Ardenne, Stoidel, Fröhlich, Reibedanz
   Termine:
   Inbetriebnahme des Elektromagneten bis 05. 10. 1946,
   Versuche zur Ionenquelle bis 01. 12. 1946,
   Erkenntnisse zur Isotopentrennung bis 31. 12. 1946.

---

[69] Auskunft über die Vervollständigung der Etats der Institute, Laboratorien, der speziellen Konstruktionsbüros, Bauverwaltungen und -organisationen, die mit der Ausführung von Sonderarbeiten beschäftigt sind vom September 1946, in: *Râbev*, Atomnyj proekt SSSR, Kniga 3, S. 503–511. Die Angaben dieser Übersicht sind mit Unsicherheiten behaftet. So tauchen die Institute „A" und „G" in der Statistik zwei Mal auf, einmal als Institut „A" bzw. „G" und an anderer Stelle als Objekt „Sinop" bzw. Objekt „Agudzery".

[70] Brief L. P. Beriâs an I. V. Stalin mit Vorlage des Projektbeschlusses des Ministerrats der UdSSR „Über die Arbeit der Institute A und G des Ministeriums für innere Angelegenheiten" zur Prüfung vom 30. 9. 1946, in: *Râbev*, Atomnyj proekt SSSR, Kniga 3, S. 16–17.

[71] Beschluss des Ministerrates der UdSSR Nr. 2215–908ss „Über die Arbeit der Institute A und G der 9. Verwaltung des Ministeriums für innere Angelegenheiten der UdSSR" vom 30. 9. 1946, in: *Râbev*, Atomnyj proekt SSSR, Kniga 3, S. 22–24.

2. Trennung von Uranisotopen durch Kondensation von Uran-235-haltigen Dämpfen an Lösungsmitteltröpfchen
   Bearbeiter: Steenbeck, Andreev
   Termine:
   Trennung von Chlorisotopen bis zum 01. 11. 1946,
   Trennung von Bromisotopen bis zum 15. 11. 1946,
   Vorläufige Erkenntnisse zur Trennung von Uranisotopen bis zum 15. 12. 1946.

3. Herstellung von Diaphragmen für Diffusionsanlagen und Entwicklung einer Methode zur Beurteilung ihrer Wirksamkeit
   Bearbeiter: Thiessen, Ziegler, Mohr, Siewert, Bartel
   Termin: Dezember 1946.

4. Konstruktion und Herstellung von Massenspektrometern, Elektronenmikroskopen, Ionisationskammern und anderen Mess- und Kontrollgeräten
   Bearbeiter: Ardenne, Bernhard, Steenbeck, Jäger, Hofmann, Reibedanz, Beckler
   Termine:
   Universal-Elektronenmikroskop bis zum 05. 10. 1946,
   Arbeit an der Vervollkommnung der Konstruktion des Mikroskops bis zum 31. 12. 1946,
   Ausarbeitung von Methoden zur Messung der Anreicherung von Isotopen bis zum 31. 12. 1946.

5. Studium der Auswirkung von radioaktiver Strahlung auf den menschlichen Organismus.
   Bearbeiter: Gruppe Menke.

Der Katalog von Aufgaben für das Institut „G" sah ähnlich aus. Dort stand die Isotopentrennung nach der Diffusionsmethode im Mittelpunkt. Aktueller Schwerpunkt war die Entwicklung von Systemen zur Steuerung von Kaskaden, an der Hertz, Barwich und Mirianašvili arbeiteten. Aber auch die Entwicklung von Diffusionsverfahren zur Trennung der Uran-Isotope mit Hilfe von Kondensationspumpen, mit der sich Hertz und Mühlenpfordt beschäftigten, sowie mit Hilfe von Inertgasen, woran Hertz gemeinsam mit Mirianašvili arbeitete, gehörte zu den wichtigsten Aufgaben dieses Instituts. Mit der Entwicklung von Verfahren zur Qualitätskontrolle von Diaphragmen beschäftigten sich Zühlke, Bumm und Reimann. Konstruktion und Bau eines Massenspektrometers, eines Zählrohres für α-Teilchen und einer Ionisationskammer rundeten das Aufgabenspektrum ab. Eine gravierende Schwäche der sowjetischen Industrie, nämlich fehlende Kapazitäten zur Produktion von Messgeräten, findet in der Aufnahme des Komplexes „Mess- und Analysegeräte" ihren Niederschlag.

Das Ministerium für innere Angelegenheiten hatte den termingerechten Aufbau der Objekte der Institute „A" und „G" sicher zu stellen. Neben einer Reihe von Festlegungen dazu regelte der Beschluss vor allem den wissenschaftlichen Austausch mit dem Laboratorium Nr. 2. In einem ersten Schritt sollten zwanzig wissenschaftliche Mitarbeiter, Anwärter und Hochschulabsolventen an die Institute „A" und „G" verpflichtet werden.

Zavenâgin wurde als Leiter der 9. Verwaltung zusammen mit Kurčatov für einen ständigen Kontakt der Spezialisten der Institute „A" und „G" mit dem Laboratorium Nr. 2 verantwortlich gemacht. Beide hatten dafür zu sorgen, dass sowohl die Forschungsprogramme als auch die Ergebnisse gemeinsam besprochen wurden. Darüber hinaus wurde der Austausch der technischen Berichte festgelegt und Ortstermine der deutschen Spezialisten im Laboratorium Nr. 2 sowie von Mitarbeitern des Laboratoriums Nr. 2 in den Instituten „A" und „G" vorgeschrieben. Trotz der Unterstellung unter die federführenden sowjetischen Wissenschaftler wurden die Deutschen nicht zu reinen Erfüllungsgehilfen degradiert, sondern in den wissenschaftlichen Diskurs einbezogen.

Schließlich verpflichtete der Beschluss vom 30. September Zavenâgin dazu, die Leiter und die führenden Mitarbeiter der Institute „A" und „G" mit dem Prämiensystem bekannt zu machen, das im Beschluss des Ministerrates Nr. 627–258ss „Über wissenschaftliche Entdeckungen und technische Errungenschaften" auch für die Institute „A" und „G" festgeschrieben war. Um der Weisung, neben den Direktoren auch die führenden Mitarbeiter zu informieren, entsprechen zu können, mussten übrigens ganz schnell einige Wissenschaftler zu „leitenden Mitarbeitern" befördert werden.

Am 23. Dezember 1946 sandten Kurčatov, Vannikov und Pervuhin einen Bericht an Stalin, in dem sie den „Stand der Arbeiten zum Problem der Nutzung der Kernenergie von 1945 bis 1946" ausführlich darstellten. Dieser Bericht, in dem wissenschaftliche Fragen in erstaunlicher Breite behandelt wurden, enthielt auch einen gesonderten Abschnitt „Über die Ausnutzung der deutschen Spezialisten", in dem die Arbeit der Gruppe Riehl im Werk Nr. 12, der Institute „A" und „G", des von Heinz Pose geleiteten Laboratoriums „V" sowie der Gruppen Volmer und Döpel sehr detailliert beschrieben wurde.[72] Das Institut „A" hatte Ende 1946 eine Personalstärke von 187 Mitarbeitern erreicht. Unter den 106 Deutschen waren 51 Wissenschaftler bzw. Ingenieure. Der Ausbau des ehemaligen Sanatoriums zu einer Forschungseinrichtung hatte bis zu diesem Zeitpunkt 31 Millionen Rubel gekostet und sollte zum Jahresende 1947 abgeschlossen werden. Als besonders hervorhebenswertes Ergebnis wurde in dem Bericht an Stalin die Entwicklung von Mess- und Analysegeräten gewertet. Das betraf Apparaturen zur Kontrolle der einzelnen Schritte bei der Anreicherung von Uran, zwei Typen von Elektronenmikroskopen und das Massenspektrometer. Auf die Möglichkeit, diese Geräte durch die einheimische Industrie in Serie zu produzieren, wurde ausdrücklich hingewiesen. Abschließend lobten die Autoren die „bedeutsamen Arbeiten zu den Methoden der Isotopentrennung", die Ardenne leiste. Nikolaus Riehl und seine Gruppe

---

72 Rechenschaftsbericht I. V. Kurčatovs, B. L. Vannikovs und M. G. Pervuhins im Namen I. V. Stalins über den Stand der Arbeit am Problem der Nutzung der Atomenergie in den Jahren 1945–1946 vom 23. 12. 1946, in: *Râbev*, Atomnyj proekt SSSR, Kniga 3, S. 539–607.

hätten durch ihre Arbeiten zur Herstellung von metallischem Uran für den Reaktor „F-1" einen Zeitgewinn von mehr als einem Jahr erzielen können, teilten sie Stalin mit.[73]

Dieser Reaktor ging Ende des Jahres 1946 in Betrieb. Zwei Wochen danach empfing Stalin am 9. Januar 1947 die Mitglieder des Spezialkomitees und die führenden Wissenschaftler des Nuklearprogramms im Kreml. Am Tag darauf erhielten Kurčatov und Arcimovič hohe Auszeichnungen für den Bau des Reaktors, dessen Brennstoff nach dem Verfahren von Riehl hergestellt worden war, bzw. die Separation makroskopischer Mengen von Uran-235 nach dem elektromagnetischen Trennverfahren, an dessen Entwicklung Ardenne beteiligt war.[74] Am 5. März 1947 wurden auf Beschluss des Ministerrates der UdSSR sowjetische und deutsche Spezialisten für ihre wissenschaftlich-technischen Leistungen auf dem Gebiet der Nutzung der Atomenergie ausgezeichnet, darunter auch Ardenne. In der offiziellen Begründung seiner Prämie in Höhe von 50.000 Rubel war allerdings nicht von kernphysikalischen Arbeiten die Rede. Er erhielt diese Summe vielmehr für die Konstruktion, Erprobung und Herstellung eines Elektronenmikroskops.[75]

VII. Die elektromagnetische Methode zur Trennung von Uranisotopen

Die Entwicklung des elektromagnetischen Verfahrens der Isotopentrennung erwies sich als außerordentlich schwierig und die Fortschritte im „Laboratorium Nr. 2" der Akademie der Wissenschaften in Moskau, der Leiteinrichtung für die Entwicklung dieser Technologie, entsprachen lange Zeit nicht den Vorstellungen des Spezialkomitees. Ardenne gehörte zu denjenigen Wissenschaftlern, die den „technologischen Prozess der Isotopentrennung im Laboratorium Nr. 2, im Institut A, im Leningrader Physikalisch-Technischen Institut und im Werk ‚Elektrosila' leiten",[76] und auf deren Engagement dieser Teil des Projekts in besonderem Maße angewiesen war. Am 19. Juni 1946 ordnete Stalin Hilfsmaßnahmen für die Abteilung des Laboratoriums Nr. 2 an, in der die Arbeiten zur Trennung von Wismutisotopen nach diesem Verfahren stagnierten.[77] Zu der als Beschluss des Ministerrates

---

[73] Ebd.

[74] *Goncharov / Râbev:* The Development of the First Soviet Atomic Bomb, S. 71–93.

[75] Beschluss des Ministerrates der UdSSR Nr. 416–176cc / op über die Auszeichnung der deutschen und sowjetischen Spezialisten für die wissenschaftlich-technischen Leistungen auf dem Gebiet der Nutzung von Atomenergie vom 5. 3. 1947, in: *Râbev,* Atomnyj proekt SSSR, Kniga 3, S. 157–158. Ardenne selbst nannte in der Urfassung seiner Autobiographie den Januar 1947 als Termin dieser Auszeichnung (Nachlass, Urfassung der Autobiographie, Ordner 2, S. 190).

[76] Bericht von L. A. Arcimovič und D. V. Efremov „Der Stand der Arbeit an einer elektromagnetischen Methode zur Trennung von Uranisotopen" vom 9. 8. 1948, in: *Râbev,* Atomnyj proekt SSSR, Kniga 4, S. 474–479.

Nr. 2147 – 569ss in Kraft gesetzten Verordnung gehörte auch die Versetzung von Steenbeck nach Moskau. Er sollte dort in der Abteilung „A" eine Ionenquelle für die vierwertigen Ausgangsstoffe Urantetrafluorid und Urantetrachlorid konstruieren, und sich danach Fragen der Gasentladung zuwenden. Die Ionenquelle nimmt in diesem Verfahren eine Schlüsselstellung ein, da sie die Aufgabe hat, Uran mit der natürlichen Zusammensetzung seiner Isotope in die Trennkammer einzuspeisen. Die Bereitstellung einer leistungsfähigen Quelle war deshalb zu Recht eine dringliche Forderung der Verfahrensentwickler. Um seine Arbeiten zur Isotopentrennung mit der Ultrazentrifuge und nach dem Kondensationsverfahren in Sinop abschließen zu können, musste Steenbeck bis zur Zuweisung von Räumen im Laboratorium Nr. 2 die Unbequemlichkeit auf sich nehmen, wochenlang zwischen Moskau und Grusinien zu pendeln.

Im Herbst 1946 gelang es den Wissenschaftlern vom Laboratorium Nr. 2 dann endlich, eine kleine Menge von Uranisotopen nach der elektromagnetischen Methode zu separieren. Im Institut „A" wurde zur gleichen Zeit, wie der Arbeitsplan es verlangte, mit Hochdruck an der Entwicklung von leistungsfähigen Ionenquellen für das elektromagnetische Trennverfahren gearbeitet. Zunächst setzten die Wissenschaftler ihre Hoffnungen in eine Konstruktion, die nach dem Prinzip der Bogenentladung arbeitete. Sie erprobten diese Quelle mit Urantetrafluorid. Den Härtetest im Dezember 1946 und Januar 1947 im Laboratorium Nr. 2 bestand diese Ionenquelle jedoch nicht. Es zeigte sich, dass sie für den Einsatz in industriellem Maßstab nicht geeignet war. Neben einer nur drei- bis fünfprozentigen Ausnutzung des Urantetrafluorids und der unzureichenden Lebensdauer von nur etwa einer Stunde kam es zu starken Absonderungen von Fluor. Dadurch wurden die Vakuumpumpen erheblich belastet und an Teilen der Anlage traten bedenkliche Korrosionserscheinungen auf.

Im Februar 1947 begann deshalb im Institut „A" die Entwicklung einer neuen Ionenquelle. Auf der Grundlage breit angelegter Untersuchungen zur Gasentladung in starken Magnetfeldern, erprobte das Team um Ardenne jetzt drei unterschiedliche Konstruktionsprinzipien. Innerhalb weniger Wochen ließ sich eine Variante optimieren, die sich hervorragend für metallisches Uran-235 eignete. Diese Quelle hob sich in den entscheidenden Parametern deutlich von allen übrigen Mustern ab. Die Ausnutzung des Materials war mit mehr als 90 Prozent sehr hoch. Das Fehlen von Fluor sowie nur sehr geringe Abscheidungen gasförmiger Verunreinigungen zeichneten diese Konstruktion ebenso aus wie ein besonders einfacher Aufbau und eine große Zuverlässigkeit. Ein Ionenstrom in der Größenordnung von 100 mA entsprach den Anforderungen für die großtechnische Anwendung. Der Wissenschaftlich-Technische Rat der Ersten Hauptverwaltung erklärte im Juli 1947 diese Quelle zum Kernstück einer künftigen Trennfabrik.[78] Wie lang und steinig der

---

77 Aus dem Beschluss des Ministerrates der UdSSR Nr. 2147 – 569cc „Über das Ausmaß der Hilfe an die Abteilung A des Laboratoriums Nr. 2 der Akademie der Wissenschaften der UdSSR" vom 19. 6. 1947, in: *Râbev,* Atomnyj proekt SSSR, Kniga 3, S. 226 – 228.

Weg bis zum funktionierenden Bestandteil einer großindustriellen Anlage noch sein würde, konnten Ardenne und seine Mitarbeiter wohl bestenfalls ahnen.

Aber nicht allein die Ionenquelle sollte längere Zeit ein Sorgenkind bleiben. Das ganze Ausmaß der Probleme, eine solch komplizierte Technologie zur industriellen Reife zu führen, ohne sich auf eine leistungsfähige elektro- und vakuumtechnische Industrie stützen zu können, geht aus einem Bericht hervor, den Arcimovič und Efremov am 9. August 1948 vorlegten.[79] Sie verschwiegen die Schwierigkeiten nicht, die ihre Ursache vor allem in der „äußersten Schwäche" der Vakuumindustrie und der „ungenügenden Leistungsfähigkeit der Betriebe in der Elektroindustrie bei der Herstellung spezieller Hochspannungsapparaturen" hatten. Ihr Konzept einer Anlage für die industrielle Durchführung der elektromagnetischen Isotopentrennung erforderte neben einer leistungsfähigen Ionenquelle auch einen großen Elektromagneten mit einem Gewicht von etwa 3.000 Tonnen sowie eine Vakuumkammer, die etwa zehn Tonnen wiegen sollte. Darüber hinaus bedurfte es einer Vorrichtung, um die getrennten Isotope auffangen zu können. Für die Vakuumkammer wurde eine Pumpe mit einer Saugleistung von bis zu 20.000 Litern in der Sekunde benötigt. Für die Erzeugung des Ionenstroms und die Fokussierung des Strahls brauchte man eine Stromversorgungseinrichtung, deren Spannung auf ein hundertstel Prozent stabil gehalten werden musste.

Gemessen an diesen Anforderungen nahmen sich die bis dahin von der sowjetischen Industrie angebotenen Anlagen als außerordentlich bescheiden aus. Der größte in der Sowjetunion vor dem Krieg hergestellte Elektromagnet wog gerade einmal 30 Tonnen. Die maximale Saugleistung einer verfügbaren Vakuumpumpe betrug 15 bis 20 Liter in der Sekunde. Vakuumkammern, geeignete Ventile sowie Geräte zur Druckmessung im Vakuum wurden bis 1946 ebenso wenig hergestellt, wie die erforderlichen Hochspannungsanlagen. Gleichfalls neu war die Forderung nach der Herstellung von Öl für Vakuumpumpen, von Hochtemperaturkeramik und spezieller Apparaturen der „höchsten Präzisionsklasse".

Im März 1948 konnte im „Laboratorium Nr. 2" dann endlich eine Pilotanlage zur Isotopentrennung nach dem elektromagnetischen Verfahren in Betrieb genommen werden. Obwohl es nach zwei Jahren Entwicklungszeit gelungen war, die „Leistungsfähigkeit um einige tausend Mal zu erhöhen", sahen sich Arcimovič und Efremov noch längst nicht am Ziel. Denn „die gegenwärtig erarbeiteten Ionenquellen" besaßen noch immer „nicht genügend Stabilität" für den industriellen Einsatz. Ebenso unzureichend war ihre Lebensdauer von nur sechs bis acht Stunden. Das Vertrauen in diese Technologie war aber dennoch so groß, dass bereits zu

---

78 Rechenschaftsbericht über den Stand der Arbeit der 9. Verwaltung des Ministeriums für innere Angelegenheiten der UdSSR vom 1. 9. 1947, in: *Râbev*, Atomnyj proekt SSSR, Kniga 3, S. 691 – 699.

79 Bericht von L. A. Arcimovič und D. V. Efremov „Der Stand der Arbeit an einer elektromagnetischen Methode zur Trennung von Uranisotopen" vom 9. 8. 1948, in: *Râbev*, Atomnyj proekt SSSR, Kniga 4, S. 474 – 479.

diesem Zeitpunkt der Aufbau einer Fabrik beschlossen wurde, in der eine Anlage mit 20 Trennkammern eingesetzt werden sollte. Diese als „SU-20" bezeichnete Fabrik sollte 150 Gramm des reinen U-235 in 24 Stunden produzieren. Für den Bau des Werkes war die gewaltige Zahl von 12.000 Arbeitern vorgesehen. Es sollte sich jedoch im Verlaufe der weiteren Arbeiten herausstellen, dass die elektromagnetische Methode nicht mit dem Verfahren der Gasdiffusion oder gar der Zentrifuge zur Gewinnung angereicherten Urans für die Atombombe konkurrieren konnte. Sie kam deshalb in der Sowjetunion nur für die Trennung stabiler wie auch radioaktiver Isotope in Frage.[80]

VIII. Das Institut „A" als Teil des Netzwerks

Am 6. Oktober 1947 legten Vannikov, Kurčatov, Zavenâgin, Borisov, Pervuhin, Kikoin und Arcimovič einen Rechenschaftsbericht über die wissenschaftliche Forschung und die praktische Nutzung der Atomenergie bis zum September des Jahres 1947 vor, der für Stalin bestimmt und als „streng geheim" sowie „von besonderer Wichtigkeit" klassifiziert war. Diesen Bericht hatte Stalin offensichtlich nicht gefordert, sondern die Verfasser nutzten eine günstige Gelegenheit, das Gesamtprojekt aus ihrer Sicht darzustellen. In ihrem Begleitbrief wiesen die Autoren darauf hin, dass sie sich zu diesem Bericht durch einen Vortrag veranlasst sahen, zu dem sie am 7. Januar 1947 vom Generalissimus empfangen worden waren.[81] Der Bericht ist so aufgebaut, dass die einzelnen Kapitel zum einen die Verantwortlichkeiten für die jeweiligen Teilkomplexe des Gesamtvorhabens erkennen lassen. Zum anderen werden auch die Ansprüche der sowjetischen Wissenschaftler auf Prioritäten und geistige Urheberschaft deutlich. So wiesen die Autoren das elektromagnetische Verfahren zur Trennung von Isotopen, für das Francis Williams Aston mit der Entwicklung seines Massenspektrographen bereits 1919 die Grundlagen gelegt hatte, als „Methode nach Prof. Arcimovič" aus. Aston erhielt den Nobelpreis des Jahres 1922 für Chemie übrigens für den Nachweis der Isotopie zahlreicher Elemente, den er mit Hilfe des Massenspektrographen führte. Die Fairness gebietet es, an dieser Stelle auf den Unterschied zwischen einem Messverfahren und einer industriellen Anlage hinzuweisen. Wie die folgenden Jahrzehnte zeigten, steckte aber durchaus System dahinter, die Leistungen vor allem des Westens möglichst zu ignorieren. Das ebenfalls auf Aston, vor allem aber auf Hertz zurückgehende Diffusionsverfahren firmierte als „Methode von Prof. Kikoin".

---

[80] *Kruglov*, The History of the Sovjet Atomic Industry, S. 155.

[81] Brief B. L. Vannikovs, I. V. Kurčatovs, A. P. Zavenâgins, N. A. Borisovs, M. G. Pervuhins, I. K. Kikoins und L. A. Arcimovičs an I. V. Stalin mit Vorlage des Rechenschaftsberichts über den Verlauf der wissenschaftlichen Forschungs- und praktischen Arbeiten zur Gewinnung und Nutzung von Atomenergie bis zum September des Jahres 1947, in: *Râbev*, Atomnyj proekt SSSR, Kniga 3, S. 731–748.

Der Arbeit der deutschen Spezialisten ist, wie in vielen Berichten des Spezialkomitees oder des Technischen Rates, ein eigenes, diesmal aber sehr knappes Kapitel gewidmet. Da in dem Bericht alle deutschen Gruppen erwähnt wurden, erschließt sich nicht nur deren Einbindung in das Gesamtvorhaben, sondern auch ihr jeweiliger Stellenwert. Zur Gruppe Riehl, die wie immer zuerst genannt wurde, führten die Autoren die 1946er Arbeiten zur Technologie der Herstellung reinen metallischen Urans in der Fabrik Nr. 12 an. Mit diesem Uran wurde der Reaktor F-1 bestückt. Auf neue Arbeiten Riehls zur Chemie und Metallurgie des Plutoniums wiesen sie ebenso hin wie auf Untersuchungen zur Darstellung von metallischem Thorium.

An zweiter Stelle berichteten sie über das Institut „A". Sie hoben die Entwicklung der Ionenquelle für metallisches Uran mit magnetischer Strahlfokussierung hervor und vergaßen auch nicht zu erwähnen, wie hoch diese Leistung durch den Wissenschaftlich-Technischen Rat der 1. Hauptverwaltung gewürdigt wurde. Die Quelle sei für den Einsatz in der Fabrik zur elektromagnetischen Isotopentrennung nach der Methode von Arcimovič geeignet. Außerdem arbeite Ardenne an der Konstruktion einer Vorrichtung zum Auffangen der separierten Isotope sowie an einer Ionenquelle, die sich besonders für ein Zyklotron eigne. Steenbeck arbeite an dem Labormuster einer sich selbst zentrierenden Ultrazentrifuge mit 72.000 Umdrehungen pro Minute und an einem weiteren Verfahren zur Trennung von Uranisotopen durch Kondensation der leichten Isotope an dünnen Schichten eines Lösungsmittels. Der Wissenschaftlich-Technische Rat habe Steenbeck aufgefordert, beide Methoden bis zur industriellen Reife zu führen. Thiessen habe die Arbeiten zur Vervollkommnung der Diaphragmen für das Diffusionsverfahren abgeschlossen. Der Wissenschaftlich-Technische Rat prüfe gegenwärtig den Einsatz dieser Diaphragmen in der im Bau befindlichen Fabrik Nr. 813, in der die Isotopentrennung nach der Methode von Kikoin erfolgen solle.

Im Institut „G" sei der Aufbau einer zehnstufigen Kaskade für das Verfahren der Diffusion in strömenden Gasen abgeschlossen worden, in der Literatur auch als Diffusion durch Trennpumpen bezeichnet.[82] Mühlenpfordt habe eine Kondensationspumpe entwickelt, die gegenwärtig im Laboratorium Nr. 2 erprobt werde. Man schlage vor, diese Pumpen ebenfalls für die Fabrik Nr. 813 vorzusehen, um die Luft aus den Diffusionskaskaden zu entfernen. Im Laboratorium „V" sei unter Leitung von Volmer eine Fabrik zur Produktion von schwerem Wasser projektiert worden, deren Bau in Noril'sk die Regierung bereits im August 1946 beschlossen hatte.

Zwei Wochen später schickte Vannikov den Entwurf eines Beschlusses mit dem langen Titel „Über die Absicherung der wissenschaftlichen Arbeit der Institute A und G, die im Programm der Ersten Hauptverwaltung beim Ministerrat der UdSSR im System des Ministeriums für innere Angelegenheiten der UdSSR arbeiten" direkt an Stalin.[83] Darin empfahl er eine Erhöhung des Personalbestandes im Institut

---

82 Vgl. *Ardenne,* Tabellen zur angewandten Kernphysik.

„A" auf 132 Personen sowie die Komplettierung der noch immer nicht betriebs-fähigen Zyklotron-Anlage. Darüber hinaus schlug er vor, die Kontingente für die materiell-technische Ausstattung und die Lebensmittel für beide Institute festzuset-zen. Die erforderlichen Maßnahmen habe er bereits mit allen in Frage kommenden Institutionen abgestimmt, schrieb er und bat um Stalins Zustimmung.

Die bereits erwähnte mangelnde Autonomie der einzelnen Forschungseinrich-tungen sollte auch Ardenne wieder einmal zu spüren bekommen. Ende 1947 hatten die Arbeiten zur magnetischen Isotopentrennung in seinem Institut einen solchen Stand erreicht, dass er es für sinnvoll hielt, eine größere Anlage mit einem 220-Tonnen-Magneten aufzubauen. Zavenâgin, Kurčatov, Pervuhin und Arcimovič wussten sich darin mit Beriâ einig, dass der schnelle Übergang zum industriellen Verfahren absolute Priorität besaß und lehnten Ardennes Antrag ab. Sie schlugen ihm statt dessen am 6. Januar 1948 vor, seine Ideen zur Vervollkommnung der Technologie mit Hilfe der bestehenden Anlagen im Labor Nr. 2 und im Leningra-der Werk „Elektrosila" voran zu treiben.[84] Länger als ein Jahr hielt sich Ardenne daraufhin in Leningrad auf. In der elektrotechnischen Fabrik spürte er auf vielfäl-tige Weise, wie gewachsene Traditionen gesellschaftliche Umbrüche überdauern können. „Elektrosila" war aus einem Zweigwerk der Firma Siemens hervorgegan-gen, was Jahrzehnte kommunistischer Wirtschaftspolitik offensichtlich nicht so ohne weiteres vergessen machen konnten.[85]

Auch der Arbeitsplan für das Jahr 1948, den der Ministerrat erst am 6. April beschloss, zeigt neben der zunehmenden Vernetzung des Instituts „A" auch recht deutlich den permanenten Termindruck.[86] Neben einer Reihe von Baumaßnahmen in den Instituten „A" und „G" und im Laboratorium „V" standen vor allem anspruchsvolle wissenschaftliche Zielstellungen vor den Mitarbeitern beider Insti-tute. Ardenne hatte bis Juni gemeinsam mit dem Sonderkonstruktionsbüro des Werkes „Elektrosila" in Leningrad Ionenquellen mit metallischem oder oxidiertem Uran-239 und Stromstärken von 50 bzw. 200 mA weiter zu entwickeln und zu er-proben. Die wissenschaftliche Leitung dieser Arbeiten lag in den Händen von Prof. Efremov, dem Chef des Sonderkonstruktionsbüros. Bis zum Oktober war der „Vor-entwurf" eines Protonenbeschleunigers für Teilchenenergien von 1 bis etwa 1,5 Milliarden Elektronenvolt vorzulegen, an dem Ardenne und sein Institut gemein-

83 Brief B. L. Vannikovs an I. V. Stalin mit Vorlage des Projektbeschlusses „Über die Ab-sicherung der wissenschaftlichen Arbeit der Institute A und G, die im Programm der Ersten Hauptverwaltung beim Ministerrat der UdSSR im System des Ministeriums für innere Ange-legenheiten der UdSSR arbeiten" zur Durchsicht vom 21. 10. 1947, in: *Râbev*, Atomnyj pro-ekt SSSR, Kniga 3, S. 348–349.

84 Protokoll Nr. 49 der Sitzung des Spezialkomitees beim Ministerrat der UdSSR vom 6. 1. 1948, in: *Râbev*, Atomnyj proekt SSSR, Kniga 1, S. 233–237.

85 Nachlass, Urfassung der Autobiographie, Ordner 2, S. 198.

86 Beschluss des Ministerrates der UdSSR Nr. 1127–402ss/op „Über einen Plan für spe-zielle wissenschaftliche Forschungsarbeiten im Jahr 1948" vom 6. April 1948, in: *Râbev*, Atomnyj proekt SSSR, Kniga 3, S. 430–454.

sam mit dem von Heinz Pose geleiteten Laboratorium „V" in Obninsk, dem Laboratorium Nr. 2, dem Sonderkonstruktionsbüro des Werkes „Elektrosila" und dem Physikalischen Institut der Akademie der Wissenschaften arbeiteten. Verantwortlicher für dieses Projekt war Lejpunskij vom Laboratorium „V". Darüber hinaus hatte Ardenne bis zum 1. November an der Erprobung von Anlagen mitzuwirken, die im Laboratorium Nr. 4 unter der wissenschaftlichen Leitung des deutschen Emigranten F. F. Lange durchgeführt wurden.[87]

Aber auch die Entwicklung von Messgeräten zur Analytik der Uranisotope sollte kontinuierlich vorangetrieben werden. Hierfür standen den verantwortlichen Bearbeitern Ardenne und Lejpunskij die Kapazitäten anderer Einrichtungen zur Verfügung. Das galt auch für die Konstruktion und den Bau eines Massenspektrometers für Untersuchungen zur Kernspaltung, eine neue Aufgabe, die 1948 in Angriff genommen werden sollte. Bis zum Ende des zweiten Quartals waren Aufgaben zu lösen, die der Erhöhung der Leistungsfähigkeit von Anlagen dienten, mit denen die Isotopentrennung nach dem Verfahren der Röhrenfilter durchgeführt wurde. Federführende Wissenschaftler dieses Komplexes waren Kikoin und Sobolev vom Laboratorium Nr. 2.

Im August 1947 wandte sich Ardenne mit der Bitte an seinen Schwager Otto Hartmann, der von West-Berlin aus als Treuhänder sein Vermögen verwaltete, eine größere Zahl von deutschen Wissenschaftlern, Technikern und Facharbeitern für sein Institut anzuwerben. Den 22 benötigten Facharbeitern bot er Gehälter zwischen 1.300 und 1.500 Rubel im Monat an, den Wissenschaftlern, „zwei gut empfohlenen jüngeren technischen Physikern", 3.000 Rubel. Besonderes Interesse bekundete er an einem Dipl.-Ing. namens Wolfgang Stoff, dem er ein Gehalt von 3.500 bis 4.000 Rubel in Aussicht stellte. Bei diesen sowohl für deutsche, als erst recht auch für sowjetische Verhältnisse sehr hohen Gehältern handele es sich um Mindestbeträge, mit denen die Betreffenden sicher rechnen könnten. Zurzeit, so schrieb er, sei „eine etwa 30prozentige Erhöhung aller dieser Gehälter in Aussicht gestellt".[88] Im Dezember wandte er sich mit dem gleichen Anliegen an Dr. Gustav Zickner vom Deutschen Amt für Maß und Gewicht im thüringischen Weida.[89] Obwohl er die Absprachen mit seinem Freund Hollmann wohl kaum vergessen haben dürfte, sich bei Kriegsende in den Machtbereich der Amerikaner zu begeben, bot er ihm bereits im März 1946 an, zu ihm nach Sinop zu kommen. In seiner vorsichtigen Offerte deutete er an, dass Hollmann dort wahrscheinlich bessere Arbeitsbedingungen als an der Universität Jena vorfände.[90]

---

[87] *Oleynikov,* German Scientists, S. 1–30.

[88] Brief an Hartmann vom 13. 8. 1947 (Nachlass).

[89] Brief an Zickner vom 1. 12. 1947 (Nachlass).

[90] Brief an Hollmann vom 4. 3. 1946 (Nachlass).

IX. Die Zeit der Quarantäne

Am 29. August 1949 zündete die Sowjetunion in der kasachischen Steppe, unweit der Siedlung Semipalatinsk, ihre erste Atombombe. Der Kernsprengstoff Plutonium war in dem Reaktor gewonnen worden, für den das erforderliche Uran-235 nach dem Verfahren hergestellt wurde, für das Nikolaus Riehl die höchsten Auszeichnungen aller beteiligten Deutschen erhielt. Eine Uranbombe stand zu diesem Zeitpunkt nicht zur Verfügung, da die großtechnische Isotopentrennung noch zu weit von der erforderlichen Leistungsfähigkeit entfernt war. Nach dem erfolgreichen Test der Plutoniumbombe leitete der Ministerrat Strukturreformen ein, um künftig Parallelentwicklungen zu vermeiden und die Effektivität in der operativen Arbeit zu erhöhen. Mit seinem Beschluss Nr. 5468 – 2082ss „Über die Erste Hauptverwaltung beim Ministerrat der UdSSR" verfügte er am 1. Dezember 1949 eine Zusammenlegung der Verwaltung Nr. 3, der für Wissenschaft zuständigen Behörde, mit der Verwaltung Nr. 9, der bis dahin u. a. die von Deutschen geleiteten Institute „A" und „G" sowie das Laboratorium „V" unterstanden.[91]

Für Ardenne und seine Mitarbeiter begann bald darauf die Zeit der so genannten Quarantäne. Wie in allen seinen bisherigen Lebensabschnitten, so ließ er sich auch jetzt nur wenig von den äußeren Umständen beeindrucken, schon gar nicht entscheidend behindern. Er nutzte auch diese Jahre sehr intensiv. Dabei kam ihm zugute, dass er über ein eigenes Forschungsinstitut verfügte, dem nun auch im System der Kommandowirtschaft eine gewisse Autonomie zugestanden werden musste. Für die wissenschaftliche Arbeit der angekündigten Quarantänezeit von zwei Jahren wählte er Themen aus, die für die sowjetische kernphysikalische Forschung von aktueller Bedeutung waren. Auf diese Weise hoffte er, eine Zerschlagung seines Instituts, die für ihn und seine Mitarbeiter wahrscheinlich mit einem Ortswechsel verbunden gewesen wäre, vermeiden zu können. In der Quarantänezeit entstanden die später als Uno- und Duoplasmatron bekannt gewordenen Hochstrom-Ionenquellen, zwei Präzisions-Massenspektrographen sowie ein Präzisions-Elektronenstrahloszillograph, der nach weiteren Verbesserungen über Jahre hinweg durch den Dresdner Betrieb VEB Vakutronik gefertigt wurde. Auch ein Röntgen-Taschendosimeter gehörte zu den Ergebnissen dieser Eigeninitiative, die nach der Bekanntgabe erster Ergebnisse hohes Lob durch den Vorsitzenden des Technischen Rates erfuhr. In einer Sitzung dieses Gremiums wurden die anwesenden Leiter anderer Forschungseinrichtungen aufgefordert, ebenfalls „Initiativen wie Ardenne" zu entwickeln.[92]

Darüber hinaus begann Ardenne, sein gesamtes Wissen systematisch zu ordnen und in konzentrierter Form festzuhalten. So entstand eine Sammlung von Tabel-

---

[91] Beschluss des Ministerrates der UdSSR Nr. 5468 – 2082ss „Über die Erste Hauptverwaltung beim Ministerrat der UdSSR" vom 1. 12. 1949, in: *Râbev*, Atomnyj proekt SSSR, Kniga 1, S. 606 – 609.

[92] Nachlass, Urfassung der Autobiographie, Ordner 2, S. 227 – 229.

len, Formeln, Literaturhinweisen und Literaturauszügen, die 1956 als „Tabellen der Elektronenphysik, Ionenphysik und Übermikroskopie" in zwei Bänden von fast 1400 Seiten Umfang erscheinen konnte. Zavenâgin hatte ihm zwar versprochen, das wertvolle Manuskript mit nach Deutschland nehmen zu dürfen, doch wollte er sich nicht darauf verlassen. Deshalb ließ er eine zweite Ausfertigung im doppelten Boden eines Schrankes aus dem Kinderzimmer verstecken und auf diese Weise aus der Sowjetunion herausschmuggeln. Die offizielle Mitnahmegenehmigung traf dann jedoch einen Tag vor der Abreise ein.[93] Gleichzeitig mit der Arbeit am Tabellenbuch begann er, sich auf die Rückkehr nach Deutschland vorzubereiten. Beim Aufbau seines zukünftigen Dresdner Instituts von Grusinien aus kamen ihm wieder einmal seine außergewöhnlichen Fähigkeiten als Organisator und Manager zugute.

Zunächst versuchte er jedoch, alle nur denkbaren finanziellen Ressourcen zu mobilisieren. Im Februar 1950 wandte er sich mit der Forderung an Zavenâgin, dass die Sowjetunion ihn für die von ihm als Privatperson eingebrachten Forschungsmittel und Materialien zu entschädigen habe. Er stellte fest, dass „die in dieser Zeit erhaltene Gehaltssumme nur wenig größer ist als die Summe, die ich durch Abnutzung, Verbrauch und Wegnahme aus den Werten meines in 20jähriger Arbeit geschaffenen Privatlaboratoriums verloren habe".[94] Dazu zählten nicht nur Material, das aus seinem Lichterfelder Laboratorium nach der Sowjetunion verbracht worden war, sondern auch Dinge, die seine Vertrauten in Deutschland kauften und nach Sinop schickten.[95] Auf der Grundlage von Katalogpreisen des Jahres 1949 ermittelte er einen Wert der seit 1946 verbrauchten Materialien in Höhe von 126.287,– Rubel und forderte die Auszahlung dieser Summe. Darüber hinaus verlangte er, dass künftig nur noch mit solchem Inventar gearbeitet werden dürfe, dass als unentbehrlich eingestuft worden sei und vom Staat angekauft wurde. Einen entsprechenden Befehl Zavenâgins erwartete er bis zum 1. Mai.[96] Nahezu zeitgleich mit diesen Forderungen beschwerte er sich bei einem ranghohen Militär darüber, dass der Post-, Telegramm- und Geldüberweisungsverkehr „unverantwortlich schlecht funktioniert". Er bat „um einen strengen Befehl" an die zuständigen Stellen, „insbesondere auch an die Zensurstelle, bessere Arbeit zu leisten" und fügte „aus der großen Fülle von Klagen" einige Beispiele an, die ihn selbst betrafen.[97]

Ende 1949 begann sich die Stimmung unter denjenigen Spezialisten zu verschlechtern, die als Kriegsgefangene zu Ardenne gestoßen waren, ihre Familien aber 1946 nicht hatten nachkommen lassen. Es gelang Ardenne zwar, bei General

---

93 Ebd., S. 246–248.

94 Brief an Zavenâgin vom 22. 2. 1950 (Nachlass).

95 So wies z. B. ein Packzettel vom 27. 6. 1946 ca. 250 kg Büromaterial und 10 kg Carbonyl-Eisenpulver „für das Institut" aus (Nachlass).

96 Brief an Zavenâgin vom 22. 2. 1950 (Nachlass).

97 Brief an General Sveriev vom 21. 2. 1950 (Nachlass).

Zavenâgin die Verlagerung der Betroffenen in ein Quarantänelager durchzusetzen, nicht jedoch, deren Rückkehr zu beschleunigen. Als nach Ablauf der angekündigten Aufenthaltsdauer von zwei Jahren die Rückkehr seiner ehemaligen Mitarbeiter nach Deutschland immer noch nicht erfolgte, fragte er bei jedem Besuch in Moskau nach dem Stand der Dinge.[98] Wie er in der Urfassung seiner Autobiographie schrieb, brachte ihn einer dieser Vorstöße in arge Schwierigkeiten. Er weigerte sich nämlich, an dem von der Moskauer Verwaltung arrangierten „Fest der deutsch-sowjetischen Freundschaft" teilzunehmen, weil ihm, wie er den Veranstaltern schriftlich mitteilte, „die notwendige freudige Stimmung bis zum Eintreffen der Nachricht von der erfolgten Rückkehr unserer Kriegsgefangenen-Mitarbeiter fehle". Zavenâgin ließ den Brief mit dem deutlichen Hinweis an Ardenne zurückgeben, „einen Brief solcher Art nicht wieder zu schreiben".[99] Nach Stalins Tod verbesserten sich die Aussichten dieses Personenkreises, bald nach Deutschland zurückkehren zu können. Wirklichkeit wurden sie aber erst nach dem tiefen Fall und der Hinrichtung Beriâs. Stalins Tod hatte aber zur Folge, dass Ardenne mit seiner Familie den Sommerurlaub des Jahres 1953 in den „geheiligten Räumen" des Sommersitzes am Rizasee verbringen konnte, den sich der Diktator am Fuße der steil ansteigenden Bergkette hatte bauen lassen.

Gegen Ende seines Aufenthaltes ehrte ihn die Sowjetunion durch die Verleihung des Stalinpreises, den er am 31. Dezember 1953 erhielt. Damit reihte er sich in den Kreis von insgesamt 390 Personen ein, die für ihre Mitarbeit an der Entwicklung der sowjetischen Atombombe mit einem Stalinpreis ausgezeichnet wurden.[100] Neben der Genugtuung darüber, dass seine wissenschaftlichen Leistungen die gebührende Anerkennung erfuhren, kam ihm der damit verbundene hohe Geldbetrag für seine künftigen Pläne mehr als nur gelegen. Ardenne bezifferte den Wert seines Institutsinventars zum Zeitpunkt der Abreise aus Suchumi mit etwa einer Million Mark.[101] Etwa die gleiche Summe hatte er in den Jahren von 1950 bis 1955 auf ein Konto in der DDR überwiesen. Er habe für den Lebensunterhalt seiner Familie während des Aufenthaltes in der Sowjetunion nur etwa ein Drittel seines Gehaltes verwendet, betonte er. Die restlichen zwei Drittel sowie die Preisgelder des Staatspreises und des Stalinpreises, aber auch eine Entschädigung für das von der Sowjetunion übernommene Inventar des Lichterfelder Instituts, transferierte er in 59 Einzelüberweisungen in die DDR.[102]

Angesichts des günstigen Wechselkurses von Rubel zu Ostmark riet er auch allen seinen Mitarbeitern zu sparsamster Lebensführung und voller Ausnutzung der Überweisungsmöglichkeiten nach Deutschland. Wenngleich sie dafür als „Hungerleider des Sachsenringes" verspottet wurden, so fanden sie später in Dresden hohe

---

[98] Brief an Hartmann vom 28. 10. 1954 (Nachlass).

[99] Nachlass, Urfassung der Autobiographie, Ordner 2, S. 230 f.

[100] *Kruglov,* The History of the Sovjet Atomic Industry, S. 260.

[101] Nachlass, Urfassung der Autobiographie, Ordner 2, S. 184.

[102] Ebd., S. 236.

Bankkonten vor, die ihnen den Start in einer neuen Umgebung spürbar erleichter-
ten.[103] Diese Vorsorge wäre jedoch beinahe durch eine unerwartete Änderung des
Wechselkurses nach dem Volksaufstand vom 17. Juni 1953 zunichte gemacht worden. Ab August 1953 gab es für einen Rubel plötzlich nicht mehr zwei Mark der
DDR, sondern nur noch fünfzig Pfennige. Ardenne intervenierte, woraufhin sich
Ulbricht dafür einsetzte, den alten Umtauschkurs wieder herzustellen. Dieses Engagement verhinderte, so Ardenne, dass die Spezialisten um die Früchte ihrer fast
zehnjährigen Arbeit in der Sowjetunion gebracht wurden.[104]

Abb. 10: Bis ans Lebensende wagte Ardenne es nicht,
den wahren Grund der Auszeichnung zu nennen.

103 Ebd., S. 243 f.
104 Ebd., S. 251 f.

X. Spionage und Technologietransfer – der sowjetische Weg zur Bombe

Forschung, die sich in der Vergangenheit nahezu ausschließlich auf die Aussagen von Zeitzeugen und die Memoiren in der Sowjetunion internierter Wissenschaftler verlassen musste, hatte es schwer, ein zutreffendes Bild der Mitwirkung deutscher Spezialisten an der Entwicklung der sowjetischen Atombombe zu gewinnen. Das gilt auch für die Beurteilung des Beitrags, den Ardenne leistete. Er selbst äußerte sich keineswegs offen und eindeutig über die Jahre in der Sowjetunion. Auf den ersten Blick scheinen sich so manche seiner Äußerungen zu widersprechen, so dass die Frage, welchen Anteil an der Entwicklung der sowjetischen Atombombe er denn nun wirklich hatte, bislang nicht zu beantworten war. So erklärte er Ende 1961 als Reaktion auf einen Beitrag in der illustrierten Zeitschrift „Quick", nicht an der Entwicklung der russischen Atombombe mitgearbeitet zu haben. Andererseits bezeichnete er später seinen Beitrag zur Herstellung des nuklearen Patts als „meine größte Tat".[105]

Wenn deutsche Historiker bislang dem Mythos der sowjetischen, später russischen Publizistik, von der Bombe als originärer Leistung kommunistischer Wissenschaft keine stichhaltigen Argumente entgegensetzen konnten, so ist das vor allem der schwierigen Quellenlage geschuldet. So meint z. B. Heinemann-Grüder 1992, „der Beitrag der Gruppen Volmer, Pose und Ardenne sowie von Einzelwissenschaftlern wie Schintlmeister und Döpel lässt sich am besten mit der Wertung ,qualifizierte Zuarbeit' charakterisieren." Er betont, dass sowjetische und deutsche Teilnehmer am Atomprojekt, mit Ausnahme Ardennes, darin übereinstimmen, dass die deutschen Naturwissenschaftler „der Sowjetunion keinesfalls die Atombombe bauten".[106] Bei dieser Einschätzung lassen sich die sowjetischen und die deutschen Wissenschaftler jedoch von erkennbar unterschiedlichen Interessen leiten. War der Bau der Bombe für die sowjetischen Wissenschaftler eine große und ruhmvolle Tat für ihr Vaterland, so befanden sich ihre deutschen Kollegen in einer wesentlich schwierigeren Lage, nicht zuletzt aufgrund der deutschen Teilung. Erntete man in der DDR nach den Jahren der Tabuisierung ungeteilte Zustimmung und hohes Lob der meinungsbildenden Institutionen für die Mitwirkung an dieser „friedenserhaltenden Großtat", so konnte man in der Bundesrepublik keineswegs mit großer Sympathie rechnen. Achteten die sowjetischen Wissenschaftler peinlichst darauf, die Bombe als ihre eigene Leistung auszuweisen, so verlangte das zwangsläufig, den Beitrag der Deutschen als „qualifizierte Zuarbeit" darzustellen. Sie steigerten dadurch nicht nur ihr eigenes Selbstwertgefühl, sondern prägten durch die Legende von der eigenständigen Entwicklung auch ihr eigenes Bild in der sowjetischen Öffentlichkeit. In der bundesdeutschen Debatte hingegen überwog zwar die Genugtuung darüber, dass die deutschen Physiker dem Diktator

---

105 *Ardenne,* Erinnerungen fortgeschrieben, S. 585.

106 *Heinemann-Grüder,* Die sowjetische Atombombe, S. 122–124.

Hitler die Bombe nicht gebaut hatten, die Mitwirkung am Bau der sowjetischen Bombe hingegen wurde keineswegs überall toleriert oder gar als jenseits aller Kritik akzeptiert.

Alexander von Bormann erklärte in einem Beitrag für den Deutschlandfunk anlässlich des 90. Geburtstages am 20. Januar 1997, Ardenne habe an der Entwicklung der sowjetischen Atombombe mitgewirkt, „wenn auch indirekt".[107] Christoph Mick hebt in seinem im Jahre 2000 erschienenen Buch „Forschen für Stalin" hervor, dass „an den Voraussetzungen zur Herstellung der Uranbombe" vor allem Hertz, Barwich, Reichmann und Thiessen beteiligt waren. Ardenne habe ein Jahr mit einem riesigen Elektromagneten experimentiert, „ohne dass dadurch aber wesentliche Ergebnisse zustande kamen".[108]

Lässt man als entscheidendes Kriterium für die Beurteilung der Mitwirkung an der Atombombe allein den unmittelbaren Beitrag zur raschen Herstellung des atomaren Patts gelten, so hat zweifellos Nikolaus Riehl dem Diktator Stalin den größten Dienst erwiesen. Nach dessen Verfahren wurde reaktortaugliches Uran zur Herstellung des Plutoniums gewonnen, das in der ersten sowjetischen Atombombe zum Einsatz kam. Mit dem Stalinpreis, dem Leninorden und der Verleihung des Titels „Held der sozialistischen Arbeit" erhielt Riehl die höchsten Ehrungen und Prämien aller bei diesem Vorhaben mitwirkenden deutschen Spezialisten. Das von Ardenne bearbeitete Verfahren zur Separierung von bombenfähigem Uran-235 erwies sich als zu kompliziert, um damit den Sprengstoff für die erste sowjetische Bombe herzustellen. Betrachtet man aber den Impuls, den die nukleare Rüstung der Sowjetunion durch den Transfer von Wissen und Know-how aus Deutschland insgesamt erhielt, so relativiert sich dieses Urteil.

Pavel Oleynikov, ein ehemaliger Gruppenleiter am Institut für Technische Physik des Kernforschungszentrums von Snezhinsk, attestierte zwar den „Offiziellen", dass sie den deutschen Beitrag zum sowjetischen Atomprojekt als unerheblich darstellten, kam selbst aber im Sommer des Jahres 2000 zu einem anderen Urteil. Aus einer differenzierten Betrachtung der unterschiedlichen Felder deutscher Mitwirkung zog er den Schluss, dass „eine korrekte und vollständige Geschichte des sowjetischen Bombenprogramms die Bedeutung des deutschen Beitrags anerkennen muss".[109] Auch Riehl hatte ein verständliches Interesse daran, seinen persönlichen Beitrag als nicht entscheidend darzustellen. Er entlastete sich mit der Bemerkung, dass „die Sowjets ihr Ziel ohne die Deutschen ein Jahr oder höchstens zwei Jahre später selbst erreicht" hätten.[110]

Auch die russische Publizistik hat sich des Themas inzwischen angenommen. Die Beiträge deutscher Wissenschaftler und Ingenieure werden nun nicht mehr ver-

---

107 Nachlass, Privat-Korrespondenz, Ordner A-B.

108 *Mick,* Forschen für Stalin, S. 153.

109 *Oleynikov,* German Scientists, S. 1 – 30.

110 *Riehl,* Zehn Jahre im goldenen Käfig, S. 109.

schwiegen. Selbst ehemalige Offiziere des KGB diskutieren die „Ursachen des Erfolges der deutschen Mission im sowjetischen Atomprojekt".[111] Sogar über die sowjetische Atomspionage und die Rolle von Klaus Fuchs wurde bereits in Publikumsverlagen publiziert.[112] Spionage und Technologietransfer sind als die entscheidenden Voraussetzungen für die schnelle Herstellung des atomaren Patts durch die Sowjetunion und die Einleitung der Ära des Wettrüstens anzusehen. Beide Komponenten sind jeweils an herausragender Stelle mit den Namen deutscher Wissenschaftler verbunden. Klaus Fuchs, der aus freien Stücken und in naivem Glauben an die kommunistische Idee zum Topspion wurde und dafür fast zehn Jahre seines Lebens im Gefängnis verbrachte, erfuhr die verdiente und wohl auch erhoffte Würdigung durch die politische Führung des Landes seiner Träume nicht. Die maßgeblichen Träger des Technologietransfers hingegen wurden mit Auszeichnungen und Geldzuwendungen entschädigt. Das Wirken Ardennes zeichnete sich auch in der Sowjetunion durch die für ihn charakteristische Breite seiner Arbeitsgebiete und eine Vielzahl erfolgreich bearbeiteter Aufgabenstellungen aus. Letzten Endes arbeitete er jedoch zehn Jahre in einem Umfeld, dessen technologisches Niveau seinen Bedürfnissen in keiner Weise entsprach.

XI. Zusammenfassung

Hatte sich Ardenne im „Dritten Reich" noch weigern können, an der Entwicklung von Waffen mitzuwirken, so gab es in der Sowjetunion für ihn wohl keine Alternative zur Mitarbeit an der Atombombe. Es sei denn, er hätte das Risiko auf sich genommen, notfalls zum Märtyrer zu werden. Spionage und Technologietransfer ermöglichten es Stalin, innerhalb weniger Jahre das „atomare Patt" zu erreichen. Für beide Bestandteile des Fundaments der sowjetischen nuklearen Rüstung stehen deutsche Wissenschaftler als Protagonisten. Im Gegensatz zu Klaus Fuchs, der als Überzeugungstäter zu einem der „Topspione" des 20. Jahrhunderts wurde, ragt Ardenne aufgrund seiner Vielseitigkeit aus der Gruppe derjenigen heraus, die dem kriegszerstörten Riesenreich Know-how und modernste Technologie zur Verfügung stellten. Als Leiter eines Forschungsinstituts, zu dessen Hauptaufgaben die Entwicklung von Verfahren zur industriellen Trennung von Uranisotopen gehörte, war Ardenne in das Netzwerk der nuklearen Rüstung der Sowjetunion eingebunden. Er gehörte zum engeren Zirkel von Wissenschaftlern und Militärs, die Zugang zu allen für ihre Tätigkeit erforderlichen Informationen erhielten. Bei seinen Arbeiten zur Trennung von Uranisotopen im elektromagnetischen Feld konnte er auf den Erfahrungen der frühen 1940er Jahre aufbauen. Es gelang ihm allerdings nicht, das Verfahren so weit zu entwickeln, dass auf diese Weise Uran-235 für eine Atombombe hätte produziert werden können. Die von Steen-

---

[111] *Staroverov*, Sekretnij proekt nemeckaâ „tanečka".
[112] *Čikov / Kern*, Ohota za atomnoj bomboj.

beck ab Ende 1947 entwickelte Gaszentrifuge eignete sich besser zur Herstellung größerer Mengen von bombenfähigem Uran.

Nicht nur in der experimentellen Kernphysik, sondern auch in der Elektronenmikroskopie und der Messtechnik, brachte Ardenne die sowjetische Wissenschaft dem internationalen Standard näher. Gegen Ende der Internierung entwickelte er mit dem Duoplasmatron eine Ionenquelle, die weltweite Verbreitung fand, und stellte Tabellen der Elektronenphysik, Ionenphysik und Übermikroskopie zusammen, in denen er den aktuellen Wissensstand auf diesen Gebieten zusammenfasste. Auch unter den komplizierten Bedingungen der Internierung vermochte er es, seine Mitarbeiter verantwortungsbewusst zu führen und zu motivieren. Ungeachtet einer möglichen Gefährdung der eigenen Person setzte er sich für sie ein.

Unter Berufung auf Artikel 9 der Verfassung der UdSSR vom 5. 12. 1936 gelang Ardenne die Anerkennung der aus dem Lichterfelder Laboratorium stammenden Forschungstechnologie als sein Privateigentum. Eine sparsame Lebensführung und die mit beträchtlichen finanziellen Zuwendungen verbundenen Auszeichnungen bildeten die Grundlage für den Kauf lukrativer Immobilien in Dresden, den er schon Jahre vor seiner Rückkehr veranlasste.

Sein Einfallsreichtum bei der Erschließung zusätzlicher Ressourcen ermöglichte es zahlreichen Kriegsgefangenen, den bedrückenden Lageralltag gegen ein sicheres Leben in einer Forschungseinrichtung einzutauschen. Die von Ardenne empfohlene Zusammenführung der Familien in Suchumi musste allerdings in den meisten Fällen mit einer um Jahre verspäteten Rückkehr nach Deutschland bezahlt werden. Die spannenden Fragen zur geheimdienstlichen „Bearbeitung" durch den NKVD, die es ohne jeden Zweifel für jeden der deutschen Spezialisten gegeben hat, müssen leider so lange unbeantwortet bleiben, wie der FSB seine Archive geschlossen hält.

D. Wissenschaftler und Unternehmer
in der DDR

I. Ulbrichts Berater und Vorzeigewissenschaftler

1. Die ersten Paukenschläge

Als für Manfred von Ardenne am 23. März 1955 mit dem Passieren der polnisch-deutschen Grenze das „Leben im goldenen Käfig" endgültig der Vergangenheit angehörte, fand er in der DDR eine Volkswirtschaft vor, die sich gerade am Beginn der zweiten Phase ihrer eigenständigen Entwicklung befand. War die von 1945 bis 1953 andauernde, so genannte erste Phase durch den Wiederaufbau, eine beginnende Umstrukturierung sowie von Demontagen zur Ableistung von Reparationslieferungen an die Sowjetunion und Polen bestimmt, so stellte sich die SED in der bis zum Bau der Berliner Mauer während zweiten Phase das Ziel, den Aufbau des Sozialismus „unter den Bedingungen einer offenen Grenze zu Berlin (West) entschlossen fortzuführen".[1] Der Ausbau der chemischen Industrie dominierte in der öffentlichen Wahrnehmung eine Etappe, in der aber auch die Kohle und Energiewirtschaft sowie die metallverarbeitende Industrie besonders entwickelt wurden. Letztere profitierte in besonderem Maße von den Anforderungen des auf sowjetischen Druck entstandenen Schiffbaus. Es herrschten alles andere als optimale Rahmenbedingungen für eine ambitionierte anwendungsbezogene Forschung auf höchstem Niveau, wie sie Ardenne vorschwebte. Umso wichtiger scheint ihm der Besuch des SED-Chefs Ulbricht am 26. März gewesen zu sein. Weniger das fürstliche Geschenk, eine Luxuslimousine sowjetischer Herkunft, sondern vielmehr die Achtung des hochrangigen Politikers vor dem Wissenschaftler empfand er als Ermutigung und Ansporn zugleich. Es fiel dem Baron nicht schwer, auf anhieb die Sympathie des Funktionärs der Arbeiterklasse zu gewinnen, für den sein Gastgeber nicht allein von Geburt, sondern vielmehr noch durch den Stalinpreis geadelt war.

Nur wenige Monate später veranstaltete die Staatliche Plankommission vom 6. bis 8. Juli 1955 in Berlin eine Konferenz, auf der ein vom Zentralkomitee der SED vorgelegter Beschlussentwurf über Maßnahmen zur Förderung des wissenschaftlich-technischen Fortschritts mit Wissenschaftlern, Ingenieuren und Vertretern der staatlichen Administration beraten wurde. Wenngleich er „mancherlei Feinheiten in der Organisation" sicherlich noch nicht „genügend kennengelernt" habe, wie er

---

[1] Vgl. *Judt,* Aufstieg und Niedergang, S. 87–102.

einschränkend bemerkte, nutzte der Stalinpreisträger seinen besonderen Status, um sich mit konstruktiver Kritik in die Debatte einzubringen, die er allerdings streng auf das vorgegebene Thema fokussierte. Er forderte „weniger Bürokratismus in allen Beschaffungsfragen von Forschung und Entwicklung, mehr Verantwortungs-freudigkeit und Tatkraft auch in den unteren Dienststellen, mehr Taten und weniger Worte". Am Beispiel der Hochvakuumtechnik erläuterte er seine Maximen der Wahrnehmung von Verantwortung für das Ganze. „Jede zur Führung von For-schung und Entwicklung" berufene Persönlichkeit, so sein Plädoyer, „muss sich jetzt selbst die Frage vorlegen, ob die gewählten Themen, gemessen am Stande des Auslandes, günstig liegen und den notwendigen Aufwand rechtfertigen".[2]

Während die SED-Führung ihre Genugtuung darüber auch öffentlich zum Aus-druck brachte, dass Ardenne sich für die DDR entschieden hatte, kursierten in den bundesrepublikanischen Medien die wildesten Spekulationen und Gerüchte über den „Nobelpreisträger Professor von Ardenne" und die „Atomzentrale Weißer Hirsch".[3] Allerdings nutzte Ardenne die sich ihm bietenden Möglichkeiten nicht energisch genug, in seriösen Fachzeitschriften über die tatsächlichen Themenfelder seiner neuen Wirkungsstätte zu informieren. Er wagte es nicht, ohne die Zustim-mung „höherer Ebenen" entsprechende Publikationsangebote anzunehmen und die „durchaus berechtigten Wünsche" nach authentischer Darstellung zu erfüllen. Viel-mehr bat er um Verständnis, dass die Genehmigung einige Zeit auf sich warten lassen würde – „sicher noch einige Monate", wie er im April 1956 dem Schriftlei-ter der Zeitschrift „Atomkernenergie" mitteilte.[4]

Die Mühen des „ferngesteuerten" Aufbaus seines Instituts zahlten sich für ihn sehr rasch aus. Schon in den ersten Dresdner Jahren konnte er mit international Aufsehen erregenden Innovationen aufwarten. 1956 stellte er einen magnetischen Isotopentrenner für hohen Massentransport mit einem 20-Tonnen-Magneten und einer Unoplasmatron-Ionenquelle vor, bei dessen Entwicklung ihm seine Erfahrun-gen zugute kamen, die er bei der Arbeit an der industriellen Trennung von Urani-sotopen in der Sowjetunion gewonnen hatte. Am 15. Juli 1957 wurde Ardenne als Mitglied des Forschungsrates der DDR berufen. In jenem Jahr machte der so ge-nannte „Verschluckbare Intestinalsender" Furore, der dem in Dresden wieder er-wachten Interesse an der Medizintechnik entsprang. Zusammen mit seinem Freund Prof. Bernd Sprung, dem Direktor der Chirurgischen Klinik der Medizinischen Akademie, entwickelte er diese Sonde zur Messung der Druck- und pH-Werte aus dem Magen-Darm-Trakt. Weniger als einen Zentimeter im Durchmesser und nur 26 Millimeter lang, durchwanderte der Sender innerhalb einiger Stunden den menschlichen Organismus und sandte dabei kontinuierlich Messwerte aus dem

---

[2] Zentralamt für Forschung und Technik (Hg.): Konferenz mit Wissenschaftlern, Ingenieu-ren, Neuerern und Vertretern der staatlichen Organe vom 6. bis 8. Juli 1955 in Berlin, Berlin 1955, S. 139–143.

[3] Brief Prof. Werner Kliefoths an Manfred von Ardenne vom 8. 5. 1956 (Nachlass, Korres-pondenz mit Wissenschaftlern bis 1965, Ordner I-K).

[4] Nachlass, Korrespondenz mit Wissenschaftlern bis 1965, Band I-K.

Magen sowie dem Dünn- und Dickdarm an einen Empfänger außerhalb des Körpers. Damit verbesserten sich nicht nur die Bedingungen für eine zuverlässige
Diagnose, sondern auch die Wirksamkeit von Medikamenten ließ sich exakter
beurteilen. Auf dem 2. Internationalen Kongress für medizinische Elektronik, der
vom 24. bis 27. Juni 1959 in Paris stattfand, hielt Ardenne einen Vortrag über dieses neue Verfahren.[5] Bereits 1958 hatte er gemeinsam mit Sprung die Grundlagen
dieser innovativen Technik veröffentlicht.[6] Geradezu euphorisch berichteten fast
alle Tageszeitungen der DDR über die Möglichkeit, Radiosignale aus dem menschlichen Körper zu empfangen. „Ein ganzer Sender wird verschluckt", titelten die
„Brandenburgischen Neuesten Nachrichten" vom 13. Juni 1958. Aber auch der
„Frankfurter Allgemeinen" war die Geschichte eine Meldung wert.[7] Da zu jener
Zeit weltweit nur drei Forschergruppen an der Entwicklung derartiger Sonden arbeiteten, stieß die Dresdner Entwicklung auch auf beachtliches internationales Interesse. Die „Umschau" widmete in ihrem Heft 17 des Jahres 1958 dem Thema
einen eigenen Beitrag.[8] Auch die Zeitschrift „Monthly Technical Review" brachte
dazu einen kleinen Aufsatz Ardennes.[9] Eine westdeutsche Zeitung würdigte die
Sonde mit den Worten: „Ein Sputnik im menschlichen Körper, eine echte Sensation, die grell den Einbruch der Technik in die Medizin beleuchtet".[10] In den Vereinigten Staaten registrierte übrigens auch die CIA diese innovative Entwicklung.[11] Für den Erfinder bedeutete der „Verschluckbare Intestinalsender" den endgültigen Einzug der Elektronik in die Medizin.

Schon als junger Unternehmer hatte Ardenne gezeigt, dass er auch ein kluger
Psychologe war, der um die Bedeutung der Motivation seiner Mitarbeiter und ein
anregendes geistiges Umfeld für kreative wissenschaftliche Arbeit wusste. Er
selbst verkörperte darüber hinaus jene Interdisziplinarität, die nach seiner Auffassung eine Voraussetzung für innovatives Forschen und Entwickeln war. So erscheint es nahezu folgerichtig, dass er zum 1. Vorsitzenden des Kuratoriums des
„Dresdner Klubs" berufen wurde, dessen Eröffnung am 23. März 1957 im ehemaligen Lingner-Schloss am Elbhang feierlich vollzogen wurde. In seiner Ansprache
betonte Ardenne, dass die Regierung der Deutschen Demokratischen Republik den
Beschluss gefasst habe, diesen Klub ins Leben zu rufen, um den „hoch bean-
spruchten Geistesarbeitern" eine „einzigartige Möglichkeit für wirkliche und häufige Entspannung und Erholung" zu bieten.

Ein Blick auf die Einrichtungen des Klubs und die geplanten Veranstaltungen
zeigt, dass die Möglichkeiten für DDR-Verhältnisse in der Tat einzigartig wa-

---

5 Berliner Ärzteblatt, Heft 16 (1959), S. 437.

6 *Ardenne / Sprung,* Intestinalsender.

7 Frankfurter Allgemeine vom 4. 6. 1958.

8 Umschau, Heft 17 (1958), S. 520 – 521.

9 Monthly Technical Review, Nr. 10 (1958), S. 244 – 246.

10 Vgl. z. B. Die Union, Der Morgen, Thüringer Tageblatt – jeweils vom 26. 8. 1958.

11 NARA CREST, C.I.A. records search tool, CIA-RDP82 – 00141R000100340001 – 6.

ren. Den Mitgliedern und ihren Gästen standen ein Vortragssaal, eine Bibliothek, ein Musikzimmer, ein Billardzimmer mit anschließender Terrasse, ein
Speisesaal mit angrenzendem Teezimmer, ein Wintergarten mit einer kleinen
Tanzfläche, eine Bar, ein Bier- und Weinkeller sowie ein Kinderspielzimmer
zur Verfügung. Für die Betreuung der Kleinsten wurde gesorgt, und bis 12 Uhr
eines jeden Spieltages konnten Eintrittskarten für alle Dresdner Theater gebucht
werden. Die Außenanlagen, vorerst durch eine großartige Freiterrasse dominiert,
sollten zügig um einen Kinderspielplatz, einen Tennisplatz und ein Schwimmbassin mit angemessener Liegewiese erweitert werden. Das Veranstaltungsprogramm sah monatliche Diskussionsabende zum Thema „An den Grenzen von
Wissenschaft und Technik" sowie Vorträge von Wissenschaftlern zu aktuellen
Themen vor. Musikalische Abende und Veranstaltungen zu bildender Kunst und
Literatur, Tanzabende und Modenschauen rundeten das Spektrum der Aktivitäten ab.

Abb. 11: Der Präsident der DDR, Wilhelm Pieck, hieß 1956
den Stalinpreisträger herzlich willkommen.

In seiner Eröffnungsansprache ging Ardenne auch auf die Gefahren der „immer
schärferen Spezialisierung der Wissenschaften und Künste" ein, die zu einer „Entartung" des Geisteslebens zu führen drohe. Deshalb seien „Querverbindungen zwischen den Spezialgebieten herzustellen", wofür der Klub ein geeignetes Podium
biete. Die Mitgliedschaft in diesem elitären Klub war als Auszeichnung und Anerkennung gedacht, so dass sich niemand selbst darum bewerben konnte. Einzig auf
Vorschlag des Kuratoriums, dem Oberbürgermeister Walter Weidauer vorstand,
war die Aufnahme möglich.

Die Tageszeitungen der Region kommentierten das Ereignis, wie nicht anders zu erwarten, ausschließlich wohlwollend. Namhafte Zeitungen der Bundesrepublik bemühten sich, die Hintergründe für die Einrichtung einer „Luxusarena" zu beleuchten, in der die Intellektuellen nach den Vorgängen in Polen und Ungarn „ihr Eigenbrötlertum pflegen können, ohne Schaden anzurichten".[12]

Schon wenige Wochen nach der Eröffnung zeigte Ardenne, dass er es ernst meinte mit dem offenen Dialog über aktuelle Probleme der Wissenschaft. Im Rahmen der „Mittwoch-Gespräche" referierte er über Wege zur Erhöhung des Nutzeffektes von Forschung und Entwicklung. Seiner Kritik an der Zersplitterung von Kräften und Mitteln schlossen sich die Professoren Bernd Sprung und Hans Frühauf an. Letzterer wies darüber hinaus auf die „fehlende Qualifikation der Menschen in leitender Position" hin. Frühaufs deutlicher Kritik an der Funktionärskaste schloss sich sogar Hermann Streit an, der als Staatssekretär für Erfassung und Aufkauf landwirtschaftlicher Erzeugnisse eben dieser Kaste angehörte.[13]

2. Schwerpunkt Forschungstechnologie

Obwohl Ardenne Forschung immer im Hinblick auf eine mögliche Anwendung der Ergebnisse betrieb, vernachlässigte er die Grundlagenforschung keineswegs. 1958 konnte das Institut mit neuen Geräten in diesem Bereich aufwarten. Der „Molekül-Massenspektrograph" für die Elektronenanlagerungs-Massenspektrographie organischer Substanzen erlaubte erstmalig, die Massenspektren auch großer organischer Moleküle abzubilden. Bruchteile eines Milligramms genügten, um auf einer Fotoplatte alle in dem untersuchten Stoff vorhandenen Molekülmassen zu erkennen. Dadurch erschlossen sich den Wissenschaftlern völlig neue Einblicke in die Natur der Stoffe, „wie sie bisher überhaupt nicht möglich waren".[14] Die Fachleute erwarteten viel von dieser neuen Analysemethode, deren Bedeutung für die Biochemie, die Pharmazie sowie die Treibstoff- und Kunststoffchemie Ardenne selbst mit dem Einzug der Elektronenmikroskopie in die Laboratorien verglich.[15] Auch diese Innovation entging der CIA nicht[16] und sie beobachtete die Weiterentwicklung dieser Methode fortan mit großer Aufmerksamkeit.[17]

Von Bedeutung für die metallurgische Forschung war das „Sekundäremissions-Elektronenmikroskop", mit dem Oberflächen von Metallen bei Temperaturen bis zu 1.500 °C abgebildet werden konnten.[18] Als Ardenne am 25. September 1958

---

[12] Die Welt vom 27. 3. 1957.

[13] Sächsisches Tageblatt vom 13. 4. 1957.

[14] Wochenpost vom 27. 9. 1958. Vgl. auch *Ardenne*, Dresdner Molekül-Massenspektrograph.

[15] Neue Berliner Illustrierte vom 7. 6. 1958.

[16] NARA CREST, C.I.A. records search tool, CIA-RDP82–00141R000100220001–9.

[17] NARA CREST, C.I.A. records search tool, CIA-RDP84–00581R000401170040–1.

[18] DDR-Revue, Heft 9 (1958).

die Ehrendoktorwürde durch die Mathematisch-Naturwissenschaftliche Fakultät der Ernst Moritz Arndt-Universität Greifswald verliehen wurde, sprach er in seinem Vortrag über „Fortschritte in der Massenspektrometrie vielatomiger Moleküle".[19]

Zusammen mit dem VEB Transformatoren- und Röntgenwerk Dresden entwickelten Ardenne und seine Mitarbeiter einen „2 Millionen Volt van de Graaf-Generator" für die Grundlagenforschung auf dem noch jungen, aber zukunftsreichen Gebiet der Strahlenchemie.[20] Ebenfalls als Gemeinschaftsprojekt mit dem VEB Transformatoren- und Röntgenwerk erfolgte die Entwicklung eines Ultraschall-Zahnbohrers. Diese Innovation entsprang einer Überlagerung von wissenschaftlichen und unternehmerischen Interessen. Ein Dresdner Zahnarzt lenkte Ardennes Aufmerksamkeit auf die seiner Auffassung nach zukunftsträchtige Methode, die besonders schmerzarme Behandlungen ermöglichen sollte. Zufällig grenzte das Grundstück des Arztes an das Institutsgelände. Als Gegenleistung für die Zusammenarbeit bot der Zahnarzt an, eines seiner Grundstücke an Ardenne zu verkaufen.[21] Für die Erprobung „konnte ein Dresdner Zahnarzt gewonnen werden", verkürzte die Tagespresse die Vorgeschichte.[22] Wie so oft, stürzten sich daraufhin die Massenmedien der gesamten DDR auf die neuesten Ergebnisse aus dem Forschungsinstitut von Ardenne und verbreiteten den Optimismus des berühmten Forschers. „Auch in der DDR ist jetzt eine Ultraschallzahnbohreinrichtung geschaffen worden", jubelten übereinstimmend mehrere Tageszeitungen am 14. Oktober auf der Grundlage einer ADN-Meldung.[23] Allerdings setzten sich international stattdessen hochtourige Turbinen durch, die auch von den Zahnärzten der DDR zunehmend gefordert wurden. Ardenne versuchte, seine Entwicklung als geeignete Technik für Sonderfälle durchzusetzen, wie z. B. Kinder und hochempfindliche Patienten. Seine weit reichenden Hoffnungen in den Ultraschall, auch als Mittel zur Bearbeitung unterschiedlichster Werkstoffe, erfüllten sich letztlich aber nicht.

Drei Jahre nach seiner Ankunft in Dresden erhielt Ardenne im Oktober 1958 den Nationalpreis 1. Klasse für „seine großen Leistungen bei der Entwicklung der Wissenschaft in der Deutschen Demokratischen Republik und seine bahnbrechenden Arbeiten auf den Gebieten der Elektronen- und Ionenphysik sowie der Hochfrequenztechnik und für seine umfangreichen Beiträge zur Literatur der Kernphysik".[24]

---

[19] Nachlass, Mappe 111 / 1958.

[20] DDR-Revue, Heft 9 (1958).

[21] Brief an Prof. Jarmer vom 28. 11. 1958 (Nachlass, Korrespondenz mit Wissenschaftlern bis 1965, Ordner I-K).

[22] Sächsische Zeitung vom 14. 10. 1958. Vgl. auch *Ardenne / Rackwitz*, Ultraschall-Zahnbohreinrichtung.

[23] Vgl. z. B. Die Union, National-Zeitung und Thüringer Tageblatt.

[24] Dieser Auszug aus der offiziellen Laudatio wurde in fast allen Tageszeitungen abgedruckt. (Nachlass, Mappe 111 / 1958).

3. Wissenschaftler unter Politikern

Als Mitglied einer von Ministerpräsident Otto Grotewohl geleiteten fünfköpfigen Regierungsdelegation, zu der noch Außenminister Lothar Bolz und dessen Stellvertreter Sepp Schwab sowie der stellvertretende Minister für Außenhandel und Innerdeutschen Handel, Gerhard Weiß gehörten, besuchte Ardenne im Januar 1959 Ägypten, Syrien, den Irak, Indien, Vietnam und China.[25] Es war gewiss eine beachtliche diplomatische Leistung, in weltpolitisch bewegter Zeit eine solche Reise zu organisieren. Wenige Wochen nach Beendigung der Reise hielt Ardenne im Dresdner Klub einen Vortrag über diesen Auftritt als Diplomat, der ihn nicht nur wegen der zahlreichen touristischen Attraktionen tief beeindruckt hatte. Zahlreiche Tageszeitungen der DDR druckten große Auszüge aus dem Vortragsmanuskript, das die Reise mit der Akribie eines gut geführten Reisetagebuches nachzeichnete. Die „Sächsische Zeitung" („Sendboten der Freundschaft"), die „Märkische Union" („Freundschaftsbesuch im Fernen Osten") und „Der Morgen" („Reise in Länder des Friedens") betonten in ihren Schlagzeilen den außenpolitischen Impetus der Reise, während das „Sächsische Tageblatt" und die „Norddeutsche Zeitung" („Flug in den Nahen und Fernen Osten"), die „Wochenpost" („In Indien, Vietnam und China") sowie die „National Zeitung" („23500 Kilometer auf luftigen Straßen") den touristischen Aspekt hervorhoben.

Ägypten war in den 1950er Jahren auf dem Weg zu einem der führenden unter den so genannten blockfreien Staaten. 1958 hatte es sich mit Syrien zur allerdings nur drei Jahre existierenden Vereinigten Arabischen Republik zusammengeschlossen. Beim abendlichen Empfang durch den ägyptischen Staatspräsidenten Gamal Abd-el Nasser fühlte sich Ardenne in ein Märchen aus Tausendundeiner Nacht versetzt, wie er sichtlich beeindruckt festhielt. Die ehrenvolle Auszeichnung mit dem „Großkreuz des Verdienstordens mit Band" ließ den Abend zu einem besonders eindrucksvollen Erlebnis werden. Als berichtenswert galt ihm darüber hinaus vor allem ein Gespräch mit dem Verteidigungsminister über die Kombination von nuklearen Sprengköpfen mit interkontinentalen Raketen. Bei dieser Waffengattung sei die Sowjetunion gegenwärtig sowohl hinsichtlich der Qualität, wie auch der Quantität den USA überlegen. Damit habe die UdSSR, so erklärte er dem Minister, die „zwölfjährige Stützpunkts- und Einkreisungspolitik der USA gegen die Sowjetunion durchbrochen und entscheidend entwertet".[26]

In der jungen Republik Irak beeindruckte ihn wenige Monate nach dem blutigen Staatsstreich und der Ermordung von König Feisal neben moderner Technik in einer Klinik für radioaktive Organdiagnostik, wo er einen Vortrag vor Wissenschaftlern und Mitgliedern der irakischen Atomenergiekommission hielt, vor allem die „frische Begeisterung des Volkes für den Führer der Revolution und die leidenschaftliche Sympathie der irakischen Menschen für die Politik des Friedens".[27]

---

25 *Ardenne,* Sechzig Jahre, S. 298.
26 Sächsisches Tageblatt vom 25. 2. 1959.

Dieser Führer, General Kassem, leitete als Ministerpräsident eine Bodenreform ein und wandte sich vom prowestlichen Kurs der Monarchie ab. Die Einladung einer Regierungsdelegation aus der DDR konnte als sichtbares Zeichen dieses Kurswechsels interpretiert werden.

In Indien, das noch im Begriff war, seine endgültige föderale Struktur auf der Grundlage der Verfassung von 1950 zu finden, hielt Ardenne je einen wissenschaftlichen Vortrag an der Universität Neu Delhi sowie im Nationalen Physikalischen Institut. Mit dem Verteidigungsminister konnte er ein „atompolitisches Gespräch auf der Linie unserer Politik (die Verwendung der für militärische Zwecke angehäuften Weltvorräte an Spaltmaterial zum Wohle der Menschheit)" führen.[28] Bei einem „Abendessen im kleinen Kreise" lernte er den Premierminister Nehru und dessen Tochter Indira Gandhi kennen. Tief beeindruckt zeigte er sich vom weltberühmten Grabmahl Taj Mahal als der „höchsten Ausdrucksform über den Tod fortdauernder menschlicher Zuneigung, die es je gegeben hat".[29] Aber auch das Elend von Armut und Hunger blieb ihm nicht verborgen.

Bei der „besonderen Herzlichkeit der Begrüßung" durch jubelnde Menschen auf den Straßen und eine „herzliche innere Grundstimmung bei den politischen Verhandlungen" habe er in der Demokratischen Republik Vietnam die „gewaltige Kraft" gespürt, die „im sozialistischen Internationalismus liegt". Das finde seinen Ausdruck in der „überzeugendsten Losung" des XXI. Parteitages der KPdSU, in der es heiße: „Sieg des Kommunismus ist ewiger Friede auf Erden".[30] Am Staatspräsidenten Ho Chi Minh bewunderte er den langen Spitzbart „altchinesischen Typs", sowie den natürlichen Charme, mit dem „sofort ein warmer menschlicher Kontakt" hergestellt worden sei.[31] Den Namen des Staatspräsidenten erhielt übrigens auch eine Trasse, über die Waffen und ab 1960 auch Truppen nach Südvietnam geschleust wurden. Mit Unterstützung Nordvietnams bauten in jener Zeit gerade kommunistisch orientierte Guerillakämpfer diesen so genannten „Ho-Chi-Minh-Pfad" aus.

China proklamierte 1958 die Abkehr vom sowjetischen Vorbild und setzte sich das Ziel, die sozialistische Gesellschaft auf einem nationalen Weg zu errichten und dabei die Sowjetunion in absehbarer Zeit zumindest zu erreichen, wenn nicht gar zu überholen. „Großer Sprung nach vorn" nannte die politische Führung um Mao Zedong die bis 1960/61 dauernde Kampagne, die neben einem höherem Wirtschaftswachstum und der Errichtung der Volkskommunen im Agrarbereich auch die ideologische Umerziehung der Bevölkerung beinhaltete. Hier imponierte Ardenne das hohe Niveau der Wissenschaftler, mit denen er bei einem Vortrag über Kernforschung in der DDR und die Arbeit seines eigenen Instituts diskutierte,

---

27 Märkische Union vom 19. 2. 1959.

28 Wochenpost vom 28. 2. und 7. 3. 1959.

29 Märkische Union vom 19. 2. 1959.

30 Wochenpost vom 28. 2. und 7. 3. 1959.

31 Ebd.

ebenso wie das hohe Tempo bei der Überleitung innovativer Produkte in die Produktion. Die Zeit zwischen dem Beginn der Konstruktion und der Vorstellung des ersten Exemplars einer neuen Werkzeugmaschine von etwa fünf Tonnen Gewicht habe nicht, wie von ihm erwartet, ein Jahr, sondern nicht einmal einen Monat gedauert. Wenn man vor etwa fünfundzwanzig Jahren in Europa oft das amerikanische Tempo rühmte, so werde man künftig zur Kennzeichnung extrem schneller Arbeitsweise vom chinesischen Tempo sprechen, erklärte er seinen Zuhörern. An Mao Zedong, dem Vorsitzenden der Kommunistischen Partei Chinas, faszinierte ihn die „Abgeklärtheit und Würde" eines Mannes, „der gemeinsam mit dem chinesischen Volke dabei ist, die Geschichte seines Landes, ja die Geschichte der Welt mit zu verändern".[32]

Im Interview mit der „Wochenpost" betonte Ardenne, dass diese Reise ihr politisches Ziel „voll erreicht" habe. Das Klima für die Lösung der großen Probleme, zu denen der Abschluss eines Friedensvertrages mit Deutschland, die Bildung der Konföderation der beiden deutschen Staaten und die Lösung der Westberlinfrage gehörten, habe verbessert werden können. Gleichzeitig seien durch den Freundschaftsbesuch die Beziehungen zur Volksrepublik China und der Demokratischen Republik Vietnam „noch enger" gestaltet sowie die Einheit des sozialistischen Lagers gefestigt worden.[33] Der renommierte Wissenschaftler hatte sich in bedenklicher Weise von der Politik instrumentalisieren lassen. Mit der Aneinanderreihung ideologisierter Worthülsen bediente er sich auch der Sprache der SED-Funktionäre.

Abb. 12: Die Mitglieder der Regierungsdelegation sind sichtlich
beeindruckt von der alten ägyptischen Kultur.

---

[32] Märkische Union vom 19. 2. 1959.
[33] Wochenpost vom 28. 2. und 7. 3. 1959.

4. Fünf Jahre in Dresden

1960, fünf Jahre nach der Institutsgründung, baute Ardenne die Kooperationsbeziehungen mit Universitäten, außeruniversitären Forschungseinrichtungen und wichtigen Industrieunternehmen zielstrebig weiter aus. In Zusammenarbeit mit dem VEB Röntgenwerk Dresden und dem Zentralinstitut für Gießereitechnik Leipzig realisierte er den ersten Elektronenstrahl-Schmelzofen der Welt mit einer Leistung von 45 Kilowatt.[34] Durch die Anwendung eines Elektronenstrahls extrem hoher Energie konnten in diesem Ofen beliebige Metalle in bislang nicht gekannter Reinheit dargestellt sowie völlig neuartige Legierungen erschmolzen werden. Während die Medien in euphorischen Berichten und Meldungen die nur sieben Monate währende Entwicklungsphase hervorhoben, betonte Ardenne, dass der Ofen auf der Grundlage von Konstruktionen, Berechnungen und Vorversuchen entstand, die schon während der Quarantänezeit in den Jahren 1953 bis 1955 in Suchumi durchgeführt worden waren.[35] Bereits im darauf folgenden Jahr begann im Edelstahlwerk „8. Mai 1945" in Freital bei Dresden in einer eigens dafür errichteten neuen Produktionshalle der Bau eines Elektronenstrahl-Mehrkammer-Ofens mit einer Leistung von 200 Kilowatt.[36]

Das fünfjährige Bestehen des Instituts nahmen die Medien zum Anlass, nicht nur die Aufsehen erregenden Leistungen dieser Forschungseinrichtung hervorzuheben, sondern auch deren beachtliche Ausstrahlung in die Region wie auch in die gesamte ostdeutsche Forschungslandschaft. Die Gründung des Zentralinstituts für Kernphysik in Rossendorf mit seinem Forschungsreaktor, die Bildung einer Fakultät für Kerntechnik an der TH Dresden sowie der Aufbau der beiden Großbetriebe VEB Vakutronik und VEB Hochvakuum mit jeweils einem eigenen beträchtlichen Forschungspotential wurden der Öffentlichkeit als Umsetzung von Ideen und Impulsen aus dem Forschungsinstitut von Ardenne dargestellt.[37]

Aber nicht nur durch die Ergebnisse seiner anwendungsorientierten Forschung lenkte er die Aufmerksamkeit auf sich. Universal interessiert und bestens informiert, versuchte er immer wieder, sich vorzustellen, welchen Weg die wissenschaftlich-technische Entwicklung wohl einschlagen würde und zu welchen Resultaten sie führen könnte. Nicht alle der von ihm entwickelten Visionen fanden den ungeteilten Beifall der Öffentlichkeit. Durch die an ein Wunder grenzende Rettung des Piloten eines Düsenflugzeuges angeregt, der nach dem Absturz seiner Maschine in einem Heuhaufen landete und mit einem Beinbruch davonkam, überlegte Ardenne, ob man diese Erfahrung nicht auch im Automobilbau anwenden könne. Er entwarf ein „Auto der Zukunft", bei dem in Fahrtrichtung zwischen den Insassen und der Karosserie ein „Bremskunststoff mit Heuhaufencharakter" angeordnet

---

34 Neues Deutschland vom 24. 7. 1960.

35 Nachlass, Mappe 124 / 1960.

36 Die Wirtschaft vom 6. 12. 1961.

37 Die Union vom 27. 3. 1960.

Abb. 13: Im Elektronenstrahl-Mehrkammerofen EMO 1200
erschmolzener Strang einer Masse von mehr als drei Tonnen.

war. Der Fahrer musste deshalb zwangsläufig entgegen der Fahrtrichtung und mit dem Gesicht nach hinten sitzen. Die Sicht nach vorn ermöglichten ihm drei in Fahrtrichtung angebrachte Fernsehkameras und eine Radaranlage. Dieses „Auto mit innerem Bremsweg" empfand er selbst als eine ziemlich radikale, beim gegenwärtigen Stand der Technik jedoch keineswegs utopische Lösung. Andererseits wäre es aber auch keine Überraschung, hätte er damals schon in die Richtung gedacht, an deren Ende der heutige Airbag steht. Während die Medien der DDR sein „Auto der Zukunft" ernsthaft diskutierten, u. a. in einer Experimentalsendung des Fernsehens über die Sicherung der Insassen bei Unfällen,[38] erntete er in der Bundesrepublik nur Spott und Häme. Der „Spiegel" vom 31. August 1960 attestierte dem Modell anhand einer Konstruktionsskizze „monströse Hässlichkeit". Marktwirtschaftlich denkende westliche Automobilhersteller dürften sich „schwerlich erkühnen, die Forderung nach innerer Sicherheit mit einem unförmigen Gefährt zu

---

[38] Funk und Fernsehen der DDR, 27. 3. bis 2. 4. 1960.

erfüllen". Mit „dialektischem Schnörkel", so der „Spiegel", habe der „Forschungs-
baron" deshalb darauf hingewiesen, dass sein Sicherheitsauto „nur im sozialistischen Lager verwirklicht werden könne." Bis zur Serienreife des heute üblichen
Airbag, der das Auto glücklicherweise nicht zu einem „unförmigen Gefährt" mu-
tieren ließ, sollte dann aber doch noch eine ganze Reihe von Jahren vergehen.

5. Neue Interessen

In einem Vortrag auf der 9. Jahrestagung der Elektrotechniker der Kammer der
Technik, die vom 5. bis 10. Juni 1961 in Weimar stattfand, reflektierte Ardenne
nun auch öffentlich, was er von frühester Jugend an praktizierte. „Elektronen- oder
Ionenstrahlung als Mikrowerkzeug" überschrieb er seinen Beitrag. In einem Interview für die Zeitung „Das Volk" vom 9. Juni 1961 wies er auf die Bedeutung der
„elektronen- und ionenoptischen Strahlungswerkzeuge" für die künftige Fertigung
von Halbleiterbauelementen hin. Sein liebstes „Werkzeug", das Elektron, erschloss
sich wieder einmal neue Anwendungsgebiete. Es diente fortan nicht mehr überwiegend zur Übertragung von Informationen in der Rundfunk- und Fernsehtechnik
sowie der Erzeugung mikroskopischer Abbildungen und zum Schmelzen von Metallen, sondern konnte nun auch zur filigranen Materialbearbeitung in mikroskopischen Bereichen eingesetzt werden. In Weimar schlug er allerdings diesen ganz
großen Bogen von den 1920er bis zu den 1960er Jahren nicht, sondern konzentrierte sich auf die neuen Möglichkeiten, mit Hilfe fokussierter Elektronen- oder
Ionenstrahlung „Bohrungen, Fräsungen, Gravierungen mit wenigen Mikron Abmessungen" sowie komplizierte Mikrostrukturen und Mikroobjekte herzustellen,
die „dem unbewaffneten Auge des Menschen nicht mehr sichtbar sind".[39]

Das Interview für „Das Volk" nutzte er aber nicht nur dazu, die Erfolge seines
Instituts herauszustellen. Er äußerte bei dieser Gelegenheit auch offen seinen Unmut über die „zuständigen Vertreter des Staatsapparates". In der Vergangenheit, so
seine Kritik, habe man am Rande der Konferenz im kleinen Kreis stets auch „akute
Probleme" erörtern können. Es sei befremdlich, dass gerade in diesem Jahr, in dem
es „viele Probleme" gebe, kein Vertreter des Staatsapparates an der Tagung teilneh-
me. Ohne die „Ökonomische Hauptaufgabe", nämlich die Bundesrepublik bis 1961
im Pro-Kopf-Verbrauch bei allen wichtigen Lebensmitteln und Konsumgütern zumindest einzuholen, als Utopie zu brandmarken und ohne die wachsende Zahl so
genannter „Republikflüchtiger" direkt anzusprechen, ließ Ardenne dennoch erkennen, dass er die sich zuspitzenden wirtschaftlichen Probleme als gravierend ansah,
auf die das Politbüro wenige Wochen später mit dem Bau der Berliner Mauer reagieren sollte. Die Erwartungen der SED, auf dem Wege der „sozialistischen Rekonstruktion", die sie als „rationelle Organisation der Produktion auf der Basis eines hohen Standes von Wissenschaft und Technik und der Nutzung der schöpferi-

---

[39] Nachrichtentechnik, 8 (1961), S. 339–343.

schen Initiative der Werktätigen" definierte,[40] Anlagen und Produktionsstätten zu modernisieren sowie Disproportionen abzubauen, erfüllten sich nicht. Zum einen konnten die dafür erforderlichen Mittel nicht aufgebracht werden und zum anderen wirkten sich „Mängel in der Leitungstätigkeit" hemmend aus, wie die SED system-immanente Dysfunktionalitäten schon damals umschrieb.[41]

Im Verlauf der Weimarer Tagung wurde auch für seine Kollegen sichtbar, dass Ardenne zunehmend Interesse an medizinischen Fragestellungen gewann. Er leitete die Sektion „Medizinische Elektronik", in der Ing. J. Matauschek aus Dresden einen grundlegenden Vortrag über „Bedeutung und Perspektiven der medizinischen Elektronik" hielt. Matauschek, Sekretär der soeben gegründeten „Gesellschaft für medizinische Elektronik", zeigte sich überzeugt davon, dass die Elektronik die weitere Entwicklung der medizinischen Wissenschaften entscheidend prägen werde.[42] Ardenne war bei der Gründung der Gesellschaft für medizinische Elektronik zum 1. Vorsitzenden gewählt worden. Zum Vorstand gehörten Prof. Blüthgen als stellvertretender Vorsitzender, Ardennes Freund Bernd Sprung, die Berliner Mediziner Prof. Schreiber und Prof. Frucht sowie Dr. Ilgen. Als eine seiner ersten und wichtigsten Aufgaben sah es der Vorstand an, die Aufnahme in die „International Federation for medical electronics" zu erreichen. Im fortwährenden Kampf um internationale Anerkennung der DDR war das ohnehin eine Pflichtaufgabe jedweder Gesellschaft mit dem entsprechenden Potential.[43]

Zu den wichtigen wissenschaftlich-technischen Leistungen des Instituts im Jahre 1961 gehörte die Entwicklung eines mit dem Edelgas Argon gespeisten Plasmabrenners einfacher Bauart, an der neben dem Ingenieur Willy Roggenbuck noch der Versuchsmechaniker Rudolf Pochert sowie Dipl.-Ing. Peter Wiese mitwirkten. Bei einer Flammentemperatur zwischen 15.000 und 20.000 °C konnten dicke Aluminiumplatten ohne besondere Vorkehrungen im Freien geschnitten werden. Das „Neue Deutschland" wertete diesen Brenner als eine „Weiterführung jüngster ausländischer Entwicklungen", da er nicht nur als Trennschneider einzusetzen sei, sondern auch Schutzschichten aus hochschmelzenden metallischen sowie keramischen Werkstoffen hergestellt werden könnten. Diese Entwicklung sei „ein wichtiger Beitrag zur Verringerung der Störanfälligkeit unserer Wirtschaft", lobte das Zentralorgan der SED.[44] Sie lag ganz auf der wirtschaftpolitischen Linie vom Ende der 1950er Jahre, die DDR unabhängig von Lieferungen aus dem Westen zu machen.

In seinem eigenen Institut versuchte Ardenne optimale Bedingungen für eine hocheffektive Forschung und Entwicklung zu schaffen, soweit das unter den kon-

---

[40] Geschichte der SED, S. 388.

[41] Ebd., S. 392.

[42] Programm der 9. Jahrestagung der Elektroniker vom 5. bis 10. Juni 1961 in Weimar (Nachlass, Mappe 132 / 1961).

[43] Die Union vom 30. 5. 1961.

[44] Neues Deutschland vom 4. 3. 1962.

kreten Rahmenbedingungen überhaupt möglich war. Mit seinen Erfahrungen versuchte er aber auch immer wieder, sich in die aktuellen Debatten einzubringen. So auch mit einem Beitrag im „Neuen Deutschland", den die Zeitung als Diskussionspapier zur Vorbereitung der 12. Plenartagung des ZK der SED veröffentlichte. Darin schlug er vor, in „nächster Zeit die Spitzenergebnisse unserer Forschung" in „devisenbringende bzw. devisensparende Massenproduktion" zu verwandeln. Die Überleitung von Ergebnissen aus Forschung und Entwicklung in die Produktion erwies sich als der neuralgische Punkt im Innovationsgeschehen. Durch die „einzigartige staatliche Förderung naturwissenschaftlich-technischer Forschung", lobte er die Parteiführung, konnten in einer Reihe von Bereichen Ergebnisse erzielt werden, die zu recht als „Weltspitze" gelten. Es komme nun darauf an, für solche Spitzenerzeugnisse schnellstmöglich „Produktionsschwerpunkte hoher Leistungsfähigkeit" zu bilden. Ulbricht gefielen sowohl Inhalt als auch Form des Beitrages außerordentlich. Er dankte auf der ZK-Tagung Ardenne für dessen Anregungen und forderte die Staatliche Plankommission auf, diese „sorgfältig zu durchdenken".[45]

6. Visionen

Schon bei seinen ersten tastenden Schritten auf dem Gebiet der Nachrichtentechnik faszinierte Ardenne die Möglichkeit, Informationen von sehr weit entfernten Orten der Erde zu empfangen. Nun wandte er sich ernsthaft der Frage zu, wie Nachrichten mit anderen Zivilisationen ausgetauscht werden könnten. Den Anlass für solche Überlegungen bot ein fehlgeschlagener Versuch der USA, mit zwei Radioteleskopen des National Radio Astronomy Observatory in West-Viginia Nachrichten von den Sternen τ Ceti und ε Eridani aufzunehmen, dessen Scheitern ihn nicht überraschte.[46] In einer Studie untersuchte er 1962 zusammen mit G. Böhme, ob und unter welchen Bedingungen Aussichten bestehen, weiter als etwa zehn Lichtjahre entfernte Objekte mit den Mitteln der gegenwärtigen Nachrichtentechnik zu erreichen.[47] In einer weiteren Veröffentlichung sprach er von einer hohen Wahrscheinlichkeit, in einer Entfernung von fünfzig bis einhundert Lichtjahren „hochentwickelte Lebewesen anzutreffen" und schätzte den Aufwand ab, mit ihnen Nachrichten auszutauschen.[48]

Mit seinen ebenfalls 1962 veröffentlichten „Visionen zur Technik des Jahres 2000" festigte er seinen Ruf als universeller Wissenschaftler und Denker. Als Mitglied des Hauptausschusses der Kammer der Technik veröffentlichte er diesen Aufsatz im Doppelheft März / April 1962 der Verbandszeitschrift „Technische Gemeinschaft". Mit Rückblick auf wichtige Erfindungen und Entdeckungen der

45 Vgl. Technische Gemeinschaft, 5 (1961), S. 161 f.

46 *Ardenne*, Nachrichtenempfang von fremden Planetensystemen.

47 *Ardenne / Böhme*, Möglichkeit des Nachrichtenempfangs.

48 *Ardenne*, Nachrichtenempfang.

Nachrichtentechnik und Kernphysik, bei denen allesamt etwa zwanzig Jahre bis zur technischen Verwertung vergangen seien, hielt er es durchaus für legitim, Anfang der 1960er Jahre Vorhersagen für die Technik der Zeit um 2000 zu wagen. Der Prophet „braucht hierfür nur mit einiger Phantasie jene Forschungsergebnisse einzuschätzen, die sich gegenwärtig im ersten Stadium der Entwicklung befinden und gleichzeitig das Merkmal großer Zukunftsbedeutung in sich tragen", stellte er die Prognose als eine relativ einfache Aufgabe dar. Dass mit den beiden grundlegenden Voraussetzungen, nämlich blühender Phantasie und einem profunden Überblick, tatsächlich nur sehr wenige Wissenschaftler gesegnet sind, übersah er, der beides in hohem Maße besaß. Er schlug einen großen Bogen von der klassischen Physik bis hin zur Werkstoffkunde, wobei er auch auf die Chemie und die Atomphysik zu sprechen kam.

Auf dem Gebiet der Mechanik sah er nach der Entwicklung der Caesium-Atomuhr und der Entdeckung des Mössbauer-Effektes große Fortschritte in der Messgenauigkeit aller mit der Zeit verbundenen Parameter. Auch auf die Privatsphäre werde sich das auswirken. Armbanduhren mit „mikrominiaturisierten elektronischen Laufwerken" würden dann „keines Uhrmachers mehr bedürfen". Die mechanische Bearbeitung von Werkstücken werde durch Methoden in Mikrodimensionen ergänzt, wobei der Einsatz von elektronen- und ionenoptischen Verfahren sowie des Lasers dominieren werde. Die Entwicklung in der Elektrotechnik werde „die Automatisierung der meisten Arbeitsprozesse in den Fabriken vollenden". Natürlich fehlten Prognosen auf dem Gebiet des Kraftfahrzeugwesens ebenso wenig wie Aussagen zur Auswirkung der Satellitentechnik auf die Meteorologie und die Nachrichtentechnik. „Am Ende der Entwicklung", schrieb er, wird z. B. jeder Fernsprechteilnehmer im Selbstwählbetrieb jeden anderen Fernsprechteilnehmer auf dieser Erde ohne Zeitverlust wählen können". Diese letzte Vorhersage ist in geradezu erstaunlicher Weise in Erfüllung gegangen. Als zu optimistisch erwiesen sich hingegen seine Erwartungen an das Überschall-Verkehrsflugzeug und den Einsatz von Postraketen sowie an die Brennstoffzelle zur Bereitstellung von Elektroenergie.

Die öffentliche Vorstellung seiner Visionen verband er mit Überlegungen zur Förderung des talentierten Nachwuchses, eine Angelegenheit, die ihm immer besonders am Herzen lag, und die seiner Auffassung nach im Nachkriegsdeutschland vernachlässigt worden sei. Die begabtesten jungen Wissenschaftler müssten, so sein Plädoyer, eine individuelle Ausbildung durch die besten älteren Forscher und Wissenschaftler erfahren. Er verwies auf so überragende wissenschaftliche Lehrer wie Planck, Sommerfeld und Ioffe, die zwar nur wenige Schüler hatten, die sie aber „unter den besten der damals jungen Generation" selbst auswählten. Er hielt es für geboten, darauf hinzuweisen, dass die Ausbildung einer „hohen Zahl von Studenten mit gutem durchschnittlichem Leistungsvermögen bei uns bereits annähernd erfüllt" sei. Für dieses offensichtliche Zugeständnis an die politische Führungsriege schien ihm allerdings eine Fußnote ausreichend zu sein. Die kommende Generation könne, formulierte er beinahe schwärmerisch im Hauptteil seines Aufsatzes, die „wunderbaren Früchte" einer „von der Weltforschung geleisteten systematischen Kleinarbeit" ernten, die das „naturwissenschaftliche Weltbild, speziell in den Fachsparten Biochemie und Medizin" stark beeinflussen werde. In seinen Visionen erwies sich Ardenne als global und universal denkender Wissenschaftler, der den Alltag der realsozialistischen Wirklichkeit ebenso hinter sich lassen konnte wie die Frontstellungen des Kalten Krieges.

Mit der Berufung des Physikers Ardenne zum Mitglied des Wissenschaftlichen Rates des Ministeriums für Gesundheitswesen, die am 2. November 1962 erfolgte, würdigte der Ressortchef Max Sefrin vor allem seine Verdienste um die medizinische Elektronik. Die Zahl der Veröffentlichungen auf diesem Gebiet stieg, den langen Wartezeiten auf Drucklegung geschuldet, aber erst 1964 deutlich an. 1962 war aber auch das Jahr, in dem die regelmäßigen Treffen mit Otto Warburg begannen und die Krebsproblematik sein wissenschaftliches Denken zu dominieren begann. Den physikalisch-technischen Bereich seines Instituts überließ er zunehmend seinem Stellvertreter Siegfried Schiller. 1965 zog er sich schließlich ganz aus der Leitung dieses Bereiches zurück.[49] Stets des Lobes voll über seinen 1. Stellvertreter, bereute er diese Entscheidung nicht und sah in ihm bis zum Zusammenbruch der DDR einen engagierten Mitstreiter.[50] Erst nach der friedlichen Revolution sollte er seine Meinung über diesen hervorragenden Fachmann grundsätzlich ändern.

7. Die Fragilität des atomaren Patts

Schon bald nach seiner Ankunft in Dresden brachte sich Ardenne engagiert in die mit unterschiedlicher Intensität und Leidenschaft über Jahre hinweg geführte Debatte um die Gefahren eines möglichen Atomkrieges ein. Gelegentlich wurde er auch von den Medien der Bundesrepublik in die Auseinandersetzungen um das Für und Wider der Stationierung von nuklearen Waffen auf deutschem Boden hineingezogen. Der erstmalige Einsatz von Atombomben hatte zwar den Zweiten Weltkrieg verkürzen können, aber nicht nur den Physikern und Politikern, sondern der ganzen Welt gezeigt, dass ein Einsatz dieser Waffe immer damit verbunden sein wird, den massenhaften Tod Unschuldiger billigend in Kauf zu nehmen. Die ethische und moralische Herausforderung für die Mitwirkung an der Entwicklung von Waffen erreichte eine neue Dimension, der sich die Beteiligten in Ost und West stellen mussten. Schon in der Frühphase der atomaren Rüstung hatten die ideologisch motivierten Top-Spione der Sowjetunion, wie bereits erwähnt, ein Argument benutzt, das später zur allseits akzeptierten These vom „friedenserhaltenden atomaren Patt" weiterentwickelt und auch von Ardenne zur Rechtfertigung für sein Mittun benutzt wurde. „Auch aus ethischen Gründen" erschien ihm, so schrieb er

---

[49] *Ardenne,* Sechzig Jahre, S. 359.
[50] Ebd., S. 357.

selbst, sein Beitrag zur „Beschleunigung des atomaren Gleichgewichts" zwischen den USA und der Sowjetunion „als gerechtfertigt".[51]

In ihrer berühmten Göttinger Erklärung vom 12. April 1957 räumten achtzehn führende deutsche Atomforscher damals zwar ein, dass „die gegenseitige Angst vor den Wasserstoffbomben heute einen wesentlichen Beitrag zur Erhaltung des Friedens in der ganzen Welt und der Freiheit in einem Teil der Welt leistet". Sie hielten aber „diese Art, den Frieden zu sichern, auf die Dauer für unzuverlässig".[52] Zu den Unterzeichnern dieser politisch bedeutsamen Wortmeldung von Wissenschaftlern, in der diese von einer „lebensausrottenden Wirkung der strategischen Atomwaffen" sprachen, gehörten Max Born, Walter Gerlach, Otto Hahn, Werner Heisenberg, Max von Laue und auch Carl Friedrich von Weizsäcker.

Die Geschichte hat gezeigt, so könnte man meinen, dass die Sorgen der „Göttinger Achtzehn" unbegründet waren und das atomare Patt seine friedenserhaltende Wirkung entfalten und jederzeit aufrechterhalten konnte. Wer so argumentiert, übersieht die Tatsache, dass in den vier Jahren des „imperialistischen Atommonopols" zwischen 1945 und 1949 der Frieden selbst durch die sowjetische Blockade Westberlins nicht wirklich zu erschüttern war. Die bisherigen, in großen Teilen überaus scharfsinnigen Analysen des Jahrzehnte andauernden „Gleichgewichts des Schreckens" suchen nach Erklärungen für das an sich paradoxe Phänomen, dass „die gesicherte gegenseitige Vernichtung die Sicherung der Weiterexistenz garantiert" und versuchen den offensichtlichen Widerspruch als „dialektisch" zu begreifen.[53] Diese, wohl eher schizophrene, Dialektik stellt das fundamentale, empirisch scheinbar gesicherte, Rechtfertigungsargument der „Täter" aber nicht in Frage, wie Ardenne das gelegentlich tat. Möglicherweise könnte die gegensätzliche These, nämlich dass der Weltfrieden trotz des atomaren Patts bis zum Zusammenbruch des Kommunismus bewahrt werden konnte, zu neuen Einsichten für eine Politik des 21. Jahrhunderts führen.

Zunächst glaubte Ardenne an eine nachhaltige abschreckende Wirkung des nuklearen Infernos. Spontan schrieb er seinem Schwager und engem Vertrauten Otto Hartmann zwei Tage nach dem Abwurf der ersten Atombombe auf Hiroshima aus Moskau: „In Anbetracht der jetzt erfolgten Entwicklung der Uranbombe (entfesselte Atomenergie als Waffe) glaube ich an eine lange Friedensperiode."[54] Als er diesen Satz zu Papier brachte, dachte er wohl kaum daran, dass Stalin umgehend alle Ressourcen der Sowjetunion einsetzen würde, um möglichst schnell das zu erreichen, was später alle Welt das „nukleare Patt" nennen sollte. Einige Jahre später, im Zusammenhang mit seiner Forderung nach Einstellung der amerikanischen Flüge mit atomwaffenbestückten Flugzeugen des Typs B 47 bis an die Grenzen der Sowjetunion, betonte Ardenne, dass nicht das „Atomremis", sondern nur „die to-

---

[51] *Ardenne,* Erinnerungen fortgeschrieben, S. 584.

[52] *Lilge,* Deutschland, S. 170.

[53] *Salewski,* Zeitalter der Bombe, S. 9 f.

[54] Brief an Hartmann vom 8. 8. 1945 (Nachlass).

tale Abrüstung" den Weltfrieden wirklich sichern könne. Ost und West mit zwei Skorpionen in einer engen Schachtel zu vergleichen, die sich gegenseitig belauern und nur die Alternativen besitzen, sich gegenseitig zu vernichten oder aber friedlich nebeneinander zu leben, sei ein Trugschluss. Da menschliches Handeln niemals vollständig kontrollierbar sei, gebe es auch noch eine dritte Möglichkeit. So könnten die Besatzungen solcher Bomber auf die Idee kommen, „Geschichte machen zu wollen". Auch als Folge eines einfachen Irrtums sei der atomare Weltbrand möglich.[55] Inzwischen ist bekannt geworden, dass im Februar 1959 die alleinige Einsatzbefugnis des amerikanischen Präsidenten durch aktualisierte Ausführungsbestimmungen zu einer aus dem Mai 1957 stammenden Richtlinie in Frage gestellt wurde. Es hätten damals in der Tat sogar nachrangige amerikanische Truppenkommandeure den Einsatz von Atomwaffen befehlen können.[56] Die einen mögen es einen glücklichen Zufall nennen, dass die noch immer andauernde Wanderung der Menschheit am Rande des Abgrundes noch nicht zum Absturz führte, andere vielleicht göttliche Fügung. Ardenne jedenfalls blieb bis zum Ende seines Lebens ein Mahner aus tiefster innerer Überzeugung.

8. Kampf dem Atomtod

Als 1955 das Forschungsinstitut von Ardenne seinen Betrieb aufnahm, verabschiedeten sich die Amerikaner gerade von der Atomdoktrin der „massiven Vergeltung", die nur solange wirkungsvoll erschien, wie die Westmächte das Atomwaffenmonopol besaßen. Statt auf Atombomben, über die der Ostblock nunmehr auch verfügte, setzten die USA und ihre europäischen Verbündeten zunehmend auf taktische Gefechtsfeldwaffen, um der Überlegenheit des Ostblocks auf dem Gebiet der konventionellen Rüstung zu begegnen. In dieser Zeit des Wandels, deren diplomatische Aktivitäten im Beschluss des Deutschen Bundestages vom März 1958 über die Ausrüstung der Bundeswehr mit taktischen Atomwaffen gipfelten und deren öffentliche Aktionen unter dem Slogan „Kampf dem Atomtod" geführt wurden, setzte sich Ardenne massiv für eine Ächtung der Atomwaffen ein.

Ein Jahr nach seiner Ankunft in Dresden sprach er am 23. April 1956 vor dem Nationalrat der Nationalen Front erstmals öffentlich zu dem grundsätzlichen Problem der existenziellen Bedrohung der Menschheit. „Das Verbot der Atomwaffen", so erklärte er, würde die Atomenergie aus einem Fluch fast sprunghaft in einen Segen für die Menschheit verwandeln". In der nächsten Zeit müsse „unsere Generation die politischen Schlussfolgerungen" ziehen. „Da sollte es dann keinen Menschen mit Verstand, Verantwortungsgefühl und moralischem Denken mehr geben, der den Tod von einigen Hundert Millionen Kindern, Frauen und Männern anstrebt

---

[55] Deutsche Woche (München) vom 9. 12. 1959.

[56] *Kosthorst,* Daniel: Die verborgene Dimension. Als amerikanische Truppenkommandeure den Einsatz von Atomwaffen befehlen durften, in: Frankfurter Allgemeine vom 24. 8. 2004.

als die endliche Erfüllung der ewigen Sehnsucht der Menschen, ‚Friede auf Erden‘.“[57] In einer Rede zum 11. Jahrestag des Infernos von Hiroshima sagte er wenige Monate später, dass ein großer Teil der Vorräte an Kernwaffenmunition inzwischen in zielgesteuerte Fernraketen eingebaut sei, „gegen die es praktisch keine Luftabwehr gibt“.[58]

Ein bundesdeutsches Podium für seine warnenden Verweise auf das ungeheure Vernichtungspotential atomarer Waffensysteme und die Entwicklung seiner Vision von der ausschließlich friedlichen Nutzung der Kernenergie bot ihm zunächst die dort keineswegs allgemein akzeptierte Zeitschrift „Atomkernenergie“. Deren Schriftleiter, Prof. Werner Kliefoth, bekam schon nach dem Abdruck des ersten Beitrages aus der Feder Ardennes, seines „Appells zur friedlichen Verwendung der in Atombomben gespeicherten Energie“ im Jahre 1956, den „starken Unwillen“ von Bonner offiziellen Kreisen zu spüren, wie er am 24. Juni an Ardenne schrieb. Er wolle sich aber nicht beirren lassen, da die „Bedrohung durch die Kernenergie“ eine Angelegenheit der ganzen Menschheit sei. Kliefoth war deshalb auch nicht bereit, blockpolitisch zu denken. In der „Frage Bundesrepublik und DDR“ gehe es ihm um „Gesamtdeutschland“, betonte er ausdrücklich.[59] In einem Brief vom 12. August 1956 beklagte sich Kliefoth, dass Physiker oftmals nicht wagten, offen zu reden, weil sie Angst hätten, ihnen könnten bei der Zuteilung von Ressourcen Nachteile erwachsen. „Da bleibt oft nicht viel übrig von einer ethischen Verpflichtung.“[60] In dem ungewöhnlich dichten Briefwechsel des Jahres 1956 gab Ardenne selbst, trotz großer Übereinstimmung im Grundsätzlichen, seine Zurückhaltung in tagespolitischen Fragen niemals auf.

Es spricht einiges dafür, dass er mit einem Schritt in die Öffentlichkeit den „Göttinger Achtzehn“ zuvorkommen wollte. Schon eine Woche vor ihnen, betonte Ardenne in einem Brief an Kliefoth, habe er eine „Erklärung gegen die Vorbereitung eines Atomkrieges auf deutschem Gebiet“ verfasst, die allerdings erst am 14. April 1957 über den Rundfunk und die Presse der DDR verbreitet worden sei.[61] In dieser Erklärung betonten sieben Physiker der DDR, nicht solche Probleme wie ihre westdeutschen Kollegen zu haben, da sie „ausschließlich mit friedlicher Anwendung der Atomenergie“ beschäftigt seien. „Mit Sorge“ verfolgten sie die „Entwicklung in bezug auf die Lagerung und die atomare Bewaffnung der Bundeswehr“. Neben Ardenne unterschrieben die Professoren Barwich, Hartmann, Macke, Rexer, Schintlmeister und Westmeyer eine von blockpolitischen Implikationen keineswegs freie „Dresdner Erklärung“.[62]

---

57 Zitiert nach Neue Berliner Illustrierte, Nr. 21, Mai 1957.
58 Zitiert nach Neue Berliner Illustrierte, Nr. 21, Mai 1957.
59 Nachlass, Korrespondenz mit Wissenschaftlern bis 1965, Ordner I–K.
60 Ebd.
61 Ebd.
62 Beilage der Jenaer Rundschau vom April 1957.

Die Berliner Tageszeitung „Die Welt" warf Ardenne daraufhin am nächsten Tag vor, dass er die Aufforderung, keine Atomwaffen herzustellen nur an die Bundesrepublik, nicht aber an die „Sowjetzone" richtete. Im „Dresdner Club" erläuterte Ardenne vor einem Kreis geladener Gäste sehr ausführlich die Haltung der Unterzeichner. Die „gigantische Steigerung der technischen Machtmittel" habe nicht in allen Teilen der Welt das „Verantwortungsbewusstsein entsprechend vervielfacht", hob er hervor. Es gelte demnach, dem „menschenunwürdigen Handeln" jener, die den Atomkrieg vorbereiten, immer wieder die Mahnung Albert Schweitzers entgegen zu stellen, „mehr Ehrfurcht vor dem Leben" zu zeigen, und zwar solange, „bis dieser Mahnung in der hohen Politik endlich gefolgt wird".[63] Fast alle Zeitungen der DDR berichteten über diesen „Appell des Leninpreisträgers". Das „Neue Deutschland" betonte in seinem Bericht am 16. April besonders die Passage, dass „Atomwaffen auf westdeutschem Gebiet eine ungeheure Gefährdung westdeutscher Menschen bedeuten, denn Atomwaffen werden mit Atomwaffen bekämpft". Das Blatt zitierte aber auch den gesamtdeutschen Aspekt, nämlich dass Atomwaffen auf westdeutschem Gebiet eine beträchtliche Erhöhung der Atomkriegsgefahr darstellten – „und dies besonders für alle deutschen Menschen". Auch die „Frankfurter Allgemeine" betonte am gleichen Tage die gesamtdeutsche Sicht. Ardenne habe vor der „Ausrüstung deutscher Armeen – also auch der Nationalen Volksarmee der Zone – mit Kernwaffen" gewarnt und einen „entsprechenden gemeinsamen Schritt der deutschen Wissenschaft" vorgeschlagen. Die „Wochenpost" vom 20. April überschrieb ein telefonisches Interview mit der Schlagzeile „Manfred von Ardenne fordert Volksbefragung". In diesem Gespräch ging er so weit, eine auch von der westdeutschen Sozialdemokratie angestrebte Volksbefragung nicht auf Westdeutschland zu beschränken. Sie sollte „in ganz Deutschland stattfinden". Offen blieb in diesem Interview, welche konkreten Fragen man dem Volke vorlegen sollte. Die von der westdeutschen Bewegung gegen die atomare Rüstung bereits ausgearbeiteten Fragen dürften Ardenne wohl bekannt gewesen sein.

Der Nationalrat der Nationalen Front des demokratischen Deutschland gab eine Sonderveröffentlichung heraus, die Ardenne als Mitglied des Wissenschaftlichen Rates für friedliche Anwendung der Atomenergie ein Podium für seine „Mahnung gegen die Vorbereitungen des Atomkrieges auf deutschem Gebiet" bot. Er nutzte diese Möglichkeit, seine grundlegende Strategie zu entwickeln. Mit einer Aufklärung über die katastrophalen Folgen einer mit Kernwaffen geführten militärischen Auseinandersetzung begründete er eindringlich die Forderung eines Verbots von Atomwaffen. Darüber hinaus warb er für „die Verwendung der für militärische Zwecke angehäuften Weltvorräte an Spaltmaterial zum Wohle der Menschheit".[64]

---

63 Die Union vom 16. 4. 1957.

64 *Ardenne,* Manfred von: Mahnung gegen die Vorbereitung des Atomkrieges auf deutschem Gebiet, herausgegeben vom Nationalrat der Nationalen Front des demokratischen Deutschland (Nachlass, Mappe 102 / 1957).

Das außergewöhnliche politische Engagement rückte Ardenne schlagartig in den Blickpunkt des öffentlichen Interesses, vor allem natürlich in der DDR. Kaum eine Tageszeitung glaubte deshalb, darauf verzichten zu können, über die „epochemachende Erfindung der Professoren von Ardenne und Sprung" zu berichten, die „verschluckbare Radiosonde" zur Untersuchung des Magen-Darm-Traktes.[65] Es kam der SED deshalb sicherlich besonders gelegen, dass der Meinungsführer einer zur Schicksalsfrage aller Deutschen hochstilisierten Debatte sich auch für innenpolitische Ziele der SED in den Dienst nehmen ließ. Er setzte seinen Namen unter einen Aufruf, in dem „alle Wissenschaftler, Ingenieure und Techniker" aufgefordert wurden, am 23. Juni 1957 „die Kandidaten der Nationalen Front" zu wählen. „Wählt Frieden und Wohlstand für unsere Republik, für unser Volk, für ganz Deutschland", hieß es darin.[66]

Die „Göttinger Erklärung" hinterließ tiefe Spuren in der bundesrepublikanischen Gesellschaft und prägte maßgeblich die anfangs von den Gewerkschaften und der SPD getragene Kampagne „Kampf dem Atomtod". Der bereits 1956 auf Initiative des Detmolder Arztes Dr. Bodo Manstein[67] gegründete „Kampfbund gegen Atomschäden", für den sich 1957 neben Manstein noch der Kernphysiker Prof. Karl Bechert und der Anthroposoph Peter Schilinski besonders engagierten, erreichte in jenem Jahr eine Mitgliederstärke von etwa 400.000, wie Kliefoth am 1. Juni Ardenne schrieb, und sei „von nicht mehr zu übersehender Bedeutung".[68]

Als am 28. August 1957 die sowjetische Nachrichtenagentur TASS über den Abschuss der ersten interkontinentalen Rakete berichtete, erklärte Ardenne auf einem Empfang zum „Tag des Friedens" in Dresden gegenüber der Nachrichtenagentur ADN, welche Schlussfolgerungen seiner Meinung nach das deutsche Volk nun ziehen müsste. Im „Übergang zur Politik der Neutralität und zur Politik der wechselseitigen Annäherung" sah er nicht nur die Voraussetzungen für einen Vertrag „über die endgültige und vollständige Abrüstung in Ost und West", sondern auch für eine „heute kaum vorstellbare Steigerung des Lebensstandards" aller Menschen in Deutschland.[69] Auch diese Äußerung griffen alle Tageszeitungen der DDR positiv auf. Die westdeutsche Zeitung „Der Mittag" druckte am 25. September ein Gespräch zu „Atomphysik und Neutralismus" ab, in dem die Journalisten dem „fachkundigen Privatmann" attestierten, „in der Frage der atomaren Abrüstung in einer denkbar schlechten Lage" zu sein. „Wir hatten den Eindruck, dass Ardenne es ehrlich meint", schrieben sie, „wenn er seine Stimme gegen den Atomkrieg erhebt". Unter Hinweis auf den Zusammenbruch der Londoner Abrüstungskonferenz, die „doch offensichtlich an den Sowjets gescheitert ist", sei es allerdings schon ein Unterschied, ob die bekannten achtzehn Atomphysiker der Bun-

---

[65] Bauern-Echo (Potsdam) vom 17. 4. 1957.

[66] Neues Deutschland vom 1. 6. 1957.

[67] Manstein wurde 1975 erster Vorsitzender der Umweltorganisation BUND.

[68] Nachlass, Korrespondenz mit Wissenschaftlern bis 1965, Ordner I-K.

[69] Neues Deutschland vom 1. 9. 1957.

desrepublik oder Professor Ardenne aus dem Osten „uns Wehrlosigkeit und Neutralität" empfehlen. Einen Ausweg aus der „hoffnungslosen Lage" der „Verteidiger
einer mitteleuropäischen Rolle Deutschlands" konnten die Journalisten des „Mittag" allerdings auch nicht einmal im Ansatz aufzeigen.

Wenige Monate später löste der Start des „Sputniks", des ersten erfolgreich in
eine Umlaufbahn um die Erde gebrachten Satelliten, in der westlichen Welt den
nach diesem russischen Wort benannten „Sputnik-Schock" aus. Die Entwicklung
einer neuen Atomdoktrin in den USA erhielt dadurch einen spürbaren Impuls. Die
Sowjetunion und ihre Satellitenstaaten versuchten nach einem Plan des polnischen
Außenministers Rapacki und mit Hilfe der UNO, in Europa eine Zone kontrollier-
ter und begrenzter Rüstung zu schaffen, um die sich abzeichnende Umrüstung der
NATO-Divisionen in Europa auf diplomatischem Wege zu verhindern.[70]

In einer Festansprache aus Anlass des 40. Jahrestages der Oktoberrevolution
erneuerte Ardenne vor Wissenschaftlern und Technikern sein Bekenntnis zur „fei-
erlichen Erklärung atomarer Neutralität durch die beiden deutschen Regierun-
gen".[71] Vom Start des „Sputnik 2" erhoffte Ardenne eine „Wende in der Weltpoli-
tik".[72] Mit solchen Gedanken sympathisierten auch zahlreiche Kollegen in der
Bundesrepublik. Am 18. Oktober 1957 schrieb ihm Karl Bechert, dass er „in einigen wesentlichen Punkten" mit ihm in der Frage „deutscher atomarer Neutralität"
übereinstimme. Das gelte besonders hinsichtlich des „Verzichts auf atomare Rüstung sowie Stationierung atomarer Waffen auf dem Territorium beider deutscher
Staaten".[73]

Ende März 1958 rief der Forschungsrat mit einem „Appell an das Gewissen"
zum „Widerstand gegen Bonner Atomrüstung" auf.[74] Der Wissenschaftliche Rat
für die friedliche Anwendung der Atomenergie unterstützte in einer öffentlichen
Erklärung die „westdeutschen Fachgenossen, die so mutig gegen die Atombewaff-
nung der Bundesrepublik aufgetreten sind", und bezeichnete die Bildung einer
kernwaffenfreien Zone in Mitteleuropa als „geeigneten ersten Schritt zur Sicherung des Friedens".[75] Als Mitglied beider Gremien unterzeichnete auch Ardenne
diese Erklärungen.

Am 15. Mai 1958 hielt er auf dem Gesamtdeutschen Kulturtag in Dresden einen
Vortrag mit dem Titel „Die westliche Furcht vor einer sowjetischen Aggression als
Haupthindernis für Verständigung und Frieden". Damit verließ er die Linie einer
gesamtdeutschen Debatte, betonte das Trennende und stellte sich erkennbar an die
Seite der SED. Die Furcht des Westens hielt er für „so unberechtigt, dass ihre Ver-

---

[70] Vgl. z. B. *Schwarz,* Geschichte der Bundesrepublik, S. 42 ff.

[71] Sächsische Zeitung vom 28. 10. 1957.

[72] Lausitzer Rundschau vom 4. 11. 1957.

[73] Nachlass, Korrespondenz mit Wissenschaftlern bis 1965, Ordner A-Ba-Be.

[74] Neues Deutschland vom 29. 3. 1958.

[75] Neues Deutschland vom 30. 3. 1958.

minderung die zur Zeit wohl dankbarste, zugleich aber wichtigste Aufgabe der gegenwärtigen Politik darstellt". Die Regierung der Bundesrepublik bezichtigte er in diesem Zusammenhang einer „extrem amerikanischen" Politik, mit der sie „unsere dicht bevölkerte Heimat atomar gefährdet".[76] Ardenne sagte auch seine Teilnahme am Kongress für Abrüstung und internationale Zusammenarbeit ab, der vom 16. bis 22. Juli 1958 in Stockholm stattfand und zu dem ihn Frederic Joliot-Curie eingeladen hatte. Er schickte seine Gedanken zu „dem mich tief bewegenden Thema" am 23. Juni in Form eines schriftlichen Diskussionsbeitrages an Joliot-Curie.[77] Das spricht allerdings nicht für einen freiwilligen Verzicht auf die Reise nach Stockholm.

Das „Neue Deutschland" veröffentlichte am 19. Oktober 1958 eine Erklärung, die Ardenne während der Aussprache im Rahmen der Tagung des Nationalrats abgegeben hatte. Mit der zugespitzten These, dass die „Durchsetzung der atomaren Neutralität in Gesamtdeutschland die Schicksalsfrage aller Deutschen" sei, weil sie „der erste reale Schritt auf dem Wege zum Abschluss eines Friedensvertrages und auf dem Wege zur Wiedervereinigung" sein würde, unterstrich er seine Meinungsführerschaft in dieser Debatte. Zugleich fand er mit dieser These zu einer gesamtdeutschen Perspektive zurück. Die Entschiedenheit, mit der Ardenne sich immer wieder gegen eine Eskalation der nuklearen Rüstung wandte und statt dessen die friedliche Nutzung des Spaltmaterials der Kernwaffen beschwor, sowie eine Reihe spektakulärer Forschungsergebnisse ließen ihn innerhalb weniger Jahre zu dem Ausnahmewissenschaftler werden, den Ulbricht schätzte und den jeder DDR-Bürger kannte. Überliefert ist eine Äußerung Ulbrichts, der einmal vor den Abteilungsleitern des Zentralkomitees sagte, dass er keine Abteilung des ZK brauche um richtig informiert zu sein. „Dazu brauche ich nur Professor von Ardenne zu fragen."[78] Ardenne wiederum schätze am SED-Chef, wie er anlässlich des 75. Geburtstages des Staatsratsvorsitzenden öffentlich bekundete, neben der Fähigkeit, das Wesentliche schnell zu erkennen, dessen Entscheidungsfreudigkeit und die bei „Staatsmännern seines Ranges" seltene Gabe, „fremde Gedankengänge aufmerksam anzuhören und geistig präzise auszuwerten".[79]

In der Bundesrepublik hingegen traf er keineswegs auf ungeteilte Zustimmung oder gar Beifall. Er musste mit dem Vorwurf leben, bei der Suche nach den Schuldigen für das atomare Wettrüsten Positionen zu vertreten, die der SED-Führung äußerst genehm waren. Das rief nicht nur den Unwillen zahlreicher westdeutscher Wissenschaftler hervor, sondern brachte ihm auch immer wieder öffentliche Kritik ein. Die atomare Bedrohung spielte auch im Briefwechsel mit dem Nobelpreisträger Max Born eine dominierende Rolle. Hatte Born noch am 9. März 1957 ge-

---

[76] Dresdner Vorschau, Heft 4, 1958.

[77] Nachlass, Korrespondenz mit Wissenschaftlern bis 1965, Ordner I-K.

[78] *Kaiser,* Machtwechsel, S. 401.

[79] *Ardenne,* Begegnungen mit Walter Ulbricht.

schrieben, „dass wir in der Sache an demselben Strang ziehen" und Ardenne einen Sonderdruck seines Aufsatzes „Der Mensch und das Atom" geschickt, der im Heft 1 der Zeitschrift „Atom-Kernenergie" des Jahres 1957 erschienen war, so stellten sich schon bald Differenzen ein. „In der Beurteilung der deutschen Aufrüstung als falscher Politik stimme ich mit Ihnen ganz überein", schrieb Born am 28. Oktober 1958, als er sich für die Zusendung des Aufsatzes „Atomare Neutralität" bedankte. Bei diesem Aufsatz in Heft 11 der in Köln erscheinenden Zeitschrift „Blätter für deutsche und internationale Politik" handelte es sich um eine gekürzte und in Teilen geringfügig geänderte Fassung seiner im Oktober gehaltenen Rede vor dem Nationalrat. Bereits im zweiten Satz des nur neun Zeilen umfassenden Briefes warf Born Ardenne vor, einerseits die große militärtechnische Überlegenheit der Sowjetunion zu betonen, andererseits jedoch von deren unveränderter Friedenspolitik zu sprechen. „Das reimt sich für mich nicht recht zusammen." Er schloss mit dem Hinweis, „auf diese schwierigen Fragen" nicht weiter eingehen zu wollen.[80] Deutlicher als Born äußerte sich Ernst Brüche, der ihm als Schriftleiter der „Physikalischen Blätter" schon 1957 vorwarf, nicht deutlich genug zu sehen, dass „weder Ost noch West, zwischen denen wir eingeklemmt sind" im Ernstfall zögern würden, „uns zu opfern".[81]

In den aufgeregten und besorgten Diskussionen jener Tage war es nicht immer leicht, sachlich und ausgewogen zu argumentieren. Im Sommer 1958 begannen sich die Wogen um die Stationierung von taktischen Atomwaffen in der Bundesrepublik langsam zu glätten. Die Überzeugungskraft des zugespitzten Arguments der Anti-Atomtod-Bewegung „Lieber rot als tot" erwies sich selbst angesichts des von dem bekannten Philosophen Karl Jaspers herausgearbeiteten furchtbaren Dilemmas „Atomkrieg oder Totalitarismus" als unzureichend. Wider erwarten konnte die CDU die nordrhein-westfälische Landtagswahl am 6. Juni gewinnen und zog sich im Angesicht dieses Erfolges lautlos aus der zerfallenden Kampagne zurück, zumal das Bundesverfassungsgericht am 30. Juli die geplante Volksbefragung untersagte.[82]

In der Weihnachtsausgabe der „Donauzeitung" bekam Ardenne am 24. Dezember 1958 ein weiteres mal die Gelegenheit, seinen Glauben an die allgemeine Abrüstung und an einen „Frieden aus Vernunft" öffentlich zu bekennen. Der Krieg mit Waffengewalt, so schrieb er, dürfe „nicht mehr wie bisher in der Menschheitsgeschichte das Instrument zur Durchsetzung politischer Entscheidung" sein. Die Deutschen sollten „schon jetzt den Optimismus aufbringen", sich politisch wie wirtschaftlich „auf den Beginn des Zeitalters ohne Waffengewalt" einzurichten. Wenige Monate später würdigte er am 18. März 1959, dem 10. Jahrestag der Weltfriedensbewegung, in einer Rede in Dresden, den im August 1958 verstorbenen

---

80 Nachlass, Korrespondenz mit Wissenschaftlern bis 1965, Ordner Bf-Bo.

81 Nachlass, Redaktionen und Verlagsanstalten von wissenschaftlichen Zeitschriften, Ordner P-S (Mai 1955-Dezember 1974).

82 Vgl. *Kleßmann,* Zwei Staaten, S. 160 f.

langjährigen Präsidenten Frederic Joliot-Curie. Er nutzte diesen Anlass, erneut die Umsetzung des Rapacki-Plans zu fordern.[83]

Einer Initiative des Nobelpreisträgers Linus Pauling, der im Januar 1958 der UNO eine Petition von mehr als 9.000 Wissenschaftlern aus 49 Nationen vorlegte, war es zu verdanken, dass am Ende des Jahres 1958 die Amerikaner, die Briten und die Russen ihre Atombombentests einstellten. Das jährlich zu verlängernde Moratorium war allerdings nicht von langer Dauer. Eine drastische Verschlechterung des politischen Klimas durch den Abschuss eines Spionage-Flugzeuges der USA über der UdSSR, als U 2-Krise in die Geschichte eingegangen, sowie die Zündung der ersten französischen Atombombe, veranlassten zunächst die Sowjetunion, die Vereinbarung im September 1961 de facto aufzukündigen, indem sie ungewöhnlich starke Kernwaffentests in der Atmosphäre durchführte. Am 10. September 1961 meldeten die führenden Tageszeitungen der DDR, dass namhafte Atomforscher die Erklärung der UdSSR vom 31. August 1961 billigten, nach der „einseitigen Einstellung" der Kernexplosionen diese Versuche wieder aufzunehmen. Die französische „Saharabombe" sei, so argumentierten die Wissenschaftler, unter Beteiligung westdeutscher Monopole entwickelt worden. Sie sahen diese nicht näher beschriebene Kooperation als Beweis dafür an, dass „die westdeutschen Militaristen das deutsche Volk und andere Völker erneut in ein Kriegsabenteuer stürzen wollen". Die Unterzeichner der Erklärung bescheinigten der Sowjetregierung, auf die „aggressive Rüstungspolitik der USA und Westdeutschlands" nicht anders reagieren zu können. Neben Manfred von Ardenne, Klaus Fuchs und Werner Hartmann betrachteten auch Wilhelm Macke, Inhaber des Lehrstuhls für theoretische Physik an der TU Dresden, Walter Friedrich, Präsident des Deutschen Friedensrates, Josef Stanek, Präsident des Deutschen Amtes für Maß und Gewicht, sowie Karl Rambusch, Leiter des Amtes für Kernforschung und Kerntechnik, wie auch der amtierende Direktor des Zentralinstituts für Kernforschung Rossendorf, Helmuth Faulstich und Justus Mühlenpfordt die Maßnahmen der Sowjetunion „als eine Stärkung der Friedenskräfte im Kampf um die Verhinderung eines Atomkrieges". Heinz Barwich, der die so genannte „Dresdner Erklärung" vom 14. April 1957 noch mit unterzeichnet hatte, gehörte dieses Mal nicht zum Kreis der Verfasser. Seit dem Frühjahr 1961 als stellvertretender Direktor des von den Mitgliedstaaten des Rates für gegenseitige Wirtschaftshilfe getragenen Vereinigten Instituts für Kernforschung in Dubna bei Moskau tätig und von der lokalen Parteiführung in Dresden schon lange mit Argwohn beobachtet, war er möglicherweise auch gar nicht gefragt worden.[84] Während das „Neue Deutschland" diese Erklärung unter die Überschrift „Ein Schritt zur Stärkung der Friedenskräfte" stellte, dramatisierte die „Berliner Zeitung" diese Meldung und titelte mit dialektischer Schizophrenie „UdSSR verhindert Atomkrieg".

Mit seiner Unterschrift unter diese politische Polemik atmende Erklärung und seinen Aufsatz „Niemals ein dritter Weltkrieg", eine Studie zum Profil des thermo-

---

[83] Sächsische Zeitung vom 20. 3. 1959.
[84] Vgl. *Hampe*, Kerntechnik in der DDR, S. 84.

nuklearen Krieges, der im Oktober 1961 in den „Blättern für deutsche und internationale Politik" erschien, geriet Ardenne wieder einmal ins Visier der bundesdeutschen Medien. Die Illustrierte „Quick" brachte einen Beitrag über ihn und seine Mitwirkung am Bau der sowjetischen Atombombe. Unter der Überschrift „Zwei deutsche Forscher und die Teufelsbombe" stellte „Quick" den Unterschied im Verhalten von Otto Hahn, der die „Mitwirkung an Atomwaffen" abgelehnt habe, und Manfred von Ardenne heraus, der mit dem Stalinpreis, der „höchsten Auszeichnung, die jemals einem Gefangenen verliehen wurde", für seine „Mitarbeit an der russischen Bombe" geehrt worden sei. Ardenne zeigte sich tief getroffen von der rufschädigenden und auch oberflächlich recherchierten Darstellung. Er schrieb viele persönliche Briefe an namhafte Wissenschaftler und einen „Rundbrief an Verwandte, Freunde und Bekannte in der DDR", in denen er zu den Behauptungen von „Quick" Stellung bezog. Mit Blick auf die Weisheit des Diogenes versuchte er sich zu trösten. „Wer ein vollkommener Mensch sein will", zitierte er ihn, „muss gute Freunde oder erbitterte Feinde haben. Wer aber beides besitzt, dem wird es am besten ergehen!"[85] Die Presse der DDR stellte sich geschlossen hinter Ardenne und nutzte den diffamierenden Beitrag zu einem Propagandafeldzug gegen die „Westjournaille", die das „patriotische Anliegen des bekannten DDR-Wissenschaftlers böswillig entstellte".[86]

Abb. 14: Auch Manfred und Bettina von Ardenne stimmen 1963 offen für die Einheitsliste zur Volkskammer.

Am 20. Oktober 1963 wurde er zum Abgeordneten der Volkskammer gewählt. Die Staatspartei setzte damit ein weithin sichtbares Zeichen der Anerkennung

85 Nachlass, Korrespondenz mit Wissenschaftlern bis 1965, Ordner Bp-Bz.
86 Vgl. z. B. Sächsische Zeitung vom 9. 1. 1962.

herausragender wissenschaftlicher Leistungen und politischen Engagements in seinen ersten acht Jahren als Bürger der DDR. Als eine der ersten Aktivitäten im neuen Amt setzte er im Dezember seine Unterschrift unter einen offenen Brief „An die Wissenschaftler, Ärzte und Pädagogen, an die Schriftsteller und Künstler, an alle Geistesschaffenden der Deutschen Bundesrepublik!". In diesem Brief wurde die Regierung der Bundesrepublik aufgefordert, „die Politik des Revanchismus" aufzugeben, um die „Voraussetzungen für eine Wiedervereinigung" zu schaffen. Darüber hinaus stellte er zehn Adressen für den Verteiler zur Verfügung, darunter auch die Anschrift von Max Born. Für seine Unterstützung dieser propagandistischen Aktion kritisierten ihn Freunde und Kollegen aus der Bundesrepublik mit zum Teil sehr deutlichen Worten. Als unüberlegten Schritt bezeichnete er daraufhin seine Unterschrift und versprach, sich künftig überlegter zu verhalten.[87] Der Präsident des Kulturbundes der DDR, Max Burghardt, verteidigte in einem Brief an Ardenne den „Appell an die westdeutsche Intelligenz", der für großes Aufsehen gesorgt habe.[88]

Heinz Barwich, bis zu seinem Wechsel nach Dubna im Frühjahr 1961 Direktor des Rossendorfer Kernforschungszentrums, konnte sich hingegen mit dem SED-Regime auf Dauer nicht arrangieren. Er scheute sich zwar nicht, selbst mit dem MfS zu kollaborieren, um seine Ziele zu erreichen, hielt jedoch die Konflikte mit der Parteiführung und die Widersprüche im System auf Dauer nicht aus und verließ 1964 die DDR.[89] Im Dezember schrieb er an Ardenne, dass es ihm nicht möglich sei, sich „in einer reaktionären Despotie vom Typ der SU oder der DDR, die jeden freien Gedanken brutal unterdrückt", für den Frieden zu engagieren. Das, und nicht private oder gesundheitliche Probleme, sei der Grund für seine „Emigration".[90]

Dass der namhafteste Wissenschaftler der DDR nicht nur ganz offen seine Sympathie für das politische System bekundete, sondern es sogar als Mitglied der obersten Volksvertretung mitzugestalten trachtete, weckte das Interesse der amerikanischen Diplomatin Eleanor Lansing Dulles, die im Juli 1967 als Touristin durch Ostdeutschland reiste. Die Schwester des früheren Außenministers John Foster Dulles und des ehemaligen Direktors der CIA, Allen Welsh Dulles, besuchte dabei völlig überraschend auch Ardenne in seinem Institut. Der wusste natürlich, was in solchen Fällen zu tun war und informierte „sofort die Staatssicherheit". Im Gespräch mit Dulles zeigte er sich viel mehr als Politiker denn als Wissenschaftler. Zumindest stellte er es gegenüber dem Stellvertreter des Vorsitzenden des Ministerrates, Herbert Weiz, so dar. Er betonte in seinem Bericht ausdrücklich, den

---

[87] Briefwechsel mit Prof. Richard Feldtkeller, TH Stuttgart, vom Januar 1964 (Nachlass, Korrespondenz mit Wissenschaftlern bis 1965, Ordner F-G).

[88] Nachlass, Korrespondenz mit Wissenschaftlern bis 1965, Ordner Bp-Bz.

[89] Vom 5. 8. 1955 an wurde er vom MfS als IM „Hahn" geführt (vgl. BStU MfS-AIM 2753/67).

[90] Nachlass, Ordner Wichtige Briefe.

Schwerpunkt des Gesprächs auf die diplomatische Anerkennung der DDR gelegt zu haben. Er habe Frau Dulles, ebenso wie den gerade als Gast in seinem Institut weilenden amerikanischen Krebsforscher Prof. Dean Burk, darum gebeten, nach der Rückkehr in die USA im Sinne dieses Anliegens aktiv zu werden. „Ich glaube", so bilanzierte er diesen Besuch, „eine nicht voraussehbare Gelegenheit politisch gut genutzt" zu haben.[91] Dass der Name Eleanor Dulles die Mitarbeiter des Ministeriums für Staatssicherheit in helle Aufregung versetzte und sie jeden ihrer Schritte beobachteten, war für ihn selbstverständlich. Unbekannt dürfte ihm aber die Annahme der Tschekisten gewesen sein, dass die Diplomatin, ebenso „wie ihre beiden Brüder mit Geheimdienstmissionen" betraut war. Da Eleanor Dulles als Berlin-Beauftragte der US-Regierung den Arbeiteraufstand vom 17. Juni 1953 hautnah miterlebte, unterstellten ihr die Mannen um Erich Mielke eine maßgebliche Rolle bei der Planung dieses „Putsches".[92] Oberstleutnant Meuche von der Bezirksverwaltung Dresden zeigte sich in seinem Bericht über die operative Kontrolle der Dulles unzufrieden mit Ardenne. Unzufrieden deshalb, weil seinen Informanten zufolge dieser „die aggressive Politik der USA und Westdeutschlands nicht anprangerte und dazu nicht unseren Standpunkt konsequent vertrat".[93]

Für die wissenschaftliche Arbeit seines Instituts musste Ardenne den Primat der Politik akzeptieren. In eine Anweisung vom Mai 1966 über Lizenzverhandlungen mit ausländischen Firmen, die ohnehin nur nach vorheriger Genehmigung durch das Staatssekretariat für Forschung und Technik aufgenommen werden durften, nahm er den Passus auf, dass Staatssekretariat und Ministerien das Recht haben, „die Zweckmäßigkeit [. . .] nicht nur nach der Möglichkeit des Austausches wissenschaftlich-technischer Informationen zu bewerten".[94]

Für Künstler und Literaten der DDR war Ardenne der bevorzugte Ansprechpartner in allen Fragen, die sich um nukleare Rüstung, Rüstungskontrolle und Abrüstung rankten. So wandte sich am 12. Juni 1965 Hans Müncheberg, der spätere Leiter der Abteilung für Gegenwartsdramatik des DDR-Fernsehens, mit der Bitte an ihn, sein Vorhaben zu unterstützen, einen Roman zu schreiben. „Thema meines Romans", erläuterte Müncheberg, „soll im weitesten Sinn das ethische Problem sein, das mit der Entdeckung und der kriegerischen Nutzung der Atomenergie für die Menschheit, insbesondere für die Wissenschaftler und andere unmittelbar damit befasste Persönlichkeiten, entstanden ist". Ardenne schickte ihm daraufhin umgehend das Manuskript seiner Rede vor dem Nationalrat der Nationalen Front vom 23. April 1956, den Aufsatz über die atomare Neutralität sowie sein Geleitwort zur DDR-Ausgabe des Buches „Leben oder Tod im Atomzeitalter" von Linus Pauling.[95] Er glaubte, damit dem Anliegen des Schriftstellers

---

91 Brief an Weiz vom 25. 7. 1967 (Nachlass, Schriftwechsel MWT 1967 – 1971).

92 BstU, MfS 160 VVS 240 / 70 „20 Jahre MfS – 20 Jahre kompromissloser Kampf gegen die Feinde des Friedens und des Sozialismus", S. 126 f.

93 BStU Ast. Dresden, MfS BV Dresden, Abt. XVIII-12198, Bl. 21 – 22.

94 Nachlass, Schriftwechsel MWT 1967 – 1971.

hinlänglich entsprochen zu haben, und verzichtete auf eine aktuelle Positionie-
rung.

Abb. 15: An der Maidemonstrationen 1966 nahm Manfred von Ardenne
an der Spitze seiner Mitarbeiter teil.

Mitte der 1960er Jahre war Ardenne zu einer Institution geworden, an die sich
viele Bürger mit den unterschiedlichsten Anliegen wandten. So setzte er sich 1961,
einer Bitte des Dirigenten Otmar Suitner folgend, bei Kurt Hager für Reisen der
Staatskapelle Dresden ins westliche Ausland ein.[96] Neben durchaus ernst zu neh-
menden naturwissenschaftlichen und technischen Fragen wurden auch allerlei
skurrile Ideen an ihn herangetragen. Nicht zuletzt wandten sich Menschen in ech-
ter oder vermeintlicher Bedrängnis vertrauensvoll an ihn. Der Bitte eines in Kirch-
berg praktizierenden Arztes, etwas für dessen Söhne zu erreichen, die aufgrund
schlechter Noten in Mathematik und Physik nicht zum Medizinstudium zugelassen
wurden, versuchte er zu entsprechen, vielleicht auch eingedenk seiner eigenen Erfahrungen mit der Schule.[97] Schwerer tat er sich im Fall des Münchner Physikers
Wilfried Meyer, der im April 1965 beim Besuch seiner Mutter verhaftet wurde.
Meyer wurde der Versuch zur Last gelegt, den Zahnarzt Claus Vogt über Ungarn
auszuschleusen. Die Deutsche Physikalische Gesellschaft wandte sich mit der Bitte

---

[95] Nachlass, Korrespondenz mit Wissenschaftlern bis 1965, Ordner M.

[96] Brief an Suitner vom 5. 5. 1961, (Nachlass, Korrespondenz mit Wissenschaftlern bis
1965, Ordner S).

[97] Brief von Dr. Epperlein vom August 1965 (Nachlass, Korrespondenz mit Wissenschaftlern bis 1965, Ordner C-D-E).

an Ardenne, „zu einer vernünftigen Regelung [...] beizutragen".[98] Zunächst erklärte der, in einem solchen Fall nichts tun zu können. Einen Besuch des Leiters der Bezirksverwaltung, Oberst Markert, nutzte er wenig später aber doch, um ein Plädoyer für „eine gewisse Milderung" zu halten. Die vorzeitige Entlassung von Meyer am 13. Oktober 1965 wertete er als Ergebnis seiner Intervention.[99]

Mit seiner ganzen Autorität setzte er sich nach dem Tode des Freundes Bernd Sprung für eine schnelle und legale Übersiedlung der Ehefrau Dodo in die Bundesrepublik ein. Dodo Sprung beabsichtigte, einen Besuch bei Verwandten in Kassel zu nutzen und nicht in die DDR zurückzukehren. Mit Briefen an Oberst Markert, an den Stellvertretenden Minister für Gesundheitswesen sowie einflussreiche Persönlichkeiten des wissenschaftlichen Lebens erreichte er die schnelle Lösung eines auch ihn selbst tangierenden Problems.

9. Ein glückliches Leben für Technik und Forschung

Unter diesem Titel erschien 1972 die erste Autobiographie, die in den Medien der Bundesrepublik und der DDR durchaus unterschiedlich aufgenommen wurde. Das öffentliche Interesse an dem Erfinder, Wissenschaftler und Unternehmer Manfred von Ardenne war in Ost und West so groß, dass die erste Ausgabe nahezu zeitgleich in beiden deutschen Staaten erscheinen konnte. Wichtiger als das öffentliche Interesse war für die politische Führung der DDR allerdings der Nutzen, den sie aus diesem Buch zu ziehen hoffte. Der Name des Autors hatte weltweit einen guten Klang. Für den SED-Staat, der erst 1973 in die UNO aufgenommen wurde und ab 1975 dann im Rahmen des KSZE-Prozesses seine internationale Reputation beträchtlich erhöhen konnte, war der renommierte Gelehrte im Ringen um die volle politische Anerkennung ein willkommenes Aushängeschild.

Anlässlich einer Reise im Juni 1972 führte Ardenne Gespräche, und letztlich erfolgreiche Verhandlungen, mit dem Kindler-Verlag über die Herausgabe seiner Autobiographie. Daraufhin schaltete das Verlagshaus, das Niederlassungen in München und Zürich betrieb, am 20. Juli in der Zeitung „Die Welt" eine Anzeige und kündigte die Autobiographie „eines der größten Physiker und erfolgreichsten Forschers unserer Zeit" an. „Selbstzeugnisse dieser Art gibt es nur wenige", hieß es darin. Mit dem Buch „Ein glückliches Leben für Technik und Forschung" bringe der Verlag ein Zeitdokument auf den Buchmarkt, „das seinesgleichen sucht". Die frühe Ankündigung und offensive Werbung eines bundesdeutschen Verlages erregte den Unmut der zuständigen Institutionen der DDR. Ardenne wurde zu einer Rechtfertigung seines Verhaltens gezwungen. Am 12. Juli äußerte er sich gegen-

---

[98] Brief von Dipl.-Phys. Riewe (Nachlass, Korrespondenz mit Wissenschaftlern bis 1965, Ordner Ri-Rz).

[99] Brief an Prof. Fritz Bopp, Institut für Theoretische Physik der Universität München (Nachlass, Korrespondenz mit Wissenschaftlern bis 1965, Ordner Bf-Bo).

über dem Minister für Wissenschaft und Technik „befremdet" über die Werbung des Kindler-Verlages. Er habe, so betonte er, „auf das Genaueste die Direktive berücksichtigt", die er von zwei Ministerien erhalten habe. Sowohl das Ministerium für Wissenschaft und Technik als auch das Ministerium für Gesundheitswesen hatten ihm „alle Kontakte zu Vertretern von Massenmedien abgelehnt". In seiner Rechtfertigung im Umfang von sieben Schreibmaschinenseiten wies Ardenne unter anderem darauf hin, dass seine „Kritik an administrativen Maßnahmen, welche den Fortschritt der klinischen Forschung an der Krebs-Mehrschritt-Therapie um mindestens ein Jahr aufgehalten haben" für die westdeutsche Ausgabe von „einem Gutachter des Verlages der Nation" abgeschwächt worden sei.[100]

10. Meinungspluralismus und Selbstzensur

„Ein glückliches Leben für Forschung und Technik" erfuhr in der Bundesrepublik eine differenziertere Bewertung als in der DDR. Die Skala von höchstem Lob und größter Bewunderung auf der einen und deutlicher Kritik an seinen aktuellen wissenschaftlichen Leistungen sowie an seiner politischen Haltung auf der anderen Seite wurde von den westdeutschen Medien in aller nur denkbaren Breite ausgelotet. Ihre Rezensenten verwendeten Begriffe, wie „genial" und „Universalgelehrter", die im offiziellen Sprachgebrauch des „Arbeiter-und-Bauern-Staates" tunlichst vermieden wurden, da sie mit dem verpönten Geruch von Elite umgeben waren. Die Zeitungen der DDR erwähnten stattdessen die hohen staatlichen Auszeichnungen, die der Autor in der Sowjetunion sowie in der DDR erhalten hatte und zählten einige seiner großen Erfindungen auf. Das von den westdeutschen Zeitungen und Rundfunkanstalten kritisch beurteilte „Bekenntnis zum Sozialismus" stellten die Zeitungen der DDR als vorbildhaft besonders heraus.

Ein Rezensent der „Stuttgarter Zeitung" bescheinigt Ardenne am 12. August 1972 in einer Besprechung voller ironischer Spitzen, das „merkwürdigste Buch des Jahres" verfasst zu haben. Die Berliner Zeitung „Der Abend" vom 17. August 1972 sah in dem renommierten Forscher „einen der letzten Universalgelehrten", zu dessen „Leistungen auf so verschiedenen Gebieten, wie Atomphysik, Krebsforschung und Fernsehtechnik es heute kaum eine Parallele" gebe. „Die Welt" konnte sich am gleichen Tage eine leise Ironie ebenfalls nicht völlig verkneifen und überschrieb ihre Rezension des „Forschungs- und Lebensberichtes von drüben" mit dem zu vielfältigen Assoziationen anregenden Begriff „Ardenne-Offensive". Als „schillernde Gestalt", in der „schizophrene Züge ebenso unverkennbar sind wie genialische" stellte die „Frankfurter Neue Presse" am 25. August ihren Lesern Ardenne vor.

Die in Baden-Baden erscheinende Zeitschrift „Aus Kultur und Leben" hob in Heft 9 des Jahres 1972 unter der Überschrift „Gesamtdeutsche Intelligenz in der

---

[100] Nachlass, Ordner MWT Januar 1972-Dezember 1979.

östlichen Welt" die Tatsache besonders hervor, dass durch Ardenne „der überraschten Mitwelt bewiesen wird, dass es anno 1972 eben doch noch eine hüben wie drüben allgemein verständliche, gemeinsame Sprache gibt". Der als Erasmus zeichnende Rezensent würdigte die „Eigenstellung" Ardennes als Ergebnis der „Leistung der einmaligen inkommensurablen Persönlichkeit" und nicht „als Resultat einer Bevorzugung".

Der „geniale Außenseiter", als den ihn nicht wenige Zeitungen in ihren Reaktionen auf die Autobiographie bezeichneten, erfuhr aber nicht nur Lob und Anerkennung. Sowohl seine aktuellen wissenschaftlichen Arbeiten zur Krebsforschung, zum Herzinfarkt wie auch die Sauerstoff-Mehrschritt-Therapie, als auch seine politischen Bekenntnisse zur DDR und zum Sozialismus wurden teilweise heftig kritisiert. Die medizinischen Forschungen kommentierte Thomas von Randow im „Zeitmagazin" vom 23. Juni 1972 noch relativ zurückhaltend mit der Bemerkung, dass diese mit „missionarischem Eifer" publizierten Ergebnisse des „genialen Autodidakten" von der Fachwelt „äußerst skeptisch" aufgenommen würden. Der stellvertretende Minister für Wissenschaft und Technik, Klaus Herrmann, konfrontierte daraufhin Ardenne mit den Angriffen Randows – „sicherlich auf höhere Weisung", wie dieser in seiner Stellungnahme vom 7. September vermutete. Er fühle sich, führte er zum Inhalt des Artikels aus, vor allem deshalb „hinterrücks" angegriffen, weil er in seiner Biographie „mit starken Wahrheiten und Argumenten" und „offensichtlich mit wesentlicher Überzeugungskraft" für das sozialistische System eintrete. Außerdem wies er das Ministerium zu recht darauf hin, dass es in der Bundesrepublik auch zahlreiche weit weniger gehässige Reaktionen auf das Erscheinen seiner Autobiographie gegeben habe.[101]

Mit der politischen Dimension dieser Autobiographie setzten sich vor allem Lutz Meunier und Hans Ohly auseinander. Meunier, dessen Beitrag der Südwestfunk Baden-Baden am 22. Oktober und der RIAS am 24. und 25. Oktober sendete, sah die Ursachen für ein glückliches Leben, das sich „doch zweifellos nicht in den glücklichsten Zeiten" entwickelt habe, darin, dass Ardenne immer das tun konnte, was ihn wirklich faszinierte, seine Forschung – mit welchen „mehr oder weniger flüchtigen Anpassungen auch immer". Und diese „flüchtigen Anpassungen", später das Forschen „zu seinem Nutzen und zum Nutzen des Regimes, zu seinem Ruhme und zum Ruhm der DDR" hob er besonders hervor. Eine Passage im Manuskript von Meunier wirbelte gehörig Staub auf. Er thematisierte dort die Enteignung des „roten Barons" unter Honecker.[102]

Ohly stellte am 8. Dezember im Sender Freies Berlin die Frage in den Mittelpunkt seiner Sendung, was es bedeute, „wenn ein bedeutender, international renommierter Gelehrter" in seinen Memoiren von einem „glücklichen Leben für Technik und Forschung" spreche. Er interpretierte Ardennes Leben im „Dritten Reich", in der Sowjetunion Stalins und nicht zuletzt in der DDR als das Leben „auf

---

101 Nachlass, Ordner MWT Januar 1972-Dezember 1979.

102 Darauf wird im Kapitel „Unternehmer im Sozialismus" ausführlich eingegangen.

einer Art Zauberberg" und ihn selbst als mit einer „gewissen partiellen, glücklichen Blindheit" nicht Geschlagenen, sondern Gesegneten. Wenn auch als Frage
formuliert, so war es dennoch ein Vorwurf, dass Ardenne im Gegensatz zu solch
kritischen Gelehrten wie Robert Havemann, Ernst Bloch oder Wolfgang Harich
von einem glücklichen Leben sprechen könne, weil er „nicht mehr erreichbar ist
für seine Freunde, die in Not sind, eine Not, in die sie leider nicht ein böser Kapitalismus, sondern der etablierte Sozialismus gebracht hat".

In der DDR wurde die vom Verlag der Nation herausgebrachte Biographie auf
der Leipziger Herbstmesse 1972 vorgestellt. Natürlich erregte das Buch auch hier
große Aufmerksamkeit und wurde vielfach besprochen. Der Tenor war, trotz un-
übersehbarer Distanz zwischen dem neuen SED-Chef, Erich Honecker, und Ardenne, einheitlich freundlich. Hervorgehoben wurde vor allem die Tatsache, dass der
Autor zu denjenigen gehörte, die „von Hause aus dem Sozialismus fremd oder gar
feindlich gegenübergestanden hatten" inzwischen jedoch „mit Hilfe der Arbeiterklasse oder sowjetischer Freunde" konsequent „auf die Seite des Fortschritts" gefunden hatten, wie die „Berliner Nationalzeitung" am 7. September 1972 schrieb.
Das in Dresden erscheinende „Sächsische Tageblatt" attestierte Ardenne am
10. September 1972, ein „Bekenntnisbuch" geschrieben zu haben, „das politisch
wirken soll, das dem gesellschaftlichen Fortschritt der DDR und ihrem Ansehen in
der Welt dienen will". Das „Neue Deutschland" überschrieb seine Besprechung
mit der Parole „Nicht nach der Pfeife der Monopole getanzt" und fand im Text
„mehr Selbstrechtfertigung als nötig". „Was lange ungerecht im Schatten stand",
fuhr der Rezensent ein wenig pathetisch fort, „wird nun ins volle Licht gerückt".
Er meinte damit wohl das Licht des Sozialismus, der dem Autor „die gebührende
gesellschaftliche Würdigung nicht versagt".

11. Reduzierung der nuklearen Arsenale

Ein Abbau der nuklearen Waffenarsenale und die friedliche Nutzung der in den
Sprengköpfen deponierten Energieträger sowie die Verwendung der für die Rüstung eingesetzten Ressourcen zum Wohle der Menschheit lagen Ardenne zeitlebens so sehr am Herzen, dass er die Korrespondenz zu diesen Fragen gesondert
ablegte. Die Rubrik „wichtige Briefe" enthält zahlreiche Zeugnisse dieses Engagements aus Ost und West.

Am 26. Juni 1986 schickte er das Manuskript einer Rede, die er vor der Volkskammer gehalten hatte, an den damaligen Ministerpräsidenten des Saarlandes,
Oskar Lafontaine. Lafontaine dankte ihm drei Tage später dafür und bekundete
seine Übereinstimmung mit der Ansicht Ardennes, dass „alle Anstrengungen unternommen werden müssen, um endlich zu einer wirksamen weltweiten Abrüstung
zu gelangen." Im Gegensatz zu Ardenne und dessen Haltung zur friedlichen Nutzung der Kernenergie betonte Lafontaine aber, auch darin eine „Gefährdung der

Menschheit" zu sehen. Deshalb müssten „die vorhandenen Reaktoren so schnell wie möglich abgeschaltet werden".[103]

In einer Rede vor dem Nationalrat befasste sich Ardenne Ende der 1980er Jahre wieder einmal mit den Bemühungen um Rüstungsbegrenzung und Reduzierung der nuklearen Arsenale. Die Sowjetunion sah in ihm immer noch einen wichtigen Verbündeten, der ihre Vorstellungen entschieden befürwortete. So nimmt es auch nicht Wunder, dass Vâčeslav Kočemasov, Botschafter der UdSSR in der DDR, am 19. Februar 1988 sehr freundlich darauf reagierte. „Die in der Rede enthaltenen Gedanken und Vorschläge zeugen nochmals davon", schrieb er, „dass in Ihrer Person ein hervorragender Wissenschaftler und ein aufrechter Kämpfer für den Frieden verbunden sind, den brennende Probleme der Menschheit tief beunruhigen".[104] Der damalige Bundespräsident Richard von Weizsäcker schrieb ihm am 17. Februar, dass er seinen Vorschlag, „wie Kernsprengköpfe beseitigt werden können", „sehr interessant" finde.[105]

Am 9. März 1988 reagierte Helmut Schmidt auf die Zusendung des Redemanuskripts. Er wisse sich mit Ardenne „zumindest in der Hoffnung" einig, schrieb er, dass es „in absehbarer Zeit zu substanziellen Reduzierungen im Nukleararsenal kommen wird". Auf eine Intensivierung des Gedankenaustauschs zu diesen Fragen ließ sich Schmidt aber auch langfristig nicht ein. Als ihm Ardenne im April 1993 seine Besprechung des Buches „Heisenbergs Krieg" von Thomas Powers schickte, erhielt er drei Wochen später nur eine kurze und eher nichtssagende Antwort.[106]

II. Unternehmer im „real existierenden Sozialismus"

1. Rückkehr nach Deutschland

Dem systematischen Ansatz folgend, gilt es, noch einmal in die Zeit Anfang der 1950er Jahre zurück zu springen. Nachdem die Sowjetunion ihre erste Atombombe erfolgreich getestet hatte, wuchsen bei allen daran beteiligten deutschen Wissenschaftlern und Technikern die Hoffnungen auf ein baldiges Ende ihrer Internierung. Ardenne ging daran, Pläne für die Zeit in Deutschland zu schmieden. Um nicht auf sein Institutsinventar verzichten zu müssen, kam nur eine Zukunft in der DDR in Frage. Er entschied sich für Dresden als neuen Mittelpunkt seines Lebens und beauftragte den in West-Berlin lebenden Schwager Otto Hartmann im Sommer 1951 mit der Suche nach einer geeigneten Immobilie. Hartmann war von ihm als Treuhänder seines gesamten Vermögens eingesetzt worden und übte dieses schwie-

---

[103] Nachlass, Ordner Wichtige Briefe.

[104] Ebd.

[105] Ebd.

[106] Ebd.

rige Amt trotz seiner hohen Belastung als leitender Mitarbeiter der AEG und der alleinigen Verantwortung für ein mittelständisches Unternehmen engagiert und umsichtig im Interesse seines namhaften Verwandten aus. Der Zwickauer Ingenieur Johannes Richter, von Hartmann engagiert, fand zwei wunderschöne Immobilien im Dresdner Nobelviertel „Weißer Hirsch". Es handelte sich um die Häuser mit den Nummern 27 und 29 auf der Plattleite. Bedenken seines Schwagers, die Häuser seien zu groß, zerstreute Ardenne mit dem Hinweis, dass er „den bestimmten Eindruck" habe, dass „wir nach der Rückkehr eine besonders schnelle Aufwärtsentwicklung durchmachen werden, und zwar aus Gründen, die im einzelnen auszuführen hier zu weit gehen würde".[107] An die Mutter schrieb er: „Ich habe gute Gründe, die Dresdner Planungen eher als zu klein" anzusehen.[108] Als der Schwager zögerte, den Kauf auch zu vollziehen, maßregelte ihn Ardenne in ungewöhnlich scharfer Form, wofür er sich wenig später mit warmen Worten entschuldigte, und erteilte ihm die Anweisung, den Kaufvertrag innerhalb von acht Tagen nach Erhalt dieses Schreibens abzuschließen und sofort zu bezahlen.[109] Er hatte sich in diese beiden Häuser regelrecht verliebt, obwohl er sie bislang nur auf Fotographien zu Gesicht bekommen hatte und ansonsten auf die Beschreibung durch seine Gewährsleute angewiesen war. Dennoch war er bereit, beinahe jeden Preis dafür zu zahlen. Um eine rasche Eintragung ins Grundbuch sicher zu stellen, sollte Hartmann auf die Beamten „einwirken", auch „wenn dadurch Unkosten entstehen".[110] Nicht zuletzt waren die kommunalen Behörden gefordert, die für 25 Mitarbeiter und deren Familien geeigneten Wohnraum zu beschaffen hatten.

Am 2. Januar 1952 erteilte Ardenne erste Anweisungen zur „Errichtung meines Hauses" auf der Plattleite Nr. 27–29. Er hielt es für geboten, von Anfang an darauf hinzuweisen, dass in den Kellerräumen Laboratorien eingerichtet werden sollten. Die dort aufzustellenden Anlagen würden extreme Anforderungen an die Sauberkeit stellen. Dem galt es durch die Gestaltung von Fußböden und Wänden gerecht zu werden. Getreu seinem bewährten Prinzip, wohnen und arbeiten als untrennbare Einheit zu begreifen, konzipierte er auch den in Dresden zu schaffenden Lebensraum. Mit der ihm eigenen Akribie plante er schon in der Phase des Ankaufs der einzelnen Immobilien deren künftige Nutzung als Laboratorium, Werkstatt bzw. Wohnraum sowie die Ausstattung bis ins letzte Detail. „In der Baubeschreibung, die ein Buch von mehr als hundert Seiten darstellte, fand sich jede Steckdose, jedes anzufertigende Labormöbel, der Aufhängungsort jedes Gemäldes und die Anordnung jedes Möbelstückes im Raum genau bezeichnet", schrieb er später.[111]

Im September 1952 schlug Hartmann vor, Johannes Richter eine Dauerstellung anzubieten. „Du müsstest dabei in Betracht ziehen", schrieb seine Frau in dessen

[107]	Brief an Hartmann vom 2. 10. 1951 (Nachlass).

[108]	Brief an Adela Baronin von Ardenne vom 18. 10. 1951 (Nachlass).

[109]	Brief an Hartmann vom 11. 11. 1951 (Nachlass).

[110]	Ebd.

[111]	Nachlass, Urfassung der Autobiographie, Ordner 2, S. 244.

Auftrag, dass „Richter immerhin in den Vierzigern ist und 5 Kinder hat". Magdalena Hartmann unterstützte diesen Vorschlag mit dem Hinweis, dass der Bruder wohl kaum einen „vertrauenswürdigeren und fleißigeren Mitarbeiter" bekommen könnte.[112] Ardenne reagierte überaus großzügig und akzeptierte sowohl den Gehaltswunsch Richters als auch den Beginn des Anstellungsvertrages. Er könne „aus völliger innerer Überzeugung", so antwortete er, Herrn Richter eine wirkliche Dauerstellung offerieren, die sich „hoffentlich zu einer Lebensstellung ausweitet". Eine Bedingung knüpfte er jedoch an seine Zusage, nämlich dass Richter „mit seiner Familie in Dresden Wohnung nimmt und zwar möglichst nahe der Plattleite".[113] Am 1. Januar 1953 trat dieser dann die Stelle als Leiter des „Wiederaufbaubüros" an und widmete sich mit seiner vollen Arbeitskraft dem Aufbau des Instituts- und Wohnkomplexes. Es ist bezeichnend, dass Ardenne nicht vom Aufbau, sondern vom Wiederaufbau sprach – eine, vielleicht unbewusste, Betonung von Kontinuität und Tradition. Richter wickelte auch den Ankauf der Wohnhäuser von Mitarbeitern ab, wofür er über eine Provision gesondert vergütet wurde.

Bis zu seiner Ankunft in Dresden tauschte Ardenne mit Johannes Richter mehr als tausend Briefe aus. Bereits im Zusammenhang mit dem Kauf der Dresdner Immobilien wies er Hartmann und Richter am 29. September 1951 an, in Zukunft „alle unsere Briefe, und zwar von beiden Seiten" fortlaufend zu nummerieren.[114] Auf diese einfache Weise konnte sichergestellt werden, dass keine Briefe abhanden kamen und der lückenlose Informationsfluss garantiert war.

Nicht einmal vier Monate nach der Ankunft des Stalinpreisträgers in Dresden legte Leutnant Karasek, Mitarbeiter in der Abteilung VI der Bezirksverwaltung des MfS, unter der Registriernummer 67/55 den Objektvorgang „Institut Manfr. v. Ardenne, Dresden" an.[115] Als ersten Inoffiziellen Mitarbeiter rekrutierte Karasek den in konspirativer Tätigkeit hinreichend geübten Max Wied, der sich ja, wie bereits erwähnt, beim sowjetischen Geheimdienst NKVD bestens bewährt hatte. Wied belieferte das MfS bis zum Juli 1962 unter dem Decknamen „Kurt Kühne" mit Informationen. Es ist anzunehmen, dass „Kurt Kühne" auch die Kopien des Briefwechsels zwischen seinem Chef und dessen Dresdner „Statthalter" Johannes Richter aus den Jahren 1953 bis 1955 anfertigte, die sich in den Beständen der Behörde der Bundesbeauftragten für die Unterlagen des Staatssicherheitsdienstes befinden. Ebenfalls im Sommer 1955 gelang es Karasek, mit dem Geheimen Informator „GI Anna" eine Quelle in unmittelbarer Nähe des Schnittpunktes der wichtigsten Informationsflüsse des Instituts zu platzieren. „Anna" hörte die Telefongespräche des Direktors und der Chefsekretärin Elsa Suchland ab und fertigte präzise Wortprotokolle für ihren Führungsoffizier an.

---

112 Brief Magdalena Hartmanns an Manfred von Ardenne vom 11. 9. 1952 (Nachlass).
113 Brief an Hartmann vom 30. 9. 1952 (Nachlass).
114 Brief an Hartmann vom 29. 9. 1951 (Nachlass).
115 BStU Ast. Dresden, Karteikarte F 22 OV 67/55.

Es spricht einiges dafür, dass Ardenne bei der Arbeit am sowjetischen Atombombenprojekt die Erfahrung machte, dass Geheimdienste in kommunistischen Diktaturen nicht nur, wenn auch in erster Linie, Repressionsorgane sind, sondern auch zur Erschließung zusätzlicher Ressource genutzt werden können. Deshalb versuchte er sich schon in den ersten Monaten nach seinem Eintreffen in Dresden Klarheit darüber zu verschaffen, ob seine Erfahrungen aus der Sowjetunion auf die DDR übertragbar waren. Sein Antrag, aus einem Sonderkontingent des damaligen Staatssekretariats für Staatssicherheit monatlich 500 Liter Benzin zur Verfügung gestellt zu kommen, wurde zwar zurückgewiesen.[116] Als kurze Zeit darauf jedoch zwei Mitarbeiter des Staatssicherheitsdienstes den offiziellen Kontakt zu seinem Institut herstellten, reagierte er keineswegs überrascht, sondern erklärte den beiden Herren auch unmissverständlich, selbst der kompetenteste Ansprechpartner für geheimdienstliche Anliegen zu sein.[117] Konsequent nutzte er diese Chance, eine belastbare Beziehung zum späteren MfS herzustellen. Die Akten belegen zahlreiche Gespräche zwischen Ardenne und Mitarbeitern der Staatssicherheit, bis hin zum jeweiligen Leiter der Bezirksverwaltung Dresden. In seinen Briefen an Rolf Markert, der die Bezirksverwaltung von 1953 an leitete, und auch an Horst Böhm, den letzten Chef dieser Dienststelle, befleißigte er sich stets eines herzlichen, ja beinahe freundschaftlichen Tones.

2. Wohn- und Arbeitsstätte in privilegierter Lage

Obwohl Ardenne in der Sowjetunion beträchtliche Rücklagen gebildet hatte, reichte sein Vermögen nicht aus, alle mit dem Erwerb der Grundstücke und dem Umbau der Häuser verbundenen Kosten abzudecken. Im September 1953 wandte er sich deshalb mit der Bitte an die Regierung der DDR, ihm ein Darlehen zu gewähren. Die Bearbeitung dieses Antrages durch die zuständigen Stellen erfolgte ausgesprochen zögerlich. Erst im Februar 1954 erhielt er über einen Staatssekretär die Zusage, ab sofort über das Darlehen verfügen zu können. Als Johannes Richter daraufhin bei der Deutschen Investitionsbank in Dresden auf das Geld zugreifen wollte, um fällige Rechnungen zu begleichen, musste er erfahren, dass die Bank von einer solchen Zusage keine Kenntnis hatte. Er beschwerte sich umgehend und in scharfen Worten bei Heinz Eichler, damals Hauptreferent im Sekretariat Ulbricht, und ordnete die sofortige Einstellung der Bauarbeiten an.[118] Einen Durchschlag dieses Schreibens sandte er an Walter Friedrich, den Präsidenten der Akademie der Wissenschaften, und an den Leiter des Zentralamtes für Forschung.

---

[116] BStU Ast. Dresden, AOP 2554/76, Bd. 40, Bl. 44–60 „Operatives Material über das Institut des M. v. Ardenne".

[117] BStU Ast. Dresden, AOP 2554/76, Bd. 40, Bl. 44–60 „Operatives Material über das Institut des M. v. Ardenne".

[118] BStU Ast. Dresden, Abt. XVIII-835, Bd. I, Bl. 40–41.

Da sich die Rückkehr seines Chefs immer weiter hinauszögerte, sah sich Richter gezwungen, im Februar 1955 die ersten Arbeitsverträge in eigener Verantwortung abzuschließen und darauf zu vertrauen, dass Ardenne sie akzeptierte. Es handelte sich um einen selbständigen Handwerksmeister, der im Vertrauen auf die Zusage die Schließung seiner Werkstatt zum 28. Februar angekündigt hatte, einen Lehrer, der aufgrund von Differenzen mit seinem Direktor aus dem Schuldienst ausscheiden wollte, sowie eine Sekretärin. Die zahlreichen Bewerbungen von Physikern, Ingenieuren, Konstrukteuren, Mechanikern und Laboranten veranlassten Richter zu der optimistischen Prognose, man werde künftig ganz gewiss nicht unter einem Mangel an Mitarbeitern leiden. Die Höhe der Gehälter legte er in Abstimmung mit Hans Wittbrodt fest, dem wissenschaftlichen Direktor der Akademie der Wissenschaften.[119] Die im Gesetzblatt vom 20. September 1951 veröffentlichten monatlichen Bezüge für das wissenschaftliche Personal schwankten, so unterrichtete Richter seinen Dienstherren im Dezember 1954, zwischen 750,– Mark, dem Anfangsgehalt für Naturwissenschaftler, und 2.500,– Mark für Direktoren von Instituten mit mehr als 400 Mitarbeitern. Hinzu kam für Leiter größerer Abteilungen und Direktoren eine gestaffelte Aufwandsentschädigung, die zwischen 200,– und 400,– Mark betrug. Darüber hinaus bestand die Möglichkeit, mit Wissenschaftlern, deren Gehälter über 1.000,– Mark lagen, Einzelverträge abzuschließen, die eine Verdopplung des Gehalts ermöglichten. Solche Einzelverträge bedurften der Genehmigung durch das zuständige Ministerium, wenn die Erhöhung weniger als 50 Prozent betrug. Bei Überschreiten dieser Grenze war die Genehmigung des Ministerrates einzuholen.[120] Die Leitung der Akademie der Wissenschaften legte allergrößten Wert darauf, dass Ardenne diese tarifliche Regelung übernahm und nicht durch großzügige finanzielle Anreize die fähigsten Mitarbeiter abwarb.

Die Beschaffung von Wohnraum, in der vom Krieg gezeichneten Stadt eine schwierige Aufgabe, wurde nicht allein auf der kommunalen Ebene vorangetrieben, sondern von Berlin aus energisch, zuweilen auch hektisch, begleitet. Das Amt für Bevölkerungspolitik leitete Ende November 1954 die Aktion zur Freiräumung des benötigten Wohnraumes ein.[121] Mitte Dezember erschien ein Bevollmächtigter dieses Amtes in Dresden, besichtigte das Institut und kontrollierte die auf vollen Touren laufende Räumungsaktion der für Mitarbeiter Ardennes vorgesehenen Häuser und Wohnungen. Den zum Auszug gezwungenen Mietern bot die Stadtverwaltung modern ausgestattete und kostengünstige so genannte Neubauwohnungen an.[122] Ende Februar konnte Richter melden, dass alle Mitarbeiterwohnungen bezugsfertig seien.[123]

---

[119] Richter an von Ardenne, Brief Nr. 412 (BStU Ast. Dresden, Abt. XVIII-835, Bd. I, Bl. 63–65).

[120] BStU Ast. Dresden, Abt. XVIII-835, Bd. I, Bl. 62.

[121] Ardenne an Richter, Brief Nr. 352 (BStU Ast. Dresden, Abt. XVIII-835, Bd. I, Bl. 84–85).

[122] Richter an Ardenne, Brief Nr. 406 (BStU Ast. Dresden, Abt. XVIII-835, Bd. I, Bl. 53–54).

Aus der Tatsache, dass die SED-Führung ein privates Forschungsinstitut zu tolerieren bereit war, schöpfte Ardenne die Hoffnung, in der DDR auch einen privaten Produktionsbetrieb gründen zu können. Am 29. Oktober 1953 schloss er mit Werner Hartmann eine „Vorläufige Vereinbarung" ab, in der sich beide verpflichteten, spätestens ein Jahr nach ihrer Rückkehr gemeinsam eine Fabrik für elektronenphysikalische, ionenphysikalische und vakuumtechnische Geräte und Anlagen ins Leben zu rufen. Diese Frist hielten beide für ausreichend, die Voraussetzungen einer solchen Unternehmung vor Ort zu prüfen. Das betraf sowohl eine geeignete Rechtsform als auch die Finanzierung. Die Anteile an diesem Unternehmen sollten zwischen Ardenne und Hartmann im Verhältnis 2:1 aufgeteilt werden, unabhängig davon, ob Dritte zur Finanzierung herangezogen werden müssten.[124] So viel Privatbesitz an Produktionsmitteln wollte die Staatspartei nun aber doch nicht zulassen. Anstelle einer „Fabrikationsgesellschaft von Ardenne / Hartmann" wurde 1955 in Dresden der VEB „Vakutronik" gegründet, mit Werner Hartmann als Direktor.

3. Stiftung zur Sicherung des privaten Status (1961–1967)

Bereits wenige Jahre nach der Gründung seines Dresdner Instituts, die von einem Übermaß an Arbeit gekennzeichnet waren, stellte Ardenne Überlegungen an, wie er dieses sein Lebenswerk einem jederzeit möglichen Zugriff der SED entziehen und auf Dauer als private Forschungsstätte erhalten könnte. Am 16. Februar 1961, möglicherweise durch die im Frühjahr 1960 mit besonderer Härte vollzogene Zwangskollektivierung der Landwirtschaft aufgeschreckt, verfasste er eine Denkschrift „Über die Notwendigkeit und die Wege zur Weiterführung des Forschungsinstitutes Manfred von Ardenne nach meinem Tode", in der er die Errichtung einer Stiftung zum Ziel erklärte.[125] Sein Gesundheitszustand hatte sich gegen Ende des Jahres 1960 dramatisch verschlechtert, so dass die Befürchtungen berechtigt waren, sein Leben könnte zu Ende gehen. Hans Westmeyer rief als stellvertretender Leiter des Instituts die Belegschaft zusammen, um die Mitarbeiter über den Ernst der Lage zu informieren und ihnen Gelegenheit zu geben, sich auf gravierende Veränderungen einzustellen.[126] Nach geltendem Recht war es Privatpersonen damals noch möglich, eine Stiftung zu errichten. Erst mit dem Inkrafttreten des Zivilgesetzbuches am 1. Januar 1976, das den Begriff der Stiftung nicht mehr kannte, beseitigte die DDR auch dieses „bürgerliche" Recht.[127] Unter Ver-

---

[123] Richter an Ardenne, Brief Nr. 412 (BStU Ast. Dresden, Abt. XVIII-835, Bd. I, Bl. 63–65).

[124] Ardenne an Richter, Brief Nr. 360 (BStU Ast. Dresden, Abt. XVIII-835, Bd. I, Bl. 93–94).

[125] Nachlass, Ordner IvA-Stiftung.

[126] Mündliche Information von Dr. Thomas von Ardenne vom 13. 1. 2005.

[127] Das Einführungsgesetz zum Zivilgesetzbuch vom 19. 6. 1975 schrieb zwar die rechtliche Stellung bestehender Stiftungen fest, unterstellte diese aber den Räten der Bezirke. Die

wendung von Formulierungen, die seine Loyalität zum SED-Staat erkennen lassen
sollten, begründete er wenige Wochen nach seinem 54. Geburtstag ausführlich die
„besondere Bedeutung" des seinen Namen tragenden Instituts für die „Forschung,
Entwicklung und Wirtschaft in unserem Staat". In der jahrzehntelangen Kontinuität wissenschaftlicher Arbeit seines Teams sah er die „entscheidende Ursache der
ungewöhnlichen Leistungsfähigkeit". Sowohl das Kriegsende als auch den Transfer in die UdSSR und die Rückkehr nach Deutschland hatte er so zu gestalten ver-
mocht, dass keine folgenschweren Unterbrechungen der wissenschaftlichen Arbeit
auftraten. Eine vergleichbare Kontinuität, so schrieb er, sei nur wenigen anderen
deutschen Forschungskollektiven vergönnt gewesen. Aber nicht allein diese Kontinuität hob ihn aus der Masse der zurückgekehrten so genannten „Spezialisten"
heraus. Ardenne war der einzige, der nicht nur sich selbst und seine Fachkompetenz der DDR zur Verfügung stellte, sondern darüber hinaus noch ein komplettes
Forschungsinstitut einbrachte. Dazu gehörten nicht nur Messgeräte und Versuchs-
anlagen, sondern auch eine nicht unerhebliche Zahl erfahrener Fachleute. Die
SED-Führung honorierte das mit steuerlichen Sonderkonditionen, die einen raschen Ausbau des Instituts ermöglichten.

In seiner Denkschrift griff er auf einen Vortrag zurück, den er am 28. März 1956
vor den Dresdner Stadtverordneten gehalten hatte, fast auf den Tag genau ein Jahr
nach seiner Rückkehr. Noch keine 50 Jahre alt und gerade dabei, in der DDR Fuß
zu fassen, reichten seine Überlegungen weit in die Zukunft. Der Wunsch, die Führung des Instituts später einmal in die Hände seiner Söhne legen zu können, spricht
für den Ehrgeiz, mit dem Dresdner Institut ein Generationen überdauerndes Lebenswerk schaffen zu wollen. Ungeachtet aller Unwägbarkeiten, womit er wohl
vor allem die damals natürlich noch nicht abzusehenden beruflichen Interessen seiner Kinder meinte, erfolge der Aufbau des Instituts, so Ardenne 1956 gegenüber
Dresdner Kommunalpolitikern, unter dem Gesichtspunkt, „einen erfolgreichen Betrieb auch über die eigene Lebensdauer hinaus" sicherzustellen.

1961 sah er in seinem damaligen Stellvertreter Hans Westmeyer[128] sowie einer
Handvoll jüngerer Mitarbeiter, darunter auch seinen späteren Stellvertreter Siegfried Schiller, die Garanten für eine erfolgreiche Entwicklung des Instituts. Diese
engagierten Mitarbeiter würden auch zukünftig mit hervorragenden Ideen die Arbeit im Hause stimulieren und für Impulse von außen offen sein. Er versäumte es

---

Möglichkeit der Errichtung einer Stiftung sah das Gesetz nicht vor (Zivilgesetzbuch der
Deutschen Demokratischen Republik sowie angrenzende Gesetze und Bestimmungen, hg.
vom Ministerium der Justiz, Berlin 1978, S. 114). Bis zu diesem Zeitpunkt galt in der DDR
ein im Wesentlichen auf den Bestimmungen das BGB gründendes Gesetz des Thüringischen
Landtages vom 28. 2. 1951.

[128] Westmeyer war 1953 zu Ardenne gestoßen. Er hatte von 1945 bis 1953 in Obninsk bei
Moskau am Aufbau eines Kernkraftwerks mit gearbeitet und verbrachte die ihm auferlegte
„Quarantäne-Zeit", die ihn von den aktuellen sowjetischen Entwicklungen der Atomreaktor-
technik abkoppeln sollte, im Ardenneschen Institut in Suchumi. (Interview mit Prof. Westmeyer am 13. 9. 2001).

allerdings auch nicht, der Führung „unseres Staates" zu bescheinigen, dass dessen „Struktur" die ständigen wissenschaftlichen Impulse gewährleiste, die für seine Arbeit unerlässlich seien. Mit dieser Verbeugung vor dem System verband er geschickt den Hinweis auf seine persönlichen Leistungen. Mit dem Argument, in den von ihm verfassten Tabellenbüchern seien sein gesamtes Wissen, seine Erfahrungen, die Ergebnisse der Vergangenheit, die Methoden aber auch die Pläne für die Zukunft in einer für die Mitarbeiter leicht zugänglichen Form konzentriert, so dass die wissenschaftliche Arbeit in „außergewöhnlichem Maße unabhängig" von seiner Person sei, warb er für Kontinuität und damit auch für seine Idee einer Stiftung.

Die Denkschrift endet mit Vorschlägen „zur Lösung der finanziellen Frage". Zunächst einmal begründete Ardenne, warum es sich bei seinem Institut ohne alle Zweifel um Privateigentum handelte. Die Finanzierung des Aufbaus und des Inventars sei aus den Mitteln seines Gehaltes und der in der Sowjetunion empfangenen „hohen Geldpreise" erfolgt. Das bedeute, dass die Grundstücke, Gebäude sowie die Einrichtungen eindeutig Privateigentum seien. Das gelte darüber hinaus gleichermaßen für das aus der Sowjetunion zurück gebrachte Inventar seines Lichterfelder Instituts[129] sowie für das seit seiner Rückkehr neu hinzugekommene. Letzteres sei aus dem Gewinn bzw. der Amortisation des Instituts, seinen Honoraren für Vorträge und dem Nationalpreis 1. Klasse des Jahres 1958 finanziert worden. Das Vermögen der zu errichtenden Stiftung entspringe folglich ausschließlich seiner persönlichen Arbeitsleistung. Diese Tatsache hielt er nicht nur für juristisch außerordentlich bedeutsam, sie verlieh seiner Auffassung nach dem Stiftungsakt auch einen besonderen ethischen Wert.

Da die Stiftung ausschließlich aus seinem Privatvermögen finanziert werden sollte, sah er es als legitim an, verbindliche Regelungen über die Zusammensetzung des Vorstandes, über die Verwendung des Gewinns sowie für den Fall der Liquidation zu treffen.[130] Obwohl er, wie bereits erwähnt, mühelos den Nachweis führen konnte, sein „in unserer Zeit" ungewöhnlich großes Vermögen[131] rechtmäßig erworben zu haben, hielt er es unter den Bedingungen der frühen 1960er Jahre durchaus für geboten, darauf hinzuweisen, dass er dieses „einer von Glück begleiteten besonders erfolgreichen Lebensarbeit" verdanke, verbunden mit „rechtzeitig getroffenen werterhaltenden und wertschützenden Maßnahmen".

Sein Finanzierungsmodell sah folgendermaßen aus: Die Arbeit des Instituts und der Lebensunterhalt der Familie sollten auch zukünftig aus dem Gewinn erfolgen,

---

129 Die Finanzierung dieses Inventars erfolgte aus dem Ertrag „vieler hundert Erfindungen" und sei in der Sowjetunion 1946 durch Minister Pervuhin ausdrücklich als Privateigentum bestätigt worden. (Nachlass, Ordner IvA-Stiftung).

130 Handschriftliche Entwürfe zu den Thesen der Stiftung (Nachlass, Ordner IvA-Stiftung).

131 Eine graphische Darstellung über die Finanzierung des Projektes Dresden-Weißer Hirsch aus der Arbeit in der Sowjetunion weist zum Jahresende 1954 einen kumulativen Betrag der investierten Mittel von ca. 900.000 DM-Ost aus. (Nachlass, Ordner IvA-Stiftung).

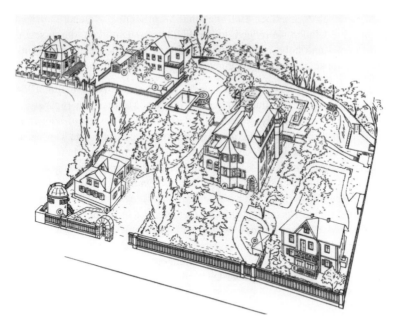

Abb. 16: Das Forschungsinstitut von Ardenne anfang der 1960er Jahre
A – Hauptgebäude; B – Mechanische Werkstatt und Garage; C – Sternwarte;
D – Transformatorenstation; E – Verwaltung, Konstruktionsbüro,
Vakuumlaboratorium; F – unterirdisches Labor; G – Kernphysikalische Labors;
H – Medizinische Elektronik; J – Tierställe für die Isotopenlabors;
K – Labors für Hochfrequenztechnik und Elektronik.

den die Forschungs- und Entwicklungsaufträge abwarfen. Einen angemessenen Teil des Gewinns sollten seine Erben der künftigen Institutsleitung zur Verfügung stellen, damit einerseits die Einrichtung laufend ergänzt und damit auf dem modernsten Stand gehalten werden könnte und andererseits das gesamte Inventar auch in Zukunft Privateigentum der Erben bliebe. Er hielt diese Lösung „auf unbegrenzte Zeit" für fortschreibungsfähig. Über die Wirtschaftlichkeit seines Instituts machte er sich zu dieser Zeit keine Sorgen, da allein die Anlagen für Routineuntersuchungen die gesamten laufenden Unkosten trugen.

In den „abschließenden Worten" der Denkschrift betonte Ardenne, dass sein Institut einen „bedeutenden Teil" seines Lebenswerkes ausmache und dass er sich stets bemüht habe, den Aufwand für die eigene Lebensführung „möglichst niedrig" zu halten, um dem Institut alle verfügbaren Mittel zuzuführen. Er hoffte, dass auch seine Erben „in Einigkeit" dieses „fruchtbare Prinzip" anwenden mögen, damit sich ihre Interessen und diejenigen „unseres Staates" stets in Übereinstimmung befinden und sich alle Fragen leicht regeln lassen.

Aus dieser Denkschrift spricht nicht nur die Sorge um das Institut und das Wohlergehen seiner Familie, sondern gleichermaßen ein großes Verantwortungsgefühl seinen Mitarbeitern gegenüber. Hoffnung und Verpflichtung gleichermaßen ist der Appell an seine Kinder, sie mögen durch „Fleiß und Tüchtigkeit, durch schöpferische Leistungen und hohe menschliche Qualitäten sich als würdig erweisen, dereinst die Geschicke des Instituts in eigene Hände zu übernehmen".

Mit diesen präzisen Vorstellungen wandte sich Ardenne Anfang Juni 1961 mit der Bitte um juristische Beratung an den Justitiar des Ministers für Finanzen, Prof. Bögelsack. Er konsultierte Bögelsack allerdings nicht in dessen offizieller Funktion, sondern als Privatmann. Bögelsack entwickelte daraufhin erste Thesen für die Gründungsurkunde der künftigen Stiftung „Forschungsinstitut Manfred von Ardenne"[132] und schickte sie an Johannes Richter, den engen Vertrauten des Barons und späteren Ökonomischen Leiter des Instituts. Damit war das juristische Fundament der zu gründenden Stiftung gelegt. Als Stiftungszweck wurde zum einen die wissenschaftliche Forschung auf den Gebieten Elektronenphysik, Ionenoptik, Kernphysik und Übermikroskopie sowie auf den Gebieten Hochvakuumtechnik und medizinische Elektronik, zum anderen die Sicherstellung der wirtschaftlichen Möglichkeiten festgeschrieben, um „Forschungen und Arbeiten allseitig, umfassend und zum Wohle und Nutzen der Deutschen Demokratischen Republik" durchführen zu können.

Bögelsack schlug vor, dass zu Lebzeiten des Stifters dieser auch vertretungsberechtigtes Organ der Stiftung sein solle. Er habe aber das Recht, zu seiner Beratung und Unterstützung ein Kollegium zu bilden. Nach dem Tode des Stifters sollte zur Vertretung der Stiftung ein Vorstand berufen werden.

Mit der von Bögelsack vorgeschlagenen Zusammensetzung dieses erst nach seinem Tode einzusetzenden Vorstandes war Ardenne allerdings nicht einverstanden. Er wusste, dass ein Vertreter der Partei oder der Staatsführung nicht zu verhindern war. Gegen einen Vertreter der Verwaltungsleitung des Forschungsinstituts allerdings schien ihm Widerstand möglich. Neben dem Vorstand schwebte Bögelsack auch noch ein weiteres „Kollegium" vor, in das ein Vertreter der Akademie der Wissenschaften, ein Vertreter des Forschungsrates sowie ein Vertreter des Amtes für Kernforschung und Kerntechnik zu berufen wären und das den Vorsitzenden sowie die Mitglieder des Vorstandes zu bestätigen hätte.[133] Mit dieser Regelung wäre die Stiftung nach dem Tode ihres Gründers unausweichlich in die Hände der SED-Nomenklatura gefallen.

Ardenne sah sich daraufhin veranlasst, in seinen „Vorbemerkungen für die endgültige Fassung des Textes zur Stiftung" vom 30. Juni 1961[134] für den Fall seines Ablebens einen Vorstand der Stiftung vorzuschlagen, der aus drei Mitgliedern der Familie (davon zwei mit technisch-wissenschaftlicher Ausbildung), einem Mit-

---

132 Nachlass, Ordner IvA-Stiftung.

133 Anlage zu einem Brief von Prof. Bögelsack an Johannes Richter vom 8. 6. 1961 (Nachlass, Ordner IvA-Stiftung).

134 Nachlass, Ordner IvA-Stiftung.

glied des Forschungsrates und einem „Mitglied der Partei" bestehen sollte. Abwei-
chend vom Vorschlag des Justitiars des Finanzministers schlug er anstelle des
„Kollegiums" ein Kuratorium als Aufsichtsorgan der Stiftung vor, dem je ein Vertreter der Akademie der Wissenschaften, des Forschungsrates, der Technischen
Universität Dresden und der Kammer der Technik angehören sollte. Der erste Vorstand und der Vorsitzende des Kuratoriums sollten vom Stifter in Form einer Verfügung eingesetzt werden können.

Darauf vertrauend, dass die Gründung seiner Stiftung nunmehr in ihre entscheidende Phase getreten sei, überarbeitete Ardenne die Unterlagen ein weiteres Mal
und konkretisierte sie in wesentlichen Teilen. Seine Verantwortung der Gesellschaft, den Mitarbeitern und seiner Familie gegenüber nannte er nun als die drei
entscheidenden Gründe für die Errichtung einer Stiftung. „Die Verpflichtung gegenüber der Regierung und den Bürgern unseres Staates, dass [. . .] die in Gang
befindlichen Arbeiten und die einzigartigen Einrichtungen des Instituts unserer
Wirtschaft einen möglichst hohen Nutzen bringen," zeugt einerseits vom Stolz des
Gründers, Chefs und spiritus rectors auf sein Werk, andererseits aber auch vom
Bemühen, die Sprache der Funktionäre und Apparatschiks zu verwenden. Mit der
„Verpflichtung gegenüber meinen Mitarbeitern, die mir vertrauend zum Teil seit
mehreren Jahrzehnten ihr Lebensschicksal mit unserer Arbeit verbanden [. . .]",
beschrieb er zutreffend seine Haltung, die von den Mitarbeitern durchweg als charakteristisch und eine „besondere Arbeitsatmosphäre" prägend bezeichnet wurde.[135] Sie unterschied sich deutlich vom Klima in den volkseigenen Einrichtungen
und Betrieben. „Die Verpflichtung gegenüber meinen Kindern, [denen] als Be-
günstigte der Stiftung eine gewisse, angemessene finanzielle Basis gegeben werden [soll], damit sie ihre ganze Kraft, unbeschwert von Sorgen, auf dem so überaus
fruchtbaren Boden des Instituts für den Fortschritt von Wissenschaft, Technik und
Wirtschaft unseres Staates einsetzen können", steht für den Familienmenschen, der
seine Kinder liebte und mit großer Freude „die knappen Stunden" genoss, in denen
er „Ehemann, Vater, Großvater oder Freund unter Freunden sein durfte".[136]

Mit Ausnahme dreier Wohnhäuser, die von ihm selbst und den Familien seiner
vier Kinder bewohnt wurden, wollte er alle seine Grundstücke und Gebäude mit
sämtlichem zugeordneten Inventar der Stiftung übertragen, auch das Ferienhaus im
Ostseebad Heringsdorf.

Anfang September 1962 beauftragte der Finanzminister seinen Mitarbeiter
Pötzsch als Nachfolger von Bögelsack mit der Bearbeitung des Vorganges „Stiftung". Von Ardenne konnte mit dem Ruheständler Paul Gärtner, dem ehemaligen
Direktor der Staatsbank Dresden, einen kompetenten Finanzfachmann als Berater
gewinnen. Im März 1963 legte Gärtner den Entwurf einer Stiftungsurkunde vor. Er
hatte sich bei deren Abfassung im Wesentlichen auf die Rechtslage in der Bundes-

---

135 In allen Zeitzeugeninterviews wurde auf diese „besondere Arbeitsatmosphäre" hingewiesen.

136 Vgl. *Ardenne,* Mein Leben, S. 308.

republik stützen müssen, da in der DDR der Stiftungsgedanke nicht gepflegt wurde. Er passte schließlich nicht in das Weltbild der SED. Lediglich die Gründung der Wilhelm-Pieck-Stiftung und die Umbildung der Ernst-Abbé-Stiftung konnte Gärtner als Beispiele aus der DDR heranziehen. Dabei schienen erstmals Zweifel aufgekommen zu sein, ob es klug war, das Grundstück im Ostseebad Heringsdorf in die Vermögenswerte der Stiftung einzubeziehen.

Am 22. Mai 1963 stellte der Minister der Finanzen, Willy Rumpf, persönlich Fragen zur Errichtung der Stiftung an Ardenne, woraufhin dieser umgehend und ausführlich seine Motive erläuterte, den Sachstand darlegte und sich artig für die „ungewöhnliche Hilfe" bedankte, die ihm durch Mitarbeiter des Ministeriums bisher zuteil geworden sei. Er hoffe, so schrieb er, dass der bis Ende 1963 fertig zu stellende Entwurf die „volle Zustimmung" des Ministers erfahren werde.[137] Am 10. August stellte er den inzwischen dritten Entwurf der „Urkunde. Stiftung Forschungsinstitut Manfred von Ardenne" fertig.[138]

Am 28. November stellten Gärtner und Pötzsch übereinstimmend fest, dass die Rechtsform einer Stiftung zur Zeit am besten den Wünschen des prominenten Wissenschaftlers gerecht würde. Sie änderten einige Formulierungen im Entwurf der Gründungsurkunde. Pötzsch erklärte, dass Ardenne möglichst rasch zu diesen Änderungen Stellung nehmen sollte, damit der Minister der Finanzen mit dem Vorsitzenden der Staatlichen Plankommission, Erich Apel, und dem Vorsitzenden des Volkswirtschaftsrates, Alfred Neumann, darüber beraten könnte.[139] Am 21. Dezember bestätigte Rumpf den Eingang eines überarbeiteten Entwurfs der Stiftungsurkunde und versicherte, nunmehr die zuständigen Mitglieder des Präsidiums des Ministerrates zu konsultieren. Gleichzeitig bot er ein persönliches Gespräch „anlässlich der nächsten Volkskammerberatung" an, weil „die persönliche Aussprache am besten geeignet ist, um evtl. auftretende Fragen zu klären".[140] Das reichte aber offenbar nicht aus. Die Stiftungsurkunde musste im Juni 1965 ein weiteres Mal überarbeitet werden. Diesmal galt es, Vorgaben des Staatssekretariats für Forschung und Technik genüge zu tun. Diese waren überwiegend formaler Natur und bestanden im Wesentlichen darin, Inhalte und Begrifflichkeiten der sozialistischen Arbeitswelt zu berücksichtigen.[141]

Die bürokratischen Hürden nahmen kein Ende. Allmählich resignierte Ardenne. Am 28. April 1966 erklärte er, den Antrag auf staatliche Genehmigung der Stiftung „erst zu einem späteren Zeitpunkt stellen zu wollen". Der Justitiar des Ministeriums der Finanzen reagierte am 18. Juli mit der Feststellung, dass unter diesen Umständen über eine Genehmigung nicht geredet werden könne. Denn unter keinen

---

137 Antwortbrief Ardennes vom 27. 5. 1963 (Nachlass, Ordner IvA-Stiftung).

138 Nachlass, Ordner IvA-Stiftung.

139 Aktennotiz von Paul Gärtner (Nachlass, Ordner IvA-Stiftung).

140 Brief des Ministers der Finanzen vom 21. 12. 1963 (Nachlass, Ordner IvA-Stiftung).

141 Aktennotiz vom 1. 6. 1965 (Nachlass, Ordner IvA-Stiftung).

Abb. 17: SED-Chef Ulbricht und seine Gattin Lotte lassen sich beim
Institutsjubiläum 1965 moderne Messtechnik erklären.

Umständen werde der „Herr Minister der Finanzen der Entwicklung der Gesetzlichkeit in den kommenden Jahren" vorgreifen.[142] Paul Gärtner wollte nicht aufgeben und erwirkte ein weiteres Gespräch mit Pötzsch und dem Justitiar des
Staatssekretariats für Forschung und Technik, Dr. Stoltz, das am 11. August stattfand.[143] In diesem Gespräch begründeten die Vertreter der Staatsmacht ihre Vorbehalte gegen eine Stiftung. Gärtner charakterisierte die Haltung der beiden Ministerien Ardenne gegenüber als eine „überwiegend formaljuristische Auffassung".
Seine Gesprächspartner hätten große Probleme damit, den Zweck und die Aufgaben der Stiftung in einen Zusammenhang mit den gegenwärtigen und künftigen
Problemen des Instituts zu stellen. Besonders gelte das für die Anerkennung der
Gemeinnützigkeit in Verbindung mit den Zuwendungen an die Familie des Stifters.
Man sei übereingekommen, ein Rechtsgutachten erstellen zu lassen. Mit dessen
Abfassung sollte Dr. jur. Gerhard Feige beauftragt werden, der Leiter der Rechts-
abteilung der Zentralstelle zum Schutze des Volkseigentums.

Am 19. Januar 1967 informierte Feige Ardenne darüber, dass er sein Gutachten
im Ministerium der Finanzen abgegeben habe. Er hoffe, so schrieb er, der Justitiar
Pötzsch werde dem Stifter in Bälde ein Exemplar dieses Gutachtens zustellen.[144]
Am 16. März trafen sich Feige und Gärtner in Berlin. Im Ergebnis dieses Treffens
beauftragte Ardenne seinen Gutachter, „gemeinsam mit meinem Beauftragten alle
für die Errichtung und Genehmigung der Stiftung erforderlichen Antragsentwürfe

---

142 Brief des Justitiars des Ministeriums der Finanzen vom 18. 7. 1966 (Nachlass, Ordner
IvA-Stiftung).

143 Brief Gärtners an Ardenne vom 11. 8. 1966 (Nachlass, Ordner IvA-Stiftung).

144 Brief von Dr. Feige (Nachlass, Ordner IvA-Stiftung).

und Dokumente auszuarbeiten".[145] Er stellte dafür ein Honorar von 4.500 Mark der DDR in Aussicht. Die Stiftungsidee schien nach sechs Jahren endlich Realität werden zu können.

In dieser Gewissheit verfasste Ardenne am 28. Juli 1967 eine Willenserklärung zum Statut seiner künftigen Stiftung und einen Brief an den Staatsratsvorsitzenden und Ersten Sekretär des ZK der SED, Walter Ulbricht. In der Willenserklärung bestimmte er Schiller „vorerst" als Nachfolger im Amt des Institutsdirektors und legte gleichzeitig „für alle Zeiten" fest, dass auch in der „ferneren Zukunft aus dem Kreis der Institutsmitarbeiter nur Persönlichkeiten mit hervorragenden fachlichen und charakterlichen Eigenschaften" in das Kuratorium gewählt werden könnten. Johannes Richter, den er 1968 zum Ökonomischen Leiter ernannte, und Frank Rieger, den Parteisekretär, schloss er definitiv aus dem Kreis der in Frage kommenden Mitarbeiter aus.[146] Die Enttäuschung darüber, dass ihm Rieger in einer vertraulichen Beurteilung für die Bezirksleitung der SED attestiert hatte, sich mit seiner Kandidatur für die Volkskammer „zu seinem eigenen Nutzen mit der Macht zu verbinden", saß wohl zu tief.[147] Das hatte ihm Werner Krolikowski zugetragen, der 1. Sekretär der Bezirksleitung Dresden.[148] Ardenne konnte nicht wissen, dass sein enger Mitarbeiter Rieger seit dem 2. Dezember 1965 als IM „Roland Rau" für das MfS über ihn und die Arbeit seines Instituts berichtete.[149]

In seinem Brief an Ulbricht unterrichtete Ardenne diesen über die Abstimmung des Stiftungsvorhabens mit den „zuständigen zentralen Staatsorganen". Er bat um Zustimmung zur Errichtung der Stiftung. Den formellen Antrag würde er nach Abschluss umfangreicher Investitionsmaßnahmen stellen, die bis spätestens 20. Januar 1972 abgeschlossen sein sollten.[150]

Im Januar 1968 schaltete sich mit Prof. Kleyer der Leiter des Amtes für den Rechtsschutz des Vermögens der DDR persönlich in die Angelegenheit ein und zerstörte den in jahrelangem zähen Ringen erreichten Konsens. Kleyer erklärte in einem Brief an Ardenne, dass eine private Stiftung, deren Hauptzwecke Forschung und Entwicklung seien, nicht genehmigt werden könne. Als Gründe führte er an, dass mögliche Einflüsse „von privaten Dritten außerhalb der Stiftung" die „unbedingte Stabilität" einer eng mit der Volkswirtschaft verflochtenen Einrichtung

---

145 Brief Ardennes (Nachlass, Ordner IvA-Stiftung).

146 Willenserklärung vom 28. 7. 1967 (Nachlass, Ordner IvA-Stiftung).

147 BStU Ast. Dresden, AIM 12763 / 70, Bd. III, Bl. 62 – 67.

148 Mitarbeiter aus der Führungsriege können sich noch gut daran erinnern, dass Rieger im Auftrag Krolikowskis eine Einschätzung seines Chefs geschrieben hatte, in der er im guten Glauben an die Vertraulichkeit seines Papiers kein Blatt vor den Mund nahm. Damit stürzte er Krolikowski in eine nicht geringe Verlegenheit. Der wusste sich nicht anders zu helfen, als Ardenne das kompromittierende Schriftstück zur Kenntnis zu geben. (Gespräch mit Dr. Peter Lenk vom 30. 01. 2002).

149 BStU Ast. Dresden, AIM 12763 / 70.

150 Brief an Ulbricht vom 28. 7. 1967 (Nachlass, Ordner IvA-Stiftung).

gefährden könnten. Darüber hinaus ermögliche die angestrebte Stiftung Erträge, die „praktisch für Dritte ein müheloses Einkommen darstellen". Letzteres scheint der eigentliche Grund für das generelle Unbehagen von Partei- und Staatsführung an der Konstruktion dieser Stiftung gewesen zu sein. Kleyer schlug vor, Ardenne möge sein Institut dem Staat zum Kauf anbieten.[151]

Dieses Ansinnen traf Ardenne völlig unvorbereitet. In seinem Antwortschreiben wies er darauf hin, dass es in der Vergangenheit keine grundsätzlichen Bedenken gegen seine Pläne gegeben habe. Auch der gerade zur Beratung anstehende Entwurf eines Zivilgesetzbuches sehe die „Rechtsform der Stiftung zur Erfüllung gesellschaftlicher Aufgaben" vor. Er sei deshalb sehr überrascht, dass das Rechtsgutachten des Ministeriums der Finanzen in entscheidenden Punkten auf Ablehnung stoße und eine völlig neue Form gefunden werden müsse. Der Hinweis, seinen Stiftungsvorschlag am 28. Juli 1967 an Ulbricht geschickt zu haben, fehlte in diesem Brief ebenfalls nicht. Grundsätzlich könne er sich die Überführung seines Instituts in Volkseigentum vorstellen, zeigte er sich verhandlungsbereit. Voraussetzung sei allerdings die Wahrung der Selbständigkeit und der Unabhängigkeit sowie eine Entschädigung auf der Grundlage einer Wertermittlung gemäß den preisrechtlichen Richtlinien des Ministeriums der Finanzen. Zwei Drittel der Entschädigung sollten in staatlichen Obligationen gezahlt und ein Drittel in das Vermögen einer zum gleichen Zeitpunkt zu errichtenden Stiftung geleitet werden. Von seiner Idee einer Stiftung wollte er auch unter diesen neuen Bedingungen nicht lassen. Darüber hinaus forderte er, dass alle erforderlichen Rechtsvorgänge für ihn und seine Familie auch im Erbfall steuer-, abgaben- und gebührenfrei gestellt werden müssten.[152]

Er bemühte sich, in der Bezirksleitung Dresden der SED einen Verbündeten zu finden. Unter Hinweis auf gewachsene Traditionen versuchte er, die führenden regionalen Wirtschaftsfunktionäre von der Notwendigkeit zu überzeugen, sein Institut als selbständige Forschungseinrichtung zu erhalten.[153] Immer wieder suchte er auch das Gespräch mit dem Minister für Wissenschaft und Technik.[154]

Am 28. Juni 1968 besuchte der Leiter des Amtes für den Rechtsschutz des Vermögens der DDR das Institut auf dem Weißen Hirsch. Kleyer konnte sich mit Ardenne darüber einigen, dass im Falle eines käuflichen Erwerbs durch den Staat ein Gutachten zur Rentabilität und volkswirtschaftlichen Effektivität der Forschungseinrichtung sowie ein weiteres Gutachten über die Voraussetzungen zur Gewährleistung der vollen Selbständigkeit und Unabhängigkeit des Instituts durch Experten zu erstellen seien. Für das erste Gutachten wollten der Minister für Wis-

---

151 Brief Kleyers vom 15. 1. 1968 (Nachlass, Ordner IvA-Stiftung).

152 Brief an Kleyer vom 29. 1. 1968 (Nachlass, Ordner IvA-Stiftung).

153 Handschriftliche Notiz vom 21. 3. 1968 zur Vorbereitung eines Gesprächs mit der SED-BL Dresden (Nachlass, Schriftwechsel SED 1964 – 1974).

154 Handschriftliche Notiz vom 19. 7. 1968 zur Vorbereitung eines Gesprächs mit Minister Prey (Nachlass, Schriftwechsel MWT 1967 – 1971).

senschaft und Technik und der Minister der Finanzen je zwei qualifizierte Fachleute als Beauftragte benennen. Das zweite Gutachten sollten ein „hochqualifizierter Beauftragter" des Ministers für Wissenschaft und Technik und zwei „hochqualifizierte Beauftragte" des Ministers für Elektrotechnik und Elektronik anfertigen.[155] Am 25. September 1968 sagte Ardenne den Experten seine Unterstützung bei der Erstellung der Gutachten zu. Er benannte Paul Gärtner und Johannes Richter als Ansprechpartner für die erforderlichen Auskünfte.[156]

4. Aufnahme einer staatlichen Beteiligung

Nach einer längeren Pause, in der sich nichts bewegte, war Ardenne bereit, ernsthaft über die Aufnahme einer so genannten „staatlichen Beteiligung" nachzudenken. In der Zeit vom 15. März bis zum 10. April 1970 wurden in gemeinsamen Beratungen mit dem Bezirkswirtschaftsrat und der Industrie- und Handelsbank die Grundsatzfragen einer Staatsbeteiligung geklärt.[157] Voraussetzung dafür war die Neugründung des Instituts als Kommanditgesellschaft mit einem privaten und dem Staat als zweitem Gesellschafter. Es war vorgesehen, dass die Erben nach seinem Ableben Gesellschafter werden konnten. Eine weitere Sonderregelung betraf die Einbindung in das starre System der Volkswirtschaftpläne. Es sollte die Möglichkeit geben, von den üblichen Prozeduren der Kommandowirtschaft abzuweichen und den Besonderheiten einer Forschungseinrichtung Rechnung zu tragen. Weiterhin sollte der „halbstaatliche Betrieb" für nicht steuerpflichtig erklärt werden, was für volkseigene Forschungseinrichtungen generell galt.

Am 2. April 1970 wandte sich Ardenne wieder einmal an Ulbricht, vermutlich in der Hoffnung, der SED-Chef werde sich doch noch für die Einsetzung einer Stiftung aussprechen. Dem Dank für die in den Jahren des Bestehens „zuteil gewordene Förderung" schließt sich die Bitte um Unterstützung „bei der Stabilisierung des Instituts als Instrument unseres Staates über meine eigene Lebenszeit hinaus" an. Diese Stabilisierung sei immer noch nicht erfolgt, weil sich der Vorschlag, das Institut in eine Stiftung umzuwandeln, aus „juristischen bzw. gesetzlichen Gründen" nicht habe realisieren lassen.[158]

Am 12. Mai 1970 legte Paul Gärtner den Entwurf eines Gesellschaftsvertrages vor, der die Industrie- und Handelsbank Berlin als staatlichen Gesellschafter und den 1. Januar 1971 als Geschäftsbeginn vorsah.[159] Ardenne war bereit, zehn seiner Grundstücke auf die Gesellschaft zu übertragen. Die bisher vom Institut genutzten Räume des Privathauses in der Zeppelinstraße 7 sollten an die Gesellschaft vermie-

---

155 Brief Kleyers vom 19. 9. 1968 (Nachlass, Ordner IvA-Stiftung).
156 Nachlass, Ordner IvA-Stiftung.
157 Nachlass, Ordner Staatliche Beteiligung.
158 Ebd.
159 Ebd.

tet werden. Er selbst wollte als Direktor die Geschäfte führen und die Gesellschaft nach außen vertreten. Einschränkungen seiner Entscheidungsfreiheit war er bereit in Kauf zu nehmen. So sollten Handlungen, die „über den gewöhnlichen Geschäftsbetrieb hinausgehen", von der Zustimmung des staatlichen Gesellschafters abhängig gemacht werden. Dazu zählten der Erwerb bzw. die Veräußerung von Grundstücken und der Kauf von Geräten bzw. Anlagen mit einem Einzelwert ab 25.000 Mark. Ein Mitspracherecht wäre dem staatlichen Gesellschafter auch bei der Besetzung leitender Funktionen „nach Maßgabe der Geschäftsordnung" eingeräumt worden. Der Gewinn sollte nach dem Verhältnis der Einlagen von staatlichem und privatem Gesellschafter verteilt werden. Eine Besonderheit muss erwähnt werden. Im Punkt 7.5 des Vertragsentwurfs wurde festgelegt, dass der Institutsdirektor „das in seinem Eigentum befindliche Ferienhaus den Mitarbeitern des IvA für Erholungszwecke nach Maßgabe eines mit der BGL des IvA abzuschließenden Vertrages zur Verfügung" stellt.

Am 30. Mai verfasste Ardenne eine neue Denkschrift, diesmal als „Begründung zum Antrag ‚Aufnahme der Staatsbeteiligung'", in der er mit Formulierungen aus dem „Neuen Deutschland" und einer alles andere als stringenten Argumentation erklärte, weshalb sein Institut nach Jahren erfolgreicher Tätigkeit den privaten Status aufgeben wolle und die „höhere Form" der Staatsbeteiligung anstrebe.[160] Er visierte eine „strenge Trennung zwischen Institutsvermögen und Privateigentum" an und errechnete einen an ihn auszuzahlenden Betrag von drei Millionen Mark. Diese drei Millionen sowie weitere vier und eine halbe Million für Investitionen seien vom staatlichen Gesellschafter einzubringen. Er beauftragte Siegfried Schiller mit der Ausarbeitung einer detaillierten Vorlage.

Am 9. Juli 1970 legte Schiller seinem Chef ein „Memorandum zu Grundsatzfragen bei der Aufnahme der staatlichen Beteiligung durch das Forschungsinstitut Manfred von Ardenne" vor, das den stattlichen Umfang von 38 Seiten hatte.[161] In diesem streng vertraulichen Papier entwickelte er die Strategie für die bevorstehenden Verhandlungen mit dem Ministerium für Wissenschaft und Technik sowie der Industrie- und Handelsbank, in denen die finanzielle Sonderstellung des Instituts beim Abschluss von Wirtschaftsverträgen verteidigt[162] und für Manfred Ardenne eine maximale Auszahlung seines bisherigen Betriebskapitals erreicht werden sollte.[163] Schiller schlug vor, dass er und Paul Gärtner zu bevollmächtigten Verhand-

---

160 Ebd.

161 Ebd.

162 Der Gesetzgeber räumte die Möglichkeit ein, zwischen 25 und 40 Prozent der direkt zurechenbaren Lohn- und Gehaltskosten eines Wirtschaftsvertrages als sogenannten Leistungsabhängigen Zuschlag (LAZ) zu vereinbaren. Normalerweise entschied der Auftraggeber erst nach erbrachter Leistung über die Höhe des LAZ. Abhängig vom Ergebnis wurde ein LAZ zwischen Null (völliger Wegfall) und einer Verdopplung gewährt. Aufgrund seiner Monopolstellung sicherte sich das IvA einen überdurchschnittlichen Gewinn dadurch, dass in aller Regel bereits bei Vertragsabschluss für den LAZ die maximal zulässige Höhe vereinbart wurde.

lungsführern ernannt werden sollten, er selbst für die Verhandlungen über den Perspektivplan des Instituts, Paul Gärtner für Fragen der Kapitalablösung. Die Verhandlungen über die Grundprinzipien des Gesellschaftsvertrages würden beide gemeinsam führen.

Am 10. Juli 1970, empfing SED-Chef Ulbricht endlich den Institutsleiter im Staatsratsgebäude. Über den Inhalt des Gesprächs ist nichts bekannt geworden. In einer Aktennotiz, die Paul Gärtner über eine Beratung mit Hans Barthel, dem Sekretär der Bezirksleitung der SED, vom 5. August 1970 anfertigte, erwähnte dieser die Übergabe der Niederschrift über eine Besprechung Ardennes mit Ulbricht an Barthel. Es gibt keinerlei Hinweise darauf, dass Ardenne sich gegen eine Staatsbeteiligung sträubte. In dieser Aktennotiz kommt aber auch zum Ausdruck, dass sich alle Beteiligten darüber im Klaren waren, die komplizierten Grundsatzfragen der Staatsbeteiligung an einem Forschungsinstitut nicht auf Bezirksebene lösen zu können.[164] Auf einer Geburtstagsfeier im Hause des Musikers Reinhard Ulbricht, die Ardenne mit Ehefrau Bettina am Abend des 10. Juli besuchte, verlor er kein Wort über den Verlauf einer auch für ihn nicht alltäglichen Begegnung.[165]

Vier Tage nach dem Gespräch mit dem SED-Chef schickte Ardenne ein Schreiben an den Minister für Wissenschaft und Technik, Günther Prey, in dem er um eine Besprechung der Angelegenheit im September bat. Ein auf den 9. Juli datierter Entwurf dieses Briefes, der mit der abgesandten Fassung nahezu identisch ist und in dem das Gespräch mit Ulbricht vom 10. Juli gar nicht erwähnt wird, lässt die Vermutung zu, dass Ulbricht keinerlei Veranlassung sah, sich in diese Vorgänge einzumischen. Ein für den 17. September angesetztes Gespräch mit Prey, an dem auch Schiller teilnehmen sollte, kam nicht zustande.[166]

Am 15. Juli 1970 fand auf Ministeriumsebene eine schwierige Verhandlung zu Finanz- und Steuerfragen statt. Das Ministerium der Finanzen und das Ministerium für Wissenschaft und Technik waren durch die stellvertretenden Minister Schindler und Dr. Hilpert vertreten. Ardenne standen sein Stellvertreter Schiller und Richter zur Seite. Das Protokoll dieser auf kaufmännische und steuerliche Fragen konzentrierten Beratung führte der Abteilungsleiter Steuern und Abgaben im Ministerium der Finanzen, Klein.[167] Es konnte keine Einigung erzielt werden. Erst vier Wochen später, am 17. August, akzeptierte Ardenne die folgenschwere Festlegung, dass

---

163 Eine für von Ardenne optimale Berechnung ergab als sein persönliches Gesamtkapital einen Betrag von 9,6 Millionen Mark, von denen er drei Millionen als Ablösung anstrebte, das sind rund 30 Prozent.

164 Nachlass, Schriftwechsel SED 1964 – 1974.

165 Frau Ulbricht sagte am 3. 9. 2001, sie sei sicher, dass Bettina und Manfred an jenem Abend zu ihnen gekommen seien, möglicherweise verspätet. Sie halte es für möglich, dass Manfred erwähnt habe, bei Walter Ulbricht gewesen zu sein. Angaben zu Gesprächsinhalten, noch dazu wenn diese für ihn unerfreulich waren, habe er allerdings nie gemacht.

166 Im Terminkalender ist die Besprechung bei Minister Prey, die 10 Uhr stattfinden sollte, mit Bleistift durchgestrichen (Nachlass, Jahreskalender 1970).

167 Protokoll vom 12. 7. 1970 (Nachlass, Ordner IvA-Stiftung).

künftig Baumaßnahmen nicht mehr steuerlich begünstigt würden, sondern wie überall in der Wirtschaft mit 20 Prozent zu versteuern seien.[168]

Die in den Verhandlungen mit dem Staatsapparat sichtbar gewordene Kompromissbereitschaft des Dreiundsechzigjährigen versuchte auch die Staatspartei auszunutzen, die im Institut nur eine marginale Rolle spielte. Die Parteigruppe war zersplittert und niemand bereit, sich zum Sekretär wählen zu lassen.[169] Ein erster Schritt auf dem Wege zur Erhöhung des Einflusses der Staatspartei im Institut sollte die Besetzung der Stelle des Verwaltungsleiters mit einem Genossen sein, den die Bezirksleitung schickte. Das aber ging Ardenne entschieden zu weit. Das Recht, die letzte Instanz seines Instituts in Personalfragen zu sein und auch zu bleiben, ließ er sich auch vom 1. Sekretär der Bezirksleitung, Werner Krolikowski, nicht streitig machen. Dessen Besuch in dieser Angelegenheit endete mit einem Eklat, indem Ardenne das Gespräch für beendet erklärte und dem ranghohen Funktionär damit de facto die Tür wies. Hochroten Kopfes, so erinnern sich die Söhne, verließ Krolikowski das Arbeitszimmer des Vaters.[170] Trotz der Drohung, die Partei könne dem Institut in Zukunft ihre „volle Unterstützung" versagen, lehnte Ardenne den Favoriten der Bezirksleitung ab und besetzte die nach einem Schlaganfall von Richter vakante Stelle mit einem langjährigen Mitarbeiter, dem Physiker Peter Lenk. Er verwies in seiner Begründung dieser Entscheidung auf das Prinzip, wonach die Kandidaten für Leitungspositionen in der eigenen Institution herangewachsen sein sollten und sich „durch außergewöhnliche Leistungen allgemeine Anerkennung erworben haben". Paul Gärtner hatte sich in dieser Angelegenheit als Interessenvertreter der Partei erwiesen. Ardenne empfand das als Vertrauensbruch und reagierte energisch, wenn auch nicht offen, indem er Gärtner „altersbedingt" das Mandat als Ansprechpartner in Fragen der Bildung einer Kommandit-Gesellschaft entzog.[171]

Ardenne war bestrebt, bei der Aufnahme der staatlichen Beteiligung möglichst viele Vergünstigungen aufrecht zu erhalten, mit denen sein Institut bei dessen Gründung 1955 ausgestattet worden war. Damals wurde vereinbart, dass 7,5 Prozent des Gewinns als persönliches Einkommen und weitere 7,5 Prozent als in seinen Privatbesitz übergehende Investition anzusehen seien. Im Februar 1971 wies er seine Unterhändler Schiller, Lenk und Günter Sommer an, bei der Berechnung seines persönlichen Anteils zu berücksichtigen, dass die Festlegung seines persönlichen Einkommens unter der Voraussetzung eines normalen Achtstundentages getroffen worden sei. Er habe aber niemals nur acht Stunden am Tag gearbeitet, sondern weitgehend bis spät in die Nachtstunden und in der Regel auch während des Wochenendes.[172]

---

168 Schreiben Dr. Schiller vom 17. 8. 1970 (Nachlass, Ordner IvA-Stiftung).

169 Interview mit dem ehemaligen langjährigen Parteisekretär Roland Liebusch am 27. 8. 2001.

170 Gespräch mit Dr. Alexander und Dr. Thomas von Ardenne am 22. 02. 2002.

171 Aktennotiz vom 18. 11. 1970 (Nachlass, Schriftwechsel SED 1964–1974).

Am 22. März 1971 richtete er ein vertrauliches Schreiben an Schiller und Sommer, in dem er seinen festen Willen bekundete, auch seine beiden Söhne Thomas und Alexander zu Komplementären der zukünftigen KG zu bestimmen. Die damit verbundene Komplizierung der Verhandlungen, besonders in Fragen der Besteuerung, wollte er in Kauf nehmen, um seine älteren Söhne „recht bald in die Verantwortung hineinwachsen [zu] lassen" und fester im Institut zu verankern.[173] Wie ernst er das in einer für ihn selbst auch gesundheitlich schwierigen Phase meinte, unterstreichen seine Bemühungen, einen seiner Söhne für drei Monate nach England zu schicken, damit „wenigstens ein Komplementär des künftigen halbstaatlichen Forschungsinstitutes die englische Sprache so fließend beherrscht wie ich selbst". Nach einem Vorgespräch mit Staatssekretär Leupold am 27. April richtete er am 26. August ein Schreiben an den Minister für Wissenschaft und Technik, in dem er dieses Anliegen begründete und versicherte, dass dafür keine Devisen erforderlich seien, da in West-Berlin lebende Verwandte die Kosten übernehmen würden.[174] Trotz beharrlichen Drängens erhielt er keine Erlaubnis für einen Studienaufenthalt seines Sohn Alexander bei einem alten Freund aus der Pionierzeit der Elektronenmikroskopie und nunmehr Direktor des berühmten Cavendish-Laboratoriums an der Universität Cambridge, V. E. Cosslett. Ein aus gleichem Grund geplanter Aufenthalt Alexanders in Kiew wurde dagegen möglich.

Im Juli 1971 beauftragte er die Leiterin der Finanzbuchhaltung mit der Durchsicht aller früheren Unterlagen über Zahlungen von privaten Geldern an das Institut und traf eine nur unter DDR-Verhältnissen mögliche Entscheidung über sein Feriendomizil in Heringsdorf, die später große Probleme bereiten sollte. Er verfügte, dass nur das Grundstück sein Privateigentum bleiben, Gebäude und Inventar jedoch Eigentum des Instituts werden sollten.[175]

Obwohl die Vorbereitungen nahezu abgeschlossen waren, kam die Gründung der Kommanditgesellschaft letzten Endes jedoch genau so wenig zustande wie Jahre zuvor die Errichtung einer Stiftung. Nach der Entmachtung Ulbrichts im Mai 1971 setzten sich unter Honecker in der Wirtschaftspolitik sehr schnell die Gegner der staatlichen Beteiligung durch, zu denen mit Günter Mittag auch der Sekretär für Wirtschaft des Zentralkomitees gehörte.[176] Damit erlosch das Interesse von Partei- und Staatsapparat an der Überführung des Instituts auf dem Weißen Hirsch in Dresden in diese Eigentumsform.

---

[172] Aktennotiz vom 22. 2. 1971 (Nachlass, Privatkorrespondenz, Ordner A-B).

[173] Nachlass, Ordner IvA-Stiftung.

[174] In diesem Schreiben vom 26. 8. 1971 an Minister Prey weist Ardenne u. a. auf einen sechswöchigen England-Aufenthalt der siebzehnjährigen Tochter des Präsidenten der Kammer der Technik als Präzedenzfall hin (Nachlass, Schriftwechsel MWT 1967 – 1971).

[175] Aktennotiz über eine Besprechung mit Frau Wittich im Juli 1971 (Nachlass, Ordner MWT Januar 1972-Dezember 1979).

[176] Vgl. *Hoffmann*, Betriebe mit staatlicher Beteiligung, S. 115 – 116.

5. Die „Beinahe-Verstaatlichung" 1972

Auf der 4. Tagung des ZK der SED stellte Honecker am 17. Dezember 1971 unmissverständlich die Weichen in Richtung auf die Beseitigung der Reste von privatem Besitz an Produktionsmitteln. Es vertrage sich „nicht mit der sozialistischen Moral und Ethik, dass sich Leute an unserem wirtschaftlichen Aufschwung, an den Ergebnissen der fleißigen Arbeit der Werktätigen unter dem Firmenschild eines Betriebes mit staatlicher Beteiligung persönlich über alle Maßen bereichern".[177] Zu diesen „Leuten" gehörte natürlich auch Manfred von Ardenne. Bereits am 8. Februar 1972 beschloss das Politbüro die „Maßnahmen über die schrittweise Durchführung der Beschlüsse der 4. Tagung des ZK hinsichtlich der Betriebe mit staatlicher Beteiligung, der privaten Industrie- und Baubetriebe sowie Produktionsgenossenschaften des Handwerks".[178] Als Honecker am 13. Juli in einem Brief an Leonid Brežnev, den Generalsekretär der KPdSU, den Abschluss „der nach dem VIII. Parteitag eingeleiteten Umwandlung der Betriebe mit staatlicher Beteiligung, Privatbetriebe und industriell produzierenden Genossenschaften des Handwerks in volkseigene Betriebe" meldete,[179] so war das nicht ganz korrekt. Das Forschungsinstitut von Ardenne war nicht verstaatlicht worden. Das Politbüro hatte nämlich am 24. Mai unter der persönlichen Leitung von Honecker folgenden Beschluss gefasst: „Der Erklärung des Herrn von Ardenne vom 8. 5. 1972, sein Institut an den Staat zu verkaufen, ist nicht zu entsprechen. Die Auftragserteilung und die Kontrolle des Instituts erfolgt wie bisher durch das Ministerium für Wissenschaft und Technik. Genosse H. Weiz wird beauftragt, mit Herrn von Ardenne zu sprechen."[180]

Arbeits- und Reinschriftprotokoll jener Sitzung weisen einige Ungereimtheiten auf. In der Einladung, die auf den 19. Mai datiert ist, war Willy Stoph als Berichterstatter und die Teilnahme Ardennes vorgesehen. Der sollte zu 13.30 Uhr geladen werden. Das Arbeitsprotokoll enthält keinen Hinweis darauf, dass dieser Tagesordnungspunkt auch aufgerufen worden ist.[181] Im Reinschriftprotokoll wird er jedoch als „behandelt" ausgewiesen und Honecker als Berichterstatter genannt.[182] Welches waren die Gründe dieser „Nichtbehandlung" und eines Beschlusses, der so gar nicht in die aktuelle Politik der Verstaatlichung passte?

Ob Zufall oder geschicktes Timing – die westdeutschen Medien blickten in jenen Monaten mit besonderer Aufmerksamkeit auf Ardenne, da der in München und Zürich ansässige Kindler-Verlag eine westdeutsche Ausgabe seiner ersten Autobiographie ankündigte. Sie erschien dort, wie auch im Ost-Berliner Verlag der

---

177 Zitiert nach *Hoffmann,* Betriebe mit staatlicher Beteiligung, S. 127.

178 Ebd., S. 132.

179 Ebd., S. 159.

180 SAPMO BArch, DY 30/J IV 2/2–1395.

181 SAPMO BArch, DY 30/J IV 2/2A-1595/96.

182 SAPMO BArch, DY 30/J IV 2/2–1395.

Nation, unter dem Titel „Ein glückliches Leben für Technik und Forschung". Ungeachtet der Tatsache, dass Ardenne gerade nicht „enteignet" wurde, behauptete Lutz Meunier als Autor einer Besprechung dieser Autobiographie in der Reihe „15 Minuten Geschichte – das aktuelle Buch" am 24. Oktober 1972 im RIAS, dass Ardenne „unter Honecker" am 1. Januar 1972 „praktisch enteignet" worden sei. Sein Institut sei nunmehr eine „Forschungseinrichtung mit staatlicher Beteiligung mit Manfred von Ardenne als geschäftsführendem Komplementär".[183]

In einem Brief an den Kindler-Verlag rechtfertigte sich Meunier am 5. Dezember 1972 für diese Behauptung. Er habe, so schrieb er, aus einem Artikel des stellvertretenden Institutsdirektors Siegfried Schiller anlässlich des 65. Geburtstages seines Chefs zitiert. Schiller habe diesen für die in Ost-Berlin erscheinende „Weltbühne" vom 18. Januar 1972 geschrieben.[184]

Unklar bleibt, weshalb Schiller den künftigen Status des Instituts zu diesem frühen Zeitpunkt öffentlich machte. Fest steht nur, dass er sich damals intensiv darum bemühte, wieder in die SED aufgenommen zu werden, die ihn 1957 aus ihren Reihen ausgeschlossen hatte. In seiner IM-Akte, Schiller arbeitete vom 26. 11. 1976 an als IM „Pistol" für das MfS, wurde dazu vermerkt, dass „Karrieregründe" im Zusammenhang mit der bevorstehenden Verstaatlichung ihn dazu veranlassten, wieder der Staatspartei angehören zu wollen.[185] Glaubte der ehrgeizige Schiller, mit seiner Ankündigung der Partei einen Gefallen zu tun, oder handelte er gar in Abstimmung mit führenden Genossen? Leider war Schiller, der allein diese Fragen beantworten könnte, nicht bereit, über seine Vergangenheit an der Seite Ardennes zu sprechen.[186]

Die „Nichtenteignung" lässt sich als Reaktion auf die „Veröffentlichung" eines noch nicht einmal gefassten Beschlusses verstehen, der in den westdeutschen Medien im Zusammenhang mit der Autobiographie ganz sicher für unangenehmen Wirbel sorgen würde – was dann ja auch der Fall war. Für den Widerwillen, mit dem das Politbüro sich zu dieser Lösung durchgerungen haben muss, spricht auch die Anweisung an die Presse, bei Berichten über das Institut und dessen Ergebnisse den Namen Manfred von Ardenne nicht mehr zu nennen.[187]

---

[183] Das Manuskript dieses Beitrages wurde Ardenne vom Sender zur Verfügung gestellt (Nachlass, Mappe 219 / 1972 Memoiren).

[184] Kopie des Briefes (Nachlass, Mappe 219 / 1972 Memoiren).

[185] BStU Ast. Dresden, AIM 2838 / 91, Bl. 160 – 161.

[186] In einem Brief an den Autor schrieb Prof. Siegfried Schiller am 8. Juli 2001, dass er die Arbeit an einer wissenschaftlichen Biographie seines Lehrers und Chefs „aus gesundheitlichen Gründen in *keinerlei Weise*" unterstützen könne. Auf ärztliches Anraten müsse er alle Aufregungen vermeiden und habe sich deshalb auch vollständig aus dem Berufsleben zurückgezogen.

[187] Am 26. 1. 1977 beschwerte sich Ardenne beim Stellv. Minister für Wissenschaft und Technik darüber, dass vor etwa fünf Jahren (also 1972) an das „Neue Deutschland" eine entsprechende Weisung ergangen sei, (Nachlass, Ordner MWT Januar 1972-Dezember 1979).

Die vor jenem 24. Mai bestehende Bereitschaft Ardennes, sein Institut an den Staat zu verkaufen, ist schwerlich als freiwilliger Akt zu begreifen, der innerer Überzeugung entsprang. Sohn Thomas erinnert sich an ein Argumentationsmuster des Vaters, das dieser im Vorfeld der unausweichlich scheinenden Verstaatlichung entwickelte und das auf die Ideologen in der Parteiführung zielte: Die Enteignung bedeute die materielle Aberkennung des Stalinpreises, denn das Preisgeld sei neben den Ersparnissen aus der Zeit in der Sowjetunion für den Aufbau des Instituts eingesetzt worden. Er könne jedoch nicht sagen, ob der Vater dieses Argument jemals auch außerhalb der Familie benutzt habe.[188] Nach dem Sturz Honeckers und dem Fall der Mauer sprach Ardenne davon, damals geradezu erpresst worden zu sein. Honecker habe Ende Mai 1972 Minister Weiz nach Dresden geschickt, der ihm nach stundenlangem Einreden schließlich die Einwilligung zu einer „Halbverstaatlichung" abgerungen habe. Schon im Vorfeld dieses Besuches habe er deutlich zu spüren bekommen, dass ihn sein „Ansehen bei der DDR-Führung nicht mehr schützte". Andere Wissenschaftler durften ihn wegen seiner Maßanzüge, des gelegentlichen Kokettierens mit seinem Siegelring und einer goldenen Armbanduhr nunmehr öffentlich kritisieren. „So etwas war ungehörig und vorher unvorstellbar."[189]

Die Vorstellung, dass mit der Verstaatlichung zwangsläufig auch die Staatspartei ihre verfassungsmäßig verankerte Rolle als „führende Kraft" in seinem Institut durchsetzen würde, beunruhigte Ardenne außerordentlich.[190] Die sprichwörtliche Ineffizienz von Forschungseinrichtungen, die von der SED dominiert wurden, war ihm nicht nur hinreichend bekannt, sondern wurde von ihm auch häufig kritisiert. Noch im Juli 1987 provozierte er in einem ARD-Interview die Parteiführung. „Ich habe die Ehre, nicht Mitglied der Akademie der Wissenschaften zu sein", erklärte er dort. Unmittelbar nach der Ausstrahlung dieses Interviews sah er sich zu einer schriftlichen Rechfertigung seiner Äußerungen gezwungen. Er begründete seine Haltung zur Akademie der Wissenschaften mit dem Schaden, der durch die „Mittelmäßigkeit einiger jüngerer Akademie-Mitglieder und Institutsleiter dem Fortschritt in Wissenschaft und Forschung zugefügt wurde", und die, von wenigen Ausnahmen abgesehen, alle der SED angehörten.[191]

Er entwickelte angesichts der bevorstehenden Verstaatlichung eine Strategie zur Abwehr der SED, die im Kern darin bestand, Führungskräfte zum Eintritt in die Staatspartei zu bewegen, die in langjähriger Institutszugehörigkeit sein Vertrauen erworben hatten. Manche von ihnen fühlten sich dem Chef zu Dankbarkeit aufgrund der außergewöhnlich guten Arbeitsbedingungen und des beruflichen Aufstiegs verpflichtet und glaubten deshalb, dieses Opfer bringen zu müssen. Andere

---

[188] Gespräch mit Dr. Thomas von Ardenne am 8. 8. 2001.

[189] Welt am Sonntag vom 10. 12. 1989.

[190] Eine Analyse des MfS aus dem Jahre 1967 weist nur 13 Mitglieder der SED unter immerhin 320 Beschäftigten aus. (BStU Ast. Dresden, Abt. XVIII-12194, Bl. 87–92).

[191] Nachlass, Ordner Ministerium für Forschung und Technologie ab 1984.

wiederum sahen in dieser Aufforderung im Vorfeld der als sicher angesehenen Umwandlung in eine staatliche Forschungseinrichtung die Chance, ihre Position zu festigen oder gar auf der Karriereleiter weiter nach oben zu klettern. Auch die beiden inzwischen im Institut beschäftigten Söhne Thomas und Alexander forderte der Vater auf, der SED beizutreten. Er verband diesen „Wunsch" mit dem Angebot, in die Institutsleitung aufzurücken. Der Druck auf den Ältesten war so stark, dass dieser sich nicht anders zu helfen wusste, als mit „Republikflucht" zu drohen. „Damit war das Thema erledigt", kommentiert Thomas von Ardenne jene Ereignisse, die ihn damals sehr belastet hätten.[192] Alexander, der zweitälteste Sohn, hatte es nach dieser strikten Weigerung seines Bruders leichter, dem Vater klarzumachen, seine Abneigung gegenüber dem SED-Regime sei so groß, dass auch eine Karriere im väterlichen Institut ihn nicht zum Eintritt bewegen könne.

Die Überlagerung von institutionellen und familiären Konflikten nahm schließlich ein solches Ausmaß an, dass der fünfundsechzigjährige Institutsdirektor ihnen nicht mehr gewachsen war und in eine bedrohliche gesundheitliche Krise geriet. Wie schon Anfang der 1960er Jahre, stand der körperliche Zusammenbruch in einem engen zeitlichen Zusammenhang mit dem drohenden Verlust seines Eigentums, des Instituts. Nicht ärztliche Hilfe war es, die ihn auch diese Krise meistern ließ, sondern seine Intelligenz und Beharrlichkeit. Die Stunden und Tage großer Sorge wurden zur Geburtsstunde der heute als Sauerstoff-Mehrschritt-Therapie bekannten Heilmethode.

Nach einer Besprechung mit dem Stellvertretenden Minister für Wissenschaft und Technik, Dipl.-Ing. Herrmann, und dem Stellvertretenden Minister der Finanzen, Dr. Dietrich, über die grundsätzlichen Auswirkungen des Politbürobeschlusses beauftragte Ardenne seinen Stellvertreter Schiller, eine erste Besprechung mit dem Ministerium für Wissenschaft und Technik vorzubereiten, in der die Fragen der Zusammenarbeit unter den neuen juristischen Rahmenbedingungen behandelt werden sollten. In diesem Schlüsseldokument vom 13. Juli 1972 wurden juristische Probleme, die Zuordnung zu einem staatlichen Aufsichtsorgan, Fragen der Zusammenarbeit von Ministerium und Institut beim Abschluss von Wirtschaftsverträgen sowie Probleme der Preisbildung angesprochen.[193] Es galt, einige gravierende Widersprüche zwischen der „sozialistischen Gesetzlichkeit", in der ein privates Forschungsinstitut nicht definiert war, und der realsozialistischen Praxis zu beseitigen.[194] Am 30. August wurde darüber auf Arbeitsebene verhandelt und am 18. September sandte Schiller den Entwurf einer Koordinierungsvereinbarung an den stellvertretenden Minister Herrmann. Das Ministerium erlangte durch die Festlegung, dass eine Änderung der Hauptarbeitsrichtungen wie auch die Aufnahme

---

[192] Gespräch mit Dr. Thomas und Dr. Alexander von Ardenne am 2. 2. 2002.

[193] Nachlass, Ordner MWT Januar 1972-Dezember 1979.

[194] So erklärte sich z. B. das Staatliche Vertragsgericht als nicht zuständig für Streitigkeiten zwischen dem IvA und dessen Vertragspartnern aus der Industrie, was für beide Seiten eine große Rechtsunsicherheit bedeutete.

neuer Forschungsthemen innerhalb der Hauptforschungsrichtungen künftig von seiner Zustimmung abhängig seien, eine sehr starke Position. Der Preis für diese Knebelung belief sich auf eine maximale jährliche Förderung in Höhe von 800.000 Mark der DDR.[195]

Das schließlich am 3. Mai 1973 von Ardenne unterschriebene „Protokoll über die Regelung von Fragen auf dem Gebiet der Forschung und Entwicklung, die sich zwischen dem Ministerium für Wissenschaft und Technik (MWT) und dem Forschungsinstitut Manfred von Ardenne (IvA) ergeben",[196] enthält hinsichtlich der Rolle des Ministeriums deutlich abgeschwächte Formulierungen. So ist bei der Änderung der Hauptforschungsrichtungen bzw. von Themenkomplexen nicht mehr von notwendiger Zustimmung, sondern von „Abstimmung zwischen den Partnern" die Rede. Die Festlegung einer Obergrenze der staatlichen Förderung entfiel gänzlich. Diese endgültige Vereinbarung erlangte am 1. März 1973 Gültigkeit. Dr. Peter Lenk, heute Geschäftsführer der „Von Ardenne Anlagentechnik GmbH", einer der drei Nachfolgeeinrichtungen des Forschungsinstituts Manfred von Ardenne, sieht die Gründe für den Politbürobeschluss vom 24. Mai 1972 weniger in dem Aufsehen, dass eine Enteignung des international bekannten Wissenschaftlers verursacht hätte. Er erinnert sich daran, dass sieben große Kombinate, die sämtlich liebend gern das Institut vereinnahmt hätten, sich nicht einigen konnten, wer den lukrativen Deal denn nun machen sollte.[197] Eine Übernahme durch die Akademie der Wissenschaften schloss Ardenne aus den schon erwähnten Vorbehalten gegenüber dieser Institution rigoros aus.

6. Steuerschulden

Es war sicherlich kein Zufall, dass nach der erfolgreichen Abwehr der Enteignung im Laufe des Jahres 1973 erstmalig eine Betriebsprüfung im Forschungsinstitut von Ardenne stattfand. Dabei traten steuerliche Vergünstigungen zutage, die bei der Gründung des Instituts gewährt worden waren und in den vergangenen Jahren nicht unerheblich zur Liquidität beigetragen hatten. Die Prüfer stellten fest, dass Ardenne seine Honorareinkünfte der Jahre 1971/72 nicht zu dem üblichen Satz für Nebeneinkünfte, sondern nur mit 20 Prozent versteuert hatte. Über das Ergebnis der Prüfung wurde der Minister für Finanzen, Siegfried Böhm, am 18. Dezember unterrichtet.[198] Der Prüfbericht enthielt eine Aufstellung der „Nettoeinkünfte des Herrn von Ardenne".

Sie setzten sich 1971 wie folgt zusammen: 70.000 Mark aus der Tätigkeit des Instituts, 96.000 Mark aus anerkannter persönlicher Arbeitsleistung und ca. 90.000

---

[195] Nachlass, Ordner MWT Januar 1972-Dezember 1979.

[196] Ebd.

[197] Interview mit Dr. Peter Lenk am 30. 10. 2001.

[198] BArch, DF 4 – 9772, MWT, Sekretariat Dr. Weiz, Institut M. v. Ardenne 1972 – 1975.

Mark aus steuerbegünstigten freiberuflichen Einkünften, was zusammen 256.000 Mark ausmachte.

Im Jahre 1972 erzielte er 132.000 Mark aus der Tätigkeit des Instituts, 72.000 Mark aus anerkannter persönlicher Arbeitsleistung und ca. 100.000 Mark aus steuerbegünstigten freiberuflichen Einkünften – insgesamt etwa 304.000 Mark.

Die persönlichen Einnahmen aus freiberuflicher Tätigkeit hatte er für 1971 mit ca. 110.000 Mark und für 1972 mit ca. 130.000 Mark angegeben. Diese waren nach Auffassung der Prüfer unberechtigterweise mit nur 20 Prozent versteuert worden, da sie keine steuerbegünstigten Einnahmen darstellten. Sie errechneten für diese beiden Jahre eine Steuerschuld von 140.000 Mark.

Ardenne war nicht bereit, diese Schuld anzuerkennen, und schon gar nicht in der Lage, sie zu begleichen. Seine Zahlungsschwierigkeiten blieben auch dem Ministerium für Staatssicherheit nicht verborgen, um dessen Wohlwollen Ardenne sich immer sehr bemühte. In einer Einschätzung für den 1. Sekretär der Bezirksleitung Dresden der SED, Hans Modrow, frohlockte ein Mitarbeiter der Bezirksverwaltung Dresden: „Ardenne ist pleite." Er informierte Modrow nicht nur ausführlich über den Vorgang „Steuerschulden", sondern regte zugleich an, auch die Grundstücke zu überprüfen. Einen Hinweis auf „zunehmende Altersschwäche" des Barons konnte er sich bei dieser Gelegenheit nicht verkneifen.[199]

Ardenne wies alle Vorwürfe mit dem Argument zurück, dass seine Vertragspartner auf entsprechende Anfragen ganz offiziell der Fortsetzung der gängigen, vertraglich fixierten Praxis zugestimmt hätten, nämlich einer Versteuerung seiner Honorare mit 20 Prozent. Er habe demnach davon ausgehen können, sich im rechtlich zulässigen Rahmen zu bewegen.[200] Der Stellvertreter des Vorsitzenden des Ministerrates, Herbert Weiz, machte ihn anlässlich einer Besprechung am 6. Februar 1974 in Berlin auf die „außergewöhnlichen Vergünstigungen" aufmerksam, die „seitens der Regierung der DDR sowohl den Mitarbeitern des IvA als auch Professor von Ardenne in Anerkennung seiner hohen persönlichen Leistungen gewährt worden sind."[201] Er nannte u. a. Sonderabschreibungen für Investitionen, eine steuerbegünstigte Tätigkeitsvergütung für Ardenne sowie die, von ihm allerdings nicht näher bezeichnete, „Schaffung der Möglichkeiten für den beträchtlichen Vermögenszuwachs seit Gründung des IvA". Weiz war in diesem Gespräch sichtlich um eine einvernehmliche Lösung bemüht, die sowohl dem „rechtlich begründeten Anspruch des Staates", als auch den „persönlichen Interessen von Professor von Ardenne und den Belangen des IvA" gerecht werden sollte.

---

[199] BStU Ast. Dresden, Abt. XVIII-12194, Sondervorgang Institut Manfred von Ardenne, Band I, Bl. 80–84.

[200] Da Manfred von Ardenne den weitaus größten Teil seiner Einkünfte umgehend in das Institut investierte, war er gar nicht in der Lage, eine solche Summe innerhalb kurzer Zeit aufzubringen. Seine Sparkonten wiesen im Dezember 1973 ein Guthaben von 80.025 Mark aus. (Nachlass, Ordner MWT Januar 1972-Dezember 1979).

[201] Nachlass, Ordner MWT Januar 1972-Dezember 1979.

Der nicht abzuwendende rückwirkende Abbau von Steuervergünstigungen zog nicht nur aktuelle finanzielle Probleme nach sich, sondern führte auch zur Anerkennung der Steuerschulden für die Jahre 1971 und 1972. Nach langwierigen Verhandlungen konnte schließlich am 8. Februar 1974 eine Vereinbarung über die Nachbesteuerung der Honorareinkünfte Ardennes für die Jahre 1971/72 abgeschlossen werden. Die Steuerschuld in Höhe von 140.000 Mark wurde einvernehmlich in ein unverzinsliches, nicht tilgungspflichtiges, hypothekengesichertes staatliches Darlehen umgewandelt.[202]

Ein von der Parteiführung wohl erhoffter Kollaps des Instituts aufgrund des neuen Steuersatzes von 90 Prozent, verbunden mit einer Einstellungssperre, konnte nur mit Hilfe der Industrie verhindert werden, die an einem gesunden und leistungsfähigen Forschungsinstitut von Ardenne nach wie vor großes Interesse hatte. Die Vertragspartner nutzten fortan das Instrument der so genannten „themengebundenen Grundmittel" für Investitionen, die das Institut nichts kosteten. Sie unterliefen damit ganz bewusst die auf den Ruin des Instituts gerichtete Politik von Partei und Regierung, und zwar so erfolgreich, dass diese auf Dauer nicht an Zugeständnissen vorbei kam. Das betraf vor allem die Personalpolitik, wie Lenk sich erinnert. „Zur Wende hatte das Institut dann sogar 500 Mitarbeiter".[203]

Erst im Jahre 1977 konnte Ardenne den Schlussstrich unter das Kapitel „Verstaatlichung" ziehen. So lange dauerte es, seinen Fehler aus dem Jahre 1971 zu korrigieren, als er Grundstück und Haus in Heringsdorf eigentumsrechtlich voneinander getrennt hatte. Auch dabei war er auf das Wohlwollen des Apparats angewiesen. In einem Brief bedankte er sich am 24. Mai beim stellvertretenden Minister für Wissenschaft und Technik für die Mühe, die sich das Ministerium bei der Rückübertragung des Hauses gegeben hatte.[204] Er wollte das schöne Anwesen allerdings auch künftig nicht ausschließlich privat nutzen. Getreu seinem Lebensprinzip „möglichst mehr geben als erwartet werden darf" kam er mit der Gewerkschaftsleitung überein, dieses Objekt auch in den nächsten zehn Jahren den Mitarbeitern als Ferienheim zur Verfügung zu stellen.

7. Vorbereitung auf den „Tag X"

Den 80. Geburtstag vor Augen, sprach Ardenne im Familienkreise immer öfter vom „Tag X", worunter er den Tag verstand, an dem er nicht mehr sein würde. Fast zehn Jahre waren seit dem letzten Anlauf vergangen, seinem Lebenswerk ein dauerhaftes rechtliches Fundament zu geben. Er hatte sich aus dem physikalisch-technischen Teil seines Instituts längst nahezu vollkommen zurückgezogen, dessen Leitung seinem Stellvertreter Siegfried Schiller übertragen, und widmete sich

---

[202] Ebd.

[203] Interview mit Dr. Peter Lenk vom 30. 10. 2001.

[204] Nachlass, Ordner MWT Januar 1972-Dezember 1979.

selbst fast ausschließlich der Krebsforschung. Seine beiden ältesten Söhne standen, wie bereits erwähnt, dem SED-Regime äußerst distanziert gegenüber und arbeiteten ohne jegliche Karriereambitionen als wissenschaftliche Mitarbeiter im Institut.

Am 12. November 1986 entschloss er sich, einen Brief an den SED-Chef Honecker zu schreiben, in dem er seine Sorge um die Weiterführung des Instituts „in der nächsten Generation" thematisierte. Er wandte sich damit wieder einmal an den ersten Mann in Partei und Staat, obwohl Honecker, im Gegensatz zu Ulbricht, keineswegs zu seinen Förderern zählte und von den wissenschaftlichen Professoren keine sehr hohe Meinung hatte. Zumindest stellte es sich Ardenne so dar, und er beklagte sich darüber auch schon drei Jahre nach dessen Amtsantritt beim Chef der Bezirksverwaltung Dresden des MfS.[205] Er bat Honecker in diesem Brief, einen Vertrag abschließen zu dürfen, der „die wissenschaftliche, strukturelle Zukunft des Instituts einerseits und die eigentumsrechtlichen und steuerrechtlichen Konsequenzen andererseits regelt".[206] Mit der Vertretung seiner Interessen beauftragte er den Berliner Rechtsanwalt Dr. Gregor Gysi, der das Mandat zwar zunächst annahm, es allerdings nicht ausüben konnte, da er durch die Wahrnehmung von wichtigen Aufgaben außerhalb der DDR plötzlich dafür keine Zeit mehr hatte.[207] Prof. Supranowitz, der nunmehrige Leiter des Amtes für den Rechtsschutz des Vermögens der DDR, wurde von der Regierung mit der Bearbeitung des Anliegens beauftragt. Bereits am 15. Dezember hatte dieser eine Entscheidungsvorlage ausgearbeitet, in der er drei denkbare und rechtlich mögliche Varianten gegeneinander abwog, die Beibehaltung der gegenwärtigen Rechtsstellung und Eigentumsverhältnisse, die „Verleihung einer speziellen Rechtsstellung in Form einer Stiftung" sowie die Übernahme in Volkseigentum. Supranowitz plädierte für ein Arrangement mit Ardenne, da eine spätere Regelung mit den Erben seiner Meinung nach ganz gewiss komplizierter würde. Allerdings schickte er diese Ausarbeitung erst Wochen später an den Minister für Wissenschaft und Technik.[208]

Die Verhandlungen, an denen neben dem Vater auch die beiden Söhne Thomas und Alexander sowie Peter Lenk beteiligt waren,[209] erwiesen sich als schwierig. Am 25. September 1987 konnte dann endlich ein Vertrag unterzeichnet werden,

---

205 Tonbandmitschnitt eines Gesprächs zwischen dem Leiter der BV Dresden des MfS, General Markert, und Manfred von Ardenne vom 25. 10. 1975 (BStU Ast. Dresden, MfS, BV Dresden, Leiter BV, Nr. 10905, Bl. 261.)

206 Barch, DF 4 – 23341.

207 Gespräch mit Dr. Alexander und Dr. Thomas von Ardenne am 22. 02. 2002. Auf Anfrage teilte Dr. Gysi am 13. 3. 2002 mit, dass es seiner Erinnerung nach deshalb „zu keinem weitergehenden Mandat" gekommen sei, weil Manfred von Ardenne „mit den in der DDR politisch Verantwortlichen selbst eine Lösung vereinbaren konnte".

208 Barch, DF 4 – 23341.

209 Die Niederschrift einer Besprechung über den Vertragsentwurf vom 3. 7. 1987 weist neben Prof. Supranowitz noch dessen Mitarbeiter Siegmund als Teilnehmer aus (Archiv der Familie von Ardenne).

der zum einen den Vorstellungen des achtzigjährigen Institutsgründers weitgehend entsprach, zum anderen aber auch der langfristigen Strategie von Supranowitz folgte, die natürlich die Übernahme des Instituts durch den Staat zum Ziel hatte.[210] Drei Tage später bedankte sich Ardenne bei Minister Herbert Weiz für die „wohlwollende Unterstützung im Hintergrund der Vertragserarbeitung".[211] Er konnte nicht wissen, dass sich das Ministerium für Finanzen und das Ministerium für Wissenschaft und Technik darauf verständigt hatten, nach seinem Tode die Überführung in Volkseigentum „unter Ausschöpfung aller rechtlichen Mittel" durchzusetzen.[212]

Er konnte auch nicht wissen, dass im Vorfeld eines Arbeitsbesuchs des 1. Sekretärs der Bezirksleitung Dresden der SED unter Federführung des MfS ein Problemkatalog erarbeitet wurde, der auch die Ausgliederung des medizinischen Bereiches nach seinem Ableben vorsah. Darauf hatten sich der stellvertretende Direktor für den physikalisch-technischen Bereich, Siegfried Schiller, der Direktor für Technik und Ökonomie, Peter Lenk, und der leitende Arzt, Wilhelm Dauterstedt, der als IM „Martin" in der Schlussphase der DDR außerordentlich intensiv mit dem MfS kooperierte, längst verständigt. Im Widerspruch zum erklärten Willen des Institutsgründers in seinem so genannten „politischen Testament" sahen sie die Perspektive des medizinischen Bereichs nach der „Stunde Null", also dem Ableben des Institutsgründers, in der Eingliederung in „bestehende Struktureinheiten der Medizinischen Akademie Dresden".[213]

Seinen Mitarbeitern verkündete der Chef wenige Tage nach der Unterzeichnung den Abschluss des „Vertrages über die Weiterführung meines Institutes in der nächsten Generation" und bezeichnete ihn als „großzügiges Entgegenkommen" der Regierung der DDR. Der Vertrag sei im Auftrag von Erich Honecker ausgearbeitet, konnte er sich nicht verkneifen anzumerken, und am Freitag vergangener Woche unterzeichnet worden. Er informierte seine Mitarbeiter auch darüber, dass der Institutsname, die Hauptforschungsrichtungen sowie die Zuordnung zum Ministerium für Wissenschaft und Technik erhalten blieben. Allerdings wäre der Status des Instituts künftig als „Forschungsinstitut mit privatem Vermögensanteil" zu beschreiben. Neu sei darüber hinaus die Bildung eines Beirats, dem zwei Mitglieder der Familie sowie je ein Vertreter des Ministeriums für Wissenschaft und Technik, der Staatsbank Dresden, der Institutsparteileitung und der Institutsgewerkschaftsleitung angehören würden.[214] Der besondere Dank des Direktors galt seinem Stellvertreter Schiller, dem Ökonomischen Direktor Lenk und der Leiterin

---

210 Barch, DF 4 – 23341.

211 Ebd.

212 Vorschläge für eine künftige Überführung des privaten Forschungsinstituts Prof. Manfred von Ardenne in Volkseigentum vom 20. 2. 1986 (Barch, DF 4 – 23341).

213 BStU Ast. Dresden, AIM 1675 / 89, Bd. I,II, Bl. 24 / 25.

214 Dieser Beirat wurde dann allerdings doch nicht gebildet. (Gespräch mit Dr. Alexander und Dr. Thomas von Ardenne am 2. 2. 2002).

der Finanzbuchhaltung, Christa Wittich, für ihre wesentlichen inhaltlichen Beiträge zum Text des vorliegenden Vertrages.[215]

Im September 1987 fand das Jahrzehnte während Bangen des Unternehmers Ardenne um das einzige private Forschungsinstitut der DDR sein vorläufiges Ende. Jahrzehnte, die keineswegs als eine permanente Abwehrschlacht des prominenten Gründers, Leiters und Besitzers gegen fortwährende offene und verdeckte Attacken der Staatspartei und ihrer Gehilfen zu sehen sind. Vielmehr tauschten Ardenne und der Partei- und Staatsapparat, beide von unterschiedlichen Interessen geleitet, mehrfach die Rollen als Agierender bzw. Reagierender. Phasen der Resignation, in denen Ardenne durchaus bereit war, den Status eines Privatinstituts aufzugeben, nutzte der Apparat allerdings nicht zur endgültigen Durchsetzung seiner Ziele. Offenbar gelang es den Protagonisten einer Verstaatlichung nicht, innerhalb der SED-Führung die Willensbildung so weit voran zu treiben, dass in diesen Phasen entschlossenes Handeln möglich gewesen wäre. Folglich gab es auch kein Konzept, diese eng mit volkswirtschaftlich bedeutenden Unternehmen verzahnte und auf einigen Spezialgebieten weltweit kooperierende Forschungseinrichtung reibungslos und rechtskonform in das System der Kommandowirtschaft zu integrieren. Da der Prozess der Verstaatlichung privater Unternehmen, von dieser einen Ausnahme abgesehen, in der DDR „erfolgreich" zu Ende geführt werden konnte, dürften die Gründe für das Überleben des Ardenneschen Instituts auch nicht im formaljuristischen Bereich zu suchen sein. Mit Sicherheit verdankt es die Aufrechterhaltung seines besonderen Status auch nicht dem Umstand, dass die verantwortlichen Wirtschaftsfunktionäre nicht in der Lage gewesen wären, zugunsten eines der miteinander um dieses Filetstück der Forschungslandschaft der DDR konkurrierenden Kombinate zu entscheiden. Eine nicht unerhebliche Rolle dürfte das mit einer Enteignung verbundene internationale Aufsehen gewesen sein, das die SED-Führung, wo immer es möglich war, zu vermeiden suchte. Die Reaktion auf die Sendung des RIAS im Jahre 1972 lässt das zumindest vermuten. Letzten Endes tolerierte die SED jahrzehntelang die Aufrechterhaltung des status quo für eine Einrichtung, auf deren Leistungen sie nicht verzichten wollte, und für einen Mann, mit dem sie sich schmücken konnte.

8. Wiederbelebung der Stiftungsidee

Während eines Aufenthalts in Hamburg bot sich für Ardenne am 16. Februar 1986 völlig überraschend die Möglichkeit, wieder einmal über die Gründung einer Stiftung nachzudenken. Anlass war das Angebot des ehemaligen Industriellen Erwin Braun, dem hochbetagten Wissenschaftler und Erfinder eine Million DM für seine medizinischen Forschungen zu spenden. Nicht mehr wie früher die existenzielle Sorge um sein Institut, auch nicht die Sicherung vor dem Zugriff durch die

---

215 Undatierter Redeentwurf (Nachlass, Privat-Korrespondenz, Ordner A-B).

Staatspartei bewog ihn, mit neuem Eifer an die Realisierung eines Jahrzehnte alten Projekts zu gehen. Eine „Manfred von Ardenne-Stiftung für Sauerstoff-Physiologie GmbH", als deren Sitz er West-Berlin ins Auge fasste, und die über eine Million DM für Forschungszwecke verfügte, verhieß Sicherheit und Unabhängigkeit für die Krebsforschung. Mit dieser neuerlichen Stiftungsidee schließt sich zum einen ein Kreis, in dessen Zentrum ein Vierteljahrhundert während Bemühungen um den privaten Status seines Forschungsinstituts stehen, und damit um seine wissenschaftlich-unternehmerische Lebensleistung. Zum anderen verfolgte Ardenne das Ziel, durch eine geschickte Konstruktion der Stiftungsorgane der nachfolgenden Generation die Möglichkeit zu geben, den Reisebeschränkungen des SED-Staates zu trotzen. Mitgliedern von Gremien einer privaten Stiftung die Reise zu den von der Satzung geforderten Versammlungen zu versagen, würde den Behörden bestimmt nicht leicht fallen, hoffte er. Mit der Zusage von Erwin Braun standen ausreichende Mittel zur Verfügung. Es mangelte auch nicht an Vertrauenspersonen, die bereit waren, für die Stiftung Verantwortung zu übernehmen.

Das Ministerium für Wissenschaft und Technik zeigte nicht nur Unverständnis, sondern reagierte mit heller Empörung. Am 24. Februar 1986 kam es auf Wunsch des Ministerpräsidenten Stoph zu einem Gespräch zwischen Ardenne, dem Stellvertretenden Ministerpräsidenten Weiz, dem Gesundheitsminister Mecklinger und dem Staatssekretär im Ministerium für Wissenschaft und Technik, Herrmann.[216] Ardenne nutzte die Gelegenheit eines Gesprächs auf dieser hohen Ebene zunächst dazu, den Standpunkt von „Partei und Regierung" zu seiner Absicht zu erfahren, die Söhne Thomas und Alexander „in die Leitungsebene des Instituts zu delegieren". In der Vorbereitung auf das Gespräch hatte er, sich einer über Jahrzehnte durchgehaltenen und somit bestens bewährten Praxis erinnernd, auf seinen „Spickzettel" geschrieben: „Wunsch, Leiter nur, wer 15 Jahre im Institut".[217] Mit diesem Argument hatte er in der Vergangenheit so manchem Begehren der SED widerstanden, „verdiente Genossen" von außen auf Leitungspositionen des Instituts zu drücken. Weiz erklärte, dass es keinerlei Bedenken gebe, innerhalb der nächsten fünfzehn Jahre allmählich einen Nachfolger für Schiller aufzubauen. Es sei vielmehr zu begrüßen, wenn der Name von Ardenne „auf diese Weise weiter im Spiel bliebe". Leistung und Können würden schließlich höher bewertet als Parteizugehörigkeit. Es ist nicht anzunehmen, dass bereits zehn Monate nach dem April-Plenum des ZK der KPdSU von 1985 erste Anzeichen der Perestroika bei einigen Spitzenfunktionären der SED sichtbar wurden. Deshalb ist diese Äußerung wohl vor allem als taktisches Manöver der Minister zu verstehen, mit dem sie Ardenne dazu bewegen wollten, auf ihre Bedenken gegen die Gründung einer Stiftung einzugehen, noch dazu mit Sitz in West-Berlin. Der Gedanke, die „besondere politische Einheit Westberlin" könnte Sitz einer solchen Stiftung werden, war den Funktionären gera-

---

[216] Aktennotiz vom 26. 2. 1986 (Nachlass, Ordner Ministerium für Forschung und Technologie ab 1984).

[217] Nachlass, Ordner Ministerium für Forschung und Technologie ab 1984.

dezu unerträglich. Mit der Schweiz, ja selbst mit der Bundesrepublik konnte sich die Partei- und Staatsführung hingegen durchaus anfreunden.[218]

Auch das Ministerium für Staatssicherheit erhielt Kenntnis von diesem neuerlichen Ansinnen des prominenten Wissenschaftlers. Wie in allen Bereichen der Wirtschaft und Gesellschaft, hatte das MfS auch im Forschungsinstitut von Ardenne ein zwar vergleichsweise kleines, jedoch gut funktionierendes Netz von Inoffiziellen Mitarbeitern aufgebaut. So war es immerhin gelungen, die Zahl der Inoffiziellen Mitarbeiter von vier im Jahre 1967[219] auf zehn im Jahre 1987[220] zu erhöhen. Der Vorsitzende der Gewerkschaftsleitung, Dr. Harry Förster, der als IMS „Schubert" Teil dieses Netzes war, unterrichtete am 9. Mai 1986 seinen Führungsoffizier Knauthe über dieses neue Stiftungsprojekt. Daraufhin ordnete die Bezirksverwaltung Dresden die „weitere zielgerichtete Aufklärung durch IM/GMS" an und stellte sicher, dass dieses Vorhaben nicht an der Staatssicherheit vorbei laufen konnte.[221] Fortan wurde die routinemäßige Überwachung der Auslandspost des Institutsdirektors um diese aktuelle operative Aufgabe erweitert.

Der im Ministergespräch am 24. Februar mit Nachdruck geforderte Kompromiss zwischen den Interessen von Erwin Braun und Manfred von Ardenne einerseits sowie der Partei- und Staatsführung andererseits wurde relativ schnell gefunden. Am 14. Oktober 1987 konnte die „Stiftung zur Förderung der O_2-Physiologie-Forschung nach von Ardenne e.V." in der Rechtsform eines eingetragenen Vereins gegründet und ins Vereinsregister beim Amtsgericht Hanau eingetragen werden. Den Vorsitz des Vereins übernahm die mit dem Spender nicht verwandte kaufmännische Angestellte Helga Braun, deren Wohnsitz Nidderau 2 auch Sitz des Vereins wurde. Als Schriftführerin fungierte die als Richterin tätige Magdalene Hartmann und als Schatzmeister der Angestellte Hans-Otto Hartmann aus Stuttgart. Neben Manfred von Ardenne und seinen beiden Söhnen Alexander und Thomas trat mit Albert Hartmann ein weiteres Mitglied der Familie Hartmann dem Verein bei. Der Karlsruher Jurist Henning Huffer vertrat die Interessen des Mäzens. Bis zur Auflösung am 31. Dezember 2000 überwachte der Verein den satzungsgemäßen Einsatz der Spendenmittel. Auf diese Weise konnte der Hauptzweck, nämlich die Förderung der Sauerstoff-Mehrschritt-Therapie, in vollem Umfang erfüllt werden. Das von Ardenne darüber hinaus, wenn auch mit deutlich geringerer Priorität, verfolgte Ziel, mit dem Verein über ein Instrument zu verfügen, dass den Söhnen Thomas und Alexander das Tor zum Westen offen halten sollte, erledigte sich mit der Öffnung der Mauer im November 1989 von selbst.

---

[218] BArch, DF 4 – 22251, MWT, Sekretariat Dr. Weiz, Institut M. v. Ardenne, 1983 – 1986.
[219] BStU Ast. Dresden, Abt. XVIII-12194, Bl. 90.
[220] BStU Ast. Dresden, Abt. XVIII-12197, Bl. 122.
[221] BStU Ast. Dresden, AIM-539/91, Bd. II,II, Bl. 100.

III. Forschungsschwerpunkt Medizin

1. Naturwissenschaft und Medizin

Auf einer Podiumsdiskussion zum Abschluss der Ringvorlesung über Medizintechnik im 20. Jahrhundert, die im Sommersemester 2001 an der Universität Lübeck stattfand, beschrieb Dietrich von Engelhardt, von 1998 bis 2002 Präsident der Akademie für Ethik in der Medizin, die Stellung der Medizin in einem Raum, den Naturwissenschaften, Technik und Geisteswissenschaften strukturieren: „Medizin ist [. . .] sowohl Technik, angewandte Naturwissenschaft auf der einen Seite als auch Geisteswissenschaft auf der anderen Seite. Das heißt, wir können nie die Medizin nur als eine Technik sehen, nur als eine angewandte Naturwissenschaft, das wäre verkürzt. Seit der Antike wird Medizin in dieser doppelten Hinsicht als Geisteswissenschaft und als Naturwissenschaft verstanden. [Es] kommt noch hinzu, dass sie auch für eine Kunst gehalten wird, als Ars, als Techne. Hier kommt sozusagen noch einmal in einer tieferen Ebene auch der Sinn des Technischen hinzu."[222]

Angeregt durch eine Veröffentlichung des bedeutenden Zellphysiologen und Nobelpreisträgers Otto Warburg betrat Ardenne im Jahre 1959 vehement den so beschriebenen Raum und wandte sich der Krebsforschung zu. Er war zu der Überzeugung gelangt, dass Warburg mit der Entdeckung des aeroben Gärungsstoffwechsels der Krebszellen im Jahre 1924 den Grundstein für die Entwicklung einer universellen Krebstherapie gelegt hatte. Die Vision einer solchen universellen Therapie sollte von nun an sein Leben maßgeblich bestimmen. Diese Therapie müsste sich, um bei möglichst allen Krebsarten erfolgreich eingesetzt werden zu können, durch eine hohe Selektivität auszeichnen, d. h. das ungehemmte Wachstum der Krebszellen verhindern bzw. eindämmen, ohne die gesunden Zellen zu schädigen. Aus der Rundfunktechnik war ihm das Prinzip bestens vertraut, zur Erhöhung der Selektivität mehrere Schwingkreise hintereinander zu schalten, also nacheinander wirken zu lassen. Es galt, so seine Überzeugung, dieses Prinzip in die Medizin zu übertragen. Darüber hinaus sollte, einmal in Gang gekommen, die therapeutische Wirksamkeit, entsprechend dem aus der Verstärkertechnik bekannten Prinzip der Rückkopplung, beständig von selbst zunehmen. Eine universelle Therapie dürfte aber nicht nur die Rückbildung von Tumoren veranlassen, sondern müsste auch auf Metastasen wirken, die sich irgendwo im Körper gebildet haben, jedoch noch nicht lokalisierbar und damit konventionell auch nicht therapierbar sind. Diese Anforderungen führten ihn folgerichtig auf den Weg zu einer Ganzkörper-Behandlung, bei der mehrere selektive Prozesse in definierter Weise miteinander verbunden sind.

Die Medizin orientierte sich seit der Mitte des 19. Jahrhunderts zunehmend an den Naturwissenschaften und der modernen Technik, wovon sie in mannigfaltiger

---

[222] *Konecny / Roelcke / Weiss,* Medizintechnik, S. 210.

13*

Weise profitierte. Die Allianz der drei von Engelhardt genannten Disziplinen prägte nachgerade die Geschichte der Medizin im 20. Jahrhundert. Für den in verschiedenen Spezialgebieten der Physik und der Nachrichtentechnik außergewöhnlich erfolgreichen Ardenne allerdings befanden sich Mitte des 20. Jahrhunderts wichtige Felder der Medizin „naturwissenschaftlich betrachtet" noch in „einer Art Jugendstadium".[223] Das präzis ausformulierte System von Begriffen und Theorien der Physik, die aufgrund spektakulärer und auch folgenreicher Entdeckungen zur Leitwissenschaft des 20. Jahrhunderts avancierte, lieferte für ihn ganz selbstverständlich auch Kriterien für die Beurteilung des Entwicklungsstandes aller anderen Wissenschaften. Dass viele Mediziner dem Außenseiter eine solche Fundamentalkritik Übel nehmen würden, hätte ihm eigentlich klar sein müssen. Nach den jahrzehntelangen vergeblichen Anstrengungen der klassischen Medizin und Biochemie wollte Ardenne durch Einbeziehung physikalischer und mathematischer Denkweisen und Methoden nicht nur einen Qualitätssprung erzielen, sondern in der Krebstherapie den Durchbruch erzwingen. Er setzte sich kein geringeres Ziel, als den an Krebs erkrankten menschlichen Körper vollständig zu heilen, den Krebs „zu besiegen".

Er wusste sehr wohl, dass eine universelle Therapie auf der Ebene der Krebszelle nur dann möglich ist, wenn die dafür notwendigen Voraussetzungen erfüllt sind. Diese bestehen darin, dass es entweder eine und nur eine Art von Krebszellen gibt, unabhängig davon, in welchem Organ des Körpers sie sich entwickeln, oder unterschiedliche Arten von Krebszellen mindestens eine gemeinsame Eigenschaft besitzen, die sich therapeutisch nutzen lässt. Mit dem aeroben Gärungsstoffwechsel hatte Warburg nach Auffassung Ardennes genau diese gemeinsame Eigenschaft entdeckt – eine Erkenntnis, die zunächst kaum ein renommierter Krebsforscher mit ihm teilen wollte.[224]

Die Ablehnung revolutionärer Ideen eines Fachfremden durch die etablierten Spezialisten ist auch auf anderen Gebieten als der Medizin nichts Außergewöhnliches, wenngleich dort besonders ausgeprägt. Dieses „allzu menschliche" Verhalten allein erklärt aber wohl nicht die Heftigkeit der Auseinandersetzungen um die Forschungen Ardennes zur Krebstherapie. Mit der Forderung, das „Jugendstadium" in diesem speziellen Bereich der Medizin zu überwinden und eine Krebsthe-

---

[223] *Ardenne,* Erinnerungen fortgeschrieben, S. 415.

[224] Ob eine universelle Krebstherapie oberhalb der genetischen Ebene überhaupt möglich ist, d. h. die notwendigen Voraussetzungen auf der zellularen Ebene erfüllt sind, wird auch heute noch kontrovers diskutiert. Ardenne selbst gelangte Ende der 1970er Jahre zu der Überzeugung, dass die Krebszellen aufgrund der großen Variabilität ihrer Eigenschaften diese Voraussetzungen nicht erfüllen können. Statt dessen glaubte er, mit der im Tierexperiment beobachteten Möglichkeit, die Blutmikrozirkulation nahezu vollständig zu unterbinden, einen therapeutisch nutzbaren Mechanismus entdeckt zu haben (vgl. *Ardenne,* Sechzig Jahre, S. 390). 1997 ordnete er diesen Effekt als einen weiteren Baustein zur Erhöhung der Selektivität in das Gesamtgebäude seines therapeutischen Konzepts ein und sprach von einer „Schlüsselstellung der Mikrozirkulationshemmung bei der Verstärkung der Tumorübersäuerung durch Hyperthermie" (vgl. *Ardenne,* systemische Krebs-Mehrschritt-Therapie, S. 54).

rapie zu entwickeln, die mit Selektivität und Rückkopplung zwei zentrale Elemente enthalten sollte, die er selbst in Physik und Technik so überaus erfolgreich ausgenutzt hatte, sowie dem energischen Versuch, diese Forderung auch am Beispiel des Krebses, als einem bislang ungelösten Problem, in Theorie und Praxis zu demonstrieren, steuerte Ardenne, möglicherweise ohne sich dessen selbst so recht bewusst zu sein, auf einen Paradigmenwechsel in der Medizin zu.[225]

Aber noch einen zweiten Paradigmenwechsel schien Ardenne anzustoßen. Die Überzeugung, dass alle Krebszellen eine gemeinsame und therapeutisch nutzbare Eigenschaft besitzen, verstieß gegen die gängige Meinung von der großen Vielfalt an unterschiedlichen Krebszellen, deren Einbettung in das normale Gewebe in der Umgebung des jeweiligen Tumors bei der Entwicklung einer Therapie ebenso wenig außer acht gelassen werden dürfte wie die besondere Konstitution jedes einzelnen Patienten. Im Sinne von Kuhn verfügte Ardenne über eine wesentliche Voraussetzung für die fundamentale Erfindung eines neuen Paradigmas in der Krebsforschung. Er war „sehr neu" auf diesem Gebiet.[226]

Mit dem in der Wissenschaftsgeschichte häufig zu beobachtenden Widerstand gegen einen Wechsel von etablierten Paradigmen ließe sich das Verhalten der führenden Krebsforschungszentren in Ost (Robert-Rössle-Klinik) und West (Krebsforschungszentrum Heidelberg) plausibel erklären, die Ardenne und dessen Ideen nicht nur reserviert gegenüberstanden, sondern regelrecht bekämpften.[227] Denn die Verständigung zwischen Anhängern fundamental differenter Denkstile ist, so argumentieren z. B. Fleck und auch Polanyi, selbst dann unmöglich, wenn die verwendeten Begriffe innerhalb des Stils vollkommen klar sind.[228] Im SED-Staat kamen noch zwei Besonderheiten hinzu. Zum einen die aus bedrückenden Erfahrungen, aber auch enttäuschten Hoffnungen, gespeiste besondere Sensibilität gegenüber verordneten Paradigmenwechseln, wie sie für Weltanschauungsdiktaturen typisch sind.[229] Die Zurückweisung solcher verordneter Paradigmenwechsel bedeutete zu-

---

225 Thomas S. Kuhn definiert den Begriff „Paradigma" im Zusammenhang mit den Problemen und Methoden eines Forschungsgebietes vermittels zweier Eigenschaften, der Neuartigkeit sowie der Offenheit. Angezogen von der Neuartigkeit der Methoden lassen sich Wissenschaftler auf ein neues Paradigma ein, wobei sie gleichzeitig eine Vielzahl ungelöster Probleme vorfinden (Offenheit). Vgl. *Kuhn*, Die Struktur, S. 25.

226 Vgl. *Kuhn*, Die Struktur, S. 103.

227 Ob die Übertragung der an einfachen Systemen (Planetensystem, Ein-Elektronenmodell des Atoms) unter Hinzuziehung abstrakter Begriffe (Punktmasse, Elektronenniveau) und komplizierter mathematischer Methoden (Differentialgleichungen) geschulten physikalischen Denkweise auf hochkomplexe biologische Systeme tatsächlich ein Fortschritt wäre, soll an dieser Stelle nicht diskutiert werden. Ein Hinweis auf die aktuelle Debatte um den sich möglicherweise anbahnenden Übergang von einem reduktionistischen zu einem ökologischen und integralen Denken scheint jedoch angebracht.

228 Zitiert nach *Neuweg*, Könnerschaft, S. 331.

229 Ideologisch motivierte Paradigmenwechsel hatte die Staatspartei in den 1950er und 1960er Jahren mehrfach gefordert. Im Zusammenhang mit der Entwicklung der Rechentechnik führte ein solcher zur Akzeptanz der Kybernetik, einer vorher als reaktionäre Pseudowis-

gleich auch die Ablehnung einer ideologischen Bevormundung. Zum anderen fürchteten die Spitzen der medizinischen Forschung möglicherweise auch, Ardenne verfüge dank seiner exponierten Stellung über das Durchsetzungsvermögen, einen Paradigmenwechsel zu erzwingen.[230]

Neben Otto Warburg, der Ardenne den entscheidenden Impuls gegeben hatte, sahen weitere namhafte Wissenschaftler in der „genialen Konzeption", wie es Paul Schostok formulierte, einen aussichtsreichen neuen Weg.[231] Schostok, einer der Gründungsväter der Deutschen Gesellschaft für Anästhesie, war damals Chefarzt am Städtischen Karl-Olga-Krankenhaus in Friedrichshafen. Dean Burk vom National Cancer Institut in Bethesda, Maryland, der dort wegen seines Engagements für unkonventionelle Krebstherapien immer wieder in Schwierigkeiten geriet,[232] interessierte sich ebenfalls sehr für diesen innovativen Ansatz. Unterstützung erfuhr Ardenne auch von Hermann Druckrey, von 1964 bis 1973 Leiter der Forschergruppe Präventivmedizin am Max-Planck-Institut für Immunbiologie in Freiburg, sowie von Sergej P. Osinski, dem Direktor des R. E. Kavetsky Instituts für Onkologische Probleme der Ukrainischen Akademie der Wissenschaften in Kiew. Nach Warburgs Tod entwickelte sich eine enge und herzliche Freundschaft zu Otto Westphal, dem langjährigen Direktor des Max-Planck-Instituts für Immunbiologie in Freiburg und Präsident der Gesellschaft für Immunologie, der von März 1982 bis Mai 1983 als wissenschaftlicher Stiftungsvorstand das Deutsche Krebsforschungszentrum in Heidelberg leitete. Diese auf hoher gegenseitiger Achtung gegründete Beziehung schloss Kritik niemals aus und war vielleicht gerade deshalb für Ardenne so überaus wichtig. Gegenseitige Wertschätzung und unbedingte Offenheit zeichneten auch die teilweise Jahrzehnte während Zusammenarbeit mit den anderen Genannten aus. Seine Partner schätzten vor allem die „beispielhafte Sorgfalt", mit der er die „Grundprobleme und die wesentlichen Einflussgrößen systematisch

---

senschaft verunglimpften Disziplin (vgl. *Sobeslavsky / Lehmann*, Geschichte von Rechentechnik und Datenverarbeitung, S. 42.). Dieses Gebiet lag den Medizinern relativ fern. Das galt allerdings schon nicht mehr für Fragen der Genetik. Die auf den sowjetischen Agrarbiologen Lysenko zurückgehenden Versuche, eine gezielte Veränderung von Erbanlagen durch Änderung der Lebensbedingungen zu bewirken, sorgten für Irritationen, zumal diese von einer massiven Agitation und Propaganda begleitet wurden. Nicht zuletzt wirkten in jenen Jahren enttäuschte Hoffnungen nach, die sich mit dem so genannten „Neuen Ökonomischen System" verbanden. Die Ablösung wirtschaftsfremder, aus der Ideologie abgeleiteter Kriterien und die damit verbundene Hinwendung zu ökonomischer Rationalität hatten Mitte der 1960er Jahre Hoffnungen geweckt, dass diese Reformen auch im Bereich des Politischen Raum greifen würden (vgl. *Roesler*, Das Neue Ökonomische System, S. 21–28.) Auf die positiven Wirkungen eines solchen Paradigmenwechsels setzte auch die Ärzteschaft.

[230] Für Ernst Mayr gibt es keine Belege dafür, dass Änderungen der Theorie in der Biologie revolutionären Charakter im Sinne von Paradigmenwechseln tragen. Er spricht vom „Gradualismus biologischer Fortschritte" (vgl. *Mayr*, Das ist Biologie, S. 138–141).

[231] Brief Schostoks an Manfred von Ardenne vom 24. 1. 1974 (Nachlass, Korrespondenz mit Wissenschaftlern, Januar 1972-Dezember 1975, Ordner Schf-Schz).

[232] Vgl. *McKinney*, H. Lewis. In Memoriam – Dean Burk (1904–1988), University of Kansas 1989 (http://64.177.90.157/science/html/dean_burk.html), 20. 6. 2005.

sowohl theoretisch als auch experimentell" untersuchte.[233] Seinen Optimismus, die im Labormaßstab und durch Tierexperimente gewonnenen Erkenntnisse direkt auf den Menschen übertragen zu können, teilten sie hingegen nicht unbedingt.[234] Ermutigenden Zuspruch erfuhr er auch durch Rudolf Gross, den Direktor der medizinischen Universitätsklinik Köln, und Hans-Gotthard Lasch, Direktor im Zentrum für Innere Medizin der Universität Gießen.

2. Wechsel in ein fremdes Milieu

Bei seinen Arbeiten auf dem Gebiet der medizinischen Elektronik, die sich über mehrere Jahrzehnte erstreckten, hatte Ardenne bereits Erfahrungen in der Zusammenarbeit mit Klinikern und Forschern sammeln können. Er wurde als renommierter Fachmann respektiert, zumal sich physikalisch-technische Methoden als diagnostische und apparative Hilfsmittel in nahezu allen Bereichen der Medizin ständig weiter ausbreiteten.

1957 begann in seinem Institut, wie bereits erwähnt, die Entwicklung eines „verschluckbaren Intestinalsenders" zur Messung physiologischer Daten im Magen-Darm-Trakt und deren drahtlose Übertragung an eine Messstation außerhalb des Körpers. Ab 1960 erhöhte er das Engagement im Bereich der medizinischen Elektronik noch einmal deutlich. Mit einer Herz-Lungen-Maschine, die in der Berliner Außenstelle seines Instituts unter Leitung des promovierten Naturwissenschaftlers Wolfgang Gündel in Serie produziert wurde, konnten alle Herzzentren der DDR ausgestattet werden. Die Wahl zum Präsidenten der Gesellschaft für biomedizinische Technik der DDR im Mai 1961 erscheint angesichts dieser Leistungen als geradezu folgerichtig.

Als der Physiker den Ärzten nun aber mit dem Anspruch entgegen trat, auf der Grundlage von Prinzipien des physikalischen Denkens nicht mehr nur diagnostisch und apparativ neue Wege gehen zu wollen, sondern auch das Feld der Therapie zu revolutionieren und eines ihrer ureigensten Kardinalprobleme lösen zu wollen, stieß er nicht nur auf Skepsis, sondern überwiegend auf rigorose Ablehnung. Mit der Hinwendung zur Krebsforschung wechselte Ardenne endgültig auch in ein Milieu mit einer ihm völlig fremden Innovationskultur, ein Milieu, an dessen Arbeitsstil und betont tradiertes Denken er sich erst gewöhnen musste. Er hatte es nun nicht mehr mit vergleichsweise einfachen physikalisch-technischen Systemen zu tun, bei denen beinahe an jedem beliebigen Punkt präzise Messverfahren angesetzt und die im Versagensfall beliebig oft und auch sehr schnell reproduziert werden

---

[233] Brief Hermann Druckrey's an Ardenne vom 29. 9. 1971 (Nachlass, Korrespondenz mit Wissenschaftlern 1966 – 1974, Ordner C-D und Prof. Druckrey).

[234] In dem bereits zitierten Brief vom 29. 9. 1971 schrieb Druckrey, dass er den „Spekulationen in vieler Hinsicht nicht folgen" könne, vor allem den Schlussfolgerungen für die praktische Therapie des Krebses, „soweit diese über die Ergebnisse von Tierversuchen hinausgehen". Auch Otto Westphal warnte gelegentlich davor, Ergebnisse über zu interpretieren.

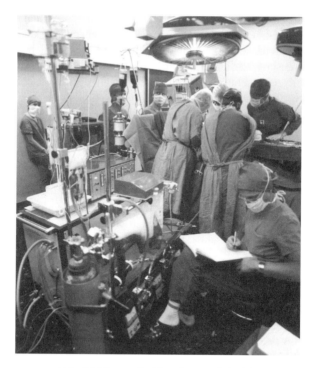

Abb. 18: Einsatz der Herz-Lungen-Maschine
bei einer Bypass-Operation im Herzchirurgischen Zentrum
an der Berliner Charité im April 1990.

können. Die sehr viel komplizierteren und komplexeren biologischen Systeme, speziell in ihrer am höchsten organisierten Form, dem menschlichen Organismus, setzen trotz aller Fortschritte in der Miniaturisierung messtechnischen Eingriffen auch immer neue Grenzen. Das „System Mensch" ist zudem weder im Ganzen noch in beliebigen Teilen so ohne weiteres reproduzierbar.

Es gab für die etablierten Mediziner genügend Gründe, einer Kooperation mit dem früher gelegentlich sogar Umworbenen nunmehr eher skeptisch gegenüber zu stehen. Ein Teil der für eine Zusammenarbeit in Frage kommenden Kliniker war gar nicht erst bereit, sich mit den grundlegenden Prinzipien seines Konzepts auseinander zu setzen. Andere kritisierten, dass er nicht streng klassisch medizinisch vorging. Experimenten am Tier, so ein weiterer Vorwurf, messe er nicht die ihnen zukommende Bedeutung bei. Stattdessen drängte er zu früh auf die Anwendung seiner Therapie am Patienten.[235] Mit diesem Drängen positionierte er sich ganz eindeutig in der ethischen Frage, die seit der Wissenschaftlichen Revolution des

---

[235] Leserbrief von Prof. Martin Müller (Dresdner Neueste Nachrichten vom 31. 5. / 1. 6. 2003).

17. Jahrhunderts kontrovers diskutiert wird, nämlich ob dem Erkenntnisfortschritt oder der Leidenslinderung die höhere Priorität zukomme. Für den zeitlebens von einer unstillbaren Neugier getriebenen Forscher Ardenne hatte der Erkenntnisgewinn stets eine überragende Bedeutung. Die damit verbundene Wichtung von Kriterien für die wissenschaftliche Arbeit erzeugte eine permanente, aber durchaus konstruktive Spannung im Institut. Trotz der für DDR-Verhältnisse ungewöhnlichen Möglichkeiten, verbunden mit einem wohltuend achtungsvollem Umgang miteinander sowie einem verehrtem Chef an der Spitze, konnte nicht jeder der dort tätigen Ärzte auf Dauer die Priorität der wissenschaftlichen Erkenntnis mit tragen. Das galt auch für Heinrich Günther, der im Selbstversuch Körperkerntemperaturen bis zu etwa 40,8 °C erprobte.[236] Die Behandlung war anfangs in der Tat für die Patienten mit einer extremen Belastung des Kreislaufs verbunden.

Hans Georg Lippmann, Leiter der Forschungsabteilung am Institut für Diabetes im mecklenburgischen Karlsburg, der späteren Leiteinrichtung der Forschung und der zentralisierten Organisation der Behandlung des Diabetes mellitus in der DDR, sorgte nach seiner Einstellung im Forschungsinstitut von Ardenne im Jahre 1970 dafür, dass bei der Weiterentwicklung des Konzepts der Krebs-Mehrschritt-Therapie stärker darauf geachtet wurde, die „Belastungen des Patienten zu minimieren".[237] Der Kliniker Lippmann hatte verinnerlicht, was der Neurologe Wolf-Dieter Heiss auf dem Symposium „Verantwortung und Ethik in der Wissenschaft" der Max-Planck-Gesellschaft im Mai 1984 auf Schloss Ringberg am Tegernsee so formulierte: „Der Patient als Mensch kann ja nicht wertfrei als Objekt studiert werden, sondern er muss immer als menschliches Wesen und als leidender Mitmensch subjektiv betrachtet werden".[238] Lippmann verkörperte die Haltung, dass Studien an Patienten, bei allem erklärten Willen, letztlich im Interesse kranker Menschen zu handeln, nicht nach streng wissenschaftlichen Kriterien geplant und ausgeführt werden können, sondern mitunter sogar aus ethischen Gründen abgebrochen werden müssen.

Darüber hinaus spielten auch Neid und Missgunst bei einigen namhaften Ärzten eine nicht unerhebliche Rolle.[239] Nicht zuletzt fürchtete die Schulmedizin, dass ein Teil der begrenzten staatlichen Mittel für die Krebsforschung künftig in das Institut von Ardenne fließen würde.

---

[236] Zeitzeugeninterview mit Dr. med. Heinrich Günther vom Krebszentrum des Universitätsklinikums Dresden am 27. 8. 2003.

[237] Zeitzeugeninterview mit Prof. Lippmann am 29. 7. 2003 in Meersburg.

[238] Vgl. Berichte und Mitteilungen der Max-Planck-Gesellschaft, (München) 3 / 1984, S. 22.

[239] Prof. Thomas Herrmann, Direktor der Klinik und Poliklinik für Strahlentherapie und Radioonkologie am Klinikum der TU Dresden, der als Arzt bzw. Oberarzt an der damaligen Medizinischen Akademie Dresden Einblick in die ersten Tests an Patienten hatte, räumte in einem Gespräch am 11. 6. 2003 ein, dass in den 1960er Jahren auch Gründe jenseits aller Wissenschaftlichkeit durchaus eine nicht unerhebliche Rolle spielten.

3. Die systemische Krebs-Mehrschritt-Therapie

Beim Start in die Krebsforschung hatte das Team um Ardenne nicht viel mehr als die Vision einer Therapie vor Augen. Den Weg zu diesem Ziel galt es jedoch erst noch zu finden. Als „Erkundungsforschung" bezeichnete Ardenne später die Arbeiten bis etwa 1968.[240] Kaum einer der damals Beteiligten möchte heute noch gern an die allerersten Schritte erinnert werden, die durchaus einem „Zick-Zack-Kurs" ähnelten.[241] Zunächst verfolgte Ardenne eine Idee, die er in einem Vortrag im Dezember 1959 vor der Klasse Medizin der Deutschen Akademie der Wissenschaften vorgestellt hatte. Dort sprach er im Beisein der gesamten medizinischen Prominenz der Akademie über ein „Vorhaben zur Krebszellenvernichtung durch H_2O_2-Einwirkung auf von roten Blutkörperchen nahezu befreites und tief unterkühltes Körpergewebe".[242]

Ardenne hoffte, die Wirksamkeit der Strahlentherapie mit Röntgenstrahlen dadurch entscheidend verbessern zu können, dass der Körper während der Bestrahlung nicht von Blut durchströmt wird, sondern von einer Ersatzflüssigkeit. Diese müsste die Sauerstoffversorgung und den Abtransport von Kohlensäure sicherstellen, den Krebszellen aber nicht die zum Überleben notwendigen Mengen des Atmungsfermentes Katalase zuführen. Da aber keine Flüssigkeit bekannt war, die genau das bei normaler Körpertemperatur leistete, wollte er den Stoffwechsel durch eine tiefe Unterkühlung so weit verlangsamen, dass die gängigen Ersatzflüssigkeiten eingesetzt werden könnten. In Tierversuchen erprobte sein Team eine solche Kombination von Strahlentherapie und „künstlichem Winterschlaf".[243] Paul Gerhard Reitnauer, leitender Biologe des Forschungsinstituts von Ardenne, erinnert sich nur noch vage an jene Versuche. Auf den Punkt gebracht, bestand nach seiner Erinnerung dieses Therapiekonzept aus einem ersten Schritt von Unterkühlung und Entblutung, mit dem die Empfindlichkeit des Krebsgewebes gegenüber radioaktiver Strahlung erhöht wurde. Als zweiter Schritt folgte danach die Bestrahlung zur selektiven Schädigung der Krebszellen. Die für eine solche Therapie erforderliche vollständige Entblutung erwies sich jedoch im Tierversuch als nicht realisierbar, so dass dieses Konzept relativ schnell aufgegeben wurde.[244] Ein „Leben ohne Blut" wurde auf medizinischen Fachtagungen jener Zeit tatsächlich diskutiert.[245]

---

[240] *Ardenne,* Ein glückliches Leben, S. 281.

[241] Zeitzeugeninterview mit dem leitenden Biologen des Forschungsinstituts Manfred von Ardenne, Dr. Paul Gerhard Reitnauer, am 27. 5. 2003.

[242] *Ardenne,* Sechzig Jahre, S. 382.

[243] Berliner Ärzteblatt, 16 (1959), S. 437 f.

[244] Zeitzeugeninterview mit Dr. Reitnauer, am 27. 5. 2003.

[245] Prof. Gummel informierte Ardenne persönlich darüber, dass auf dem Internationalen Chirurgen-Kongress auch über „Leben ohne Blut" vorgetragen worden sei (Nachlass, Korrespondenz mit Wissenschaftlern bis 1965, Ordner F-G).

Später folgten Versuche zur Chemotherapie mit Glycerinaldehyd, einem Spalt-produkt des Zuckerabbaus im Körper. Die Ergebnisse wurden in mehreren Publi-kationen der Jahre 1964 und 1965 veröffentlicht und führten zu polemischen Reak-tionen der Konkurrenten von der Robert-Rössle-Klinik. Letzten Endes erwies sich auch das Glycerinaldehyd-Konzept als untauglicher Versuch. So wenig ermutigend diese erste Phase auch gelaufen war, hatte sich doch bei den maßgeblichen Wissen-schaftlern des Instituts die Überzeugung gefestigt, dass die Vision ihres Chefs, aus den Befunden von Warburg den Ansatz einer Tumortherapie herleiten zu wollen, alles andere als eine utopische Träumerei war.[246]

Wenn auch sein Hauptinteresse der Krebsforschung galt, so spielten die traditio-nellen Bereiche der medizinischen Elektronik sowie der Medizin-Mechanik kei-neswegs eine untergeordnete Rolle.[247] 1965 entschloss sich Ardenne, die medizi-nische Forschung neben der Elektronenstrahltechnologie zum zweiten Schwer-punkt seines inzwischen auf 259 Voll- und 16 Teilzeitbeschäftigte angewachsenen Instituts zu erklären. Nach einer mehrjährigen Phase des leidenschaftlichen Su-chens entwickelte er mit seinen Mitarbeitern die von ihm als systemische Krebs-Mehrschritt-Therapie bezeichnete Methode. Die beiden von ihm ursprünglich als fundamental angesehenen Wirkprinzipien, nämlich Selektivität und Rückkopp-lung, sind, wenn auch in unterschiedlichem Maße, Bestandteile dieses Konzepts. Die selektive Wirkung ist geradezu das konstitutive Element und beruht auf einer durch Übersäuerung (induzierte Hyperglykämie) gesteigerten Empfindlichkeit der Krebszellen gegenüber einer Überwärmung (extreme Ganzkörperhyperthermie). Mit der Übersäuerung ist, wenn auch nicht in allen Fällen, eine Verminderung der Blutzirkulation verbunden, die nach dem Prinzip der Rückkopplung den primären Schädigungsvorgang verstärkt.[248] Bereits Mitte der 1960er Jahre hatte Ardenne die spontane Rückbildung von Tumoren nach einer Hyperthermie als Rückkopplungs-vorgang gedeutet.[249] Anfang der 1970er Jahre fügte er als dritte Säule die gezielte Sauerstoffzufuhr (relative Hyperoxämie) zur Stabilisierung des gesunden Gewebes hinzu. Eine Ergänzung dieser systemischen Krebs-Mehrschritt-Therapie im eigent-lichen Sinne durch chemotherapeutische bzw. strahlentherapeutische Elemente sah er bereits Mitte der 1970er Jahre als sinnvoll an.[250]

4. Von der Laborphase zu ersten klinischen Tests

Wie er es immer gehalten hatte, verschaffte sich Ardenne vor Aufnahme eigener Arbeiten auf einem neuen Gebiet zunächst einen umfassenden Überblick über das

---

[246] Zeitzeugeninterview mit dem leitenden Biologen des Forschungsinstituts Manfred von Ardenne, Dr. Paul Gerhard Reitnauer, am 27. 5. 2003.

[247] BArch, DF 4 – 58535 und DF 4 – 58536.

[248] *Ardenne,* systemische Krebs-Mehrschritt-Therapie, S. 13.

[249] *Ardenne,* Spontanremission, S. 635.

[250] *Ardenne,* systemische Krebs-Mehrschritt-Therapie, S. 149 bzw. 157.

vorhandene Wissen und die experimentellen Möglichkeiten. Resultat dieses Bemühens war eine Publikation im Umfang von 64 Seiten in der „Zeitschrift für medizinische Labortechnik".[251] Darin fasste er Methoden zur Messung von Temperatur, Druck, pH-Wert, optischen und elektrischen Größen, Aktionspotentialen sowie von weiteren wichtigen Parametern am menschlichen Körper zusammen. Funktionsprüfungen der Sinnesorgane, physikalische Therapien und Hilfseinrichtungen, wie z. B. Vorrichtungen zur Beatmung oder die künstliche Niere, sind in diesen Tabellen ebenfalls enthalten.

Mit diesen Kenntnissen ausgestattet und in enger Gemeinschaft mit Otto Warburg ging er daran, eine universelle Krebstherapie zu entwickeln. Warburg, der nach den Worten seines Schülers Hans Krebs gerade auf dem für ihn so wichtigen Gebiet der Krebsforschung nicht im erhofften Maße erfolgreich gewesen war,[252] setzte große Hoffnungen in Ardenne und unterstützte diesen durch Bereitstellung von Geräten sowie Chemikalien, die in der DDR nicht oder nur sehr schwer zu beschaffen waren. „Zuckerbrot und Peitsche" setzte er ganz gezielt ein, um Ardenne anzuspornen. Überschwängliches Lob beim Erscheinen der ersten zusammenfassenden Darstellung des Konzepts der Krebs-Mehrschritt-Therapie in Buchform 1967[253] und eine Einladung zur Nobelpreisträgertagung nach Lindau am Bodensee im Jahre 1966 wirkten außerordentlich stimulierend. War er jedoch verärgert, wie beispielsweise über die schikanöse Behandlung seines Fahrers durch die DDR-Behörden bei der Grenzkontrolle, so schreckte er auch nicht davor zurück, mit einem Abbruch der Zusammenarbeit zu drohen.[254] Die enge und anregende Verbindung blieb bis zu Warburgs Tod im August 1970 bestehen, nicht zuletzt deshalb, weil auch Ardenne alles in seinen Kräften stehende dafür tat.[255] Die Hoffnung, als Nachfolger Warburgs die wissenschaftliche Leitung des Instituts in Berlin-Dahlem übertragen zu bekommen, erfüllte sich nicht. Gegen diesen Vorschlag Otto Westphals, der seinen Freund bewunderte und in ihm einen der Helden des 20. Jahrhunderts sah, wandten sich die beiden Nobelpreisträger Adolf Butenandt und Feodor Lynen. Darüber hinaus wäre ein solcher Vorschlag wohl kaum auf Begeisterung in der SED-Führung gestoßen, hätte sich also auch aus politischen Gründen nur schwer realisieren lassen.[256]

---

251 *Ardenne*, Tabellen zur medizinischen Elektronik, S. 1–64.

252 Vgl. *Werner*, Otto Warburg, S. 319.

253 Brief Otto Warburgs vom 1. 4. 1967 (Nachlass, Ordner Dr. Otto Warburg, Jakob Heiss).

254 Brief Otto Warburgs vom 15. 10. 1964 (Nachlass, Ordner Dr. Otto Warburg, Jakob Heiss).

255 Zwei Jahre dauerte es z. B., von den zuständigen DDR-Behörden die Ausfuhrgenehmigung für eine Dogge zu erwirken, die er Warburg zum Geburtstag schenken wollte (vgl. Nachlass, Ordner Dr. Otto Warburg, Jakob Heiss).

256 Brief Manfred von Ardennes an Dean Burk vom 27. 5. 1971 (Nachlass, Ordner Korrespondenz mit Wissenschaftlern 1966–1971, Ordner Prof. Burk).

Auf dem Festkolloquium anlässlich des 75. Geburtstages von Karl Heinrich Bauer, dem Gründer des Heidelberger Krebsforschungszentrums, konnte am 25. September 1965 der Leiter der Chirurgischen Klinik der Medizinischen Akademie Dresden, Richard Kirsch, über erste experimentelle und klinische Erfahrungen mit der Ganzkörperhyperthermie berichten.[257] Dadurch ermutigt, wollte Ardenne die medizinische Forschung in seinem Institut so weit ausbauen, dass sie 20 Prozent der Institutskapazität ausmachen sollte.[258]

In jenen Anfangsjahren wurde die Krebs-Mehrschritt-Therapie nicht nur an der Medizinischen Akademie Dresden, sondern auch an der Klinik für Hautkrankheiten der Universität Leipzig sowie an der Universitätsfrauenklinik in Greifswald getestet. In Greifswald begann 1970 die klinische Erprobung beim weiblichen Genitalkarzinom an insgesamt 66 austherapierten bzw. moribunden Patientinnen. Ende 1972 konnte ein Bericht vorgelegt werden, in dem die Kliniker vorsichtig optimistisch bilanzierten, dass sich mit dem Einsatz der Krebs-Mehrschritt-Therapie ein „Fortschritt in der Krebstherapie" abzeichne.[259] Der Beirat des Forschungsverbandes Geschwulsterkrankungen wertete die Ergebnisse jedoch als „noch nicht reproduzierbar", da nur 14 Fälle wirklich auswertbar wären. Sechs Patientinnen seien innerhalb von sechs Monaten nach der Therapie verstorben und die in einigen Fällen aufgetretenen Verbesserungen könnten, so argumentierten die Gutachter, nicht eindeutig der Krebs-Mehrschritt-Therapie zugeordnet werden. Die klinische Erprobung an der Universitäts-Hautklinik Leipzig, wo 15 Patienten behandelt wurden, solle „wegen ungenügender Erfolge" nicht fortgesetzt werden. An der Medizinischen Akademie Dresden gebe es ebenfalls „keinen Anlass zu Optimismus", so das die Fortsetzung fraglich sei.[260] In einem Brief an Minister Herbert Weiz beklagte sich Ardenne am 14. September 1973 bitter über „falsche Expertenurteile" dieses Gremiums und deutete an, gelegentlich durchaus darüber nachzudenken, „das Forschungsfeld zu verlassen", auf dem ihm „große Schwierigkeiten" bereitet würden und seine Leistungen „so wenig Anerkennung bzw. Verständnis" fänden.[261]

5. Eine „Front der Skepsis, des Unverständnisses und der Opposition"

Der Ablehnung seiner Therapie durch die Mehrheit der Mediziner und der damit einhergehenden Gefahr, keine staatlichen Mittel für die medizinische Forschung zu

---

[257] *Kirsch / Schmidt:* Erste experimentelle und klinische Erfahrungen.

[258] BArch, DF 4 – 58541.

[259] Entwurf zu einem vorläufigen Bericht über Therapie-Frühresultate nach Anwendung der Krebs-Mehrschritt-Therapie v. Ardennes beim weiblichen Genitalkarzinom (BArch, DF4 – 9772, MWT, Sekretariat Dr. Weiz, Institut M. v. Ardenne 1972 – 1975).

[260] BArch, DF4 – 9772, MWT, Sekretariat Dr. Weiz, Institut M. v. Ardenne 1972 – 1975.

[261] Ebd.

erhalten, begegnete Ardenne mit einer offensiven Strategie auf der politischen Ebene und in den Massenmedien. Nicht nur zum Partei- und Staatsapparat im landläufigen Sinne pflegte Ardenne gute Beziehungen. Auch mit dem Ministerium für Staatssicherheit, neben der Staatspartei und der staatlichen Administration die dritte Säule der „Führungstrias" des SED-Staates, wusste er sich zu arrangieren. Innerhalb des eindeutig und unmissverständlich strukturierten politischen Raumes der DDR stieß er mitunter aber auch auf heftigen Widerstand. In einer Sitzung des Volkskammerausschusses für Gesundheitswesen stellten die Abgeordneten im Frühjahr 1970 kritisch fest, dass er „durch Inanspruchnahme der verschiedenen persönlichen Beziehungen [. . .] zu leitenden Funktionären der Partei und des Staates" die Krebs-Mehrschritt-Therapie „zu institutionalisieren" versuche.[262]

Für die mitunter über das Ziel hinaus schießenden euphorischen Darstellungen in der Tagespresse wiederum hatten seine führenden Mitarbeiter wenig Verständnis. Sie hielten diesen Weg, „die Öffentlichkeit mit neuen Erkenntnissen zu überschütten", und dadurch Druck auf die Ärzteschaft auszuüben, für eine „unglückliche Methode".[263] Ardenne war sich durchaus darüber im Klaren, dass seine bereits in der Jugend erkennbare Neigung, so mancher wissenschaftlichen Publikation eine propagandistische Note zu geben und seine Ergebnisse auf spektakuläre Weise zu vermarkten, von vielen seiner Fachkollegen nicht gebilligt wurde.[264] So hatte er z. B. 1967, als die erste Auflage seines Buches „Theoretische und experimentelle Grundlagen der Krebs-Mehrschritt-Therapie" erschien, in dem 40 in unterschiedlichsten Fachzeitschriften bereits veröffentlichte Aufsätze zusammengefasst worden waren, eine große Offensive zur Werbung für sein Konzept gestartet. Er schickte dieses Buch nicht nur den führenden Spezialisten des ost- und westdeutschen Krebsforschungszentrums und namhaften Klinikern, sondern auch einer Reihe von Nobelpreisträgern.[265] Hans Stubbe, Präsident der Akademie der Landwirtschaftswissenschaften und bestens ausgewiesen in Mutations- und Evaluationsforschung, wurde ebenso bedacht wie Max Steenbeck, der Vorsitzende des Forschungsrates, sowie sein mächtiger Förderer und Gönner, der SED-Chef und Vorsitzende des Staatsrates Walter Ulbricht. Denjenigen Krebsforschern in den USA und Japan aber, die seine Arbeiten aufmerksam und mit wohlwollendem Interesse verfolgten, stellte er mit diesem Buch eine solide Grundlage für eigene Arbeiten zur Verfügung. Möglichst viele andere wollte er auf diese Weise für sein Konzept gewinnen.

---

[262] BStU Ast. Dresden, Abt. XVIII-12194, Bl. 125 – 128.

[263] Treffbericht des als IMB „Berger" dem MfS verpflichteten Dr. Winfried Krüger, Abteilungsleiter im biomedizinischen Bereich, vom 21. 5. 1987 (BStU Ast. Dresden, AIM 1081 / 90, Bd. II, Bl. 90 – 91).

[264] Ardenne rechtfertigte sich damit, dass er immer, auch „in Zeiten schlechter Wirtschaftkonjunktur", die Gehälter für zahlreiche Mitarbeiter herbeischaffen musste. Ein Zwang, dem fest angestellte Wissenschaftler nie unterworfen waren (Nachlass, Urfassung der Autobiographie, Ordner 1, S. 89).

[265] Zu den Adressaten gehörten neben Otto Warburg auch Adolf Butenandt (München), Charles Huggins (Chicago), Hans Krebs (Oxford) und Feodor Lynen (München).

Im November 1970 startete Ardenne erfolgreich eine neue Offensive. Es gelang ihm, Ulbricht zu veranlassen, ihn zu einem Vortrag über die fördernde Wirkung des Sauerstoffs und zur Krebsprophylaxe vor den Staatsrat zu laden.[266] Durch diesen geschickten Schachzug geriet das Ministerium für Gesundheitswesen unter Zugzwang. Eine offizielle Stellungnahme wurde unumgänglich. Das Präsidium des Rates für Planung und Koordinierung der medizinischen Wissenschaften beim Minister für Gesundheitswesen befasste sich umgehend mit den Problemen, über die Ardenne im Staatsrat vorgetragen hatte – mit der Krebsprophylaxe, der Prophylaxe von Infektionskrankheiten und der Erhöhung der Lebenserwartung in sehr kurzer Zeit. In seiner Stellungnahme bezeichnete dieses Gremium die Dresdner Forschungen als noch im Fluss befindlich und wissenschaftlich unausgereift. Besonders harsche Kritik erntete Ardenne wegen einer Veröffentlichung in der politischen Wochenzeitung „Horizont", die „nicht erfüllbare Hoffnungen von Kranken und Fehleinschätzungen in der Bevölkerung" befürchten lasse. Es müssten Wege gefunden werden, schrieb Prof. David, der Sekretär des Rates, dass sich „Darstellungen dieser Art in der Öffentlichkeit nicht wiederholen".[267]

Die „Front der Skepsis, des Unverständnisses und der Opposition", wie Ardenne es formulierte, war eine systemübergreifende Erscheinung. Sowohl in der Bundesrepublik, als auch in der DDR gab es viel mehr Gegner als Befürworter seines Konzepts. Zu den Befürwortern, die Ardenne den dringend benötigten Mut zusprachen, gehörten nach dem Tode Warburgs solche bekannten Wissenschaftler wie Rudolf Gross, Direktor der medizinischen Universitätsklinik Köln, der ihm im Februar 1972 schrieb: „Was ich an Ihrer KMT Konzeption bewundere ist, dass Sie – ähnlich wie van Aaken – nicht in Spekulationen verharren, sondern mit der Ihnen eigenen Tatkraft einen praktisch gangbaren Weg aufgezeigt haben."[268] Karl Kupfmüller von der Technischen Hochschule Darmstadt, einer der Mitbegründer der theoretischen Pharmakologie, fand es im Dezember 1972 sehr erfreulich, dass die „exakten Untersuchungsmethoden auch für die Medizin zu so klaren Ergebnissen geführt haben".[269]

Seine Gegner versuchten, eine „deutsch-deutsche Allianz" zu bilden. Ebenfalls im Jahre 1972 wandte sich Hans Gummel, Direktor des Zentralinstituts für Krebsforschung der Akademie der Wissenschaften der DDR, mit einem Brief an Dietrich Schmähl, den Direktor des Instituts für Toxikologie und Chemotherapie des Deutschen Krebsforschungszentrums in Heidelberg, und distanzierte sich von „den Gedanken von Herrn von Ardenne".[270] Trotz aller Skepsis gegenüber dem Anspruch, eine universelle Krebstherapie schaffen zu können, und gelegentlich unterschiedlicher Auffassungen über die nächsten Schritte, akzeptierte Gummel zunächst durch-

---

266 BArch, DQ 109 – 111, Rat für medizinische Wissenschaften beim MfG 1967 – 1975.
267 Ebd.
268 Nachlass, Ordner Wichtige Briefe.
269 Ebd.
270 BArch, DF 4 – 9772, MWT, Sekretariat Dr. Weiz, Institut M. v. Ardenne 1972 – 1975.

aus das Dresdner Team und stand einer Zusammenarbeit keinesfalls ablehnend gegenüber. Als Ardenne sich jedoch einem Mitarbeiter Gummels gegenüber zu der Äußerung hinreißen ließ, dass die Krebsforschung in Berlin-Buch „sehr aufwendig" sei und bisher auch „nichts wesentliches herausgekommen" wäre, zeigte sich dieser „bestürzt und befremdet über Form und Inhalt" solch „übler Nachrede, gegen die sich niemand wehren kann".[271] Ardenne versuchte umgehend, den Schaden zu begrenzen und begründete seine Provokation damit, dass Gummels Resonanz auf die Dresdner Arbeiten bisher nicht seinen Erwartungen entsprochen habe.[272] Statt auf seinem von der Schulmedizin mit Argwohn verfolgten neuen Weg durch geschicktes Verhalten einflussreiche Verbündete zu suchen, schuf sich Ardenne mit dem karrierebewussten und zum Opportunismus neigenden Hans Gummel einen unerbittlichen Gegner.[273]

Im Januar 1973 verfassten Gummel und dessen späterer Nachfolger als Direktor des Zentralinstituts für Krebsforschung, Stefan Tanneberger, eine umfangreiche Expertise zum Konzept der Krebs-Mehrschritt-Therapie.[274] Sie setzten sich ausführlich mit jedem einzelnen Behandlungsschritt und den Ergebnissen der klinischen Tests auseinander, wobei sie sich bei aller nicht zu übersehenden Voreingenommenheit durchaus um ein differenziertes fachliches Urteil bemühten. Sie kamen zu dem Schluss, dass es nicht gerechtfertigt sei, bei der Krebs-Mehrschritt-Therapie von etwas prinzipiell Neuem zu sprechen, da es inzwischen allgemeines Gedankengut sei, in der Krebstherapie eine Vielzahl von Schritten miteinander zu verbinden. Eine universale Krebstherapie könne es nach ihrer Ansicht nicht geben, da die Tumorzellkinetik etwas extrem Individuelles sei, ein Tumor zudem aus mehreren „stem lines mit differentem kinetischen Verhalten" bestehe. Auf die fundamentalen Überlegungen Ardennes zu einer universellen Krebstherapie, die, wie eingangs dargelegt, auf den Warburgschen Erkenntnissen zum Zellstoffwechsel basierten, ließen sich Gummel und Tanneberger nicht ein. Sie erklärten lediglich, dass es seit Jahren ernsthafte Zweifel an den Vorstellungen Warburgs „von *dem* Stoffwechsel *der* Krebszelle" gebe. Sowohl den Messungen Warburgs als auch den experimentellen Ergebnissen der Gruppe um Ardenne an transplantablen Tiertumoren sprachen sie jeglichen Aussagewert ab. Schnell wachsende Tumore an Tieren seien mit menschlichen Krebsgeweben nicht vergleichbar, war hier ihr zentrales Argument. Darüber hinaus hielten sie die Vorstellung von einer selektiven Be-

---

271 Brief Gummels an Ardenne vom 4. 6. 1965 (Nachlass, Korrespondenz mit Wissenschaftlern bis 1965, Ordner F-G).

272 Brief Ardennes an Gummel vom 5. 6. 1965 1965 (Nachlass, Korrespondenz mit Wissenschaftlern bis 1965, Ordner F-G).

273 Im Gegensatz zu Ardenne, der Zeit seines Lebens keiner politischen Partei angehörte, scheute sich Gummel nicht, seine berufliche Karriere durch die Mitgliedschaft in der jeweils staatstragenden Partei zu befördern. Gummel gehörte von 1935 bis 1938 der NSDAP an, war 1935 / 36 Arzt in der HJ und von 1939 bis 1945 Oberarzt an der Uni-Klinik Breslau. 1947 trat er in die SED ein. 1964 wurde er zum Mitglied der Leopoldina gewählt (vgl. *Müller-Enbergs / Wielgohs / Hoffmann,* Wer war wer, S. 290 – 291).

274 BArch, DF 4 – 9772, MWT, Sekretariat Dr. Weiz, Institut M. v. Ardenne 1972 – 1975.

einflussung der Tumorzellen durch Ausnutzung des Gärungsstoffwechsels nicht für generell gültig. Mit ihrer abschließenden Empfehlung, dieses Experiment einzustellen, um nicht uneffektiv Geld auszugeben und das internationale Ansehen der DDR-Wissenschaft nicht zu gefährden, verließen sie endgültig die wissenschaftliche Argumentationsebene. Tanneberger publizierte sein ablehnendes Urteil im August 1973 in der Zeitschrift „Das Deutsche Gesundheitswesen". Der amerikanische Geheimdienst CIA nahm diesen Aufsatz nicht nur zur Kenntnis, sondern auch zu den Akten.[275]

Der Leiter des Forschungsverbandes Geschwulsterkrankungen, Hans Berndt, fand zu einem anderen Urteil. Er schrieb in einer Stellungnahme vom 24. Januar 1973, dass die Fortsetzung der klinischen Erprobung gerechtfertigt sei, obwohl „die experimentellen Befunde in krassem Missverhältnis zur weitreichenden Interpretation" stünden.[276] In einem persönlichen Brief an Ardenne erläuterte er wenige Monate später seine Auffassungen zum Verhältnis von Theorie und Therapie: Aus der Sicht des Arztes zähle die Wirksamkeit einer Therapie mehr als die theoretischen Konzeptionen, die ihr zugrunde liegen. Mit der Bemerkung, dass „wir seit ungefähr 70 Jahren mit Erfolg radiotherapeutisch arbeiten, ohne dass der Wirkungsmechanismus verstanden wäre", unterstrich er diese seine Grundhaltung.[277]

Ardenne war nicht zu beirren und sprach im Gegensatz zu der nicht unkritischen Beurteilung durch den Beirat des Forschungsverbandes für Geschwulsterkrankungen zur gleichen Zeit von „überzeugenden Erfolgen an menschlichen Krebspatienten".[278] Er scheute weder Kosten noch Mühe, um die führenden Krebsforschungszentren in aller Welt auf sein Konzept aufmerksam zu machen und seine Prioritäten zu sichern.[279] Der Widerstand war nach wie vor nicht nur erheblich, sondern mitunter auch so organisiert, dass er nicht zu überwinden war. So lehnte die Zeitschrift „Archiv für Geschwulstforschung" 1975 die Veröffentlichung einer Arbeit des Dresdner Teams „aus sachlichen Gründen" ab, die Ardenne aber nicht mitgeteilt wurden. Seinen Einspruch gegen diese Entscheidung, wovon er auch den stellvertretenden Minister für Gesundheitswesen unterrichtete, wiesen die verantwortlichen Redakteure, Berndt und Schramm vom Institut für Krebsforschung in Berlin-Buch, unter Hinweis auf eine Analyse der Wirkung von Publikationen zur Krebs-Mehrschritt-Therapie aus dem Institut von Ardenne zurück. Mit zwanzig Veröffentlichungen in ihrer Zeitschrift zwischen 1967 und 1974, so argumentierten sie, stünde Ardenne an der Spitze aller Autoren. Allerdings würden seine Arbeiten

---

275 NARA CREST, C.I.A. records search tool, CIA-RDP91–00403R000100030013–9.

276 BArch, DF4–9772, MWT, Sekretariat Dr. Weiz, Institut M. v. Ardenne 1972–1975.

277 Nachlass, Korrespondenz mit Wissenschaftlern, Januar 1972-Dezember 1975, Ordner Prof. Berndt.

278 *Ardenne*, Ein glückliches Leben, S. 338.

279 1979 z. B. richtete er für den Nachdruck einer englischsprachigen Veröffentlichung in der führenden japanischen Krebszeitschrift eine eigene Druckerei ein und schickte 2.500 Exemplare dieses Aufsatzes an die bedeutendsten Onkologen der Welt.

„überdurchschnittlich wenig von anderen Autoren und Zeitschriften zitiert", wie sie anhand des so genannten „Science Citation Index" zeigen konnten. In der Häufigkeit der Eigenzitate stünde er allerdings weit vorn. Berndt und Schramm zogen daraus den Schluss, dass Ardennes Veröffentlichungen „von anderen Wissenschaftlern offenbar kaum zur Kenntnis genommen" würden.[280]

6. Das rasche Ende der klinischen Erprobung in der Bundesrepublik

Immer wieder mit den begrenzten Möglichkeiten und knappen Ressourcen des zentralistisch reglementierten Gesundheitswesens der DDR konfrontiert, bemühte sich Ardenne intensiv um eine klinische Erprobung seines Konzepts unter den Bedingungen größerer Freiräume und ausreichender Mittel für innovatives ärztliches Handeln. Nicht zuletzt deshalb setzte er große Hoffnungen auf private Sponsoren und Länder wie die Bundesrepublik Deutschland, Österreich und die Schweiz. Der geistige Vater der Krebs-Mehrschritt-Therapie empfand in jenem frühen Stadium der Ausformung seines innovativen Ansatzes die dynamische Forschung auf der einen und die zögerliche Erprobung am Menschen auf der anderen Seite als Dilemma, für dessen Auflösung er auch ungewöhnliche Wege zu gehen bereit war. Große Unterstützung erfuhr er durch den Industriellen Erwin Braun, der sich sehr für alternative medizinische Konzepte interessierte und diese auch großzügig förderte. Braun, der in der Schweiz eine Kurklinik betrieb, bestellte bereits 1971 bei Ardenne die erforderliche Technik, um die Krebs-Mehrschritt-Therapie dort praktizieren zu können.[281] Da es angesichts der verbreiteten Ablehnung seiner Therapie aussichtslos schien, sich um einen Partner in der Industrie zu bemühen, der bereit gewesen wäre, Hyperthermie-Einrichtungen zu entwickeln und zu fertigen, entschloss sich Ardenne Ende 1971, diese in seinem Institut in einer kleinen Serie selbst zu bauen. Abhängig von der Auftragslage, so schrieb er Erwin Braun, denke er an fünf bis zehn Stück.[282]

Die von Braun bestellte „Hyperthermie-Wanne" konnte im Dezember 1972 von der DDR-Firma „intermed" nach Basel geliefert werden. Braun hatte den Kaufpreis in Höhe von 65.000 $ bereits am 1. Juli im Voraus bezahlt.[283] Nach dem plötzlichen Tod des leitenden Arztes seiner Kurklinik, den Ardenne mit der Aussicht auf die Verleihung der Ehrendoktorwürde zu stimulieren suchte,[284] gelang es

---

[280] Nachlass, Korrespondenz mit Wissenschaftlern, Januar 1972-Dezember 1975, Ordner Prof. Berndt.

[281] Nachlass, Korrespondenz mit Erwin Braun, Ordner April 1971-Juni 1974.

[282] Brief an Erwin Braun vom 6. 12. 1971 (Nachlass, Ordner MWT Januar 1967-Dezember 1971).

[283] Nachlass, Korrespondenz mit Erwin Braun, Ordner April 1971-Juni 1974.

[284] In einem Brief schrieb Ardenne am 21. 6. 1972 an Braun, dass sich das „Dr. h.c.-Problem für Herrn Jenny", entgegen seiner ursprünglichen Auffassung, in Münster schlecht

Braun jedoch nicht, führende Krebsspezialisten der Schweiz und Österreichs zu überzeugen, die dadurch frei verfügbare Einrichtung zu übernehmen und die Krebs-Mehrschritt-Therapie klinisch zu erproben. Sein Optimismus, mit der „angekündigten Hilfe von Staat und Kirche" werde das Krebszentrum in Wien sogar mehrere Behandlungsplätze einrichten, erwies sich ebenfalls als übertrieben.[285] Auch eine Spende des Industriellen an das Institut für Krebsforschung der Universität Wien konnte letzten Endes den Durchbruch nicht bewirken.[286]

Eine große Chance schien sich im Juni 1972 zu eröffnen. Felix Wankel, der Erfinder des nach ihm benannten Rotationskolbenmotors, wandte sich mit der Bitte an Ardenne, am städtischen Krankenhaus in Lindau eine Zweigstelle des Dresdner Instituts für die Behandlung Krebskranker nach dem Verfahren der Krebs-Mehrschritt-Therapie einrichten zu dürfen. Wankel garantierte die Finanzierung, damit diese „segensreichen Forschungsergebnisse" auch in der Bundesrepublik „den Krebskranken zugute kommen könnten".[287] Angesichts der nicht nachlassenden Widerstände innerhalb der offiziellen DDR-Medizin und der permanenten Schwierigkeiten, kompetente Partner für die klinische Evaluation zu finden, kam dieses überraschende Angebot eines prominenten Mäzens sehr gelegen. Dieser Zufall sollte aber nicht nur eine fördernde Wirkung zeitigen. Ardenne lernte das gesamte Spektrum möglichen Einflusses zufälliger Ereignisse kennen, bis hin zu absolut schädigenden Auswirkungen eines gut gemeinten Engagements. Wankel hatte, und das sollte sich verhängnisvoll auswirken, bei der Wahl seiner Berater in jener Zeit nicht immer eine glückliche Hand.

Personalquerelen am Kreiskrankenhaus Lindau führten dazu, dass Wankel sich zunächst einen anderen klinischen Partner suchen musste. Er fand diesen in der Karl-Olga-Klinik im benachbarten Friedrichshafen, die von Paul Schostok geleitet wurde. Schostok, ein 1914 geborener erfahrener Chirurg und Anästhesist, war zugleich außerplanmäßiger Professor an der Universität Gießen. Bereits im Februar 1973 konnte der Vertrag über die Lieferung einer Krebs-Mehrschritt-Therapie-Einrichtung mit der Wankel-Stiftung abgeschlossen werden. Das finanzielle Engagement der Stiftung belief sich insgesamt auf etwa eine Million DM und veranlasste die Gegner dieser Therapie, unter Hinweis auf die großzügige Förderung „wissen-

---

ankurbeln ließ. Er werde deshalb gemeinsam mit dem renommierten Kurt Schwabe, Emeritus und Mitglied zahlreicher in- und ausländischer Gelehrtengesellschaften, einen Weg in Dresden suchen. Diese Bemühungen stellte er ein, als er die Nachricht vom Tode Dr. Jennys erhielt. (Nachlass, Korrespondenz mit Erwin Braun, Ordner April 1971-Juni 1974).

285 Brief Brauns vom 18. 3. 1972 an Ardenne (Nachlass, Korrespondenz mit Erwin Braun, Ordner April 1971-Juni 1974).

286 Prof. H. Wrba, Vorstand des Instituts für Krebsforschung der Universität Wien, bestätigte am 28. März 1973 in einem Schreiben an Erwin Braun den Erhalt einer Spende in Höhe von 50.000 ÖS und erklärte seine Bereitschaft, „unter den seinerzeit besprochenen Umständen" die Einrichtung für die Krebs-Mehrschritt-Therapie einzusetzen. (Nachlass, Korrespondenz mit Erwin Braun, Ordner April 1971-Juni 1974).

287 Nachlass, Korrespondenz mit Wissenschaftlern, Januar 1972-Dezember 1974, Ordner Dr. Felix Wankel.

14*

Abb. 19: Manfred und Bettina von Ardenne
Ende der 1970er Jahre im Hotel Dolder in Zürich.

schaftlich unsicherer und höchst problematischer Vorhaben", ihrerseits einen Beitrag zur Finanzierung eigener Initiativen von Wankel zu fordern. Nachdem dieser
sich gegen den anmaßenden Ton der Forderung von Klaus Goerttler vom Heidelberger Krebsforschungszentrum verwahrt und eine Spende in Höhe von 30.000 DM
verweigert hatte, schrieb Maier-Borst vom Institut für Nuklearmedizin des Krebsforschungszentrums einen offenen Brief an den Oberbürgermeister und den Ge-
meinderat der Stadt Friedrichshafen, in dem er u. a. behauptete, dass die Einführung dieser Therapie „bisher an ihrer eigenen Aussichtslosigkeit" und dank „dem
Verantwortungsbewusstsein der jeweiligen Ärzte" gescheitert sei.[288] Darüber
hinaus stellte der Verfasser des offenen Briefes auch die Kompetenz der Ärzte der
Karl-Olga-Klinik in Frage. Diese Attacke sollte sich als außerordentlich folgen-
reich erweisen.

Mit allen Kräften versuchte Ardenne, eine Fortsetzung der Zusammenarbeit mit
der Karl-Olga-Klinik zu erreichen. Auch Paul Schostok hätte gern an der von ihm
als genial bezeichneten Konzeption weiter gearbeitet.[289] Denn er hatte auf Anhieb
ein ermutigendes Ergebnis erzielt – bereits am 4. Oktober 1973 unterrichte er Ardenne, dass der erste Patient die Krebs-Mehrschritt-Therapie „sehr gut überstan-
den" habe.[290] In wenigen Wochen wurden unter der Verantwortung von Schostok
insgesamt elf tumorkranke Patienten behandelt.[291] Auf dem Höhepunkt der vom

---

[288] Ebd.

[289] Nachlass, Korrespondenz mit Wissenschaftlern, Januar 1972-Dezember 1975, Ordner
Schf-Schz.

[290] Ebd.

[291] Bericht Dr. Lippmanns über die „Durchführung der klinischen Prüfung des Krebs-
Mehrschritt-Therapie-Konzeptes v. Ardennes" vom 20. 1. 1974 (Nachlass, Korrespondenz
mit Wissenschaftlern, Januar 1972-Dezember 1975, Ordner Schf-Schz).

Heidelberger Krebsforschungszentrum ausgelösten und in der Bundesrepublik kontrovers geführten öffentlichen Debatte stellte sich das Ministerium für Gesundheitswesen gegen Ardenne und untersagte ihm, persönlich Stellung zu nehmen. Nachdem Otto Westphal sich hinter das Konzept der Krebs-Mehrschritt-Therapie gestellt hatte, traten der Südwestfunk Baden-Baden, die Deutsche Welle und der Westdeutsche Rundfunk mit der Bitte um ein Interview an Ardenne heran. Die Weisung des Staatssekretärs Leupold befolgend, erklärte er, gegenwärtig so überlastet zu sein, dass ihm die Zeit für Interviews fehle.[292]

Ein wesentliches Argument von Gegnern und Kritikern in wissenschaftlichen wie auch öffentlichen Debatten in Ost und West war die unzureichende medizinische Kompetenz des Physikers Ardenne. Schostok wollte diese „offene Flanke" dadurch schließen, dass künftig nicht Ardenne, sondern der als Diabetesspezialist bestens ausgewiesene Medizinalrat und Dozent Hans Georg Lippmann als für alle klinischen Fragen zuständiger Experte benannt werde. Auch Felix Wankel sah es als zweckmäßig an, diese Kompetenzverteilung in künftigen Debatten deutlich erkennbar werden zu lassen. Das konnte Ardenne akzeptieren. Den Vorschlag jedoch, auf einer Veranstaltung in Mainz, die nach Schostoks Auffassung in der gegenwärtigen kritischen Phase „eine ganz entscheidende Rolle bei der Weiterentwicklung der Krebs-Mehrschritt-Therapie in der BRD spielen" werde, neben Lippmann auch den theoretischen Physiker Frank Rieger auftreten zu lassen, hielt er für kontraproduktiv. Rieger hatte in seinen Arbeiten zur in-vivo-Theorie des Gärungsstoffwechsels der Krebsgeschwülste erstmals ein brauchbares Modell für das Zusammenspiel von Geschwulstwachstum, Übersäuerung und Glukoseversorgung entwickelt. Ein Teil der Krebsforscher lehnte allerdings theoretische Modellierungen generell ab, die wegen ihres hohen Abstraktionsgrades in der Tat schwer verständlich waren. Dieser hochbegabte, politisch jedoch unglaublich naive junge Physiker, der sich selbst über einige Jahre in der Rolle eines Kronprinzen seines Chefs sah, hatte diesen jedoch zu kompromittieren versucht und gehörte zu jener Zeit bereits nicht mehr zum Mitarbeiterstamm.[293] Mit Riegers Ausscheiden wurden die theoretischen Arbeiten zur Modellierung des Stoffwechsels von Krebszellen, die einen wichtigen Beitrag zum grundlegenden Verständnis dieses Phänomens innerhalb des Dresdner Teams leisteten, eingestellt und später auch nie wieder aufgenommen.

Im Vorfeld der entscheidenden Sitzung des Stadtrates von Friedrichshafen zur Fortsetzung der klinischen Erprobung in der Karl-Olga-Klinik versuchte Ardenne

---

[292] Brief an Staatssekretär Leupold vom 16. 8. 1973 (Nachlass, Ordner MWT Januar 1972-Dezember 1979).

[293] In seiner Eigenschaft als Parteisekretär des Instituts hatte Rieger sich in einer Stellungnahme für die Bezirksleitung Dresden abwertend über die Kandidatur seines Chefs für die Volkskammer geäußert. Deren 1. Sekretär, Werner Krolikowski, hatte Ardenne das Papier zur Kenntnis gegeben. Rieger brachte darin seine Überzeugung zum Ausdruck, dass Ardenne als Abgeordneter nur sich selbst und seine eigenen Interessen vertreten werde. (Zeitzeugeninterview mit Frank Rieger am 12. 3. 2003).

mit Hilfe der „Frankfurter Allgemeinen" und des Burda-Verlages in der Bundesrepublik eine Pressekampagne „gegen das unmögliche Handeln von Oberbürgermeister Dr. Flemming" zu inszenieren.[294] Das Engagement der „Frankfurter Allgemeinen" für die Krebs-Mehrschritt-Therapie hatte dem verantwortlichen Redakteur bereits im Mai 1973 eine Privatklage des Heidelberger Toxikologen Prof. Schmähl eingebracht, die mit einem Vergleich endete.[295] Trotz dieser Unterstützung lehnte der Stadtrat von Friedrichshafen schließlich am 23. Januar 1974 den Antrag Schostoks ab, gemeinsam mit der Wankel-Stiftung die Erprobung fortsetzen zu dürfen.

Wankel war durch die Angriffe aus Heidelberg so stark verunsichert, dass er Ardenne vorwarf, er habe ihm gegenüber den Stand der Krebs-Mehrschritt-Therapie übertrieben optimistisch dargestellt. Im März 1974 bezichtigte er ihn gar des Realitätsverlustes bei dem Versuch, seinen großen Lebenstraum zu erfüllen, und verlangte die Rückerstattung des Kaufpreises oder die Rücknahme der Hyperthermie-Wanne.[296] Mit Schreiben vom 14. Februar 1974 entzog Ardenne seinerseits dem Karl-Olga-Krankenhaus das Recht, künftige klinische Einsätze der Krebs-Mehrschritt-Therapie durch seinen Namen zu autorisieren,[297] hatte er doch mit der Hyperthermieeinrichtung auch das klinische Know-how seiner Therapie an die Wankel-Stiftung verkauft,[298] und beendete damit das Kapitel „Friedrichshafen".

Das Verhältnis zwischen Ardenne und Felix Wankel war durch diese Ereignisse zunächst nicht nachhaltig beschädigt worden. Wankel hoffte, mit Hilfe des einflussreichen Partners kommerzielle Beziehungen zur DDR aufzubauen und sich einen Kundenkreis schaffen zu können. Ardenne bemühte sich sehr, das Interesse der zuständigen Ministerien für den Wankel-Motor sowie ein „Delphin-Schnellboot" für den Seerettungsdienst zu wecken. Nicht zuletzt war Wankel auch aus ganz persönlichen Gründen an der Anwendung der Sauerstoff-Mehrschritt-Therapie interessiert. Vor diesem Hintergrund erscheint die Meldung im „Südkurier" vom 9. März 1974 über die Eröffnung eines von der Wankel-Stiftung in Lindau errichteten medizinischen Instituts, in dem u. a. Behandlungen mit der Sauerstoff-Mehrschritt-Therapie nach Professor von Ardenne durchgeführt würden, keines-

---

[294] Nachlass, Korrespondenz mit Wissenschaftlern, Januar 1972-Dezember 1974, Ordner Dr. Felix Wankel.

[295] Brief des Rechtsanwaltes Dr. Lange an die Direktion der Frankfurter Allgemeinen vom 28. 1. 1974 (Nachlass, Korrespondenz mit Wissenschaftlern, Januar 1972-Dezember 1975, Ordner Schf-Schz).

[296] Nachlass, Korrespondenz mit Wissenschaftlern, Januar 1972-Dezember 1974, Ordner Dr. Felix Wankel.

[297] Nachlass, Korrespondenz mit Wissenschaftlern, Januar 1972-Dezember 1975, Ordner Schf-Schz.

[298] Mit diesem Argument begründete Ardenne in einem Brief vom 25. 2. 1974 an Wankel den aus dessen Sicht unangemessen hohen Kaufpreis (Nachlass, Korrespondenz mit Wissenschaftlern, Januar 1972-Dezember 1974, Ordner Dr. Felix Wankel).

wegs überraschend. Etwa ein Jahr später konnte in Bonn-Bad-Godesberg ein „Institut für Spezial-Therapie" eröffnet werden, das ebenfalls von der Wankel-Stiftung gefördert wurde und „Kreislaufbehandlung nach den Methoden von Professor von Ardenne" anbot.[299] Es gab darüber hinaus aber auch von Wankel zumindest mit Wohlwollen begleitete weitere Bemühungen, die Krebs-Mehrschritt-Therapie in der Bundesrepublik einzuführen.

Im Juni 1977 brach der Konflikt erneut aus, als Wankel die Darstellung der Gründe für den Abbruch der Erprobung der Krebs-Mehrschritt-Therapie in der Karl-Olga-Klinik durch Ardenne in der vierten Auflage seiner Memoiren als unwahr bezeichnete. Nicht der offene Brief aus dem Heidelberger Krebsforschungszentrum habe ihn veranlasst, sein Engagement zu beenden, schrieb Wankel an Ardenne, sondern „die entsetzliche Reihe der rasch eingetretenen Todesfälle" – ein Argument, das in den Auseinandersetzungen des Jahres 1973 aber nirgends auftauchte. In ungewöhnlich scharfen Worten griff er Ardenne an und verlangte, die noch immer bei ihm stehende „Überwärmungswanne" zurück zu nehmen.[300] Ardenne wies die medizinisch argumentierenden Angriffe mit dem Hinweis darauf zurück, dass in der damaligen Einarbeitungsphase des Teams um Schostok einvernehmlich überwiegend „inkurable ja moribunde Patienten" ausgewählt worden seien. Bei einem der drei nicht moribunden Patienten sei ganz offensichtlich ein Heilungserfolg erzielt worden, schrieb er. Dieser habe 1975 in „ausgezeichnetem Allgemeinzustand" seine Verwandten in Dresden besucht.[301] Medizinalrat Lippmann verwies in seiner fundierten Stellungnahme darauf, dass Schostok die Ergebnisse damals als ermutigend bezeichnet habe und auf dieser Grundlage die systematische klinische Prüfung in Friedrichshafen einleiten wollte. Dass die Auseinandersetzung nicht sachlich geführt, sondern von Emotionen dominiert wurde, zeigt ein schon aus Gründen formaler Logik unzulässiges Argument, mit dem Lippmann die Reihe gegenseitiger Schuldzuweisungen erweiterte. Ein „vermeintliches Fehlresultat", so behauptete er, habe seine Ursache in „mangelnder Konsequenz bei der Durchführung einer systematischen klinischen Prüfung seitens der Wankel-Stiftung".[302] Darüber hinaus wies er in seinem Ärger dem Mäzen Wankel eine medizinische Verantwortung zu, die dieser niemals angestrebt hatte noch jemals hätte wahrnehmen können. Der leitende Mediziner Lippmann wollte offensichtlich seinen Chef nachdrücklich ermutigen, die Beziehungen zu Wankel endgültig abzubrechen.

Das ganze Ausmaß der unglücklichen Begleitumstände dieses Friedrichshafener Experiments wurde erst im Zusammenhang mit Wankels Strafanzeige vom 21. Juni 1977 gegen seinen Verbindungsmann zu Ardenne und Schostok, den Arzt Joannis Georgoulis, offensichtlich, den er des Betruges verdächtigte. „Das

---

299 Nachlass, Korrespondenz mit Wissenschaftlern, Januar 1972-Dezember 1974, Ordner Dr. Felix Wankel.

300 BStU Ast Dresden, MfS, BV Dresden, Abt. XVIII-12198, Bl. 163–164.

301 Ebd., Bl. 172–174.

302 Ebd., Bl. 175–176.

war ein Mensch, den ich fachlich und auch menschlich für eine Katastrophe gehalten habe und auch heute noch halte", fasst Paul Schostok sein Urteil zusammen.[303] In seiner schriftlichen Stellungnahme für die Kriminalpolizei in Lindau zum Engagement Wankels in der Krebstherapie stellte er klar, dass für die Erprobung damals „völlig aussichtslose, mit zahlreichen Tochtergeschwülsten durchsetzte Patienten" ausgewählt worden seien, „die kurz vor ihrem natürlichen Tod standen".[304] Er widerlegte anhand der Krankenakten die Behauptung von Georgoulis, dass „sieben Krebspatienten, die noch nicht schwer krank waren, durch die oder während der Behandlung nach der Ardenne-Methode verstorben wären". Schostok verzichtete in dieser schwierigen Situation darauf, sich für ein Krebsforschungsinstitut stark zu machen, das durchaus in das zu jener Zeit gerade im Bau befindliche neue Krankenhaus der Stadt Friedrichshafen zu integrieren gewesen wäre. Dagegen „stand der Beschluss der Gemeinde" und dagegen „schoss das Krebsforschungszentrum Heidelberg".[305]

Für einen der Beteiligten wirkte die Episode Friedrichhafen mehr als sieben Jahre lang als bedrückender Alptraum nach. Hans Georg Lippmann, der vom 16. September bis zum 4. Oktober 1973 die klinische Erprobung in Friedrichshafen begleitete, geriet aufgrund einer Denunziation ins Visier der Stasi. Wankels Vertrauter, der umtriebige Georgoulis, deutete in einem Gespräch mit Ardenne an, dass Lippmann keineswegs mit schroffer Ablehnung auf Überlegungen reagiert habe, die DDR zu verlassen, um die Arbeiten zur Einführung der Krebs-Mehrschritt-Therapie in Friedrichhafen voran zu treiben. Ardenne, der nach Lippmanns Abreise noch einige Tage in der Bundesrepublik geblieben war, erkannte sofort nicht nur die politische Brisanz einer möglichen „Republikflucht" seines wichtigsten klinischen Mitstreiters, sondern auch die fatalen Auswirkungen auf die wissenschaftliche und klinische Arbeit an seiner Therapie. Umgehend rief er Wankel an, der nach einigen Ausflüchten solche Gespräche mit Lippmann bestätigte. Danach sah er keinen anderen Weg, als sich mit Hilfe des MfS vor dem befürchteten Verlust von Lippmann zu bewahren. Unmittelbar nach dem Passieren der Grenze informierte er Hauptmann Schadel und Oberleutnant Schmidtke von der Bezirksverwaltung Dresden über den Verdacht einer beabsichtigten „Republikflucht". Das hatte für Lippmann eine sofortige Reisesperre von drei Monaten zur Folge. Einmal ins Visier der Stasi geraten, wurde er zur Zusammenarbeit mit dem MfS gezwungen – „unter Druck geworben", wie es im internen Jargon hieß. Allerdings erfüllte Lippmann die Erwartungen seines Führungsoffiziers nicht, „als Hausarzt des Prof. Ardenne Informationen aus dem privaten Bereich zu erlangen". Stattdessen scheiterten alle Versuche, „den IM unmittelbar in die Personenbearbeitung einzuführen", da dieser sich „diesen Aufträgen geschickt entzog." Erst im Juni 1981 endete

---

[303] Gespräch mit Prof. Schostok am 2. 9. 2003.

[304] In dieses Dokument gewährte Prof. Schostok dem Verfasser anlässlich eines Gesprächs am 2. 9. 2003 Einblick.

[305] Gespräch mit Prof. Schostok am 2. 9. 2003.

für Lippmann dieses bedrückende Kapitel.[306] Vorwürfe gegen seinen damaligen Chef erhebt er auch heute nicht. Im Gegenteil, er äußert Verständnis. „Republikflucht", so schrieb er am 6. Juli 2004, „galt als eines der größten Verbrechen und auch ein gesellschaftlich hochangesehener Mann konnte es sich gegenüber der DDR-Regierung nicht leisten, dies vermeintlich zu decken".[307]

7. Erste Anzeichen von Akzeptanz in der DDR

Im November 1972 erhielt Ardenne auf Einladung des Ministeriums für Gesundheitswesen der Sowjetunion die Gelegenheit, in Moskau, Leningrad und Minsk seine Krebs-Mehrschritt-Therapie vorzustellen.[308] Langsam schien sich eine Versachlichung des Verhältnisses zu seinen medizinischen Widersachern in der DDR anzubahnen, die er selbst als „signifikanten Stimmungsumschwung" empfand. Wenige Tage nach einer Sitzung im Zentralinstitut für Krebsforschung in Berlin-Buch schrieb er am 21. Januar 1974 an den Freund Erwin Braun, dass an die Stelle der „feindlichen Atmosphäre" nunmehr „die Atmosphäre wissenschaftlicher Sachlichkeit" getreten sei.[309] Das bedeutete allerdings keineswegs, dass die zuständigen staatlichen Institutionen darauf verzichteten, massiv in die Freiheit der Wissenschaft einzugreifen. Im Zusammenhang mit der Genehmigung einer Reise nach Wien forderte der stellvertretende Minister für Wissenschaft und Technik, bei allen Vorträgen „die Darstellung Ihrer Ergebnisse, insbesondere der klinischen KMT-Erprobung, mit dem Ministerium für Gesundheitswesen abzustimmen".[310]

Trotz dieser Auflagen entschloss Ardenne sich, in den Vereinigten Staaten persönlich für sein Konzept zu werben. In der Zeit vom 26. April bis zum 26. Mai 1975 hielt er mit mäßigem Erfolg eine Reihe von Vorträgen in Krebsforschungszentren und Universitäten. Er besuchte das Memorial Sloan Kettering Cancer Center und das Mount Sinai Medical Center in New York, das National Cancer Institute in Bethesda, Maryland, sowie die Universität von Alabama in Birmingham. So enttäuschend die teilweise überaus geringe Resonanz für ihn selbst auch war, nahm das FBI eine Reise zu den Akten, die das State Department mit der Begründung befürwortet hatte, dass sie der „Förderung von wissenschaftlicher und medizinischer Forschung" diene.[311]

Zur „wissenschaftlichen Sachlichkeit" wollten sich aber zunächst keineswegs alle Beteiligten bekennen. Unter Federführung des Sekretärs des Wissenschaftli-

---

[306] Vgl. BStU Ast. Dresden, AIM 2315/81.

[307] Brief Prof. Lippmanns an den Verfasser.

[308] *Ardenne,* Sechzig Jahre, S. 440.

[309] Nachlass, Korrespondenz mit Erwin Braun, Ordner April 1971-Juni 1974.

[310] Brief an Ardenne vom 2. 12. 1974 (Nachlass, Ordner MWT Januar 1972-Dezember 1979).

[311] NARA FBI file for Manfred von Ardenne, Rg. 65 230/86/11/05, Class#105, File #437110, Box#021.

chen Rates beim Ministerium für Gesundheitswesen der DDR, David, entstand im Frühjahr 1975 eine Beurteilung der klinischen Erprobung der Krebs-Mehrschritt-Therapie, die inzwischen in Dresden, Greifswald und Magdeburg-Lostau stattgefunden hatte.[312] Diese in drei unterschiedlichen Bearbeitungsstufen überlieferte Stellungnahme lässt erkennen, dass die unmittelbare und vehemente negative Erstbewertung durch die Gutachter eine zutiefst emotionale Reaktion war und kaum mit wissenschaftlichen Argumenten gestützt wurde. Erst die Debatten über den jeweiligen Entwurf innerhalb des Rates führten dann offenbar dazu, dass der innovative Ansatz des Konzepts zur Kenntnis genommen und akzeptiert werden musste.

So hieß es in der ersten Fassung: „Es ist eine Tatsache, dass jede der praktisch im jährlichen Rhythmus auftretenden Neufassungen seiner Behandlungsvorschläge jeweils als *das* Mittel zur Krebsbehandlung dargestellt wurde und mitunter die Nichtanwendung seines Schemas als unverantwortlich von ihm gerügt wurde. Das Präsidium des Rates ist der Auffassung, dass die jetzt vorliegende Konzeption sich in der rationalen Beweisführung und emotionalen Argumentation nicht von früheren Konzeptionen unterscheidet." Diese Passage strich David später vollständig und ersetzte sie durch eine zurückhaltende Würdigung des Konzepts, das zu „interessanten neuen Vorstellungen über bestimmte Therapieprinzipien und zur Entwicklung von für die DDR neuen und interessanten Geräten" geführt habe. Auch „zahlreiche Anregungen" für die medizinische Forschung seien erbracht worden. Der Rat sprach sich für eine Überprüfung der Konzeption des Jahres 1974 „an wenigen klinischen Einrichtungen" unter Mitwirkung des Dresdner Teams aus, lehnte jedoch eine Unterstützung „sich ständig modifizierender Konzeptionen" kategorisch ab. Die staatliche Förderung belief sich Mitte der 1970er Jahre auf etwa 900.000 Mark (der DDR) pro Jahr.[313] Bis einschließlich 1973 hatte das Institut insgesamt etwa zehn Millionen Mark an staatlichen Zuschüssen für die Krebsforschung erhalten.[314] Einer Forderung des Politbüros Folge leistend, verlieh die Medizinische Akademie Dresden im Dezember 1978 Ardenne die Ehrendoktorwürde „für seine Leistungen auf dem Gebiet der Elektronenmikroskopie und Medizintechnik".[315] Trotz aller politischen Implikationen und selbst angesichts der Tatsache, dass seine Gegner im Senat die ausdrückliche Erwähnung der Krebsforschung in der Laudatio verhindern konnten, bedeutete die Verleihung des Titels „Dr. med. h. c." wohl auch die Anerkennung seines Engagements auf diesem Gebiet.

Durch die gewachsene Akzeptanz ermutigt, wandte sich Ardenne am 30. September 1975 mit der Bitte an Schostok, die klinische Erprobung der Krebs-Mehr-

---

[312] BArch, DQ 109 – 111, Rat für medizinische Wissenschaften beim MfG 1967 – 1975.

[313] Nachlass, Korrespondenz mit Wissenschaftlern, Januar 1972-Dezember 1975, Ordner Prof. H. Berndt.

[314] Brief Ardennes an Wankel vom 25. 2. 1974 (Nachlass, Korrespondenz mit Wissenschaftlern, Januar 1972-Dezember 1974, Ordner Dr. Felix Wankel).

[315] Vgl. *Scholz,* Die Medizinische Akademie, S. 200 f.

schritt-Therapie in Friedrichshafen wieder aufzunehmen.[316] Nach langem Schweigen antwortete Schostok im August 1977. Aufgrund extremer Arbeitsüberlastung infolge des Umzuges in sein neues Krankenhaus und einer gewissen Resignation nach den Auseinandersetzungen mit Wankel habe er bisher noch nicht die Kraft gefunden, dieses Projekt erneut in Angriff zu nehmen. Mit der Bemerkung, dass er natürlich überlege, wie und wo er nach seinem Ausscheiden aus dem Dienst der Stadt Friedrichshafen die Prüfung der Krebs-Mehrschritt-Therapie fortsetzen könne, unterstrich er sein ungebrochenes Interesse[317]. Zu praktischen Schritten ist es aber nicht mehr gekommen.

Natürlich gab es für Ardenne nicht nur Misserfolge bzw. von seinen Widersachern als solche interpretierte klinische Ergebnisse. Das hätte auch ein an seiner Idee unerschütterlich fest haltender, nie den Glauben an sich selbst verlierender Wissenschaftler, der er nun einmal war, auf Dauer nicht ausgehalten. Zwischen 1974 und 1978 behandelte der Gynäkologe Bodo Sarembe in der Frauenklinik der Medizinischen Akademie Dresden 25 Patientinnen mit Zervix-Karzinomen nach dem Ardenneschen Konzept. Die Ergebnisse bewertete Ardenne später als „klinischen Beweis der hohen therapeutischen Effizienz" seines Konzepts.[318] Zu den ermutigenden Lichtblicken gehörten auch die erfolgreiche Behandlung eines Klarzellensarkoms am Knie im Jahre 1977 sowie das weitgehende Verschwinden eines Sarkoms am rechten Oberschenkel bei einem Patienten von Professor Reinhard Barke in Dresden innerhalb von drei Wochen. Welch euphorische Reaktionen solche Einzelfälle bei ihm auslösten, verdeutlicht ein Brief, den er im November 1979 an den stellvertretenden Minister für Gesundheitswesen schrieb. Darin hob er, „unabhängig von der jetzt noch nicht zu beantwortenden Frage, ob totale Heilung eintritt", eine Eigenschaft seiner Therapie hervor, nämlich dass sie beliebig oft am Patienten zu wiederholen sei, wodurch „erstmals mindestens ein Leben mit dem Krebs" möglich werde.[319]

8. Klinische Studie an der Medizinischen Akademie Dresden

Durch solche Einzelergebnisse stimuliert, mit denen er sein Konzept bestätigt sah, verstärkte Ardenne Anfang der 1980er Jahre seine Bemühungen, endlich eine

---

[316] Nachlass, Korrespondenz mit Wissenschaftlern, Januar 1972-Dezember 1975, Ordner Schf-Schz.

[317] Nachlass, Korrespondenz mit Wissenschaftlern, Januar 1976-Dezember 1980, Ordner Sch.

[318] Diese Behandlungen wurden in den 1980er Jahren in einer Dissertation ausgewertet. Sowohl die Sterbe- wie auch die Metastasierungsrate waren deutlich geringer als in einer konventionell behandelten Vergleichsgruppe (Nachlass, Brief Ardennes vom 26. 9. 1985 an das MfG, das ZK der SED, den 1. Sekretär der BL Dresden der SED, den Leiter der BV Dresden des MfS und andere); vgl. auch *Scholz*, Die Medizinische Akademie S. 229.

[319] BArch, DQ 1 – 15038, Medizinische Forschung und Bildung – Prof. Schönheit, Dokumente / Schriftwechsel betr. Prof. v. Ardenne 1980 – 1990.

aussagekräftige und unanfechtbare klinische Studie in Angriff nehmen zu können. Wie das Institut als Ganzes, so war in den vergangenen Jahren auch die Kapazität der medizinischen Abteilungen gewachsen. 1985 beschäftigten sich in zwei der insgesamt sechs Hauptabteilungen (die Hauptabteilung „Biomedizinische Grundlagenforschung" mit 33 und die Hauptabteilung „Biomedizinische Technik" mit 30 Mitarbeitern) 63 von 494 Beschäftigten mit medizinischen Problemen.[320] Das waren immerhin etwa 13 Prozent. Hinzu kam noch die Berliner Außenstelle mit 18 Beschäftigten, so dass der medizinische Bereich mit insgesamt 16 Prozent der Beschäftigten nahezu den früher einmal angestrebten Anteil von 20 Prozent an der Gesamtkapazität erreichte.

Neben der räumlichen Nähe sprachen auch andere Gründe, wie die frühere Kooperation mit den Professoren Sprung und Kirsch, für die Medizinische Akademie Dresden als Partner. In Barke schien Ardenne den kompetenten Kliniker gefunden zu haben. Dennoch war er nicht zufrieden. Die gewünschte und auch mögliche Anzahl von zwei bis drei Behandlungen pro Woche konnte Barke nicht durchführen, da die behandelnden Ärzte nicht genügend geeignete Patienten überwiesen. Ardenne beschwerte sich darüber beim Minister für Gesundheitswesen und beim Rektor.[321]

Durch seinen Stellvertreter Jänisch ließ der Minister daraufhin Barke ausdrücklich ermuntern, die für die Studie vorgesehenen Behandlungen auch tatsächlich durchzuführen. Die Lage verbesserte sich aber nicht entscheidend. Ardenne beschwerte sich erneut, diesmal über die „Unmöglichkeit exakter wissenschaftlicher Aufarbeitung der bisherigen Ergebnisse" aufgrund einer nicht den Erfordernissen angepassten „Organisationsform der Forschung".[322] Sein Vorschlag zur „Intensivierung der klinischen KMT-Forschung" veranlasste Jänisch, seinem Minister die Erarbeitung einer „abgestimmten Auffassung der Leitung unseres Hauses" zu empfehlen. Aufgrund aller bisheriger Erfahrung fürchtete er zu Recht, dass Ardenne in seiner Unzufriedenheit auch das Zentralkomitee der SED sowie das Ministerium für Wissenschaft und Technik mit diesen Problemen konfrontieren und seine Vorschläge unterbreiten werde.[323]

Am 8. Januar 1981 besuchte Bodo Schönheit, Abteilungsleiter im Ministerium für Gesundheitswesen, das Forschungsinstitut auf dem Weißen Hirsch, um sich persönlich vor Ort zu informieren und im Vier-Augen-Gespräch auch heikle Punkte besprechen zu können. Ardenne nutzte diese Gelegenheit, um massiv für sich und seine medizinische Forschung zu werben. Unter Hinweis auf den Wunsch von Beratern des Nobel-Komitees, ihnen Material über seine Entdeckung des Sauerstoff-Mehrschritt-Regenerationsprozesses für das Herz-Lunge-System zur Ver-

---

[320] BStU Ast. Dresden, Abt. XVIII-12197, Bl. 1–29.

[321] BArch, DQ 1–15038, Medizinische Forschung und Bildung – Prof. Schönheit, Dokumente / Schriftwechsel betr. Prof. v. Ardenne 1980–1990.

[322] Ebd.

[323] Ebd.

fügung zu stellen, sprach er von seinem Ziel, „den ersten Nobelpreis für die DDR zu erringen". Auf diese Weise verknüpfte er nicht zum ersten Mal sein persönliches Streben nach höchstem wissenschaftlichem Lorbeer mit dem Ehrgeiz der politischen und administrativen Führung des Staates nach Anerkennung in aller Welt.[324] Schönheit konnte sich bei dem anschließenden Gespräch mit leitenden Mitarbeitern davon überzeugen, dass alle hochmotiviert und engagiert hinter dem Konzept ihres Chefs standen.

Auch der 1. Sekretär der Bezirksleitung Dresden der SED, Hans Modrow,[325] setzte sich in dieser entscheidenden Phase für Ardenne ein. Der letzte Ministerpräsident des SED-Staates schätzte Ardenne sehr und bezeichnete später die persönlichen Gespräche mit ihm, die sich zwar überwiegend um wirtschaftspolitische Probleme rankten, als „beglückende Lehrstunden".[326] Modrow konnte den Präsidenten der Akademie der Wissenschaften, den Mediziner Werner Scheler, davon überzeugen, eine seit Jahren durch Ardenne immer wieder ausgesprochene Einladung zu einem Besuch in seinem Institut endlich anzunehmen. Scheler äußerte sich zurückhaltend zu den bisherigen Ergebnissen und merkte später kritisch an, dass übliche Kriterien für die Bewertung einer Therapie „nur unzureichend im Denken" seines Gastgebers verankert seien.[327]

Die Aktivitäten der verschiedensten Institutionen und auf unterschiedlichen Ebenen mündeten schließlich in die Problemdiskussion über eine „Klinische Studie zur Überprüfung der Wertigkeit der Krebs-Mehrschritt-Therapie", die am 12. März 1981 im Ministerium für Gesundheitswesen stattfand und von hochrangigen Experten bestritten wurde.[328] Das Ministerium für Gesundheitswesen wünschte eine „baldige Antwort auf die Frage der Einsatzmöglichkeiten der Krebs-Mehrschritt-Therapie im Gesundheitswesen" der DDR. Neben dem medizinischen Interesse spielten aber auch wirtschaftliche Überlegungen eine Rolle, denn mit einer erfolgreichen Therapie hätten sich zwangsläufig lukrative Exportmöglichkeiten für die Medizintechnik ergeben. Trotz des deutlichen Hinweises darauf, dass die Behandlung einer Gruppe von Patienten mit Bronchuskarzinomen offensichtlich keine Erfolge erbracht habe, war das Bemühen um eine unvoreinge-

---

324 Ebd.

325 Der promovierte Ökonom Modrow war 1973–1989 1. Sekretär der BL Dresden der SED. Parteichef Honecker betrachtete den „Außenseiter und Günstling der Vormacht", der in der finalen Krise der DDR vor allem von der Bundesrepublik zum Hoffnungsträger für Veränderungen aufgebaut wurde, stets mit Argwohn und verhinderte dessen Aufstieg in das Politbüro (vgl. *Reuth / Bönte*, Das Komplott, S. 80 ff.).

326 Gespräch mit Dr. Hans Modrow am 26. 9. 2003 in Berlin.

327 BArch, DQ 1 – 15038, Medizinische Forschung und Bildung – Prof. Schönheit, Dokumente / Schriftwechsel betr. Prof. v. Ardenne 1980 – 1990.

328 Unter Leitung des stellv. Ministers für Gesundheitswesen sowie des Vizepräsidenten des Rates für medizinische Wissenschaft berieten Fachleute aus verschiedenen Ministerien, der AdW (die Professoren Pasternack, Rapoport und Tanneberger) sowie des ZKs der SED. Prof. von Ardenne wurde von seinen Mitarbeitern Dr. Reitnauer und Dr. Kretschmar begleitet, Prof. Barke von Dr. Eberhardt.

nommene Debatte unverkennbar. Professor Jänisch, der stellvertretende Minister, betonte in seinen grundsätzlichen Ausführungen die Einhaltung der „ethischen Grundsätze für die Erprobung neuer Methoden und Pharmaka am Menschen", der „Hochachtung vor dem Leben". Er zeigte sich jedoch außerstande, die für optimale Bedingungen erforderlichen Investitionen zusichern zu können. Die Mittel für eine Spezialabteilung in der Medizinischen Akademie, in der sowohl die eigentliche Krebs-Mehrschritt-Therapie als auch die damit zu kombinierende Bestrahlung hätten durchgeführt werden können, waren durch das Ministerium nicht aufzubringen. Die für Patienten, aber auch das medizinische Personal, ungünstige räumliche Trennung von Hyperthermie und Bestrahlung ließ sich deshalb nicht überwinden.

Der wissenschaftliche Teil der Problemdiskussion stand unter der Leitung von Fritz Jung, dem Vizepräsidenten des Rates für medizinische Wissenschaft. Belastet wurde die Debatte durch schwere Komplikationen bei einem Patienten mit einem Plattenepithelkarzinom des rechten Lungenunterlappens, die Barke am 21. Januar 1981 an die Zentralstelle für Ärztliches Begutachtungswesen gemeldet hatte.[329] Jung attestierte Ardenne zwar, ein „experimentell-theoretisches Fundament" geschaffen zu haben, das nun aber durch eine klinische Überprüfung verifiziert werden müsse. Es gelte, in einer Studie die prinzipielle „therapeutische Wirksamkeit sowie die Nachteil-Freiheit" im Sinne eines „Lebens mit dem Krebs" zu zeigen. In der Diskussion wurde kritisch angemerkt, dass die von seinem Schöpfer postulierte „Universalität des Konzepts" noch immer eine Hypothese sei.

Mit dem Ergebnis dieser Problemdiskussion war Ardenne nicht zufrieden. Zwar entschloss sich die Expertenrunde, den Minister für Gesundheitswesen um seine Zustimmung für die Durchführung einer Studie über die „klinische Wirksamkeit des Grundkonzepts" der Krebs-Mehrschritt-Therapie zu bitten. Auch die Laufzeit dieser Studie, es wurden zwei bis drei Jahre veranschlagt, erschien ausreichend, um die anvisierten Ziele erreichen zu können. Dem Ziel einer eigenen Spezialstation rückte er jedoch keinen Schritt näher. Vor allem aber die Festlegung, dass über Ergebnisse erst nach dem Abschluss der Studie berichtet werden und es keinerlei unabgestimmte Publikationen geben dürfe, entsprach so gar nicht dem Ardenneschen Stil. Barke wurde als federführender Kliniker bei der Formulierung der Auswahlkriterien für in Frage kommende Patienten sowie als verantwortlicher Arzt vorgeschlagen. Damit wurde auch der institutionelle Partner präjudiziert, die Medizinische Akademie Dresden. Trotz der völlig unzureichenden materiellen Absicherung des gesamten Vorhabens beendete der stellvertretende Minister die Debatte mit der in solchen Fällen üblichen Absichtserklärung, dass diese „Forschungsaufgabe von hoher gesundheitspolitischer Bedeutung" eine „vorrangige Förderung durch die zuständigen staatlichen Stellen" erfahren müsse.[330]

---

[329] BArch, DQ 1 – 15038, Medizinische Forschung und Bildung – Prof. Schönheit, Dokumente / Schriftwechsel betr. Prof. v. Ardenne 1980 – 1990.

[330] Ebd.

Ardenne erhob umgehend Einspruch gegen diese Festlegungen. Er sprach sich gegen Barke als Verantwortlichen aus und forderte nachdrücklich eine selbständige klinische Forschungsabteilung unter seiner Leitung. Dem wollte und konnte der Minister nicht zustimmen. Mecklinger fürchtete allerdings, Ardenne könne seine Drohung wahr machen, „nach dem X. Parteitag" in einer „Audienz an sehr hoher Stelle" zu intervenieren.[331] Deshalb war er zu weiterem Handeln gezwungen. Am 23. Juli 1981 empfing er zusammen mit dem Minister für Wissenschaft und Technik, Herbert Weiz, den verärgerten Ardenne. Dieser bat darum, ihm trotz gegenteiliger Urteile einiger Experten Vertrauen zu schenken, weil das, was er wolle, richtig sei. Die Minister wiesen die Bitte um Vertrauen als unangemessen zurück und erinnerten ihn statt dessen daran, dass er in der Vergangenheit oft und mit Nachdruck „Experimente mit Menschen" gefordert habe, von denen er heute selbst sagt, dass sie zu früh gekommen seien. Sie gestanden ihm jedoch zu, seine medizinischen Forschungen weiterhin als „Sonderforschungsvorhaben" zu fördern.[332]

Am 29. Juli 1981 fand in der Medizinischen Akademie Dresden eine Beratung unter Leitung des stellvertretenden Ministers Groschupf statt, auf der Ardenne wiederum nachdrücklich die Einrichtung einer speziellen Abteilung mit etwa 20 Betten für seine Zwecke forderte, die dem Rektor persönlich unterstellt werden sollte. Er selbst sei in der Lage, mit fünf Ärzten, die am 1. September in seinem Institut ihre Tätigkeit aufnehmen würden, die ärztliche Betreuung sicher zu stellen.[333] Im Ergebnis dieser Beratung legten die Ministerien für Gesundheits- sowie Hoch- und Fachschulwesen die technischen und organisatorischen Bedingungen der klinischen Studie fest.[334] Die geforderte Spezialabteilung wurde nicht genehmigt. Im Dezember 1982 konnte Barke dem Ministerium für Gesundheitswesen über „einen positiven Effekt auf eine Reihe von Primärtumoren" berichten. Er plädierte in diesem Bericht für eine Fortsetzung der klinischen Anwendung der Hyperthermie und wies darauf hin, dass diese auch international zunehmend stärkere Beachtung finde.[335]

Ardenne äußerte sich in den frühen 1980er Jahren erfreut über die Zusammenarbeit seines Instituts mit der Medizinischen Akademie im allgemeinen, insbeson-

---

[331] Brief des Gesundheitsministers Ludwig Mecklinger an das Politbüromitglied Kurt Hager vom 29. 4. 1981 (BArch, DQ 1 – 11637, Vorgang Prof. Manfred von Ardenne, 1981 – 1983).

[332] Aktennotiz von Weiz über ein Gespräch mit Ardenne am 23. 7. 1981 (BArch, DQ 1 – 11637, Vorgang Prof. Manfred von Ardenne, 1981 – 1983).

[333] BArch, DQ 1 – 15038, Medizinische Forschung und Bildung – Prof. Schönheit, Dokumente / Schriftwechsel betr. Prof. v. Ardenne 1980 – 1990.

[334] Ergebnisprotokoll vom 31. Juli 1981 (BArch, DQ 1 – 15038, Medizinische Forschung und Bildung – Prof. Schönheit, Dokumente / Schriftwechsel betr. Prof. v. Ardenne 1980 – 1990).

[335] Hausmitteilung des Ministeriums für Gesundheitswesen vom 9. Dezember 1982 (BArch, DQ 1 – 15038 Medizinische Forschung und Bildung – Prof. Schönheit, Dokumente / Schriftwechsel betr. Prof. v. Ardenne 1980 – 1990).

dere aber über die klinische Erprobung der Krebs-Mehrschritt-Therapie. Er klagte aber immer wieder über zu geringe Patientenzahlen, die den Fortgang der Studie beeinträchtigten. Bei einem informativen Gespräch mit dem Hauptabteilungsleiter im Ministerium für Gesundheitswesen, Schönheit, über die medizinische Forschung in seinem Institut, in dem auch über die langfristige Planung für den Zeitraum 1986 bis 1990 gesprochen wurde, gewann dieser im August 1983 den Eindruck, dass Ardenne zu jener Zeit größeres Interesse an der Weiterentwicklung der Hyperthermietechnik hatte, als an der klinischen Studie selbst.[336] Ob die Vereinbarung zum Verzicht auf die Veröffentlichung von Zwischenergebnissen der Studie die Ursache dieser vorübergehenden Verlagerung des Interesses war, lässt sich nicht mit Sicherheit sagen.

Wenngleich das Zentralinstitut für Krebsforschung der Akademie der Wissenschaften unter Leitung des Onkologen Stefan Tanneberger das Ardennesche Konzept nach wie vor ablehnte, so wuchs doch beständig ein Kreis einflussreicher Förderer. Dazu zählte auch der 1. Sekretär der Bezirksleitung Dresden der SED, Hans Modrow, der nicht nur in persönlichen Gesprächen mit Ardenne, sondern auch über viele andere Kanäle verlässliche Informationen erhielt.[337] Einer dieser Kanäle war die Bezirksverwaltung Dresden des MfS, deren Informationen zur Krebsforschung vor allem auf Auskünften des Abteilungsleiters Winfried Krüger beruhten, der von 1979 an als IM „Berger" eine der wichtigsten Quellen auf diesem Gebiet darstellte.[338] Ardenne selbst versäumte es nicht, den Leiter der Bezirksverwaltung, Generalmajor Böhm, stets persönlich aktuell zu informieren, um neben dem Partei- und dem Staatsapparat auch die Staatssicherheit zur Mobilisierung von Ressourcen einzuspannen.

9. Spezialkliniken für systemische Krebs-Mehrschritt-Therapie

Mitte der 1980er Jahre kam Ardenne seinem seit vielen Jahren verfolgten Ziel, eine eigene Forschungsklinik zu betreiben, einen großen Schritt näher. Mit dem Argument, auf der 11. Jahrestagung der internationalen Gesellschaft für klinische Hyperthermie, die aus Anlass seines 80. Geburtstages im Januar 1987 in Dresden stattfinden sollte, bereits über klinische Erfahrungen mit der weiter entwickelten Hyperthermieeinrichtung, der Selectotherm-Anlage, vortragen zu wollen, konnte er im Februar 1985 Generalmajor Böhm davon überzeugen, ihn zu unterstützen. Mit Ardennes Idee, „10 Bauhandwerker-Soldaten aus Ihrem Wachregiment oder aus einem Regiment unserer sowjetischen Freunde" als Hilfe „beim Aufbau des Selectotherm-Labors" abzukommandieren,[339] konnte sich Böhm allerdings nicht

---

[336] Aktennotiz von Schönheit über ein Gespräch mit Ardenne vom 17. 8. 1983 (BArch, DQ 1 – 11637, Vorgang Prof. Manfred von Ardenne, 1981 – 1983).

[337] Gespräch mit Dr. Hans Modrow am 26. September 2003 in Berlin.

[338] Dr. Krüger war als IM „Berger" unter der Registriernummer XII 1672 / 79 erfasst (BStU Ast. Dresden, AIM 1081 / 90).

anfreunden. Stattdessen veranlasste er Modrow, dafür zu sorgen, dass der Oberbürgermeister von Dresden in Abstimmung mit dem Rat des Bezirkes kurzfristig
Material und Arbeitskräfte bereit stellte, um ein ehemaliges Studentenwohnheim
der Technischen Universität ganz auf die besonderen medizinisch-technischen
Anforderungen dieser Therapie ausrichten zu können.[340] Aufgrund der Festlegung der Parteiführung, dass Ardenne keine weiteren Immobilien mehr privat
erwerben dürfe, musste der bürokratisch aufwändige Weg über einen Nutzungs-
vertrag mit dem aktuellen Eigentümer des Gebäudes auf der Schillerstraße, dem
VEB Transformatoren- und Röntgenwerk, gegangen werden. Auch dabei leistete
die Bezirksverwaltung Dresden des Ministeriums für Staatssicherheit aktive
Hilfe.[341]

Mit der Durchführung der 11. Jahrestagung der „International Clinical Hyperthermia Society" im Januar 1987 in Dresden anlässlich seines 80. Geburtstages
würdigte die Fachwelt in angemessener Weise die Leistungen des Jubilars. Der
Minister für Gesundheitswesen sah sich in seinem Glückwunschschreiben zur Anerkennung dessen veranlasst, was eingangs unter „vielleicht unbewusstem Paradigmenwechsel in der Medizin" angesprochen wurde. Mecklinger hob nämlich besonders die Impulse „für die biomedizinische Forschung, für das theoretische Verständnis biologischer und medizinischer Phänomene unter konsequenter Anwendung mathematisch-physikalischer Gesetzmäßigkeiten und Methoden und für die
Verflechtung von Medizin, Technik und Industrie" hervor.[342] Die breite, auch
internationale, Anerkennung der Forschungsleistungen im Bereich der Medizin
bedeutete aber noch längst nicht den Durchbruch der systemischen Krebs-Mehrschritt-Therapie. Diesem Ziel konnte Ardenne nur, das war allen Beteiligten klar,
durch eine umfassende klinische Studie einen entscheidenden Schritt näher kommen. Herausragende Kliniker und renommierte Krankenhäuser waren nicht bereit,
solche Studien durchzuführen. So blieb letztlich nur der seit vielen Jahren angestrebte Weg über eine eigene Klinik.

Diese konnte erst nach dem Zusammenbruch der DDR, im Frühjahr 1991, als
„Von Ardenne Klinik für systemische Krebs-Mehrschritt-Therapie" gegründet werden. Der Namenspatron verfolgte mit dieser Klinik klar formulierte und ausgesprochen realistische Zielstellungen. Zum einen sollte eine wissenschaftliche Monographie als Zusammenfassung der Ergebnisse und Erkenntnisse der langen präkli-
nischen Phase seiner Therapie entstehen, gestützt durch aktuelle klinische Befunde. Zum anderen wollte er die Verträglichkeit und Wirksamkeit an einer genügend
großen Zahl von Behandlungen nachweisen. Als „genügend groß" sah er dafür die
Zahl 1000 an. Nicht zuletzt war es ihm wichtig, das komplizierte Know-how an
universitäre sowie außeruniversitäre Einrichtungen zu transferieren, um auf diese

---

339 BStU, Ast. Dresden, Abt. XVIII-12197, Bl. 105 – 106.

340 BStU Ast. Dresden, Abt. XVIII-835, Bd. I, Bl. 333 – 335.

341 BStU Ast. Dresden, Abt. XVIII-12197, Bl. 107 – 109.

342 Nachlass, Ordner Wichtige Briefe.

Weise nicht nur eine Überprüfung seiner Ergebnisse durch unabhängige Dritte, sondern auch eine Weiterentwicklung seines Konzepts zu erreichen.

In der Zeit vom 11. Dezember 1990 bis zum 31. Dezember 1995 wurden in dieser Klinik unter Leitung von Dieter Steinhausen[343], der als Facharzt für Innere Medizin und Anästhesie durch diese doppelte Qualifikation besonders ausgewiesen und geeignet war, 679 Behandlungen an 572 Patienten mit verschiedensten Tumoren im fortgeschrittenen Stadium durchgeführt. Dabei wurde die Hyperthermie bis zu einer Körperkerntemperatur von 42,3°C bei guter Verträglichkeit getrieben, die Hyperglykämie bis zu Blutglukosekonzenztrationen von 27,4 mmol/l. Eine dem Bedarf angepasste Sauerstoffgabe durch relative Hyperoxämie sorgte dafür, dass unter den Bedingungen der extremen Ganzkörperhyperthermie ein unkritischer Säure-Basen-Status aufrechterhalten werden konnte. An 103 konventionell vorbehandelten Patienten, deren Krebserkrankung bereits ein fortgeschrittenes Stadium erreicht hatte, konnte die von Kritikern immer wieder skeptisch beurteilte gute Verträglichkeit der Therapie im Rahmen einer Phase-I-Studie nachgewiesen werden.[344, 345] Bei nur einem Drittel von fast 500 behandelten Patienten konnte der Krankheitsverlauf nicht beeinflusst werden, wohingegen bei immerhin zwei Dritteln das Tumorwachstum vorübergehend zum Stillstand gebracht werden konnte oder sogar eine Rückbildung zu beobachten war.[346] Die 1997 möglichen Aussagen zu den aus der Sicht des Patienten entscheidenden Kriterien für den Erfolg einer Krebsbehandlung, der Überlebenszeit und der Lebensqualität, wurden unter Hinweis auf ihren vorläufigen Charakter von den Ärzten und Wissenschaftlern sehr vorsichtig formuliert.

Das Klinikteam bestand aus drei Ärzten (zwei Internisten, ein Anästhesist), fünf Krankenschwestern, zwei medizinisch-technischen Assistenten, einem Medizintechniker sowie einem klinischen Physiker und realisierte bis zu vier Behandlungen pro Woche. Die Kosten der Klinik konnten durch die Behandlung der Krebspatienten nahezu gedeckt werden, die Mittel für die Forschung mussten die Familien von Ardenne jedoch zu 75 Prozent über Bankkredite finanzieren. Die restlichen 25 Prozent brachte die 1991 gegründete „Manfred von Ardenne Forschungsförderungsgesellschaft e.V." auf. Zu den Sponsoren gehörten neben der Bahlsen- und der Jöster-Stiftung auch namhafte Persönlichkeiten wie Luigi Colani, und Mäzene wie Margot und Gerhard Neef aus Karlsruhe sowie der Kölner Volkswirtschaftler Hans-Peter Krämer.[347] Im Sommer 1994 wurde in Köln eine zweite Spezialklinik eröffnet. Dort gelang es jedoch nicht, wie Ardenne voller Enttäuschung reflektierte, das Vertrauen der Ärzteschaft der Region zu gewinnen. Des-

---

[343] Dr. Steinhausen verstarb 2003 und konnte nicht mehr befragt werden.

[344] *Steinhausen/Mayer/Ardenne*, Evaluation of Systemic, S. 322–334.

[345] Dieser Befund wurde in einer Phase-I/II Studie von einem Team des Virchow-Klinikums Berlin um Prof. Peter Wust bestätigt (Intensive Care Med 25 (1999), S. 959–965).

[346] *Ardenne*, systemische Krebs-Mehrschritt-Therapie, S. 207–209.

[347] *Ardenne*, Erinnerungen fortgeschrieben, S. 558–560.

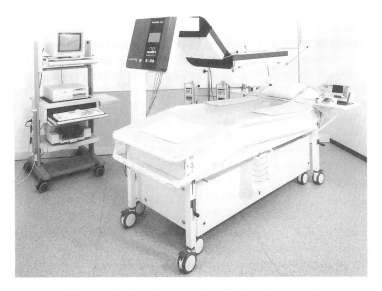

Abb. 20: Anlage für die extreme Ganzkörperhyperthermie
in der „Von Ardenne-Klinik".

halb musste diese Klinik nach knapp zweijährigem Betrieb im April 1996 geschlossen werden.[348]

In dem bereits mehrfach zitierten Buch „systemische Krebs-Mehrschritt-Therapie. Hyperthermie und Hyperglykämie als Therapiebasis. Grundlagen, Konzeption,
Technik, Klinik", das 1997 im Stuttgarter Hippokrates Verlag erschienen ist, sind
sowohl die Behandlungsmethodik wie auch die Ergebnisse von sechs Jahren klinischer Arbeit ausführlich beschrieben worden. Im Auftrag der AOK Sachsen
begleitete die Klinik und Poliklinik für Strahlentherapie und Radioonkologie des
Universitätsklinikums Dresden zwischen 1998 und 2000 die Behandlung von
18 Patienten. In seinem Abschlussbericht fasste deren Leiter, Thomas Herrmann,
die Ergebnisse folgendermaßen zusammen: „Das sKMT-Verfahren bei den hier zur
Auswertung anstehenden Patienten mit ausgedehnten Tumorleiden (Beckenrezi-
dive und Lungenmetastasen) hat in der hier angewandten Form keine durchgrei-
fende Besserung der Erkrankungssituation austherapierter Tumorpatienten nachweisen können".[349]

Am 30. Juni 2000 stellte die überwiegend von der Familie finanzierte Klinik
ihren Betrieb ein. Mit Hilfe von mehr als 1.000 Behandlungen konnten alle ge-

---

[348] Ebd., S. 454.

[349] Abschlussbericht zur wissenschaftlichen Begleitung der sKMT zur Vereinbarung über
die Durchführung eines Projektes zur systemischen Krebs-Mehrschritt-Therapie zwischen
dem Von Ardenne Institut und der AOK Sachsen vom 15. 8. 2000.

meinsam mit seinem Vater formulierten Ziele erreicht werden, stellte Alexander von Ardenne zu diesem Anlass fest. Dazu zählte er neben dem Nachweis der Verträglichkeit und Wirksamkeitsbelegen, auch durch unabhängige Dritte, den Knowhow-Transfer an universitäre und außeruniversitäre Einrichtungen sowie die Publikation einer wissenschaftlichen Ansprüchen genügenden Monographie.[350]

10. Manfred von Ardenne zieht Bilanz

„Die Wirksamkeit der systemischen Krebs-Mehrschritt-Therapie kann heute noch nicht abschließend beurteilt werden", schrieb der hochbetagte Ardenne wenige Wochen vor seinem Tode im Vorwort der mehrfach genannten zusammenfassenden Darstellung. Es liegt schon eine gewisse Tragik in der Tatsache, dass die Forschung immer einen erheblichen, streng genommen uneinholbaren Vorsprung vor der klinischen Erprobung hatte, und somit weder eine Verifizierung noch eine Falsifizierung seines Ansatzes möglich war. Der Vorwurf von Kritikern, positive Resultate über zu bewerten und unzulässig zu verallgemeinern war im Einzelfall sicherlich ebenso berechtigt[351] wie das entlastende Argument im Falle negativer Ergebnisse, dass nicht alle Bedingungen peinlich genau befolgt worden[352] bzw. die Wirkungen vorangegangener konventioneller Therapien nicht zu separieren seien.

Dennoch war er nicht unzufrieden, weil überzeugt davon, dass seine Therapie bereits vielen Menschen habe helfen können. Wenn auch die klinischen Ergebnisse noch längst nicht seinem einst erhobenen Anspruch genügten, eine universelle Krebstherapie zu schaffen, so sah er in diesem Konzept dennoch die Krönung seiner Lebensarbeit.[353] Die Krönung durch die wissenschaftliche Welt blieb ihm versagt. Bereits bei der Verleihung des Physik-Nobelpreises 1986 für grundlegende Arbeiten zur Entwicklung der Elektronenmikroskopie in den 1930er und 1940er Jahren war er leer ausgegangen. Das konnte er lange nicht verwinden, wie die umfangreiche Korrespondenz zu diesem Vorgang zeigt. Die Hoffnung, mit den Ergebnissen seiner medizinischen Forschungen doch noch die Aufmerksamkeit des Nobelkomitees zu erringen, erfüllte sich ebenfalls nicht. Ganz sicher aber

---

[350] Statement zur Beendigung der „Von Ardenne-Klinik" vom 14. 4. 2000.

[351] Otto Westphal, der sich sehr für die Krebs-Mehrschritt-Therapie einsetzte, riet seinem Freund immer wieder einmal, größte Vorsicht bei der Aufstellung von Theorien walten zu lassen. Er laufe Gefahr, „seine schönen Ergebnisse" gelegentlich „selbst durch biochemisch nicht ganz ausgewogene ‚Erklärungen' sozusagen in den Augen der überall lauernden Kritiker und Besserwisser" zu desavouieren. (Nachlass, Ordner Otto Westphal).

[352] In seinem Vorschlag vom 7. 1. 1992 an die Körber-Stiftung, Manfred von Ardenne und sein Dresdner Team mit dem Europäischen Wissenschaftspreis auszuzeichnen, schrieb Otto Westphal, dass die Gegner der Krebs-Mehrschritt-Therapie sich niemals der Mühe unterzogen hätten, „die klaren Vorschriften gewissenhaft nachzuarbeiten" (Nachlass, Ordner Otto Westphal).

[353] *Ardenne*, Erinnerungen fortgeschrieben, S. 455.

setzte er das gelegentlich gebrauchte Argument, mit seinen Entdeckungen in der Medizin möglicherweise einen Nobelpreis in die DDR holen zu können, auch gezielt zur Mobilisierung dringend benötigter finanzieller und materieller Ressourcen ein.[354]

Ardenne hoffte am Ende seines Lebens, dass die klinische Forschung in der Zukunft die Effektivität seiner Therapie weiter erhöhen könnte. Neben der Kombination mit ausgewählten Chemotherapien sollte dazu vor allem die bislang aus technischen und finanziellen Gründen nicht erprobte Verbindung mit einer Bestrahlung von niedriger Dosis realisiert werden. Erst dann wäre das gegenwärtige Therapiekonzept, so sein Plädoyer, vollständig umgesetzt. Er wünschte sich aber auch ausdrücklich, dass seine Therapie bereits in einem frühen Stadium der Erkrankung eingesetzt würde, und nicht erst dann, wenn bereits alle konventionellen Onkotherapien ausgeschöpft seien. In einem frühen Krankheitsstadium sei die zu vernichtende Krebsgewebemasse geringer und die körpereigenen Abwehrkräfte noch nicht geschwächt, so dass die Therapie effektiver sein würde.[355]

Mit großer Befriedigung nahm er wahr, wie sich der Dialog mit wichtigen onkologischen Zentren in den 1990er Jahren entwickelte. Er führte die wachsende Akzeptanz vor allem darauf zurück, dass sein Konzept inzwischen nicht mehr als Konkurrenz, sondern als Ergänzung der konventionellen Therapien angesehen wird.[356]

11. Aktuelle klinische Studien zur Ganzkörperhyperthermie

In einem Statement zum 15. Internationalen Krebskongress im August 1990 in Hamburg riefen der Rektor der Medizinischen Akademie Dresden, Hans-Georg Knoch, der Chefarzt der Janker-Krebs-Klinik Bonn, Wolfgang Scheef, der Direktor des Instituts für Physiologie und Pathophysiologie der Universität Mainz, Peter Vaupel, sowie Otto Westphal „interessierte und aufgeschlossene Krebsspezialisten zur Mitarbeit und objektiven Prüfung" des Ardenneschen Konzeptes auf.[357] West-

---

[354] Im Oktober 1971 äußerte Ardenne in einem längeren Gespräch beim Leiter der BV Dresden des MfS, dass er, so unbescheiden es auch klingen mag, wohl von allen DDR-Wissenschaftlern derjenige sei, der die größte Chance habe, den Nobelpreis „einmal für die DDR zu erringen" (BStU Ast. Dresden, MfS, BV Dresden, Leiter der BV, Nr. 10905, Bl. 261–273). Jahre später schätze er seine Entdeckung des Schaltmechanismus der Blutzirkulation für so bedeutsam ein, dass er die Hoffnung hegte, dafür „eventuell in zwei bis drei Jahren den Nobelpreis zu erhalten", wie er es in einem Gespräch mit Prof. Schönheit, dem Leiter der Bereiche Forschung und Bildung im MfG und Stellv. Minister, am 17. August 1983 formulierte. (BArch, DQ 1 – 11637).

[355] *Ardenne,* systemische Krebs-Mehrschritt-Therapie, S. 229.

[356] Brief an Otto Westphal vom 10. Mai 1993 (Nachlass, Ordner Otto Westphal).

[357] BArch, DQ 1 – 15038, Medizinische Forschung und Bildung – Prof. Schönheit, Dokumente / Schriftwechsel betr. Prof. v. Ardenne 1980 – 1990.

phal setzte sich drei Jahre später sehr dafür ein, dieses Konzept, vor allem aber die in Dresden entwickelte Hyperthermieeinrichtung, auch in den USA bekannt zu machen. In dem Bemühen, die seiner Auffassung nach „beste Hyperthermie" zu propagieren,[358] setzte er sogar die guten persönlichen Beziehungen zu amerikanischen Kollegen aufs Spiel, die ohnehin dazu neigten, „europäische Forschung auf hohem Niveau zu ignorieren", wie er in diesem Zusammenhang an Ardenne schrieb.[359] Es gelang ihm jedoch nicht, die Integration des Dresdner Teams und dessen IRA-THERM 2000-Anlage in ein Programm von Phase III-Studien zu erreichen, das die Donaldson Foundation finanzierte. Der Projektleiter Ian Robins, Professor an der Universität von Wisconsin, wollte auf diese Weise ausschließlich eine von ihm entwickelte Hyperthermieanlage in zunächst sechs Universitätskliniken einführen und hatte keinerlei Interesse daran, die Konkurrenz zu fördern. Noch dazu, da diese mit dem besseren Know-how aufwarten konnte.

Wie aus einer Übersicht im Deutschen Ärzteblatt hervorgeht, liefen an der Berliner Charité, den Universitäten Hamburg, Lübeck und München sowie am Krankenhaus Nordwest in Frankfurt / Main im Jahre 2000 insgesamt acht Phase-II (Wirksamkeit / Parametervariation) und vier Phase-III (Wirksamkeit / optimierte Parameter) Studien zur Ganzkörperhyperthermie.[360] Bei einer Umfrage zeigte es sich, dass ein Teil der medizinisch für diese Studien Verantwortlichen die systemische Krebs-Mehrschritt-Therapie als grundlegend für die eigenen Forschungen und die praktizierte Ganzkörperhyperthermie ansieht, ein anderer Teil die Dresdner Arbeiten gar nicht kennt bzw. als bedeutungslos regelrecht abqualifiziert.

Von April 1997 bis März 2000 wurden am Virchow-Klinikum der Berliner Universität in Kooperation mit dem Von Ardenne Institut und gefördert von der Deutschen Krebshilfe Patienten für eine klinische Phase-I / II-Studie zur Prüfung der Machbarkeit, Verträglichkeit und Wirksamkeit der systemischen Krebs-Mehrschritt-Therapie ausgewählt. An eine Behandlung von Patienten mit fortgeschrittenen metastasierten kolorektalen Karzinomen mittels Chemotherapie wurde dabei in den Fällen, bei denen die Tumore nicht auf die Chemotherapie ansprachen, eine Krebs-Mehrschritt-Therapie-Behandlung angeschlossen. Bei der geringen Anzahl von Patienten, die für diese Studie zur Verfügung standen, formulierten die Verfasser ihre Ergebnisse trotz überraschend deutlicher Belege für die Relevanz des Ardenneschen Konzepts mit gebührender Zurückhaltung. In drei von zehn Fällen konnte eine so genannte partielle Remission festgestellt werden, bei weiteren sechs konnte ein Fortschreiten der Krankheit verhindert werden. Es gebe Hinweise darauf, bilanzierte das Ärzteteam, dass die systemische Krebs-Mehrschritt-Therapie das Potential besitze, über die Standard-Chemotherapie hinauszugehen.[361] Wenn in weit fortgeschrittenem Stadium der Erkrankung durchaus ermutigende Ergeb-

---

[358] Brief Otto Westphals vom 22. 2. 1994 (Nachlass, Ordner Otto Westphal).

[359] Brief Otto Westphals vom 16. 12. 1993 (Nachlass, Ordner Otto Westphal).

[360] Deutsches Ärzteblatt, 44 (2000), S. 2941 ff.

[361] *Hildebrandt* u. a., Whole-body hyperthermia, S. 317 – 333.

nisse erzielt werden, so drängt sich die Frage nach dem Einsatz dieser Therapie bereits im Anfangsstadium einer Krebserkrankung immer wieder förmlich auf. Derartige Studien scheinen jedoch gegenwärtig noch nicht möglich zu sein. In ihrer ursprünglichen Form bzw. leicht modifiziert wird die Ardennesche Therapie in Japan, Weißrussland und der Ukraine mit ebenfalls sehr ermutigenden Resultaten praktiziert.[362] Weltweit wandten Mitte der 1990er Jahre sechs Einrichtungen, von den USA über Europa bis hin nach Japan, die Ganzkörperhyperthermie mit Körperkerntemperaturen von mehr als 39°C verbunden mit einer Hyperglykämie von mehr als 250 mg% beim Menschen an.[363]

12. Das Ende eines langen Weges?

Mit seinem Anspruch, auf der Grundlage der Erkenntnisse des Nobelpreisträgers Otto Warburg eine universelle Krebstherapie zu entwickeln, und dem innovativen Ansatz des von ihm als systemische Krebs-Mehrschritt-Therapie bezeichneten Konzepts stellte Ardenne das gültige Paradigma in der Krebsforschung in Frage. Zu den generellen Widerständen gegen einen Paradigmenwechsel gesellten sich prinzipielle Vorbehalte der Ärzteschaft gegen einen Außenseiter, auch wenn dieser auf anderen Gebieten ungewöhnlich erfolgreich war. Bei dem Milieuwechsel von der technischen Physik zur Medizin und der damit verbundenen Hinwendung zum kompliziertesten aller Untersuchungsobjekte, dem Menschen, unterliefen Ardenne einige durchaus vermeidbare Fehler und Ungeschicklichkeiten, die bis in die Gegenwart fortwirkende Vorbehalte zur Folge hatten.[364] Dadurch dauerte es eine ganze Reihe von Jahren, bis sowohl sein Konzept als auch seine medizinische Kompetenz die verdiente Akzeptanz fanden. Harald Sommer, Onkologe am Klinikum der Ludwig-Maximilian-Universität München, sieht in diesem Konzept, wie übrigens auch Otto Westphal, einen der ganz wenigen innovativen Impulse der letzten Jahrzehnte in der Krebstherapie.[365] Bis heute ist es aber nicht gelungen, anhand überzeugender klinischer Studien die Frage zu beantworten, ob die systemische Krebs-Mehrschritt-Therapie eine die etablierten Therapien ergänzende oder sogar überlegene Methode oder aber nur eine Sackgasse ist. Übereinstimmend sehen Kliniker, die sich aufgrund der Kenntnis von Konzept und Person sowie ei-

---

[362] Dr. Alexander von Ardenne, Geschäftsführer des Von Ardenne Instituts für Angewandte Medizinische Forschung GmbH, verwies in einem Gespräch am 10. September 2003 auf Vorträge auf dem „7th International Congress on Hyperthermic Oncology" im Jahre 1996 sowie die internationale Fachliteratur.

[363] Internes Arbeitsmaterial des Von Ardenne Instituts für Angewandte Medizinische Forschung GmbH.

[364] Der Begriff „verbrannter Markenname" charakterisiert treffend das gestörte Verhältnis zwischen Medizinern und der Krebs-Mehrschritt-Therapie nach von Ardenne (Gespräch mit Prof. Thomas Herrmann am 11. 6. 2003).

[365] Gespräch mit Prof. Harald Sommer am 28. 7. 2003 in München sowie mit Prof. Otto Westphal am 1. 9. 2003 in Montreux.

gener Erfahrungen ein Urteil erlauben können, die entscheidende Ursache für dieses Dilemma darin, dass es diesem „sprühenden Geist und entschlossenen Macher nicht gelungen ist, einen ihm ebenbürtigen klinischen Partner dauerhaft an sich zu binden".[366] Otto Westphal brachte es so auf den Punkt: „Der geniale Naturwissenschaftler fand keinen kongenialen Mediziner".[367] Erwies sich die Entscheidung, bei der Rückkehr aus der Sowjetunion Dresden als Wohnsitz und damit auch als Standort seines Forschungsinstituts zu wählen, für seine damaligen Interessen als absolut richtig, so galt das nicht mehr nach seinem Wechsel in die Medizin. Anfang der 1950er Jahre zogen den physikalisch-technisch Interessierten die große Technische Hochschule, die zahlreichen wissenschaftlichen Spezialinstitute und Bibliotheken sowie die vielen an diesen Instituten tätigen bedeutenden Wissenschaftler an.[368] In der medizinischen Forschung hatte Dresden jedoch nichts Vergleichbares vorzuweisen. Die 1954 aus einer großen Klinik hervorgegangene Medizinische Akademie war gerade dabei, ihr Profil zu finden und eine leistungsfähige Forschung aufzubauen. Die für eine befruchtende Zusammenarbeit von außerklinischer Grundlagenforschung und klinischer Erprobung erforderlichen Voraussetzungen, möglichst verbunden mit räumlicher Nähe, waren in Dresden seinerzeit nicht gegeben. Nach dem frühen Tod der zu Freunden gewordenen Dresdner Mediziner Sprung und Kirsch fand er niemanden, der diese Lücke füllen konnte. Stattdessen erlebte er zahlreiche Enttäuschungen, die ihn vorsichtig werden ließen. Nicht zuletzt auch ehrgeizige Mediziner, die durchaus schon mit allen Weihen ihrer Zunft versehen waren, schienen ihm nicht selten stärker an der persönlichen Profilierung als an der Sache selbst interessiert. Diese Erfahrungen mögen ihn dazu gebracht haben, sich Wankel gegenüber einmal ablehnend zu Vorschlägen zu äußern, einen namhaften Kliniker für die Leitung der von ihm zu Recht als außerordentlich wichtig eingeschätzten Erprobung in Friedrichshafen zu gewinnen. Es sei „nicht unbedingt notwendig", dass für die wissenschaftliche Leitung wie auch für die Publikationen Mediziner „mit höheren Titeln" gefunden werden müssten, schrieb er ihm im März 1973.[369] Darüber hinaus könnte er aber auch zu der Auffassung gelangt sein, inzwischen selbst über ausreichende medizinische Kompetenz zu verfügen. Allein der Name „von Ardenne" sorgte ohnehin jeder Zeit für Aufmerksamkeit und Interesse.

Gegenwärtig scheinen vor allem der hohe personelle und apparative Aufwand sowie das Desinteresse der Pharmaindustrie einer umfangreichen klinischen Erprobung im Wege zu stehen. Bezeichnend ist auch der Umstand, dass der renommierte Medizinhistoriker Roy Porter in seinem hoch gelobten Buch „Die Kunst des Heilens" die Hyperthermie nicht einmal erwähnt, obwohl er in dem Kapitel „Klinische

---

[366] Gespräch mit Prof. Thomas Herrmann und Prof. Johannes Schorcht, Leiter der Abteilung Strahlentherapie am Krankenhaus Dresden-Friedrichstadt, am 20. 8. 2003 in Dresden.

[367] Gespräch mit Prof. Otto Westphal am 1. 9. 2003 in Montreux.

[368] Vgl. *Ardenne*, Ein glückliches Leben, S. 210–211.

[369] Nachlass, Korrespondenz mit Wissenschaftlern, Januar 1972-Dezember 1974, Ordner Dr. Felix Wankel.

Wissenschaft" der Krebsforschung einen eigenen Abschnitt widmet.[370] Die 1990 in der DDR erschienene „Geschichte der Medizin" der beiden Professoren für Medizingeschichte Harig und Schneck enthält einen Abschnitt über die Einflüsse von Naturwissenschaften und Technik auf die Medizin. Ardenne und seine innovativen Beiträge werden in diesem Buch, das die Leistungen des „sozialistischen" Gesundheitswesens vor allem in der Sowjetunion und der DDR hervorzuheben trachtet, mit keinem Wort erwähnt.[371]

Nach beinahe vier Jahrzehnten überaus engagierten Forschens einer Ausnahmeerscheinung in der deutschen Wissenschaftsgeschichte stellt sich immer noch die Frage: Ist die systemische Krebs-Mehrschritt-Therapie der Weg zu einer universellen Krebstherapie, oder ist sie bereits das Ziel, für dessen Realisierung bisher nur noch nicht der schlüssige Beweis angetreten werden konnte?

13. Sauerstoff-Mehrschritt-Therapie

Die Ungewissheit über das Schicksal seines Instituts und die zahlreichen Konflikte, die Anfang der 1970er Jahre beinahe täglich auszutragen waren, stürzten Ardenne damals in eine tiefe gesundheitliche Krise. Obwohl die Ärzte keinerlei organische Erkrankungen feststellen konnten, war er nicht mehr in der Lage, ein normales Leben zu führen. Auf einem Feldbett liegend, das in seinem Arbeitszimmer aufgestellt wurde, diktierte er Briefe und redigierte Veröffentlichungen. Nur der Kopf funktionierte noch einwandfrei, erinnern sich die Söhne. Auf Drängen der Familie unterzog er sich in der Medizinischen Akademie Dresden einer gründlichen Untersuchung. Das Ergebnis war niederschmetternd. Die Ärzte konnten keine organischen Schäden nachweisen und somit auch keine Therapie vorschlagen. Sie schätzten ein, dass seine Lebenserwartung noch etwa zwei Jahre betragen könnte. Ardenne selbst vermutete einen „generalisierten Energiemangel" des gesamten Organismus als Ursache seiner Beschwerden. Er setzte diese Diagnose in Beziehung zu seinen Erfahrungen mit Schwächezuständen bei extremer Ganzkörperhyperthermie. Die Untersuchungen seiner medizinischen Abteilung zum arteriellen und venösen Sauerstoffpartialdruck hatten ihn schon oft über die fundamentale Bedeutung des Sauerstoffs für den Energiehaushalt des menschlichen Körpers nachdenken lassen. Er ließ sich eine mit Sauerstoff gefüllte Druckgasflasche ins Arbeitszimmer bringen und inhalierte mehrmals täglich. Nach wenigen Tagen erreichte er wieder seine alte Lebensqualität.[372] Diese Erfahrung am eigenen Leibe ließ ihn sofort das therapeutische Potential einer relativ einfach zu handhabenden

---

370 Vgl. *Porter,* Die Kunst des Heilens, S. 575–581.

371 *Harig / Schneck,* Geschichte der Medizin, S. 227–229.

372 Gespräch mit Dr. Thomas und Dr. Alexander von Ardenne am 2. 2. 2002. Manfred von Ardenne gibt in seiner Autobiographie das Jahr 1977 als Beginn der systematischen Entwicklung der Sauerstoff-Mehrschritt-Therapie an (vgl. *Ardenne,* Erinnerungen fortgeschrieben, S. 461).

Methode erkennen. Sein Instinkt für lösbare Probleme und die ihm eigene Fähigkeit, die Lösung auch gleich mit aller Energie anzugehen, ließen ihn diese Methode zur „Sauerstoff-Mehrschritt-Therapie" ausbauen, ein heute anerkanntes und weit verbreitetes Naturheilverfahren. Auch dabei musste er sich viele Jahre beharrlich gegen Ignoranz und teilweise erbitterte Angriffe der Schulmedizin verteidigen. Wie bereits vor Jahrzehnten, als er eine Vielzahl von Einsatzmöglichkeiten geladener Teilchen, von Elektronen- und Ionenstrahlen, sah und auch umgehend realisierte, so suchte er jetzt ebenfalls von Beginn an nach einem breiten Spektrum für die therapeutische Anwendung von Sauerstoff in der Medizin. In mehreren Publikationen des Jahres 1972 beschäftigte er sich mit dem Thema „Sauerstoff-Mehrschritt-Therapie", sei es als „Sauerstoff-Mehrschritt-Sauna"[373], sei es als generell anwendbarer Fundamentalprozess[374] sowie in der Krebsprophylaxe durch Stärkung des Immunsystems.[375]

Das intensive Nachdenken über die Rolle des Sauerstoffs im Organismus führte ihn zu einer „energetischen Sicht" auf den gesunden wie auch den kranken Körper, ein Gesichtspunkt, der seiner Auffassung nach in der Medizin des 20. Jahrhunderts „trotz der großen Fortschritte in der naturwissenschaftlichen Denkweise" bisher „fast völlig unberücksichtigt geblieben" sei.[376] Sein engagiertes Werben für diese Betrachtungsweise und die daraus abzuleitenden Konsequenzen erscheinen in diesem Lichte folgerichtig und konsequent. Die grundlegende Herangehensweise, nämlich die parallele Bearbeitung der wissenschaftlichen Grundlagen und die Entwicklung geeigneter Apparate einerseits, wie auch die Publikationstätigkeit und die Methoden der Erschließung von materiellen und immateriellen Ressourcen andererseits, stimmt in nahezu allen wesentlichen Merkmalen mit seinem Vorgehen in der Krebsforschung überein. Dennoch gab es auch Unterschiede, vor allem deshalb, weil seit den heftigen Auseinandersetzungen um die Krebs-Mehrschritt-Therapie fast ein Jahrzehnt vergangen war. Die Provokationen durch für notwendig erklärte Paradigmenwechsel lagen hinter ihm, der Milieuwechsel war im Wesentlichen vollzogen. Die Schulmedizin konnte Ardenne nun nicht mehr so ohne weiteres als „Nichtmediziner" abqualifizieren. Neben den wissenschaftlichen hatten sich aber auch die gesellschaftlichen Rahmenbedingungen geändert. Mit Erich Honecker stand inzwischen ein Mann an der Spitze der SED, der keineswegs die Ratschläge des von seinem Vorgänger hoch geschätzten Gelehrten suchte. Der direkte Draht zum Zentrum der Macht stand Ardenne nun nicht mehr zur Verfügung. Darüber hinaus wurde er, der eine breite, möglichst sogar flächendeckende Anwendung des Sauerstoffs in Prophylaxe und Therapie anstrebte, in drastischer Weise mit einem Kardinalproblem der DDR-Wirtschaft konfrontiert, den Schwierigkeiten bei der Überleitung neuer Erzeugnisse in die Serienfertigung. Die Inno-

---

373 *Ardenne / Lippmann,* O_2-Mehrschritt-Sauna, S. 349 ff.

374 *Ardenne,* Intensivierte O_2-Mehrschritt-Therapie, S. 341 ff.

375 *Ardenne,* Krebserkrankung und körpereigene Abwehr, S. 520 ff.

376 *Ardenne,* Sechzig Jahre, S. 400.

vationsschwäche und die Schwerfälligkeit der zentralistischen Kommandowirtschaft nach sowjetischem Vorbild waren für ihn ja ohnehin ein beständiger Stein des Anstoßes. Wo immer sich eine Gelegenheit bot, thematisierte er Fragen von Kreativität und Effektivität in Wirtschaft und Gesellschaft. Während sich der Wechsel an der Spitze der Staatspartei für ihn als ausgesprochen negativ erwies, sollte ihm eine andere Personalentscheidung der Berliner Parteizentrale zum Nutzen gereichen. 1973 löste Hans Modrow den vorübergehend zum Sekretär des ZK für Wirtschaftsfragen ernannten Werner Krolikowski als 1. Sekretär der Bezirksleitung Dresden der SED ab. Der promovierte Ökonom war im Gegensatz zu seinem Vorgänger, einem typischen Apparatschik, der nach einer Ausbildung zum Verwaltungsangestellten eine ausschließlich politische Karriere innerhalb der SED genommen hatte, in der Lage, die Bedeutung des Forschungsinstituts von Ardenne für die Wirtschaft der DDR zu erkennen. Er förderte sowohl das Institut wie auch dessen Leiter und Besitzer im Rahmen seiner Möglichkeiten und scheute auch gelegentliche Kontroversen mit dem Politbüro nicht.

Als glücklicher Umstand erwies sich weiterhin die Freundschaft mit dem westdeutschen Industriellen Erwin Braun. Im Gegensatz zu den vergeblichen Bemühungen, der Krebs-Mehrschritt-Therapie seines verehrten Freundes zum Durchbruch zu verhelfen, war Brauns Engagement für die Akzeptanz und die Durchsetzung der Sauerstoff-Mehrschritt-Therapie von großem Nutzen. Er konnte über viele Jahre hinweg den Interessen Ardennes auf dem Gebiet einer „neuen Medizin mit der Natur" in der Schweiz und in Österreich „dienen", wie er es in der Aktennotiz nach einem Besuch in Dresden im April 1971 formulierte. Die praktischen Demonstrationen und erläuternden Ausführungen hatten bei ihm und seinen beiden Begleitern, den Medizinern Hans Jenny und Edmund Winnicki, einen tiefen Eindruck hinterlassen.[377]

Braun war als Unternehmer auch persönlich daran interessiert, diese neue Therapie optimal zu vermarkten. Ohne „Pressionen von unten oder von oben durch politische oder kirchliche Instanzen" zu riskieren, ging er sofort energisch und umsichtig daran, die Prioritäten zu sichern. Dabei lag der Schwerpunkt zunächst auf der so genannten „Sauerstoff-Sauna".[378] Aber er war auch daran interessiert, in seinem Kurheim in der Schweiz, das über 30 Betten verfügte, die Behandlung nach dem Ardenneschen Konzept anbieten zu können. Bereits im Juni 1971 versuchte er auf offiziellen Wegen, die technischen Einrichtungen in der DDR zu bestellen.[379]

Auch innerhalb der DDR regte sich Interesse. Im Juni 1971 konnte Ardenne die maßgeblichen Institutionen, das Ministerium für Außenhandel, die Berliner Firma „intermed-export-import", den VEB Kombinat Luft- und Kältetechnik Dresden und das Ministerium für Gesundheitswesen darüber informieren, dass neben Erwin

---

[377] Nachlass, Korrespondenz mit Erwin Braun, Ordner April 1971-Juni 1974.

[378] Ebd.

[379] Ebd.

Braun auch Prof. Krauß von der Charité, ein „führender Physiotherapeut von internationalem Rang", interessiert sei.[380] Damit gab er den maßgeblichen Institutionen deutlich zu verstehen, dass der „zukunftsreich erscheinende universale Prozeß der ‚Intensivierten Sauerstoff-Mehrschritt-Therapie'"[381] im In- und Ausland zunehmend Aufmerksamkeit erregte und sich damit auch Exportmöglichkeiten erschließen lassen müssten. Das setzte aber eine konkurrenzfähige Gerätetechnik voraus. Einen Schwerpunkt von Forschung und Entwicklung bildete in den 1970er Jahren die Erzeugung des Sauerstoffs am Ort der Behandlung. Dafür standen zwei Optionen auf dem Prüfstand, die elektrolytische Erzeugung reinen Sauerstoffs und die Anreicherung der Umgebungsluft mit Sauerstoff durch Zeolithe genannte Alumosilikatminerale mit ganz erstaunlichen Eigenschaften. Zeolithe geben ihr Kristallwasser bei langsamer Erwärmung stufenweise und reversibel ab. Sie sind darüber hinaus in der Lage, ganz bestimmte Ionen gegen Alkali- oder Erdalkaliionen auszutauschen. Als so genannte Molekularsiebe werden sie häufig zur Trocknung und Reinigung von Gasen sowie als Katalysator eingesetzt.

Einen weiteren Motivationsschub erfuhr Ardenne, als er 1977 einen vom Sauerstoff-Status im menschlichen Körper gesteuerten Schaltmechanismus der Blutmikrozirkulation entdeckte. Dieser Mechanismus spiele, so interpretierte er selbst dieses Phänomen, eine entscheidende Rolle beim Herzinfarkt, bei Schock- und Stresszuständen und erkläre auch die Wirkung eines Ausdauertrainings. Vor allem aber sorge es für eine über Monate bis Jahre fortwährende Wirkung, wenn der dadurch mögliche Übergang zu einer, wie er es nannte, „kraftvolleren Lebensweise" auch tatsächlich vollzogen würde.[382] Er deutete den messbaren Effekt als eine mit der Erhöhung des Sauerstoffpartialdruckes einhergehende Vergrößerung des Querschnitts von Kapillaren im Bereich ihrer Einmündung in die Venen durch das Abschwellen der Kapillarwandzellen. Mit dem dadurch vermehrten Blutfluss werde in diesen Bereichen die Sauerstoffversorgung noch weiter verbessert – insgesamt also eine zweimalige Verstärkung des Effekts. Dieser Schaltmechanismus setzt aber nur dann ein, ergaben seine Untersuchungen, wenn der Partialdruck des Sauerstoffs einen bestimmten Schwellwert überschreitet und das Blut eine bestimmte Menge von Sauerstoff aufnimmt. In der Kombination von drei Einzelschritten, einer Gabe von Pharmaka zur verbesserten Verwertung des Blutsauerstoffs, einer Inhalation von reinem Sauerstoff und der Sicherung bzw. Verstärkung der Durchblutung sah er die Chance, diesen Schaltmechanismus auch therapeutisch zu nutzen. Er selbst hielt diesen Effekt für so bedeutsam, dass er ihn denjenigen Entdeckungen zuordnete, die es verdienten, mit dem Nobelpreis bedacht zu werden.

Ebenfalls 1977 beobachtete das Dresdner Team erstmals eine Langzeitwirkung der Sauerstoff-Behandlung weit über die Phase der Inhalation hinaus. Dieser überraschende Befund, darüber waren sich alle Beteiligten einig, erweiterte das Spek-

---

380 Ebd.

381 Ebd.

382 *Ardenne*, Sechzig Jahre, S. 402 ff.

trum für die Anwendung von Sauerstoff beträchtlich. Das brachte Ardenne in den entsprechenden Publikationen auch deutlich zum Ausdruck. Wegen der nicht verstummenden skeptischen Stimmen wiederholte er 1982 diese Messungen noch einmal und bestätigte die früheren Befunde. Das Phänomen der Langzeitwirkung beflügelte darüber hinaus die Phantasie des Forschers und Unternehmers in besonderer Weise. Er suchte, selbst immerhin auch schon 70 Jahre alt, besonders nach Anwendungen bei älteren Menschen, um deren Allgemeinzustand nachhaltig zu verbessern und baute das Konzept zu einer einfach handhabbaren Therapie aus. Wie nicht anders zu erwarten, blieben ihm auch dabei jahrelange Auseinandersetzungen mit den Vertretern der Schulmedizin nicht erspart.

14. Desinteresse der DDR-Industrie

Das in Jahrzehnten und unter den unterschiedlichsten Rahmenbedingungen bewährte Prinzip, die möglichen Anwendungen der Ergebnisse wissenschaftlichen Forschens nicht nur zu erkennen, sondern diese auch selbst zu realisieren, stieß beim Ausbau der Sauerstoff-Mehrschritt-Therapie auf zahlreiche Schwierigkeiten. Den wirtschaftlichen Erfolg seines Instituts verdankte er auch in der DDR in hohem Maße dieser Strategie. Mit den hier verfügbaren, oft jedoch unzureichenden Mitteln, galt es, die gerätetechnischen Voraussetzungen für die Anwendung seiner Therapie selbst zu schaffen. Das betraf vor allem die Bereitstellung des Sauerstoffs am Ort der Behandlung. Die anfangs verwendeten Druckgasflaschen sollten durch einen so genannten „Sauerstoff-Selektor" ersetzt werden. Hinzu kam die Entwicklung der erforderlichen Messtechnik, wozu insbesondere ein modernes Messgerät zur Bestimmung des Sauerstoff-Partialdrucks im Blut gehörte.

Das Ministerium für Gesundheitswesen, das die ersten Schritte finanziert hatte, sah es keineswegs als seine Aufgabe an, Mittel für die Entwicklung eines Sauerstoff-Selektors bis zur Stufe der Produktionsreife bereit zu stellen. Ardenne hielt den Vorschlag, die Industrie zur Finanzierung zu bewegen, für nicht sinnvoll, da am Anfang der Entwicklung in den 1970er Jahren noch Probleme prinzipieller Natur zu lösen waren. Dennoch führte er Gespräche mit dem VEB Transformatoren- und Röntgenwerk Dresden und Betrieben des Chemieanlagenbaus. Schließlich beantragte er doch eine Finanzierung durch das Ministerium für Wissenschaft und Technik. Den Finanzbedarf bezifferte er für die Jahre 1973/74 mit jeweils etwa 400.000 Mark.[383]

Er begründete seinen Antrag in einem persönlichen Schreiben an Minister Prey mit dem lebhaften Interesse „finanzstarker ausländischer Interessenten" an seinem System sowie der bislang „so glänzend vorangetriebenen Entwicklung" im Kombinat Medizintechnik Leipzig. Dort gebe es aber im Augenblick gewisse Schwie-

---

[383] Brief Ardennes an den stellv. Minister K. Herrmann vom 15. 12. 1972 (Nachlass, Ordner MWT Januar 1972-Dezember 1979).

rigkeiten. Darüber hinaus beklagte er fehlende gesetzliche Regelungen der finanziellen Abgeltung von Überstunden der 26 beteiligten Mitarbeiter seines Instituts.[384] Da das Ministerium keine Entscheidung über die Finanzierung traf, mahnte er diese im April zum ersten Male dringlich an.[385] Im Juni 1974, es war immer noch keine Entscheidung gefallen, nutzte er die Jubiläums-Manie der SED-Spitze zu der Verpflichtung des Instituts, „bis zum 25. Jahrestag der DDR das erste Mustergerät fertig zu stellen". Als industrieller Partner für eine künftige Serienproduktion schien ihm der VEB Kombinat Spezialtechnik Dresden, und zwar dessen Stammbetrieb „Flugzeugwerft" besonders geeignet, zu dem er gerade Kontakte geknüpft hatte.[386] Für das Jahr 1975 sah er einen Finanzbedarf in Höhe von 120.000 Mark, wobei im Jahresmittel 1,5 Hochschul-Kader, 1 Fachschul-Kader sowie 1 Beschäftigter aus der Gruppe der technischen Mitarbeiter am Thema arbeiten sollten.[387]

Das Ministerium für Wissenschaft und Technik sah jedoch „keinerlei Ansatzpunkte" für eine volkswirtschaftlich sinnvolle Zielstellung des Themas „Sauerstoffanreicherung der Luft" und lehnte Ende Mai 1975 eine Finanzierung ab.[388] Fast zwei und ein halbes Jahr hatte es bis zu diesem Bescheid gedauert. Von dieser Ablehnung ließ sich Ardenne jedoch keineswegs beeindrucken. Ausgehend von der „Weltmarktfähigkeit" seiner Entwicklung beantragte er im August weitere Forschungsgelder und die Festlegung eines Fertigungsbetriebes. Noch immer gäbe es weltweit kein Konkurrenzprodukt für seine Anlage „O_2 – Selektor SE 21", begründete er seine Hartnäckigkeit. Bei dieser Anlage erfolgte die Anreicherung der Atemluft mit Sauerstoff über eine Verarmung der umgebenden Luft an Stickstoff durch dessen selektive Adsorption an Molekularsieben. Mit den Abmessungen eines Kühlschrankes (Breite 55 cm, Höhe 85 cm, Tiefe 75 cm) und einer Leistungsaufnahme von 0,7 kW bei einer Spannung von 220 Volt war dieses Gerät in jedem normalen Raum zu betreiben.[389] Das Ministerium forderte daraufhin eine Analyse der Schutzrechtssituation, die das Institut umgehend nachreichte.[390] Das reichte aber immer noch nicht aus, eine Entscheidung herbei zu führen. Mit der inzwischen schon zum Stereotyp gewordenen Floskel vom „devisenerschließenden Export" stellte Ardenne Ende November erneut den Antrag auf Finanzierung der technologischen Weiterentwicklung des Sauerstoff-Selektors an das Ministerium für Wissenschaft und Technik und mahnte zum wiederholten Male die Festlegung eines Produzenten für die Serienherstellung an.[391] Schließlich erklärte er im Juni

---

[384] Brief Ardennes an Minister Prey vom 22. 1. 1973 (Ebd.).

[385] Brief Ardennes an den stellv. Minister K. Herrmann vom 17. 4. 1973 (Ebd.).

[386] Brief Ardennes an den stellv. Minister K. Herrmann vom 26. 6. 1974 (Ebd.).

[387] Brief Ardennes an den stellv. Minister Prof. Dr.-Ing. G. Montag vom 23. 4. 1975 (Ebd.).

[388] Brief des stellv. Minister K. Herrmann vom 29. 5. 1975 (Ebd.).

[389] Brief Ardennes an den stellv. Minister K. Herrmann vom 6. 8. 1975 (Ebd.).

[390] Brief Ardennes an den stellv. Minister K. Herrmann vom 11. 8. 1975 (Ebd.).

[391] Brief Ardennes an den stellv. Minister K. Herrmann vom 26. 11. 1975 (Ebd.).

1976, die Mittel für die Mustergeräte ohne Unterstützung des Ministeriums für Wissenschaft und Technik aufzubringen, kündigte aber im gleichen Atemzuge an, für 1977 Mittel zur „weiteren Hochzüchtung" zu beantragen.[392] Als er im Februar 1977 seine Anträge zur Finanzierung der medizinischen Forschung einreichte, stand der Sauerstoff-Selektor jedoch nicht auf der Liste.[393]

Im Frühjahr 1977 konnte die klinische Prüfung des im Forschungsinstitut von Ardenne entwickelten und gebauten Sauerstoff-Selektors erfolgreich abgeschlossen werden. Ardenne schickte im Mai das „Ergebnisprotokoll der Verteidigung der klinischen Prüfung des Gerätes zur Erzeugung sauerstoffangereicherter Atemluft (Sauerstoff-Selektor)" an das Ministerium für Wissenschaft und Technik.[394] Er hoffte, dass der VEB Medizin- und Labortechnik Leipzig dieses Gerät ab 1978 in Serie produzieren „und auch ausliefern" würde.[395] Diese Hoffnungen wurden jedoch enttäuscht. Um die Fertigung endlich richtig in Gang zu setzen, beantragte Ardenne am 15. Mai 1979 beim zuständigen Ministerium, die Überleitung des Sauerstoff-Selektors in die Serienproduktion in den Staatsplan für Wissenschaft und Technik aufzunehmen.[396] Durch Vermittlung der SED-Bezirksleitung Dresden konnte daraufhin der VEB Instandsetzungswerk Ludwigsfelde als Produzent gewonnen werden. Soeben angelaufen, sollte dort die Produktion aber noch im ersten Halbjahr 1979 wieder eingestellt werden. Ardenne beschwerte sich beim Stellvertreter des Ministers für Wissenschaft und Technik und wies darauf hin, dass bei der Firma „intermed" bereits 46 Anfragen bzw. Aufträge vorlägen.[397] Wiederum mit Unterstützung der maßgeblichen Instanzen auf der Ebene des Bezirks, nicht zuletzt der Bezirksleitung der SED, konnte der VEB Transformatoren- und Röntgenwerk Dresden als potentieller Produzent gewonnen werden.[398]

Eine offizielle Einladung der japanischen Gesellschaft für Elektronenmikroskopie nutzte Ardenne im November 1979, auf einer dreiwöchigen Vortragsreise, bei der ihn seine Frau und der älteste Sohn begleiteten, persönlich auch für seine medizinischen Forschungen und Therapie-Konzepte zu werben. Die Krebs- und die Sauerstoff-Mehrschritt-Therapie standen dabei im Vordergrund. Wie er nach der Rückkehr dem Ministerium für Wissenschaft und Technik berichtete, fand auch die Sauerstoff-Mehrschritt-Therapie großes Interesse in der Fachwelt und in der

[392] Brief Manfred von Ardennes an den stellv. Minister K. Herrmann vom 1. 6. 1976 (Ebd.).

[393] Brief Manfred von Ardennes an den stellv. Minister K. Herrmann vom 25. 2. 1977 (Ebd.).

[394] Nachlass, Ordner MWT Januar 1972-Dezember 1979.

[395] Brief vom 13. 10. 1977 an Dozent Dr. G. Schleusing, Chefarzt an der Hellmuth-Ulrici-Klinik in Beetz-Sommerfeld bei Oranienburg (Nachlass, Korrespondenz mit Wissenschaftlern Januar 1976-Dezember 1980, Ordner Sch).

[396] Nachlass, Ordner MWT Januar 1972-Dezember 1979.

[397] Ebd.

[398] Brief Manfred von Ardennes vom 30. 10. 1979 an den stellv. Minister K. Herrmann (Nachlass, Ordner MWT Januar 1972-Dezember 1979).

japanischen Öffentlichkeit. Er konnte Vorabsprachen für ein Behandlungszentrum in Tokio mit zunächst zehn Plätzen treffen. Ein späterer Ausbau auf 100 Behandlungsplätze liege durchaus im Bereich des Möglichen, erklärte er dem Ministerium. In deutlichen Worten beklagte er sich über die „Lieferunfähigkeit" bei den Sauerstoff-Selektoren und informierte das Ministerium, dass in Zusammenarbeit seines Instituts mit dem VEB Präcitronik ein modernes Messgerät zur Bestimmung des Sauerstoff-Partialdrucks entwickelt werde, das im Herbst 1980 in Serie gehen solle.[399]

Trotz der für den Erfinder der Sauerstoff-Mehrschritt-Therapie ermutigenden Entwicklung außerhalb der DDR, war diese im eigenen Staate durch die Gesundheitsbehörden noch immer nicht offiziell anerkannt worden. Im Juli 1981 gelang es Ardenne, ein Gespräch mit dem Minister für Gesundheitswesen zu führen, in dem Mecklinger verbindlich zusagte, über die praktische Bedeutung des Konzepts der Sauerstoff-Mehrschritt-Therapie zu entscheiden, sobald „die klinische Anwendung in ausgewählten Einrichtungen eingeschätzt werden kann". Das Ministerium prüfe gerade, wie diese Entscheidung „in kürzester Zeit zu erreichen" sei, versuchte er, den ungeduldig drängenden Ardenne zu besänftigen. Der Minister kam ihm mit dem Angebot entgegen, dass er in den nächsten Wochen persönlich diejenigen Experten aus der DDR benennen möge, zu denen er in der Beurteilung seiner Forschungsergebnisse Vertrauen habe. Darüber hinaus stellte Mecklinger in Aussicht, die weiteren Arbeiten in die bilaterale Forschungskooperation mit der UdSSR einzubeziehen. Zu diesem Zecke sollten sich bei nächster Gelegenheit sowjetische Experten der Krebsforschung „an Ort und Stelle im Dresdner Institut ein Bild über den erreichten Stand verschaffen".[400] Sowohl dem Minister, als auch Ardenne, die beide Möglichkeiten und Praktiken der Sowjetunion bei der Zusammenarbeit in Forschung und Entwicklung kannten, muss klar gewesen sein, dass es sich dabei um ein „spielen auf Zeit" handelte und nicht um eine Beschleunigung der Entwicklung. Möglicherweise hoffte Mecklinger aber auch tatsächlich, dass Ardenne auf diesem Gebiet nicht weiterhin ausschließlich mit dem Westen kooperierte.

Die zunehmende Verbreitung der Sauerstoff-Mehrschritt-Therapie im Westen bedeutete jedoch keineswegs, dass diese dort allseits akzeptiert worden wäre. Die „Ärztliche Praxis" beschäftigte sich im August 1980 mit dem anhaltenden Expertenstreit um die Ergebnisse, die Ardenne bis dahin an 3.000 Patienten erzielt hatte. Zwei Schulmediziner, die Professoren H.-D. Bolte, Leitender Oberarzt der Medizinischen Klinik I, Klinikum Großhadern der Ludwig-Maximilians-Universität München, und D. Nolte, Chefarzt der II. Medizinischen Abteilung des Städtischen Krankenhauses in Bad Reichenhall, äußerten sich skeptisch bis ablehnend, wobei sich allerdings nur Nolte auf eigene Untersuchungen berufen konnte. Der Natur-

---

[399] Nachlass, Ordner „MWT Januar 1972-Dezember 1979.

[400] Notiz Mecklingers über ein Gespräch mit Ardenne am 23. 7. 1981 (BArch, DQ1 – 11637).

heilkundler Dr. Karl Heinz Caspers bestätigte aufgrund eigener Erfahrungen an bis dahin etwa 250 Patienten die von Ardenne beschriebene anhaltende Wirkung der Therapie.[401]

15. Klinische Erprobung in Berlin-Buch

In der DDR fand Anfang der 1980er Jahre am Städtischen Klinikum in Berlin-Buch unter Leitung von Prof. Dr. sc. med. Hendrik die klinische Erprobung der Sauerstoff-Mehrschritt-Therapie statt. Am 20. März 1982 wurden die Ergebnisse im Rat für medizinische Wissenschaft beim Minister für Gesundheitswesen vorgestellt.[402] Als Gäste nahmen an der Beratung neben Hendrik und Ardenne noch zwei weitere Mediziner teil. Der Stellvertreter des Ministers, Jänisch, eröffnete die Debatte mit Ausführungen über die großen Belastungen für das Gesundheitswesen, wenn sich die von Ardenne postulierte Universalität des Konzepts bestätigen würde und jährlich etwa vier Millionen Bürger behandelt werden müssten. Dafür wären etwa 2.500 bis 3.000 Einrichtungen und Investitionen in Höhe von mindestens 100 Millionen Mark erforderlich. Unter diesen gesundheitspolitischen Prämissen war der Rat gefordert, zur therapeutischen Wirksamkeit des Konzepts in Prophylaxe und Therapie anhand einer von Ardenne vorgelegten Indikationsliste in Frage kommender Erkrankungen Stellung zu beziehen. Hendrik unterstrich noch einmal den bereits in seinem schriftlichen Bericht vertretenen Standpunkt, dass eine länger andauernde Anhebung des Sauerstoffpartialdruckes nicht bestätigt werden konnte und darüber hinaus die Therapie weder als eine universelle noch überhaupt als eine therapeutische Maßnahme angesehen werden könne. Da bei ausgewählten Indikationen durchaus gewisse positive Effekte beobachtet worden seien, wäre es sinnvoll, die von Ardenne entwickelten Sauerstoff-Selektoren in pädiatrischen Einrichtungen, Lungenkliniken sowie Kliniken für Innere Medizin einzusetzen. Damit lieferte Hendrik letzten Endes ein Ergebnis, mit dem das Ministerium leben konnte. Die ihrem Schöpfer vorschwebende kostenträchtige flächendeckende Einführung der Sauerstoff-Mehrschritt-Therapie in der Prophylaxe wurde verhindert und die bescheidene Produktion der Sauerstoff-Selektoren konnte den Möglichkeiten der Industrie entsprechend weitergeführt werden.

Ardenne, dem der Hendrik-Bericht bereits vor der Sitzung zugegangen war, hatte diesen in einer schriftlichen Stellungnahme sofort energisch zurückgewiesen.[403] Er, der sein Licht ganz gewiss nicht unter den Scheffel zu stellen pflegte, polemisierte diesmal ungewöhnlich heftig, ja arrogant. Er stellte sich als „Ehrenmitglied des Forschungsrates" und „Mitglied des Ältestenrates des Ministeriums

---

[401] Ärztliche Praxis Nr. 70 vom 30. 8. 1980, S. 2255–2256.

[402] Protokollauszug der Sitzung des Rates für medizinische Wissenschaft beim Minister für Gesundheitswesen vom 20. 3. 1982 (BArch, DQ1 – 11637).

[403] Stellungnahme zu dem Sauerstoff-Mehrschritt-Therapie-Bericht von Prof. Dr. Hendrik vom 20. 3. 1982 (BArch, DQ1 – 11637).

für Gesundheitswesen" vor und attestierte Hendrik entscheidende methodische Fehler bei der Durchführung der Studie sowie eine negative Auswahl der Probanden. In der Tat waren vorwiegend kranke Menschen einbezogen worden. Darüber hinaus sah er eine eindeutige Fehlinterpretation der Befunde bei so genannten Therapie-Versagern. Am Ende seiner Stellungnahme verließ er auch endgültig die sachliche Ebene. Er zitierte aus einer Laudatio von Prof. Oatley aus Cambridge, die im „Journal of Applied Physics" vom Februar 1982 veröffentlicht worden war. Darin sei ihm, so betonte er, eine „solide wissenschaftliche Arbeitsweise" bescheinigt worden. Mit der Bemerkung, dass er allein durch seine in diesem Beitrag bestätigte Priorität bei der Entwicklung des Rasterelektronenmikroskops „um Zehnerpotenzen mehr zum Fortschritt von Medizin und Biologie" beigetragen habe als „alle Teilnehmer an der Bucher Studie", trieb er die Konfrontation auf die Spitze.

Aber weder durch sachliche Argumente, noch durch Polemik ließ sich das Ministerium beeindrucken. Am 28. April sandte der Minister einen Protokollauszug über die „Verteidigung der klinischen Studie zur Wirksamkeit der Sauerstoff-Mehrschritt-Therapie vom 20. März 1982" nach Dresden.[404] Darin wurden zum einen der wesentliche Inhalt der Sitzung noch einmal zusammengefasst und zum anderen Festlegungen getroffen, in denen die im Vorfeld bereits sichtbar gewordenen Intentionen der Gesundheitspolitiker festgeschrieben wurden. Da sich die „vermutete Universalität der Methode" nicht habe nachweisen lassen, untersagte der Minister Ardenne die Einrichtung einer klinischen bzw. ambulanten Behandlungsstätte in seinem Institut. Er verpflichtete ihn darüber hinaus, die Bevölkerung künftig „verantwortungsbewusst über die Sauerstoff-Mehrschritt-Therapie zu informieren" und dabei die „Ergebnisse der Bucher Studie zu berücksichtigen". Letzteres entsprach einer Empfehlung von Horst Klinkmann, dem Präsidenten des Rates, wie der Minister ausdrücklich betonte. Die von Hendrik bestätigten Hinweise auf eine „mögliche Wirksamkeit bei spezieller Indikation", insbesondere Hypotonie, müsse nun in einer gesonderten Studie überprüft werden. Diese werde der Minister in geeigneten Kliniken in Auftrag geben. Die Produktion der von Ardenne entwickelten Sauerstoff-Selektoren befürwortete das Ministerium für Gesundheitswesen ausdrücklich, trotz aller Probleme der Industrie mit der Serienfertigung. Allerdings sollten sie nur bei konventioneller chronischer Sauerstoff-Therapie und den dafür empfohlenen Indikationen zur Anwendung kommen. Zum Schluss bemühte sich Mecklinger um versöhnliche Töne. Er dankte dem schwer enttäuschten Ardenne dafür, dass er durch seine „kühnen Ideen und interessanten technischen Lösungen" die Fragen der Anwendung von Sauerstoff in der Medizin wieder stärker „in den Mittelpunkt des wissenschaftlichen und ärztlichen Interesses" gerückt habe.

Bereits am 4. Mai, nur wenige Tage nach dem Erhalt dieses Briefes, antwortete Ardenne dem Minister und beschwerte sich darüber, dass seine „Dresdner Sauer-

---

[404] BArch, DQ1 – 11637.

stoff-Mehrschritt-Therapie-Studie" nicht anerkannt wurde.[405] Er erneuerte seine Kritik an der Studie von Berlin-Buch, mit der Mecklinger die weitere Ablehnung seiner Therapie begründete. Bereits seit etwa zwei Jahren, so argumentierte er, wendeten rund 100 Kureinrichtungen außerhalb der DDR an Tausenden von Patienten diese Therapie mit Erfolg an, und das nicht nur im Westen. Auch das Sanatorium Richmond in Karlovy Vary gehöre dazu, wo unter der Leitung von Dr. Dolina seine Therapie zum Einsatz komme. Bei den zahlreichen Anfragen von Patienten aus dem „Nichtsozialistischen Wirtschaftsgebiet" müsse er darauf verweisen, sich doch bitte an Dolina zu wenden. Unbeirrt beantragte er abschließend beim Minister die förmliche „Erteilung eines komplexen Forschungsauftrages (Grundlagenforschung, technische Forschung, klinische Forschung) zur weiteren planmäßigen wissenschaftlichen Bearbeitung der Sauerstoff-Mehrschritt-Therapie für unser Institut". Mecklinger war jedoch nicht umzustimmen und blieb bei seiner Entscheidung, die Sauerstoff-Mehrschritt-Therapie im Gesundheitswesen der DDR nicht einzuführen.[406]

Neben den offiziellen Verbindungen zu den für ihn wichtigen Ministerien standen Ardenne aber immer auch inoffizielle Kanäle zur Verfügung. In einem Dankschreiben an den Leiter der Bezirksverwaltung Dresden des MfS, Generalmajor Böhm, der ihm im Januar 1983 freundlich zum 76. Geburtstag gratuliert hatte, brachte er seine Freude über „die Einführung der Sauerstoff-Mehrschritt-Therapie in unser Gesundheitswesen" zum Ausdruck.[407] Der Sinneswandel der Gesundheitsbehörden innerhalb weniger Monate erscheint zunächst überraschend und unbegreiflich. Ein internes Papier der Abteilung XVIII der Bezirksverwaltung bringt zwar keine restlose Klarheit, lässt aber ein Engagement des MfS erkennen.[408] In seiner Information für Generalmajor Böhm berichtete der Leiter der Abteilung XVIII, Oberstleutnant Maier, über Gespräche zwischen dem Stellvertreter des Ministers für Staatssicherheit, Generalleutnant Mittig, und dem Leiter der Abteilung Gesundheitswesen beim ZK der SED, Karl Seidel, in dieser Angelegenheit. Da die Sauerstoff-Mehrschritt-Therapie nach Ansicht der Experten „keine nachteiligen Auswirkungen auf den menschlichen Organismus" habe, so argumentierte Maier, stehe der Einführung im Gesundheitswesen der DDR „nichts im Wege". Ein Blick auf die Einrichtungen, denen die Anwendung dieser Therapie zuerst gestattet wurde, erhellt allerdings sofort die Hintergründe dieser Entscheidung. Neben der Poliklinik auf dem Weißen Hirsch in Dresden, also in unmittelbarer räumlicher Nähe zum Institut von Ardenne, waren nur noch die Interhotels der DDR genannt, in denen bekanntermaßen für harte Währung auch andere „Leistungen" angeboten wurden, die „keine nachteiligen Auswirkungen auf den menschlichen Organismus"

---

[405] Ebd.

[406] Information des MWT vom 14. 9. 1982 (BStU Ast. Dresden, Abt. XVIII-12199, Bl. 16 f.

[407] BStU Ast. Dresden, Abt. XVIII-835, Bd. I, Bl. 487.

[408] Bericht vom 15. 2. 1983 zur Einführung der Sauerstoff-Mehrschritt-Therapie im Gesundheitswesen der DDR (BStU Ast. Dresden, Abt. XVIII-835, Bd. I, Bl. 484 f.).

hatten. Die beharrlichen Hinweise des Entwicklers dieser Therapie, damit Devisen erwirtschaften zu können, fanden ganz offensichtlich die richtigen Kanäle und verfehlten auf Dauer ihre Wirkung nicht.

16. Eine geduldete Therapie

Im Sommer 1983 reiste Ardenne für mehrere Wochen durch Österreich und die Bundesrepublik. Mit Vorträgen vor Ärzten und Journalisten im Burghotel Kranichberg, auf einem Symposium in Bad Wildungen sowie in Lübeck und Hamburg warb er für seine Sauerstoff-Therapien in der ganzen Breite ihres Anwendungsspektrums. In seinem Reisebericht an das Ministerium für Gesundheitswesen hob er zweierlei besonders hervor. Im Burghotel Kranichberg, der ersten Station seiner Reise, seien alle Zimmer für die Durchführung seiner Therapie ausgerüstet gewesen und der österreichische Rundfunk wie auch das Fernsehen hätten Interviews mit ihm gesendet.[409] Die Tage in der Bundesrepublik nutzte er, um mit einem Besuch der Zeolith-Abteilung der Bayer-Farbwerke in Leverkusen die Serienfertigung des Sauerstoff-Selektors im VEB Transformatoren- und Röntgenwerke voranzubringen. Dort stagnierte die Entwicklung seit zwei Jahren, was unter anderem daran lag, dass sich die Zeolithe aus Wolfen als ungeeignet erwiesen und Informationen über Bezugsquellen und Parameter von Produkten westlicher Hersteller in der DDR der Geheimhaltung unterlagen. Bei seinem Besuch erhielt Ardenne von Bayer 100 kg Zeolith als Geschenk, um diesen testen zu können. Auch das Problem der für den Selektor benötigten mechanischen Pumpe konnte er auf dieser Reise lösen. Sämtliche in der DDR zur Verfügung stehenden Modelle waren den speziellen Anforderungen nicht gewachsen. Da es ihm gelungen sei, sich von vier renommierten Herstellern alle benötigten Einzelinformationen zu beschaffen, könne man ein „weltmarktfähiges, wahrscheinlich sogar überlegenes Sauerstoff-Selektor-Gerät" entwickeln. Mit dem Import der Membranpumpe aus den USA wäre das einzige in der DDR nicht zu lösende Problem zu beseitigen gewesen und dem Devisen bringenden Export hätte nichts mehr im Wege gestanden. Dennoch waren weder die wirtschaftsleitenden Institutionen noch die Industrie hinreichend zu motivieren.

Den Verantwortlichen im Gesundheitswesen fiel es angesichts der Verbreitung der Sauerstoff-Mehrschritt-Therapie im „westlichen Ausland" immer schwerer, die breite Anwendung in der DDR zu untersagen. In einem Gespräch mit dem Stellvertretenden Gesundheitsminister für Forschung, Bodo Schönheit, deutete sich im Sommer 1983 ein Stimmungswandel an. Ardenne benutzte wieder einmal jenes Argument, das als taktisches Mittel im Kampf um Ressourcen wohl längst seine Überzeugungskraft verloren hatte und immer mehr zu einer Mischung aus selbstbewusstem Rückblick auf eine großartige Lebensleistung und Wunschdenken eines

---

[409] BArch, DQ1 – 11637.

Gelehrten mutierte, der sich auch im Alter noch durch eine bemerkenswerte geistige Frische und Kreativität auszeichnete. Aufgrund des von ihm entdeckten Naturprinzips des Schaltmechanismus der Blutmikrozirkulation sei die Sauerstoff-Mehrschritt-Therapie eine universale Therapie, und es bestünde durchaus die Möglichkeit, dass ihm eventuell in zwei bis drei Jahren für diese Leistungen der Nobelpreis verliehen werden könnte, erklärte er Schönheit.[410] Er sei auch damit einverstanden, kam er Schönheit entgegen, die Behandlung nicht als Therapie, sondern als „Sauerstoff-Mehrschritt-Kur nach Prof. v. Ardenne" anzubieten. Beide legten daraufhin auch gemeinsam die Einzelheiten der „Kur" fest und bestimmten die Einrichtungen, in denen sie angeboten werden sollte. Es waren dies einige Hotels, die Staatsbäder Bad Elster, das Kliniksanatorium Bad Liebenstein sowie die Klinik Weißer Hirsch, für die eine Sonderregelung gefunden werden musste. Diese Sonderregelung bestand darin, dass nicht von einer „Außenstelle Forschungsinstitut M. v. A. am Krankenhaus Weißer Hirsch" gesprochen werden durfte, sondern offiziell von dem „Krankenhaus Weißer Hirsch, IvA-Applikationslabor".[411] Mit der Verwendung der Abkürzung „IvA" für das Institut von Ardenne erreichte das Ministerium, dass der Name des Entdeckers im Zusammenhang mit dieser Kur nicht zu stark in den Mittelpunkt gerückt wurde. Als potentielle Kurpatienten kamen, ganz im Sinne der Parteiführung, vor allem devisenbringende Gäste von Interhotels in Frage, was wiederum das MfS ganz unverhohlen in internen Papieren eingestand,[412] sowie Funktionäre des Partei- und Staatsapparates. Das Dresdner Hotel Bellevue richtete daraufhin zehn Behandlungszimmer für die Sauerstoff-Mehrschritt-Therapie ein und bot diese Behandlung darüber hinaus auch im hoteleigenen Fitnessclub an – „sehr erfolgreich" übrigens, wie die Hauptgeschäftsführerin in einem Brief an Ardenne betonte.[413]

Ende September 1983 erreichte Ardenne eine Einladung des Hamburger Unternehmers Kurt Körber zur Teilnahme an einer Zusammenkunft des von ihm 1961 gegründeten „Bergedorfer Gesprächskreises", der Ende Februar / Anfang März 1984 in Dresden zusammen kommen sollte.[414] Im Mittelpunkt des Interesses der Aktivisten dieses offenen Forums für den internationalen Meinungsaustausch standen damals die Ost-West-Entspannungspolitik und die Schwierigkeiten deutschdeutscher Annäherung. Aus diesem Kontakt entwickelte sich eine freundschaftliche Beziehung und eine wirksame Hilfe für die gerätetechnische und finanzielle Absicherung der Sauerstoff-Mehrschritt-Therapie.

Am 19. Februar 1984 wählte die „Ärztegesellschaft für Sauerstoff-Mehrschritt-Therapie" Ardenne zu ihrem Ehrenmitglied und in den Wissenschaftlichen Beirat.

---

[410] Aktennotiz von Dr. Schönheit über ein Gespräch mit Ardenne vom 19. 8. 1983 (BArch, DQ1 – 11637).

[411] Ebd.

[412] BStU Ast. Dresden, AIM 1675 / 89, Bd. II,II, Bl. 478 – 479.

[413] Nachlass, Privatkorrespondenz, Ordner A-B.

[414] Nachlass, Ordner Dr. Körber Hauni-Werke 1986 – 1988.

Vorsitzender dieser jungen bundesrepublikanischen Gesellschaft war der Naturheilkundler Dr. Karl Heinz Caspers, in dessen Klinik die Ardennesche Therapie damals einen Anteil von etwa 90 Prozent aller Behandlungen ausmachte.[415] Interessierten Ärzten blieb natürlich der Widerspruch zwischen dem wachsenden Zuspruch, den diese Therapie außerhalb der DDR erfuhr, und der offiziellen Haltung des Ministeriums für Gesundheitswesen nicht verborgen – ein Widerspruch, den Ardenne geschickt für seine Zwecke auszunutzen verstand.

Mit der Firma „Simpex" begann sich 1985 erstmals auch ein DDR-Unternehmen ernsthaft für die gerätetechnische Seite und das Know-how dieser Therapie zu interessieren.[416] Im Zusammenhang mit Überlegungen zu einem möglichen, Devisen bringenden Lizenzgeschäft traten unterschiedliche Auffassungen zwischen der zentralen und der regionalen Ebene der Führungstrias besonders deutlich zutage, wie mit der Person und den Anliegen Ardennes umzugehen sei. Im Parteiapparat zählte der Bezirkschef Modrow zu den Unterstützern des Gelehrten und Unternehmers. Generalleutnant Böhm, der Leiter der Bezirksverwaltung des MfS, war ihm zumindest wohl gesonnen. Die gravierenden Differenzen in der Beurteilung führten innerhalb des Ministeriums für Staatssicherheit zu einer offenen Auseinandersetzung zwischen Berlin und Dresden. In einem Brief brachte Generalmajor Kienberg, Leiter der für den Staatsapparat, die Kultur, die Kirchen sowie den so genannten Untergrund zuständigen Hauptabteilung XX, am 8. August 1985 gegenüber dem Leiter der Bezirksverwaltung Dresden, Generalmajor Böhm, seinen Unwillen über dessen Unterstützung Ardennes sehr deutlich zum Ausdruck. Im Zusammenhang mit der Anwendung der Sauerstoff-Mehrschritt-Therapie in der DDR bezeichnete Kienberg die von Böhm befürwortete Veröffentlichung der „positiven Ergebnisse durch Anwendung der Therapie" als verantwortungslos. Er berief sich auf „führende medizinische Wissenschaftler der DDR und die Leitung des Ministeriums für Gesundheitswesen", die sich einig in der Auffassung seien, dass „Prof. von Ardenne durch seine Äußerungen zu medizinischen Fragen sich zunehmend der Lächerlichkeit preisgibt und negative politische Auswirkungen für die DDR zu erwarten sind". Darüber hinaus erkenne Ardenne „den Missbrauch seines international als Naturwissenschaftler (nicht als Mediziner) geschätzten Namens im westlichen Ausland, insbesondere in der BRD", nicht mehr. Am Rande des XII. Parlaments der FDJ habe Ardenne gegenüber Egon Krenz erklärt, dass „die DDR bereits krebsfrei sein könne, wenn seinen Ratschlägen und Erkenntnissen gefolgt würde". Mit dieser, möglicherweise überzogenen Interpretation suchte Kienberg zu begründen, dass „aus politisch-operativer Sicht unserer Diensteinheit" eine „operative Unterstützung von Projekten des von Ardenne, die nicht die Zustimmung der zuständigen staatlichen Organe finden", nicht gerechtfertigt sei.[417]

---

[415] BStU Ast. Dresden, Abt. XVIII-835, Bd. I, Bl. 262–270.

[416] BStU Ast. Dresden, AIM 1675/89, Bd. I,II, Bl. 14.

[417] BStU Ast. Dresden, AIM 1675/89, Bd. II,II, Bl. 478–479.

Es gelang der Zentrale jedoch nicht, die Dresdner Tschekisten „auf Linie" zu bringen. Relativ unbeeindruckt von diesen Vorhaltungen ließ sich Böhm auch weiterhin auf dem Laufenden halten. So unterrichtete ihn sein Leipziger Pendant, Generalmajor Hummitzsch, im September 1985 über nunmehr ernsthafte Bemühungen von Gesundheitspolitik und Wirtschaft, Bedarfsanalysen für eine gewinnbringende Produktion von Sauerstoff-Selektoren im In- und Ausland in Auftrag zu geben, um bis Oktober 1985 eine Entscheidung über die Serienproduktion treffen zu können. Bislang, so merkte Hummitzsch kritisch an, sei durch den zuständigen Außenhandelsbetrieb „intermed" keine aktive Marktarbeit geleistet worden[418]

17. Der Durchbruch der Sauerstoff-Mehrschritt-Therapie

Die Unterstützung durch seine Freunde in der Bundesrepublik ließ nicht nach. Am 12. Januar 1986 wandte sich Dr. Walter Simon, ein für Beratung, Training und Entwicklung verantwortlicher Mitarbeiter des in Bad Nauheim ansässigen Instituts für Personalwirtschaft, an den Ministerpräsidenten der DDR und riet dringend, die Produktion von Geräten für die Sauerstoff-Mehrschritt-Therapie aufzunehmen sowie den Markennamen zu schützen. Er unterrichtete Willy Stoph darüber, dass allein in der Bundesrepublik etwa 300 Anwender bekannt seien, die mit der bislang ungeschützten Bezeichnung und dem „großen Namen des Entdeckers Werbung treiben". Er schätze den Jahresumsatz auf etwa 20 Millionen DM – „ohne jede Lizenzgebühr an die DDR", schrieb er abschließend.[419]

Mitte Februar 1986, Ardenne weilte wenige Wochen nach seinem 79. Geburtstag wieder einmal in seiner Vaterstadt Hamburg, überraschte ihn der Freund Erwin Braun mit einer Spende für seine medizinischen Forschungen in Höhe von einer Million DM. Damit wurde er in die Lage versetzt, eine „Manfred von Ardenne-Stiftung für Sauerstoff-Physiologie GmbH" zu gründen, als deren Sitz er zunächst West-Berlin ins Auge fasste. Die dort lebende Pflegetochter seiner Schwester und studierte Juristin Magdalene Hartmann bot sich als Geschäftsführerin an und die beiden Söhne Thomas und Alexander von Ardenne waren gern bereit, als Gesellschafter zu fungieren. Soviel Eigeninitiative wollten die Verantwortlichen in der DDR jedoch unter keinen Umständen dulden. In einem Brief an den stellvertretenden Ministerpräsidenten Herbert Weiz äußerte sich der stellvertretende Minister für Wissenschaft und Technik, Herrmann, äußerst kritisch zu dieser Idee. „Den Versuch der Gründung einer ‚Manfred von Ardenne-Stiftung für Sauerstoff-Physiologie GmbH' mit Sitz in Westberlin [. . .] halte ich für empörend." Ganz unverhohlen nannte er auch die Gründe für den Widerwillen der SED-Politiker: „Damit soll eine ständige Institution geschaffen werden, mit der das Forschungsinstitut Manfred von Ardenne auch über die Lebenszeit von Prof. von Ardenne hinaus mit

418 BStU Ast. Dresden, Abt. XVIII-835, Bd. I, Bl. 476–477.

419 BArch, DF 4–22251.

Westberlin bzw. der BRD verbunden werden soll, einschließlich der Funktion der Söhne als Gesellschafter". Herrmann hielt es für unbedingt notwendig, Ardenne „diese Sache auszureden."[420]

„Wegen des besonderen Status Westberlins" und wegen der allgemeinen gesetzlichen Regelungen, wonach „Bürger der DDR keine Stiftungen mit ihrem Namen ausstatten dürfen", müsse unbedingt ein anderer Modus für die Zuwendung gefunden werden, argumentierten die Minister Weiz und Mecklinger, die sich persönlich dieser heiklen Angelegenheit angenommen hatten, am 24. Februar 1986 gegenüber dem potentiellen Stifter. Ardenne erklärte sich daraufhin bereit, mit dem Geldgeber über eine andere Lösung nachzudenken, und schlug vor, die Gunst der Stunde taktisch geschickt nutzend, dem treuen Erwin Braun den Titel „Dr. med. h. c." zu verleihen.[421]

Die Einzelheiten des von beiden Ministern mit Nachdruck geforderten Kompromisses wurden bereits am Ende des vorhergehenden Kapitels dargestellt. Die am 14. Oktober 1987 gegründete „Stiftung zur Förderung der O_2-Physiologie-Forschung nach von Ardenne e.V." sicherte diesen Schwerpunkt im medizinischen Bereich für mehr als zehn Jahre ab.

Der Aufenthalt in Hamburg im Februar 1986 erwies sich in zweifacher Hinsicht als ein besonders glückliches Ereignis. Kurt Körber bot Ardenne nach einem Vortrag die Produktion von Sauerstoff-Selektoren in Großserie an, und zwar in seiner 1947 gegründeten „Hauni Maschinenbaufabrik Körber & Co. GmbH" mit Sitz in Hamburg-Bergedorf. Nur drei Tage nach diesem Angebot folgte die Entscheidung über die sofortige Aufnahme der Arbeiten am geplanten Projekt „Heimgerät". Körber war bereit, eine Serie von 100 Geräten auf den Markt zu bringen – zu einem Preis, der bis zu 30 Prozent unter den Selbstkosten liegen durfte.[422]

Trotz der inzwischen weiten Verbreitung und der allgemeinen Akzeptanz der Sauerstoff-Mehrschritt-Therapie in der Bundesrepublik, gab es immer wieder auch polemische und unsachliche Angriffe auf die Person ihres Entdeckers. Nach einem Auftritt Ardennes am 30. September 1986 in Bad Nauheim veröffentlichte die „Ärztezeitung" einen Kommentar von Christoph Janssen, in dem dieser heftig über Ardenne herfiel. „Das Ärgerliche an Leuten wie von Ardenne ist ja nicht", so schrieb er, „dass sie eine Methode vertreten, die nicht allgemein akzeptiert wird, sondern wie sie dies tun. Sie spekulieren mit der Angst der Menschen und nehmen sie schamlos aus." Mit dieser Attacke lag er allerdings völlig daneben, denn der von Janssen als ein „naturwissenschaftlicher Alleskönner der DDR" Verunglimpfte zog kaum Gewinn aus der Verwertung seiner Entdeckung.[423] In einer Erklärung für die Gesundheitsbehörden der DDR gab Ardenne im Dezember 1988 zu Pro-

---

420 BStU Ast Dresden, Abt. XVIII-12199, Bl. 238 f.

421 BArch, DF 4 – 22251, MWT, Sekretariat Dr. Weiz, Institut M. v. Ardenne 1983 – 1986.

422 Nachlass, Ordner Dr. Körber Hauni-Werke 1986 – 1988.

423 Zitiert nach BStU Ast. Dresden, AIM 1675 / 89, Bd. I,II, Bl. 27.

tokoll, dass es in der Regel eine mündliche Absprache gegeben habe, die für Heilpraktiker die einmalige Zahlung von 1.000 DM, für Ärzte und mittlere medizinische Zentren 3.000 DM und für große Sanatorien 5.000 DM vorsah. In diesem Zusammenhang erklärte er auch unmissverständlich, dass er niemals bereit gewesen wäre, auch nicht „gegen Zahlung einer beliebig hohen Summe", seinen Namen zu verkaufen, „in welchem sich weltweite Erfolge in über 60 Jahren Forschung repräsentieren".[424] Es war dies offenbar für den 81jährigen eine willkommene Gelegenheit, den politisch Mächtigen mit allem Nachdruck zu sagen, dass er nicht jeden Preis für Ressourcen zahlen würde, so dringend er sie auch brauchte.

Im Spätherbst des Jahres 1986 besuchte der 1. Sekretär der Bezirksleitung Dresden, Hans Modrow, das Forschungsinstitut von Ardenne. In die Vorbereitung dieses „Arbeitsbesuches" war auch das MfS eingebunden. Die Bezirksverwaltung lieferte eine Analyse zur Lage des Instituts, in der die aktuellen Probleme und Brennpunkte im Mittelpunkt standen. Modrow beschränkte sich jedoch nicht auf diese Stichworte, sondern sprach das gesamte Spektrum der Aktivitäten in Forschung und Entwicklung an und diskutierte darüber mit den ebenfalls eingeladenen wichtigsten Kooperationspartnern, dem Flachglaskombinat Torgau, dem Werk für Fernsehelektronik Berlin, dem LEW Hennigsdorf und dem Kombinat Mikroelektronik Erfurt. Partner aus der Medizin bzw. dem Gesundheitswesen gehörten nicht zu den Geladenen, denn die Sauerstoff-Mehrschritt-Therapie stand, zumindest offiziell, nicht auf der Agenda.[425] Einen Monat nach dem Modrow-Besuch wurden die Bemühungen deutlich aktiviert, diese Therapie über eine Vertreterfirma an die USA zu verkaufen.[426] Im März 1987 hatten die Verhandlungen zwischen der Außenhandelsfirma Simpex und der Elmshorner Firma Melchior, die den Verkauf übernehmen wollte, einen solchen Stand erreicht, dass eine Unterzeichnung möglich gewesen wäre. Simpex erwartete einen Gewinn von 200.000 Dollar. Ardenne machte seine Unterschrift jedoch von einem Votum Körbers abhängig, dem er in fairer Weise eine Vorzugsoption für die Vermarktung des Sauerstoff-Selektors in den USA einräumen wollte.[427]

In scharfem Kontrast zur schwerfälligen DDR-Industrie konnte Körber bereits im Februar bei einem Gespräch im Beisein der Söhne Thomas und Alexander, die vom Vater zunehmend in die Unternehmensführung integriert wurden, die Auslieferung der ersten vier Geräte der Null-Serie für den Mai 1987 ankündigen.[428] Bei einem der wichtigsten Mitarbeiter im medizinischen Bereich, dem Arzt Dr. Wilhelm Dauterstedt, verfestigte sich der Eindruck, dass so manch einer der Sauerstoff-Mehrschritt-Therapie anbietenden bundesdeutschen und österreichischen Kollegen darin lediglich ein Mittel sah, Geld zu verdienen. Diese Erkenntnis war

424 Nachlass, Ordner Dr. Körber Hauni-Werke 1986–1988.
425 BStU Ast. Dresden, AIM 1675/89, Bd. I,II, Bl. 24–25.
426 Ebd., Bl. 50 f.
427 Ebd., Bl. 156.
428 Nachlass, Ordner Dr. Körber Hauni-Werke 1986–1988.

eines seiner nachhaltigsten Erlebnisse auf dem Kongress „Sauerstoff als Therapeutikum", der im April 1987 in München stattfand. Diesen Kongress führten die Deutsche Gesellschaft für Sauerstoff-Mehrschritt-Therapie, deren Präsident inzwischen Dr. Prenzel war, die Ärztegesellschaft für Überdrucktherapie, die Gesellschaft für Ozontherapie und die Gesellschaft für Physikalische Medizin gemeinsam durch, was als Zeichen dafür gewertet werden konnte, dass es gelungen war, die Ardennesche Therapie in den Katalog der naturkundlichen Heilverfahren zu integrieren. Als Inoffizieller Mitarbeiter des MfS mit dem Decknamen „Martin" berichtete Dauterstedt pflichtschuldig seinem Führungsoffizier ausführlich über diese Veranstaltung und seine persönlichen Eindrücke.[429]

Als Ardenne anlässlich des 80. Geburtstages die Medaille für Kunst und Wissenschaft seiner Vaterstadt Hamburg aufgrund „seiner Verdienste als Erfinder in der Rundfunk- und Fernsehtechnik" verliehen wurde, nahm die Bildzeitung diese Gelegenheit war, auch auf die Sauerstoff-Mehrschritt-Therapie hinzuweisen.[430] Weitere Impulse für die Verbreitung der Therapie gingen auch vom 2. Dresdner Hyperthermie-Symposium aus, das aus Anlass seines 80. Geburtstages abgehalten wurde. Der Vorstellung des Prototypen eines Sauerstoff-Selektors im April 1987[431] folgte im August die Auslieferung der ersten Exemplare an den Erfinder. Der hoffte nun, den inzwischen vom Ministerium für Gesundheitswesen beschlossenen Aufbau eines Netzes von Sauerstoff-Mehrschritt-Therapie-Zentren „erleichtern und beschleunigen" zu können.[432]

Nach intensiven Bemühungen, deren Methoden nicht immer den Beifall des geistigen Vaters fanden, gelang es der in Alteglofsheim ansässigen Firma „OXICUR-Medizin-Technik", am 25. August 1989 Ardenne zum Abschluss einer Vereinbarung zu bewegen, die ihr das Exklusivrecht für die Verwendung seines Namens im Zusammenhang mit der Sauerstoff-Mehrschritt-Therapie sicherte. Der Vertrag schloss sämtliche Anwendungsmethoden und Varianten dieser Therapie ein und war mit einer umfassenden Vollmacht verbunden, die es der Firma erlaubte, Verletzungen des Namensrechtes in eigener Verantwortung mit juristischen Mitteln verfolgen zu können. Auf diese Weise sicherte sich OXICUR die Monopolstellung auf einem immer rascher wachsenden Markt.[433]

Die enge Verbindung Ardennes zu seiner Vaterstadt und seine Bemühungen, möglichst viele Projekte in die inzwischen bestehende Städtepartnerschaft Dresden-Hamburg einzubinden, wurden vom MfS sehr sensibel und nicht ohne Argwohn registriert.[434] Das hinderte dieses „Organ" natürlich nicht daran, bei Ardenne ganz ungeniert anzufragen, ob es nicht möglich wäre, „eine Sauerstoff-Therapie-

429 BStU Ast. Dresden, AIM 1675 / 89, Bd. I,II, Bl. 177 – 184.

430 Ebd., Bd. II,II (BILD-Zeitungsausschnitt) sowie Bd. I,II, Bl. 69 f.

431 Nachlass, Ordner Dr. Körber Hauni-Werke 1986 – 1988.

432 Ebd.

433 Nachlass, Ordner OXICUR-Medizin-Technik bis Oktober 1990.

434 BStU Ast. Dresden, AIM 1675 / 89, Bd. II,II, Bl. 52.

Anlage für einen leitenden Genossen" zu beschaffen.[435] Nachdem Ardenne dem Dresdner Oberbürgermeister Wolfgang Berghofer eine vollständige Anlage mit einem Sauerstoff-Selektor der Hauni-Werke geschenkt hatte, war es schwer möglich, nein zu sagen.[436] Allerdings erteilte die Hauptabteilung XVIII dem ins Auge gefassten Deal, eine „doppelläufige Bockflinte gegen Sauerstoffselektor der Hauni-Werke" zu tauschen, eine Absage.[437]

Gegen Ende der 1980er Jahre überboten sich Initiativen und Institutionen geradezu in dem Bemühen, den großen Sohn der Stadt Hamburg zu ehren. Am 25. November 1988 erhielt er den Schiller-Preis. Im Gegensatz zu vorangegangenen Versuchen, Bürger der DDR auszuzeichnen, durfte Ardenne den Preis entgegen nehmen. Die früher ins Auge gefassten Preisverleihungen an den Denkmalschützer Hans Nadler und den Theatermann Fritz Bennewitz hatten die „zuständigen DDR-Dienststellen" jeweils gerade noch verhindern können.[438]

Seinem großen Ziel, mit der Einführung „dieser universalen Therapie" in das Gesundheitswesen der DDR „möglichst vielen Menschen zu helfen",[439] schien er dank der verbesserten innerdeutschen Beziehungen näher als je zuvor zu sein. Deshalb nahm der fast 82-jährige Ende 1988 ein seit zwei Jahren von ihm gedanklich vorangetriebenes weiteres großes Projekt in Angriff, eine Großzahlstudie zur allgemeinen Krebsprophylaxe. Hierbei sollte der nach seinem Verfahren in das Blut eingebrachte Sauerstoff in Verbindung mit oral in Form von Dragees verabreichtem Thymusextrakt das Immunsystem stimulieren und dadurch das Risiko einer Erkrankung an Krebs drastisch vermindern. Für das MfS begutachtete zunächst Dauerstedt dieses Projekt, bei dem es sich, so seine Expertise, wissenschaftlich um die erste unspezifische Krebsprophylaxe-Maßnahme in der Geschichte der Medizin handeln würde. Dauerstedt sah aber auch sofort die politische Brisanz des Vorhabens, da die DDR mit der Auswahl einer interessanten Region – gedacht war an Bitterfeld als ein bedeutendes Zentrum der chemischen Industrie – einräumen würde, dass dort aufgrund erheblicher Belastungen der Umwelt eine besondere Gefahr bestünde, an Krebs zu erkranken. Auch logistisch würde das Projekt der DDR erhebliche Schwierigkeiten bereiten, meldete Dauerstedt weitere Bedenken an.[440] Unter Zeugen, so informierte Dauerstedt seinen Führungsoffizier später, habe Ardenne in einem Telefongespräch mit dem Gesundheitsminister erklärt, die Großzahlstudie sei für ihn der letzte Anlauf, doch noch zu einem Nobelpreis zu kommen.[441] Im Gegensatz zu den offiziellen Institutionen und zahlreichen anderen

---

[435] Ebd., Bl. 151 f.

[436] Ebd., Bl. 109 f.

[437] Ebd., Bl. 99.

[438] Ebd., Bl. 39 f.

[439] Gedächtnisprotokoll zum Vorgang „Fa. Oesterreich Berlin-West 3. und 15. 4. 1985" vom 14. 12. 1988 (Nachlass, Ordner Dr. Körber Hauni-Werke 1986–1988).

[440] BStU Ast. Dresden, AIM 1675/89, Bd. II,II, Bl. 139–150.

[441] Ebd., Bl. 169.

Bedenkenträgern in der DDR engagierte sich Kurt Körber für die Finanzierung einer solchen Studie. Die Zigarettenindustrie war schließlich bereit, sechs Millionen DM zur Verfügung zu stellen.[442]

Gegen Ende seines Lebens war Ardenne stolz darauf, dass seine Sauerstoff-Mehrschritt-Therapie in zahlreichen Kurkliniken und ambulanten Zentren betrieben wurde. In der in seinem Todesjahr erschienenen Autobiographie hob er das „einzigartige Kurzentrum" von Karl Rödhammer in Vigaun bei Salzburg sowie die Zentren von Dr. Wolf in Bad Wildungen und von Dr. Holzhüter in Hamburg-Harburg hervor. Diese therapeutischen Stationen gehörten zu den von ihm als „großzügig und mutig organisiert" besonders gelobten Einrichtungen.[443] Wie überzeugt er von seiner Sauerstoff-Mehrschritt-Therapie war, lässt sich daran erkennen, dass er sie nicht nur selbst praktizierte, sondern sie auch Verwandten und guten Freunden wärmstens empfahl. Diese wiederum leisteten der Empfehlung im Vertrauen auf ihn Folge und berichteten ihm in zahlreichen Briefen voller Dankbarkeit über die belebende Wirkung des Sauerstoffs. Die Briefe von unbekannten Personen, die sich bei ihm für das Geschenk dieser Therapie bedanken wollten, weil ihnen dadurch z. B. eine Bypass-Operation oder die Amputation eines Beines erspart blieb, füllen einen ganzen Aktenordner.[444]

Die 1978 erstmals veröffentlichte Monographie über die physiologischen und technischen Grundlagen der Sauerstoff-Mehrschritt-Therapie erreichte bis 1987 vier Auflagen und erschien 1990 auch in englischer Sprache.[445] Darüber hinaus gibt es inzwischen eine Anzahl von wissenschaftlichen Studien und Veröffentlichungen über die Wirksamkeit der Sauerstoff-Mehrschritt-Therapie bei unterschiedlichen Indikationen. Sie erstrecken sich über einen Zeitraum von mehr als zehn Jahren. Genannt seien hier lediglich die Doppelblindstudie zur anhaltenden Steigerung der körperlichen Leistungsfähigkeit, die Ardenne und seine Mitarbeiter 1984 veröffentlichten,[446] zwei Arbeiten über die Behandlungserfolge bei Durchblutungsstörungen in den Beinen sowie bei Hörsturz-Patienten aus dem Jahre 1991[447, 448] sowie eine Dissertation aus dem Jahre 1994, in der die Wirkung bei verschiedenen Augenkrankheiten untersucht wurde.[449] Ein Expertenteam am „Zentrum für naturheilkundliche Forschung" ordnete die Sauerstoff-Mehrschritt-Therapie im März 1999 in die Kategorie „moderne Naturheilverfahren" ein.[450] Ar-

---

[442] Ebd., Bl. 117.

[443] *Ardenne,* Erinnerungen fortgeschrieben, S. 478 f.

[444] Das „Von Ardenne Institut für angewandte medizinische Forschung GmbH" hat bisher weit über hundert solcher Briefe gesammelt.

[445] *Ardenne,* Sauerstoff-Mehrschritt-Therapie.

[446] *Ardenne / Klemm / Klinger,* Doppelblindstudie, S. 17 – 30.

[447] *Ardenne / Mayer,* Verbesserung der nutritiven Muskelperfusion, S. 591 – 594.

[448] *Wolf / Hanson,* Behandlung des Hörsturzes, S. 475 – 478.

[449] *Bischoff-Paßmann,* Einfluss der Sauerstoff-Mehrschritt-Therapie.

[450] *Kreudel / Fasel,* Naturmedizin, S. 79 – 91.

denne selbst veröffentlichte 1985 und 1989 jeweils eine populärwissenschaftliche Darstellung seiner Methode, die beide mehrere Auflagen erlebten.

Drei Jahre nach dem Ableben ihres Namenspatrons, am 31. Dezember 2000, wurde die „Stiftung zur Förderung der O_2-Physiologie-Forschung nach von Ardenne e.V." aufgelöst. Der Verein hatte den satzungsgemäßen Einsatz der Spendenmittel überwacht und seinen Hauptzweck, die Förderung der Sauerstoff-Mehrschritt-Therapie, in vollem Umfang erfüllt.

18. Herzinfarkt – eine neue Sicht

Vom zeitlichen Aufwand und den eingesetzten Ressourcen her betrachtet, stellte der Beitrag zur Entwicklung einer neuen Theorie des Herzinfarktes nur eine Episode in Ardennes Forscherleben dar. Aber gerade in dieser Episode zeigte sich besonders eindrucksvoll, dass Ardenne sich zeitlebens als ein „gesamtdeutscher Wissenschaftler" fühlte und auch als solcher wahrgenommen wurde. Und das trotz aller öffentlichen Bekenntnisse zum „Arbeiter- und Bauernstaat" sowie der Verunglimpfungen als „roter Baron" durch Teile der westdeutschen Medien.

Koronare Herzkrankheiten stellten im letzten Viertel des 20. Jahrhunderts die häufigste Todesursache dar. Auf jeden, der an einem Herzinfarkt starb, kamen drei, die einen Infarkt erlitten.[451] In der Bundesrepublik war der Herzinfarkt noch Ende der 1980er Jahre mit etwa 80.000 Sterbefällen pro Jahr die häufigste Todesursache, obwohl sich bereits über Jahre hinweg eine allmähliche Verringerung anbahnte.[452] In Zeiten steigender Infarkterkrankungen allerdings garantierte die Beschäftigung mit diesem Thema und dessen geschickte Vermarktung nicht nur öffentliche Aufmerksamkeit, sondern sicherte den Massenmedien auch hohe Auflagen.

Die in Offenburg erscheinende „Bunte Illustrierte" brachte in der Nr. 39 des Jahres 1971 unter dem reißerischen Titel „An Herzinfarkt muss keiner mehr sterben" einen als „weltexlusiv" aufgemachten Beitrag ihres Redakteurs Peter Schmidsberger. Mit diesem Artikel, der eine ganze Serie einleitete, versuchte Schmidsberger, die Aufmerksamkeit auf eine von der Schulmedizin abgelehnte Auffassung über die Ursachen des Herzinfarktes und die darauf fußende Behandlung des Stuttgarter praktizierenden Arztes Berthold Kern zu lenken.[453] Der 1911 in Kiel geborene Internist widersprach unter Berufung auf seine seit 1947 erfolgreich praktizierte Herzinfarkt-Prophylaxe „an Zehntausenden von infarktgefährdeten Patienten" der geltenden Lehrmeinung, wonach Arteriosklerose und durch Blutgerinnsel verstopfte Herzkranzgefäße die Ursache des Infarkts seien.[454] Er deutete im Gegensatz zu dieser als „Koronar-Verschluss-Theorie" eingeführten Interpretation den

---

451 *Porter*, Die Kunst des Heilens, S. 581.

452 „Herzinfarkt, Myokardinfarkt", in: Brockhaus-Enzyklopädie, Mannheim 1989.

453 Nachlass, Mappe 211 / 1971.

454 Brief Kerns an Ardenne vom 16. 1. 1971 (Nachlass, Ordner Dr. Kern 1970–1975).

Herzinfarkt als Folge der Unterversorgung eines bereits vorgeschädigten Herzmuskels mit Sauerstoff, die zum Versagen dieses Muskels führe, und behandelte seine Patienten mit einem seit langem bekannten Herzmittel, dem g-Strophantin. Dieses aus der Strophantuspflanze gewonnene Glykosid wurde früher von afrikanischen Stämmen zur Herstellung eines Pfeilgiftes verwendet. Obwohl Kerns Buch „Der Myokardinfarkt",[455] in dem er seine Theorie und Behandlung beschrieb, in den 1970er Jahren zu einem medizinischen Bestseller wurde und in mehreren Auflagen erschien, lehnte die Schulmedizin die darin niedergelegten Erkenntnisse strikt ab. Kerns Gegner beriefen sich auf eine in der Praxis vielfach bestätigte unsichere Wirkung des g-Strophantins.

Ein Arbeitskreis von Ärzten, die sich als „Internationale Gesellschaft zur Infarktverhütung" mit Sitz in Haubersbronn, einem kleinen Ort mit nur wenigen Tausend Einwohnern östlich von Stuttgart, zusammengeschlossen hatten, und mit dessen Hauptgeschäftsführer Kern eine langjährige Freundschaft verband,[456] konnte darauf verweisen, dass bei Zehntausenden von Patienten keine tödlichen Infarkte aufgetreten waren. Schmidsberger warf der universitären Medizin vor, die Behandlungserfolge niedergelassener Ärzte aus mehreren europäischen Ländern, aus Israel, Kuwait und Brasilien zu ignorieren und nicht als Bestätigung des Konzepts des Stuttgarter Internisten anzuerkennen. Es fand sich in Deutschland auch keine Klinik, die bereit gewesen wäre, diese Methode in einer Langzeit-Feldstudie zu überprüfen.

Bevor Schmidsberger seine Aufsehen erregende Artikelfolge schreiben konnte, hatte er Kern und Ardenne zusammenbringen müssen.[457] Das war nicht schwer, denn nachdem er Ardenne auf Kerns Arbeiten zum Herzinfarkt hingewiesen hatte, zeigte der sich sofort fasziniert von dessen Ideen. Hinzu kam noch, dass die Vorstellungen Kerns über Ursache und Ablauf des Infarktes auf eine Verbindung zu der lysosomalen Kettenreaktion schließen ließen, die Ardenne 1968 erstmals beschrieben hatte. Die Ablehnung des innovativen Konzepts des Internisten Kern durch die Schulmedizin konnte ihn nicht abschrecken, sondern dürfte ihn eingedenk seiner eigenen Erfahrungen eher zusätzlich motiviert haben. Ardenne schrieb Kern im Oktober 1970 einen charmanten Brief, in dem er an eine Begegnung mit dessen Großmutter erinnerte, die mit dem Berliner Philosophen Eduard von Hartmann verheiratet war. Ardenne hielt es für möglich, so schrieb er, dass sie sich vor etwa fünfzig Jahren bereits einmal in dessen Haus begegnet seien. Er lud Kern zu einem Besuch nach Dresden ein.[458]

Der so freundlich Umworbene sagte sofort zu, die Begegnung im Hause der Großmutter bestätigend. Den ersten vereinbarten Termin im Januar 1971 konnte

---

[455] Vgl. z. B. *Kern*, Myokard-Infarkt.

[456] Brief Kerns an Ardenne vom 24. 10. 1970 (Nachlass, Ordner Dr. Kern 1970 – 1975).

[457] Bunte Illustrierte Nr. 48 vom 23. 11. 1971 (Nachlass, Mappe 214 / 1971 – 72).

[458] Nachlass, Ordner Dr. Kern 1970 – 1975.

Kern allerdings nicht wahrnehmen. Nach einem Unfall, bei dem sein Knie arg lädiert wurde, musste er längere Zeit im Krankenhaus verbringen. Doch selbst dort arbeitete Kern, ein von seinen Ideen sicherlich ebenso „Besessener" wie Ardenne, am Manuskript einer gemeinsamen Veröffentlichung. Er hoffe, damit könne eine „neue Epoche der Infarktbekämpfung" eingeleitet werden, schrieb er am 5. Februar 1971 an Ardenne.[459] Die gemeinsame Veröffentlichung wurde am 19. Februar bei der Zeitschrift „Das Deutsche Gesundheitswesen" eingereicht. War es Zufall, dass aus dem Koautor Kern, dem niedergelassenen Internisten, der Stuttgarter „Prof. Dr. Berthold Kern" wurde, oder galt es, diesen wissenschaftlich aufzuwerten?

Parallel zur Arbeit an diesem Manuskript liefen in Dresden unter der Regie von Paul Gerhard Reitnauer experimentelle Untersuchungen zu den Elementarvorgängen des Herzinfarktes. Kerns Besuch im April 1971 in Dresden, ein Wiedersehen nach fünfzig Jahren, diente neben dem intensiven fachlichen Austausch vor allem der Suche nach Wegen, „die neuen Gedanken schnell in Medizin und Öffentlichkeit" zu verbreiten, „unter besonderer Berücksichtigung der berechtigten Interessen von Dr. Schmidsberger".[460]

Die Erwartungen des Redakteurs der „Bunten" sollten sich erfüllen. Seine Artikel über die praktischen Erfolge Kerns und seiner Mitstreiter sowie die Aufsehen erregenden Dresdner Messungen erfuhren ein überwältigendes Echo. Schmidsberger beschrieb ausführlich und sehr anschaulich die weltweit ersten Bestimmungen des pH-Wertes während eines künstlich herbeigeführten Infarktes an schlagenden Herzen lebender Ratten, wie sie Ardenne und Reitnauer durchführten.[461] In allgemein verständlicher Weise erläuterte er die von Ardenne und Kern in ihrer gemeinsamen Veröffentlichung entwickelten Grundzüge eines Modells des Myokard-Infarktes. Er ließ aber auch erkennen, dass die beiden Autoren „zum Teil Widerspruch auslösen", weil ihre Theorie „in verschiedenen Problembereichen nicht der geltenden Lehrmeinung entspricht". Die für Ardenne charakteristischen Eigenschaften, nämlich Vertrauen in selbst gewonnene Messwerte, großes Selbstbewusstsein sowie nie ermüdende Kampfeslust, durchziehen auch die Vorstellung der neuen Auffassungen zum Herzinfarkt und gipfeln in den Worten, dass man eine Abänderung bzw. Erweiterung der Lehrmeinung vornehmen müsse, weil die neuen Erkenntnisse „unerbittlich dazu zwingen".[462]

Die von der „Bunten" ausgelöste Auseinandersetzung zwischen der Schulmedizin und Kern schlug hohe Wellen. Nicht nur die medizinischen Fachzeitschriften nahmen sich des Themas an. Auch die Tageszeitungen ließen es sich nicht nehmen, mehr oder weniger kompetent darüber zu berichten. Die Voraussetzungen für eine Deeskalation des Streites waren demzufolge denkbar schlecht. Da Kern und Ar-

---

[459] Ebd.

[460] Brief Ardennes an Kern vom 22. 2. 1971 (Nachlass, Ordner Dr. Kern 1970–1975).

[461] *Ardenne / Reitnauer,* Messungen zu Elementarvorgängen, S. 51 ff.

[462] *Ardenne / Kern,* Der Herzinfarkt als Folge, S. 1769–1780.

denne in der Einleitung ihrer gemeinsamen Veröffentlichung einen Zusammenhang zwischen den auf zellularer Ebene ablaufenden elementaren Prozessen beim Herzinfarkt und beim Krebs herstellten, geriet auch die Krebs-Mehrschritt-Therapie wieder stärker in den Blickpunkt der Öffentlichkeit, und zwar in beiden deutschen Staaten.

Durch die Arbeiten seines Teams konnte Ardenne in relativ kurzer Zeit nicht nur die Kernsche Theorie von der Entstehung des Herzinfarktes stützen, sondern es gelang ihm auch, dessen erfolgreiche medikamentöse Behandlung durch die orale Gabe des umstrittenen g-Strophantins zu erklären. Die offizielle Medizin ließ nicht ohne Grund nur das intravenös zugeführte Strophantin als exakt dosierbares Herzmittel gelten. Ardenne und Lippmann konnten zeigen, dass die vielfach beobachteten Wirkungsschwankungen bei oraler Gabe nicht zwangsläufig auftreten müssen, sondern auch hier eine sichere Dosierung möglich ist. Dazu musste aber eine höhere Konzentration als bei der Injektion gewählt werden bzw. waren gewisse Finessen bei der Einnahme zu beachten.[463] Vor dem Hintergrund aller dieser neuesten Ergebnisse seien nunmehr auch umfassende infarktverhütende Maßnahmen zu begründen. Es komme darauf an, einem Absinken des pH-Wertes zu stark sauren Werten in den Zellen des linken Herzens vorzubeugen. Ein „souveränes Mittel" hierfür sei das g-Strophantin, erklärten Ardenne und Kern übereinstimmend.[464]

Getreu seinem bewährten Prinzip, die ihn umgebende Welt nach Anwendungsmöglichkeiten neuer Erkenntnisse und Methoden „abzuklopfen", was in der Medizin bedeutete, seine in klug konzipierten Laborversuchen und durch messtechnisch außerordentlich anspruchsvolle Tierversuche gewonnenen Einsichten über Ursachen und Abläufe bedrohlicher Erkrankungen möglichst rasch am Menschen zu erproben, schlug Ardenne sofort die Aufnahme klinischer Studien vor. Drei Anwendungsbereiche lagen seiner Meinung nach geradezu auf der Hand. Als ersten Bereich nannte er die „ad-hoc-Prophylaxe beim Auftreten subjektiver Herzbeschwerden", als zweiten die „permanente Prophylaxe bei Vorliegen von Risikofaktoren" sowie als dritten Anwendungsfall die „Schnelltherapie in Notsituationen". Im Vertrauen auf seine Ergebnisse und von seinen Schlussfolgerungen überzeugt, richtete er einen „ernsten Appell an alle Verantwortlichen", um möglichst umgehend „das Sterben und Leiden durch den Infarkt" zu beenden.[465]

Vertraute und Mitstreiter außerhalb der DDR informierte er rasch, wenn auch zurückhaltend, was die Einzelheiten betraf. So unterrichtete er am 19. Juli 1971 Erwin Braun darüber, eine „wirklich sichere, gleichmäßig wirkende orale Prophylaxe gegen den metabolischen, d. h. häufigsten, Herzinfarkt", gefunden zu haben. Mit der Veröffentlichung seiner Ergebnisse werde er die bestehende Lehrmeinung korrigieren", konnte er sich nicht verkneifen hinzuzufügen.[466] Erst später teilte er

---

463 *Ardenne / Lippmann,* Hauptursache und Verringerung, S. 167 ff.

464 *Ardenne / Kern,* Der Herzinfarkt als Folge, S. 1769 – 1780.

465 *Ardenne,* Ein glückliches Leben, S. 323 – 325.

466 Nachlass, Korrespondenz mit Erwin Braun, Ordner April 1971-Juni 1974.

Braun dann weitere Einzelheiten mit, nämlich dass es sich bei dem verwendeten Medikament um g-Strophanthin handelte.

19. Die Übermacht der Schulmedizin

Auf dem 3. Kongress der „Internationalen Gesellschaft für Infarktbekämpfung", der im Herbst 1971 in Wiesbaden stattfand, deutete sich die Bereitschaft zumindest einiger weniger Autoritäten der Schulmedizin an, sich mit der Theorie von Kern auseinanderzusetzen. So stellte der Kölner Universitätsprofessor Wildor Hollmann fest, dass man die Auffassungen und Ergebnisse von Kern und Ardenne „nicht einfach beiseite schieben" könne.[467] Ardenne selbst war nicht nach Wiesbaden gereist, um seinem Koautor im Streit um das g-Strophantin beizustehen. Vielmehr hatte er erkennen lassen, dass er dieses Herzglykosid schon nicht mehr als das „souveräne Mittel" betrachte, sondern es für denkbar halte, dass sich auch andere Pharmaka als geeignete Mittel gegen den Infarkt erweisen könnten. Das war nun keineswegs im Sinne von Berthold Kern, der seine Behandlungserfolge ja ausschließlich diesem Medikament verdankte. Die Tatsache, dass Ardenne dem Kongress fernblieb und sogar Verständnis für die weit verbreitete Ablehnung der oralen Prophylaxe des metabolischen Herzinfarktes mit g-Strophantin äußerte, wofür er seine eigenen Forschungen als Beleg heranzog, deuteten Medizinjournalisten so, dass er Kern die Freundschaft kündigte.[468] Sie übersahen dabei zweierlei. Zum einen experimentierte Ardenne stets unbefangen und konnte neue Erkenntnisse, da sie ihn zeitlebens überaus faszinierten, niemals für sich behalten. Rücksicht auf Kern zu Lasten der Wahrheit – das war für ihn nicht möglich. Zum anderen deutet manches darauf hin, dass er fürchtete, durch eine negative Presse die sich anbahnende klinische Erprobung der für ihn viel wichtigeren Krebs-Mehrschritt-Therapie zu gefährden.

Als Reaktion auf das Engagement der „Bunten" und den Wiesbadener Kongress fand am 19. November 1971 in Heidelberg ein bis in die Gegenwart nachwirkendes wissenschaftliches Kolloquium statt, auf dem Kern von den Vertretern der Schulmedizin massiv angegriffen wurde und auch die Dresdner Arbeiten erhebliche Kritik ernteten.[469] Nachdem er schon nicht nach Wiesbaden gefahren war, reiste Ardenne auch nicht nach Heidelberg. Die intensive Berichterstattung erlaubte es ihm jedoch, sich ein Bild von den Vorgängen zu machen, die vor und

---

[467] Bunte Illustrierte Nr. 48 vom 23. 11. 1971 (Nachlass, Mappe 214 / 1971 – 72).

[468] Auf dem Wiesbadener Kongress zitierte Kern, dem Berichterstatter der Zeitschrift „Euromed" vom 16. 11. 1971 zufolge, die Dresdner Ergebnisse nur sehr ungern, da Ardenne dem g-Strophantin nur eine „relative" und nicht eine „volle" Wirksamkeit attestierte.

[469] Nach dem Tode Kerns veröffentlichte der Chemiker Dr. Walter Dürsch eine kommentierte Dokumentation des Kolloquiums vom November 1971 (Dr. med. Berthold Kern, wahrer Gewinner, Windeck / Sieg, 1995). Das 2003 erschienene Buch „Der mögliche Sieg über den Herzinfarkt …" von Rolf-Jürgen Petry ist auch eine Hommage an Berthold Kern.

hinter den Kulissen abliefen. Mit dem Auftreten von Kern war er nicht zufrieden. Kern war, schrieb er an Erwin Braun, „ein sehr ungeschickter Anwalt seiner eigenen Sache".[470] Ardenne selbst bezeichnete in einer Stellungnahme an die medizinischen Gesellschaften, die dieses Kolloquium veranstaltet hatten, die Kritik als voreilig und nicht auf einem soliden wissenschaftlichen Fundament basierend. Er bat darum, jedoch vergeblich, „Prestigegesichtspunkte aus humanistischen Gründen zurückzustellen", die Kritik an seinen Forschungen zurückzuziehen und stattdessen den „erzielten Fortschritt" zu würdigen.[471] In mehreren weiteren Stellungnahmen wies er darauf hin, dass in Heidelberg, „wenn auch nur am Rande, ein Fehlurteil" gefällt worden sei – „ohne Kenntnis der wesentlichen Originalarbeiten". Er bleibe aber ein „hartnäckiger Kämpfer" für seine Arbeitsergebnisse, weil in Dresden „neue Aspekte und Wege" gefunden worden seien, „die Todesquote von einer der Haupttodesursachen unserer Zeit stark herabzusetzen".[472]

Am 30. November 1971 konnte der treue Freund Braun telegrafieren, dass der ihm bekannte Arzt Hans Jenny „durch Beobachtungen an seinen Patienten praktisch und durch wichtige Literaturfunde theoretisch" von der Richtigkeit der Ardenneschen Auffassungen über den Herzinfarkt überzeugt sei.[473] Dieses Telegramm erreichte Ardenne genau einen Tag, nach dem das Nachrichtenmagazin „Der Spiegel" mit dem Titel „Hungernde Herzen" einen Beitrag mit, so Ardenne an Braun, „ungeheuren Lügen in den letzten beiden Abschnitten des Beitrages" veröffentlicht hatte. Ardenne argumentierte unter Bezug auf sein Selbstverständnis als Physiker, dass er es nicht verstehen könne, wie man „lieber 66% der Herzinfarkt-Patienten auf dem Wege zur klinischen Behandlung sterben lässt, als bei wenigen Prozent Schwierigkeiten durch Herzarrhythmien in Kauf zu nehmen". Im Hinblick auf die eigenen Erfahrungen stellte er resignierend fest, dass es „immer schwer gewesen" sei, „Fortschritte in der Medizin durchzusetzen."[474]

In seinem Bemühen, Fortschritte in der Medizin „durchzusetzen" wandte Ardenne in diesem Fall, so bewertete es zumindest Norbert Ely im „Wiesbadener Kurier" vom 22. Dezember 1971, auch ein Mittel an, das „in der wissenschaftlichen Diskussion durchaus neu ist und den Bräuchen keineswegs entspricht". Er kritisierte damit, dass Ardenne seine „Rückzugsgefechte" nach dem Heidelberger Kolloquium, wie Ely es nannte, unter Hinweis auf noch nicht veröffentlichte Ergebnisse einzuleiten schien. In der Tat untersuchte das Dresdner Team auch andere oral applizierbare Herzglykoside hinsichtlich einer höheren Resorptionsquote und damit einer höheren Wirksamkeit. Ely interpretierte diese für Ardenne typische Ausweitung des Forschungsfeldes durchaus richtig als Infragestellen der Auffassung, g-Strophantin sei das einzig mögliche Mittel, einen Infarkt zu verhüten bzw. zu

---

[470] Nachlass, Korrespondenz mit Erwin Braun, Ordner April 1971-Juni 1974.

[471] *Ardenne,* Ein glückliches Leben, S. 326–328.

[472] Nachlass, Mappe 214 / 1971–72.

[473] Nachlass, Korrespondenz mit Erwin Braun, Ordner April 1971-Juni 1974.

[474] Ebd.

heilen. Die diffamierende Absicht dieses Artikels unterstreicht auch die Formulierung, dass der Dresdner Forscher „der übrigens kein Mediziner ist", eine „deutliche Distanzierung von dem Verfahren" zu erkennen gebe, das Kern anwende. Das von Sachlichkeit und hoher Arbeitsintensität geprägte Verhältnis dieser beiden wesensverwandten Forscher wurde jedoch durch derartige Attacken nicht getrübt.

Auch der Hersteller des g-Strophantin-Präparates, die Wiesbadener Apotheker A. Herbert K.G., verbuchte das „Heidelberger Debakel" als einen herben Rückschlag für die Entwicklung von Herzmitteln, die den dominierenden Wirkstoff Digitalis ersetzen und dessen Nebenwirkungen vermeiden sollten. Die von Ardenne bereits als tolerabel bezeichneten Herzrhythmusstörungen beim Einsatz von Strophantin wurden als beherrschbar angesehen. Die Pläne der Firma zur Herstellung eines Kombinationspräparates mit dem Herzglykosid g-Strophantin und dem Alkaloid Partein aus dem Sarothamnus scoparius bzw. Rauwolfia serpentina schienen in der Bundesrepublik nicht realisierbar und verschwanden in der Schublade.[475] Die auf Kern zurückgehende Zusammenarbeit zwischen dem Forschungsinstitut von Ardenne und dem Wiesbadener Pharma-Produzenten überstand nicht nur diese kritische Phase, sondern entwickelte sich zu einer Jahrzehnte währenden intensiven gemeinsamen Forschung zum Strophantin. Die von Ardenne und Frank Rieger 1972 verfasste Arbeit „Theoretische und experimentelle Grundlagen zur außergewöhnlichen Pharmakokinetik des g-Strophantins" verbreitete der Leiter der wissenschaftlichen Abteilung der Apotheker A. Herbert K.G. innerhalb von reichlich einem Jahr durch den Versand von 2.400 Sonderdrucken auf Firmenkosten.[476]

Zustimmung erfuhr Ardenne wie so oft von Hermann Druckrey, der ihm am 21. Dezember 1971 folgendes schrieb: „Ich bin glücklich darüber, dass Sie das wichtige Problem des Herzinfarktes mit neuen Ideen endlich belebt haben."[477] Auch in die Medienkampagne schaltete sich Druckrey ein. In einem Schreiben an Schmidsberger, den Redakteur der „Bunten Illustrierten" und Auslöser der öffentlichen Debatte, schrieb er, dass „die Messungen von Ardennes in ihrer Technik bewundernswert sind und in ihrer praktischen Bedeutung nicht hoch genug einzuschätzen" seien, weil dadurch „wirklich neue Gesichtspunkte aufgeworfen wurden".[478] Kern selbst blieb trotz einer verständlichen Enttäuschung Ardenne in Dankbarkeit verbunden. Die Hoffnung, erfolgreich gegen „die Anhänger des Koronar-[Verschluss-, d. Verf.] Denkmodells" argumentieren zu können, verlor er zunehmend. „Zwischen Eisbär und Walfisch kann es keinen Kampf, keinen Sieg oder Untergang geben, weil sie in verschiedenen ‚Ebenen' ohne Berührungsmöglichkei-

---

475 Nachlass, Korrespondenz mit Wissenschaftlern, Ordner Dr. Herrmann Januar 1972-Dezember 1975.

476 Ebd.

477 Nachlass, Korrespondenz mit Wissenschaftlern 1966–1974, Ordner C-D und Prof. Druckrey.

478 Ebd.

17*

ten leben", schrieb er unter Berufung auf Siegmund Freud am 6. Mai 1974 an Ardenne.[479]

Heute, dreißig Jahre nach der Phase gemeinsamer Arbeit dieser beiden, sehen Befürworter des Strophantins die Ursachen des Scheitern in den „neuartigen, ungewohnten Methoden" sowie einer Durchmischung von Ergebnissen und Hypothesen in den Veröffentlichungen, so dass „man beides einfach nicht auseinanderhalten konnte". Dargeboten in einem „unglücklichen wissenschaftlichen Dialekt" und mit „nicht definierten Wort-Neuschöpfungen" angereichert, sei ein „unbefriedigender Gesamteindruck" entstanden, der die Ablehnung durch die offizielle Medizin „eher noch verstärkte".[480]

20. Zurückhaltung in der DDR

Die Medien der DDR verhielten sich in der aufgeregten Debatte außerordentlich zurückhaltend und thematisierten den Streit um die neue Infarkt-Theorie kaum. Als offizielle Meinung der Schulmedizin ist wohl die Auffassung des Ordinarius für Innere Medizin an der Medizinischen Akademie Dresden, Friedrich Renger, anzusehen, die er in einem Interview mit der in Wien erscheinenden „Volksstimme" zum Ausdruck brachte. Renger, der zugleich Vorsitzender des Komitees für die Weltgesundheitsorganisation in der DDR war, sah in der neuen Theorie vor allem eine Ergänzung bereits vorhandenen Wissens. Ardenne habe eine andere „ursächliche Komponente", nämlich die Störung des Stoffwechsels durch Sauerstoffmangel, für das Versagen des Herzmuskels verantwortlich gemacht. Die bisher als alleinige Ursache geltende „Verrottung des Gefäßrohres" halte er aber nach wie vor ebenfalls für zutreffend. Verhängnisvoll wäre es, so urteilte er salomonisch, „die Gegenmaßnahmen gegen das eine zugunsten der Maßnahmen gegen das andere zu vernachlässigen".[481]

Der Minister für Gesundheitswesen, Ludwig Mecklinger, bezeichnete die Meldungen über die Forschungsergebnisse des Dresdner Teams um Ardenne in den westlichen Medien als „zu sensationell". Gegenüber dem Journalisten August Beranek von der „Volksstimme" erklärte er, dass er die Ergebnisse derzeit für noch nicht praxisreif halte, was übrigens auch für die Krebs-Mehrschritt-Therapie gelte. Gleichzeitig betonte Mecklinger aber die methodologische Bedeutung der „außerordentlich originell und völlig neuartig" angelegten Arbeiten für die Medizin. Die Frage nach der Unterstützung der medizinischen Forschungen des Instituts von Ardenne beantwortete der Minister mit dem Hinweis darauf, dass sein Ministerium „großen Wert darauf gelegt" habe, Ardenne „wirkliche Experten als Berater zur Seite zu stellen".[482] Als „wirklichen Experten" akzeptierte Mecklinger Ardenne

---

[479] Nachlass, Ordner Dr. Kern 1970–1975.

[480] Vgl. *Petry*, Der mögliche Sieg.

[481] Volksstimme (Wien) vom 22. 12. 1971.

[482] Ebd.

auf dem Gebiet der Medizin demnach nicht. Er hob aber bei dieser Gelegenheit seine Leistungen auf dem Gebiet der Medizintechnik besonders hervor. Beranek gegenüber erwähnte er ausdrücklich die Herz-Lungen-Maschine sowie elektronische Überwachungssysteme für Intensivstationen. Zweifel daran, ob es legitim sei, einen Gelehrten von Weltrang fachlich unter Kuratel zu stellen, scheinen diesen Exponenten der SED-Diktatur in keiner Weise geplagt zu haben.

Unermüdlich um sein Renommee und die Erschließung von Ressourcen bemüht, schien es Ardenne nun an der Zeit zu sein, sich wieder einmal bei der SED-Bezirksleitung in Erinnerung zu bringen. In einem Brief schrieb er am 4. Januar 1972 an Werner Krolikowski, den 1. Sekretär, dass es „heute keine Utopie mehr sei, Ministerrat und Politbüro auf neue Weise einem ziemlich wirksamen Schutz gegen den Herzinfarkt zuzuführen."[483] Er wusste sehr wohl, dass die politische Führungsriege von der Sowjetunion nicht nur „siegen" gelernt hatte, worauf sie durch Parolen und Losungen die gesamte Bevölkerung bei allen nur denkbaren Anlässen immer wieder hinwies. Die „führenden Genossen" hatten in aller Regel vom „großen Bruder" auch Rituale übernommen, die der Gesundheit alles andere als zuträglich waren. Auf großes Interesse an einfachen Mitteln zur Minimierung des damit verbundenen Risikos setzte Ardenne mit diesem Appell an einen Betroffenen.

21. Beharrlichkeit und Teilerfolge

Auch nachdem sich die Wogen um Berthold Kern und dessen Behandlungsmethoden geglättet hatten und die Schulmedizin sich durchsetzen konnte, verlor Ardenne das Thema „Herzinfarkt" nie ganz aus den Augen. Durch die Vermittlung von Kern begann bereits während dieser „Affäre" die Forschungskooperation mit der wissenschaftlichen Abteilung der Apotheker A. Herbert K.G., an deren Fortsetzung beide Seiten interessiert waren. Der Pharma-Firma gelang es, gegen erhebliche Widerstände in der Bundesrepublik und in Finnland 1974 in Österreich die Zulassung ihres Medikaments „Strovidal" zu erreichen. Zu diesem Erfolg trugen nicht zuletzt auch die präzisen Dresdner Experimente sowie die Selbstversuche Ardennes und seiner Mitarbeiter bei.[484] Dieses Unternehmen, 1992 in „Herbert Pharma GmbH" umgewandelt, entwickelte in engem Kontakt zu Ardenne im Verlauf von drei Jahrzehnten ein ganzes Spektrum von Herzglykosiden auf der Basis von g-Strophantin, so z. B. das „Strovidal" mit 6 mg g-Strophanthin zur Selbsthilfe im akuten Fall sowie ein „Strovidal spezial".[485]

---

[483] Nachlass, Schriftwechsel SED 1964–1974.

[484] Noch im November 1993 bestellte Ardenne bei der „Herbert Pharma GmbH" 200 Kapseln „Strovidal-spezial" und 100 Kapseln einer „magenfreundlichen" Version. Es ist unklar, ob die Medikamente zum Eigengebrauch oder für Forschungszwecke bestimmt waren. Merkwürdig mutet vor allem der Vermerk „geheim" auf der Kopie des Originalschreibens an. (Nachlass, Korrespondenz mit Wissenschaftlern, Ordner Dr. Herrmann ab Januar 1981).

Im Laufe der Jahre verfeinerte Ardenne auch sein Modell des Myokard-Infarktes. Nach der Entdeckung des vom Sauerstoff-Status im menschlichen Körper gesteuerten Schaltmechanismus der Blutmikrozirkulation im Jahre 1977 deutete Ardenne die Wirkung des g-Strophantins als „Wiederhochschaltung der Mikrozirkulation des Blutes" im geschädigten Herzmuskel.[486] Die permanente Beschäftigung mit einem Thema, bei dem er sich mit wachsendem Alter auch zunehmend als potentiell Betroffener wusste, spiegelte sich auch in seiner Vortragstätigkeit wider. Das Programm für eine mehrwöchigen Japanreise im Jahre 1978 enthielt bei den medizinischen Themen neben der Krebs- und Sauerstoff-Mehrschritt-Therapie auch das Phänomen „Herzinfarkt", wie er bei der Beantragung der Reise den stellvertretenden Minister für Wissenschaft und Technik wissen ließ.[487] Auch in der Bundesrepublik gab es Mediziner, die seinen Ideen zur Entstehung und Behandlung des Herzinfarktes aufgeschlossen gegenüberstanden. Dazu gehörte der Heidelberger Physiologe Hans Schaefer, der ihn im Februar 1979 zum „Stuttgarter Herzinfarkt-Gespräch" einlud und um einen Vortrag zum Thema „Wege zu einer kausalen Therapie des Herzinfarktes" bat.[488]

Noch 1987 machte Ardenne den ehemaligen Direktor der Medizinischen Klinik der Universität Heidelberg und mehrfachen Ehrendoktor Gotthard Schettler sowie dessen „geistige Umgebung" dafür verantwortlich, dass „für die Dauer von Jahrzehnten durch die Nichtanerkennung des g-Strophantins perlingual Tausenden von Menschen das Leben nicht gerettet werden konnte".[489]

Kurz vor seinem Tode stellte er noch einmal bedauernd fest, dass Vertreter der Schulmedizin „noch immer an der Koronarverschlusstheorie als alleiniger Ursache für Herzinfarkte dogmatisch festhielten".[490] Wenn heute die Befürworter des Herzglykosids Strophantin eingestehen, in der Hitze der Gefechte ihren Standpunkt „oft allzu einseitig" vertreten und mit einer „radikalen Kritik an der herkömmlichen Theorie von der Entstehung des Herzinfarktes" verknüpft zu haben, und nunmehr durchaus Möglichkeiten einer „friedlichen Koexistenz beider Modelle" sehen, so spricht das keineswegs gegen den wissenschaftlichen Wert des Impulses der Arbeiten von Kern und Ardenne.[491]

Die Zahl der koronaren Herzkrankheiten sank in den USA zwischen 1970 und 1990 auf die Hälfte, was vor allem darauf zurückzuführen ist, dass die empirische Forschung mit der erfolgreichen Suche nach Risikofaktoren die Grundlage geschaffen hatte, eine wirksame Prophylaxe zu propagieren. Die Öffentlichkeit lernte immer mehr Risikofaktoren kennen, wie Rauchen, Ernährung, Fettleibigkeit und

---

[485] *Ardenne*, Sechzig Jahre, S. 428–433.

[486] Ebd.

[487] Nachlass, Ordner MWT Januar 1972-Dezember 1979.

[488] Ebd.

[489] Zitiert nach *Petry*, Der mögliche Sieg, S. 202.

[490] *Ardenne*, Erinnerungen fortgeschrieben, S. 466–467.

[491] Vgl. *Petry*, Der mögliche Sieg.

Bewegungsmangel, und fand allmählich zu einer gesünderen Lebensweise.[492] Diese beeindruckenden praktischen Erfolge zielgerichteter Aufklärung lassen aber die Frage nach den Ursachen und Mechanismen des Herzinfarktes keineswegs als rein theoretisch oder gar überflüssig erscheinen.

22. Paradigmenwechsel und Innovationsblockaden

Von den drei beschriebenen therapeutischen Konzepten, mit denen Ardenne Furore machte, konnte sich zu seinen Lebzeiten nur die Sauerstoff-Mehrschritt-Therapie durchsetzen, die als naturkundliches Heilverfahren offiziell anerkannt und weit verbreitet ist. Der bis heute andauernde Boykott der Krebs-Mehrschritt-Therapie ist weder durch das kommerziell begründete Desinteresse der Pharmaindustrie des Westens, noch durch die generelle Innovationsschwäche der Zentralplanwirtschaften des Ostens hinreichend zu erklären. Ein weiterer innovationshemmender Faktor wurde bereits benannt, der Widerstand der Schulmedizin gegen den mit dem Ardenneschen Konzept verbundenen Paradigmenwechsel. Trugen neben diesen „milieubedingten Innovationsblockaden" möglicherweise auch in der Person Ardenne liegende Innovationsblockaden zum Scheitern eines zweifellos innovativen Ansatzes bei?

Wenn Medizinhistoriker heute von der „Allmacht [des] naturwissenschaftlichen Habitus" der erfolgsgewohnten Medizin des frühen 20. Jahrhunderts sprechen und die Heilkunde am Ende des 20. Jahrhunderts als „fast ausschließlich naturwissenschaftlich begründet" beschreiben,[493] so scheinen die Ärzte selbst sich dieser Tatsache entweder nicht hinreichend bewusst gewesen zu sein, oder aber das Urteil Ardennes war schlichtweg falsch. Der behauptete nämlich bis zum Ende seines Lebens, dass Mitte des 20. Jahrhunderts verschiedene wichtige Felder der Medizin „naturwissenschaftlich betrachtet" noch in „einer Art Jugendstadium" verharrten.[494] Diese Einschätzung rechtfertigte nicht nur seinen Wechsel in die Medizin, sondern ließ ihn nachgerade als notwendig erscheinen, um das Krebsproblem tatsächlich zu lösen.

Gilt für die milieubedingten Innovationsblockaden, dass die „normale Wissenschaft", wie Kuhn die Anhänger eines etablierten Paradigmas nennt, nicht bereit, weil nicht in der Lage ist, ein neues Paradigma anzuerkennen, so liefert Polanyi, bekannt geworden durch sein Konzept des „impliziten Wissens", dafür eine plausible Begründung. „Unterschiedliche Begriffssysteme zur Interpretation von Erfahrung" teilen Menschen in Gruppen, „die wechselseitig die Art und Weise, in der Dinge gesehen und in der auf sie reagiert wird, nicht verstehen können".[495] Wider-

---

[492] Vgl. *Porter*, Die Kunst des Heilens, S. 586.

[493] *Eckart*, Geschichte der Medizin, S. 321.

[494] *Ardenne*, Erinnerungen fortgeschrieben, S. 415.

[495] Zitiert nach: *Neuweg*, Könnerschaft, S. 331.

stände gegen Paradigmenwechsel stellen demnach, wie bereits ausgeführt, ein wissenschaftsimmanentes und demzufolge auch ein unterschiedliche Gesellschaftssysteme übergreifendes Phänomen dar.

Freunde, Bewunderer, Weggefährten und ehemalige Mitarbeiter bedauern übereinstimmend, dass es dem genialen Inspirator weder gelang, einen kongenialen Kliniker, noch wirklich herausragende Mitarbeiter für den medizinischen Bereich seines Instituts zu finden. Gibt es auch in der Person Ardenne selbst liegende Gründe dafür, dass ein innovatives Produkt wie die Krebs-Mehrschritt-Therapie nur von wenigen Medizinern einer ernsthaften Überprüfung für wert erachtet wurde? Die Debatten der Erkenntnis- und Wissenstheorie, die sich vielfach um Polanyi ranken, bieten interessante Ansatzpunkte für die Suche nach akteursbedingten Innovationsblockaden. Ausgangspunkt entsprechender Überlegungen kann eine Hierarchisierung von Wissen und Fertigkeiten tragender Akteure sein, wonach der so genannte „Experte" die höchste Stufe auf der Treppe menschlicher Fertigkeiten besetzt. Sein Erfahrungsschatz ist so groß, „dass jede spezifische Situation [...] die intuitiv angemessene Verhaltensweise automatisch auslöst".[496] Ein Experte im Sinne dieses Konzepts war Ardenne auf physikalisch-technischem Gebiet ohne jeden Zweifel, auch wenn er selbst in ganz anderen Kategorien dachte. Er sah Intuition und Phantasie als diejenigen Eigenschaften an, die den „bahnbrechenden Forscher vor anderen wissenschaftlich Tätigen" auszeichnen.[497]

Nun kann aber beileibe nicht jedermann in jeder Domäne auch die höchste Stufe erreichen. War Ardenne, der in der Domäne „Technische Physik" unbestreitbar auf der höchsten Stufe stand, trotz seiner bahnbrechenden Leistungen in der Medizin auch dort ein Experte im gerade beschriebenen Sinne? Sieht man die Einübung in die Denkweise einer Disziplin als notwendigen Schritt auf dem Weg zum Expertentum an, einen Schritt, der den Denkstil, die Art der Wahrnehmung von Fakten sowie die Modellierung von Problemen bestimmt, die wiederum den theoretischen Hintergrund des Mediums bilden, „mit dem der Experte denkt, ohne an es zu denken",[498] so kann man in der Tat Defizite bei Ardenne benennen. Dieses „Einüben" erfolgt in der Medizin vor allem durch zeitaufwendige praktische Tätigkeit im Labor, im Sezierraum sowie in der Klinik. Durch diese Schule ging Ardenne in der Mitte seines Lebens nicht mehr, war also kein „Experte" im Sinne des Konzepts des impliziten Wissens. Als solcher hätte er möglicherweise nicht so früh auf eine Anwendung seiner Therapie am Menschen gedrängt. In seinem Drängen bestärkten ihn allerdings auch erfahrene Kliniker, nachdem das Potential des Ardenneschen Konzepts im Tierexperiment nachgewiesen werden konnte und sie dieses verstanden hatten. Vielleicht hätte der „Experte" folgenreiche Fehlgriffe bei der Auswahl seines Führungspersonals vermeiden können. Andererseits könnte aber gerade die Unbefangenheit des genialen „Nicht-Experten" das Verlas-

---

[496] *Neuweg*, Könnerschaft, S. 310.

[497] *Ardenne*, Ein glückliches Leben, S. 310.

[498] *Neuweg*, Könnerschaft, S. 332.

sen tradierter Pfade erleichtert und das Auffinden neuartiger therapeutischer Ansätze ermöglicht haben.

Im Februar 2005 löste ein Aufsatz im „Deutschen Ärzteblatt", der am Beispiel der systemischen Krebs-Mehrschritt-Therapie milieu- und akteursspezifische Innovationsblockaden im geteilten Deutschland in den Blick nahm, aufs Neue eine kontroverse Debatte aus.[499] Die Frontlinien der 1970er Jahre zeichneten sich in schönen Konturen ab, die Akteure von damals trugen in Leserbriefen ihre früheren Argumente in alter Schärfe vor.[500] Vom Mut der Redaktion, „ein fünfzig Jahre zurückliegendes Unrecht wenigstens zu artikulieren" sprach der Hollenstedter Internist Günter Neumeyer und forderte aufgrund eigener Erfahrungen mit diesem therapeutischen Konzept die „Universitäts-Eminenzen" auf, „ihren Denkhorizont über ihr eigenes Fachgebiet hinaus zu erweitern". Auch Obermedizinalrat Dieter Wegner aus Großröhrsdorf sammelte als Chefarzt einer chirurgischen Klinik eigene Erfahrungen und forderte dazu auf, die „sich durch diese Therapie abzeichnenden positiven Ergebnisse weiter [zu] verfolgen und darauf aufbauend die Forschung weiter [zu] betreiben". Die innovationstheoretischen Argumente des Autors als „merkwürdige Verschwörungstheorie" bezeichnend, rechtfertigte der Emeritus Herrmann Heimpel von der Medizinischen Universitätsklinik Ulm sein damaliges Votum gegen die Fortsetzung der Erprobung in Friedrichshafen unter Verweis auf die „vielfach belegten Einwände gegen die Krebszelltheorie Otto v. Warburgs" sowie den fehlenden „Nachweis des therapeutischen Nutzens bei einer angeblich großen Zahl der mit KMT behandelten Patienten". Prof. Dr. med. M. Wilhelm und Dr. rer. nat. Karin Weigang-Köhler vom Klinikum Nürnberg beriefen sich in ihrer Stellungnahme auf die Ergebnisse einer so genannten „Bestfallanalyse" aus dem Jahre 1997, bei der sie im Gegensatz zu den behandelnden Ärzten der Ardenne-Klinik zu dem Ergebnis gelangten, dass die vorgelegten Daten „keineswegs die Wirksamkeit der systemischen Krebs-Mehrschritt-Therapie beweisen". Alexander von Ardenne wies in seinem Leserbrief darauf hin, dass „die Prüfung der Vision" seines Vaters, die Therapie „im Frühstadium, z. B. postoperativ einzusetzen", um die Metastasierungsrate zu senken", noch nicht stattgefunden habe. Es meldeten sich aber auch jene wieder einmal zu Wort, deren Haltung zur Person Ardenne und seiner Therapie maßgeblich durch verletzte Eitelkeit geprägt ist. So mancher Mediziner leidet offenbar ein Leben lang darunter, am Beginn seiner beruflichen Laufbahn von Ardenne abgewiesen worden zu sein.

In einem Brief an den Autor berichtete eine Sozialarbeiterin aus Rheine über die Erfahrungen ihrer Mutter mit einem „kleinzelligen sehr bösartigen Non-Hodkin-Lymphom". Nachdem diese als klassisch austherapiert aus der Universitätsklinik entlassen worden war, entschloss sie sich zu einer Ganzkörperhyperthermie mit ergänzender Chemotherapie, die „zur Enttäuschung der Schulmediziner" zu einer deutlichen Remission führte. Die Hyperthermie, so schlussfolgerte sie, sollte am

---

[499] *Barkleit,* Scheitern eines innovativen Ansatzes, S. 344 – 348.
[500] Deutsches Ärzteblatt, Ausgabe A, 25. März 2005, S. 820 – 823.

Anfang der Behandlung stehen und nicht am Ende. „Bei meiner Mutter", so endet der Brief, „hatte jedenfalls eine Hyperthermie-Behandlung mehr Erfolg als alles andere vorher".[501]

IV. Enttäuschte Hoffnungen

1. Ernst Ruska und der Nobelpreis für Physik des Jahres 1986

Die Jahrzehnte währenden Hoffnungen Ardennes auf den Nobelpreis sind bereits mehrfach angesprochen worden. Seit mehr als hundert Jahren ist diese Auszeichnung die höchste Ehrung, die ein Wissenschaftler zu Lebzeiten erfahren kann. Da es viel mehr preiswürdige wissenschaftliche Leistungen gibt, als Preise vergeben werden können, gehen die Träume vieler herausragender Entdecker und Erfinder, eines Tages zu den Laureaten zu gehören, leider nicht in Erfüllung. Das erfuhr auch der Amerikaner Lee de Forest, der 1907 die „Triode" genannte Elektronenröhre erfand. Im September 1955 wandte sich der inzwischen Zweiundachtzigjährige mit der Bitte an Ardenne, ihm doch noch zum Nobelpreis zu verhelfen.[502] Dieser antwortete, es sei ihm natürlich eine „ganz besondere Freude", sich für ihn einzusetzen, erinnerte ihn aber gleichzeitig daran, dass „seiner Kenntnis nach" Vorschläge nur aus dem Kreis der Nobelpreisträger selbst kommen könnten. Er erklärte sich aber bereit, auf der unmittelbar bevorstehenden Vollversammlung der „World Federation of Scientific Workers" in Berlin die dort anwesenden Nobelpreisträger – Ardenne nannte die Namen Joliot-Curie, Pauling, Bernal, von Laue und Powell – von Forest's „berechtigtem Wunsch" zu unterrichten.[503] Wenige Wochen später musste er ihm jedoch mitteilen, dass er sich vergeblich für ihn eingesetzt habe. Der Preisträger von 1950, Cecil Frank Powell, habe ihm erklärt, dass es sich bei den zweifellos wichtigen Beiträgen de Forests zum Fortschritt der Menschheit doch wohl mehr um Erfindungen, als um Entdeckungen handele.[504]

Selbst wenn eine Unterscheidung zwischen Entdeckung und Erfindung gar nicht immer möglich ist, so dürfte Powells Haltung ihre Wirkung auf Ardenne nicht verfehlt haben. Nicht wenige seiner Mitarbeiter waren überzeugt davon, dass nicht nachlassender Fleiß und die absolute Selbstdisziplinierung des Chefs auch auf die Hoffnung zurückzuführen seien, für eine seiner Entdeckungen (oder auch Erfindungen) eines Tages den Nobelpreis zu erhalten. Die Inoffiziellen Mitarbeiter des MfS unter ihnen sprachen das gegenüber ihren Führungsoffizieren auch offen aus, wie z. B. Frank Rieger in seiner Einschätzung der Krebs-Mehrschritt-Therapie

---

[501] Brief von Ute Hülsey vom 24. 2. 2005 an den Autor.
[502] Nachlass, Korrespondenz mit Wissenschaftlern bis 1965, Band F-G.
[503] Ebd.
[504] Ebd.

vom 18. April 1968.[505] Aber auch Ardenne selbst kokettierte nicht nur gelegentlich mit der Vision, eines Tages nicht mehr nur ein gelegentlich willkommener Gast bei den alljährlichen Treffen der Nobelpreisträger auf der Bodenseeinsel Mainau zu sein, sondern zum Kreis der Laureaten zu gehören, sondern setzte seinen heimlichen Traum auch gezielt zur Erschließung von Ressourcen ein. In dem Kapitel, das seinen medizinischen Forschungen gewidmet ist, wurde darauf bereits hingewiesen.

Die Vergabe einer Hälfte des Nobelpreises für Physik des Jahres 1986 an Ernst Ruska überraschte in Deutschland nicht nur die Öffentlichkeit, sondern auch viele Insider und traf Ardenne tief. Dass mit Ruska einer der Pioniere der Elektronenmikroskopie für sein Lebenswerk geehrt wurde, erschien auch denjenigen keineswegs als selbstverständlich, die sich der Bedeutung dieser Innovation für viele Wissenschaftsdisziplinen durchaus bewusst waren. Schwer nachvollziehbar war vor allem die Verbindung mit der Erfindung, für die das Nobelkomitee die andere Hälfte des Preisgeldes vergab. Diese erhielten der Schweizer Heinrich Rohrer und der Deutsche Gerd Binnig, beide im Forschungslaboratorium von IBM in Zürich tätig, für die Entwicklung des Raster-Tunnelmikroskops. Zwischen der von Ruska entscheidend geprägten Variante des Elektronenmikroskops und dem Raster-Tunnelmikroskop von Rohrer und Binnig gibt es im Gegensatz zu dem von Ardenne 1937 erfundenen Raster-Elektronenmikroskop keinerlei Gemeinsamkeiten.

Wie der Name „Raster-Tunnelmikroskop" schon erkennen lässt, erfolgt die Abbildung von Oberflächen unter Ausnutzung des aus der Quantenmechanik bekannten Tunneleffektes. Darunter versteht man ein Phänomen, dass atomare Bausteine sich auch dann bewegen können, wenn ihre Energie eigentlich zu gering dafür ist. Die damit einhergehende Verletzung des Satzes von der Erhaltung der Energie ist jedoch innerhalb der Grenzen erlaubt, die von der Heisenbergschen Unschärferelation bestimmt sind. Rohrer und Binnig bauten eine Vorrichtung, in der eine extrem feine Spitze die Probe im Abstand von wenigen Atomdurchmessern „abrastert" und der konstant gehaltene Tunnelstrom zwischen Spitze und Oberfläche das Höhenprofil der einzelnen Atomreihe „schreibt". Mit der Formulierung, das Rastertunnelmikroskop „sieht" die Atome nicht, sondern „fühlt" sie, hat sich eine anschauliche Beschreibung des prinzipiellen Unterschiedes zur Elektronenmikroskopie eingebürgert.

Weniger die fehlenden Gemeinsamkeiten von „klassischem" Elektronenmikroskop nach Ruska und dem Raster-Tunnelmikroskop nach Rohrer und Binnig, als vielmehr die Tatsache, dass von den Pionieren der Elektronenmikroskopie nur Ruska geehrt wurde, ließ Rivalitäten und Konflikte der Vergangenheit wieder aufbrechen und in neuem Licht erscheinen. Vor allem Ardenne konnte die Entschei-

---

[505] Im Zeitzeugeninterview stellte Frank Rieger am 12. 3. 2003 das Streben seines ehemaligen Chefs nach dem Nobelpreis noch einmal besonders heraus, was er früher als GI „R. Rau" auch gegenüber seinem Führungsoffizier behauptet hatte. (BStU, MfS, BV Dresden, Abt. XVIII-12194, Sondervorgang Institut Manfred von Ardenne, Band I, Bl. 118 – 124).

dung des Nobelkomitees nicht nachvollziehen und fühlte sich benachteiligt. Aber auch andere Physiker bedauerten, dass Ruska in seinem Nobel-Vortrag seinen einstmals schärfsten Rivalen Ardenne nicht einmal erwähnte. Ardenne betonte immer wieder, dass Ruskas Mikroskop erst nach der Realisierung seines Vorschlages, das Objekt fest mit dem Objektpolschuh zu verbinden, ein ruhiges und hoch aufgelöstes Bild lieferte. Außerdem verteidigte er gleichermaßen beharrlich seine Ansprüche auf die Erfindung des Raster-Elektronen-Mikroskops. „Dass die Durchstrahlungs-Elektronen-Rastermikroskopie zuerst in Ihrem Laboratorium realisiert wurde, bezweifelt doch wohl im Ernst niemand", bestätigte ihm der Elektronenoptiker Möllenstedt in einem Brief vom 31. Dezember 1987.[506]

2. Zwischen Normalität und Rivalität

Trotz aller Rivalitäten in der Frühzeit der Elektronenmikroskopie hatte Ardenne bald nach seiner Ankunft in Dresden den Kontakt zu Ernst Ruska gesucht. Die Anrede im Briefwechsel der Jahre 1958 bis 1964 pendelt zwischen „Lieber Herr" und „Sehr geehrter Herr".[507] Ruska war damals Direktor des Instituts für Elektronenmikroskopie am Fritz-Haber-Institut der Max-Planck-Gesellschaft in Berlin-Dahlem und durchaus bereit, ein kollegiales Verhältnis zu pflegen. Er lud Ardenne 1958 ein, auf dem 4. Internationalen Kongress für Elektronenmikroskopie einen Vortrag zu halten. Die Einladung zum 5. Kongress, der vom 29. August bis zum 5. September 1962 in Philadelphia stattfand, schlug Ardenne aus. Trotz großen Interesses sei eine Teilnahme „aus bekannten Gründen für uns nicht möglich", umschrieb er die Restriktionen ein Jahr nach dem Bau der Berliner Mauer.[508] Am 31. Juli 1963 besuchte Ruska seinen einstigen Konkurrenten in Dresden.[509] Als Ruska 1964 in der „Naturwissenschaftlichen Rundschau" einen Übersichtsartikel über die Fortschritte im Auflösungsvermögen von Elektronenmikroskopen veröffentlichte, beschwerte sich Ardenne darüber, dass seine entscheidenden Beiträge nicht erwähnt wurden. Er wies besonders auf das bereits 1943 von seinem Mikroskop erreichte Auflösungsvermögen von 12 Angström-Einheiten[510] hin.[511] In seiner Erwiderung sprach Ruska einige Ungereimtheiten einer Veröffentlichung Ardennes aus dem Jahre 1944 an, versicherte jedoch, dass es ihm fern liege, Ardennes „Verdienste um die Elektronenmikroskopie schmälern zu wollen".[512]

---

[506] Nachlass, Ordner Wichtige Briefe.

[507] Nachlass, Korrespondenz mit Wissenschaftlern bis 1965, Ordner Ri-Rz.

[508] Brief an Ruska vom 6. 2. 1962 (Nachlass, Korrespondenz mit Wissenschaftlern bis 1965, Ordner Ri-Rz).

[509] Nachlass, Gästebuch.

[510] Diese nach dem schwedischen Physiker Anders Jonas Angström (1814–1874) benannte Maßeinheit wurde in der Kristallphysik zur Angabe von Ionenabständen verwendet. 1 Angström entspricht einem zehnmillionstel Millimeter.

[511] Brief an Ruska vom 26. 5. 1964 (Nachlass, Korrespondenz mit Wissenschaftlern bis 1965, Ordner Ri-Rz).

Ardenne gab sich damit nicht zufrieden und bestand hartnäckig darauf, dass seine Leistungen bei der Entwicklung der Elektronenmikroskopie die gebührende Anerkennung erfuhren.[513] Das betraf vor allem seinen Anspruch, das Rasterelektronenmikroskop erfunden zu haben. Karl Kupfmüller bestätigte ihm im Oktober 1977, dass aus seiner Veröffentlichung zur Geschichte der Rasterelektronenmikroskopie „Ihre grundlegenden Beiträge klar hervorgehen".[514] Prof. K. Mühlethaler vom Institut für Zellbiologie der Eidgenössischen Technischen Hochschule Zürich entschuldigte sich im Oktober 1981, Ardennes Priorität bei der Erfindung des Raster-Elektronenmikroskops nicht genügend gewürdigt zu haben. Er bedaure es außerordentlich, schrieb Mühlethaler, dass „offenbar auch in der historischen Darstellung von Ruska Ihre Verdienste um das Rasterelektronenmikroskop nicht entsprechend gewürdigt werden". Darüber hinaus sei ihm nicht bekannt gewesen, dass Ardenne bereits am 29. September 1933 ein Patent für das Rasterelektronenmikroskop angemeldet hatte.[515] An dieser Stelle irrte sich Mühlethaler. Ardenne hatte seine Erfindung am 18. Februar 1937 zum Patent angemeldet.[516] Des abschließenden Rates, seine Verdienste selbst aktiv zu vertreten und ausreichend zu belegen, bedurfte Ardenne sicherlich nicht.

Max Knoll und Bodo von Borries waren bereits verstorben, aber deren Ehefrauen griffen, wenn auch nicht öffentlich, in die Debatten ein und bezogen Stellung zur Entscheidung des Nobelkomitees. Hedwig von Borries, die Schwester Ruskas, wandte sich im November 1986 an Ardenne, weil sie sehr darunter litt, dass der Name und vor allem die Leistungen ihres früh verstorbenen Mannes im Zusammenhang mit der Verleihung des Nobelpreises an ihren Bruder von den Medien überhaupt nicht erwähnt wurden. „Es ist schwer für mich", schrieb sie, „seit Dezember 1933 in der Spannung zwischen Bruder und Mann zu leben".[517] Ein in der Zeitung „Die Welt" am 4. Februar 1987 veröffentlichtes „Gespräch mit Manfred von Ardenne" bot ihr erneut einen Anlass, sich für den Ruf ihres Mannes einzusetzen. Die Zeitung hatte nicht deutlich genug darauf hingewiesen, dass Planck, von Laue und Hahn die Auszeichnung der Pioniere der Elektronenmikroskopie mit der Leibniz-Medaille im Jahre 1941 zwar angeregt hatten, selbst aber nicht zum Kreis der Aktivisten gehörten. Frau von Borries forderte die Korrektur eines „schlimmen Fehlers", der nur durch ein Missverständnis entstanden sein könne, „weil Ardenne sonst stets richtige Darstellungen gegeben hat". Durch den frühen Tod ihres Mannes sei ihr Bruder keineswegs zum Alleinerfinder geworden, „wie das immer wieder dargestellt wird". Darüber hinaus könne sie nicht hinnehmen,

---

[512] Brief an Ardenne vom 1. 6. 1964 (Ebd.).

[513] Brief an Ruska vom 5. 6. 1964 (Ebd.).

[514] Nachlass, Ordner Wichtige Briefe.

[515] Brief vom 6. 10. 1981 (Nachlass, Ordner Wichtige Briefe).

[516] Bestätigung des Reichspatentamtes über den Eingang der Anmeldung eines „Elektronen-Raster-Mikroskops" (Nachlass, Mappe Elektronen-Raster-Mikroskop).

[517] Brief vom 14. 11. 1986 (Nachlass, Privat-Korrespondenz, Ordner A-B).

wie das Ansehen ihres Mannes „durch Halbwahrheiten und Verschweigen" in den letzten Monaten beschädigt werde.[518] Ardenne reagierte umgehend und schrieb einen Leserbrief, in dem er auf die von Hedwig von Borries angesprochenen Unkorrektheiten hinwies. Diese richtete auch einen Appell an das Nobelkomitee mit der Forderung, dafür Sorge zu tragen, dass der im Juli 1956 „verstorbene Miterfinder Prof. Bodo von Borries angemessen erwähnt wird".[519] In seinem Nobelvortrag vom 8. Dezember 1986 würdigte Ruska nicht nur Knoll, sondern ging auch mehrfach auf seinen „Kondoktoranden" von Borries ein, mit dem er „sich angefreundet" hatte.[520]

3. Wer erfand das Raster-Elektronenmikroskop?

In der Literatur gibt es unterschiedliche Darstellungen der Geschichte des Rasterelektronenmikroskops. Der im Kapitel über die elektronenmikroskopischen Arbeiten Ardennes bereits zitierte Dietrich Schulze wies 1998, ebenso wie Hans Mahl und Erich Gölz schon 1951, darauf hin, dass der Physiker Hugo Stintzing bereits 1927 eine Patentschrift einreichte, in der er „das Elektronenmikroskop überhaupt und speziell das Rasterelektronenmikroskop visionär voraussagt".[521]

Schulze reiht auch die Versuche von Max Knoll aus dem Jahre 1935 in die Entwicklung des Rasterprinzips in der Elektronenmikroskopie ein. Knoll tastete in einer Hochvakuumapparatur die Oberflächen geeigneter Proben Punkt für Punkt mit einem Elektronenstrahl ab und steuerte mit den erzeugten Elektronensignalen die Helligkeit einer Braunschen Röhre. Es gelang ihm, drei wesentliche Oberflächeneigenschaften darzustellen – das Relief, die Materialverteilung in einer heterogenen Probe sowie unterschiedliche Kristallorientierungen von polykristallinem Material.[522] Allerdings bezeichnete „der bescheidene Wissenschaftler" seinen „Elektronenabtaster" nicht als Mikroskop und überließ damit „die Erfindungsansprüche für dieses außerordentlich wichtige Instrument dem weniger zurückhaltenden Manfred von Ardenne", schrieb Wolfgang Gloede.[523] Schulze, selbst ein erfahrener Praktiker auf dem Gebiet der Elektronenmikroskopie, bewertet die Bilder von Knoll, wie übrigens auch die ersten Ergebnisse von Ardenne als noch von „minderer Auflösungsqualität". Bei dem damals vorherrschenden Streben nach hoch auflösender Abbildung gab es aus genau diesem Grund keinen Anreiz, die Raster-Elektronenmikroskopie weiterzuentwickeln.[524] Neue Impulse für das Rasterverfahren kamen erst nach dem Zweiten Weltkrieg, vor allem aus Cambridge. Dort

---

[518] Kopie des Briefes vom 18. 2. 1987 (Ebd.).

[519] Kopie des Schreibens vom 12. 11. 1986 (Ebd).

[520] *Ruska,* Das Entstehen des Elektronenmikroskops, S. 271–281.

[521] Vgl. *Mahl/Gölz,* Elektronenmikroskopie und *Schulze,* Sehen, Verstehen, Gestalten.

[522] *Pfefferkorn,* Das Rasterverfahren, S. 82.

[523] *Gloede,* Vom Lesestein zum Elektronenmikroskop, S. 178.

[524] *Pfefferkorn,* Das Rasterverfahren, S. 82.

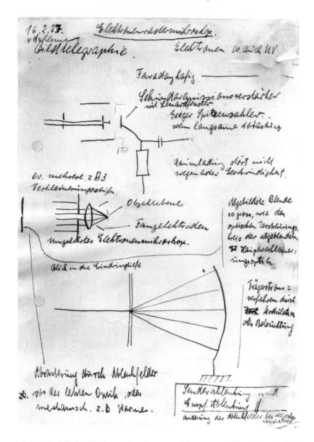

Abb. 21: Die Erfindung des Rasterelektronenmikroskops 1937.

führte C. W. Oatley mit seinen Mitarbeitern das Raster-Elektronenmikroskop 1965 zur kommerziellen Reife.[525]

Zum Beitrag von Max Knoll äußerte sich Ardenne in einem Brief an Sigfrid von Weiher vom „Werner-von-Siemens-Institut für Geschichte des Hauses Siemens" am 6. März 1973 wie folgt: „Hier hat z. B. Max Knoll nur Vorarbeit geleistet, indem er mit einem Elektronenstrahl von mehreren Zehntel mm Durchmesser die Oberfläche von Klischees abtastete und daher bei den Bildern nicht einmal die lichtmikroskopische Auflösung erhielt, während ich erstmalig durch mehrstufige elektronenoptische Verkleinerung eine Elektronensonde von etwa 100 Angström-Einheiten herstellte und mit dieser sowohl Objektoberflächen als auch dünne Objekte in Transmission abtastete".[526] Oatley bestätigte übrigens im Februar 1982

---

[525] *Pfefferkorn*, Das Rasterverfahren, S. 82.

[526] Nachlass, Privat-Korrespondenz, Ordner N-Z.

die Selbsteinschätzung Ardennes. „Von Ardenne was the true father of the scanning electron microscope, who had all the right ideas. His misfortune was to have worked at a time when experimental techniques had not advanced quite far enough to enable him to bring those ideas to full practical fruition."[527] Mit diesem Urteil aus berufenem Munde wehrte Ardenne übrigens umgehend auch Angriffe von Gegnern der Sauerstoff-Mehrschritt-Therapie ab. Selbstbewusst erklärte er, allein mit seiner Entwicklung des Rasterelektronenmikroskops „um Zehnerpotenzen mehr zum Fortschritt von Medizin und Biologie beigetragen" zu haben, als alle Bearbeiter einer gerade beendeten Studie mit für ihn ungünstigen Befunden.[528]

Ardenne fühlte sich stets als der „wahre Vater des Raster-Elektronenmikroskops", der alle „wesentlichen methodischen Ideen" beigebracht hatte. Da er sich wieder einmal längst anderen Interessengebieten verbunden fühlte, schmerzten ihn diskriminierende Reglementierungen der SED-Bürokratie nicht allzu sehr. So ließ er in einem Brief an den stellvertretenden Minister für Wissenschaft und Technik am 29. September 1975 keinerlei Unmut darüber erkennen, dass ihm die Teilnahme an der Tagung über Elektronenmikroskopie in West-Berlin untersagt wurde. Er habe zwar „weisungsgemäß" nicht an der Tagung teilgenommen und auch keinen der Vorträge besucht, schrieb er, stattdessen sich jedoch die im Zusammenhang mit der Tagung durchgeführte Geräteausstellung angesehen. Dabei seien ihm als „Erfinder des Elektronen-Raster-Mikroskops" von den Herstellerfirmen alle gewünschten Auskünfte und Unterlagen „uneingeschränkt" zur Verfügung gestellt worden, konterkarierte er die Weisung seines Ministers.[529]

4. Fragwürdige Entscheidung des Nobelkomitees

Für Ardenne war die „*ungeteilte* Vergabe des Physik-Nobelpreises 1986 für die Elektronenmikroskopie nur an Ernst Ruska (Erfindung des Durchstrahlungs-Elektronenmikroskops) keine historisch gerechte Entscheidung" des Nobelkomitees. In einem Brief an den hoch betagten Adolf Butenandt begründete er am 3. Februar 1987 seine Enttäuschung. Für die naturwissenschaftliche Forschung, so betonte er, habe das von ihm 1937 erfundene Raster-Elektronenmikroskop etwa die gleiche Bedeutung erlangt. Für diesen Mikroskoptyp, so fuhr er fort, aber auch für seine Butenandt bestens „bekannten Beiträge zum Ruska'schen Durchstrahlungs-Elektronenmikroskop" habe er am 3. Juli 1941 die Silberne Leibniz-Medaille der Preußischen Akademie der Wissenschaften erhalten – „gleichzeitig mit Ernst Ruska und wenigen heute noch lebenden Anderen." Er legte dem Brief „Materialien zur Gesamtgeschichte der Elektronenmikroskopie" bei und bat Butenandt, diese an das

---

[527] *Oatley*, The early history, S. R1-R2.

[528] Stellungnahme Ardennes zum Bericht von Prof. Hendrik vom 20. 3. 1982 (Barch, DQ1 – 11637).

[529] Nachlass, MWT, Ordner Januar 1972-Dezember 1979.

Nobelkomitee weiterzuleiten. Es sei „vielleicht der letzte Augenblick, um wenigstens in den Stockholmer Archiven die notwendigen Ergänzungen zur Gesamtgeschichte der Elektronenmikroskopie zu verankern". Nachrichtlich sandte er den Brief samt Anlagen an Graf Bernadotte und Hermann Pöschel, den Leiter der Abteilung Forschung und technische Entwicklung beim Zentralkomitee der SED.

Butenandt antwortete am 15. Juni 1987. „Ihre Meinung, daß die ungeteilte Vergabe des Physik-Nobelpreises 1986 für die Elektronenmikroskopie keine ‚historische gerechte Entscheidung des Nobelkomitees in Stockholm' bedeutet", so schrieb er, „wird von mir geteilt." Er habe „viele Gespräche mit einflussreichen Kollegen" darüber geführt, „ob man etwas tun könnte und sollte und gegebenenfalls was". Allerdings rieten alle Befragten angesichts bisheriger Erfahrungen in solchen Fällen davon ab, sich offiziell an das Nobelkomitee zu wenden. Butenandt bezog sich expressis verbis auf die Verleihung des Nobelpreises für Chemie im Jahre 1982 an Aaron Klug, die von vielen „als nicht gerechtfertigt angesehen wurde", da den Arbeiten von Walter Hoppe „auf gleichem Gebiet" dadurch die gebührende Anerkennung versagt geblieben sei. Mit der freundlichen und auch ein bisschen wehmütigen Erinnerung an die Begegnungen mit Ardenne in Dahlem und der Versicherung, seiner „immer in dankbarer Verbundenheit" zu gedenken, endete der Brief.[530]

Am 25. November 1986 schrieb Gisela Hollmann in einem Brief an Bettina von Ardenne, dass sie im Fernsehen die „Ausführungen des Herrn Ruska" gehört und auch die Berichte über die Verleihung des Nobelpreises in den Medien aufmerksam verfolgt habe. Dabei habe sie wieder „lebhaft an die Lichterfelder Jahre gedacht". Sie sei „empört, dass Ruska keinerlei Namen erwähnte" und deshalb Ardenne besonders dankbar, der „den Namen Knoll erwähnte". Da dessen Frau noch immer zu ihren Freundinnen gehöre, nehme sie besonderen Anteil an dieser Geschichte.[531] Dieser Brief an seine Frau war Ardenne so wichtig, dass er ihn am 25. Februar 1987 selbst beantwortete. „Wenn man um die Geschehnisse um Herrn und Frau von Borries informiert ist", so Ardenne, dann „kann man über das Verschweigen der anderen an dem Werden der Elektronenmikroskopie beteiligten Namen nur befremdet sein". Trotzdem sei er froh darüber, dass seine „Erfindung des Rasterelektronenmikroskops wenigstens in die Nähe des Nobelpreises gerückt wurde".[532]

Es gibt keine eindeutigen Belege darüber, wie intensiv Ardenne die Entscheidung und vor allem die Begründung des Nobelkomitees reflektierte. In der Pressemitteilung vom 15. Oktober 1986, in der übrigens lediglich noch Max Knoll beiläufig erwähnt wurde, hieß es, dass Ruska den „größten Anteil" an einer der wichtigsten Innovationen des 20. Jahrhunderts habe.[533] Das fundamental Neue am

---

530 Nachlass, Ordner Wichtige Briefe.

531 Nachlass, Privat-Korrespondenz, Ordner C-M.

532 Ebd.

Elektronenmikroskop war die Verwendung von Teilchenstrahlen anstelle von Licht für eine vergrößernde Abbildung. Wollte das Nobelkomitee mit der Vergabe einer Hälfte des Preises an Ruska „für seine fundamentalen elektronenoptischen Arbeiten und die Konstruktion des ersten Elektronenmikroskops" die innovative Nutzung der Erkenntnis de Broglies würdigen, dass auch Teilchen mit endlicher Ruhemasse Welleneigenschaften besitzen? Eine solche Deutung schließt die Pressemitteilung zumindest nicht aus. Aber genau dazu hatte Stintzing bereits einige Jahre früher sein bereits mehrfach erwähntes Patent angemeldet. Wenn die Intentionen des Komitees auf die Entwicklung der Elektronenmikroskopie als neue Methode zielten, und das geht aus der offiziellen Begründung eindeutig hervor, so hatte die Preußische Akademie der Wissenschaften diese Leistung mit der Verleihung der Leibniz-Medaille 1941 an Ernst Ruska, Hans Mahl, Max Knoll, Ernst Brüche, Bodo von Borries, Hans Boersch, und Manfred von Ardenne in angemessener Weise gewürdigt.[534] Zum Zeitpunkt der Preisverleihung lebten allerdings die meisten von ihnen nicht mehr.

Im Zusammenhang mit der Preisverleihung an Rohrer und Binnig für das Raster-Tunnelmikroskop wäre ein Bezug auf das Raster-Elektronenmikroskop sehr viel nahe liegender gewesen. Die physikalischen Grundlagen des „klassischen" Elektronen-Mikroskops und des Raster-Tunnelmikroskops weisen in der Tat keinerlei Gemeinsamkeiten auf. Im Raster-Elektronenmikroskop hingegen erfolgt zumindest der Bildaufbau in gleicher Weise, indem die Bildpunkte nacheinander erzeugt werden. In der „klassischen" Elektronenmikroskopie hingegen werden, wie seit Jahrhunderten im Lichtmikroskop üblich, alle Bildpunkte gleichzeitig erzeugt. Warum übersah das Nobelkomitee Ardenne, der das Werkzeug „Elektron" Zeit seines Lebens sehr viel origineller handhabe als Ruska?

Im Vorfeld der Entscheidung über die Vergabe des Nobelpreises für das Jahr 1986 meldete sich Ardenne im „Neuen Deutschland" zum SDI-Projekt der Vereinigten Staaten zu Wort. Am 9. April 1985 füllte sein Beitrag unter der Überschrift „Sternenkriege' – Himmelfahrtskommando, das gestoppt werden sollte" die Seite 3 des großformatigen Zentralorgans der SED. Ardenne stellte sich hinter die Auffassung des Nobelpreisträgers Hans Bethe, dass es aussichtslos sei, die von Kernwaffen ausgehende Gefahr mit technischen Mitteln ausschalten zu wollen. Einzig eine kluge Politik könne für Sicherheit sorgen. „Alle Erfahrungen der zurückliegenden Jahrzehnte lehren", behauptete er, dass „jede Beteiligung an den Rüstungen der USA den Interessen der Völker und der Menschen nur zum Nachteil gereicht".[535] Beinahe zeitgleich mit dem so genannten „April-Plenum" des Zentralkomitees der KPdSU, auf dem Gorbačev verkündete, die Sowjetunion mit

---

[533] Pressemitteilung der Königlichen Schwedischen Akademie der Wissenschaften vom 15. 10. 1986 (http://nobelprize.org/physicsIlaureates/1986/press.html); 13. 4. 2006.

[534] In dieser Reihenfolge nannte Ardenne in der letzten von ihm selbst bearbeiteten Fassung seiner Autobiographie die Namen (*Ardenne,* Erinnerungen fortgeschrieben, S. 186).

[535] Neues Deutschland vom 9. 4. 1985.

„Glasnost und Perestroika" aus der Krise führen zu wollen, bediente Ardenne mit seiner stellenweise sehr polemischen Fundamentalkritik an den Plänen der USA das von der SED propagierte Feindbild vom „bösen Imperialismus". Damit fand er selbst bei Honecker großen Anklang, der ja ansonsten nicht gerade zu seinen Freunden zählte. Anlässlich des 80. Geburtstages lobte der SED-Chef noch zwei Jahre später das besondere Engagement des Jubilars gegen die „Sternenkriegsplä-ne" der USA.[536] Im Mai 1985 hielt Ardenne eine viel beachtete Rede zu dem glei-chen Thema vor den Delegierten des XII. Parlaments der FDJ. Seine Schrift „Ster-nenkriege" wurde in zehn Sprachen übersetzt und gelangte mit Sicherheit auch allen interessierten Wissenschaftlern außerhalb des Ostblocks zur Kenntnis. So mancher durchaus einflussreiche Wissenschaftler im Westen mag an die Etikettie-rung des Autors als „roter Baron" erinnert worden sein. In den aufgeregten Debat-ten der Jahre 1985 / 86 hätte es wohl einigen Mutes des Nobelkomitees bedurft, Ardenne auszuzeichnen.

Otto Westphal erwies sich auch in dieser Situation wieder einmal als einfühl-samer Freund. Er tröstete Ardenne bereits am 29. Oktober 1986 indem er schrieb: „Aus meiner Sicht zählt, was nach 100 Jahren noch besteht (Max Planck, E. v. Behring, Robert Koch, Albert Einstein). Viele werden dann vergessen sein. *Du aber nicht.*"[537]

V. Reformen in Wirtschaft und Gesellschaft – Ardenne als homo politicus

1. Sympathien für Ulbrichts Reformversuch

Dieses Kapitel überstreicht einen Zeitraum von drei Jahrzehnten und zeigt vor allem den homo politicus Ardenne. Als Leiter eines großen Forschungsinstituts mit erheblicher volkswirtschaftlicher Bedeutung erlebte, ja erlitt er hautnah und beinahe täglich die Trägheit und mangelnde Flexibilität der Zentralpanwirtschaft. Gegen Verordnungen und Richtlinien, die vielfach dem Primat der Ideologie ge-genüber der Ökonomie geschuldet waren und ihm immer wieder Fesseln anlegten, führte er einen beständigen Kampf. Darüber hinaus trieben ihn Fragen der Effi-zienz und der Leistungsfähigkeit von Wirtschaft und Gesellschaft regelrecht um. Sie beschäftigten den unermüdlichen Arbeiter Zeit seines Lebens. Die Widersprü-che zwischen dem hohen Anspruch der SED und der bescheidenen Wirklichkeit in der DDR empfand er jederzeit besonders deutlich. Er ließ deshalb kaum eine Gele-genheit aus, sich zu diesen Problemen zu äußern.

So auch auf der „Konferenz der Elektroenergie", auf der er sich 1960 für eine Beschleunigung des Übergangs von Ergebnissen aus Forschung und Entwicklung

---

536 Glückwunschschreiben Honeckers vom 20. 1. 1987 (Nachlass, Ordner Wichtige Briefe).

537 Nachlass, Ordner Otto Westphal.

in die Produktion aussprach. Zu den Referenten dieser Konferenz gehörte auch Erich Apel, damals noch Vorsitzender des Wirtschaftsausschusses sowie des Ausschusses für Wirtschafts- und Finanzfragen der Volkskammer. Dieser Übergang funktioniere, „wie auch Herr Apel in seinem Referat betonte", leider „in sehr vielen Fällen nicht einwandfrei", monierte Ardenne. Er forderte neben neuen Organisationsformen zur Herabsetzung der Leerlaufzeiten auch ein „verantwortungsvolleres Handeln und ein stärker ökonomisches Denken der Wissenschaftler". Dazu bedürfe es neben der „Begeisterung für eine Sache" und der generellen „Freude an der Arbeit" auch des wirkungsvollen „finanziellen Anreizes" sowie der Verlagerung von Entscheidungen von der zentralen auf die örtliche Ebene. Darüber hinaus regte er einen behutsamen Umgang mit den unvermeidlichen „zehn bis fünfzehn Prozent" von Misserfolgen an, sofern kein „offenkundiges Verschulden vorliege, sondern unerwartete Umstände den erwarteten Erfolg versagt hätten".[538]

Der konstruktive und wohlmeinende Rat seines „Vorzeigewissenschaftlers" war dem SED-Chef Ulbricht stets willkommen. So auch der „naheliegende Vorschlag, die beschränkten zur Verfügung stehenden Kapazitäten in Wissenschaft, Forschung, Entwicklung und Produktion auf bestimmte ökonomisch günstige Schwerpunkte zu konzentrieren". Ardenne nahm für sich in Anspruch, damit jenen Prozess angestoßen zu haben, der „besonders durch die persönliche Tatkraft Walter Ulbrichts" schließlich im „Neuen Ökonomischen System" der Planung und Leitung der Volkswirtschaft mündete.[539] Ohne sich mit dem „großen Bruder" abzustimmen und ohne seinen eigenen Apparat zu informieren, kündigte Ulbricht im Dezember 1962 auf einer Konsultativkonferenz von Gewerkschaftern aus 44 Ländern in Leipzig an, ein „deutsches ökonomisches Kontrastprogramm" zu entwickeln.[540] Ardennes Sympathie für diesen Versuch, durch Preisgabe der These vom Vorrang der Politik gegenüber der Ökonomie in den 1960er Jahren Voraussetzungen zu schaffen, die zentralistische Kommandowirtschaft zu reformieren, erscheint vor diesem Hintergrund nur allzu verständlich. Wenn auch immer noch keine Einigkeit darüber erzielt werden konnte, ob dieser Reformversuch bereits auf der 11. Tagung des ZK der SED im Dezember 1965 „faktisch abgebrochen" wurde, wie Harry Nick behauptet,[541] oder sich erst 1968, nach der Niederschlagung des Prager Frühlings, die „Anti-Reform-Fraktion" formierte, wie Jörg Roesler es einschätzt,[542] so wird der von Legenden umrankte Tod von Erich Apel, des Vorsitzenden der Staatlichen Plankommission, übereinstimmend als dramatische Zäsur in der mageren Geschichte von Reformansätzen empfunden. Für Norbert Podewin geriet dieses 11. Plenum gar zum „Konterschlag der Reformgegner".[543] Der Selbstmord Apels, nach heftigen Attacken auf der Sitzung des Politbüros am

---

538 BArch SAPMO, DY 30 IV-2/6.04, Nr. 101, Bl. 24 ff.

539 *Ardenne,* Begegnungen mit Walter Ulbricht.

540 *Podewin,* „... der Bitte des Genossen Walter Ulbricht zu entsprechen", S. 9.

541 *Nick,* Warum die DDR wirtschaftlich gescheitert ist, S. 17.

542 *Roesler,* Das Neue Ökonomische System, S. 37.

543 *Podewin,* „... der Bitte des Genossen Walter Ulbricht zu entsprechen", S. 16.

2. Dezember und dem darauf folgenden endgültigen Zerwürfnis mit Günter Mittag,[544] berührte Ardenne tief, empfand er doch beinahe freundschaftliche Gefühle für diesen „Architekten des NÖS". Sein Engagement auf diesem Gebiet, der permanente Versuch, mit naturwissenschaftlichen Methoden die Wirtschaft anzukurbeln, verfolgte auch der CIA mit Aufmerksamkeit. Nachdem das „Neue Deutschland" am 20. Januar 1968 einen Beitrag von Ardenne veröffentlicht hatte, legte der CIA darüber eine Karteikarte mit dem Sachbezug „Professor Ardenne on Politics and Natural Science" an.[545]

Sein Beitrag, eine „Betrachtung über die moralische Verantwortung des Naturforschers", wurde vom „Neuen Deutschland" als Reaktion des „National- und Leninpreisträgers" auf die Neujahrsbotschaft des Staatsratsvorsitzenden Ulbricht angekündigt. Ardenne erklärte in diesem Aufsatz das Eintreten für den Frieden zur „entscheidenden politischen Aufgabe" auch des Naturforschers. Denn die „furchtbaren Gefahren", die gegenwärtig die Menschheit bedrohten, hätten ihre Ursache, so argumentierte er, in einer „für die imperialistischen Staaten typischen Differenz zwischen Machtfülle und Moral". Das kommende Zeitalter einer global vernetzten Energieversorgung auf der Grundlage von großen Atom- und Kernfusionskraftwerken verlange „gebieterisch nach einer Welt des Friedens". Im zweiten Teil seines Beitrags nutzte er die im Entstehen begriffene neue wissenschaftliche Disziplin, die Informatik, von ihm noch als „Informationskunde" bezeichnet, zu einer verhaltenen Kritik an der belastenden Bürokratie in Wirtschaft und Gesellschaft. Er zeigte sich optimistisch, dass die Informatik „in den nächsten Jahrzehnten vorrangig zum Fortschritt des sozialistischen Systems beitragen" werde. Denn dieses habe, so begründete er ein wenig sybillinisch seine Fortschrittshoffnungen, aufgrund des Prinzips der zentralen Leitung „die Hilfe der Informationstechnik besonders nötig". Er glaubte zu jener Zeit offenbar noch an den Willen und die Fähigkeit der Staatspartei, einmal für notwendig Erkanntes auch tatsächlich zu tun. Da sich das fortschrittliche sozialistische System darüber hinaus durch das Fehlen einer „egoistischen Furcht vor einer Konkurrenz im Inland" auszeichne, müssten die „Schwächen des menschlichen Charakters", in denen er das Haupthindernis für eine größere Geschwindigkeit des „gemeinsamen Vorankommens" sah, durch die Entwicklung einer „höheren Ethik und Moral" überwunden werden.

2. Systemtheoretische Betrachtungen
zur Optimierung des Regierens

Die unter dem Begriff „Prager Frühling" in die Geschichte eingegangene Phase erneuter Bestrebungen um eine Liberalisierung der kommunistischen Herrschaft ermutigte auch Ardenne, sich zu Wort zu melden. Mit den Veröffentlichungen des marxistischen Philosophen Georg Klaus war Anfang der 1960er Jahre die so ge-

---

[544] *Karlsch / Tandler*, Ein verzweifelter Wirtschaftsfunktionär?, S. 50–64.

[545] NARA CREST, C.I.A. records search tool, CIA-RDP91–00929R000200880026–6.

nannte Kybernetik-Debatte endgültig Geschichte geworden. Die von Norbert Wiener 1948 begründete Wissenschaft von dynamischen Systemen, deren einzelne Bestandteile in funktionalen Beziehungen zueinander stehen und auf Einwirkungen von außen reagieren, wurde nicht mehr länger, dem sowjetischen Beispiel folgend, als „reaktionäre Pseudowissenschaft" verteufelt, die der „imperialistischen Reaktion als ideologische Waffe" sowie als „Mittel zur Verwirklichung der aggressiven Kriegspläne" diente.[546] Zusammen mit einem seiner engsten Mitarbeiter, dem jungen theoretischen Physiker Frank Rieger, verfasste Ardenne 1968 eine Studie „Systemtheoretische Betrachtungen zur Optimierung des Regierens" und ließ sie als Institutsmitteilung drucken.[547] Wenige Jahre vor dem Beginn seiner „inneren Abkehr" vom sozialistischen Gesellschaftsmodell versuchte er, mit Hilfe der kybernetischen Systemtheorie einerseits die vermeintlichen Vorzüge der sozialistischen Gesellschaftsordnung zu begründen, andererseits aber auch deutliche, stets jedoch konstruktive, Kritik am real existierenden Sozialismus zu üben. Sein Koautor galt nicht nur als ausgesprochen talentierter Physiker, sondern hatte sich, obwohl ein überzeugter Kommunist, bereits als Student mit seiner Partei angelegt – auch das im guten Glauben, konstruktive und intelligente Kritik sei hochwillkommen. Durch Vermittlung des Professors für Theoretische Physik an der Technischen Universität, Wilhelm Macke, gelangte Rieger ins Blickfeld des Institutsdirektors auf dem Weißen Hirsch, der den kreativen Wissenschaftler und politischen Querdenker rasch schätzen lernte.[548]

Die systemtheoretischen Betrachtungen zur Optimierung des Regierens sind von einer tiefen Wissenschafts- und Fortschrittsgläubigkeit ihrer Verfasser geprägt. „Selbst in den sozialistischen Ländern", so schrieben sie einleitend, stellten sich dem „gesellschaftlichen Vorwärtsschreiten zahllose unnötige Schwierigkeiten in den Weg". Eine umfassende und „radikale Verwissenschaftlichung der Planung und Leitung des Gesamtsystems der menschlichen Gesellschaft" werde deshalb immer mehr „zum dringlichsten Problem unseres Zeitalters". Sozialen Fortschritt verstanden Ardenne und Rieger vor allem als technischen Fortschritt und führten demzufolge die Zuwachsrate des Nationaleinkommens als quantitatives Maß für die „soziale Progressgeschwindigkeit" ein. Da nur wenige „gesellschaftliche Organe", von ihnen als „Systemelemente" aufgefasst, „vorzugsweise der Selbstregulierung oder der Selbststeuerung dienen", sei es sinnvoll, genau diese als „Organe zur Regierung der menschlichen Gesellschaft" zu verstehen. Ziel des Regierens sei es nun zum einen, den „Funktionszustand" der Gesellschaft „insbesondere durch andauernde Überwindung innerer und äußerer Störungen" aufrecht zu erhalten, was sie als „Selbstregelung" bezeichneten. Zum anderen gehöre es aber auch zum Re-

---

[546] Zitiert nach: *Sobeslavsky,* Der schwierige Weg, S. 42.

[547] *Ardenne,* Manfred von / *Rieger,* Frank: Systemtheoretische Betrachtungen zur Optimierung des Regierens, Studie zur Regierungsstruktur im kybernetischen System der Gesellschaft, Mitteilung aus dem Forschungsinstitut Manfred von Ardenne (Nachlass, Ablage Politik).

[548] Zeitzeugeninterview mit Frank Rieger am 12. 3. 2003.

gieren, den Funktionszustand sowohl qualitativ als auch quantitativ weiterzuent-
wickeln. Auch diese als (zielgerichtete) Steuerung der Gesellschaft verstandene
Komponente des Regierens sollte durch geeignete Rückkopplungsprozesse im
Sinne einer „Selbststeuerung" wirken.

Im Gegensatz zum Kapitalismus sei es im Sozialismus durch die Aufhebung des
Privatbesitzes an „wichtigen Produktionsmitteln" erstmals möglich, argumentierte
der private Unternehmer Ardenne, die „maximale soziale Progressgeschwindigkeit" als „Zielfunktion der gesellschaftlichen Entwicklung" zu definieren. Es gab
genügend Gelegenheiten, bei diesem Thema die Sympathie mit dem noch nicht
völlig gescheiterten „Neuen Ökonomischen System" zu bekunden, das ebenso wie
„ähnliche Unternehmungen anderer sozialistischer Länder" bedeutsame Schritte in
der „richtigen Richtung" darstelle.

In einem recht einfachen Modell bildeten Ardenne und Rieger die gesellschaftliche Realität mit hierarchisch geordneten Steuer- und Rückkopplungsorganen, Be-
völkerungsvertretungen sowie der Bevölkerung als „Gesamtheit der Regierten in
ihren verschiedenen politischen Organisationsformen" ab. Gesetze, Beschlüsse,
politische und wirtschaftliche Direktiven sowie ideologische Beeinflussung waren
die wichtigsten Steuerungselemente, während sich Rückkopplungen an die Steuerorgane aus Vorschlägen, Hinweisen, Kritiken und Meinungen aus der Bevölkerung
speisten. Innerhalb dieses Modells diskutierten die Autoren dann Regieren als kybernetischen Vorgang und behielten die DDR immer als Beispiel im Auge.

Den Steuerorganen wiesen sie in ihrem Modell als Hauptaufgabe die „Ausarbeitung und Durchsetzung der gesellschaftlichen Zielfunktion" zu. Die Rückkopplungsorgane hatten die Aufgabe, das „Abbild der gesellschaftlichen Wirklichkeit"
zu liefern. Die Differenz zwischen Abbild und Zielfunktion der „gesellschaftlichen
Bewegung" werde, so schrieben sie, als treibender Widerspruch deutlich und
könne optimal genutzt werden. Nun hatte die SED aber allzeit nicht nur ihre Probleme mit der Anerkennung von Widersprüchen innerhalb der Gesellschaft, sondern
erst recht mit deren optimaler Nutzung. So nimmt es auch nicht wunder, dass die
Autoren genau an dieser Stelle wiederum einen Hinweis auf die Vorzüge des Sozialismus einfügten. Erst die Überwindung der Klassenstruktur, so ihre optimistische und zugleich tröstende Botschaft, schaffe unter Zuhilfenahme der maschinel-
len Informationsverarbeitung „die faszinierende Möglichkeit einer optimalen Be-
wältigung dieses Problems".

Obgleich Ardenne selbst einen autoritären Führungsstil keineswegs ablehnte,
ihn gelegentlich gar selbst praktizierte, übersah er die darin liegende Gefahr einer
Selbsttäuschung nicht. Mit versteckter Ironie schrieben er und Rieger den Regierenden ins Stammbuch, dass die hierarchische Kopplung der Steuerelemente vor
allem „eine Gedankenvervielfachung, eine Willensvervielfachung und damit das
gleichgerichtete, harmonische Handeln vieler nach der Entscheidung weniger" bedeute. Wenn die Steuerorgane diesen Aufgaben „gut gerecht werden", und die
Staatspartei wurde ja nicht müde, sich genau das immer wieder selbst zu beschei-

nigen, seien sie für eine „verzerrungsfreie Rückkopplung" allerdings weniger gut geeignet. „Nur eine Regierungsstruktur, bei der die Menge der Steuerungen und die Organisiertheit der Steuerorgane mit der Menge der Rückkopplungen und der Organisiertheit der Rückkopplungsorgane in einem ausgewogenen Verhältnis steht", gewährleiste eine „stabile und progressive gesellschaftliche Entwicklung", schrieben die Autoren. Sie bezeichneten eine solche optimale Regierungsstruktur, sicher nicht ohne Hintersinn, als „demokratisch-zentralistisch".

Neben dem wenig überzeugenden Versuch, die Führungsrolle der marxistisch-leninistischen Partei durch dieses Modell zu begründen, wurde die parallele Führung durch „staatliche" und auch „andere Leitungen" als „unnötiger Aufwand" kritisiert, der lediglich „die Redundanz der Steuerinformationen" vergrößere. In dem Teil ihrer Studie, in dem sie „aus der Theorie für das System DDR abgeleitete Vorschläge zur umfassenden Aktivierung der schöpferischen Potenzen des ganzen Volkes" unterbreiteten, betonten sie die Notwendigkeit, auf der Grundlage einer umfassenden Kenntnis des „tatsächlichen Systemzustandes" permanent zwischen „Absicht und Realität" zu vergleichen. Die Rückkopplungsorgane hielten bei diesem Vergleich „den Regierenden gleichsam den Spiegel vor Augen". Auch ein mutiges Plädoyer für Meinungsfreiheit fehlte nicht. „Die Führung der Gesellschaft im Sinne eines bestmöglichen Zusammenwirkens aller ihrer Mitglieder zur Erreichung eines gemeinschaftlichen Ziels", so argumentierten sie, erfordere nicht zwangsläufig „völlig einheitliche Auffassungen, sondern die Organisation der Einheit in der Vielfalt". Darüber hinaus warben sie trotz allen Bekenntnisses zum Zentralismus dafür, dass Entscheidungen stets dort getroffen werden sollten, „wo das mit größter Sachkenntnis möglich ist".

Eine differenzierte Diskussion der in ihrem System so wichtigen Rückkopplungsorgane führte sie zu dem Schluss, dass die bestehenden Organe zwar das „absolut Notwendige im Interesse der Stabilität und Kontinuität" leisteten, jedoch nicht das „Hinreichende im Hinblick auf die mögliche und notwendige Vergrößerung unseres Entwicklungstempos". Neben anderen Institutionen verstanden sie auch das Ministerium für Staatssicherheit als ein Organ zur Vermeidung „größerer Systeminstabilitäten". Während sie die auf Stabilität des Systems gerichtete Praxis des Regierens als ausreichend entwickelt bezeichneten, charakterisierten sie den Ausbau der „positiven Rückkopplung im Sinne einer gezielten Nutzung progressiver schöpferischer Potenzen des Volkes" als ausgesprochen defizitär.

In ihren Schlussbemerkungen unterstrichen Ardenne und Rieger noch einmal deutlich, dass in der DDR bisher „die Entwicklung der Steuerstruktur bzw. die administrative Seite der Regierung den Vorrang hatte, während die für die Stabilität und Kontinuität der gesellschaftlichen Entwicklung bedeutungsvolle Rückkopplungsstruktur bzw. die demokratische Seite der Regierung vernachlässigt wurde". Darüber hinaus forderten sie für „unsere DDR" nichts weniger, als „eine Pionierrolle bei der weiteren Entwicklung der gesellschaftlichen Regierung zu übernehmen".

Ulbricht nahm diese Überlegungen seines geschätzten „Vorzeigewissenschaftlers" sehr ernst und veranlasste die Diskussion dieser Studie im strategischen Arbeitskreis beim Politbüro.[549] In einem Brief an Günter Prey, den Minister für Wissenschaft und Technik, betonte Ardenne am 12. Dezember 1968 die Aufmerksamkeit, mit der Ulbricht auf diese Studie reagiert habe und dass sich Wolfgang Berger, der Sekretär des strategischen Arbeitskreises beim Politbüro, intensiv mit den Vorschlägen beschäftigen werde.[550] In ihrem Optimismus übersahen die beiden Autoren allerdings, dass die Machthaber in einer Diktatur gar kein Interesse an einer funktionierenden Rückkopplung haben können. Deren Ziel ist ja nun einmal nicht die „optimale" Gesellschaft, sondern die „richtige". Es kam der SED ja schließlich nur darauf an, auf den Grundlagen des Marxismus-Leninismus „gegenüber den in der Gesellschaft herrschenden Wertungen und Normalitätsvorstellungen ein neues Wertesystem und neue Selbstverständlichkeiten durchzusetzen", was Martin Draht als Kernprinzip einer totalitären Diktatur definierte.[551]

3. Reformen im Hochschulbereich

Am 29. Januar 1969 sandte das Ministerium für Wissenschaft und Technik den Entwurf des „Beschlusses des Staatsrates der DDR über die Weiterführung der 3. Hochschulreform und die Entwicklung des Hochschulwesens bis 1975" mit der Bitte an Ardenne, als Mitglied des Forschungsrates dazu Stellung zu nehmen.[552] Der jedoch lehnte die geforderte Stellungnahme mit der Begründung ab, seine Bemerkungen zu dem vorliegenden Entwurf dem Politbüromitglied Hager persönlich zukommen zu lassen, worum dieser ihn gebeten habe.[553] Mit öffentlichen Äußerungen zur 3. Hochschulreform ging Ardenne, entgegen seinen sonstigen Gewohnheiten, ausgesprochen zurückhaltend um. Offenbar nahmen die „grundlegenden Wissenschaften", worunter er Mathematik, Physik und Chemie verstand, auch Anfang der 1970er Jahre noch immer nicht den Platz ein, der ihnen seiner Meinung nach gebührte. Die Einführung des so genannten „Forschungsstudiums", ein Weg, der unter Verzicht auf das Diplom sofort zur Promotion führte, begrüßte er hingegen als frühe Einbindung des akademischen Nachwuchses in konkrete Forschungs- und Entwicklungsaufgaben, wie er im Juli 1970 in einem Exklusivbeitrag für die in Berlin erscheinende Zeitung „Der Morgen" betonte.[554]

---

[549] Nachlass, Schriftwechsel MWT 1967–1971.

[550] Ebd.

[551] Vgl. *Patzelt,* Wirklichkeitskonstruktion im Totalitarismus, S. 235–271.

[552] Nachlass, Schriftwechsel MWT 1967–1971.

[553] Schreiben Ardennes an den Leiter der Abteilung Automatisierung und wissenschaftlicher Gerätebau im MWT (Nachlass, Schriftwechsel MWT 1967–1971).

[554] Der Morgen vom 5. 7. 1970.

Wenige Tage später, am 10. Juli 1970, empfing ihn Ulbricht zu einem fast drei-
stündigen Meinungsaustausch, in dem Fragen der Hochschulreform und Weiterbildung von Akademikern und Ingenieuren im Mittelpunkt standen. In Anwesenheit
von Wolfgang Berger nutze er diese Gelegenheit, sein Konzept der „Wissensspei-
cherbücher" zu erläutern und dafür zu werben – mit Erfolg. Ulbricht ließ dem Rektor der TU Dresden Grüße übermitteln und ihn bitten, die rasche Einführung dieser
Lehr- und Lernhilfsmittel an seiner Universität zu veranlassen.[555]

Den Sturz Ulbrichts Anfang Mai 1971 und den Sprung Honeckers an die Spitze
des SED-Staates sollte auch Ardenne sehr bald zu spüren bekommen. Mit der Begründung, dass ein Interview für den „westdeutschen Fernsehfunk" zur Geschichte
des Fernsehens „unter den gegebenen Umständen nicht im Interesse der Politik der
DDR" liege, untersagte das Ministerium für Wissenschaft und Technik im Juni
seine Mitwirkung an diesem Vorhaben.[556] Natürlich versuchte Ardenne, sich auf
die veränderte Lage einzustellen und Verbündete zu gewinnen bzw. zu erhalten.
Vor allem diesem Zweck dürften Schmeicheleinheiten für Spitzenpolitiker gedient
haben, wie sie u. a. Alexander Abusch, Mitglied des ZK der SED und des Redak-
tionskollegiums der theoretischen Zeitschrift „Einheit", zuteil wurden. Ihm schrieb
er im Januar 1972: „Sie wissen, wie sehr ich in Ihnen eines der großen Leitbilder
von Partei und Regierung verehre".[557] Die Verlagerung von Kompetenzen des Forschungsrates auf dem Gebiet der Leitung und Planung von Wissenschaft und Technik in die Akademie der Wissenschaften, die am 10. Juli 1973 beschlossen wurde,
nahm Minister Prey zum Anlass, Ardenne als Mitglied der Kommission „Leitung
und Planung von Wissenschaft und Technik" zu entlassen. Freundlich dankte ihm
der Minister für die „wertvolle Mitarbeit".[558]

Trotz dieses Legitimationsverlustes suchte und fand Ardenne immer wieder
Möglichkeiten, auf Schwachpunkte des Innovationssystems hinzuweisen. In einem
Brief an den Chef der Bezirksverwaltung Dresden des MfS forderte er am 8. März
1975 eine größere Freizügigkeit der Wissenschaft und der DDR-Wissenschaftler.
Mit dem Argument, dass Informationsisolation die Sterilisation der Wissenschaften
bedeute, forderte er den Zugang schöpferischer junger Wissenschaftler zu internationalen Symposien.[559]

In einem Beitrag für die „Urania" äußerte sich Ardenne 1978 in sehr dezidierter
Weise zu den Fragen von Organisation und Strategie der Forschung in der DDR.
Neben einem Appell, bevorzugt solche Forschungsrichtungen zu fördern, die eine
multivalente Nutzung der Forschungsergebnisse ermöglichten, setzte er sich mit
Faktoren auseinander, die den volkswirtschaftlichen Nutzen von Wissenschaft und
Technik negativ beeinflussten. Dazu gehörten zu lange Überleitungszeiten von Er-

---

555 Nachlass, Ablage Politik.
556 Nachlass, Ordner MWT, Januar 1967-Dezember 1971.
557 Brief vom 24. 1. 1972 (Nachlass, Schriftwechsel SED 1964–1974).
558 Nachlass, Ordner MWT Januar 1972-Dezember 1979.
559 BStU Ast. Dresden, Abt. XVIII-12199, Bl. 135–136.

gebnissen „in Produktion und Nutzung". Am Beispiel seines eigenen Instituts wies er auf die Vorzüge einer engen Zusammenarbeit mit dem Finalproduzenten hin. „Schon die Mitarbeiter im Konstruktionsbüro haben von Beginn der Arbeit einen engen Kontakt mit ihren Partnern in der auftraggebenden Industrie." Andererseits habe der Industriepartner die Pflicht, „Fachkader in solcher Qualität bereitzustellen, welche der Struktur des Ergebnisses angemessen sind". Zu den „Bremsen des wissenschaftlich-technischen Fortschritts" zählte er neben den subjektiven „Schwächen des Verstandes und des menschlichen Charakters" auch objektive Faktoren. In dieser Kategorie sprach er ein generelles Problem der Zentralplanwirtschaft an, ohne diese jedoch grundsätzlich in Frage zu stellen. Dem „an sich positiven Fakt" eines inzwischen maximal ausdifferenzierten Systems der Planung, in dem „praktisch alle verfügbaren Kapazitäten hochgradig ausgenutzt werden", stellte er die gerade darin begründete mangelnde Flexibilität bei der praktischen Realisierung „nicht vorausschaubarer wichtiger neuer Ergebnisse" gegenüber. Sein Vorschlag von „größeren Toleranzen bei der Verplanung industrieller Kapazitäten in neuheitsaktiven Industriesparten" setzte allerdings Reserven voraus, die in einer Wirtschaft des permanenten Mangels einfach nicht vorhanden sein konnten. Darüber hinaus forderte er dazu auf, die Bemühungen zu verstärken, „um die Selektion und Förderung der besten Talente aus der breiten Basis der gesamten Jugend zu optimieren". Er ließ es sich nicht nehmen, auf etwas hinzuweisen, was er für ganz entscheidend hielt, nämlich dass er unter Talenten „Könner und nicht Gedächtnisakrobaten" verstand.[560]

Die Schwächen von Wissenschaft und Forschung im SED-Staat blieben sein Thema. Auf einer Tagung des Kulturbundes hielt er am 12. Februar 1981 einen Vortrag, in dem er sich für eine zielgerichtete Förderung von Begabungen aussprach. Ähnlich wie im Hochleistungssport, in dem die DDR ja absolute Weltspitze verkörperte, sollte auch in der Wissenschaft bewusst eine Elite herangebildet werden. Die Notwendigkeit der Zusammenführung von begabten Kindern und Jugendlichen in spezialisierten „Trainings-Zentren" begründete er damit, dass trotz „riesiger Investitionen in Wissenschaft und Technik" kaum „Spitzenleistungen von Weltrang" erzielt würden, die DDR noch keinen Nobelpreisträger hervorgebracht habe. Wenngleich seine Analyse zutreffend und präzise ausfiel, so waren seine Vorschläge kaum mehr als ein von Idealismus durchdrungener Appell, an dessen Wirkung vor allem auch er selbst eigentlich starke Zweifel hätte haben müssen. Das „Neue Deutschland" widmete dieser Initiative in seiner Berichterstattung ganze zwei Sätze: „Prof. Dr. Manfred von Ardenne", so hieß es, „widmete sich Fragen und Problemen der Förderung von Talenten auf wissenschaftlichem Gebiet. Noch besser als bisher müsse es gelingen, Spitzenleistungen von Wissenschaft und Technik zu organisieren." In bewährter Weise verschwieg das Zentralorgan jeglichen Anflug von Kritik.[561]

---

[560] Vgl. *Ardenne,* Organisation und Strategie.

[561] Neues Deutschland vom 13. 2. 1981.

Anlässlich der Verleihung des Dr. paed. h. c. durch die Pädagogische Hochschule „Karl Friedrich Wilhelm Wander" stellte Ardenne am 22. September 1982 in Dresden einen „3-Phasen-Plan zur Heranbildung einer ‚sozialistischen Wissenschaftler-Elite' als Voraussetzung für größere Häufigkeit von naturwissenschaftlichen und technischen Spitzenleistungen mit Weltrang" vor. Diesen Plan sandte er, zusammen mit den im Nachwort der 6. Auflage seiner Autobiographie enthaltenen „Prinzipien harmonischer und erfolgreicher Lebensführung", eine Woche vor der öffentlichen Vorstellung an den stellvertretenden Ministerpräsidenten Herbert Weiz.[562] In seinem Vortrag räumte er ein, dass der Begriff „Elite" von früher her „so etwas wie einen schlechten Klang" habe, schlechterdings aber durch keinen besseren ersetzt werden könne. Kernstück seines Plans zur Heranbildung „einer Vielzahl von außergewöhnlichen Talenten" waren drei Phasen der Ausbildung in der Schule, in der Universität bzw. sogar als Autodidakt sowie der lebenslangen postgradualen Weiterbildung. Ein wichtiges Element dieses Plans war die Selektion von außergewöhnlichen Talenten. Dafür entwickelte er einen Katalog von Merkmalen, anhand derer solche Talente zu erkennen wären, und schlug für jede Phase geeignete Persönlichkeiten vor, in deren Verantwortung die Selektion gelegt werden sollte. Schlagworte wie „Jugend muss kämpfen", „klare Zurückstellung von Karrieristen gegenüber wahren Könnern" oder „das Können der Kandidaten als entscheidenden Selektionsaspekt ansehen" standen natürlich im Widerspruch zur gängigen Praxis. Denn die gesellschaftliche und fachliche Eignung, und zwar in genau dieser Reihenfolge und Wichtung, galten als entscheidendes Kriterium für den Zugang zu einer höheren Bildungsstufe. Auch die unter Verweis auf die Berliner Kaiser-Wilhelm-Institute zwischen 1912 und 1933 vorgetragene Forderung, kleine Institute oder Abteilungen „nach den Wünschen der zu fördernden Persönlichkeit" zu schaffen, waren wohl kaum mit den Vorstellungen der SED kompatibel. Zu den Zielen der 3. Hochschulreform Ende der 1960er Jahre gehörte ja u. a. die Beseitigung der Autonomie der „kleinen" Hochschulinstitute. Nicht zuletzt plädierte er ein weiteres Mal für eine besondere Förderung von „Spitzenergebnissen von Weltrang", die mit der Wirtschaftsstruktur der DDR im Einklang stünden, sowie schnelle Entscheidungen „in konstruktivem Gespräch mit wenigen Partnern". Seine Mahnung, so genannte Expertenurteile nicht über zu bewerten, sondern „vorsichtig zu wichten" scheint seinen unangenehmen Erfahrungen mit exponierten Vertretern der Schulmedizin geschuldet, auch wenn er den Begriff „Experten" in seinem Text nicht in Gänsefüßchen setzte. Im Januar 1984 verschickte er zahlreiche Exemplare der Ansprachen, die anlässlich seiner Ehrenpromotion gehalten und vom Wissenschaftlichen Rat der Pädagogischen Hochschule herausgegeben worden waren. Zu den Adressaten gehörte, seinen Gepflogenheiten treu bleibend, auch Generalmajor Böhm, der Leiter der Bezirksverwaltung Dresden des MfS.[563] Noch immer sah er offenbar im Ministerium für Staatssicherheit eine Institution, die in besonderem Maße daran interessiert war, Schwachstellen

---

[562] BArch, DF4 – 20254.
[563] BStU Ast. Dresden, MfS, BV Dresden, Leiter der BV, Nr. 10767.

der Gesellschaft zu erkennen. Eine „leicht überarbeitete Fassung" dieser Rede veröffentlichte er in den „Physikalischen Blättern". Die Notwendigkeit, eine „elitäre
Schicht junger Begabter und Könner" auch in der DDR zu etablieren, begründete
er erneut mit dem deutlichen Hinweis darauf, dass an die DDR „trotz riesiger Investitionen in Wissenschaft und Technik" im Verlaufe von fünfundzwanzig Jahren
kein einziger Nobelpreis gefallen sei.[564]

4. Immer wieder Wirtschaftsreformen

Die Ausstrahlung eines Fernsehfilmes mit dem Titel „Rückkopplung", einem
häufig von ihm benutzten Begriff, veranlasste Ardenne im November 1977 zu einem Leserbrief an die „Sächsische Zeitung", den er nachrichtlich auch dem 1. Sekretär der Bezirksleitung Dresden der SED, Hans Modrow, und dem Autor des
Films, H. Gelman, zur Kenntnis gab. Die Optimierung der in dem Beitrag thematisierten „Informations-Rückkopplung" sei von entscheidender Bedeutung für die
Effizienz eines Wirtschaftssystems, schrieb er. Einen „schnellen Informationsfluss" sowie die Korrektheit und Zuverlässigkeit der Informationen hob er als besonders wichtig für das Funktionieren eines solchen Mechanismus hervor. Wahrheiten dürften nicht „verschleiert" werden und die „beteiligten Kader" müssten
„die Interessen des ganzen Volkes über ihre persönlichen Interessen stellen". Die
Struktur der „hocheffektiven Landwirtschaftlichen Produktionsgenossenschaften",
lobte er die Agrarwirtschaft, komme dem „Ideal einer solchen Rückkopplung" wegen ihrer „günstigen Systemgröße" schon sehr nahe.[565]

Wenige Jahre später wagte er einen Schritt, zu dem auch für einen Mann in seiner Position beträchtlicher Mut gehörte. Am 4. Mai 1983 wandte er sich an Kurt
Hager, den Chefideologen der SED, um wieder einmal auf die Notwendigkeit von
Veränderungen in der „Organisationsform unserer Wirtschaft" hinzuweisen. Der
„sich immer mehr verstärkende kalte Wirtschaftskrieg des Westens gegen die sozialistische Staatengemeinschaft", so begründete er seinen Vorstoß, zwinge mehr
denn je dazu, die „latenten, im sozialistischen System liegenden Reserven weitgehend zu aktivieren". Er erläuterte Hager die grundlegenden Gedanken der Studie
aus dem Jahre 1968 und bedauerte, dass „sich selbst optimierende Regelkreise"
damals vom Institut für sozialistische Wirtschaftsführung als Bausteine einer Planwirtschaft „aus ideologischen Gründen" abgelehnt worden seien. Darüber hinaus
sprach er sich dafür aus, offen zu sagen, dass „wir uns mitten in einem erbitterten
kalten Krieg befinden" und der damit einher gehende Rüstungswettlauf eine wesentliche Ursache der gegenwärtigen „großen Wirtschaftsprobleme" sei. Auf eine
heilige Kuh der Honeckerschen Wirtschaftpolitik zielte der Satz, dass es unter diesen Rahmenbedingungen natürlich auch zu einer Reduzierung der persönlichen

---

[564] *Ardenne,* Diskussion.
[565] Nachlass, Ablage Politik.

Abb. 22: 1982 – eine der seltenen Begegnungen mit Staats- und
Parteichef Honecker; das Bemühen um Freundlichkeit ist beiden anzumerken.

Ansprüche der Bürger kommen müsse. Er sei jedoch überzeugt davon, schloss er
seine Argumentationskette, dass durch eine „offene Darstellung unserer Gegen-
wartsprobleme und gleichzeitige Aufklärung der vom Westen ausgehenden Ursachen der Leistungswille und die Arbeitsmoral in vielen Bereichen bedeutend ange-
hoben werden könnte".[566] Zur Stärkung seiner Position suchte auch Ardenne gelegentlich Unterstützung durch einen Rückgriff auf die „Klassiker", wenngleich er
mit seiner Auswahl dabei durchaus nicht auf der Linie der Ideologen der Staatspartei lag. So legte er dem Schreiben an Hager einen Abschnitt aus einer Biographie
von Christian Hufeland bei. Dieser „berühmte Arzt der Goethezeit" habe schon
vor beinahe 200 Jahren die Auffassung vertreten, dass „man in Zukunft die
menschliche Staatsbildung mehr nach der Organisation in der Natur gestalten
wird", kommentierte er diese Anlage. Interessanterweise fragten sich auch damals
schon die Teilnehmer an derartigen Debatten, zu denen übrigens auch Schiller und
Fichte gehörten, wo in einem „absoluten Großstaat, der wie ein Körper von Kopf
bis Fuß durchorganisiert ist", Platz für die Freiheit des Individuums bleibe.[567] Auf
den feinen Unterschied zwischen „durchorganisiert" und „selbstreguliert" wies Ardenne den Adressaten nicht hin, der ohnehin wohl alles andere als froh über diesen
Brief gewesen sein dürfte. Wenn es überhaupt eine Antwort Hagers gegeben haben
sollte, so muss sie so enttäuschend gewesen sein, dass er sie nicht in seine Korrespondenz aufnahm.

---

566 Brief an Kurt Hager vom 4. 5. 1983 (Nachlass, Ordner Wichtige Briefe).

567 Vgl. *Hartwig*, Der Arzt, der das Leben verlängerte, S. 309.

Ausgerechnet am Rande des XII. Parlament der FDJ, das vom 21. bis 24. Mai 1985 in Berlin stattfand, schlug er in einem Gespräch mit Günter Schabowski, Mitglied des Politbüros und Chefredakteur des „Neuen Deutschland", die Senkung des „Reisealters" für Männer auf 60 und für Frauen auf 55 Jahre vor. Schabowski fand zwar die öffentliche Rede Ardennes „bewegend, fesselnd und politisch instruktiv", wollte sich aber nicht so recht zur Frage der Reisemöglichkeiten von DDR-Bürgern in den Westen äußern. Er habe diese Anregung aber nicht für sich behalten, schrieb er ihm am 30. Mai. Die „bekannten Bedingungen von Raum und Zeit" müssten allerdings „in ihrer vollen Komplexität" beachtet werden. Er sprach seine Hochachtung für die Motive und das Engagement eines Mannes aus, der als Redner auf jener Versammlung nicht nur „drei oder vier Delegierte" begeistert hatte.[568]

Am 31. Oktober 1985 schrieb Ardenne erneut einen mutigen, ausdrücklich als „persönlich" deklarierten, Brief an den „lieben, verehrten Herrn Krenz", in dem er darauf verwies, dass die Zeit unerbittlich heranreife, da es gelte, dem „kalten Krieg der USA und der wachsenden Konkurrenz auf dem Weltmarkt wirksamer zu begegnen". Er schlug eine Reihe von Maßnahmen vor, „auf neuen Wegen die sehr großen, noch latent im sozialistischen System liegenden Reserven umfassend zu aktivieren". Die größten Reserven stellten für ihn die „völlig unzureichende Arbeitsmoral", die Schaffung von Strukturen und Bedingungen für die „Erzeugung von hohem Leistungswillen" sowie die Erhöhung der Eigenverantwortung von Betrieben und Einrichtungen dar. In der Reihe geeigneter Maßnahmen zur Aktivierung dieser Reserven stand die Entlohnung nach der „fachlichen Leistung" an der Spitze. Für Personen, die „auf Kosten von Arbeitskollegen oder der Gesellschaft leben", dürfte es keinen Kündigungsschutz geben, selbst wenn es dadurch zu Arbeitslosen kommen würde. Ebenso wirksam wäre es, setze er seinen Katalog fort, das „Missverhältnis zwischen produktiven und unproduktiven Kräften" in den Betrieben und Einrichtungen zu beseitigen. Die gezielte Förderung „kleinerer Privatbetriebe" würde ebenso wie die „allmähliche Zurückfindung zum Geld als Maßstab für Leistung, wirtschaftlichen Erfolg oder Misserfolg" zu mehr Kreativität und Leistungsbereitschaft führen. Ohne es immer so offen zu benennen, zielten diese Vorschläge auf die Einführung marktwirtschaftlicher Instrumente in das starre System der Planwirtschaft. Ans Ende seiner konkreten Vorstellungen über mögliche Reformschritte stellte er einen kurzen Einblick in seine Studie aus dem Jahre 1968. Für Ardenne war Egon Krenz als „Vertreter der jungen Generation im Politbüro" durchaus ein Hoffnungsträger „Sollten Sie, lieber verehrter Herr Krenz, den Inhalt dieses Briefes als (noch) zu weitgehend einschätzen, so legen Sie ihn auf Eis, oder erinnern Sie sich an den einen oder anderen Vorschlag, wenn die Zeit herangereift ist", gab er Krenz die Chance, gar nicht oder aber nur sehr zurückhaltend zu reagieren. Er zeichnete als „Ihr ganz ergebener" Manfred von Ardenne. Diesen Brief stellte Ardenne im vollen Wortlaut in seine 1997 erschienene Auto-

---

[568] Nachlass, Ordner Wichtige Briefe.

biographie. Er findet sich übrigens auch in den Stasi-Akten.[569] Krenz reagierte in seinem Antwortschreiben, das auf den 29. November datiert ist, ausgesprochen positiv auf diese Initiative.[570] Dennoch zeitigten die Vorschläge keinerlei erkennbare Wirkung, wie Ardenne selbst feststellte.[571] Es ist übrigens zu vermuten, dass sowohl Hager als auch Krenz den SED-Chef Honecker über diese Vorstöße des inzwischen Hochbetagten unterrichteten. Ebenso dürften dessen Sympathien für Gorbačev Honecker nicht verborgen geblieben sein.

Abb. 23: 1986 – Rede vor der Volkskammer. Hinter Ardenne
Gerald Götting (1. v. l.) und Horst Sindermann (verdeckt).

Eine auf den ersten Blick durchaus grotesk erscheinende Initiative galt einem tabuisierten Bereich der DDR, den Todesschüssen an Mauer und Stacheldraht. Im Dezember 1986 schlug Ardenne in einem persönlichen Gespräch mit zwei Beauftragten des Leiters der Bezirksverwaltung Dresden des MfS „Maßnahmen zur Sicherung der Staatsgrenze mit veterinärmedizinischen Mitteln" vor, ein Vorschlag mit dem er seinem „Dank für die bisherige Unterstützung durch den Gen[ossen] Generalmajor Böhm" Ausdruck geben wollte, wie es in der hausinternen Information des MfS über dieses Gespräch heißt.[572] In den zunehmend von Glasnost und Perestroika beeinflussten Debatten innerhalb der Familie brachten vor allem die Söhne immer wieder die Todesschüsse an der Staatsgrenze zur Sprache, mit denen die SED-Führung auf Versuche reagierte, die DDR zu verlassen. Der Vater wusste, dass nur eine geschlossene Grenze die Existenz des SED-Staates sichern konnte,

---

569 BStU Ast. Dresden, Abt. XVIII-835, Bd. 2, Bl. 37–40.

570 Nachlass, Ordner Wichtige Briefe.

571 *Ardenne,* Erinnerungen fortgeschrieben, S. 522.

572 BStU Ast. Dresden, Abt. XVIII-835, Bd. I, Bl. 506.

von dem er sich öffentlich noch immer nicht distanzierte. Er musste aber eingestehen, dass Todesschüsse für einen Fluchtversuch moralisch verwerflich waren.
Das Dilemma wollte er nun dadurch auflösen, dass nicht mehr mit scharfer Munition, sondern mit Betäubungsmitteln geschossen wurde.

Diese von ihm selbst als Erfindung bezeichnete Idee löste intensive Beratungen
von Staatssicherheit, Armee und Staatspartei aus. Eine beim Stellvertreter des Ministers für Staatssicherheit gebildete Arbeitsgruppe lehnte diesen Vorschlag nach
Prüfung der rechtlichen, politischen, waffentechnischen und medizinischen Faktoren bereits im Januar 1987 ab.[573] Es stellte sich nämlich heraus, dass weder ein
geeignetes Narkotikum noch eine geeignete Waffe zum Verschießen solcher Munition im Ostblock verfügbar waren. Dieser Vorschlag, wie auch die Reaktionen der
politischen Führung, charakterisieren das Verhältnis zwischen Ardenne und „der
Macht" in der Anfangsphase der finalen Krise des SED-Staates. Der „Weise vom
Weißen Hirsch" sah zum einen die Notwendigkeit und spürte zum anderen erstmals auch die Chance, humanitäre Gesichtspunkte über politische Interessen zu
stellen. Er ging noch nicht so weit, das System selbst zur Disposition zu stellen
und suchte zur partiellen Rücknahme menschenverachtender Praktiken den seiner
Meinung nach effektivsten Weg. Nach eigenem Bekunden sah er „die Aufgabe der
Staatssicherheit auch darin, [...], dass offensichtliche Fehler im Staat, [...], so
schnell wie möglich nach oben gemeldet werden."[574] Die Todesschüsse fielen für
ihn nunmehr in diese Kategorie der „offensichtlichen Fehler". Nach der friedlichen
Revolution brachte ihn die Wahl dieses Weges in arge Bedrängnis und Erklärungs-
not, auch gegenüber seinen Söhnen.

Die Sympathie für Gorbačev mag dazu beigetragen haben, dass Ardenne seine
Hoffnungen auf Reformen in der DDR zunehmend in einen direkten Zusammenhang mit der weltpolitischen Situation stellte. Dabei maß er der Abrüstung nach
wie vor einen überragenden Stellenwert bei. Im Februar 1987 wandte er sich mit
einem Vorschlag an Günther Drefahl, den Präsidenten des Friedensrates der DDR,
wie die Bereitschaft der USA gefördert werden könnte, den letzten Abrüstungsvor-
schlägen der Sowjetunion zuzustimmen. Im Kern lief dieser Vorschlag darauf hinaus, die Rüstungsindustrie der USA auf eine „Friedensproduktion" umzustellen.
Eine Kopie dieses Vorschlages, den er „bereits früher dem damaligen USA-Senator
Humphry vorgetragen habe", hätten inzwischen sowohl der sowjetische Generalkonsul als auch der Hamburger Senator Kurt Körber erhalten, unterrichtete Ardenne den stellvertretenden Minister Herrmann telefonisch aus seinem Urlaubs-
quartier im erzgebirgischen Oberbärenburg. Die beiden zuletzt Genannten hatten
Ardenne persönlich zu dessen 80. Geburtstag gratuliert. Heftig in der Sache und
aufgeregt im Ton reagierte die politische Führung auf diese „Eigenmächtigkeit"
des Jubilars. Die Außenpolitik der DDR werde „von den zuständigen Organen der
Regierung bestimmt" und sei nicht seine Sache, wurde ihm erklärt. Es könne nicht

---

573 Ebd., Bl. 417–419.
574 BStU Ast. Dresden, MfS, BV Dresden, Leiter der BV, Nr. 10905, Bl. 269.

zugelassen werden, dass er als „hochrangige Persönlichkeit des gesellschaftlichen Lebens der DDR Gedanken und Vorstellungen zu außenpolitischen Vorstellungen Ausländern übermittelt, ehe er sich um den Standpunkt der Verantwortlichen in der DDR bemüht hat".[575] Es ist schon bemerkenswert, dass auf Ministeriumsebene zu diesem Zeitpunkt nicht mehr eindeutig zwischen dem Generalkonsul der Sowjetunion und dem Senator aus der Bundesrepublik unterschieden, sondern beide gemeinsam als „Ausländer" angesehen wurden.

Ardenne beobachtete die Politik von Glasnost und Perestroika in der UdSSR auch weiterhin sehr aufmerksam und mit beständig wachsender Sympathie. Früher als viele andere erkannte er, dass die unübersehbare Krise der DDR, wenn überhaupt, dann nur noch mit drastischen Maßnahmen zu bewältigen sein würde. Im Juni 1987 besuchte ihn Vladimir Krůčkov, der Chef der sowjetischen Auslandsaufklärung, um sich zu informieren, welches Politbüromitglied Reformen aufgeschlossen gegenüber stünde.[576] Dieser Besuch war Teil einer Aktion des sowjetischen Geheimdienstes, die unter dem Codenamen „Luč" lief.[577] Das Gespräch mit Ardenne wurde von der Bezirksverwaltung Dresden des MfS sorgfältig vorbereitet.[578] Hans Modrow, der letzte von der SED gestellte Ministerpräsident der DDR, wurde nicht nur darüber informiert, sondern ebenfalls von Krůčkov aufgesucht. Dieses Gespräch sei kein Gespräch zweier Partner gewesen, sondern ein „Dreiergespräch", bei dem neben dem sowjetischen Geheimdienst auch die Auslandsaufklärung des MfS mit am Tisch saß, die damals noch Markus Wolf leitete. „Bei diesen Gesprächen", unterstrich Modrow in aller Deutlichkeit, ging es darum, „den Sturz Erich Honeckers vorzubereiten". Auf die Frage, weshalb Ardenne zu den Adressaten einer solchen Anfrage gehörte, der, und das dürfte dem sowjetischen Geheimdienst bekannt gewesen sein, seit langem keinen „guten Draht" mehr zur SED-Spitze hatte, antwortete Hans Modrow, dass seiner Auffassung nach Ardenne für das vergreisende Politbüro in Moskau immer einer der kompetentesten Ansprechpartner in Wirtschaftsfragen war. Darüber hinaus habe auch er wohl niemals die „Rückkopplung" zur Sowjetunion verloren, zeigte sich Modrow überzeugt. Dazu gehörte vermutlich auch das KGB, denn für Modrow „ist völlig klar, dass dieser Kreis von Wissenschaftlern, die aus Deutschland in die Sowjetunion gingen, auf das Engste mit dem KGB verbunden war". Was nicht heiße, dass sie „immer in seinem Auftrag gearbeitet haben", schränkte er ein.[579] Belege für eine wie auch immer geartete Bindung Ardennes an das KGB gibt es allerdings bislang nicht.

---

[575] Barch, DF4 – 23341.
[576] *Ardenne*, Erinnerungen fortgeschrieben, S. 524.
[577] Vgl. *Reuth / Bönte,* Das Komplott, S. 210 ff.
[578] BStU Ast. Dresden, Abt. XVIII-835, Bd. 2, Bl. 41 f.
[579] Gespräch mit Dr. Hans Modrow am 26. 9. 2003 in Berlin.

5. Friedliche Revolution und deutsche Einheit

Einmal erkannt und verinnerlicht, erörterte Ardenne die Notwendigkeit tiefgreifender gesellschaftlicher Veränderungen nicht nur in exklusiven Zirkeln, sondern sprach sie zu einem Zeitpunkt öffentlich aus, als noch großer persönlicher Mut dazu gehörte. In dem am 20. Juni 1989 erschienenen Heft 25 der „Weltbühne" veröffentlichte er einen kurzen Aufsatz unter dem Titel „Ungenutzte Reserven aktivieren!" Darin forderte er zweierlei. Erstens gelte es, den „Egoismus des Menschen" zu berücksichtigen und rasch „Arbeitsmoral und Leistungswillen" fördernde Wege zu beschreiten. Zweitens müssen optimale Strukturen für das „komplizierte staatliche Wirtschaftssystem" gefunden werden. Bereits vor etwa zwanzig Jahren habe er der Leitung des Zentralinstituts für sozialistische Wirtschaftführung solche Vorschläge unterbreitet und diese im November 1988 in der Weltbühne wiederholt. Auch in diesem neuerlichen Beitrag agierte er noch einigermaßen vorsichtig, indem er erklärte, dass gerade „in einem sozialistischen Staat" für solche Reformen „überlegene Möglichkeiten" bestünden. Diesen Aufsatz druckten im August auch die „Blätter für deutsche und internationale Politik" als „ungewöhnlichen Beitrag zur Reformdebatte aus der DDR" ab.

Nachdem Ardenne am 25. November 1988 in einem weitgehend unpolitischen Festakt in Dresden der „Friedrich-von-Schiller-Preis" seiner Vaterstadt Hamburg verliehen worden war, ernannte ihn die Stadt Dresden am 26. September 1989 zu ihrem Ehrenbürger. In seiner Dankesrede sprach er die Reserven des sozialistischen Systems an, die nur durch „Verbesserung der Organisation und Grundstruktur des Staates sowie Anpassung der Ideologien an die seit 1918 veränderte Welt und an die Schwächen des menschlichen Charakters" erschlossen werden könnten. Mit diesem Satz ging er deutlich über die bisher geübte konstruktive Kritik hinaus, allerdings ohne den Sozialismus als Gesellschaftsmodell schon generell in Frage zu stellen. Er versäumte es nicht, auf seine früheren Interventionen hinzuweisen, die allesamt „nicht in der Öffentlichkeit und stets unter dem Leitsatz von Theodor Storm" erfolgt seien, dass nur der ein Recht zu kritisieren habe, der „auch ein Herz hat zu helfen". Er sehe es „hier und heute" als seine Pflicht an, die Betroffenheit „über den Zustand unserer Wirtschaft nicht zu verschweigen".[580] In nahezu gleichlautenden Meldungen berichteten fast alle Tageszeitungen der DDR über die „Hohe Würdigung eines Wissenschaftlers von Rang", wie die „Sächsische Zeitung" am folgenden Tag ihren Beitrag überschrieb. Aus der Rede dieses Wissenschaftlers von Rang wurde aber nur die Passage zitiert, in der er erklärte, vor allem deshalb nach der Rückkehr aus der Sowjetunion in die DDR gegangen zu sein, weil er mit seiner wissenschaftlichen Arbeit „den deutschen Menschen in der DDR mehr helfen konnte, als deutschen Menschen in der BRD".[581] Dass er für die „deutschen Regierenden in der DDR" auch kritische Worte fand, verschwiegen die Medien.

---

580 Nachlass, Mappe 346 / 1989.

581 Sächsische Zeitung vom 27. 9. 1989.

Die „Durchsetzung der Wahrheit auf allen Ebenen" forderte er in einem Beitrag für das Oktoberheft der Zeitschrift „Neue Deutsche Literatur", den die Tageszeitung „Die Union" am 12. Oktober auszugsweise unter der Überschrift „Neue Wege beschreiten" abdruckte. Am 16. Oktober 1989, zwei Tage vor dem Rücktritt Honeckers, nahm Ardenne als Ehrengast an der Veranstaltung „Schlager im Palast" teil. Seine Zusage hatte er allerdings an die Bedingung geknüpft, im Anschluss an diese Show der leichten Muse einige Gedanken zur augenblicklichen Lage äußern zu können. Als er das Wort ergriff, um den Menschen im Saal zu sagen, „wie der Sozialismus weiter verbessert werden kann", traf er auf eine im wahrsten Sinne des Wortes „gespannte Aufmerksamkeit".[582] Er forderte, vorsichtig beginnend, zu Reformen auf, die eine Abkehr vom hochbürokratischen Zentralismus und eine Hinwendung der DDR zur Marktwirtschaft bedeuteten. Er beklagte, dass der „Ernst der Situation" in Berlin offenbar immer noch nicht erkannt worden sei. Das Gesellschaftsmodell des Sozialismus prinzipiell in Frage zu stellen, erlaubte er sich vor der beeindruckenden Kulisse eines mit etwa 2.500 Zuhörern gefüllten Saales und einer omnipräsenten Staatssicherheit noch nicht. So verwies er stattdessen auf „sehr bedeutende Reserven", die aber nur durch „Verbesserung der Organisation und Grundstruktur des Staates" sowie eine „Anpassung der Ideologie des Marxismus an die seit 1918 veränderte Welt und an die Schwächen des menschlichen Charakters" erschlossen werden könnten. Er lobte Gorbačev, aus dessen Kampf für „die Weiterentwicklung des sozialistischen Systems" viel Kraft geschöpft werden könne. „Hier und heute sehe ich es als meine Pflicht an", rechtfertigte er sein Auftreten, „mein Betroffensein über den Zustand unserer Wirtschaft und besonders auch über die Qualität unserer Massenmedien nicht zu verschweigen". In sieben Punkten umriss er sein Reformpaket und beendete seine Rede mit den Worten: „Das fortschrittliche Alte muss sich wandeln, damit es das fortschrittliche Neue wird".[583] Nicht unerwähnt bleiben sollte in diesem Zusammenhang, die redaktionelle Mitwirkung der Söhne Thomas und Alexander, die ihren Vater in dieser schwierigen Lage nicht nur ermutigten, sondern nach Kräften unterstützten.[584]

Die „Sächsische Zeitung" widmete dem Auftritt Ardennes zwei Tage später breiten Raum und druckte die Rede in vollem Wortlaut ab. Die ebenfalls in Dresden erscheinende „Union" folgte am Tag darauf. Damit erhielt die sich formierende Opposition nicht nur Leitlinien für Wirtschaftsreformen, sondern auch die Gewissheit, dass mit dem „Weisen vom Weißen Hirsch" eine der prominentesten Persönlichkeiten des Landes endgültig mit der SED gebrochen hatte. Dieser Schritt ermutigte das basisdemokratisch agierende „Neue Forum" und große Teile der wissenschaftlich-technische Intelligenz, die sich bei ihrer Kritik am SED-Staat nunmehr auf Ardenne berufen konnten.[585] Unter der Überschrift „DDR-Forscher Ar-

---

[582] Sächsische Zeitung vom 18. 10. 1989.

[583] *Ardenne,* Erinnerungen fortgeschrieben, S. 529–532.

[584] Gespräch mit Dr. Thomas von Ardenne am 8. 8. 2001.

[585] Das MfS registrierte aufmerksam, dass auf Veranstaltungen des „Neuen Forums" der Zeitungsbeitrag über die Rede von Ardennes im Kulturpalast verteilt wurde (BStU Ast.

denne: Das muß die SED alles ändern" informierte die „Bildzeitung" am 24. Oktober ihre Leser über einen Sieben-Punkte-Katalog des „Physikers, seit 1963 Mitglied der Volkskammer", für „tiefgreifende Wirtschaftreformen". Etwas zögerlich
zwar, aber dann jedoch recht ausführlich, gingen weitere Tageszeitungen auf die
Rede im Kulturpalast ein.[586] Die „Sächsische Zeitung" druckte in der Rubrik „Zu
aktuellen Fragen unserer Zeit" einige der „vielen Leserbriefe" zu dieser Rede ab,
um dem „pro und contra" dieser Debatte ein Forum zu geben.[587] In einem Interview für den „Münchner Merkur" am Rande der 22. „Medizinischen Woche" in
Baden-Baden sprach Ardenne visionär bereits Ende Oktober davon, dass die „von
unserer neuen Regierung" in Aussicht genommene Reisefreiheit dazu führen könne, dass die Mauer „fallen kann". Allerdings gebe es gerade jetzt wichtigere Probleme, als sich über den „Zeitpunkt Gedanken zu machen".[588]

In der als „historische Stunde" der „Abrechnung mit dem SED-Staat" bezeich-
neten Sitzung der Volkskammer am 13. November 1989 ergriff auch Ardenne das
Wort.[589] Vier Tage nach der Öffnung der Mauer warnte er in einer seiner wenigen
Reden vor der „höchsten Volksvertretung" eindringlich „vor halbherzigen Schritten" und verlangte „radikale Veränderungen in der Struktur von Wirtschaft und
Gesellschaft", um die „vielleicht letzte" Chance nicht zu verspielen, „in unserem
Teil Deutschlands zu einem menschlich würdigen und attraktiven Sozialismus zu
finden". In seiner Rede erwähnte er auch den Krûčkov -Besuch vom Juni 1987, bei
dem sein Briefwechsel mit Krenz aus dem Jahre 1985 „im Mittelpunkt unseres
Gesprächs" gestanden habe. Obwohl er den Verweis auf diesen Besuch als Element
der „Vertrauensbildung in die Staatsführung" verstanden wissen wollte, ist er wohl
viel mehr als taktisches Manöver zu sehen, mit dem Ardenne ohne weitere Einzelheiten preiszugeben seine „Rückkopplung" an die Sowjetunion und die Politik von
Gorbačev betonen und damit seinen Argumenten einen größeren Nachdruck verleihen wollte. Die Entfernung des für seine bösartigen Kommentare über die Bundesrepublik unbeliebten Karl Eduard von Schnitzler „aus unserem Fernsehen" kommentierte er als Beispiel für schnelles Handeln bei der Auswechslung „schädlicher,
inkompetenter Leitungskader". Neben einem Plädoyer für den „klugen und dynamischen Wirtschaftsstrategen" Modrow als künftigem Ministerpräsidenten wiederholte er im Wesentlichen seine in den Jahren vor dem Mauerfall immer wieder
erhobenen Forderungen, die Effektivität der Volkswirtschaft durch Reformen zu
erhöhen, deren wichtigste Elemente ihm ebenfalls schon seit Jahrzehnten klar waren. In dem „erschreckenden Wirtschaftsgefälle" zwischen der Bundesrepublik
und der DDR sah er eine der Hauptursachen für die Abwanderung gerade der jun-

---

Chemnitz, AKG-3078, Bd. III, Bl. 107 – 109). Auch auf Versammlungen der Mitarbeiter in
den Dresdner Forschungseinrichtungen der AdW wurde die Rede im Kulturpalast diskutiert.

[586] Die in Berlin erscheinende „National-Zeitung" und die Schweriner „Norddeutsche Zeitung" z. B. brachten die Rede erst am 31.10., die „Weltbühne" am 7. 11. (S. 1422 – 1423).

[587] Sächsische Zeitung vom 27. 10. 1989.

[588] Münchner Merkur vom 28. / 29. 10. 1989.

[589] Hamburger Abendblatt vom 14. 11. 1989.

gen Menschen.[590] Bonner Sicherheitskreise werteten die Ardenne-Rede als „mögliche Stützungsaktion für Krenz", dem „überstürzter Reformaktionismus" vorgeworfen werde.[591]

Zu den konstruktiven Vorschlägen, mit denen sich Ardenne in den Umbau des SED-Staates einbrachte, gehörte auch die in der Volkskammer am 1. Dezember vorgetragene Forderung nach der Wiedereinrichtung einer föderalen Struktur. „Eine Verwaltungsgliederung in die traditionellen fünf Länder brächte neben den verwaltungsmäßigen Vereinfachungen den Vorteil, dass die alten, weniger reformfreudigen Staatsstrukturen automatisch aufgelöst werden", erklärte er eine Woche danach auch gegenüber der „Sächsischen Zeitung".[592]

Die Existenz seines Instituts, und damit die Bewahrung und Weiterführung seines Lebenswerkes, setzte Rahmenbedingungen voraus, unter denen es ihm möglich war, die notwendigen Ressourcen zu beschaffen. In diesem Lichte erscheinen die Bemühungen, das System zu reformieren und, nachdem es sich als nicht reformierbar erwies, schließlich zu dessen Sturz beizutragen, als absolut konsequent und folgerichtig. Ardenne lieferte ein überzeugendes Beispiel für das von Mitchell G. Ash als „aktive Umgestaltung von Ressourcenensembles durch selbstbewusst handelnde Wissenschaftler" bezeichnete Verhaltensmuster.[593] In einem Brief vom 19. Februar 1990 nannte Ardenne das Jahr 1963 als den Zeitpunkt, zu dem seine Bemühungen einsetzten, Wirtschaftsreformen auszulösen.[594] Ohne das „Neue Ökonomische System" direkt anzusprechen, hob er auf diese Weise noch einmal dessen Bedeutung als „persönlichen Initialzünder" hervor.

Wenngleich die Mitarbeiter seines Instituts von den jahrzehntelangen Reformbemühungen ihres Chefs nur wenig präzise Kenntnisse hatten, so überraschte sie sein engagiertes Auftreten keineswegs. Siegfried Reball, nach Abschluss seines Physikstudiums von 1964 an in der Dokumentationsabteilung tätig, brachte es auf den Punkt: „Als sich die Wende andeutete, ist er sofort auf den Zug aufgesprungen. Obwohl er noch gar nicht wusste, wo das einmal hingeht, wollte er sich unbedingt einbringen."[595]

Egon Krenz hatte die großen Erwartungen, die Ardenne in ihn setzte, nicht erfüllen können. Er entschloss sich deshalb, nach dem Sturz der Gerontokraten im Politbüro einen jungen „Altkader" der SED zu unterstützen, dem er zutraute, eine Führungsrolle in jenem Prozess zu spielen, der heute zutreffend als „friedliche Revolution" bezeichnet wird. Nachdem der Diplomhistoriker Wolfgang Berghofer im Januar 1986 sein Amt als Oberbürgermeister von Dresden angetreten hatte, ent-

---

[590] Ardenne, Erinnerungen fortgeschrieben, S. 534–538.
[591] Die Welt vom 14. 11. 1989.
[592] Sächsische Zeitung vom 8. 12. 1989.
[593] Ash, Kurt Gottschaldt, S. 338.
[594] Brief an Carin Kayser (Nachlass, Privat-Korrespondenz, Ordner C-M).
[595] Zeitzeugeninterview mit Dr. Siegfried Reball am 13. 11. 2001.

wickelte sich zwischen ihm und Ardenne eine von gegenseitiger Sympathie getragene Beziehung. „Ardenne war für Dresden eine Institution, auch kulturell und moralisch", schrieb Berghofer 2001. „Unauffällig aber wirksam" habe dieser noch im hohen Alter seine besondere Stellung im „gesellschaftlichen System der DDR" genutzt. Oft habe er mit ihm zusammen gesessen und über praktikable Wege nachgedacht, „Reformen innerhalb des Systems" in Gang zu setzen.[596] Im Januar 1990 arrangierte Ardenne in seinem Gartenhaus ein Zusammentreffen von Berghofer und Markus Meckel, einem der Mitbegründer der am 7. Oktober 1989 in Schwante bei Oranienburg gebildeten Sozialdemokratischen Partei, um diesem politischen Talent und Sympathieträger eine Fortsetzung seiner Karriere als Berufspolitiker zu ermöglichen. Das „harsche Nein" des SPD-Vorsitzenden Hans-Jochen Vogel, der „streng auf dem Reinheitsgebot gegen alte SED-Kader bestand", habe alle derartigen Bemühungen zum Scheitern verurteilt, ist sich Berghofer sicher.[597] Unter Verweis darauf, dass seine SED-Vergangenheit das nicht zulasse, er schließlich „Dreck am Stecken" habe, lehnte Berghofer spätere Avancen der CDU ab, die auf Anregungen von Kurt Biedenkopf und Lothar Späth zurückgingen.[598] Im Februar 1992 wurde Berghofer wegen „gemeinschaftlicher Anstiftung zur Wahlfälschung bei den DDR-Kommunalwahlen vom Mai 1989" zu einer auf Bewährung ausgesetzten Freiheitsstrafe von einem Jahr verurteilt.[599] Am 4. Januar 1994 tröstete ihn Ardenne mit den Worten: „Nie vergesse ich den Beitrag, den Sie im Zusammenwirken mit Herrn Modrow für den friedlichen Verlauf der Wende geleistet haben."[600] Damit meinte er die Entscheidung Modrows und Berghofers, im Oktober 1989 nicht länger mit Gewalt auf die Forderungen der Demonstranten zu reagieren, sondern in einen Dialog einzutreten. Diese durchaus mutige Entscheidung „gegen den Kurs der ‚Gerontokraten' im Politbüro" führte in Dresden zur Bildung der legendären „Gruppe der 20".[601] Für Berghofer wiederum waren die vielen Gespräche mit Ardenne eine Hilfe, „sich der eigenen Vergangenheit zu stellen, auch wenn diese gewiss zu den Irrtümern des Jahrhunderts zählt".[602] Den Weg zurück in die Politik fand er nicht. Bereits 1990 stellte ihn die Häussler-Gruppe in Berlin als Unternehmensberater an.

In dem turbulenten Transformationsprozess, der sich in dem nun „neue Bundesländer" genannten Gebiet der ehemaligen DDR vollzog und der eine Vielzahl von Akteuren unterschiedlichster Coleur hervorbrachte, dachte kaum noch jemand an die stimulierenden Impulse des damals Zweiundachtzigjährigen. Umso mehr freute sich dieser, dass Rolf Hochhuth ihn in seinem Buch „Wessis in Weimar" würdigte.

---

596 *Berghofer,* Meine Dresdner Jahre, S. 119 f.

597 Ebd., S. 201.

598 *Richter,* Die Bildung des Freistaates Sachsen, S. 613.

599 *Müller-Enbergs / Wiegohs / Hoffmann* (Hg.): Wer war wer in der DDR?

600 Nachlass, Ordner Privatkorrespondenz A-B.

601 Vgl. *Richter / Sobeslavsk,* Die Gruppe der 20.

602 Nachlass, Ordner Privatkorrespondenz A.

Am 31. März 1993 dankte er ihm „für die Würdigung seiner Person auf S. 255".[603] Ebenso freute er sich über einen Brief von Egon Krenz, der am 14. Oktober 1993 sein Befremden darüber ausdrückte, dass jemand, „der frühzeitig für Reformen in der DDR eingetreten ist", jetzt kriminalisiert werden soll. Er bezog sich auf Zeitungsmeldungen, denen zufolge die Staatsanwaltschaft nun auch gegen Ardenne ermitteln wolle. „Ich finde es skandalös", schrieb Krenz, „einen Mann wie Sie, der zu DDR-Zeiten Toleranz geradezu vorgelebt hat, wegen politischer Intoleranz zu diffamieren".[604]

Die Herausforderungen des Wechsels von der Plan- in die Marktwirtschaft wurden zum alles beherrschenden außerwissenschaftlichen Thema seiner letzten Lebensjahre. Sie ließen die über Jahrzehnte dominierende Frage der atomaren Rüstung bzw. Rüstungskonversion in den Hintergrund treten. In einem weiteren Brief an Rolf Hochhuth vom November 1994 wies er auf seine eigene Rolle in der friedlichen Revolution hin. Unter Hinweis auf seine Rede im Kulturpalast beklagte er sich darüber, dass der Leipziger Anteil an der Überwindung des Kommunismus in der DDR bisher überbewertet werde.[605]

VI. Zusammenfassung

Physikalisch-technische Probleme mit hohem Praxisbezug standen anfangs im Mittelpunkt des Forschungsinstituts von Ardenne. Für das Elektron, das virtuos gehandhabte „Werkzeug" seines Leiters und Besitzers, erschlossen sich ständig neue Anwendungsfelder. Industrielle Anlagen zum Schmelzen, Schneiden und Schweißen sowie Beschichten unterschiedlichster Werkstoffe entstanden auf der Grundlage der von ihm entwickelten Elektronen- und Ionenquellen. Die Beschäftigung mit ausgewählten Fragen der medizinischen Elektronik führte zur Entwicklung von Geräten für die klinische Anwendung. Schließlich faszinierte ihn die Krebsforschung derart, dass er sich in den letzten Jahrzehnten seines Lebens nahezu ausschließlich damit beschäftigte. Als Seiteneinsteiger entwickelte er unbeirrt die „systemische Krebs-Mehrschritt-Therapie", die allerdings auch zehn Jahre nach seinem Tode noch nicht als Heilverfahren anerkannt ist. Der von Ardenne couragiert eingeforderte Paradigmenwechsel in der Krebsforschung stieß nicht nur auf heftigen Widerstand der Schulmedizin, sondern erwies sich als emotionale und kognitive Innovationsblockade. Weniger idealer, sondern vielmehr materieller Natur waren hingegen die Innovationsblockaden, die einer Zulassung und Einführung der Sauerstoff-Mehrschritt-Therapie in der DDR entgegenstanden. In diesem Fall ließen sich die Dysfunktionalitäten der kommunistischen Zentralplanwirtschaft sowjetischer Prägung nur mühsam überwinden. Auf einem weiteren Feld medizi-

---

603 Nachlass, Korrespondenz mit Wissenschaftlern ab 1981, Ordner Ho.
604 Nachlass, Ordner Wichtige Briefe.
605 Nachlass, Korrespondenz mit Wissenschaftlern ab 1981, Ordner Ho.

nischer Forschung, der Behandlung und Prophylaxe des Herzinfarkts, zeigte sich der DDR-Bürger Ardenne auch in den Zeiten der deutschen Teilung als „gesamtdeutscher Wissenschaftler" – eine Spezies, die es nach dem Verständnis der SED-Führung gar nicht geben konnte.

Das Forschungsinstitut von Ardenne, dem bei der Gründung eine Reihe von Privilegien eingeräumt wurde, entwickelte sich zu einer bedeutenden Einrichtung anwendungsorientierter Forschung mit etwa 500 Mitarbeitern. Ardenne konnte der Verstaatlichung entgehen und als „Unternehmer im Sozialismus" überleben. Die Protagonisten einer konsequenten Überführung von Privateigentum an Produktionsmitteln in Staatseigentum besaßen zu keiner Zeit ein schlüssiges Konzept, die von einem weit über die Grenzen der DDR bekannten Wissenschaftler geführte private Forschungseinrichtung, die eng mit volkswirtschaftlich bedeutenden Kombinaten verzahnt war und auf einigen Spezialgebieten weltweit kooperierte, reibungslos und rechtskonform in das System der Kommandowirtschaft zu integrieren. Sie verstanden es auch nicht, gelegentliche Phasen von Schwäche und Resignation bei Ardenne auszunutzen.

Als Wissenschaftler erlangte der Stalinpreisträger Ardenne in der DDR auf Anhieb einen Status, der seinen Vorstellungen von der Einflussnahme von Spitzenkräften auf die Wirtschafts- und Wissenschaftspolitik weitgehend entsprochen haben dürfte. So manches seiner öffentlichen Bekenntnisse zum Sozialismus in der Ulbricht-Ära lässt sich als Gegenleistung für diese exponierte Position erklären. Der nach Ulbrichts Sturz durch Honecker praktizierte distanzierte Umgang mit dem Vorzeigewissenschaftler seines Vorgängers war für Ardenne mit einem beträchtlichen Prestige- und Bedeutungsverlust verbunden. Nicht zufällig setzte mit Anbruch der Honecker-Ära auch jener Prozess ein, den Ardenne selbst als „innere Abkehr" vom Sozialismus bezeichnete. Sein Politikverständnis, seine Bevorzugung eines technokratischen Gesellschaftsmodells, kommt in den „systemtheoretischen Betrachtungen zur Optimierung des Regierens" in geradezu wunderbarer Klarheit zum Ausdruck.

Ein deutlicher Bruch im Verhältnis zum ersten Mann der Partei- und Staatsführung, wie er beim Machtwechsel von Ulbricht zu Honecker sichtbar wurde, lässt sich in Ardennes Beziehungen zum Ministerium für Staatssicherheit nicht feststellen. Trotz allen Bemühens des Ausnahmewissenschaftlers, mit dem jeweiligen Chef der Bezirksverwaltung Dresden einen freundschaftlichen Umgang zu pflegen, blieb es ein jederzeit ambivalentes Verhältnis. Einerseits versuchte Ardenne, dieses Repressionsorgan des SED-Staates erfolgreich zu instrumentalisieren, wozu mitunter sogar ausgesprochen unsensible Versuche der Beschaffung zusätzlicher Ressourcen gehörten. Andererseits verlor der Staatssicherheitsdienst niemals das Misstrauen gegenüber diesem privilegierten Unternehmer und international anerkannten Wissenschaftler, sodass auch er nahezu lückenlos observiert wurde.

Die Herkunft aus einer Offiziersfamilie, verbunden mit einem besonderen Interesse an militärischen Fragestellungen, spielte in der DDR mit ihrer kaum entwickelten Rüstungsindustrie nur eine marginale Rolle. Eine Ausnahme bildete Ardennes unermüdlicher Einsatz für eine Beendigung des atomaren Wettrüstens und die Nutzung der dadurch frei gesetzten Ressourcen für zivile Zwecke. In der friedlichen Revolution avancierte der „Weise vom Weißen Hirsch" noch einmal für kurze Zeit zu einer Symbolfigur mit beträchtlicher Ausstrahlungskraft.

E. Sturz in die Marktwirtschaft

I. Die „Wende" als Katastrophe

„Die Wende als Katastrophe für unser privates Forschungsinstitut", überschrieb Ardenne einen Abschnitt in der letzten von ihm selbst redigierten Ausgabe seiner Autobiographie.[1] Als die SED-Diktatur ins Wanken geriet, konnte er mit der wirtschaftlichen Lage seines Instituts überaus zufrieden sein. Industrieaufträge aus der DDR, aber auch aus mehreren Ländern des Ostblocks und dem so genannten „Nichtsozialistischen Wirtschaftsgebiet" einerseits, sowie eine stabile Forschungsförderung, nicht nur durch das Ministerium für Wissenschaft und Technik, sondern auch durch das Ministerium für Gesundheitswesen in Höhe von ca. 2,5 Millionen Mark jährlich, bildeten eine solide Basis für optimistische Zukunftsplanungen.

Mit der Abwicklung der DDR-Ministerien hörten aber auch deren Zahlungen auf. Ardenne sah sich gezwungen, etwa 300 seiner insgesamt 500 Mitarbeiter zu entlassen. Mit einem Sozialplan konnte verhindert werden, dass die Betroffenen in dieser dramatischen Phase der friedlichen Revolution in eine absolute Notlage gerieten. Insgesamt zahlte er Abfindungen in Höhe von 1,5 Millionen DM, für die er Kredite aufnehmen musste – ein durchaus nicht selbstverständliches Verhalten bei Massenentlassungen. Damit wollte er seinen langjährigen Mitarbeitern den „Übergang in eine neue Welt" erleichtern. Er hoffte, dass möglichst viele von ihnen bald eine neue Stelle fänden oder aber Arbeitslosengeld erhielten. An diesem drastischen Personalabbau trug Ardenne bis zum Lebensende schwer, bestätigt seine Frau. Er habe jeden gekannt und es bedauert, nicht mehr alle bezahlen zu können. Noch immer sei auch sie selbst tief bewegt, dass „wir nach der Wende so viele Menschen entlassen mussten".[2]

Wenngleich die ausgezahlten Beträge vergleichsweise gering waren, hatten sie dennoch mehr als nur eine symbolische Bedeutung und wurden von den Betroffenen als wirksame Hilfe empfunden. Im zweiten Halbjahr 1990 flossen endlich wieder Fördermittel – sowohl vom Bundesministerium für Wirtschaft, als auch vom Wissenschaftsministerium in Berlin. Der Stellvertreter des Ministers für Wissenschaft und Technik, Herrmann, unterstütze Ardenne bis zum Ende der DDR nach Kräften. Da das Ardenne-Institut eine reine Privateinrichtung war, was die anderen Unternehmen erst noch werden sollten, bürgte die Treuhand nicht für dessen Verbindlichkeiten. Andererseits war aber zunächst keine Bank bereit, Kredite zu ge-

---

[1] *Ardenne,* Erinnerungen fortgeschrieben, S. 551.
[2] Gespräch mit Bettina Baronin von Ardenne am 20. 3. 2002.

ben, um nach der Währungsunion die Gehälter zahlen zu können. Nach vergeblichen Anfragen an die Deutsche Bank und die Commerzbank entschloss sich
schließlich einzig die Dresdner Bank, in dieser dramatischen Situation einen Liqui-
ditätskredit „auf Treu und Glauben" zu gewähren.

Nicht ohne Verbitterung registrierte Ardenne die „paradoxe Situation", dass die
„privatwirtschaftlich orientierte Bundesrepublik umfangreiche Maßnahmen zur
Privatisierung volkseigener Betriebe ergriff, die wenigen privaten Unternehmen,
welche die verschiedenen Verstaatlichungswellen der DDR-Wirtschaft überlebt
hatten, aber mit ihren Existenzproblemen allein ließ".[3] Aber auch noch im Alter
von dreiundachtzig Jahren war er in der Lage, die erneute existenzielle Bedrohung
seines Lebenswerkes zu meistern. Trotz der nachgerade katastrophalen Auswirkungen auf sein Institut begrüßte er eine Entwicklung, die zu Marktwirtschaft und
deutscher Einheit führte, erinnert sich sein langjähriger Mitarbeiter Siegfried Reball.[4]

Ein DDR-typisches Phänomen, der extrem hohe Lagerbestand von Ausgangs-
materialien für die Fertigung sowie von elektronischen Bauelementen und Ersatz-
teilen aller Art, wurde auf einen Schlag zur Schuldenfalle. Ohne solche Lager, deren Bestände in der Regel über Bankkredite finanziert wurden, waren Unternehmen in der Mangelwirtschaft nicht handlungsfähig. Der Warenwert ihrer Lager fiel
mit der Wirtschafts- und Währungsunion plötzlich auf Null, was für die Kredite
aber nicht galt. Auf Ardenne lasteten aus diesem Grunde „Altschulden" in Höhe
von etwa 15 Millionen Mark der DDR, für die es dank des umfangreichen Immo-
bilienbesitzes allerdings eine ausreichende Sicherheit gab.

Sehr rasch erkannte Ardenne, dass sein Institut in der bestehenden Form keine
Chance haben würde, sich in einer Marktwirtschaft zu behaupten. Neben der Sicherung der Liquidität galt es vor allem, Wege zu suchen, sein Lebenswerk dauerhaft vor dem Untergang zu bewahren. Anfangs schien es, als hätte er auch in dieser
prekären Situation in seinem Stellvertreter Siegfried Schiller einen zuverlässigen
Verbündeten. Zunächst durchaus im Einvernehmen mit dem Chef und den Kindern
strebte Schiller die Umstrukturierung des physikalisch-technischen Bereichs in der
Weise an, dass daraus zwei getrennte Einrichtungen entstehen sollten. Mit den exzellenten Fachleuten aus den forschungsnahen Abteilungen wollte er eine Fraunhofer-Einrichtung gründen. Die besten Mitarbeiter des fertigungsnahen Bereichs sollten in einem eigenständigen Unternehmen zusammenfasst werden. Der ehrgeizige
Stellvertreter beanspruchte für sich die Führungsrolle in beiden neuen Unternehmen. Für die medizinische Forschung, an der Schiller weder Interesse hatte, noch
der er sich in irgendeiner anderen Art besonders verbunden fühlte, engagierte er
sich nicht. Aber auch da galt es, eine geeignete Rechtsform zu finden und möglichst viele Mitarbeiter weiter zu beschäftigen. Für Ardenne selbst war die Krebs-

---

[3] *Ardenne,* Erinnerungen fortgeschrieben, S. 553.
[4] Zeitzeugeninterview mit Dr. Siegfried Reball am 13. 11. 2001.

forschung nach wie vor das interessanteste Tätigkeitsfeld und er dachte überhaupt nicht daran, diesen Zweig aufzugeben. Am 1. Oktober 1990 übertrug der Vater, der bislang alleiniger Inhaber des Forschungsinstituts von Ardenne war, das Eigentum durch Schenkung an seine Kinder, die Tochter Beatrice und die Söhne Thomas, Alexander sowie Hubertus. Gleichzeitig mit der Übertragung des Eigentums wurde eine offene Handelsgesellschaft gegründet, die „Forschungsinstitut von Ardenne OHG" mit Thomas von Ardenne als Geschäftsführer, zu deren Aufgaben vor allem die Verwaltung und Verwertung der Immobilien gehört. Damit waren auch die juristischen Voraussetzungen für die Ausgründung von einzelnen Unternehmensteilen geschaffen, die am 1. Januar 1991 Rechtskraft erlangte. Zusammen mit seinem Sohn Alexander von Ardenne gründete der Vater das „Von Ardenne Institut für Angewandte Medizinische Forschung GmbH", dessen alleiniger Geschäftsführer Alexander bald werden sollte. Nach vielen Jahren vergeblicher Bemühungen konnte sich Manfred von Ardenne nun den Traum von einer eigenen Krebsklinik erfüllen, die in unmittelbarer Nachbarschaft des Wohnsitzes, auf der Schillerstraße, ihren Berieb aufnahm. Um zusätzliche Ressourcen für seine medizinischen Forschungen zu akquirieren, gründeten Vater und Sohn noch im selben Jahr die „Manfred von Ardenne Forschungsförderungsgesellschaft e.V.". Mit der Eröffnung des „Zentrums für Sauerstoff-Mehrschritt-Therapie" erfuhr der medizinische Komplex 1993 schließlich seine Vollendung – eine Lösung, die einige Jahre funktionieren sollte.

Nicht nur spannend, sondern auch außerordentlich konfliktreich und mit vielen menschlichen Verwerfungen verlief die Umstrukturierung des physikalisch-technischen Bereichs. Unstrittig war von Anfang an die Gründung einer Fraunhofer-Einrichtung, deren Profil sich im Namenszusatz „für Elektronenstrahl- und Plasmatechnik" widerspiegelte. Für den fertigungsnahen Teil dachte man zunächst an eine Lösung, die auf ein Zusammengehen mit einem starken Partner setzte. Als solcher stand auch sofort ein großes österreichisches Unternehmen bereit, das als Ausrüster von Stahl- und Walzwerken, aber auch von Papierfabriken, mit dem AGIV-Konzern kooperierte. Diese heute ausschließlich im Immobiliengeschäft tätige Gesellschaft war damals noch als diversifiziertes Industrie- und Verkehrsunternehmen in verschiedenen Sparten vertreten, darunter Spezialmaschinen, Mess- und Prüftechnik, Elektronik, Textil- und Chemiefasermaschinen sowie in der Papier- und Zellstofftechnik. Zu den Basistechnologien des österreichischen Unternehmens gehörte die Veredlung von Oberflächen, die dort auf galvanischem Weg erfolgte. Man sah in der Dresdner Offerte die Chance, günstig das Know-how der Vakuumbeschichtung erwerben zu können. Ein im Alter von sechzig Jahren in Deutschland „in Unehren entlassener" Geschäftsführer versuchte ganz offenbar, in Österreich ein Konkurrenzunternehmen zu seinem ehemaligen Arbeitgeber aufzubauen. Mit diesem Ziel im Hinterkopf erklärte er in den ersten Gesprächen, etwa 180 Mitarbeiter übernehmen zu wollen. Zeitlich parallel zu diesen Verhandlungen brachen die Aufträge aus der ehemaligen DDR nahezu vollständig weg, so dass nur einige wenige Aufträge aus Fernost und den USA übrig blieben. Infolgedessen reduzierte sich die Zahl der zu übernehmenden Mitarbeiter im Laufe des Jahres dramatisch. Bei jeder neuen Verhandlung wurden weitere zwanzig bis dreißig Übernahmekandidaten gestrichen. Darüber hinaus wurde den Dresdner Unterhändlern recht schnell klar, dass der potentielle Partner an weiteren traditionellen Arbeitsrichtungen keinerlei Interesse hatte. Die Beschränkung auf einen kleinen Teil der Beschichtungstechnik und eine absolute Orientierung an strengen betriebswirtschaftlichen Kriterien, die einen Umsatz von mindestens 300.000 Mark der DDR pro Beschäftigten vorsahen, sicherten nur noch der „erschreckend geringen Zahl von zwanzig Mitarbeitern" das Überleben, erinnert sich Peter Lenk.[5]

Die Familie war nicht mehr bereit, sich weiterhin derart diskriminierenden Bedingungen zu unterwerfen, und entschloss sich, das Schicksal des verbliebenen Teiles des Instituts in die eigenen Hände zu nehmen. Kurz vor Weihnachten 1990 kündigte sie die Verhandlungen auf. Schiller hielt es für ausgeschlossen, dass unter den Mitarbeitern irgendjemand in der Lage sein könnte, erfolgreich ein Unternehmen zu führen. Darüber hinaus unterschätzte er die Interessenkonflikte, in die er selbst zwangsläufig geraten musste, urteilt Lenk, wenn er sowohl eine von der öffentlichen Hand geförderte Forschungseinrichtung, als auch ein Industrieunternehmen in Personalunion führen würde. Vor allem dann, wenn es sich wie bei Fraunhofer-Instituten üblich um industrienahe Forschung handelte, habe es so kommen müssen. Als Schiller sah, dass Ardenne es nicht zulassen würde, ihn zum Geschäftsführer des zu gründenden mittelständischen Unternehmens zu berufen, „ging er zur Fraunhofer-Gesellschaft und überließ den Rest des Instituts seinem Schicksal", sagt Lenk. In dieser durchaus kritischen Lage wandte sich die Familie mit der Frage an ihn, ob er sich vorstellen könnte, als Geschäftsführer das neue Unternehmen in der Rechtsform einer GmbH zu leiten.[6]

II. Die Von Ardenne Anlagentechnik GmbH

Der Neubeginn am 1. Januar 1991 erfolgte daraufhin nicht mit zwanzig, sondern mit immerhin fünfundsechzig Beschäftigten und einem Anfangskapital von 200.000 DM, das die vier Kinder zur Verfügung stellten. Hoffnung schöpfte Lenk, der zum Geschäftsführer berufen wurde, vor allem aus den Altaufträgen ehemaliger DDR-Firmen, wie z. B. LEW Hennigsdorf, sowie von Firmen in Japan, Korea und Taiwan, die mit Hilfe der Treuhand soweit nachgebessert werden konnten, dass ein kostendeckendes Wirtschaften möglich war. Es galt, die extrem subventionierten Angebote der devisensüchtigen DDR, die teilweise bis zu 90 Prozent und mehr durch den Staat gestützt waren, den marktwirtschaftlichen Bedingungen anzupassen. Damit konnte das Unternehmen die ersten beiden Jahre „mehr schlecht als recht" überleben, blickt Lenk heute auf die Anfangsphase zurück.[7] Nach und

---

5 Gespräch mit Dr. Peter Lenk am 26. 2. 2005.
6 Ebd.

nach kamen dann auch die ersten Vertrauensbeweise von Kunden aus den alten Bundesländern. Bei den Altschulden konnte die Treuhandgesellschaft, damals mit Detlev Carsten Rohwedder an der Spitze, ebenfalls behilflich sein. Manfred und Alexander von Ardenne besuchten gemeinsam mit Peter Lenk den Chef der Treuhand, um die „tödliche Gefahr" für die Nachfolgeunternehmen abzuwenden. Rohwedder bot an, diejenigen Materialbestände zu bezahlen, die nachweislich für konkrete Aufträge angeschafft worden waren, wie z. B. Aufträge aus der ehemaligen volkseigenen Industrie. „Entschuldung durch die Treuhand" nennt es Lenk. Als Nachweis für einen Auftrag an das Ardenne-Institut sollte eine einfache Erklärung der ehemals Verantwortlichen dieser Kombinate genügen. Lenk versuchte im Frühjahr 1991, die Keramischen Werke in Hermsdorf, den Bauelementehersteller in Teltow, das Flachglaskombinat Torgau und die Halbleiterwerke in Frankfurt / Oder sowie LEW Hennigsdorf zu bewegen, eine derartige Erklärung abzugeben. Doch die „ehemals Verantwortlichen" waren zumeist nicht mehr in ihren damaligen Positionen tätig und „hatten alle eine furchtbare Angst, dass durch eine solche Unterschrift auf sie selbst oder die Neugründungen, für die sie jetzt Verantwortung trugen, Verpflichtungen zukämen", begründet Lenk die Schwierigkeiten dieser Unternehmung. Erfolgreich sei er nur in Teltow und Frankfurt / Oder gewesen. Dennoch konnten auf diese Weise 2,7 Millionen DM von den Altschulden abgetragen werden. Die verbleibenden knapp fünf Millionen DM an Schulden mussten auf andere Weise getilgt werden.

Es waren dies zwar keine Schulden des neuen Unternehmens, sondern streng genommen Schulden der Familie, für die rechtlich die OHG haftete. Zum finanziellen Problem wurden die Altschulden für das Nachfolgeunternehmen aber dadurch, dass die drückende Zinslast sowie die kurze Laufzeit der Kredite die Familie zwangen, nach Wegen zu suchen, diese Verbindlichkeiten regelmäßig zu bedienen. Mit dem Verschwinden der DDR war, wie bereits erwähnt, auch der Wert des Materials, das ursprünglich mit diesen Krediten finanziert worden war, auf den Zeitwert „Null" gefallen. Das galt auch für Rohmaterial, dessen Materialparameter nicht nach bundesdeutschen Standards dokumentiert waren. „Elektronische Bauelemente und Hilfsmittel mussten deshalb wie alles andere verschrottet werden, aber auch diese Schulden blieben bestehen", erklärt Lenk. Gläubiger war die ehemalige Staatsbank der DDR, „deren führende Mitarbeiter inzwischen alle schwäbisch und bayerisch sprachen und um gute Ratschläge nicht verlegen waren". Der gute Rat der Banker, doch die Immobilien zu verkaufen, erwies sich leider als wenig hilfreich, da in diesen Immobilien die Firma saß. „Dennoch zeigten uns diese Überlegungen", so Lenk, letztlich einen Weg, der „uns aus dem Sumpf herausführen sollte." Die fraglichen Immobilien wurden von den Eigentümern, der Familie von Ardenne, nicht an Dritte verkauft, sondern an die Nachfolgeeinrichtung ihres Instituts. In einem ersten Schritt erwarb die Anlagentechnik von der OHG Immobilien im Werte von 4,5 Millionen DM. Es handelte sich um das Grundstück Platt-

---

7 Ebd.

leite 19 / 19a, auf dem sich Versuchshallen und die Elektronikentwicklung befand. Mit dem Erlös tilgte die Familie einen beträchtlichen Teil der Altschulden.

Ein drittes Mal sei er gefordert gewesen, Verbindlichkeiten seines verehrten Chefs zu übernehmen, sagt Lenk. Ardenne hatte die Krebsforschung zwischen 1991 und 1997 nahezu ausschließlich über private Kredite finanziert. Nach seinem Tod galt es, auch diese Kredite möglichst rasch abzulösen. Die Forderungen der Banken beliefen sich auf 4,35 Millionen DM. Die Anlagentechnik übernahm daraufhin von der OHG das schöne Areal an der Plattleite, auf dem die Geschäftsführung heute ihren Sitz hat. „Das alles geschah durchaus zum gegenseitigen Vorteil", betont Lenk. Denn die Immobilien in bester Lage, auch wenn sie über Bankkredite finanziert werden mussten, die immer noch nicht vollständig getilgt sind, verschaffen einem mittelständischen Unternehmen dieser Größe neben Kreditwürdigkeit auch nicht unerhebliche Liquiditätsspielräume. Vor diesem Immobilientransfer hatte die Familie, auf diese Feststellung legt Lenk großen Wert, dieselben auch benutzt, um Kredite der Anlagentechnik in Höhe von bis zu sechs Millionen DM abzusichern, die für größere Projekte erforderlich waren. Er nennt als Beispiel den Großauftrag einer Firma aus Ennepetal in den Jahren 1994 / 95. Dieser Auftrag, der zum Wachstum des Unternehmens ganz entscheidend beigetragen habe, wäre „sonst nicht zu schultern gewesen". 1996 konnte das Unternehmen auf einem 3.200 Quadratmeter großen Grundstück am östlichen Stadtrand von Dresden dann sogar eine neue Fertigungsstätte errichten.

Der Erfolg des 2005 immerhin 225 Mitarbeiter beschäftigenden Unternehmens, das während eines Booms zwischenzeitlich sogar 270 Beschäftigte hatte, habe diesen ungewöhnlichen Weg wohl mehr als gerechtfertigt, resümiert der Geschäftsführer. Wenngleich sich die aktuelle wirtschaftliche Situation auch auf die Tätigkeitsfelder negativ auswirke, die auf die innovativen Impulse Ardennes zurückgehen. Lenk spricht auch darüber, dass die Familie durchaus auch andere Möglichkeiten gehabt hätte, die Altschulden abzubauen. Zum einen hätte sie ständig die Miete der von der Anlagentechnik genutzten Räume erhöhen können. Zum anderen wäre rein rechtlich auch eine hundertprozentige Gewinnentnahme möglich gewesen. Das wiederum hätte die Liquidität der Firma gefährdet und größere Investitionen so gut wie unmöglich gemacht.

III. Das Fraunhofer-Institut für Elektronenstrahl- und Plasmatechnik

Als die Fraunhofer-Gesellschaft nach der friedlichen Revolution im Osten potentielle Partner für die von ihr betriebene industrienahe Forschung suchte, geriet auch das Forschungsinstitut von Ardenne ins Blickfeld. Das Profil dieses Instituts bot der Fraunhofer-Gesellschaft die Chance, eine Lücke zu schließen. Allerdings war eine Übernahme, selbst auf dem Wege einer Ausgründung der in Frage kommenden Struktureinheiten, rechtlich nicht so ohne weiteres möglich. So kam es im

Juli 1990 zunächst zur Unterzeichnung eines „Letter of Intent", der Absichtserklärung, von 1992 an schrittweise ein Institut für Elektronenstrahl- und Plasmatechnik aufzubauen. Für die Übergangszeit gründeten Siegfried Schiller und fünf leitende Mitarbeiter des Forschungsinstituts von Ardenne im Dezember 1990 die „Forschungsgesellschaft für Elektronenstrahl- und Plasmatechnik (FEP mbH)", die 75 Institutsangehörigen den Übergang in eine neue Forschungseinrichtung ermöglichte und deren Rechtsform den Rahmenbedingungen der Bundesrepublik entsprach. Das Stammkapital von 50.000 DM brachten zu jeweils 25 Prozent die Fraunhofer-Gesellschaft und Siegfried Schiller auf. In die verbleibenden 50 Prozent teilten sich fünf Mitarbeiter, die als Gesellschafter wiederum leitende Funktionen übernahmen. Geschäftsführer wurde Siegfried Schiller, während der Physiker Wolfgang Nedon als Leiter für Organisation und Planung den Aufbau der Betriebsorganisation sowie der erforderlichen wissenschaftlich-technischen Infrastruktur übernahm. Das Bundesministerium für Forschung und Technologie sicherte den Aufbau des neuen Fraunhofer-Instituts durch ein so genanntes Mantelprojekt ab, das mit sechs Millionen DM ausgestattet war. Die Vergabe dieser Mittel war allerdings mit der Auflage verbunden, mit Hilfe von Industrieaufträgen selbst zusätzlich mindestens 600.000 DM zu erwirtschaften. Eine Vorgabe, die dann sogar um rund 100.000 DM überboten werden konnte. Im Verlaufe des Jahres 1991 gelang es, eine tragfähige Entwicklungskonzeption für das künftige Institut zu formulieren und die Strukturen sowie die Geschäftsvorgänge den Bedingungen der Fraunhofer-Gesellschaft anzupassen. Charakteristisch für den Teamgeist der Ardenne-Mitarbeiter war der freiwillige Verzicht auf die im zweiten Halbjahr 1991 vorgesehene Tariferhöhung. Mit dem eingesparten Geld wurde eine minimale Ausstattung an Computertechnik angeschafft, denn alle Mitarbeiter spürten sehr deutlich, dass eine nahtlose Fortsetzung der beruflichen Laufbahn inmitten eines gigantischen Transformationsprozesses alles andere als eine Selbstverständlichkeit war.[8] Eine erste produktionsnahe Großforschungsanlage wurde in Helmsdorf bei Stolpen gefunden. Im dortigen Betriebsteil der Leuna-Werke hatte das Forschungsinstitut von Ardenne noch 1990 eine Bedampfungsanlage für Kunststofffolien aufgebaut. Nun wurde diese Anlage samt der zugehörigen Halle zur Keimzelle eines Technikums des künftigen Fraunhofer-Instituts.[9]

Zu den Kernkompetenzen des Instituts Elektronenstrahl- und Plasmatechnik gehören heute die Elektronenstrahltechnologie, das Puls-Magnetron-Sputtern und die Plasmaaktivierung für die Hochratebedampfung. Mit diesen Technologien werden Gläser, Kunststoffe und Metalle mit optischen Schichten bzw. komplizierten multifunktionalen Schichtsystemen ausgestattet. Etwa 100 Mitarbeiter beschäftigt das Institut heute, ergänzt durch mehr als fünfzig Auszubildende, Diplomanden und Doktoranden sowie wissenschaftliche Hilfskräfte und Praktikanten.[10]

---

8 Gespräch mit Rainer Bartel und Wolfgang Nedon am 21. 4. 2005.

9 Fraunhofer-Institut für Elektronenstrahl- und Plasmatechnik (Hg.): Jahresbericht 2002, S. 48 – 53.

10 Ebd., S. 12.

Die Aufspaltung des Instituts und der Wechsel von Schiller zur Fraunhofer-Gesellschaft werden auch mehr als ein Jahrzehnt danach noch unterschiedlich erinnert und beurteilt. Die blauäugige Auffassung Schillers, Ardenne müsse ihm außer den sorgfältig ausgesuchten Mitarbeitern auch noch die notwendige gerätetechnische Ausstattung kostenlos übertragen, führte nicht nur zum endgültigen Bruch mit seinem langjährigen Förderer Ardenne, sondern auch zu permanenten Konflikten zwischen den Mitarbeitern der beiden Einrichtungen, die noch mehrere Jahre unter einem Dach miteinander auskommen mussten. Denn Schiller war nicht bereit, einen angemessenen Teil der Altschulden in Höhe von 7,5 Millionen DM zu übernehmen. „Er wollte", so Lenk, „sich nur die Rosinen aus dem Kuchen herauspicken".[11] Der letztlich mit der Fraunhofer-Gesellschaft abgeschlossene Vertrag sah vor, dass sie sich in den Räumen der Anlagentechnik einmieten konnte. Darüber hinaus stand auch die benötigte Forschungstechnologie zur Verfügung, allerdings nicht zum Nulltarif. Die beiden Nachfolgeeinrichtungen des vormals bedeutenden Forschungsinstituts, die Anlagentechnik und das öffentlich geförderte Fraunhofer-Institut für Elektronenstrahl- und Plasmatechnik, traten auf dem Markt nicht selten als Konkurrenten auf. Das Fraunhofer-Institut versuchte in der Anfangsphase, nicht nur Technologien zu verkaufen, sondern auch Hardware wie z. B. Magnetrons, Stromversorgungsgeräte und Elektronenkanonen. Dadurch tangierte es zwangsläufig die Produktpalette der Anlagentechnik.

Diese Konkurrenzsituation vermochte Schiller nicht angemessen zu managen. Seine Überreaktionen führten zu offenen Feindseligkeiten, die mitunter sogar juristisch ausgetragen wurden. So untersagte er seinen Mitarbeitern beispielsweise strikt, sich mit ihren ehemaligen Kollegen zu unterhalten, mit denen sie noch immer unter einem Dach arbeiteten. Erst mit dem Umzug des Fraunhoferinstituts in die Winterbergstraße, der 1998 erfolgen konnte, und dem Eintritt Schillers in den Ruhestand stellten sich normale Verhältnisse ein, die auch wieder eine Kooperation ermöglichten. Selbst die komplizierten Fragen der Verwertungsrechte von Patenten ließen die Konflikte der letzten Jahre nicht wieder aufleben. Inzwischen ist das gegenseitige Verhältnis beider Einrichtungen viel mehr von Kooperation als von Konkurrenz geprägt. Das belegt ein gemeinsames Verbundprojekt zur Entwicklung einer Technologie für die großflächige Beschichtung flacher Glassubstrate mit wärmedämmenden Schichtsystemen, die in ihren wesentlichen optischen und mechanischen Parametern die Produkte der Konkurrenz deutlich übertreffen.[12]

Leitende Mitarbeiter des Fraunhofer-Instituts sprechen noch heute mit großem Respekt, ja voller Dankbarkeit über die Leistung Schillers, der nicht nur eine Schlüsselrolle bei der Ausgründung spielte, sondern als Integrationsfigur das neue Institut prägte. Mit der Fortführung des wissenschaftlichen Programms und eingespielten Teams aus der Zeit bei Ardenne konnte nicht nur Kompetenz bewahrt,

---

[11] Gespräch mit Dr. Peter Lenk am 26. 2. 2005.

[12] Fraunhofer-Institut für Elektronenstrahl- und Plasmatechnik (Hg.): Jahresbericht 2003, S. 16.

sondern auch eine Lücke bei der Fraunhofer-Gesellschaft geschlossen werden. Bis heute wirke übrigens auch im Fraunhofer-Institut „das Besondere des Instituts von Ardenne nach", das „der Chef" gelebt habe. Dazu gehöre neben sozialer Verantwortung vor allem die „absolute gegenseitige Akzeptanz", betonen übereinstimmend Wolfgang Nedon, heute für die Technik verantwortlich, und Rainer Bartel, der die Abteilung Elektronenstrahlprozesse leitet. Beide traten Ende der 1970er Jahre in das Ardenne-Institut ein – von Schiller ausgewählt und von Ardenne nach kurzem Vorstellungsgespräch akzeptiert. Noch heute nehmen selbst Besucher die besondere Atmosphäre war. „Institutspatriotismus" nennen beide die Quelle für eben dieses Besondere. „Was dem Institut gut tat, war auch gut für jeden einzelnen", und zwar genau in dieser Reihenfolge. Mit Bedauern räumen beide ein, dass „dieses Besondere" jungen Leuten heute nicht mehr zu vermitteln sei.[13]

IV. Von Ardenne Institut für Angewandte Medizinische Forschung GmbH

Das „Von Ardenne Institut für Angewandte Medizinische Forschung" firmiert ebenfalls als GmbH und ist ganz dem medizinischen Lebenswerk Ardennes verpflichtet. Es startete 1991 mit immerhin 49 Mitarbeitern, von denen fast die Hälfte in der neu eingerichteten Klinik beschäftigt wurde. Nach dem Tode ihres Gründers wurde das Klinikpersonal von 21 auf 15 Beschäftigte reduziert. Als dann auch die Klinik nicht mehr weitergeführt werden konnte, verblieben noch sechs Mitarbeiter für ein Institut, das sich unter der Leitung von Alexander von Ardenne auf Entwicklung, Herstellung, Vertrieb und Service von medizintechnischen Anlagen verschiedener Klassen zur Ganzkörperhyperthermie konzentriert. Darüber hinaus bietet es, so der Leiter, alle wesentlichen Varianten der Sauerstoff-Mehrschritt-Therapie „auf hohem Qualitätsniveau zu niedrigen Preisen" in dem bereits erwähnten „Zentrum für Sauerstoff-Mehrschritt-Therapie" an. Das Leistungsangebot wird durch wissenschaftliche Informationen zur moderaten Hyperthermie, systemischen Krebs-Mehrschritt-Therapie und zur Sauerstoff-Mehrschritt-Therapie komplettiert.

V. Die Forschungsinstitut von Ardenne OHG

Diesem als offene Handelsgesellschaft eingetragenen Institut gehörten 2005 noch zwei vollbeschäftigte und vier Teilzeit-Kräfte an. Verwaltung und Instandhaltung der gewerblichen und privaten Immobilien waren die Kernaufgaben von Thomas von Ardenne und seinen Mitarbeitern. Ein Teil dieser Immobilien diente auch weiterhin als Sicherheit für Bankkredite, die von den verschiedenen Unternehmen der Familie aufgenommen wurden.

---

[13] Gespräch mit Rainer Bartel und Wolfgang Nedon am 21. 4. 2005.

VI. Ehemalige Inoffizielle Mitarbeiter des MfS

So genannte „Stasi-Überprüfungen", wie sie im öffentlichen Dienst der meisten ostdeutschen Länder üblich waren, hat es in der Privatwirtschaft nur in Ausnahmefällen gegeben. Auch in den Nachfolgeeinrichtungen des Forschungsinstituts von Ardenne dachte zunächst niemand daran. Durch einen Bericht der „Bildzeitung" wurde es dann doch noch zu einem Problem von Geschäftsführung und Betriebsrat der Anlagentechnik. Die Dresdner Redaktion der „Bildzeitung" hatte Mitte der 1990er Jahre von der Akteneinsicht des Dresdner Opernsängers und Entertainers Gunther Emmerlich Kenntnis erhalten. Zu den Inoffiziellen Mitarbeitern des MfS, die Emmerlich bespitzelt hatten, gehörte auch ein Nachbar, der als leitender Mitarbeiter im Ardenne-Institut beschäftigt war. Die Chance, eine Story zu präsentieren, in der mit Emmerlich und Ardenne zwei in Dresden sehr populäre Namen mit dem MfS in Verbindung zu bringen waren, ließ sich die Lokalredaktion nicht entgehen. Das Unternehmen fühlte sich verpflichtet, auf diese öffentliche Enthüllung zu reagieren. Die Geschäftsführung forderte die Belegschaft auf, sich überprüfen zu lassen sowie eventuelle Stasi-Verstrickungen offen zu legen. Eine dadurch möglich gewordene Anfrage bei der „Gauck-Behörde" förderte mehr als nur einen Inoffiziellen Mitarbeiter zu Tage. Auch Gerhard Kühn, Leiter der Hauptabteilung „Konstruktion" und Nachbar von Gunther Emmerlich, musste nunmehr vor seinen Kollegen und Mitarbeitern Rede und Antwort stehen. Anschließend reichte er von sich aus die Kündigung ein. Als IM „Berg" hatte Kühn von 1975 bis zum Zusammenbruch der DDR dem MfS als Informant gedient.[14]

Die Philosophie von Betriebsrat, Gesellschaftern und Geschäftsführung bei der Aufarbeitung der Vergangenheit bestand nach Lenk darin, im Interesse des Betriebsfriedens und des notwendigen Vertrauens, offen und ehrlich miteinander umzugehen. Gemeinsam war man sich darin einig, dass diejenigen IM, die sich freiwillig offenbaren und denen keine schwerwiegenden Verfehlungen nachgewiesen werden konnten, weiter beschäftigt würden. Allerdings kamen sie für eine Leitungstätigkeit grundsätzlich nicht mehr in Frage. Insgesamt wurden bei dieser Aktion sechs IM enttarnt, von denen die Mehrzahl als so genannte „NSW-Reisekader" früher Schlüsselpositionen innehatte. Die Akten der meisten waren dünn und der Inhalt eher belanglos. Die Loyalität der Mitarbeiter zum Institut und seinem Leiter erwies sich auch für das MfS als eine Hürde, die nur in Ausnahmefällen zu überwinden war. Lediglich der über die Maßen ehrgeizige letzte Vorsitzende der Betriebsgewerkschaftsleitung, Dr. Harry Förster, berichtete als IM „Schubert" ab 1980 in einem solchen Umfang über das Institut, Kollegen und Bekannte, dass er nach seiner Enttarnung keinen anderen Ausweg als den Freitod sah.[15] Später wurde durch Akteneinsicht von Mitarbeitern noch ein Kollege aus der Werkstatt enttarnt, der sich nicht selbst gemeldet hatte. Unmittelbare Konsequenzen hatte die Täu-

---

[14] BStU Ast Dresden, AIM 2925/91.

[15] BStU Ast. Dresden, AIM 1011/90.

schung des Unternehmens für ihn nicht. Als jedoch infolge fehlender Aufträge mehrere Mitarbeiter entlassen werden mussten, war er einer der ersten, denen die Kündigung ausgesprochen wurde. Der Selbstmord von Förster belastet die Älteren unter den Mitarbeitern auch heute noch und ist der Hauptgrund dafür, dass die Frage nach einer eventuellen Kooperation mit dem MfS auch Jahre nach der friedlichen Revolution noch zu den Standardfragen in jedem Einstellungsgespräch gehört.

Im Fraunhofer-Institut habe es eine Stasi-Überprüfung nach den Regeln des öffentlichen Dienstes gegeben, erinnern sich Bartel und Nedon. Dabei sei allerdings nur Schiller als Inoffizieller Mitarbeiter enttarnt worden.[16] „Das hat uns nicht überrascht", sagt Bartel, sondern „wir haben es für geradezu selbstverständlich gehalten, dass Schiller als stellvertretender Institutsdirektor gezwungen war, mit dem MfS zu kooperieren". Wie Bartel ist auch Nedon davon überzeugt, dass Schiller niemandem bewusst geschadet habe, sondern vielmehr überzeugt davon war, im wohlverstandenen Interesse des Instituts zu handeln. Im Übrigen habe man gar keine Zeit für rückwärts gewandte Debatten gehabt, betonen beide, sondern ausschließlich nach vorn geblickt und bis zur Erschöpfung gearbeitet. In der Aufbruchstimmung der Gründungsphase sei das Vertrauen zu Schiller jedenfalls durch dessen Enttarnung in keiner Weise erschüttert worden. Wie schon seine Karriere in der Staatspartei, in der er immerhin bis in die Bezirksleitung aufstieg, sah und sieht man auch die IM-Tätigkeit Schillers als ein Opfer, das dieser dem Institut brachte – Opportunismus zum Zwecke der Existenzsicherung der privaten Forschungseinrichtung, auf die jeder dort Beschäftigte stolz war. Nicht zuletzt sorgte dieser Opportunismus einiger weniger dafür, dass die meisten vor einem solchen Opfer verschont blieben.

Eine Erklärung für den überraschenden Befund, dass in der Anlagentechnik von den 65 übernommenen Mitarbeiter immerhin sechs für das MfS gearbeitet hatten, im Fraunhofer-Institut von 75 jedoch offenbar nur einer, haben Bartel und Nedon allerdings nicht. Ihr Direktor Günter Bräuer, ein gebürtiger Hesse und Bürger der alten Bundesländer, wie er in seinem Antwortschreiben auf die Anfrage des Autors besonders betont, beantwortete die Frage nicht, ob es damals tatsächlich keine weiteren Stasi-Fälle gegeben habe, oder diese nur sehr diskret behandelt worden seien. Zum einen sei er erst seit 1999 im Amt und zum anderen interessiere ihn heute die Kompetenz der Mitarbeiter weitaus mehr, „als deren mögliche Stasi-Vergangenheit", lautete seine lapidare Begründung.[17] Lutz Gilbert, zuständiger Referent im Personalreferat des Sächsischen Staatsministeriums für Wissenschaft und Kunst verweist auf eine Vereinbarung zwischen dem Bund, vertreten durch den damaligen Bundesminister für Forschung und Technologie Paul Krüger, dem Freistaat, vertreten durch Wissenschaftsminister Hans-Joachim Meyer, und dem Präsidenten der Fraunhofer-Gesellschaft. Danach sollten für Mitarbeiter der Fraunhofer-Gesell-

---

16 Gespräch mit Rainer Bartel und Wolfgang Nedon am 21. 4. 2005.
17 Brief an den Verfasser vom 13. 5. 2005.

schaft die gleichen Kriterien für eine Weiterbeschäftigung gelten, wie im öffentlichen Dienst.[18] Diese Vereinbarung bildete auch die Grundlage, Siegfried Schiller in anbetracht seiner Verdienste um die Gründung des Instituts sowie seiner unbestreitbaren fachlichen Kompetenz befristet mit einem Beraterstatus am Institut halten zu können.

VII. Zusammenfassung

Für das Forschungsinstitut von Ardenne, eine Singularität in der Zentralplanwirtschaft der DDR, sah der Einigungsvertrag keine Regelungen und Beihilfen zur Überleitung in die Marktwirtschaft vor. Die Rückkehr zu politischen und wirtschaftlichen Rahmenbedingungen, unter denen er in seiner Jugend so überaus erfolgreich war, stellte den 83-jährigen noch einmal auf eine harte Probe. Durch couragiertes Handeln und mit Hilfe seiner Kinder sowie langjähriger bewährter Mitarbeiter sicherte er großen Teilen der Beschäftigten die berufliche Zukunft. Als selbständige Forschungs- bzw. Produktionseinrichtungen agieren die Nachfolgeunternehmen inzwischen erfolgreich am Markt.

In der schwierigen Transformationsphase bewies Ardenne sein Verantwortungsbewusstsein für die Mitarbeiter durch freiwillige Zahlung von Abfindungen bei unausweichlichen Entlassungen. Der über Jahrzehnte hinweg gepflegte respektvolle Umgang miteinander bewährte sich auch in der heiklen Debatte um Zuträger des MfS. Die besondere Unternehmenskultur des Forschungsinstituts von Ardenne konnte zwar in die Nachfolgeeinrichtungen hineingetragen werden, sieht sich jedoch einem schleichenden Erosionsprozess ausgesetzt, da jüngeren Mitarbeitern die tragenden Elemente dieser Kultur nicht zu vermitteln sind.

---

[18] Gespräch mit Lutz Gilbert am 17. 5. 2005.

F. Vergleich der Autobiographien

I. Zensur und Selbstzensur

Als „Grenzgängerin zwischen Geschichte und Literatur", wie Martina Wagner-Egelhaaf es in ihren literaturwissenschaftlichen Betrachtungen zu Theorie und Geschichte der Autobiographie nennt, erhebt diese einen „Anspruch auf die sog. ‚Wirklichkeit'", den sie ganz offenkundig „nicht einlösen kann". Aus diesem Dilemma befreite sich Goethe in „Dichtung und Wahrheit" dadurch, dass er zwischen „Wirklichkeit" und „Wahrheit" unterschied und dem Faktischen eine „höhere Wahrheit" entgegen setzte.[1] Auf souveräne Weise „manipulierte" Goethe demnach zum Zwecke der Belehrung bewusst und zielorientiert die nackten Fakten seines Lebens.

Mit welchem Maß an Skepsis sollte im Angesicht dieses Dilemmas eine Autobiographie gelesen werden? Das ist, darin sind sich wohl alle einig, eine nicht eindeutig zu beantwortende Frage. Dennoch ist es nicht nur zulässig, sie zu stellen, sondern unbedingt notwendig. Auf der subjektiven Ebene, der Ebene des Autors, mündet die Skepsis in die banale Frage, was dieser in seiner Selbstdarstellung den Lesern an Faktischem mitteilen wollte und was er ganz bewusst verschwieg, wo ihn sein Gedächtnis trog und wo er der Versuchung nicht widerstehen konnte, Mythen und Legenden zu begründen. Positiv gewendet, lautet die Frage, worin die „höhere Wahrheit" des Autors wohl bestehen mag?

Mit welchem Maß an Skepsis sollte eine Autobiographie gelesen werden, die in einer Weltanschauungsdiktatur geschrieben und verlegt wurde? Auf der gesellschaftlichen Ebene, die bei der Beantwortung dieser zweiten Frage ganz zwangsläufig ins Spiel kommt, ist das Handeln einer ganzen Reihe von Akteuren und Institutionen in Rechnung zu stellen, die Einfluss darauf nahmen, was ein Autor überhaupt und in welcher Weise mitteilen durfte. Im konkreten Fall, der Selbstdarstellung eines außergewöhnlichen Wissenschaftlers, der noch dazu als privilegierter Adliger in einem „Arbeiter- und Bauernstaat" lebte, sorgte der Verlag mit rigiden Eingriffen dafür, dass nicht nur der Autor, sondern vor allem auch das Bild der sozialistischen Gesellschaft in den „richtigen" Farben erstrahlte – political correctness „made in GDR". Die Söhne Thomas und Alexander erinnern sich daran, dass der Vater bei der Vorbereitung der ersten Ausgabe von 1972 mehr als nur ein Mal ernsthaft darüber nachdachte, auf eine Veröffentlichung zu verzichten.

---

[1] Vgl. *Wagner-Egelhaaf,* Autobiographie.

Wenn nun eine Autobiographie nicht nur über Jahrzehnte hinweg kontinuierlich fortgeschrieben wurde, sondern der Autor sogar die Möglichkeit hatte, seine Biographie nach einem Systemwechsel völlig neu zu schreiben, so käme es einer Unterlassung gleich, nicht einzelne Ausgaben, wenigstens punktuell, miteinander zu vergleichen. Dabei gilt es, unter Beachtung der in den vorangegangenen Kapiteln im notwendigen Umfang bereits dargestellten Rahmenbedingungen des und angesichts der verfügbaren Quellen schon Geschriebenen, die rechte Balance zu finden zwischen Destruktion und Konstruktion, zwischen dem notwendigen Maß an Skepsis und dem Mut, in einer diffusen Gemengelage von Zensur, Selbstzensur und Ansätzen zur Mythisierung eine Deutung anzubieten. Als eine zuverlässige Quelle sind die Autobiographien zweifellos dort anzusehen, wo das „Faktische" dominiert. Ereignisse und Begegnungen spannen einen verlässlichen Rahmen auf, in dem der Autor sein Leben und Schaffen ausbreitet. Kritische Distanz ist hingegen bei politischen wie weltanschaulichen Aussagen und Wertungen angezeigt. Ein gewisses Maß an Opportunismus räumte Ardenne nach dem Zusammenbruch des Kommunismus und der deutschen Wiedervereinigung selbst ein.[2] Er war allerdings souverän genug, der Versuchung zu widerstehen, die Auswirkungen von Zensur und Selbstzensur in den früheren Ausgaben zu heilen und eine vollkommen neue „höhere Wahrheit" zu offerieren.[3]

II. Punktueller Vergleich zwischen der „Urfassung" und den Buchausgaben

Auf die erste Ausgabe der Autobiographie im Jahre 1972 folgten weitere Ausgaben, nicht nur in den beiden deutschen Staaten. 1976 erschien sie in Budapest in ungarischer Sprache. 1984 druckte sie der Münchner Verlag Nymphenberger mit dem Titel „Mein Leben für Forschung und Fortschritt". 1988 lieferte auch der ostdeutsche Verlag der Nation unter dem Titel „Sechzig Jahre für Forschung und Fortschritt" eine überarbeitete Fassung aus. Die „Neuschrift" der ebenfalls in München ansässigen F. A. Herbig Verlagsbuchhandlung aus dem Jahre 1990 nahm ausdrücklich Bezug auf die 1984er Ausgabe bei Nymphenberger und die 1988er Ausgabe des Ostberliner Verlages der Nation und erschien unter dem Titel „Die Erinnerungen". Der Düsseldorfer Droste Verlag brachte schließlich 1997 unter dem Titel „Erinnerungen fortgeschrieben" die letzte vom Autor noch selbst redigierte Fassung auf den Markt.

In den folgenden Abschnitten werden einige Ausgaben der Autobiographie miteinander und mit einem als „Urfassung" bezeichneten Typoskript[4] verglichen.

---

[2] *Ardenne,* Erinnerungen fortgeschrieben, S. 301.

[3] Die Söhne Thomas und Alexander erinnern sich daran, dass ihr Vater nach 1990 durchaus daran dachte, seine Autobiographie grundlegend umzuarbeiten.

[4] Der Begriff „Urfassung" stammt offensichtlich nicht von Manfred von Ardenne selbst, sondern wurde von Jutta Neumeister, der letzten Chefsekretärin, bei der Ordnung des Nachlasses geprägt.

Auszüge aus der Urfassung hatte Ardenne 1966 dem britischen Publizisten und Historiker David Irving für dessen Buch „Der Traum von der deutschen Atombombe" zur Verfügung gestellt. Seine ursprüngliche Behauptung, von Ardenne „ein Exemplar seiner unveröffentlichten Erinnerungen" erhalten zu haben, wollte Irving gegenüber dem Autor nicht bestätigen.[5] Die Söhne halten es „für völlig ausgeschlossen", dass ihr Vater dem ihm kaum bekannten Irving seine unveröffentlichte Autobiographie in die Hände gegeben haben könnte. Wenn er die Absicht gehabt hätte, dieses Manuskript vor einem möglichen Zugriff des SED-Staates zu sichern, so hätte er es „einem Verwandten oder engen Freund in der Bundesrepublik anvertraut".[6] Die ersten Kapitel der Urfassung schrieb Ardenne schon 1945, innerhalb der wenigen Wochen seines Moskauer Aufenthaltes.[7]

Bei dem nun folgenden Vergleich handelt es sich nicht um eine systematische und umfassende Analyse. Vielmehr geht es darum, unterschiedliche Darstellungen auf einigen für den Ansatz dieser biographischen Studie besonders wichtigen Feldern miteinander zu vergleichen. Dafür wurden, wie eingangs angedeutet, neben der Urfassung die erste Ausgabe der Buchfassung aus dem Jahre 1972 und die in der Endphase der DDR 1988 ebenfalls im Verlag der Nation erschienene Ausgabe sowie die nach dem Zusammenbruch des Kommunismus 1997 im Düsseldorfer Droste Verlag erschienene letzte von ihm selbst redigierte Fassung ausgewählt.

Zunächst soll hinsichtlich einer der zentralen Thesen dieser Studie, nämlich der Notwendigkeit, sich zum Zwecke der Selbstverwirklichung als Wissenschaftler und Unternehmer mit der „Macht" zu arrangieren, gefragt werden, wie Ardenne dieses Arrangement selbst beurteilte und gegebenenfalls rechtfertigte und ob sich seine Argumente im Laufe der Zeit wandelten. In dieser sensiblen Frage ist eine Antwort besonders schwierig. Sind auftretende Variationen in Darstellung und Gewichtung auf eine veränderte Sichtweise zurückzuführen, oder erlaubten veränderte Rahmenbedingungen ein höheres Maß an Offenheit? Nicht immer wird eine solche Frage allerdings eindeutig zu beantworten sein.

Über seine Einbindung in das sowjetische Atombombenprogramm sprach er zunächst nur in Andeutungen, später zunehmend offener. Andererseits nutzte er die Jahre in der Sowjetunion und die dort erhaltenen hohen Auszeichnungen jederzeit geschickt als probates Mittel zur Pflege seines Images. Wie stellt er selbst seinen Beitrag zur Herstellung des nuklearen Patts dar und wie bewertet er ihn?

Die letzte Frage für diesen Vergleich gilt seinem offenen Bekenntnis zum Sozialismus. Bis zu welchem Grade, oder bis zu welchem Punkt, dominierten die Erfahrungen aus der Nazizeit sowie aus dem Leben und dem Wirken in der Sowjetunion und standen einer hinreichend kritischen Reflexion entgegen? Gehörte Ardenne

---

5 Antwort David Irvings vom 15. Juni 2004 auf eine Anfrage des Autors. (Vgl. auch: *Irving,* Der Traum, S. 271).

6 Gespräch mit Dr. Thomas und Dr. Alexander von Ardenne am 16. Juni 2004.

7 Brief an Hartmann vom 8. 8. 1945 (Nachlass).

wirklich zu denjenigen, die „von Hause aus dem Sozialismus fremd oder gar feindlich gegenüber gestanden" und inzwischen „mit Hilfe der Arbeiterklasse oder sowjetischer Freunde" konsequent „auf die Seite des Fortschritts" gefunden hatten,
wie es in der bereits zitierten Besprechung in der „Nationalzeitung" hieß? Vielleicht zahlte er, mit einer „gewissen partiellen, glücklichen Blindheit" gesegnet,
wie Ohly es genannt hatte, auf diese Weise aber auch nur den Preis für sein Leben
auf dem „Zauberberg"? Nicht zuletzt ermöglicht es ein systematischer Vergleich
auch, missverständliche oder gar widersprüchlich scheinende Formulierungen zu
finden, die sich als Quelle zur Bildung von Mythen und Legenden eigneten.

III. Arrangement mit der Macht

Die permanente Spannung in seinem Leben, das Oszillieren zwischen Anpassung an die Macht und Instrumentalisierung der Mächtigen, scheint Ardenne nicht
als solche empfunden und deshalb wohl auch nicht intensiv reflektiert zu haben. In
der ersten Ausgabe seiner Autobiographie hatte er auf S. 64 zumindest anklingen
lassen, dass er die Nähe zur Macht ganz bewusst suchte. „Wenn man auf wissenschaftlichem Gebiet Erfolg hat, wird es allmählich einfacher, zu jenen Persönlichkeiten in Beziehung zu treten, die im wissenschaftlichen oder staatlichen Leben
die Schlüsselstellungen innehaben", schrieb er. Auf diesen Satz, der zielgerichtetes
Handeln beim Aufbau von Beziehungen erkennen lässt, die sich nicht selten als
von geradezu existenzieller Bedeutung erwiesen, verzichtete er später. Übrig blieb
eine Formulierung, die seine Nähe zur Macht als, von Ausnahmefällen abgesehen,
angenehme Zugabe zum beruflichen Erfolg deutete. „Das Zusammentreffen mit
einflussreichen Menschen – abgesehen von meinen Begegnungen mit Nazigrößen
zwischen 1933 und 1945 – stimuliert nicht nur die eigene charakterliche und geistige Entwicklung", dozierte er nun regelrecht, „sondern ist auch ein besonders
schönes, tief befriedigendes Nebenergebnis der beruflichen Leistung".[8] Über alle
Zweifel hinaus, ob einflussreiche Menschen in der Regel als Garanten für eine positive charakterliche und geistige Entwicklung anzusehen sind, klingt die in dem
zuletzt zitierten Satz zum Ausdruck kommende Leugnung unternehmerischer Motive auch ein wenig seltsam. Das kommt einer Selbstverleugnung nahe und steht
darüber hinaus in einem merkwürdigen Kontrast zu dem gelegentlichen Kokettieren des Autors mit seinen exzellenten Beziehungen.

1. Im „Dritten Reich"

Die besondere Förderung durch den Reichspostminister Ohnesorge durchzieht
wie ein roter Faden seine erfolgreiche wissenschaftliche und unternehmerische
Laufbahn während der Nazizeit. Die Reihe bemerkens- und berichtenswerter Er-

---

[8] *Ardenne*, Sechzig Jahre, S. 77.

eignisse beginnt damit, wie sein Förderer ihn auf der Berliner Funkausstellung 1933 Adolf Hitler vorstellte. Ardenne wertete diese Begegnung in allen drei Ausgaben in identischer Weise als „bevorzugte Behandlung", die ihn in der Achtung weiterer Teilnehmer jenes nur kurzen Treffens sichtbar steigen ließ. Im gleichen Jahr wurde er „auf Verlangen von Ohnesorge" zum Vortrag über einen wissenschaftlichen Hochstapler zu Göring zitiert. 1934 richtete der Minister ihm ein Labor für Dezimeterwellen ein und ermöglichte es 1937, seinem Laboratorium durch einen Vertrag mit der Forschungsanstalt der Deutschen Reichspost ein „stabiles wirtschaftliches Fundament" zu geben. Auch der im Oktober 1940 Göring „unmittelbar unterbreitete" Vorschlag zur Entwicklung eines Panorama-Radargerätes zur Abwehr von Luftangriffen wird in allen drei Ausgaben übereinstimmend dargestellt, allerdings ohne deutlich werden zu lassen, was unter „unmittelbar unterbreitet" zu verstehen ist, ob er ein weiteres Mal von Göring empfangen wurde.

Unterschiede in der Darstellung sind vor allem dort zu finden, wo Ardenne sich zu Fragen der Kernspaltung und deren Folgen äußert. Auf S. 132 der 1972er Ausgabe ist zu lesen, dass Ardenne Ende 1939 Ohnesorge „in einem Schreiben und durch persönlichen Vortrag auf die ungeheure Bedeutung der Hahnschen und Straßmannschen Entdeckung aufmerksam" machte. In der 1988er Ausgabe (S. 162) wie auch der 1997er Ausgabe (S. 197) ergänzte er „Bedeutung" durch „Bedeutung für die Gewinnung von Elektro- und Wärmeenergie", wodurch militärische Interessen definitiv ausgeschlossen werden. Noch gravierender sind die Unterschiede in der Darstellung eines Ereignisses, das Robert Jungk in seinem Buch „Heller als tausend Sonnen" beschrieb. Der Postminister Ohnesorge habe, so Jungk, in einer Kabinettssitzung 1944 Hitler über den Stand der in seinem Verantwortungsbereich laufenden Arbeiten an der Uranbombe vorzutragen versucht, worauf dieser ihn jedoch „höhnisch unterbrach" und geradezu lächerlich machte. Darüber steht gar nichts in der 1972er Ausgabe. In der Ausgabe von 1988 (S. 162) wie auch in der von 1997 (S. 197 / 198) ist das Datum dieser doch wohl sehr bedeutenden Unterrichtung mit „im Sommer 1942 dürfte es gewesen sein" erstaunlich unpräzise angegeben.

Auch über seine Anstrengungen, steuernd in die Politik des „Dritten Reiches" eingreifen zu wollen, lieferte er seinen Lesern unterschiedliche Versionen. Unter der Überschrift „Nutzlose Denkschrift" erzählte er in den ersten Ausgaben vom Scheitern seiner zehn Jahre währenden Bemühungen um die Bildung eines Wissenschaftlichen Rates als „Einflussinstrument" führender Wissenschaftler auf die Politik. Offenbar schwebte ihm ein Gremium mit weitreichenderen Kompetenzen vor, als sie der im Mai 1937 gegründeten Reichsforschungsrat besaß, der zwar in Anwesenheit von Hitler und Göring eröffnet, von beiden aber nie wirklich geschätzt wurde. Dieses Projekt aktivierte er neuerlich im Jahre 1942, nach einem Besuch von Ohnesorge und „unter dem Eindruck der immer stärker werdenden Bombenangriffe auf unsere Städte". Für die Urfassung formulierte er das so: „Wenn man sich vergegenwärtigt, dass meine fast zehnjährigen Bemühungen um Gründung eines wissenschaftlichen Rates als Einflussinstrument in Richtung Vernunft, Menschlichkeit, Zivilbevölkerungsschutz, von Reichenau bis Speer negativ ausliefen, und dass ähnliche Versuche von Max Planck sowie anderen Kräften sich ebenfalls nicht durchsetzen konnten, so ergibt sich die Schlussfolgerung, dass eine der Grundeigenschaften des nationalsozialistischen Systems, die Missachtung von Wissenschaft und Technik, sich hier auswirkte. Diese Missachtung hatte auch eine sehr positive Konsequenz. Sie beschleunigte den Untergang der Naziherrschaft."

Dem Verlag der Nation erschien ganz offensichtlich diese technokratisch anmutende Distanzierung des Autors vom nationalsozialistischen System als zu schwach. In der veröffentlichten Fassung, der 1972er Ausgabe, zog Ardenne dann viel weiter gehende Schlüsse, nämlich dass „dahinter nicht schlechthin einfach eine Missachtung von Wissenschaft und Technik stand, sondern bewusste Missachtung des Menschen, brutale Unmenschlichkeit. Und eben gegen diese waren Gesuche, Empfehlungen und Denkschriften, wissenschaftliche Räte und Kommissionen, war das ganze Instrumentarium zur Beschwörung der Vernunft machtlos, sinnlos, ja vielleicht sogar gefährlich, weil es selbst bei scharfer subjektiver Distanz objektiv in mancher Situation immer noch etwas Loyalität des Verhaltens einschließen konnte."

In der Ausgabe von 1988 taucht die Zwischenüberschrift „Nutzlose Denkschrift" zwar noch auf (S. 173), der oben zitierte Ausschnitt fehlt jedoch komplett. Die „nutzlose Denkschrift" sollte nunmehr lediglich der Bildung eines wissenschaftlichen Rates dienen, mit dessen Hilfe er seine Vorstellungen verwirklichen wollte. Einzelheiten seiner „konkreten Vorschläge" und seiner „Vorstellungen" teilte er nun aber nicht mehr mit. In der Ausgabe von 1997 verzichtete er dann endgültig auf diesen Abschnitt.

Während die Unterschiede zwischen der Urfassung und der ersten veröffentlichten Version auf einen Einfluss des Verlages hindeuten, so scheint dem Autor später zunehmend die Ambivalenz seines Engagements für eine stärkere wissenschaftliche Beratung der NS-Regierung bewusst geworden zu sein. Dennoch konnte er sich nur schwer dazu durchringen, sein Engagement für die Einrichtung eines wissenschaftlichen Einflussinstrumentes in seiner Biographie nicht zu erwähnen. Möglicherweise hätte er erfolgreicher sein können, wäre er der NSDAP beigetreten. Das hat er allerdings nie in Betracht gezogen.[9] Entsprechende Aufforderungen, selbst durch seinen Gönner Ohnesorge, wies er stets zurück, wie in allen Ausgaben seiner Autobiographie nachzulesen ist.

---

[9] Zum Nachlass gehören Duplikate eidesstattlicher Versicherungen vom 27. Dezember 1947 und 18. Februar 1948, dass er „niemals Mitglied der NSDAP (Nationalsozialistische Deutsche Arbeiterpartei) oder einer ihrer Gliederungen gewesen ist". Das Gleiche gelte auch für seine Ehefrau.

2. In der Sowjetunion Stalins

Das Atomprogramm der UdSSR, insbesondere natürlich dessen militärischer Teil, war ein Projekt der höchsten Geheimhaltungsstufe. So ist es nicht verwunderlich, dass Ardenne mit wissenschaftlichen und technischen Details seiner Arbeit für dieses Programm äußerst sparsam umging. Auch zu Logistik und Management, soweit er darüber überhaupt intime Kenntnis erlangte, machte er keine Angaben. Den Geheimdienst erwähnte er überhaupt nicht, obwohl dieser mit an Sicherheit grenzender Wahrscheinlichkeit zu ihm Kontakt aufgenommen hatte. Ob es sich dabei lediglich um Befragungen zu konkreten Vorkommnissen handelte, oder ob schon das KGB das praktizierte, was das MfS als „offizielle" Zusammenarbeit bezeichnete und exzessiv praktizierte, muss offen bleiben. Sein rasches und zielgerichtetes Zugehen auf das MfS nach seiner Ankunft in Dresden lässt jedenfalls darauf schließen, dass ihm die besondere Rolle der Geheimdienste in Weltanschauungsdiktaturen in der Sowjetunion nicht verborgen geblieben war. Das Leben „im goldenen Käfig", wie Nikolaus Riehl es nannte,[10] oder „ein wohlbehütetes Dasein", wie er es selbst ironisch bezeichnete, verlangte ihm ungewöhnliche Anpassungsleistungen ab. Was das für den Alltag und die Organisation der wissenschaftlichen Arbeit in seinem Institut bedeutete, findet sich in allen Ausgaben der Biographie.

Aber auch in dieser besonderen Situation gelang es ihm zumindest in Einzelfällen, „zu jenen Persönlichkeiten in Beziehung zu treten, die im wissenschaftlichen oder staatlichen Leben die Schlüsselstellungen innehaben". Wird als Analysekriterium die Häufigkeit der Erwähnungen in der Biographie herangezogen, so gehörte Vasilij S. Emel'ânov, der damalige Leiter der wissenschaftlich-technischen Abteilung der Ersten Hauptverwaltung beim Ministerrat, dem später die Leitung des gesamten Kernenergiesektors der UdSSR übertragen wurde, unbedingt dazu. In allen drei Ausgaben betonte Ardenne die Jahrzehnte fortdauernde Freundschaft zu einem Mann, der ihn während seines Aufenthaltes am stärksten beeinflusst habe.[11] Emel'ânov, der nach seiner Pensionierung als „fliegender Diplomat" für die Verständigung von Ost und West wirkte,[12] sandte seinem Freund Ansichtskarten aus vielen Ländern und besuchte ihn auch mehrmals in Dresden.

Weiterhin ist Generalleutnant Avraamij P. Zavenâgin zu nennen, der ihm im Mai 1945 das Angebot unterbreitet hatte, in die Sowjetunion zu kommen. Zavenâgin war von 1945 bis 1953 Stellvertretender Leiter der Ersten Hauptverwaltung beim Ministerrat der UdSSR, der Institution, die für die Entwicklung der Kernwaffen verantwortlich zeichnete. Nach dem Tode Stalins wurde dieses Ressort dem Ministerium für mittleren Maschinenbau zugeordnet, dessen Leitung er im Februar 1955 übernahm.[13] Diesen „bedeutenden Mann", mit dem Ardenne „im folgenden Jahr-

---

[10] Vgl. *Riehl,* Zehn Jahre im goldenen Käfig.

[11] *Ardenne,* Erinnerungen fortgeschrieben, S. 392.

[12] *Ardenne,* Sechzig Jahre, S. 314.

zehnt alle großen Probleme und Fragen zu besprechen" hatte (S. 153 der 1972er Ausgabe), ordnete er denjenigen führenden sowjetischen Repräsentanten zu, die sich „selbst in schwierigen Situationen" durch ein „gleichbleibend herzliches und verständnisvolles Verhältnis" auszeichneten.

In der 1988er Ausgabe ging er etwas konkreter auf die Aufgaben seines Instituts innerhalb des Atombombenprogramms ein (S. 197) und erwähnte eine nächtliche Verhandlung im Salonwagen des Generals über die Arbeits- und Lebensbedingungen seines Teams. „Das menschliche Verständnis General Zavenâgins erleichterte mir damals die Vertretung der Interessen des deutschen Spezialistenkreises sehr", schrieb er auf S. 206. Die Ausgabe von 1997 bestätigt das Bild des ranghohen sowjetischen Militärs, wie es Ardenne in den früheren Ausgaben zeichnete. Bemerkenswert ist nun jedoch ein lakonischer Hinweis innerhalb einer Bildunterschrift auf S. 250. Dort teilt er mit, Ende 1945 mit Zavenâgin über die „Ausrüstung ballistischer Fernraketen mit Atomsprengköpfen" gesprochen zu haben. Dieses Gespräch über das Potential strategischer Waffensysteme fand dieser Darstellung nach zu einem Zeitpunkt statt, als das sowjetische Programm zur Entwicklung der Atombombe gerade erst angelaufen und die „sowjetische" Raketentechnologie noch immer an mehreren Standorten in der Sowjetischen Besatzungszone angesiedelt war.[14] Es steht außer Frage, dass Ardenne jederzeit ein kompetenter Gesprächspartner für solche militär-strategischen Überlegungen war. In der Urfassung (S. 189) steht jedoch Ende 1946 als Zeitpunkt für eine solche Unterhaltung, die „vielleicht von Einfluß auf die Menschheitsgeschichte unserer Tage gewesen ist". Unklar bleibt, warum er den Zeitpunkt dieses Gesprächs nunmehr um ein Jahr nach vorn verlegte.

3. In der DDR

Die Partei- und Staatsführung, besonders auch deren führende Politiker Ulbricht und Grotewohl, war sehr darum bemüht, Ardenne in die DDR zu holen. Man versprach sich einen beträchtlichen Imagegewinn auf der internationalen Bühne, wenn es gelang, einen der namhaftesten in der Sowjetunion tätigen deutschen Wissenschaftler dazu zu bewegen, sich für ein Leben in der „sozialistischen Gesellschaft" zu entscheiden. Entsprechend groß waren die Zugeständnisse im Vorfeld dieser Entscheidung sowie der Empfang in der DDR und die Ausstattung mit einer Reihe von Privilegien. Über Privilegien und bevorzugte Behandlung ist in den Autobiographien einiges nachzulesen. Nicht nachzulesen ist hingegen der wahre Grund für die Entscheidung zugunsten der DDR. Erst nach dem Zusammenbruch des Kommunismus bekannte er in der 1997er Ausgabe, dass er damals nur deshalb „das aus Institut und Wohnung in Lichterfelde stammende Inventar wieder mitnehmen durfte", weil er das künftige Institut „in der sozialistischen DDR errichtete" (S. 297).

---

13 Vgl. *Zalesskij*, Stalins Imperium, S. 173.
14 Vgl. *Uhl*, Stalins V-2.

Diese Teile seines Vermögens verkörperten für ihn in materieller Hinsicht, vor allem aber wohl im Hinblick auf seine Arbeitsfähigkeit als Wissenschaftler, einen höheren Wert als die Immobilien in Berlin-Lichterfelde.

Es ist erstaunlich, dass dieses naheliegende Argument selbst vom MfS nicht einmal in Erwägung gezogen wurde. In dem so genannten „operativen Material" über das Institut des „Stalinpreisträgers Baron Manfred von Ardenne", das in Teilen bereits vor der Rückkehr aus der Sowjetunion zusammengestellt sowie unmittelbar nach der Ankunft in der DDR komplettiert wurde, werden vier denkbare Motive genannt.[15] Das MfS hielt es erstens für möglich, dass Ardenne durch die „Stärke der Sowjetunion und des Sozialismus beeindruckt" worden sei und deshalb die DDR gewählt habe, obwohl er, wie es an anderer Stelle heißt, der Sowjetunion gegenüber „feindlich eingestellt" sei, und sich nur rein äußerlich als „lojaler Mensch" gebe. Zum zweiten könne seine Einsicht ausschlaggebend gewesen sein, zwar in der DDR, jedoch nicht in „Westdeutschland" eine wirklich „herausragende Rolle" zu spielen. Es könne drittens aber auch der Ehrgeiz dieses Mannes entscheidend gewesen sein, sich „aufgrund seiner Bedeutung in der DDR" in kürzester Zeit einen wissenschaftlichen Ruf zu verschaffen. Mit dem vierten für möglich gehaltenen Motiv stellte das MfS schließlich eine Verbindung zwischen Ardenne und dem englischen Geheimdienst her. Bei seinen mit großem Eifer betriebenen Ermittlungen war der Staatssicherheitsdienst auf einen Oberst Darlison gestoßen, der ihren Erkenntnissen nach für diesen Dienst tätig war und Kontakt zur Familie Ardenne aufgenommen hatte. Es sei deshalb auch denkbar, so die Schlussfolgerung, dass Ardenne „im Auftrag in der DDR verblieben ist".

Nachdem dieser einmal seine prinzipielle Entscheidung getroffen hatte, ging er getreu dem bereits mehrfach zitierten Credo unverzüglich daran, „zu jenen Persönlichkeiten in Beziehung zu treten, die im wissenschaftlichen oder staatlichen Leben die Schlüsselstellungen innehaben". In der Sowjetunion hatte er erfahren, auf welche Weise und mit welchen Mitteln in einer Zentralplanwirtschaft anspruchsvolle Projekte von strategischer Bedeutung realisiert werden. Zur Zeit seiner Ankunft in Dresden war er wissenschaftlich noch ganz auf angewandte Physik fixiert und sich bewusst, dass er nur dann sehr rasch herausragende Ergebnisse würde vorweisen können, wenn es ihm gelang, zu allen drei Säulen der aus Staatspartei, Staatlicher Administration und Staatssicherheit bestehenden Führungstrias funktionierende und vor allem belastbare Beziehungen herzustellen. Während er in allen drei Ausgaben zwischen 1972 und 1997 auf sein Verhältnis zu Staatspartei und Staatlicher Administration einging, finden sich nirgends auch nur irgendwelche Andeutungen zum Stichwort „Staatssicherheit". Dabei weist sein Terminkalender des Jahres 1955 bereits wenige Monate nach seiner Ankunft in Dresden zwei Besuche von Mitarbeitern des MfS aus, am 15. als „Staatssicherheitsdienst" und am 19. Juli als „Staatssicherheit" vermerkt.

---

[15] BStU Ast. Dresden, AOP 2554/76, Bd. 40.

Nachdem er sich gerade drei Tage in der DDR aufhielt, besuchte ihn Walter Ulbricht am 26. März 1955 in seinem Institut auf dem Weißen Hirsch und versprach ihm regelmäßige Staatsaufträge auf vertraglicher Grundlage, womit eine „stabile finanzielle Basis für wirklich großzügige Forschungen" gesichert war, wie Ardenne in allen Ausgaben übereinstimmend berichtet. Als Geschenk Ulbrichts folgte eine Woche nach diesem Besuch, der offensichtlich die Erwartungen beider Seiten erfüllte, eine sowjetische Luxuslimousine.

Die Frage, ob gegenseitige Wertschätzung, vielleicht sogar Sympathie, eine im Wesentlichen wohl doch vertrauensvolle Beziehung begründete, oder ob beide nur glaubten, den jeweils anderen „benutzen" zu können, ist aus den Autobiographien heraus nicht zu beantworten. Jedenfalls ist die Nähe zwischen dem ersten Mann im Staate und einem der führenden Wissenschaftler, die anhand einer Reihe von Begegnungen spürbar wird, durchaus als ungewöhnlich zu bezeichnen.

Das wird auch bei einem Besuch zehn Jahre später deutlich, als Ulbricht am 26. März 1965 in Begleitung seiner Frau aus Anlass des Institutsjubiläums einen ganzen Tag im Hause des Institutsgründers verbrachte. Die private Atmosphäre dieses Tages betonte Ardenne besonders. Lotte Ulbricht habe sich, so schreibt er, Monate später mit den Worten „Grüßen Sie mir meinen Hubertus", an den jüngsten Sohn erinnert, der ihr an jenem regnerischen Märztag den Schirm getragen hatte. Dass Walter Ulbricht beim Institutsjubiläum die Festrede hielt, teilte er dem Leser jedoch nicht mit.

Das „ehrenvolle Angebot" Ulbrichts vom November 1962, „als Nachfolger des kurz zuvor verstorbenen Georg Handke die Pflichten des Präsidenten der Gesellschaft für Deutsch-Sowjetische Freundschaft zu übernehmen", lehnte er aus gesundheitlichen Gründen ab. Selbstbewusst benannte er auch die „guten Gründe", weshalb er wie kaum ein anderer geeignet gewesen sei, diese sich nach außen überwiegend unpolitisch gebende Massenorganisation zu führen. Zum einen sei die Organisation damals bestrebt gewesen, „die technisch-wissenschaftliche Komponente in ihrem Wirken zu verstärken" und zum anderen habe er vor allem durch seine „zehnjährige Tätigkeit in der Sowjetunion und als Leninpreisträger für diese Funktion geeignet erscheinen" müssen. Er erwähnte aber offenbar dieses „ehrenvolle Angebot" in den Ausgaben bis zum Zusammenbruch des Kommunismus noch aus einem anderen Grund. Der Hinweis, dass er damals die Anhebung des energetischen Status durch die Sauerstoff-Mehrschritt-Therapie, die „mir in meinen späteren Jahren entscheidend half", noch nicht entdeckt hatte, ist durchaus als Werbung für diese Therapie zu verstehen. In der 1997er Ausgabe erwähnte er diese Bitte Ulbrichts übrigens nicht mehr. Da hatte sich die Sauerstoff-Mehrschritt-Therapie international bereits durchgesetzt.

In allen drei Ausgaben vergaß Ardenne nicht, auf eine von ihm ausgehende Initiative zu verweisen, mit „Walter Ulbrichts Hilfe" effektivitätssteigernde Maßnahmen anzuregen und bürokratische Hindernisse zu überwinden. In einer Unterredung bei Ulbricht am 19. Juli 1963, an der außer ihm nur noch Professor Steenbeck teilnahm, damals Vizepräsident der Deutschen Akademie der Wissenschaften und l. Stellvertreter des Vorsitzenden des Forschungsrates, sei „zwei Stunden lang über aktuelle Vorschläge zur Durchsetzung der Kräftekonzentration auf weltmarkt-fähige Erzeugnisse in den unteren Ebenen unserer Wirtschaftslenkung" diskutiert worden. Dieses Gespräch erwies sich zumindest für sein Institut als nützlich, denn eine Reihe von Entwicklungsergebnissen konnte „mit außergewöhnlichem Tempo in die Serienproduktion" überführt werden (Urfassung, S. 341; 1972, S. 266; 1988, S. 321; 1997, S. 375).

Ardenne hatte aber nicht nur das eigene Institut oder ein für ihn wichtiges Seg-ment der „realsozialistischen" Wirklichkeit im Blick, sondern immer auch das Sys-tem als Ganzes. Aber erst in der 1997er Ausgabe konnte er über einen lange zurück liegenden Versuch schreiben, Defizite anzusprechen. „Die gute Beziehung zu Wal-ter Ulbricht [. . .] und die Absicht, notwendige Reformen durchzusetzen, ermutig-ten mich 1968", so heißt es dort auf S. 341, dem Ministerrat und dem Zentralko-mitee der SED ein gemeinsam mit Frank Rieger ausgearbeitetes Dokument zu übergeben. Unter dem Titel „Systemtheoretische Betrachtungen zur Optimierung des Regierens. Studie zur Regierungsstruktur im kybernetischen System der Ge-sellschaft" schlugen die Autoren eine auf selbstoptimierenden Regelkreisen basie-rende Struktur der Wirtschaft vor, in der das Prinzip der Rückkopplung bislang auftretende Verluste und Verfälschungen von Informationen ausschließen sollte.

Der Sturz des SED-Chefs Ulbricht und die Übernahme der Macht durch Hone-cker im Jahre 1971 bedeuteten für Ardenne eine dramatische Zäsur, auch wenn er das bis in die 1988er Ausgabe hinein anders darstellte. Dort betonte er auf S. 352 noch die „entscheidende Unterstützung unserer Forschungen durch Partei und Regierung" und meinte damit die Entscheidung des Politbüros vom Mai 1972, den Status seines privaten Forschungsinstituts zumindest zu seinen Lebzeiten nicht mehr anzutasten. Erst in der Ausgabe von 1997 räumte er ein, dass „die direkte Verbindung zur höchsten Entscheidungsinstanz in der DDR" unter Honecker „in der Tat bedeutend loser geworden" war (S. 407). Nach weiteren 170 Seiten wird er dann deutlicher und schreibt: „Als Honecker 1971 die Macht in der DDR über-nahm, änderte sich die Situation für mich grundlegend". Wenige Jahre nach dem Ableben ihres Mannes brachte es Bettina Baronin von Ardenne mit einer sehr dras-tischen Formulierung auf den Punkt, als sie erklärte, mit Honecker überhaupt keinen Kontakt gehabt zu haben, denn der habe sie ja nicht ein einziges Mal in Dresden besucht und sei ja überhaupt „ein fürchterlicher Mensch für uns ge-wesen".[16]

In der Erstausgabe erwähnte Ardenne Honecker drei Mal. Auf S. 308 zitierte er ihn durchaus wohlwollend mit dem Ausspruch, dass es eine „untrennbare Einheit von Sozialismus und Wissenschaft" gebe. In dieser Formel sah Ardenne den Aus-druck einer hohen Wertschätzung der Wissenschaft durch den SED-Chef, was er

---

[16] Interview mit Bettina Baronin von Ardenne und Dr. Thomas von Ardenne am 20. 03. 2002.

nur zu gern glauben wollte, auch wenn er sich zu jener Zeit möglicherweise schon eine „bessere Gesellschaft" für die sein Leben bestimmende „große Liebe", die Wissenschaft, gewünscht hat. Neben der eher beiläufigen Erwähnung auf S. 313, im Zusammenhang mit einem Empfang, an dem sie beide teilnahmen, betrifft die dritte und letzte Nennung auf S. 343 ein Ereignis von erheblicher Bedeutung. Dort umschreibt er, ohne auf den Inhalt auch nur andeutungsweise einzugehen, in nebulösen Formulierungen den o. g. Politbürobeschluss vom Mai 1972, der die Schwierigkeiten der letzten Jahre vergessen machen lasse und zum Optimismus für die medizinische Forschung berechtige.

In der Ausgabe von 1988 erwähnte er Honecker ebenfalls drei Mal. Dabei ist zwar der Gegenstand, nicht aber der Inhalt identisch mit demjenigen in der 1972er Ausgabe. Denn nunmehr gibt er auf S. 352 preis, dass der Politbürobeschluss vom Mai 1972 die Aufrechterhaltung des privaten Status des Instituts bis zu seinem Tode sicherstellte.

In der 1997er Ausgabe wird Honecker elf Mal erwähnt. Die neu hinzu gekommenen Passagen haben durchweg einen kritischen Tenor. Wenn auch nicht in konzentrierter Form, sondern auf verschiedene Stellen verteilt, so kommt das Ganze doch der Abrechnung mit einem Mann nahe, der nicht bereit war, die kooperative Linie seines Vorgängers fortzuführen. Bereits die erste Erwähnung auf S. 300 qualifiziert Honecker als einen Politiker ab, „der sich kaum für Wirtschaft und Wissenschaft interessierte". Auf S. 515 bescheinigt er dem SED-Chef, selbst bei seinen Schwerpunkten, der Außen- und Friedenspolitik, „wiederholt eine erstaunliche politische Instinktlosigkeit" gezeigt zu haben. Er meinte damit vor allem die Ablehnung von Reformen in seiner Antwort auf die Rede Gorbačevs zum 40. Jahrestag der DDR sowie die Verleihung des Karl-Marx-Ordens noch im Oktober 1989 an den rumänischen Diktator Ceaușescu. Die „Beinahe-Enteignung" interpretiert er nun als Schikane Honeckers, der damit auf seine Weigerung reagiert habe, sich einen „hohen Parteifunktionär" in das Institut hineindrücken zu lassen (S. 576). „Wahrscheinlich" habe Ministerpräsident Stoph die „Überleitung in volkseigenen Besitz" verhindern können, vermutete er.

Es ist anzunehmen, dass er Gründe für eine solche Vermutung hatte, die sich aus den Autobiographien aber nicht erschließen lassen. Stoph war von 1956 bis 1960 Minister für Nationale Verteidigung und Ardenne hatte ihn bei einem Vortrag in der Militärakademie persönlich kennen lernen können. Im Nachgespräch habe sich, so erinnern sich die Söhne an Gespräche mit ihrem Vater, eine gegenseitige Sympathie herausgebildet. Der Vater sei fortan überzeugt gewesen, in Stoph jemanden zu haben, den er im Ernstfall um Hilfe bitten würde.[17] Seit November 1967 arbeitete das Forschungsinstitut von Ardenne auf der Grundlage einer Koordinierungsvereinbarung auch für das Ministerium für Nationale Verteidigung.[18] Im

---

[17] Gespräch mit Dr. Thomas und Dr. Alexander von Ardenne am 16. Januar 2006.

[18] BStU Ast. Dresden, Abt. XVIII-12194, Sondervorgang Institut Manfred von Ardenne, Bd. I, Bl. 422–423.

Rahmen dieser Vereinbarung liefen ab Januar 1968 Forschungs- und Entwicklungsaufgaben für passive Nachtsichtgeräte.[19] Es ist nicht auszuschließen, dass Stoph als Vorsitzender des Ministerrates und Mitglied des Nationalen Verteidigungsrates Kenntnis von diesem Forschungsvorhaben hatte und fürchtete, die Forschungsaufträge im militärischen Sektor könnten nach einer Enteignung mit geringerem Engagement bearbeitet werden. Gab es am Rande der entscheidenden Sitzung des Politbüros Gespräche zwischen Stoph und Ardenne? Wenn ja, worüber wurde gesprochen? Fragen, die im Augenblick nicht beantwortet werden können.

Die Ebene des Bezirks spielt in der Rückschau seiner Autobiographien für Ardenne prinzipiell nur eine untergeordnete Rolle. Die jeweiligen 1. Sekretäre der Bezirksleitung Dresden erwähnt er zwar, stellt sie jedoch nicht als Akteure von großem Einfluss dar, obwohl er gerade von ihnen in der Honecker-Ära mitunter die Unterstützung erfuhr, die ihm die zentrale Ebene verweigerte.

Der Staatlichen Administration, der Exekutive in Systemen mit der klassischen Gewaltenteilung, widmete Ardenne in seiner Selbstdarstellung ebenfalls kaum größere Abschnitte. Für bemerkenswert hielt er allerdings das „erste eingehendere Gespräch" mit dem damaligen Ministerpräsidenten Grotewohl, das er bereits 1956 führen konnte und in der Erstausgabe auf S. 235 erwähnt. Grotewohl habe dabei „lebhaftes Interesse" an dem Gedanken gefunden, die Weltvorräte an Atomwaffen für friedliche Zwecke auszunutzen.

Grotewohl leitete auch jene Regierungsdelegation, die im Januar 1959 Ägypten, Syrien, den Irak, Indien, Vietnam und China besuchte und der auch Ardenne angehörte. In allen drei Ausgaben betonte er, dass Außenminister Lothar Bolz im Auftrag von Grotewohl und Ulbricht bei ihm angefragt habe, ob er an dieser Reise teilnehmen wolle. Die Reihenfolge der Namen, zuerst Grotewohl und dann erst Ulbricht, änderte er im Laufe der Jahrzehnte nicht. Das könnte als Indiz dafür gelten, dass er bei diesem diplomatischen Ereignis der Exekutive dauerhaft die höhere Priorität einräumte. Darüber hinaus dürfte ihm Grotewohl aufgrund seiner sozialdemokratischen Sozialisation sehr viel sympathischer gewesen sein als der Kommunist Ulbricht. Die Bewertung der Reise als ein „erster und lange nachwirkender Schritt auf dem Wege zur Durchsetzung der allgemeinen diplomatischen Anerkennung" der DDR änderte er zwischen 1972 und 1997 inhaltlich nicht. Allerdings ersetzte er die bis zur 1988er Ausgabe öffentliche Identifizierung mit der SED-Diktatur als „unser Staat" (1972, S. 254; 1988, S. 306) in der Ausgabe von 1997 durch „die DDR" (S. 359).

Wie schon bei der Staatspartei, so wird auch bei der Staatlichen Administration die Ebene des Bezirks in allen Ausgaben der Autobiographie völlig vernachlässigt. So taucht z. B. der Vorsitzende des Rates des Bezirkes Dresden, Werner Scheler, der das Institut am 29. Januar 1981 besuchte, lediglich mit diesem Besuch und in der Rubrik „Gäste" auf.

---

[19] Ebd., Bl. 415–419.

Die Mitgliedschaft im verfassungsgebenden Organ des SED-Staates schien Ardenne, zumindest in der Ulbricht-Ära, eine sinnvolle Möglichkeit zu sein, auch politisch wirksam zu werden. Als willkommener, jedoch nicht genannter, Nebeneffekt ergaben sich dadurch auch wieder zahlreiche Begegnungen und Gespräche mit „jenen Persönlichkeiten", die „im wissenschaftlichen oder staatlichen Leben die Schlüsselstellungen innehaben".

In der Urfassung (S. 345) begründete er seinen Entschluss, im Sommer 1963 für die Fraktion des Kulturbundes zu kandidieren, mit den damit verbundenen besseren Möglichkeiten, „der fortschrittlichen Entwicklung der DDR und der Verständigung zwischen beiden deutschen Staaten zu dienen". Für die Erstausgabe wurde das Motiv verkürzt. „Weil ich wusste, dass ich als Abgeordneter der obersten Volksvertretung noch besser der Entwicklung der Deutschen Demokratischen Republik dienen konnte", heißt es dort auf S. 270. Auf die explizite Erwähnung des Dienstes im Interesse der Verständigung zwischen den beiden deutschen Staaten musste er verzichten.

Aber gerade auf diesem Feld konnte er schon 1964 einen Erfolg verbuchen. Nach seiner Wahl habe er dem Staatsratsvorsitzenden Ulbricht vorgeschlagen, so schreibt er in sämtlichen Ausgaben, „auf die Strafverfolgung aller der Bürger der Deutschen Demokratischen Republik, die sich vor dem 13. August 1961 des Vergehens der ‚Republikflucht' schuldig gemacht haben, zu verzichten". Am 1. September 1964 habe die Volkskammer dann den entsprechenden Erlass des Staatsrates bestätigt. In der Urfassung wertete Ardenne diesen Erlass als „großen Beitrag zur Entspannung zwischen den beiden deutschen Staaten", ein Urteil, dem der Verlag sich noch anschließen konnte. Die Formulierung, dass bei den dadurch wieder möglichen Besuchen bei vielen Betroffenen „das Herz wieder für die alte Umwelt" schlug, wurde gestrichen. Gestrichen wurde auch der Satz, dass er „zu Weihnachten 1964 bei einer befreundeten Familie das Glück des Wiedersehens zwischen Eltern und Kindern in Dresden etwas miterleben durfte". Stattdessen erfuhr der Leser in der Erstausgabe, dass „manchem, der inzwischen die westdeutsche Wirklichkeit kennen gelernt hatte", nunmehr „die Entwicklung in der Deutschen Demokratischen Republik [...] in neuem Licht" erschien.

In der Ausgabe von 1988 (S. 328) ergänzte er die Darstellung seines Wirkens als Abgeordneter um den Hinweis, dass er die damit verbundenen Aktivitäten und zusätzlichen Pflichten „bis zum heutigen Tage" dank seiner Sauerstoff-Mehrschritt-Therapie ohne Schwierigkeiten habe „ableisten können." 1997 fügte er dann noch hinzu, dass er nur deshalb Ende 1989 „durch mehrere Reden in diesem Haus mit frühen Reformvorschlägen zur politischen Wende beizutragen" in der Lage gewesen sei (S. 384).

IV. Mitwirkung beim Bau
der sowjetischen Atombombe

„Die Hauptaufgabe [des Instituts] bestand darin, industrielle Verfahren zur Trennung von Uranisotopen zu entwickeln", heißt es auf S. 162 der Erstaugabe. Einen direkten Bezug zur Atombombe stellte er in dieser Ausgabe an keiner Stelle her. Auf S. 163 deutet er seine Mitwirkung bei der Entwicklung der sowjetischen Atombombe jedoch an und rechtfertigt sein Handeln in einer Sprache, die schwerlich als seine eigene gelten kann. „Sollten nun unmenschliche Kräfte aus Übersee", argumentiert er in Begriffen des Kalten Krieges, „die Schreckensherrschaft des Faschismus in Europa ablösen?". Unter einer solchen Bedrohung habe er seine Kräfte und Fähigkeiten einsetzen müssen, „um jene zu unterstützen, die einer derartigen Entwicklung entgegenwirken konnten". Von dieser nach dem Verständnis der SED-Führung „politisch korrekten" Darstellung rückte er später allerdings ab.

Sowohl in der 1988er (S. 197) wie auch der 1997er Ausgabe (S. 240) ist zu lesen, dass Generaloberst Zavenâgin ihm im Auftrag von Marschall Beriâ wenige Tage nach Abwurf der ersten amerikanischen Atombombe auf Hiroshima mitgeteilt habe, „daß die ursprünglich vorgesehene Thematik des Institutes nicht mehr möglich sei". Der Einsatz einer Atombombe zwänge die Regierung der Sowjetunion dazu, als künftiges Arbeitsgebiet des Instituts die „Mitwirkung bei der Entwicklung sowjetischer Atombomben vorzusehen."

In den späteren Ausgaben rechtfertigte er seine Mitwirkung, indem er auf die „geschichtliche Bedeutung der Beschleunigung des nuklearen Gleichgewichts SU-USA nach dem Zweiten Weltkrieg" verwies. Auf S. 207 der 1988er Ausgabe steht: „Es war unsere Hoffnung, dass durch schnelle Schaffung des nuklearen Patt der Ausbruch eines nuklearen dritten Weltkrieges verhindert werden würde." Diese Hoffnung verwandelte sich offenbar später in Gewissheit, denn gerade ein „so frühes" Erscheinen des Atomwaffenpotentials der Sowjetunion habe die USA überrascht und „bis zum heutigen Tage die nukleare Auseinandersetzung zwischen den beiden Hauptmächten verhindert", meinte er später. In der Ausgabe von 1997 führt er auf S. 254 die Diskussion mit dem Leser auf die Ebene von Ethik und Moral, indem er ein Gespräch mit Max Planck im Jahre 1940 und eigene Lebenserfahrungen als Gründe benennt, sich schon lange von der Illusion verabschiedet zu haben, „daß eine Weiterentwicklung der Ethik und des Verantwortungsbewußtseins in den Ebenen der Macht das nukleare Inferno verhindern würde".

Die Widersprüche in der Darstellung einer „entscheidenden Sitzung bei Beriâ" und dessen Angebots, die Leitung des gesamten sowjetischen Atombombenprogramms zu übernehmen, bilden den Schwerpunkt des Abschnitts „Mythen, Legenden und schwer Erklärbares".

V. Bekenntnis zum Sozialismus

Die Erstausgabe (S. 188) und die Ausgabe von 1988 (S. 229) enthalten jeweils einen kleinen Abschnitt, der „Meine innere Hinwendung zum Sozialismus" als Überschrift trägt. In diesen beiden Ausgaben fehlt auch der Hinweis nicht, dass ihm bereits 1933 die marxistische Weltanschauung „nicht mehr fremd" gewesen sei (1972, S. 102; 1988, S. 123) – ein Nebensatz, auf den er später verzichtete. Die „innere Hinwendung" zum Sozialismus (1972, S. 188/189) begründete er damit, dass er den Krieg, dem auch seine beiden Brüder zum Opfer fielen, „als Instrument zur Lösung politischer Fragen tief verabscheuen gelernt" habe und zu der „festen Überzeugung" gelangt sei, dass „nur ein von der Arbeiterklasse im Bündnis mit der Bauernschaft geführtes System wahrhaft für den Frieden sein konnte". In der Sowjetunion schließlich habe sich die „ruhige Zuversicht der sowjetischen Menschen in eine sozialistische Zukunft und ihr zielstrebiges einsatzbereites Wirken" auf ihn übertragen, ohne dass er sich dessen „anfangs bewußt geworden wäre".

1988 relativierte er, offensichtlich ermutigt durch die Debatten um Glasnost und Perestroika, seine bis dahin uneingeschränkt positive Sicht erstmals. Auf S. 229 steht nun auch ein Satz wie dieser: „Aber ich gewann dabei auch den Eindruck, daß der Sozialismus erst am Anfang seiner Entwicklung mit vielen noch zu aktivierenden Reserven steht."

In der 1997er Ausgabe wurden die „noch zu aktivierenden Reserven" schließlich durch „Unvollkommenheiten" ersetzt. Auch die Überschrift änderte er in „Mein Verhältnis zum Sozialismus" (S. 277). Er fügte in diese Ausgabe an anderer Stelle noch einen weiteren Abschnitt ein (S. 299–301). Darin spricht er von seinem „Verhältnis zum praktizierten Sozialismus" und rechtfertigt sein Verhalten in der SED-Diktatur. Den Kritikern seines Handelns zwischen 1972 und 1989 hält er nun entgegen, dass er in jener Zeitspanne durchaus den Zwang verspürt habe, sich „in pragmatischer Form mit der Führung der DDR zu arrangieren". Er habe Verantwortung nicht nur für seine 500 Mitarbeiter und die Familie getragen, sondern auch für die Entwicklung des Instituts und insbesondere für die Durchsetzung der Therapien gegen den Krebs und gegen Energiemangel-Krankheiten. Er spricht auch davon, dass bereits 1972 seine „innere Abkehr vom in der DDR praktizierten Sozialismus" einsetzte. Dazu hätte die Ignoranz der Regierenden gegenüber seinen Reformvorschlägen von 1968 ebenso beigetragen wie der Selbstmord Erich Apels im Dezember 1965. 1972 war darüber hinaus auch das Jahr, in dem die Enteignung und Überführung seines Instituts in Volkseigentum de facto und für kurze Zeit bereits vollzogen wurde. Dieses Argument benutzt er im Zusammenhang mit seinen enttäuschten Erwartungen an den Sozialismus aber nicht.

Auch an anderen Stellen findet sich so manche euphorische Bemerkung zu den Vorzügen des Sozialismus. „Humanistische Ziele und stürmischer Fortschritt" überschrieb er einen Abschnitt in den Ausgaben von 1972 (S. 210) und 1988 (S. 251/252), in dem er verkündete, dass die Zukunft „dem sich jugendlich-stürmisch entwickelnden sozialistischen System" gehöre. Wer für das „glückliche Voranschreiten der Menschheit" eintreten wolle, der müsse „den Sozialismus unterstützen". Die Urfassung enthält übrigens keinen Abschnitt mit der Überschrift „Meine innere Hinwendung zum Sozialismus", so dass auch hier wieder der Verdacht nahe liegt, er habe sich dem Drängen des Verlages gebeugt.

Als „nochmalige Entscheidung zwischen Ost und West" thematisierte Ardenne in allen Ausgaben zwischen 1972 und 1997 seinen Entschluss, sich in der DDR anzusiedeln. Allerdings gab er, wie bereits erwähnt, erst 1997 in der letzten von ihm selbst redigierten Ausgabe einen wirklich überzeugenden Grund dafür an. In der Urfassung schreibt er auf S. 237, „diese Entscheidung ohne zu schwanken zugunsten des Lebens in der Deutschen Demokratischen Republik" getroffen zu haben, obwohl damit „eine schwere zusätzliche finanzielle Belastung" verbunden gewesen sei. Damit meinte er seine Immobilien in Westberlin, die er dadurch nicht wieder nutzen konnte. „Die rapide Entwicklung", die nach der Rückkehr sein Wirkungsfeld „vertiefte und erweiterte", habe die Richtigkeit dieses Entschlusses allerdings „eindrucksvoll bestätigt". Darüber hinaus glaubte er damals, dass „die größere Zukunft und die größere Sicherheit auf der Seite der östlichen Völkerfamilie" liege, zumal diese „kurz vorher durch den Block von 650 Millionen Chinesen verstärkt" worden sei. Den Verweis auf die „verstärkte Völkerfamilie" nahm er dann aber nicht in die Erstausgabe auf.

In der Ausgabe von 1988 erläutert er auf S. 251 die vorher nur angedeuteten „finanziellen Belastungen" ganz ausführlich. 1997 nannte er, wie bereits erwähnt, den eigentlichen Grund seiner Entscheidung zugunsten der DDR. Auf S. 297 heißt es: „Aber Voraussetzung dafür, daß ich bei der Rückkehr nach Deutschland das aus Institut und Wohnung in Lichterfelde stammende Inventar wieder mitnehmen durfte, war, daß ich das künftige Institut in der sozialistischen DDR errichtete". Dennoch bereute er diese Entscheidung niemals. „Auch aus heutiger Sicht", so schreibt er, „war meine Entscheidung, in die DDR zu gehen, richtig gewesen". Er begründet das vor allem damit, dass die staatliche Förderung der Krebs-Mehrschritt-Therapie, „zum Teil sogar gegen die Gutachten fachlich zuständiger DDR-Krebsforscher", durch die öffentliche Hand in der Bundesrepublik so „kaum möglich gewesen" wäre.

Seine Erfahrungen mit dem Zentralismus der Sowjetunion versah er im Laufe der Zeit mit unterschiedlichen Etiketten. Grundsätzlich beurteilte er die Tatsache, dass „selbst unbedeutende Fragen" den Moskauer Dienststellen zur Entscheidung vorgelegt werden mussten, keineswegs negativ. „Die Männer der Moskauer Führungsschicht waren es daher", so urteilte er in der Urfassung, „die in diesen Jahren mit ihren Energieströmen das große Land bis in die letzten Winkel leiteten und steil aufwärts geführt haben". In der Erstausgabe klingt es auf S. 207 nur unwesentlich anders: „Die Energieströme der Verantwortlichen im Zentrum durchdrangen das gewaltige Land und führten es steil aufwärts". 1988 dämpfte er den Aufstieg der UdSSR ein wenig. Die Verantwortlichen führten das Land nun nicht mehr

„steil", sondern nur noch aufwärts (S. 247). 1997 schließlich drückte er seine Verwunderung darüber aus, dass dieses System „damals funktionierte" (S. 295).

VI. Mythen, Legenden und schwer Erklärbares

In der Öffentlichkeit kursierten zahlreiche Mythen und Legenden, deren Quellen sich, wie in solchen Fällen eher die Regel denn die Ausnahme, nicht ermitteln lassen. Auf einige der besonders abstrusen Geschichten ging Ardenne in der 1972er Ausgabe ein (S. 226). Dazu gehörte die Mär, die Regierung der DDR habe ihm ein Bankkonto „von unbegrenzter Höhe" eingerichtet. Das hatte übrigens auch „Der Spiegel" im Herbst 1967 unter dem Titel „Privilegien wie in einem Fürstentum. Reiche und Arme in der DDR" berichtet. Ardenne reagierte auf den Abdruck eines Auszuges aus dem Buch „Das geplante Wunder – Leben und Wirtschaften im anderen Deutschland" von Joachim Nawrocki mit einer Stellungnahme, in der er schrieb, dass die „geringe Höhe unserer finanziellen Reserven" den Autor des Beitrages ganz sicher „zutiefst überraschen würde".[20] Auch das in Dresden kursierende Gerücht, Zwiebeln seien nur deshalb Mangelware, weil soviel „Zwiebelsaft für die Isotopenversuche" benötigt werde, erwähnte er – trotz seiner offensichtlichen Absurdität.

Bei einem kritischen Vergleich der in einem Zeitraum von mehr als drei Jahrzehnten fortgeschriebenen Autobiographien mit der Urschrift fallen auch Stellen auf, die darauf hindeuten, dass der Autor, entweder freiwillig oder fremdem Ratschlag folgend, von der ersten niedergeschriebenen Version eines Ereignisses abrückte. Das betrifft vor allem zwei Erlebnisse, die für ihn selbst den Rang von Schlüsselerlebnissen einnahmen und in ihrer veröffentlichten Version die politische Bildung seiner Kinder maßgeblich prägten. Zum einen handelt es sich um seine Darstellung einer Begegnung mit Max Planck am 2. Februar 1940. Der andere Fall betrifft seinen Einstieg in das sowjetische Atombombenprogramm, und zwar die beiden Begegnungen mit Beriâ. Letztere, erst relativ spät veröffentlicht, könnten so gedeutet werden – und in Wissenschaftlerkreisen der DDR wurden sie überwiegend auch so gedeutet – als habe Beriâ ihm die Gesamtleitung des Projekts übertragen wollen.

1. Max Planck zur Urankernspaltung

„Denkwürdiges Gespräch mit Max Planck" überschrieb Ardenne in allen Ausgaben zwischen 1972 und 1997 seine Darstellung vom Besuch des Nobelpreisträgers im Lichterfelder Laboratorium am 2. Februar 1940.[21] Planck war auf Empfeh-

---

[20] Der Spiegel 21 (1967) Nr. 42, S. 20.
[21] *Ardenne*, Ein glückliches Leben, S. 124–126.

lung seines Freundes Max von Laue gekommen, um sich das Universal-Elektronenmikroskop vorführen zu lassen. Anschließend habe er, so Ardenne, den 81jährigen mit seinem Mercedes nach Hause fahren dürfen. Das ausführlich und in Dialogform wiedergegebene Gespräch im Auto füllt auch noch einen weiteren Abschnitt aus, dem er die Überschrift „Max Planck zur Urankernspaltung" gab. Dieses Gespräch habe ihn bereits zu einem Zeitpunkt, als die deutsche Wehrmacht noch von einem Erfolg zum nächsten „eilte", zu der Erkenntnis geführt, dass der „wahnsinnige, von Hitlerdeutschland ausgelöste Krieg" nur in einer Katastrophe enden könne.[22]

Ein Blick in die Urfassung der Autobiographie zeigt, dass sich Ardenne beim ersten Niederschreiben der Dimension dieser Begegnung offenbar nicht ganz bewusst war. Er erinnerte sich zunächst nur daran, dass sie im Auto „auf die Bedeutung der im Jahre zuvor erfolgten Entdeckung der Urankernspaltung durch Otto Hahn für die künftige Menschheitsentwicklung" zu sprechen kamen. Geheimrat Planck habe damals „mit tiefem Ernst" seine Sorge darüber zum Ausdruck gebracht, dass diese „gewaltigste Energiequelle der Natur nicht zum Wohle der Menschheit, sondern zu ihrer Verderbnis" eingesetzt werden könnte, wenn sie „in unrechte Hände" geriete.[23]

In der veröffentlichten Fassung fallen diese beiden Abschnitte vor allem deshalb besonders auf, weil der ausführliche Dialog ansonsten nicht zu den Stilmitteln des Autors gehört. Trotz der Gefahr, formale Gesichtspunkte über zu bewerten, kann wohl nicht ausgeschlossen werden, dass die Begegnung mit Planck erst in den Gesprächen mit dem Lektor des Verlages der Nation in den Rang eines Schlüsselerlebnisses erhoben wurde. Obwohl die Fahrt „vielleicht nur eine Viertelstunde" dauerte, sei ihm der Gedankenaustausch mit Planck „unvergesslich geblieben", heißt es nun, Authentizität reklamierend. Darüber hinaus bot es sich offenbar an, einem so bedeutungsschweren Anlass auch eine besondere Form zu geben. In der veröffentlichten Version dieser Begegnung mit dem zeitlebens hoch verehrten Geheimrat Planck bestätigte Ardenne das Bild, das Friedrich Herneck, Ordentlicher Professor für Geschichte der Naturwissenschaften an der Humboldt Universität Berlin und als einer der führenden Wissenschaftshistoriker der DDR fest auf dem Boden des Marxismus-Leninismus stehend, schon in den 1960er Jahren von Planck gezeichnet hatte. Herneck lobte in seiner biographischen Studie die „aufrechte antifaschistische Gesinnung" des „großen Humanisten" obgleich dieser tief in den „unguten politischen Überlieferungen des deutschen Bürgertums" befangen sei.[24]

Unzweifelhaft gehört Ardenne zu denjenigen, die über hinreichende Kompetenz verfügten, das militärtechnische Potential der Westmächte realistisch zu beurteilen

---

[22] *Ardenne*, Ein glückliches Leben, S. 126.

[23] Nachlass, Urfassung der Autobiographie, Ordner 1, S. 111.

[24] Vgl. *Herneck*, Bahnbrecher des Atomzeitalters, S. 149–198.

und auch die gewaltigen Ressourcen der Sowjetunion an Menschen und Rohstoffen nicht zu unterschätzen. Einen Sieg Hitlerdeutschlands hielt er deshalb schon sehr früh für nahezu unmöglich. Darüber hinaus hatte ihn der Verlust seiner beiden Brüder Gothilo und Ekkehard, die beide in den ersten Monaten des Krieges gefallen waren, aufgewühlt und zusätzlich sensibilisiert. Wie so oft in seinem Leben folgte auch in diesem Fall der Einsicht sehr rasch das praktische Handeln. Noch im Jahr des Überfalls auf die Sowjetunion begann er mit dem Bau von unterirdischen „Laborbunkern", um seine wertvollen Ausrüstungen vor möglichen Luftangriffen zu schützen. Im darauf folgenden Jahr, Ende 1942, konnten die Bunker fertig gestellt werden.[25]

2. Die schicksalhaften Begegnungen mit Beriâ

Die in der Urfassung der Autobiographie überlieferte Version seines Einstiegs in das nukleare Rüstungsprogramm der UdSSR beschreibt auf nachvollziehbare Weise, wie „am 8. August 1945, zwei Tage nach dem Abwurf der ersten Atombombe auf die japanische Stadt Hiroshima", die Generäle Zavenâgin und Machnëv unangemeldet bei ihm auftauchten und ihn vom Abwurf der Bombe unterrichteten. Beide haben ihm gleichzeitig die Entscheidung ihrer Regierung übermittelt, dass „die Thematik unseres zu planenden Institutes auf Probleme der Atomwaffentechnik umzustellen" sei. Er wehrte sich, wie er schrieb, mit allen ihm zur Verfügung stehenden Argumenten gegen diese Neuorientierung der Thematik und „ging dabei fast bis an die Grenze der Geduld" der beiden Militärs. Er habe ihnen aber lediglich das Zugeständnis abringen können, dass die deutschen Spezialisten „nicht mit zentralen Themen der Atomwaffentechnik betraut wurden, sondern nur mit der Entwicklung von mehr am Rande liegenden, allerdings ebenfalls wichtigen Teilthemen". Dazu gehörten die Isotopentrennung, die Entwicklung von Ionenquellen und kerntechnischen Analysegeräten sowie die Strahlenbiologie. Sein Verhandlungserfolg sei deshalb möglich gewesen, weil „die maßgebenden sowjetischen Wissenschaftler" ganz selbstverständlich danach strebten, „die zentralen Themen der Atomwaffentechnik allein ihren Arbeitskreisen vorzubehalten."

An die beiden schicksalhaften Begegnungen mit Beriâ erinnerte er sich beim ersten Niederschreiben so: „Mitte August wurde ich plötzlich spät abends zu einer Besprechung nach Moskau gefahren. Kurz vor dem Ziel erfuhr ich, dass der Vorsitzende des Rates der Volkskommissare mich zu sprechen wünschte. [...]. Wenige Tage später wurde ich zum zweiten Male zu Marschall Beriâ beordert. Diesmal wusste ich, zu wem die Fahrt ging und um den Sinn der bevorstehenden Sitzung. Ich konnte mich daher geistig vorbereiten. In der Sitzung sollte meine Einsetzung als Organisator und Direktor des Sinoper Forschungsinstitutes ‚A' erfolgen, die Institutsthematik endgültig festgelegt und über verschiedene von mir bei Zavenâgin angeschnittene Fragen endgültig entschieden werden.""

---

25 *Ardenne,* Ein glückliches Leben, S. 137.

Ardenne erwartete offensichtlich nicht, dass Beriâ den Rahmen verlassen würde, den die beiden Militärs in dem vorbereitenden Gespräch bereits gezogen hatten, und ihn vor eine völlig neue Situation stellen könnte. An die weiteren Teilnehmer dieser Sitzung konnte er sich noch sehr genau erinnern. Es waren dies die Wissenschaftler Professor Kurčatov und Professor Alihanov, beide Mitglied der Akademie der Wissenschaften, sowie der spätere Stalinpreisträger Professor Kikoin als Dolmetscher und die Generäle Zavenâgin und Machnëv „Prof. Hertz und ich wurden getrennt vom Marschall empfangen. Bei meinem Eintritt in das Arbeitszimmer Beriâs begrüßte er mich mit großer Liebenswürdigkeit und begründete dann die Notwendigkeit der, wie erwähnt, schon vorher mit General Zavenâgin festgelegten neuen Institutsthematik." Ardenne deutet hier nicht einmal an, dass Beriâ ganz Anderes, Größeres mit ihm vorhatte. „Ich wies vorbeugend darauf hin", beendet er seine Darstellung dieser Begegnung, „dass die Amerikaner an das uns zugedachte Thema der Isotopentrennung mit einem ungeheuren Aufwand an Wissenschaftlern, Technikern, an Material, an Spezialeinrichtungen usw. herangegangen sein mussten und dass wenig Aussichten für unseren kleinen Kreis bestünden, mit den amerikanischen Anstrengungen auf diesem Gebiet Schritt zu halten. Der Marschall betonte daraufhin, dass man nicht mehr von uns pro Person verlangen würde, als ein einzelner Mensch mit gutem Willen zu leisten imstande sei." Mit seiner Festlegung ließ Beriâ den deutschen Forscher beinahe nahtlos an seine Berliner kernphysikalischen Interessen anknüpfen, obwohl die Sowjetunion Mitte August 1945 noch keinen zuverlässigen Überblick über den Stand des deutschen Uranprogramms haben konnte.

Während Ardenne das erste Gespräch mit Beriâ auf Mitte August datierte, schrieb Nikolaus Riehl in seinen Memoiren, ein solches Gespräch habe bereits im Juni 1945 stattgefunden, also mindestens zwei Monate vor dem Abwurf der Atombomben auf Hiroshima und Nagasaki.[26] Neben ihm selbst und Hertz, den Ardenne als einzigen erwähnte, seien auch noch Volmer und Döpel eingeladen worden, die Beriâ persönlich kennen lernen wollte.[27] Die Anwesenheit Kurčatovs hob Riehl besonders hervor, wohl um anzudeuten, dass der Hintergrund dieses Gesprächs vor allem das Interesse an potentiellen Mitarbeitern des nuklearen Rüstungsprogramms gewesen sein muss. Da alles dafür spricht, dass Riehl und Ardenne das gleiche Ereignis meinen, muss sich allerdings einer von beiden im Datum irren.

In der 1984 erschienenen Lizenzausgabe für die Bundesrepublik, Österreich und die Schweiz erwähnte Ardenne erstmals jene Sitzung, die Beriâ mit den Worten eröffnet habe: „Die Regierung der Sowjetunion wünscht, dass in dem Institut, dessen Direktor Sie werden, die Entwicklung unserer Atombombe stattfindet." Ist dieser Satz, der ja von einem Wissenschaftler, und nicht von einem professionellen Dolmetscher, ins Deutsche übertragen werden musste, tatsächlich genau so und nicht anders gesagt worden? Und wenn ja, ist er unbedingt so zu interpretieren,

---

[26] *Riehl,* Zehn Jahre im goldenen Käfig, S. 102.
[27] Ebd., S. 39.

dass Beriâ damit Ardenne die Gesamtleitung der sowjetischen Atombombenent-
wicklung antrug? Dieser Satz taucht dann übrigens auch in der DDR-Ausgabe von
1988 auf.[28] Bemerkenswert ist allerdings, dass Ardenne zwei Jahre vorher die
offensichtlich aus seiner Autobiographie entnommene Passage über die „entscheidende Sitzung bei Marschall Beriâ" aus dem Korrekturabzug eines Beitrages der
„Neuen Berliner Illustrierten" anlässlich seines 80. Geburtstages komplett heraus-
strich. Statt dessen ließ er schreiben: „Wenige Tage darauf wurde der 38jährige
Physiker zu einer Beratung gebeten, an der bekannte Kernphysiker wie Kurtschatow, Alichanow, Galperin, Kikoin und Artzimowitsch beteiligt waren. Es galt,
einen Vorschlag zu besprechen, die sowjetische Atombombe in jenem Institut zu
entwickeln, dessen Direktor Manfred von Ardenne werden sollte. Rückblickend
erinnert sich der heute 80jährige an die dramatische Situation von damals. [. . .]
Ich schlage vor, dass allein die Isotopentrennung zur Hauptaufgabe für unser Institut und die deutschen Spezialisten bestimmt wird. Dieser Vorschlag wurde angenommen'." Die Namen Galperin und Arcimovič tauchen nun erstmals auch als
Teilnehmer dieser Sitzung auf.

An dem „Beriâ-Zitat" der 1984er Ausgabe hielt er in den folgenden Ausgaben
seiner Autobiographie fest. Es ist auch noch in der 1997er Ausgabe der Memoiren
zu finden (S. 241). Eine in dieser Ausgabe an anderer Stelle gewählte Formulierung trägt auch nicht zur Klarheit darüber bei, auf welchem Wege und unter
welchen Schwierigkeiten schließlich der Kompromiss ausgehandelt werden konnte. Unter der Überschrift „Meine wahrscheinlich wichtigste Tat in unserer Zeit"
heißt es nämlich, dass er „in einer Sitzung mit Marschall Beriâ" die Anweisung
erhalten habe, „ein Institut zu organisieren und zehn Jahre zu leiten, in dem die
industriellen Methoden zur Gewinnung von nuklearen Sprengstoffen zu entwickeln
seien".[29]

Die Unsicherheit bei der Interpretation des entscheidenden Satzes von Beriâ"
aus dem Jahre 1945 wird durch Einbeziehung einer Szene noch verstärkt, die sich
zehn Jahre später auf einem Empfang der DDR-Regierung ereignete, durch Ardenne mit „etwa anderthalb Jahrzehnte später" jedoch erstaunlich unpräzise datiert
wurde. Dabei hätte ein Blick in seine abgelegten Terminkalender genügt um fest-
zustellen, dass jener Empfang an einem Sonntag, und zwar am 24. Juli 1955, in
Berlin stattfand. Bei besagtem Empfang, so ergänzte er nun seine Darstellung, sei
er vom Ministerpräsidenten Grotewohl dem 1. Sekretär des ZK der KPdSU, Nikita
Sergeevič Hruŝev, und dem Vorsitzenden des Ministerrates, Nikolaj Aleksandrovič
Bulganin, vorgestellt worden. Dabei habe Hruŝev spontan davon gesprochen, wie
geschickt Ardenne damals seinen „Kopf aus der Schlinge" habe ziehen können.

Das Schicksal dieser wenigen Worte, in lockerer Atmosphäre wohl eher beiläufig fallen gelassen, lässt sich bis zur Aufnahme in die Autobiographien in groben
Zügen rekonstruieren. In ihrem Bericht vom 24. August 1955 an die Bezirksver-

---

[28] *Ardenne,* Sechzig Jahre, S. 198.
[29] Vgl. *Ardenne,* Erinnerungen fortgeschrieben, S. 584.

waltung Dresden des MfS erwähnte der Geheime Informator „Anna" genau diesen Empfang. Damit gibt es also zwei Quellen, die belegen, dass Ardenne nicht „um 1960 herum" auf diesem Regierungsempfang war, sondern schon 1955. „Anna" gab in ihrem Bericht auch den Inhalt eines Gesprächs vom 15. August nahezu wortgetreu wieder, in dem Ardenne Werner Hartmann erzählte, dass er in Berlin Hrušev und Bulganin vorgestellt worden sei. Dabei habe er diesen beiden hochrangigen Politikern gesagt, dass er zehn Jahre im „Sektor Suchumi" gewesen sei. Hrušev habe mit der Bemerkung reagiert: „Na, da haben Sie endlich Ihren Kopf aus der Schlinge gezogen." Gegenüber Hartmann kommentierte Ardenne diesen Satz dem Bericht zufolge mit dem Eingeständnis, damals gar nicht gewusst zu haben, „dass wir drin waren in der Schlinge". Er habe aber dieser „sehr interessanten Bemerkung" spontan ein großes Gewicht beigemessen und „gleich ein kleines Diktat" dazu aufnehmen lassen.[30]

Abb. 24: Ernste Mienen bei einem Empfang zu Ehren Hruševs in Berlin.

Dieses „kleine Diktat" verarbeitete er schon in der Urfassung (Ordner 2, S. 158 / 159), und zwar im Zusammenhang mit der Schilderung seiner Befürchtungen des Herbstes 1945, tatsächlich „in die zentrale Thematik der Atomwaffenentwicklung" einbezogen zu werden. Er begründete die Gefahr, in der er sich damals gesehen habe, mit einem Vortrag von Georgij Nikolaevič Flerov über die kinematische Theorie der Atombombe, zu dem dieser unmittelbar nach ihrer Ankunft nach Sinop gekommen sei. Worin er damals die konkrete Gefährdung gesehen habe, lässt Ardenne allerdings offen. Möglicherweise wollte Flerov, einer der Initiatoren des sowjetischen Atomprogramms, mit seinem Vortrag testen, welches Interesse

---

[30] BStU Ast. Dresden, AOP 2554 / 76, Bd. 40.

die deutschen Wissenschaftler an der Physik der Bombe hatten oder ob einige von ihnen über Kenntnisse verfügten, die ihren sowjetischen Kollegen bislang verborgen geblieben waren.

Dem kurzen Dialog mit Hrušev gab Ardenne zunächst die folgende Form: „Chrustschow sagte mir bei diesem Staatsempfang in Berlin unter Bezugnahme auf unsere Rückkehr aus der Sowjetunion und auf unser Arbeitsgebiet freundlich lächelnd: ‚Na, dann haben Sie ja Ihren Kopf aus der Schlinge gezogen.‘ Ich antwortete lächelnd: ‚Ja, das ist genau unser Gefühl bei unserer Rückkehr nach Deutschland gewesen‘.“ In den Ausgaben der Autobiographie von 1988 und 1997 gibt es nur noch eine geringfügige Variation dieses Hrušev -Zitats. Anstelle von „so gut aus der Schlinge gezogen hat!“ heißt es dort jeweils „so geschickt aus der Schlinge gezogen hat!“.

Wie lässt sich die späte Darstellung Ardennes in die inzwischen recht gut rekonstruierbare Geschichte der forcierten sowjetischen Nuklearrüstung einordnen bzw. wie ist der Satz zu verstehen „Die Regierung der Sowjetunion wünscht, dass in dem Institut, dessen Direktor Sie werden, die Entwicklung unserer Atombombe stattfindet.“? Neben der Schwäche vieler autobiographischer Darstellungen, Ereignisse auch zuverlässig dem Tag zuzuordnen, an dem sie tatsächlich stattfanden, ist die schon genannte, für Weltanschauungsdiktaturen typische, „diffuse Gemengelage aus Zensur und Selbstzensur“ ebenso in Rechnung zu stellen wie das ethische und moralische Problem der Mitarbeit an der Entwicklung von Atombomben überhaupt. Auf letztere wurde im Kapitel „Kernphysikalische Interessen im „Dritten Reich“ schon eingegangen. Als eine weitere Besonderheit ist die Zugehörigkeit von Ost- und Westdeutschland zu den einander feindlich gegenüberstehenden Militärblöcken zu beachten, die auch zu einer unterschiedlichen Bewertung gerade dieser Mitwirkung führte. In der DDR war jeglicher Widerspruch gegen sowjetische Mythen und Legenden aus ideologischen Gründen unzulässig. Bis in die 1990er Jahre hinein hielten sowohl die Politiker als auch die Wissenschaftler der ehemaligen Sowjetunion an dem Mythos fest, die Sowjetunion habe die Bombe aus eigener Kraft geschaffen. Es ist durchaus denkbar, dass Ardenne sich weitestgehend zurück hielt, um Ärger mit der SED-Führung zu vermeiden und die Eitelkeit der sowjetischen Kollegen nicht zu verletzen. In der Bundesrepublik bestand die Gefahr, sich wegen einer früheren Mitarbeit an der sowjetischen Atombombe dem Vorwurf der Stärkung des Hauptgegners im Kalten Krieg auszusetzen.

Angesichts dieser komplizierten Rahmenbedingungen, deren einzelne Komponenten je nach politischer Großwetterlage von unterschiedlichem Gewicht waren, erscheint es geboten, die mündlichen und schriftlichen Äußerungen aller seinerzeit maßgeblichen Akteure in Ost und West mit gebührender Skepsis zur Kenntnis zu nehmen. Wie leicht ein vorschnelles Urteil über Ardenne gesprochen werden könnte, lässt sich an zwei Behauptungen zeigen. 1961 reagierte Ardenne auf die Veröffentlichung in der Illustrierten „Quick“ mit Briefen an Otto Hahn u. a., in denen er erklärte: „Ich habe nicht an der Entwicklung der russischen Atombombe mitgearbeitet“. Bis ans Lebensende sah er andererseits den „Beitrag zur Beschleunigung des atomaren Patts" als seine „wichtigste Tat"[31] Auf den ersten Blick widersprechen sich diese Aussagen. Bei genauem Hinsehen entsprechen beide Behauptungen aber durchaus den Tatsachen. Ardenne hat nicht direkt an der Entwicklung der Atombombe mitgearbeitet. Mit dem von ihm entwickelten Verfahren zur Trennung von Uranisotopen konnte die für eine Bombe erforderliche Menge an Uran-235 nicht hergestellt werden. Andererseits hat er sehr wohl einen beachtlichen Beitrag zur schnellen Herstellung des atomaren Patts geleistet. Er war voll in das sowjetische Programm integriert und seine vielfältigen Beiträge zum Technologietransfer in der Kerntechnik sowie auf angrenzenden Gebieten trugen maßgeblich zur Überwindung des technologischen Rückstandes der Sowjetunion bei.

Wenn in Wissenschaftlerkreisen die Formulierung des fraglichen Satzes durch Ardenne als Angebot Beriâ's gedeutet wird, ihm die Gesamtleitung des sowjetischen Bombenprogramms anzutragen, so heißt das zunächst, dass es, bei aller gelegentlich deutlich zum Ausdruck gebrachten Skepsis, dennoch überzeugende Gründe geben muss, die für eine solche Interpretation sprechen. Beriâ war sich nach dem Abwurf der amerikanischen Bomben vollkommen darüber im Klaren, so könnte man argumentieren, welche Konsequenzen ein Scheitern bzw. ein zu später Erfolg für ihn persönlich haben würde. Er fürchtete zu recht um seinen Kopf.[32] Das Angebot an Ardenne, wenn es denn ein solches gegeben hat, könnte dann so gedeutet werden, dass Beriâ glaubte, Ardenne wäre ein ungleich besserer Leiter eines Projektes von bislang nicht gekanntem Ausmaß als beispielsweise Kurčatov der schon über Jahre an der Spitze dieser Unternehmung stand, oder Kapica, dessen spätere Verweigerung im August 1945 noch nicht absehbar war. Offen bliebe aber immer noch, warum er ein solches sondierendes Gespräch nicht im kleinsten Kreis führte. Andererseits ist es aber auch vorstellbar, dass er der eigenen Elite auf diese Weise demonstrieren wollte, einem „Besiegten" den Vorrang zu geben, falls sie ihre Anstrengungen nicht sofort deutlich verstärken würden und für den schnellen Erfolg garantieren könnten. Dann wäre das Ganze nichts weiter als eine geschickte Inszenierung dieses skrupellosen Handlangers des Diktators Stalin gewesen, um den Druck auf die eigenen Wissenschaftler zu erhöhen.

Dennoch scheint es geraten, diesen Satz zurückhaltend zu interpretieren. Neben der Tatsache, dass Ardenne selbst niemals explizit davon gesprochen hat, ihm sei von Beriâ vorgeschlagen worden, die Leitung des gesamten Projekts zu übernehmen, erscheint die oben angeführte Deutung als Kurzschlusshandlung oder geschickte Inszenierung auch noch aus anderen Gründen als nicht besonders überzeugend. Das entscheidende Argument lieferte Ardenne selbst, als er bei der Schilderung seines ersten Gesprächs mit den Generälen Zavenâgin und Machnëv am 8. August 1945 die Vermutung äußerte, dass „die maßgebenden sowjetischen Wissenschaftler" ganz selbstverständlich danach strebten, „die zentralen Themen

---

31 *Ardenne,* Erinnerungen fortgeschrieben, S. 585.

32 *Rayfield,* Stalin und seine Henker, S. 508.

der Atomwaffentechnik allein ihren Arbeitskreisen vorzubehalten". Dieses Argument hat bis heute nichts von seiner Plausibilität eingebüßt. Wenngleich anzunehmen ist, dass Stalin, der den schnellen Erfolg um jeden Preis wollte, auf die Befindlichkeit der eigenen Wissenschaftler wohl zuallerletzt Rücksicht genommen hätte, scheint es dennoch schwer vorstellbar, dass er angesichts des Sieges über Nazideutschland bereit gewesen wäre, ohne schwerwiegende Gründe die Leitung dieses Rüstungsvorhabens von höchster Priorität und mit höchstem Geheimhaltungsgrad ausgerechnet einem Deutschen anzuvertrauen. Wer hätte Stalin überzeugen können und vor allem wollen, dass die Entwicklung der Atombombe unter den konkreten wirtschaftlichen Bedingungen des Landes nach einem derart zerstörerischen Krieg nur unter der Leitung dieses einen Mannes möglich sein würde, der darüber hinaus nicht zur Creme der deutschen Kernphysiker gehörte? Da das Gespräch mit Beriâ nicht unter vier Augen stattfand, stellt sich darüber hinaus die Frage, ob dieser schon Mitte August, also vor seiner offiziellen Ernennung zum Vorsitzenden des Spezialkomitees, Entscheidungen von solcher Tragweite hätte treffen können?

Welche der beiden Deutungen der Wahrheit am nächsten kommt, ist vielleicht niemals endgültig zu sagen. Bereits zum Zeitpunkt der ersten Veröffentlichung des zu unterschiedlichen Interpretationen Anlass gebenden Satzes lebten die anderen Teilnehmer an dieser Sitzung nicht mehr. Mit Ausnahme von Generaloberst Machnëv ist das Todesdatum der von Ardenne genannten Teilnehmer bekannt. Beriâ war drei Monate nach dem Tode Stalins am 26. Juni 1953 verhaftet und zum Feind des sowjetischen Volkes erklärt worden. Am 23. Dezember des gleichen Jahres wurde er zum Tode verurteilt und hingerichtet.[33] Generalleutnant Zavenâgin verstarb am 31. Dezember 1956 an den Folgen eines Strahlenunfalls, den er bei seiner Teilnahme an der Erprobung einer Kernladung erlitt. Als hochdekorierter Held wurde er an der Kremlmauer beigesetzt. Kurčatov verstarb am 7. Februar 1960 beim gemeinsamen Spaziergang mit einem alten Freund im Park eines Sanatoriums unweit von Moskau, in dem er zur Behandlung weilte.[34] Als Todestag von Alihanov ist der 8. Dezember 1970 angegeben, während sich bei Kikoin mit 1984 nur das Jahr des Ablebens, nicht aber der Todestag ermitteln ließ.[35]

Ardenne selbst dürfte die Deutung, man habe ihm die Gesamtleitung angetragen, zumindest nicht unangenehm gewesen sein. Als Holger Becker im März 1990 im „Neuen Deutschland" schrieb, dass Ardenne beinahe zum „Vater der sowjetischen Atombombe" geworden wäre, da ihm Beriâ „solches angetragen" habe,[36] dementierte er zumindest nicht. Dass er einer solchen Aufgabe gewachsen gewesen wäre, steht außer Frage. Dazu bedurfte es nicht erst der im Kapitel „Kernphysikalische Interessen im ‚Dritten Reich'" zitierten ehrabschneidenden Auslassun-

---

33 *Ivkin,* Gosudarstvennaja vlast' SSSR, S. 221.

34 *Golowin,* Kurtschatow, S. 133 / 134.

35 Vgl. *Zalesskij,* Imperija Stalina.

36 Neues Deutschland vom 24. / 25. 3. 1990.

gen Heisenbergs und von Weizsäckers von „einem bloßen Manager, der für jeden eine Bombe bauen würde".

Wie schnell sich aus Memoiren Legenden entwickeln können, bewies Gernot Zippe, der im Sommer 1946 in Ardennes Institut eingetreten war. Er verknüpfte die beiden zehn Jahre auseinanderliegenden Ereignisse, nämlich die entscheidende Sitzung bei Beriâ im August 1945 und die Begegnung Ardennes mit Hrušev im Juli 1955, miteinander und schrieb 1998 in einer Veröffentlichung zur Geschichte der Gaszentrifuge, dass an der Sitzung bei Beriâ auch Hrušev teilgenommen habe.[37]

---

[37] Vgl. *Oleynikov,* German Scientists, Anm. 92, S. 28.

G. Erbe und Vermächtnis

I. Keine Beisetzung „in aller Stille"

In den wirtschaftlich schwierigen Jahren nach der friedlichen Revolution mutete sich Ardenne, inzwischen jenseits des achtzigsten Lebensjahres, noch beachtliche schriftstellerische Anstrengungen zu. Er veröffentlichte innerhalb weniger Jahre eine Reihe von Büchern, mit denen er nicht nur seine Lebenserfahrungen an die nachfolgenden Generationen weiterreichen wollte, sondern auch Kapital aus den Begegnungen mit renommierten Zeitgenossen in unterschiedlichen politischen Systemen schlagen konnte. Die daraus erwachsenen Einnahmen benötigte er dringend für seine Krebsklinik.

Abb. 25: Manfred und Bettina von Ardenne 1988 mit ihren vier Kindern, deren Ehepartnern sowie den Enkelkindern.

„Wegweisungen" nannte er eine 70 Seiten umfassende und reich bebilderte Schrift, mit der er ein Jahr vor seinem Tod eine „Sammlung von Aphorismen, Lebenserfahrungen und aktuellen Aufgaben" veröffentlichte, die ihn, auf Zettel ge-

schrieben und keineswegs geordnet, durchs Leben begleitet hatten.[1] Mit dem kleinen Buch hoffte er, nicht nur seinen längst erwachsenen Kindern, sondern vor
allem der Jugend „bei der Lösung ihrer Lebensprobleme etwas Hilfe geben" zu
können.[2] Neben einer Vielzahl eigener Erfahrungen enthält der Band Zitate von
bedeutenden Dichtern, Philosophen und Wissenschaftlern sowie von namhaften
Politikern. Natürlich fehlen Goethe und Lichtenberg nicht, sind Einstein und Warburg vertreten. Die Vorliebe des Sammlers für eine bestimmte Art zu denken ist
den Zitaten ebenso wenig anzusehen wie die Freude an besonders eleganten Formulierungen. Lenin ist der am meisten zitierte Politiker, was einerseits für eine
pragmatische und von ideologischer Voreingenommenheit freie Wertschätzung
von Lebenshaltungen und Erfahrungen zu sprechen scheint, andererseits aber auch
als Ausdruck ungenügender Reflexion des Politischen überhaupt betrachtet werden
könnte. Die Aphorismen des Mediziners und Immunbiologen Gerhard Uhlenbruck
sowie die Lebensweisheiten des Begründers der Transzendentalen Meditation, Ma-
harishi Mahesh Yogi, entsprachen offensichtlich ebenso seinen eigenen Erfahrungen und Leitbildern wie die oftmals in Verse gegossenen Ansichten seines leitenden Biologen Paul Reitnauer. In den letzten Monaten seines Lebens rang er um die
endgültige Formulierung seines „Glaubensbekenntnisses", das er zum Schluss in
zwei Sätze zwang.

Manfred von Ardenne starb wenige Monate nach der Vollendung des 90. Lebensjahres am 26. Mai 1997. Die Hoffnung der Familie, den Toten im engsten
Kreis und ohne öffentliches Aufsehen bestatten zu können, erfüllte sich nicht. Zu
der Trauerfeier, die am 3. Juni in der Kapelle des Waldfriedhofs Bad-Weißer-
Hirsch stattfand, waren etwa 500 Menschen gekommen, die ihm die letzte Ehre
erweisen wollten. Darunter waren der Sozialminister Hans Geisler für die Sächsische Staatsregierung, der Dresdner Oberbürgermeister Herbert Wagner sowie
Kammersänger Theo Adam, einer der engsten Freunde. Zahlreiche Fotografen hatten sich außerhalb des Friedhofes postiert und sorgten dafür, dass die Beisetzung
zu einem medialen Ereignis wurde.

In den Mittelpunkt seiner Trauerrede stellte der Jenaer Theologe Prof. Klaus-
Peter Hertzsch, ein langjähriger Freund der Familie, das Lebenswerk des Toten.
Wenn auch dem Wissen und der Erkenntnis Ardennes Grenzen gesetzt waren, so
seien sie weiter und offener gezogen gewesen als in der heutigen Fachgelehrsam-
keit, betonte Hertzsch. „Wirklich wichtig" sei dem Verstorbenen das Urteil jener
ganz Großen seiner Zeit gewesen, denen zu begegnen er das Glück hatte. Umso
gelassener vermochte er deshalb auch das Urteil „der nicht ganz so Großen" dieser
Welt zu ertragen.[3] Anstelle von Blumen, so hatten es die Hinterbliebenen die Gäste
wissen lassen, wünschte der Verstorbene eine Spende für die Fortsetzung der
Krebsforschung.

---

[1] *Ardenne,* Wegweisungen.

[2] Ebd., S. 5.

[3] *Hertzsch,* Klaus-Peter: Trauerrede vom 3. Juni 1997 (Nachlass).

In den zahlreichen Nachrufen der regionalen und überregionalen Presse dominierte das Bemühen, die polarisierende Sichtweise aus der Zeit der deutschen Teilung und des Wettstreits der Systeme zu überwinden. Damit setzten die Journalisten unterschiedlicher Couleur fort, was aktive und ehemalige Politiker aus Ost und West anlässlich des 90. Geburtstags im Januar bereits zelebriert hatten. Damals fand es Henning Voscherau, Erster Bürgermeister der Hansestadt Hamburg, bemerkenswert, dass Ardenne „mit der Freiheit des Universalgenies" von früher Jugend an „seine Wege selbst gefunden" habe. Johannes Rau, Ministerpräsident von Nordrhein-Westfalen, bewunderte „die Höhe" dieses wissenschaftlichen Lebens. Der sächsische Ministerpräsident Kurt Biedenkopf schließlich zählte in seiner Grußadresse das wissenschaftliche Werk Ardennes zum „festen Bestandteil menschlichen und wissenschaftlichen Wissens". Ehemalige Spitzenpolitiker der DDR, deren heimlicher Sympathie und gelegentlicher offenen Unterstützung er sich erfreute, betonten nunmehr besonders seine menschlichen Qualitäten. Egon Krenz empfand großen Respekt vor der Geradlinigkeit des Jubilars und Hans Modrow bescheinigte ihm, mit seinem Wirken „vielen Menschen Mut und Kraft" gegeben zu haben.[4]

Im Gegensatz zur „Chicago Tribune", die am 31. Mai den Tod des „deutschen Atomphysikers" meldete, war dieses Ereignis den regionalen wie auch überregionalen deutschen Zeitungen mehr als nur eine Meldung wert. Neben der Bedienung hinlänglich strapazierter Klischees bemühten sich einige wenige Journalisten, tiefer zu loten und Wandlungen der Persönlichkeit nachzuspüren sowie Defizite zu benennen. In ihren Beiträgen unterschiedlichen Umfanges ließen sie sein Leben noch einmal Revue passieren. Die „Dresdner Morgenpost" titelte am 28. Mai: „Der große Ardenne. Plötzlich blieb sein Herz stehen". Im Vorspann des Auftaktbeitrages einer bis zum 3. Juni fortgesetzten Serie wurde Ardenne den Lesern dieses Boulevardblattes als „geliebt und geschmäht, verachtet und verehrt" nahe gebracht, bevor auf einzelne Aspekte der Lebensleistung eines „der größten Wissenschaftlers unserer Zeit" hingewiesen wurde.[5] „BILD-Dresden", ein Blatt, das ihn gelegentlich heftig attackierte, unterrichtete seine Leser am 27. Mai über den Tod von „Deutschlands größtem Wissenschaftler". Neben dem Vermögen, das die Zeitung auf 40 Millionen allein in Immobilien bezifferte, wurden am Tag darauf „das Genie und seine Erfindungen" gebührend gewürdigt.[6]

Die Dresdner Journalistin Heidrun Hannusch hob die „schillernde Persönlichkeit" des Verstorbenen hervor und nannte ihn einen „der letzten Menschen mit enzyklopädischem Wissen". Ihrer Meinung nach sei es gerechtfertigt, eine „so inflationär gebrauchte Floskel" zu bemühen und von einer Ära zu sprechen, die mit

---

[4] Nachlass, Glückwünsche zum 90. Geburtstag.

[5] *Fliessbach,* Anja K.: Ardenne – sein Leben, Dresdner Morgenpost vom 31. Mai 1997, S. 8.

[6] *Helfricht,* Jürgen: Er starb in den Armen seiner Frau, BILD-Dresden vom 28. Mai 1997, S. 8.

seinem Tod zu Ende gegangen sei.[7] In der „Berliner Zeitung" nannte Michael Ochel den Verstorbenen einen „begnadeten Erfinder und sicheren Wanderer zwischen den Systemen".[8] In der „TAZ" fragte Reiner Metzger, ob Ardenne als „Krebsforscher, Erfinder, Bourgeois im real existierenden Sozialismus", der „bis zuletzt ohne Selbstzweifel" agierte, ein „typisch deutsches Schicksal" verkörpere. Schon in der Überschrift des Beitrages gab er seine Antwort. Mit dem Begriff vom „typischen Wessi" zielte er auf Ressentiments, die in den neuen Bundesländern immer noch weit verbreitet sind.[9] Als „Genie im Dienste mehrerer Herren" porträtierte Karl-Heinz Karisch den „Physiker und Erfinder" für die Leser der „Frankfurter Rundschau".[10] Die im Osten Deutschlands viel gelesene „Super Illu" schließlich nahm in einem reich bebilderten Beitrag mit dem schlichten Titel „Abschied von Ardenne" das ganze Leben in den Blick.

Jochen Kummer setzte das Forscherleben nicht wie ein Puzzle aus einzelnen Etiketten zusammen, sondern hob eine Entwicklungslinie hervor. Er bescheinigte in der „Welt am Sonntag" einem der „letzten Universalgelehrten unserer Zeit", gegen Ende seines Lebens „die Brücke vom rastlosen Entdecker zum Philosophen betreten zu haben".[11] Thomas von Randow hingegen, ein Mann, der sich intensiv mit der Persönlichkeit und den wissenschaftlichen Leistungen Ardennes auseinandergesetzt hatte, nannte ihn zwar „genial" und „von vielen Erfolgen auf unzähligen Gebieten verwöhnt". Er attestierte ihm aber auch ein lebenslanges Defizit, „die Politik" als „wohl einzigen blinden Fleck".[12]

Ardennes Tod veranlasste so manchen, der sich in der DDR besonders engagiert hatte, die eigene Vergangenheit erneut zu reflektieren. Das galt in besonderer Weise für jene, die sich offiziell zu äußern genötigt fühlten. Im Nachruf des URANIA-Vortragszentrums e.V. Dresden vom 27. Mai 1997 hoben Prof. Fritz Heinrich, Vorsitzender des Vorstandes, und Dipl.-Ing. Karl-Heinz Kloppisch, Geschäftsführer, die „Selbstlosigkeit" ihres Ehrenmitgliedes besonders hervor, mit der Ardenne am 16. Oktober 1989 im Dresdner Kulturpalast „nicht Abrechnung mit dem System" betrieben, sondern die „konsequente Neugestaltung der Verhältnisse unter Beachtung der Lehren aus dem Gestern" verlangt habe.[13] Der Wortlaut dieser Verlautbarung lässt die Sorge der Autoren erkennen, eine „Abrechnung mit dem System" gehe zwangsläufig mit einer Entwertung von DDR-Biographien einher.

---

[7] *Hannusch,* Heidrun: Ein Leben, das in keine Schublade passt, Dresdner Neueste Nachrichten vom 28. Mai 1997, S 7.

[8] *Ochel,* Michael: Ein glückliches Leben durch Forschung, Berliner Zeitung vom 28. Mai 1997, S. 29.

[9] *Metzger,* Reiner: Ein typischer Wessi, Die Tageszeitung vom 28. Mai 1997.

[10] *Karisch,* Karl-Heinz: Genie im Dienste mehrerer Herren, Frankfurter Rundschau vom 28. Mai 1997, S. 38.

[11] *Kummer,* Jochen: Zum Tode von Professor Manfred von Ardenne, Welt am Sonntag vom 1. Juni 1997, S. 37.

[12] *Randow,* Thomas von: Der patente Baron, Die Zeit vom 6. Juni 1997, S. 37.

[13] Nachlass, Ordner Presseartikel MvA II.

Prof. Dr. h. c. Friedbert Ficker würdigte besonders die Leistungen auf dem Gebiet der Krebsforschung. In „jahrzehntelanger systematischer Arbeit" sei eine Behandlungsmethode entstanden, die „aus Sicht der biologischen Heilkunde wesentlich mehr Beachtung" verdiene, als ihr gegenwärtig zuteil werde. Ardenne habe sich „in kluger Selbstbescheidung" lösbaren Aufgaben zugewandt und sich nicht in „abstrakten Theorien" verloren. Er jagte auch nicht dem „Phantom einer Weltformel" nach.[14] Die Zeitschrift für Onkologie nahm Ardenne gegen die „Voreingenommenheit bestimmter Publikationen und ihrer Autoren" in Schutz. Er habe „entscheidende Impulse und konkrete Hilfen" gegeben, für die ihm die „unvoreingenommene Ärzteschaft stets dankbar bleiben wird".[15] Nicht unerwähnt bleiben soll die Tatsache, dass sich auch bei diesem Anlass Mediziner zu Wort meldeten, die keineswegs der unvoreingenommenen Ärzteschaft zuzurechnen sind. Sie suchten und fanden auch dieses Mal in den Medien ein Ventil für ihren Frust.[16]

II. Die Erben

Ardenne hinterließ der Familie nicht nur Immobilien in einem für ostdeutsche Verhältnisse in der Tat ungewöhnlichen Ausmaß, sondern vor allem auch seinen klangvollen Namen. Diesem fühlen sich über den Kreis der Familie hinaus auch ehemalige Mitarbeiter, Freunde und Bewunderer verpflichtet. Für nicht wenige seiner ehemaligen Gegner bedeutet dieser Name eine lebenslange Herausforderung. Sie können und wollen ihre Niederlagen und tatsächliche oder auch nur vermeintliche Kränkungen nicht verwinden.

In der Stadt, die nicht nur zum Mittelpunkt seines Lebens, sondern zur Heimat in des Wortes eigentlichem Sinne geworden war, sowie auch in anderen Orten der neuen Bundesländer finden sich gegenständliche und symbolische Zeichen der Erinnerung an diesen erfolgreichen Unternehmer und kreativen Wissenschaftler. Auf unübersehbare Zeichen setzen Initiativen, die erfolgreich dafür eintraten, den Namen fest im öffentlichen Raum zu verankern. An den Ehrenbürger Dresdens erinnert ein Manfred-von-Ardenne-Ring im Norden der Stadt, wo sich seit Jahrzehnten innovationsträchtige Industriezweige ansiedeln. In der thüringischen Stadt Kölleda, mit etwa 6.000 Einwohnern nicht gerade ein Riese, und im brandenburgischen Sonnewalde, das nicht einmal 4.000 Einwohner zählt, gibt es eine Manfred-von-Ardenne-Straße.

In Dresden, Riesa und Freital schmückten sich Gymnasien mit dem Namen des Gelehrten. In Berlin, im Innovationspark Wuhlheide, wurde im September 1999 ein „Manfred von Ardenne-Gewerbezentrum" eröffnet, das 60 mittelständischen

---

[14] *Ficker,* Manfred von Ardenne, S. 64.

[15] *Fischer,* Manfred von Ardenne, S. 49.

[16] Vgl. Leserbrief von Dr. med. Thomas Stüttgen, Rheinische Post vom 3. 7. 1997.

Abb. 26: Bettina und Manfred mit Kurt Körber auf dem
Manfred v. Ardenne-Platz in Hamburg.

Firmen mit ca. 800 Mitarbeitern beste Arbeitsbedingungen bieten sollte.[17] Von einem regelrechten Boom zu sprechen, wäre übertrieben, aber die Gefahr, dass dieser Name aus dem öffentlichen Bewusstsein verschwindet, besteht keineswegs.

Das „URANIA-Vortragszentrum" Dresden erinnert im Mai eines jeden Jahres mit einem Ehrensymposium an den Todestag eines Mannes, der die naturwissenschaftlich-technische Bildung breitester Bevölkerungsschichten nicht nur beständig forderte, sondern diese auch nach Kräften förderte. Sein Lebensweg, so schrieb der Neunundachtzigjährige, „wurde durch häufigen Besuch in der alten Berliner Urania in der Taubenstraße mit ihren Experimentiersälen frühzeitig in Richtung der Naturwissenschaften gelenkt".[18] Seit 2002 vergibt die „Europäische Forschungsgesellschaft Dünne Schichten e.V." den „Manfred-von-Ardenne-Preis für angewandte Physik" für hervorragende Arbeiten auf den Gebieten der Vakuum-, Plasma- und Elektronenstrahlphysik. Damit werden in Europa arbeitende Wissen-

---

17 Technologiezentrum Innovationspark Wuhlheide Berlin: Parkspiegel, Ausgabe 3/99.

18 *Ardenne*, Wegweisungen, S. 14.

schaftler für erfolgreiche Bemühungen um die industrielle Umsetzung wissenschaftlicher Erkenntnisse geehrt. Die Auszeichnung ist mit einem Preisgeld in Höhe von 10.000 € verbunden.

Den über den Tod des Gründers hinaus wirkenden kreativen unternehmerischen Geist verkörpert im Augenblick wohl am eindrucksvollsten die „Von Ardenne Anlagentechnik GmbH". Das von Dr. Peter Lenk geführte Unternehmen wurde zum „Innovator des Jahres 2005" gekürt. Die hochkarätig besetzte Jury des bundesweiten Unternehmensvergleiches „TOP 100" würdigte insbesondere die „Beharrlichkeit im Innovationsprozess". In der zwölfjährigen Geschichte dieses Wettbewerbs erhielt erstmals ein ostdeutsches Unternehmen den renommierten Hauptpreis. Die „vorbildliche lebendige Innovationskultur" entspringe einer langen Tradition, der sich das Unternehmen sichtbar verpflichtet fühle, attestierte die Jury. Das Erfolgsgeheimnis des aus dem renommierten Forschungsinstitut Manfred von Ardennes hervorgegangen „Innovators des Jahres" liege, so der Studienleiter Prof. Nikolaus Franke, „in der Kombination überragender technologischer Fähigkeiten mit Marktorientierung und konsequenter Organisation der Innovation". Außergewöhnlich seien die Beständigkeit und Effizienz, mit der das Unternehmen direkt in die praktische Anwendungen hinein entwickle und sich somit stetig neue Märkte erschließe. Hervorgehoben wurde darüber hinaus die „beispielhafte Zusammenarbeit mit Forschungseinrichtungen", wodurch sich das Unternehmen „fortwährend ein beachtliches Neuerungspotential" sichere.[19]

Im September 2005 erinnerte die größte Nachfolgeeinrichtung des Ardenne-Instituts mit dem internationalen Symposium „50 Jahre Ardenne in Dresden" an ihre Ursprünge. Dieses Ereignis erlaubte einen konzentrierten Blick auf den Umgang der „Erben" mit dem Vermächtnis des Verstorbenen. Die Vortragenden, darunter ehemalige Mitarbeiter, Freunde und Bewunderer, verzichteten auf jegliche Nostalgie, sondern setzten sich in unterschiedlicher Weise mit dem „Phänomen Manfred von Ardenne" auseinander. Einige bewegten sich in ihren Beiträgen, dem Beispiel des zu Ehrenden folgend, mit großer Selbstverständlichkeit auf fremdem Terrain. Mit den Erkenntnissen aus unterschiedlichen Wissenschaftsdisziplinen, zum Teil weit entfernt vom vertrauten Fach, hoben sie das aus ihrer Sicht Bemerkenswerte an Ardenne in einer Weise hervor, die kritisches wie auch bewunderndes Weiterdenken der Zuhörer gleichermaßen ermöglichte. Den zurückhaltenden Umgang mit einem als Verpflichtung begriffenen Erbe demonstrierte Alexander von Ardenne in seinem kurzen Beitrag über die „Lebenshaltung" des Vaters ebenso wie Peter Lenk mit dem Hinweis, dass die Auszeichnung als „Innovator des Jahres" vielleicht „nicht ganz zufällig" in das Jubiläumsjahr gefallen sei.

Lenk zweifelt heute selbst daran, ob das, was er als eine besondere Unternehmenskultur des Ardenne-Instituts zu DDR-Zeiten bezeichnet, unter den immer härter werdenden Wettbewerbsbedingungen in der Zukunft Bestand haben kann. Er sieht darin aber eine wesentliche Grundlage des augenblicklichen Erfolgs. Ardenne

---

[19] Vgl. http://www.business-wissen.de/de/aktuell/kat15/akt19812.html?ops=prn. (21. 3. 2006).

habe es geschafft, so analysiert er, immer wieder Leute um sich zu versammeln, „die bereit waren, das letzte Hemd für ihn zu geben". Jeder sei in schöner Selbstverständlichkeit bemüht gewesen, sein Bestes zu geben, „ohne dass man das abverlangen musste". Mehrarbeit sei zwar in der Regel bezahlt worden, allerdings hätte kaum einer darauf bestanden. „Man ging nach Hause, wenn die Arbeit getan war", blickt Lenk zurück. Entscheidend für den Erfolg sei nicht zuletzt auch der „menschliche Umgang" miteinander gewesen. Selbst die Spitzenleute hätten gewusst, „dass sie ohne die anderen nichts sind". Ganz selbstverständlich saßen die ranghöchsten mit den rangniedrigsten Mitarbeitern am gleichen Tisch und verbrachten gemeinsam ihren Urlaub in den Ardenneschen Häusern in Heringsdorf und Oberbärenburg. Zum Selbstverständnis eines jeden Institutsangehörigen gehörte das Bewusstsein, im grauen sozialistischen Umfeld etwas Besonderes zu sein. Die Fünftagewoche gab es bei Ardenne schon, bevor sie offiziell eingeführt wurde. Darüber hinaus verstand es Ardenne, von seinen Privilegien immer etwas an die Mitarbeiter weiterzureichen. Dazu gehörten Wohnungen und Konsumgüter wie Autos, Waschmaschinen und Kühlschränke. Lenk kommt geradezu ins Schwärmen, wenn er den „phantastischen Teamgeist" lobt und sich noch heute darüber freut, dass es im Institut keine „Kampfgruppe der Arbeiterklasse" gab und die SED nur eine marginale Rolle spielte. „Man hat uns beneidet", resümiert er. „Dass knochenharte Arbeit hinter der schönen Fassade geleistet wird, sahen die meisten natürlich nicht."[20]

Mit den intellektuellen und mentalen Prägungen eines erfolgreichen Unternehmers befasste sich der Physiker Prof. Eberhard Schultheiß vom Fraunhofer Institut für Elektronenstrahl- und Plasmatechnik, das ebenfalls aus dem Forschungsinstitut von Ardenne hervorging. Anhand eines viel gelesenen Buches von Andrew Davidson, in dem der Autor die Erfolgsrezepte von achtzehn außergewöhnlichen britischen Unternehmern analysiert, nahm Schultheiß vor allem systemunabhängige Parameter in den Blick.[21] Wesentliche Charakteristika für das Handeln später so überaus erfolgreicher Unternehmer seien nach Davidson die extreme Fokussierung auf das eigene Interessengebiet und die Unterordnung aller anderen Bereiche des Lebens unter diese Aktivitäten sowie der zielgerichtete Zusammenschluss mit solchen Menschen, die den eigenen Interessen dienlich sind. Darüber hinaus brechen diese Individualisten häufig frühzeitig ihre Ausbildung ab und bewahren ihre Selbstbestimmung, auch wenn sie dafür einen hohen Preis zu zahlen gezwungen sind. Sie ändern bedenkenlos die Regeln, wenn sie auf andere Weise ein Spiel nicht gewinnen können. Schultheiß wies auch auf die Gefahren für solche Talente hin, von denen nicht alle bereits in früher Jugend zu Unternehmern werden. So mancher lande auch im Gefängnis – eine Gefahr, der Ardenne als Schüler nur knapp entging[22]. Darüber hinaus fallen diese Personen auch dadurch auf, dass sie vom

---

[20] Gespräch mit Dr. Peter Lenk am 26. 2. 2005.

[21] Vgl. *Davidson/Borden*, Smart luck.

[22] Zumindest brachte ihm das Betreiben eines illegalen Rundfunksenders eine Verhandlung vor dem Jugendgericht ein (*Ardenne*, Erinnerungen, S. 73 f.)

selbst gestellten Thema regelrecht „beseelt" seien und es mit ungewöhnlicher Disziplin vorantreiben. Mit der Fähigkeit „quer" zu denken und sich nach Niederlagen sofort wieder zu erheben sei bei diesen Menschen auch ein listiger, und wie Schultheiß zuspitzte, „durchtriebener" Ehrgeiz verbunden. Darüber hinaus gehöre es zu den besonderen Fähigkeiten dieser kleinen Personengruppe, Visionen mit konkreten Planungen kombinieren zu können und die ureigene Wesensart konsequent weiter zu entwickeln. Zu guter Letzt sei der Erfolg jedoch auch dem „Zusammentreffen von Fähigkeit und Glück" zu verdanken.

Der habilitierte Berliner Mediziner Klaus Janowski, der sich in seiner eigenen wissenschaftlichen Laufbahn von dem Ardenneschen Prinzip der „ungeteilten Verantwortlichkeit von der Idee bis zum Produkt" leiten ließ, widmete dem Anlass einen kleinen Aufsatz, in dem er sich mit Fragen der Kreativität beschäftigt.[23] Janowski ließ sich durch populäre und viel gelesene Bücher von Howard Gardner und Mihaly Csikszentmihalyi dazu anregen, Ardenne und Otto Warburg miteinander zu vergleichen. Gardner, einer der führenden Experten auf dem Gebiet der Intelligenz- und Kreativitätsforschung, lehrt an der Harvard Graduate School of Education und der Boston University School of Medicine. Er ist mit seiner durchaus umstrittenen Theorie der so genannten „multiplen Intelligenzen" bekannt geworden, die er der Auffassung entgegen setzt, es gäbe nur eine einzige Intelligenz, die noch dazu mit psychometrischen Standard-Instrumenten gemessen werden könne.[24] Csikszentmihalyi ist Wissenschaftler und Künstler zugleich und lehrt Psychologie an der Universität von Chicago. Weltweit wurde er durch die Beschreibung des „Flow-Phänomens" bekannt, das einem Zustand des Glücksgefühls zugrunde liegt, in den Menschen geraten, wenn sie gänzlich in einer Beschäftigung aufgehen. Csikszentmihalyi gilt derzeit als führender Glücksforscher.[25] Für Janowskis Vergleich ist das Verständnis des kreativen Prozesses als Interaktion von vier Elementen entscheidend, wie das Csikszentmihalyi expliziert.[26] Diese Elemente seien das „Individuum selbst mit seinen Zielen und Talenten", die „Domäne" als selbst gewählter Tätigkeitsbereich, das „Umfeld" sowie die „Begegnungen mit Personen und Institutionen, die Urteile über die Qualität der Arbeit fällen". Beide, Ardenne wie Warburg verfügten, so argumentiert Janowski, „zufällig über Talente", die sie „mit großem Ernst und Engagement" eine erfolgreiche Karriere als Forscher einschlagen ließen. Beide bewiesen schon als junge Männer ihre Fähigkeit zur Reflektion, erkannten ihre eigene Ungewöhnlichkeit und konnten ihre ureigenen Stärken ausspielen. Das seien wesentliche Merkmale, die nach Gardner Kreativität ausmachen.[27] Janowski weist zum einen darauf hin, dass es beiden da-

---

23 *Janowski*, Klaus: „Die Dunkelheit vor der Dämmerung", unveröffentlicht.

24 Vgl. http://de.wikipedia.org/wiki/Theorie_der_multiplen_Intelligenzen. (21. 3. 2006)

25 Vgl. *Debold*, Elizabeth: Flow mit Seele. Ein Interview mit Dr. Mihaly Csikszentmihalyi, http://www.wie.org/DE/j9/csiksz.asp?pf=1. (21. 3. 2006)

26 Vgl. *Csikszentmihalyi*, Kreativität.

27 Vgl. *Gardner*, Kreative Intelligenz.

rum ging, „für sich und andere" nützliche Ergebnis zu erzielen. Zum anderen betont er aber auch, dass kreatives Handeln nur als komplizierter Prozess begriffen werden könne, der als Abfolge von „Eingebung, auch Frustration, Vorbereitung, Inkubation und Umsetzung" zu verstehen sei.

Zwischen Realität und Fiktion oszillierend verlieh der Schriftsteller Friedrich Dieckmann mit einem Rückblick auf die „Lebensstationen" Ardennes seiner Verehrung für den um drei Jahrzehnte älteren Freund beredten Ausdruck. Dieckmann, Vizepräsident der Sächsischen Akademie der Künste und Mitglied weiterer bedeutender Institutionen auf den Gebieten von Kunst, Sprache und Dichtung, bediente sich dabei gelegentlich ganz bewusst des Stilmittels dichterischer Überhöhungen.

III. Selbstverständnis und Verantwortung des Wissenschaftlers

Die Arbeit war für Ardenne, wie bereits in der Einleitung bemerkt, das Wichtigste im Leben, wobei er, getrieben von Neugier und Freude an der Erkenntnis, selbst ein Leben lang das Gefühl hatte, immer nur das zu tun, was ihm auch Spaß machte – „alles andere machte meine Frau".[28] Vielleicht gerade weil ihm Wissenschaft so viel „Spaß machte", stellte er hohe Ansprüche an sich selbst und legte diesen Maßstab auch an andere an. Nicht gekränkte Eitelkeit, wie durchaus zu vermuten wäre, sondern dieser hohe Anspruch ließ ihn 1987 in einem Interview für die ARD den für unterschiedliche Interpretationen Raum gebenden Satz aussprechen, dass er „die Ehre" habe, „nicht Mitglied der Akademie der Wissenschaften zu sein". Eine Gelehrtengesellschaft nach sowjetischem Vorbild sah der Achtzigjährige nicht als eine elitäre Vereinigung an, wie sie Wissenschaft mit höchsten Ansprüchen benötigte. Ihn störte das „Missverhältnis zwischen den hohen Summen, welche der Staat Jahr für Jahr der Akademie zur Verfügung stellt, und dem geringen Nutzen aus den erzielten Ergebnissen für unsere Volkswirtschaft". Er monierte, dass die jeweiligen Akademiepräsidenten nicht in der Lage gewesen seien, eine effektive Zusammenarbeit der Forschungsinstitute mit der Industrie zu organisieren. Er habe hohen Respekt vor Wissenschaftlern wie „Rompe, Treder, Thiessen, Jung, Rapoport, Pasternak, Lohs, Lanius, Alexander und anderen", schrieb er vierzehn Tage nach der Ausstrahlung des Interviews an führende Mitglieder der Partei- und Staatsführung. Deren Leistungen könnten jedoch den Schaden nicht aufwiegen, der durch „die Mittelmäßigkeit einiger jüngerer Akademie-Mitglieder und Institutsleiter dem Fortschritt in Wissenschaft und Forschung zugefügt wurde".[29]

---

[28] *Ardenne,* Wegweisungen, S. 30.

[29] Brief vom 27. Juli 1987 an Kurt Hager, Herrmann Pöschel u. a. (Nachlass, Ordner Ministerium für Forschung und Technologie ab 1984).

Als Wissenschaftler war er davon überzeugt, dass Forschung nicht aufzuhalten ist. Darüber hinaus hielt er es geradezu für die Pflicht eines jeden Naturwissenschaftlers, „der Natur immer neue Geheimnisse abzuringen" und diese „nutzbar zu machen".[30] Für die Nutzung der Ergebnisse von Forschung und Entwicklung durch die Gesellschaft reklamierte er eine geteilte Verantwortung. In hohem Maße entscheiden „die gesellschaftlich-politischen Ordnungen, in die der Forscher eingebunden ist, in hohem Maße aber auch er selbst". Ein Forscher müsse wissen, „was ihm sein Gewissen erlaubt und was es verbietet" und er müsse auch die „eigene Verantwortung für die Ergebnisse seiner Arbeit erkennen und wahrnehmen".[31]

In seinen öffentlichen Äußerungen zur Verantwortung des Wissenschaftlers konzentrierte er sich zumeist auf die Fragen von Krieg und Frieden sowie die weltweite Abrüstung. Verzicht auf Hochrüstung bedeutete für ihn, die frei werdenden Ressourcen für die medizinische Forschung und Betreuung einsetzen zu können. Nicht nur die „Erhöhung der Leistungsfähigkeit und Lebenserwartung der Menschen" sei dadurch zu befördern, sondern es könne auch der Energiebedarf einer wachsenden Weltbevölkerung gedeckt werden. Zu guter Letzt würden Mittel frei, den Hunger in vielen Gebieten der Erde wirksam zu bekämpfen.[32]

Obwohl er den Tod seiner beiden älteren Brüder nicht öffentlich, sondern nur in intimeren Zirkeln reflektierte, scheint deren tragisches Schicksal ihn nachhaltig beeindruckt zu haben. Der über Generationen gewachsenen Tradition der Familie, sich dem Kriegs- und Waffenhandwerk zu widmen, konnte und wollte er schon als Kind nicht folgen.

Die häufige Betonung des nuklearen Patts als Garant für den Frieden in der Welt ist als Rechtfertigung seiner unfreiwilligen Mitwirkung an der Entwicklung der sowjetischen Atombombe zu verstehen, mit der er versuchte, mögliche Schuldzuweisungen zuvor zu kommen. Er war sich der Fragilität des atomaren Gleichgewichts durchaus bewusst. Dennoch stimmte er Ende der 1980er Jahre seinem Cousin Wolf Graf von Baudissin zu, der die vollständige Abschaffung der Kernwaffen mit der Begründung ablehnte, dass diese nicht nur weltweit auf Verifikationsschwierigkeiten stoßen, sondern auch erneut „Raum für Kriegsführungs-Sehnsüchte" öffnen würde. „Es freut mich", schrieb Baudissin, „dass auch Du nicht für die vollständige Abschaffung der Kernwaffen plädierst, sondern nur für ihre Reduzierung ‚fast auf Null'".[33] Wenn er in den „Wegweisungen" Einstein mit dem Satz zitiert, „Töten im Krieg" sei um nichts besser „als gewöhnlicher Mord", so ist das mehr als nur ein Indiz dafür, dass er sich im Alter zunehmend pazifistischen Grund-

---

[30] *Ardenne,* Zur Verantwortung, S. 22.

[31] In einem Beitrag für die Zeitschrift „Medunarodnaâ isn" schrieb er im März 1986 die gleichen Sätze, die in dem Büchlein „Zur Verantwortung des Wissenschaftlers in unserer Zeit" nachzulesen sind. (Nachlass, Ordner Tagespresse / Journalisten N-Q, ab Januar 1975).

[32] *Ardenne,* Zur Verantwortung, S. 26 f.

[33] Brief an Manfred von Ardenne, eingegangen am 13. Februar 1987 (Nachlass, Ordner Wichtige Briefe).

überzeugungen näherte.[34] Die von Einstein geforderte „neue Art des Denkens" verstand Ardenne so, dass ein mit Atomwaffen geführter Krieg „nicht mehr im Clausewitzschen Sinne die Fortsetzung der Politik mit anderen Mitteln" sei, sondern „das Ende jeder Politik". Sicherheit könne „nicht mehr gegeneinander, sondern nur miteinander" erreicht werden.[35]

Oft wandte Ardenne aber auch durchaus bedenkliche Mittel an, um sich öffentlich zu Fragen von Krieg und Frieden äußern zu können. Er übernahm die Phraseologie der Staatspartei und vermischte gelegentlich die Interessen der Gesellschaft mit seinen eigenen wissenschaftlichen Ambitionen. So schrieb er noch 1985 ganz im Stile der offiziellen Propaganda, dass sich Ethos und Verantwortung „insbesondere von DDR-Wissenschaftlern" auf zweierlei Weise bewähre. Nämlich erstens „in der Entlarvung und im Kampf gegen jenen Mißbrauch wissenschaftlicher Erkenntnisse, der gegenwärtig in den USA-Plänen zur Militarisierung des Kosmos gipfelt und alle menschliche Zivilisation bedroht", und zweitens im Streben „nach besten Ergebnissen zum Nutzen unserer Gesellschaft". Als Grunderkenntnis seines Lebens bezeichnete er in diesem Zusammenhang die Einheit von „höchster Wissenschaftlichkeit und entschiedener Verantwortung für Frieden und Fortschritt".[36] Die Vermischung mit eigenen Forschungsinteressen wirft ihm der Molekularbiologe Eberhard Geißler noch heute vor. Geißler gehörte 1970/71, wie auch Ardenne, zum Vorbereitungskomitee eines internationalen Symposiums zu ABC-Waffen, das im Auftrag der Weltföderation der Wissenschaftler im November 1971 in Berlin stattfand. Ardenne habe dem Komitee ein Referat vorgelegt, erinnert sich Geißler, das aufgrund „seiner übertriebenen Eigenreklame" auf einhellige Ablehnung stieß. Daraufhin habe dieser sich „wütend" aus dem Komitee zurückgezogen. Dennoch gehörte er zu den Rednern auf dem Symposium. Wie Ardenne das schaffte, kennzeichne dessen Durchsetzungsfähigkeit, erklärt Geißler. Er tauchte „plötzlich auf der Konferenz auf" und ließ sein überarbeitetes Manuskript „von gut gekleideten jungen Herren" als Sonderdruck an die Teilnehmer ausreichen. Von dieser Aktion offensichtlich beeindruckt, habe ihn der als Sitzungsleiter agierende greise ehemalige französische Premierminister Pierre Cot umgehend auf die Rednerliste gesetzt.[37]

Kurz vor dem 80. Geburtstag besuchten der Journalist Horst Hoffmann und der Fotograf Gerhard Kießling den „Weisen auf dem Weißen Hirsch", um sich mit dem Mann zu unterhalten, dessen zahlreiche „Pionierleistungen" als „Erfinder, Entdecker und Erforscher des Neuen" seinen „Weltruf als vielseitigen und tiefgründigen Wissenschaftler" begründeten.[38] Ardenne äußerte sich im Rückblick auf

---

[34] Zitiert nach *Ardenne,* Wegweisungen, S. 17.

[35] Nachlass, Ordner Tagespresse / Journalisten N-Q, ab Januar 1975.

[36] *Ardenne,* Zur Verantwortung, S. 34.

[37] Brief Prof. Eberhard Geißlers vom 11. Oktober 2005 an den Autor.

[38] Ardenne von Horst Hoffmann vorgelegter Entwurf vom 22. Dezember 1986 (Nachlass, Ordner Tagespresse / Journalisten, N-Q, ab Januar 1975).

sein langes Forscherleben zu grundsätzlichen Fragen des Innovationsgeschehens. „Jeder Wissenschaftszweig, jedes technische Gebiet", durchlaufe am Beginn seiner Entwicklung ein Jugendstadium, „in dem sich häufig von einem Tag auf den anderen überraschende Ausblicke und unbekannte Möglichkeiten oft großer Tragweite erschließen". Glücklich seien „jene Poniere" zu nennen, die „nicht nur eine solche zeitlich meist begrenzte Etappe miterleben durften", sondern die „mitgestaltend darüber hinaus jenes Hochgefühl gespürt haben, das nach vorausgegangenen, manchmal lange durchgehaltenen Bemühungen das Gelingen von Entdeckungen, Erfindungen, Konstruktionen, das Erkennen neuer Gesetzmäßigkeiten und neuer Wege im schöpferischen Menschen auslöst." Alles Neue, so beschrieb er seine „geistige Grundhaltung", werde „aus der Gewissheit geboren, dass nichts bereits so vollkommen ist, als dass es nicht noch weiter verbessert werden könnte". Aus dieser Grundhaltung wachsen sowohl Schöpfertum als auch „innere Zufriedenheit". Als „A und O" erfolgreicher Forschung nannte er die „Zeugung" von Talenten, deren Förderung und die Pflege von Traditionen. Zum „kategorischen Imperativ" erhob er die Forderung, dann „erst recht weiter zu forschen", wenn man etwas gefunden habe, das man gar nicht suchte, wenn „sich die Natur anders als erwartet verhält". Von der Wissenschaft zum Alltag, vom Experten zum Normalbürger wechselnd, kam er auf Menschen zu sprechen, die er überhaupt nicht mochte. Das seien diejenigen, die auf Kosten der Gesellschaft lebten, ohne wirklich hilfsbedürftig zu sein. „Mehr geben als nehmen ist es, was als Glück auf die eigene Lebensbahn zurückstrahlt".

Obwohl er selbst seine permanenten Versuche, die Effektivität und Leistungsfähigkeit des „realen Sozialismus" im SED-Staat zu erhöhen, wohl kaum in diesen Zusammenhang gestellt hätte, stehen sie durchaus für einen weiteren Aspekt seines Verständnisses von der Verantwortung des Wissenschaftlers. Angesichts seines Selbstverständnisses und der überragenden Bedeutung, die Wissenschaft seiner Auffassung nach für die Gesellschaft besaß, nimmt es nicht weiter Wunder, dass er eine Vorliebe für technokratische Gesellschaftsmodelle erkennen lässt. Seine im Nationalsozialismus einsetzenden und sein Leben begleitenden Versuche, Einfluss auf führende Politiker zu gewinnen, sind nicht allein dem Zwang des freien Wissenschaftlers und Unternehmers geschuldet, sich Ressourcen beschaffen zu müssen. Sie sind auch Ausdruck seiner Bevorzugung einer Herrschaftsform, in der die Ziele der Gesellschaft auf dem Wege einer rationalen und effektiven Planung sowie einem gleichermaßen effektiven Einsatz der Mittel erreicht werden. Die Betonung wissenschaftlich-technischer Kriterien in einem technokratischen System fand seine Sympathie, auch wenn dadurch die Bedeutung von demokratischer Willensbildung und der daraus abgeleiteten politischen Entscheidungen verringert wird. Nicht zuletzt wegen ihres „technokratischen Impetus" imponierten ihm zunächst auch die Instrumente der sowjetischen Zentralpanwirtschaft. Die Tatsache, dass im Herbst 2005 naturwissenschaftlich ausgebildete Persönlichkeiten mit der Fähigkeit, problemorientiert zu denken an der Spitze der beiden großen deutschen Volksparteien stehen, hätte mit Sicherheit seinen Beifall gefunden. Es spricht vieles dafür, dass er eine Technokratie auch für weniger anfällig gegenüber einem Missbrauch von Macht hielt. In diesem Missbrauch sah er übrigens am Ende eines langen Lebens die Ursache „des meisten Unglücks und der meisten Kriege in der Menschheitsgeschichte".[39] Sein Interesse an der Politik ging allerdings nicht so weit, dass er Gemeinsames und Unterschiedliches der drei Diktaturen, in denen er lebte und arbeitete, systematisch reflektiert hätte.

IV. Urteilsbildung und Umgang mit Kritik

1973, als Ardenne etwa zwei Drittel seines Lebens vollendet hatte, äußerte er sich gegenüber dem stellvertretenden Minister für Wissenschaft und Technik einmal sehr dezidiert zur Frage der Urteilsbildung „auf dem jungen Gebiet der multidisziplinären Forschung": Bei der Entscheidungsfindung „verlasse ich mich zum Teil auf meinen wissenschaftlichen Instinkt, der sich in einem Leben mit der Forschung herausbildet". Oft helfe ihm auch ein Blick auf die „bisherigen wissenschaftlich-technischen Lebenserfolge" eines Forschers. Nicht immer jedoch ließen sich Entscheidungen schnell und aufgrund der genannten Kriterien treffen. Dann, sowie bei Fragen von besonderer Bedeutung, „wo ein Verlassen auf diese Momente nicht ausreichen könnte, beauftrage ich einen jüngeren, möglichst unvoreingenommenen Fachexperten zur wirklich gründlichen, vieltägigen Einarbeitung" in den fraglichen Problemkreis. Aufgrund des Vortrages dieser „katalysatorischen Hilfskraft" treffe er alsbald die „eigene Entscheidung".[40]

Am Ende seines Lebens schrieb er, dass er sich ein Urteil über neue Forschungsergebnisse „stets nur" aufgrund der Einschätzung von Wissenschaftlern bildete, die „zu den bedeutendsten Vertretern ihres Fachgebiets gehörten". Deren Urteil zeichne sich „durch hervorragende Kenntnisse ihres Gebietes, durch Unvoreingenommenheit und Neidlosigkeit" aus.[41] Diese Vorgehensweise ist bei aller Plausibilität wohl auch Ausdruck einer gewissen Abneigung gegenüber dem „Lernen der theoretischen Zusammenhänge".[42] Die aktive Auseinandersetzung mit den theoretischen Voraussetzungen eines Faches bzw. eines Phänomens als gleichermaßen erfolgreichen Weg zu fundierten Urteilen, schloss Ardenne im Rückblick auf seine Karriere offensichtlich aus. Mit dem alten arabischen Sprichwort „Die Hunde bellen, jedoch die Karawane zieht weiter", charakterisiert er treffend seine Haltung zu Kritik an der eigenen Arbeit, sobald er diese als ungerechtfertigt empfand. War das Urteil aus dem Kreis der von ihm akzeptierten „bedeutendsten Vertreter" eines Fachgebietes positiv, so konnten ihn selbst „schärfste Angriffe" anderer Fachleute

---

[39] *Ardenne,* Wegweisungen, S. 34.

[40] Brief an den stellv. Minister Herrmann vom 17. 4. 1973, Nachlass, Schriftwechsel MWT 1972–1979.

[41] *Ardenne,* Wegweisungen, S. 48.

[42] Ebd., S. 14.

nicht „entmutigen und irritieren". Durch „diese Grundhaltung" seien ihm „viele Aufregungen, Kraftschwächungen, Zeitverluste und Abirrungen vom richtigen Wege" erspart geblieben, rechtfertigte er seinen Weg.[43]

V. Ehrgeiziger Forscher – kein akademischer Lehrer

So gern und oft Ardenne auch Vorträge hielt, zum akademischen Lehrer fühlte er sich nicht berufen. Es reizte ihn offenbar nicht, ein Stoffgebiet systematisch und für Lernende verständlich darzustellen. Hinzu kam eine gewisse Geringschätzung der Theorie. „Die wirksamste Form des Studiums der Wissenschaften" sei die Beschäftigung mit konkreten Problemen, so seine dezidierte Auffassung, „und nicht das Lernen der theoretischen Zusammenhänge".[44] Gern zitierte er deshalb auch einen Satz des Physikers Maxwell, wonach dem „Messen von Größen" die höchste Bedeutung für den Fortschritt einer Wissenschaft zukomme.[45] Andererseits erkannte er aber auch die Meinung Leonardo da Vincis an, dass erst die „mathematische Demonstration" eine „menschliche Untersuchung" in den Rang einer „wahren Wissenschaft" erhebe.[46] Seine ersten Erfahrungen als Lehrender sammelte er in den 1940er Jahren an der Berliner Universität. Nach der Rückkehr aus der Sowjetunion verspürte er jedenfalls keine allzu große Neigung, sich in Dresden dauerhaft in der Lehre zu engagieren.

Er blieb Zeit seines Lebens der rastlose und produktive Forscher. Seine Publikationsliste umfasste bis 1988 genau 678 wissenschaftliche Aufsätze, von denen er 334 allein verfasst hatte. Bei den restlichen 344 stand sein Name, ob dem Alphabet oder der Hierarchie geschuldet, an erster Stelle. Das entspricht einem Verhältnis von alleiniger zu gemeinsamer Autorschaft von nahezu 1.0. Auf dem Gebiet der Medizin beträgt dieses Verhältnis rund 0.7, während sich für die übrigen Bereiche ein Wert von 1.5 ergibt. Ohne diese Befunde ausgiebig diskutieren zu wollen, sei nur angemerkt, dass Ardenne sich zum einen in der Medizin selbst nicht als „Experte" im bereits diskutierten Sinne sah, zum anderen diese Arbeiten mit einem hohen experimentellen Aufwand und dementsprechend vielen Mitarbeitern betrieben wurden. Trotz der uneingeschränkten wissenschaftlichen Autorität des Leiters spielte gelegentlich auch im Forschungsinstitut von Ardenne die Frage eine Rolle, wer zu recht verlangen darf, als Autor einer Publikation zu erscheinen, die im Ergebnis der Zusammenarbeit mehrerer Wissenschaftler eingereicht wird, die noch dazu auf unterschiedlichen hierarchischen Ebenen zu verorten sind. Dass Ardenne, der Leiter und führende Wissenschaftler seines Instituts, bei den Veröffentlichungen zumindest als Koautor fungierte, wurde von seinen Mitarbeitern in aller Regel

---

43 Ebd., S. 48.
44 Ebd., S. 14.
45 Ebd., S. 32.
46 Ebd., S. 41.

als selbstverständlich angesehen. Gelegentlich schoss er dabei aber auch über das Ziel hinaus, behauptet zumindest einer seiner ehemaligen Mitarbeiter.[47]

VI. Die Brücke zur Philosophie

Im Mittelpunkt dieses Buches steht Ardenne als Erfinder, Wissenschaftler und Unternehmer. Auf die Privatperson, den „Menschen Ardenne" mit seinen individu- ellen Eigenheiten und sozialen Bindungen wurde bisher kaum eingegangen, da diese Aspekte für die zentrale Fragestellung, wie schon in der Einleitung aus- geführt, nur von untergeordneter Bedeutung sind. Dennoch soll an dieser Stelle der Mensch ein wenig in den Vordergrund treten. Bevor in einem zweiten Schritt die Summe seiner Lebenserfahrung, sein „Glaubensbekenntnis" in den Blick genom- men wird, sollen zunächst einmal einige Mosaiksteinchen aus der Gesamtpersön- lichkeit herausgegriffen werden. Dazu eignen sich einige seiner Antworten auf Fragen der „Frankfurter Allgemeinen", die der 81-jährige am 18. April 1988 beant- wortete. „Vollkommenes irdisches Glück" fand er, so seine Antwort, auf zweierlei Weise. Neben der „Begegnung von seelischer und körperlicher Liebe" vermochte ihn auch das „Gelingen wissenschaftlicher Leistungen mit weltweiter Auswir- kung" in einen Glückszustand zu versetzen. Seine Lieblingsgestalt in der Ge- schichte war der griechische Staatsmann Perikles von Athen, unter dessen Führung Athen die Vormachtstellung im Attischen Seebund sowie einen fünfzehnjährigen Frieden mit Sparta erreichte. Die erfolgreiche Friedenspolitik war es wohl, die ihm an Perikles besonders imponierte. Als Lieblingsheldin in der Wirklichkeit nannte er die Ordensgründerin und Trägerin des Friedensnobelpreises, Mutter Theresa, die ihre Ordensschwestern zum „rückhaltlosen und freien Dienst an den Ärmsten der Armen" verpflichtete. Er konnte selbst sehr gut beurteilen, was es bedeutete, Verantwortung für Menschen wahrzunehmen, die ihm als Mitarbeiter anvertraut waren. Als Unternehmer mehrere Jahrzehnte lang ein „Akteur im Ausnahme- zustand", wusste er nur zu genau, dass es dazu nicht allein gehöriger Kraftanstren- gungen bedurfte, sondern mitunter auch einer erheblichen Portion Risikobereit- schaft. Der „Familienmensch" verdeutlichte die Freude an seinen vier Kindern Beatrice, Thomas, Alexander, Hubertus in aller Kürze dadurch, dass er genau de- ren Namen zu seinen Lieblingsnamen erklärte.[48] Der familieninternen Arbeitstei- lung zufolge lag die Erziehung der Kinder in den Händen der Ehefrau. Bettina sorgte dafür, dass alle vier in der christlichen Tradition ihres eigenen Elternhauses erzogen wurden. Der Vater war keinesfalls ein eifriger Kirchgänger. Den Gottes-

---

[47] Frank Rieger erinnert sich daran, dass Ardenne als alleiniger Autor einer Erwiderung auf einen Artikel in einer amerikanischen Fachzeitschrift auftrat, den er, Rieger, ganz allein verfasst habe. Allerdings, so schränkte Rieger seine Kritik ein, sei diese Erwiderung erst nach seinem Ausscheiden aus dem Institut erschienen. Gespräch mit Frank Rieger am 12. März 2003.

[48] Nachlass, Privatkorrespondenz Ordner A-B.

dienst besuchte er in aller Regel nur zu Weihnachten. Allerdings unterstützte er die evangelische Kirche hin und wieder durch großzügige Spenden, die er mit der Auflage versah, den Namen des Spenders nicht zu nennen. Letzteres hätte nicht nur für beträchtliches Aufsehen gesorgt, sondern gewiss auch Spannungen im Verhältnis zur politischen Führung des SED-Staates erzeugt

Die „Brücke zur Philosophie", um das Bild Randows zu verwenden, betrat er mit zwei Sätzen, die nicht nur das Wachsen Ardennes vom „rastlosen Entdecker" zum „Weisen vom Weißen Hirsch" so augenscheinlich werden lassen, sondern in komprimierter Form für ein Leben mit unglaublichen Höhepunkten und tiefen existenziellen Krisen, mit Lebensfreude sowie mit treuen Freundschaften und heftigen Anfeindungen stehen. Der Institution „Kirche" stand er zwar distanziert, aber keineswegs ohne eine gehörige Portion von Toleranz und wohlwollender Unterstützung gegenüber. Um den Inhalt seines Glaubens auszudrücken, bedurfte er des Gottesbegriffs nicht. Für ihn waltet vom Urknall bis zum Ende von Raum und Zeit ein „Schöpfungsprinzip", das allerdings ebenfalls „Unbegreifbares" hervorbringt. Alter und Weisheit ließen ihn nicht von seiner Überzeugung abrücken, wonach der wissenschaftlich-technische Fortschritt der menschlichen Gesellschaft ein besseres Leben ermöglichen müsse. Seine grundsätzlich positive Bewertung des Fortschritts lässt finalen Katastrophen, wie sie das Christentum z. B. in der Offenbarung des Johannes zumindest für möglich hält, keinen Raum. Den Begriff „Evolution" wendete er offensichtlich nicht nur auf die „lebende" Welt an, sondern auch dort, wo besser von Entwicklung gesprochen werden sollte. Diese Auffassung vertrat zumindest einer der bedeutendsten Biologen des 20. Jahrhunderts, Ernst Mayr. Der bezeichnete die Verwendung des Evolutionsbegriffs in der Physik als nachteilig für die Biologie und leugnete „eine universale Tendenz oder Fähigkeit zu evolutionärem Fortschritt".[49] Für Ardenne hingegen war die Evolution der lebenden Materie ein Prozess, der letzten Endes das Vorhandene durch „das Bessere" ersetzt. Bei aller erkennbaren Demut angesichts von Niederlagen und Enttäuschungen sowie von unerfüllten Träumen könnte sein Glaube an die Durchsetzungsmächtigkeit des Besseren auch ein wenig vom eigenen Selbstbewusstsein gespeist worden sein. „Auch ich habe mich durchgesetzt", wäre ein unausgesprochenes, aber nur zu berechtigtes Kokettieren an der Schwelle zum Tode gewesen.

Das Glaubensbekenntnis des Manfred Baron von Ardenne:

„Ich glaube in tiefer Demut an ein Schöpfungsprinzip, welches die Natur mit ihren vielen unbegreifbaren Wundern seit ihrem Ursprung, zu allen Zeiten und in allen Orten des Universums beherrscht.

Ich glaube, dass das allgegenwärtige schöpferische Wirken der Natur sich in der über viele hundert Millionen Jahre andauernden Evolution unseres Planeten widerspiegelt – einer Evolution mit der Bevorzugung und damit Selektion des Besseren."

---

[49] *Mayr,* Das ist Biologie, S. 260.

„Der edle Mensch nimmt weitherzig Partei,
aber er ist nicht parteiisch;
der niedrig Gesinnte ist parteiisch,
aber er nimmt nicht weitherzig Partei. "
Konfuzius

H. Nachwort

Im Juni 1999 richtete das „Hannah-Arendt-Institut für Totalitarismusforschung" die Bitte an uns, eine Forschungsarbeit über Manfred von Ardenne durch Öffnung seines Nachlasses zu unterstützen. Nach kurzer Diskussion stimmten die Familien von Ardenne dieser Anfrage zu. Der Zugang zum Nachlass unseres Vaters sollte unser, wenn auch begrenzter, Beitrag zur Aufarbeitung der Diktaturen im Europa des 20. Jahrhunderts sein.

Trotz der besonderen Position unseres Vaters in der ehemaligen DDR, von der auch die Familie profitierte, wurde die Distanz von uns Kindern zu diesem Staat mit zunehmendem Alter immer größer. Diese Entwicklung gründete, neben den Erfahrungen, die wir bei unserer Arbeit im Institut des Vaters und in der Industrie sammelten, wesentlich auf der Erziehung durch unsere Eltern und war den Wertvorstellungen zu verdanken, die unser Vater vorlebte. Eigenständige Kritik wurde nicht nur toleriert, sie war erwünscht.

Der heftigste Angriff der Söhne auf den Vater ereignete sich am 30. Oktober 1992, als sie aus den Medien davon erfuhren, dass er dem Sicherheitsdienst empfohlen hatte, an der Staatsgrenze der DDR auf Republikflüchtige mit einem Betäubungsmittel und nicht mit scharfer Munition zu schießen. Hier schien für uns die Grenze des für den Erhalt unseres Instituts unabdingbaren Dialogs mit dieser staatlichen Einrichtung eindeutig überschritten. Hier wurde ein absurdes *Mit*einander gespiegelt, das es so nicht gab. Mit einem solchen Vorschlag würde man, so unsere Auffassung, zum Sympathisanten dieser Institution. Unser Vater lehnte diese Argumentation schroff ab und machte uns sprachlos durch seine Antwort: „Fragt die Eltern der Kinder, die an der Grenze erschossen wurden, ob sie meinen Vorschlag nicht lieber realisiert gesehen hätten." Stand hier plötzlich Menschlichkeit gegen ein Prinzip? In diesen Tagen war für uns besonders die Meinung des Dresdner Kaplans Frank Richter wichtig, damit es nicht zum Bruch zwischen Vater und Söhnen kam. Er schrieb: „. . . wird deutlich, in welche Zwiespältigkeit jeder verantwortlich Handelnde geraten konnte, wenn er in der DDR lebte und seinem Gewissen treu bleiben wollte" (Sonntagspost v. 22. 11. 1992). Trotzdem, was blieb, war unsere Fassungslosigkeit.

Dieser Vorgang passte nicht in das Bild, welches wir über Jahrzehnte aus uns bekannten politischen Handlungen und Äußerungen unseres Vaters, die in der Re-

gel auf einem pragmatischen Hintergrund standen, gewonnen hatten. Immer wieder konnten wir feststellen, dass seine Denkungsart bürgerlich humanistisch war.

Es darf nicht vergessen werden, dass Manfred von Ardenne in der Kaiserzeit
erzogen wurde, von einer Mutter, die eine tief religiöse Protestantin war und sich
mit Hingabe ihren fünf Kindern widmete. Diese Erziehung scheint für den, bis in
die 1930er Jahre des letzten Jahrhunderts hinein, eher unpolitischen Sohn prägend
gewesen zu sein. Sie könnte auch eine gewisse Obrigkeitshörigkeit in der ersten
Hälfte seines Lebens erklären, die sich erst in seinen reiferen Jahren in „Achtung,
allein vor geistiger Autorität" wandelte.

Eine große treibende Kraft des Naturforschers ist seine unbändige Neugier. Häufig ist sie gekoppelt mit nahezu kindlich naiver Herangehensweise bei der Lösung
von Problemen, scheinbar unbelastet von konventionellem Wissen und tradierten
Denkkategorien, welche das zu lösende Problem umranken. Darin liegt die besondere Chance, einen neuen Weg zu finden und zu beschreiten. Manchmal hatten wir
das Gefühl, dass unser Vater auch auf politischem Felde ähnlich agierte.

So kontrovers die Beiträge Manfred von Ardennes auf dem Gebiet der Kerntechnik in der Öffentlichkeit auch diskutiert werden, so sicher können wir als Söhne
konstatieren: Seine wachsende Einsicht in die menschheitsbedrohende Wirkung
der Nuklearwaffen hat ihn in seiner zweiten Lebenshälfte zunehmend zu einem
leidenschaftlichen Gegner der atomaren Aufrüstung werden lassen. Bis zuletzt war
er der Auffassung, dass sein Beitrag zur Entwicklung der sowjetischen Atombombe das atomare Patt zwischen den Großmächten befördert und damit den atomaren Frieden gesichert hat. „Habe ich richtig gehandelt?" fragte er Wolf Graf
Baudissin, um eine moralische Rechtfertigung ringend. Auf dem geistigen Boden
von Bundeswehr, Nato und Friedensinstitut stehend, bestätigte der ehemalige Generalleutnant die Richtigkeit der Überlegung.

Das vorliegende Werk über Manfred von Ardenne vom Hannah-Arendt-Institut
hat der Wissenschaftshistoriker Gerhard Barkleit über viele Jahre hinweg mit
erstaunlicher Ausdauer, Präzision und Sachkenntnis in Gesellschaft, Physik und
Medizin erarbeitet. Dem Forschungsansatz entsprechend wurde das Private weitgehend ausgeblendet und über Motive des Handelns weder spekuliert noch ein
moralisches Urteil gesprochen. So muss diese biographische Abhandlung in ihrem
Schwerpunkt naturgemäß ein Abbild des Nachlasses sowie der von Behörden und
staatlichen Institutionen akribisch verfassten Berichte zur Zielperson sein.

Aus der Optik des Lesers verschiebt sich dadurch die Persönlichkeit Manfred
von Ardennes unweigerlich zum homo politicus, was jedoch nur *eine* Facette seines Lebens beschreibt und der Gesamterscheinung dieses Mannes, unseres Vaters,
nicht gerecht werden kann – was aber auch nicht Ziel der Forschungsarbeit war.
Wer Manfred von Ardenne über Jahrzehnte seines Lebens durch Höhen und Täler
begleitet hat, weiß, dass er mehr als neunzig Prozent seiner Arbeitszeit, die kein
Wochenende und keinen wirklichen Urlaub kannte, wissenschaftlichen Themen
gewidmet hat und nur wenige Prozent für politische Themen aufwandte.

Aus unserer Sicht war Manfred von Ardenne ein Mann der Technik und der Wissenschaften, der für diese lebenslange Leidenschaft stets verstanden hat, die erforderlichen Ressourcen zu erschließen – immer jedoch bemüht um Anständigkeit gegenüber seinen Mitmenschen.

Dresden, den 12. 04. 2006   Alexander von Ardenne
                                                                                         Thomas von Ardenne

Quellen- und Literaturverzeichnis

I. Ungedruckte Quellen

1. Nachlass

Korrespondenz der Familie von Juni 1945 bis Dezember 1954:
    Brief an Adela Baronin von Ardenne vom 11. 5. 1948
    Brief an Adela Baronin von Ardenne vom 18. 10. 1951
    Brief Magdalena Hartmanns an Manfred von Ardenne vom 11. 9. 1952
    Brief an Hartmann vom 8. 8. 1945
    Brief an Hartmann vom 13. 8. 1947
    Brief an Hartmann vom 29. 9. 1951
    Brief an Hartmann vom 2. 10. 1951
    Brief an Hartmann vom 11. 11. 1951
    Brief an Hartmann vom 30. 9. 1952
    Brief an Hartmann vom 28. 10. 1954.

Korrespondenz mit Wissenschaftlern bis 1955:
    Brief an Hollmann vom 4. 3. 1946
    Brief von Ardennes an General Mešik und Prof. Emel'ânov vom 17. 2. 1949
    Brief von Ardennes an Prof. Novikov vom 21. 2. 1950
    Brief an General Sveriev vom 21. 2. 1950
    Brief an Zavenâgin vom 22. 2. 1950
    Brief an Zickner vom 1. 12. 1947
    Einladung vom 12. 2. 1949.

Korrespondenz mit Wissenschaftlern bis 1965;
    Ordner A-Ba-Be, Ordner Bf-Bo, Ordner Bp-Bz, Ordner F-G, Ordner H, Ordner I-K, Ordner M, Ordner W.

Korrespondenz mit Wissenschaftlern ab 1966:
    1966–1974 Ordner C-D, 1972–1975 Ordner P-S sowie Schf-Schz, 1976–1980 Ordner Sch; ab 1981 Ordner Ho.

Personenbezogene und thematische Ablagen:
    Prof. H. Berndt, Erwin Braun 1971–1974, Prof. Burk, Prof. Druckrey, Dr. Herrmann 1972–1975 sowie ab 1981, Dr. Kern 1970–1975, Dr. Körber/Hauni-Werke 1986–1988, Dr. Felix Wankel, Dr. Otto Warburg, Jakob Heiss, IvA-Stiftung 1955–1974, Staatliche Beteiligung, Otto Westphal, OXICUR-Medizin-Technik bis 1990, Wichtige Briefe.

Privatkorrespondenz:
    Ordner A-B und Ordner C-M.

Schriftwechsel mit Institutionen:

SED 1964 – 1974, Ministerium für Wissenschaft und Technik 1967 – 1971, Ministerium für Forschung und Technologie ab 1984, Ministerium für Wissenschaft und Technik, 1972 – 1979, Verlag der Nation 1972.

Urfassung der Autobiographie, Ordner 1 – 2.

Sammlung der wissenschaftlichen Veröffentlichungen und kommentierenden Presseberichte von 1923 bis 1996 (Mappe 1 – 346).

Patentanmeldungen ab 1929 (sowie erstes Patent von 1923).

Schriftwechsel mit Firmen (Vertragsverhandlungen) ab 1926.

Persönlicher Terminkalender und Terminkalender des Sekretariats ab 1955.

Gästebuch.

Ablage Politik.

Nowara, Thomas: (Interview) mit Manfred von Ardenne am 18. 10. 1989, in: Diplomarbeit, Köln 1990.

2. Archivalien

Bestände der Abteilung DDR im Bundesarchiv (teilweise unpaginiert):

Ministerium für Wissenschaft und Technik, sowie die Hauptüberlieferung des Forschungsrates (DF 4): DF 4 – 20254, DF 4 – 22251, MWT, Sekretariat Dr. Weiz, Institut M. v. Ardenne, 1983 – 1986, DF 4 – 23341, DF 4 – 58535 und –58536., DF 4 – 58541, BArch DF 4 – 9772, MWT, Sekretariat Dr. Weiz, Institut M. v. Ardenne 1972 – 1975.

Ministerium für Gesundheitswesen (DQ 1): DQ 1 – 11637, Vorgang Prof. Manfred von Ardenne, 1981 – 1983, DQ 1 – 15038, Medizinische Forschung und Bildung – Prof. Schönheit, Dokumente / Schriftwechsel betr. Prof. v. Ardenne 1980 – 1990.

Rat für medizinische Wissenschaften beim Ministerium für Gesundheitswesen (DQ-109): DQ 109 – 111, Rat für medizinische Wissenschaften beim Ministerium für Gesundheitswesen 1967 – 1975.

Bestände der Abteilung Deutsches Reich im Bundesarchiv (teilweise unpaginiert):

Reichspostministerium: R 47.01 – 14752, R 47.01 – 20809, R 47.01 – 20813, R 47.01 – 20815, R 47.01 – 20818, R 47.01 – 20827, R 47.01 – 20869, R 47.05 – 22988, R 47.05 – 22994.

Sowie im Bundesarchiv vorhandene Bestände des ehemaligen BDC.

Bestände der Abteilung Koblenz: R 73 / 10090, R 73 / 317 (teilweise unpaginiert).

Bestände der Stiftung Archiv Parteien und Massenorganisationen der DDR beim Bundesarchiv (SAPMO-BArch): DY 30 / J IV 2 / 2 – 1395 und DY 30 / J IV 2 / 2A-1595 / 96.

Bestände der Bundesbeauftragten für die Unterlagen des Staatssicherheitsdienstes der ehemaligen DDR (BStU) Berlin einschließlich der Außenstellen Dresden und Chemnitz (teilweise unpaginiert):

Berichtsakten Inoffizieller Mitarbeiter: MfS-AIM 2753 / 67 ; Ast. Dresden AIM 1886 / 62, Bd. I; Ast. Dresden AIM 12763 / 70, Bd. III; Ast. Dresden AIM 2315 / 81; Ast. Dresden AIM 1675 / 89, Bd. I, II.; Ast. Dresden AIM 1675 / 89, Bd. II, II.; Ast. Dresden, AIM 1081 / 90, Bd. II.; Ast. Dresden, AIM 2838 / 91 ; Ast. Dresden, AIM 539 / 91, Bd. II, II.

Archivierter Operativer Vorgang: Ast. Dresden, AOP 2554 / 76, Bd. 40.

Abteilung XVIII der Bezirksverwaltung Dresden: Ast. Dresden, Abt. XVIII-835, Bd. I., II.; Ast. Dresden, Abt. XVIII-12194, Sondervorgang Institut Manfred von Ardenne, Bd. I.; Ast. Dresden, Abt. XVIII-12197; Ast. Dresden, Abt. XVIII-12198; Ast. Dresden, Abt. XVIII-12199; Ast. Dresden, Karteikarte F 22 OV 67/55.

Akten des Leiters der Bezirksverwaltung Dresden: Ast. Dresden Leiter der BV, Nr. 10767; Ast. Dresden Leiter der BV, Nr. 10905.

Bezirksverwaltung Chemnitz, Auswertungs- und Kontrollgruppe: Ast. Chemnitz AKG-3078, Bd. III.

3. Zeitzeugeninterviews

Adam, Theo am 15. 1. 2002

Ardenne, Alexander am 2. und 22. 2. 2002 sowie am 16. 6. 2004

Ardenne, Baronin Bettina von am 20. 3. 2002

Ardenne, Thomas von am 8. 8. 2001, am 2. und 22. 2. 2002, am 20. 3. 2002 sowie am 16. 6. 2004

Günther, Heinrich am 27. 8. 2003

Herrmann, Thomas am 20. 8. 2003

Hocker, Bernd am 13. 6. 2001

Lenk, Peter am 30. 10. 2001 und 26. 2. 2005

Liebusch, Roland am 27. 8. 2001

Lippmann, Hans-Georg am 29. 7. 2003

Modrow, Hans am 26. 9. 2003

Reball, Siegfried am 6. 11. 2001

Reitnauer, Paul Gerhard am 27. 5. 2003

Rieger, Frank am 12. 3. und 2. 6. 2003

Schorcht, Johannes am 20. 8. 2003

Schostok, Paul am 2. 9. 2003

Sommer, Harald am 28. 7. 2003

Westmeyer, Hans am 13. 9. 2001

Westphal, Otto am 1. 9. 2003.

4. Internet

http://www.business-wissen.de/de/aktuell/kat15/akt19812.html?ops=prn,

http://www.wie.org/DE/j9/csiksz.asp?pf=1,

http://www.aeiou.at/aeiou.encyclop.m/m684713.htm,

http://www.hu-berlin.de/presse/zeitung/archiv/02_03/num_8/geschichte.pdf, 14. 6. 2005,

http://www.uni-protokolle.de/nachrichten/id/54112/,

http://www.kp.dlr.de/pressestelle/pm31_97.htm,

http://nobelprize.org/physics/laureates/1986/press.html,

http://www.business-wissen.de/de/aktuell/kat15/akt19812.html?ops=prn,

http://de.wikipedia.org/wiki/Theorie_der_multiplen_Intelligenzen.

II. Gedruckte Quellen

1. Monographien und Aufsätze in Sammelbänden

Andrew, Christopher / *Mitrohin,* Wassili: Das Schwarzbuch des KGB. Moskaus Kampf gegen den Westen, München 1999.

Ardenne, Manfred von: Die physikalischen Grundlagen der Anwendung radioaktiver oder stabiler Isotope als Indikatoren, Berlin 1944.

– Ein glückliches Leben für Forschung und Technik, Berlin 1972.

– Erinnerungen fortgeschrieben. Ein Forscherleben im Jahrhundert des Wandels der Wissenschaften und politische Systeme, Düsseldorf 1997.

– On the History of Scanning Electron Microscopy, of the Electron Microprobe, and Early Contributions to Transmission Electron Microscopy, in: Hawkes, Peter W. (Hg.): The Beginnings of Electron Microscopy, London 1985, S. 1 – 21.

– Sechzig Jahre für Fortschritt und Forschung, Berlin 1988.

– Systemische Krebs-Mehrschritt-Therapie. Hyperthermie und Hyperglykämie als Therapiebasis. Grundlagen, Konzeption, Technik, Klinik (bearbeitet von P. G. Reitnauer), Stuttgart 1997.

– Tabellen zur angewandten Kernphysik, Berlin 1956.

– Wegweisungen, Windeck / Sieg 1996.

– Zur Geschichte der Rasterelektronenmikroskopie und der Elektronenmikrosonde, Vortrag am 12. 10. 1977 im Zentralinstitut für Festkörperphysik und Werkstoffforschung der AdW, Jena.

– Zur Verantwortung des Wissenschaftlers in unserer Zeit, Berlin 1985.

Ash, Mitchell G.: Kurt Gottschaldt (1902 – 1991) und die psychologische Forschung vom Nationalsozialismus zur DDR – konstruierte Kontinuitäten, in: Hoffmann, Dieter / Macrakis, Kristie (Hg.): Naturwissenschaft und Technik in der DDR, Berlin 1997, S. 337 – 359.

Bagge, Erich: Keine Atombombe für Hitler, in: Salewski, Michael (Hg.): Das Zeitalter der Bombe. Die Geschichte der atomaren Bedrohung von Hiroshima bis heute, München 1995, S. 27 – 49.

Barkleit, Gerhard: Moderne Waffensysteme für die Sowjetunion – die SED im Spagat zwischen ökonomischen Zwängen und ideologischer Gefolgschaft, in: Timmermann, Heiner (Hg.): Deutsche Fragen. Von der Teilung zur Einheit, Berlin 2001, S. 39 – 52.

Berghofer, Wolfgang: Meine Dresdner Jahre, Berlin 2001.

Bischoff-Paßmann, Sabine: Einfluss der Sauerstoff-Mehrschritt-Therapie bei unterschiedlichen Retinopathien, Dissertation, Freie Universität Berlin, 18. März 1994.

Blumtritt, Oskar: The Flying-spot Scanner, Manfred von Ardenne and the Telecinema, in: Finn, Bernard (Hg.): Presenting Pictures, London 2004, S. 84 – 115.

Bracher, Karl Dietrich / *Funke,* Manfred / *Jacobsen,* Hans-Adolf (Hg.): Die Weimarer Republik 1918 – 1933, Bonn 1987.

Bredow, Hans: Im Bann der Ätherwellen. 2 Bände, München 1956.

Brockhaus Enzyklopädie, Bd. 20, Mannheim 1993.

Bruch, Walter: Kleine Geschichte des deutschen Fernsehens. Berlin 1967.

Čikov, Vladimir / *Kern,* Gari: Ohota za atomnoj bomboj, Moskau 2001.

Conquest, Robert: Stalin. Der totale Wille zur Macht, München 1993.

Cornwell, John: Hitlers Scientists. Science, War, and the Devil's Pact, New York 2004.

Csikszentmihalyi, Mihaly: Kreativität. Wie Sie das Unmögliche schaffen und Ihre Grenzen überwinden, Stuttgart 1997.

Davidson, Andrew / *Borden,* Harry: Smart Luck. The Seven Other Qualities of Great Entrepreneurs, London u. a. 2004.

Dürsch, Walter: Dr. med. Berthold Kern, wahrer Gewinner beim ‚Heidelberger Tribunal' und wichtiger Mitbegründer einer ‚Richtigen Medizin' – Zu Ehren des am 16. 10. 1995 verstorbenen Dr. B. Kern, Windeck / Sieg 1995.

Eckart, Wolfgang U.: Geschichte der Medizin, Berlin / Heidelberg 2001.

Frayn, Michael: Kopenhagen. Stück in zwei Akten, mit zwei Nachworten des Autors, Göttingen 2003.

Frenkel', Âkov, Il'ič: Abram Fedorovič Ioffe, Leningrad 1968.

Fritze, Lothar: Die Tötung Unschuldiger. Ein Dogma auf dem Prüfstand, Berlin 2004.

Gardner, Howard: Kreative Intelligenz. Was wir mit Mozart, Freud, Woolf und Gandhi gemeinsam haben, München / Zürich 2002.

Geschichte der Sozialistischen Einheitspartei Deutschlands. Abriss, Berlin 1978.

Gloede, Wolfgang: Vom Lesestein zum Elektronenmikroskop, Berlin 1986, S. 172–182.

Golowin, I. N.: I. I. W. Kurtschatow. Wegbereiter der sowjetischen Atomforschung, Leipzig / Jena / Berlin 1976.

Hampe, Eckhard: Zur Geschichte der Kerntechnik in der DDR von 1955 bis 1962. Die Politik der Staatspartei zur Nutzung der Kernenergie, Dresden 1996.

Harig, Georg / *Schneck,* Peter: Geschichte der Medizin, Berlin 1990.

Hartwig, Hugo: Der Arzt, der das Leben verlängerte, Berlin 1941.

Heinemann-Grüder, Andreas: Die sowjetische Atombombe, Münster 1992.

Herneck, Friedrich: Bahnbrecher des Atomzeitalters. Große Naturforscher von Maxwell bis Heisenberg, Berlin 1969.

Hertz, Gustav (Hg.): Grundlagen und Arbeitsmethoden der Kernphysik, Berlin 1957.

Höffe, Otfried: Zur Ethik des Atomzeitalters. Neun Thesen, in: Salewski, Michael (Hg.): Das Zeitalter der Bombe. Die Geschichte der atomaren Bedrohung von Hiroshima bis heute, München 1995, S. 282–298.

Hoffmann, Dieter / *Macrakis,* Kristie (Hg.): Naturwissenschaft und Technik in der DDR, Berlin 1997.

Hoffmann, Dieter: Operation Epsilon. Die Farm-Hall-Protokolle oder Die Angst der Alliierten vor der deutschen Atombombe, Berlin 1993.

Hoffmann, Heinz: Die Betriebe mit staatlicher Beteiligung im planwirtschaftlichen System der DDR 1956 – 1972, Stuttgart 1999.

Hoffmann, Klaus: Otto Hahn. Stationen aus dem Leben eines Atomforschers, Berlin 1978.

Irving, David: Der Traum von der deutschen Atombombe, Gütersloh 1967.

Ivkin, Vladimir, Ivanovič: Gosudarstvennaâ vlast' SSSR. Vysšie organy vlasti i upravleniâ i ih rukovoditeli 1923 – 1991, Moskva 1999.

Jesse, Eckhard (Hg.): Totalitarismus im 20. Jahrhundert. Eine Bilanz der internationalen Forschung, Bonn 1999.

Judt, Matthias (Hg.): DDR-Geschichte in Dokumenten, Bonn 1998.

– Aufstieg und Niedergang der „Trabi-Wirtschaft", in: Judt, Matthias (Hg.): DDR-Geschichte in Dokumenten, Bonn 1998, S. 87 – 102.

Judt, Matthias / *Ciesla,* Burghard (Hg.): Technology Transfer Out of Germany After 1945, Amsterdam 1996.

Kaiser, Monika: Machtwechsel von Ulbricht zu Honecker. Funktionsmechanismen der SED-Diktatur in Konfliktsituationen 1962 – 1972, Berlin 1997.

Karlsch, Rainer: Hitlers Bombe, München 2005.

Kern, Berthold: Der Myokard-Infarkt, Heidelberg 1970.

Kielmansegg, Peter Graf: Krise der Totalitarismustheorie?, in: Jesse, Eckhard (Hg.): Totalitarismus im 20. Jahrhundert. Eine Bilanz der internationalen Forschung, Bonn 1999, S. 286 – 304.

Kirsch, R. / *Schmidt,* D.: Erste experimentelle und klinische Erfahrungen mit der Ganzkörperextremhyperthermie, in: Doerr, W. / Lindner, F. / Wagner, G. (Hg.): Aktuelle Probleme aus dem Gebiet der Cancerologie, Heidelberg 1966, S. 53 – 70.

Kleßmann, Christoph: Zwei Staaten, eine Nation. Deutsche Geschichte 1955 – 1970, Bonn 1988.

Konecny, Ewald / *Roelcke,* Volker / *Weiss,* Burghard (Hg.): Medizintechnik im 20. Jahrhundert. Mechanik, Elektrotechnik, Informationssysteme, Berlin 2003.

Kruglov, Arkadii: The History of the Sovjet Atomic Industry, London 2002.

Kuhn, Thomas S.: Die Struktur wissenschaftlicher Revolutionen, Frankfurt am Main 1993.

Leutner, Klaus: Das KZ-Außenlager Lichterfelde, Berlin 2001.

Lexikon des Mittelalters: Bd.VIII, München 1997, Sp. 1618 – 1622.

Lilge, Herbert: Deutschland 1955 – 1963, in: Lilge, Herbert (Hg.): Deutschland 1945 – 1963, Hannover 1989, S. 153 – 329.

Luks, Leonid: Geschichte Russlands und der Sowjetunion. Von Lenin bis Jelzin, Regensburg 2000.

Lundgreen, Peter (Hg.): Hochschulpolitik und Wissenschaft im „Dritten Reich", in: Lundgreen, Peter (Hg.): Wissenschaft im „Dritten Reich", Frankfurt am Main 1985, S. 9 – 30.

– Wissenschaft im „Dritten Reich", Frankfurt am Main 1985.

Mahl, Hans / *Gölz,* Erich: Elektronenmikroskopie, Leipzig 1951.

Mayr, Ernst: Das ist Biologie. Die Wissenschaft des Lebens, Heidelberg / Berlin 2000.

McKinney, H. Lewis: In Memoriam – Dean Burk (1904 – 1988), University of Kansas 1989.

Mick, Christoph: Forschen für Stalin. Deutsche Fachleute in der sowjetischen Rüstungsindustrie 1945 – 1958, München / Wien 2000.

Ministerium der Justiz (Hg.): Zivilgesetzbuch der Deutschen Demokratischen Republik sowie angrenzende Gesetze und Bestimmungen. Berlin 1978.

Müller-Enbergs, Helmut / *Wielgohs,* Jan / *Hoffmann,* Dieter (Hg.): Wer war wer in der DDR? Ein biographisches Lexikon, Bonn 2000.

Nesper, Eugen / *Kunze,* Walter: Die Mehrfachröhre, Berlin 1928.

Neuweg, Georg Hans: Könnerschaft und implizites Wissen. Zur lehr-lerntheoretischen Bedeutung der Erkenntnis- und Wissenstheorie Michael Polanyis, Münster 2001.

Nick, Harry: Warum die DDR wirtschaftlich gescheitert ist, Berlin 1994.

Panitz, Eberhard: Treffpunkt Banburry oder wie die Atombombe zu den Russen kam. Klaus Fuchs, Ruth Werner und der größte Spionagefall der Geschichte, Berlin 2003.

Patzelt, Werner J.: Wirklichkeitskonstruktion im Totalitarismus. Eine ethnomethodologische Weiterführung der Totalitarismuskonzeption von Martin Draht, in: Siegel, Achim (Hg.): Totalitarismustheorien nach dem Ende des Kommunismus, Köln / Weimar 1998, S. 235 – 271.

Petry, Rolf-Jürgen: Der mögliche Sieg über den Herzinfarkt. Strophantin – eine altbewährte pflanzliche Substanz und neuentdecktes Hormon. Die Fehlbeurteilung eines außergewöhnlichen Medikaments, Gnarrenburg 2003.

Petzina, Dieter: Autarkiepolitik im „Dritten Reich". Der nationalsozialistische Vierjahresplan, Stuttgart 1968.

Pfefferkorn, Gerhard: Das Rasterverfahren in der Elektronenmikroskopie, Wien 1978.

Podewin, Norbert: „. . . der Bitte des Genossen Walter Ulbricht zu entsprechen". Hintergründe und Modalitäten eines Führungswechsels, Berlin 1996.

Porter, Roy: Die Kunst des Heilens. Eine medizinische Geschichte der Menschheit von der Antike bis heute, Heidelberg / Berlin 2003.

Powers, Thomas: Heisenbergs Krieg. Die Geheimgeschichte der deutschen Atombombe, Hamburg 1993.

Rayfield, Donald: Stalin und seine Henker, München 2004.

Reuth, Hans Georg / *Bönte,* Andreas: Das Komplott. Wie es wirklich zur deutschen Einheit kam, München 1993.

Richter, G.: Kernreaktionen, in: Hertz, Gustav (Hg.): Grundlagen und Arbeitsmethoden der Kernphysik, Berlin 1957, S. 61 – 106.

Richter, Michael: Die Bildung des Freistaates Sachsen. Friedliche Revolution, Föderalisierung, deutsche Einheit 1989 / 90, Göttingen 2004.

– / *Sobeslavsky,* Erich: Die Gruppe der 20. Gesellschaftlicher Aufbruch und politische Opposition in Dresden 1989 / 90, Köln / Weimar / Wien 1999.

Riedel, Heide: Fernsehen – von der Vision zum Programm. 50 Jahre Programmdienst in Deutschland, Berlin 1985.

Riehl, Nikolaus: Zehn Jahre im goldenen Käfig. Erlebnisse beim Aufbau der sowjetischen Uran-Industrie, Stuttgart 1988.

Râbev, L. D.: Atomnyj proekt SSSR: Dokumenty i materialy. T. I. 1938 – 1945, Čast' 1, Moskva 1998.

– Atomnyj proekt SSSR. Dokumenty i materialy. T. II. Atomnaâ bomba. 1945 – 1954. Kniga 1, Moskva-Sarov 1999.

– Atomnyj proekt SSSR. Dokumenty i materialy, T. II, Atomnaâ bomba 1945 – 1954, Kniga 2, Moskva-Sarov 2000.

– Atomnyj proekt SSSR. Dokumenty i materialy. T. II. Atomnaâ bomba. 1945 – 1954, Kniga 3, Moskva-Sarov 2001.

– Atomnyj proekt SSSR. Dokumenty i materialy. T. II. Atomnaâ bomba. 1945 – 1954, Kniga 4, Moskva-Sarov 2003.

Roesler, Jörg: Das Neue Ökonomische System – Dekorations- oder Paradigmenwechsel? Berlin 1993.

Rose, Paul Lawrence: Heisenberg und das Atombombenprojekt der Nazis, Zürich 2001.

Ruska, Ernst: Die frühe Entwicklung der Elektronenlinsen und der Elektronenmikroskopie, Halle 1979.

Salewski, Michael: Das Zeitalter der Bombe. Die Geschichte der atomaren Bedrohung von Hiroshima bis heute, München 1995.

Scholz, Albrecht: Die Medizinische Akademie „Carl Gustav Carus" von 1954 bis 1992, in: Scholz, Albrecht / Heidel, Caris-Petra / Lienert, Marina (Hg.): Vom Stadtkrankenhaus zum Universitätsklinikum. 100 Jahre Krankenhausgeschichte in Dresden, Köln 2001, S. 168 – 231.

– / *Heidel,* Caris-Petra / *Lienert,* Marina (Hg.): Vom Stadtkrankenhaus zum Universitätsklinikum. 100 Jahre Krankenhausgeschichte in Dresden, Köln 2001.

Schröter, Fritz: Handbuch der Bildtelegraphie und des Fernsehens. Grundlagen, Entwicklungsziele und Grenzen der elektrischen Bildfernübertragung, Berlin 1932.

Schulze, Dietrich: Sehen, verstehen, gestalten. Mikrostrukturen im Elektronenmikroskop, Frankfurt am Main 1998.

Schwarz, Hans-Peter: Geschichte der Bundesrepublik Deutschland. Epochenwechsel 1957 – 1963, Stuttgart 1983.

Sereny, Gitta: Albert Speer. Sein Ringen mit der Wahrheit, München 2005.

Siegel, Achim (Hg.): Totalitarismustheorien nach dem Ende des Kommunismus, Köln / Weimar 1998.

Sobeslavsky, Erich: Der schwierige Weg von der traditionellen Büromaschine zum Computer, in: Sobeslavsky, Erich / Lehmann, Nikolaus Joachim (Hg.): Zur Geschichte von Rechentechnik und Datenverarbeitung in der DDR 1946 – 1968, Dresden 1996, S. 7 – 122.

Sokolov, Boris: Beriâ. Sud'ba vsesil'novo narkoma, Moskva 2003.

Speer, Albert: Erinnerungen, Berlin 1969.

Stange, Thomas: Institut X, Stuttgart / Leipzig / Wiesbaden 2001.

Staroverov, Vasilij A.: Sekretnij proekt nemezkaâ „tanečka", Moskva 2005.

Torčinov, Valerij, Aleksandrovič / *Leontûk,* Aleksej, Mihailovič: Vokrug Stalina. Istoriko-biografičeskij spravočnik, Sankt-Peterburg 2000.

Tyrell, Albrecht: Der Aufstieg der NSDAP zur Macht, in: Bracher, Karl Dietrich / Funke, Manfred / Jacobsen, Hans-Adolf (Hg.): Die Weimarer Republik 1918 – 1933, Bonn 1987, S. 467 – 483.

Uhl, Matthias: Stalins V-2. Der Technologietransfer der deutschen Fernlenkwaffentechnik in die UdSSR und der Aufbau der sowjetischen Raketenindustrie 1945 bis 1959, Bonn 2001.

Wagner-Egelhaaf, Martina: Autobiographie, Stuttgart / Weimar 2000.

Weizsäcker, Carl Friedrich von: Große Physiker. Von Aristoteles bis Werner Heisenberg, Wien 1999.

– Bewusstseinswandel, München 1991.

Werner, Petra: Otto Warburg. Von der Zellphysiologie zur Krebsforschung, Berlin 1988.

Zalesskij, Konstantin, Aleksandrovič: Imperiâ Stalina. Biografičeskij-ênziklopedičeskij slovar', Moskva 2000.

Zentralamt für Forschung und Technik (Hg.): Konferenz mit Wissenschaftlern, Ingenieuren, Neuerern und Vertretern der staatlichen Organe vom 6. bis 8. Juli 1955 in Berlin, Berlin 1955, S. 139 – 143.

2. Aufsätze in Zeitschriften

Ardenne, Manfred von / *Böhme,* G.: Über die Möglichkeit des Nachrichtenempfangs von fremden Planetensystemen, in: Hochfrequenztechnik und Elektroakustik, 1 (1961), S. 2 – 5.

– / *Kern,* Berthold: Der Herzinfarkt als Folge der lysosomalen Zytolyse-Kettenreaktion., in: Das deutsche Gesundheitswesen, 38 (1971), S. 1769 – 1780.

– / *Klemm,* W. / *Klinger,* J.: Doppelblindstudie zur starken anhaltenden Steigerung der körperlichen Leistungsfähigkeit nach Sauerstoff-Mehrschritt-Therapie- Behandlungen, in: Zeitschrift für Alternsforschung, 1 (1984), S. 17 – 30.

– / *Lippmann,* Hans Georg: Hauptursache und Verringerung der Wirkungsschwankung bei oraler Gabe von g-Strophantin, in: Cardiologisches Bulletin / Acta Cardiologica (Heidelberg), 4 / 5 (1971), S. 165 – 177.

– / *Lippmann,* Hans Georg: O_2-Mehrschritt-Sauna. Programmierung und Kreislauf-Meßergebnisse, in: Zeitschrift für Physiotherapie, 24 (1972), S. 349 – 365.

– / *Mayer*, Wolf-Karsten: Verbesserung der nutritiven Muskelperfusion durch Sauerstoff-Mehrschritt-Therapie – Ein Nachweis mit der Methode der ^{133}Xenon-Clearance, in: Zeitschrift für Klinische Medizin, 8 (1991), S. 591 – 594.

– / *Pressler*, Hans: Zum Problem des Farbfernsehens, in: Telegraphen-Fernsprech-Funk- und Fernseh-Technik, 7 (1938), S. 264 – 273.

– / *Rackwitz*, H.: Über eine Ultraschall-Zahnbohreinrichtung, Mitteilung aus dem Forschungsinstitut Manfred von Ardenne, in: Nachrichtentechnik, 10 (1958), S. 448 – 452.

– / *Reitnauer*, Paul Gerhard: Messungen zu Elementarvorgängen des Herzinfarktes, in: Cardiologisches Bulletin / Acta Cardiologica (Heidelberg), 4 / 5 (1971), S. 51 – 71.

– / *Sprung*, H. B.: Über die gleichzeitige Registrierung von Druckänderungen und Lageänderungen bei dem verschluckbaren Intestinalsender, in: Zeitschrift für die gesamte Innere Medizin und ihre Grenzgebiete, 16 (1958), S. 596 – 601.

– Abbildung feinster Einzelteilchen, insbesondere von Molekülen, mit dem Universal-Elektronenmikroskop, in: Zeitschrift für physikalische Chemie, (A) 187 (1940), S. 1 – 12.

– Begegnungen mit Walter Ulbricht. Zum 75. Geburtstag des Vorsitzenden des Staatsrates, in: Technische Gemeinschaft, 6 (1968), S. 2 – 5.

– Das Elektronen-Rastermikroskop. Theoretische Grundlagen, in: Zeitschrift für Physik, 9 / 10 (1938), S. 553 – 572.

– Der Dresdner Molekül-Massenspektrograph, ein neuartiger Präzisions-Massenspektrograph für negative hochmolekulare Ionen, in: Kernenergie, 12 (1958), S. 1029 – 1044.

– Diskussion über „Geistige Elite" auch in der DDR, in: Physikalische Blätter, 38 (1982) Nr. 3, S. 75 f.

– „Intensivierte O$_2$-Mehrschritt-Therapie" als lokalisiert und generalisiert anwendbarer Fundamentalprozeß. Einsatzbeispiel mit dem Ergebnis anhaltender Renormalisierung der Blutdruckwerte bei hypotonischen Dysregulationen, in: Zeitschrift für Physiotherapie, 25 (1973), S. 341 – 350.

– Ist ein Nachrichtenempfang von fremden Planetensystemen möglich?, in: Die Sterne, 7 – 8 (1961), S. 146 – 149.

– Krebserkrankung und körpereigene Abwehr. Gesetzmäßigkeiten und Mechanismen der unspezifischen Krebsabwehr als Wegweiser für die Krebsprophylaxe und für die Optimierung der immunologischen Attacke im Rahmen der Krebs-Mehrschritt-Therapie, in: Naturwissenschaftliche Rundschau, 12 (1971), S. 520 – 524.

– Nachrichtenempfang von fremden Planetensystemen?, in: Wissenschaft und Fortschritt, 1 (1962), S. 14 – 16.

– Organisation und Strategie der Forschung. Wege zur Hebung des Volkswirtschaftlichen Nutzens von Wissenschaft und Technik, in: Urania, 11 (1978).

– Reminiscenses on the Origins of the Scanning Electron Microscope and the Electron Microprobe, in Advances in Imaging and Electron Physics, 96 (1996), S. 635 – 652.

– Spontanremission von Tumoren nach Hyperthermie – ein Rückkopplungsvorgang?, in: Die Naturwissenschaften, 14 (1965), S. 419 – 426.

– Tabellen zur medizinischen Elektronik, in: Zeitschrift für medizinische Labortechnik, 2 (1961), S. 1 – 64.

– Versuche zur Abbildung des Maul- und Klauenseuche-Virus mit dem Universal-Elektronenmikroskop, in: Die Naturwissenschaften, 33 (1940), S. 531.

– Zur praktischen Ausführung von Elektronenstrahl-Speicher-Projektionsröhren, in: Telegraphen-Fernsprech-Funk- und Fernseh-Technik, 11 (1939), S. 403 – 407.

Barkleit, Gerhard: Wann hört ihr endlich auf zu klauen? Zur Geschichte der Mikroelektronik in der DDR, in: Gerbergasse 18, 6 (1997), S. 28 – 31.

– Scheitern eines innovativen Ansatzes. Manfred von Ardenne und die Krebs-Mehrschritt-Therapie, Deutsches Ärzteblatt, Ausgabe A, 11. Februar 2005. S. 344 – 348.

Begrich: Die Entwicklung des Fernsehens, in: Archiv für Post und Telegraphie, 9 (1936), S. 241 – 258.

Ficker, Friedbert: Manfred von Ardenne zum Gedenken, in: Naturheilpraxis, 7 (1997), S. 64.

Fischer, Ewald: Manfred von Ardenne, in: Deutsche Zeitschrift für Onkologie, 2 (1997), S. 49.

Fuchs-Kittowski, Klaus: Der humanistische Auftrag in der Wissenschaft – unerbittlich für Klaus Fuchs, Vortrag auf dem gemeinsamen Kongress der Leibniz-Sozietät und der Deutschen Gesellschaft für Kybernetik im November 2003 in Berlin (im Druck).

Goncharov, G. A. / *Rjabev,* L. D.: The Development of the First Soviet Atomic Bomb, in: Physics Uspekhi, 1 (2001), S. 71 – 93.

Hildebrandt, B. / *Dräger,* J. / *Kerner,* T. / *Deja,* M. / *Löffel,* J. / *Strosczynski,* C. / *Ahlers,* O. / *Felix,* R. / *Riess,* H. / *Wust,* P.: Whole-body hyperthermia in the scope of von Ardenne's systemic cancer multistep therapy (sCMT) combined with chemotherapy in patients with metastatic colorectal cancer: a phase I / II study, in: International Journal of Hyperthermia, 3 (Mai 2004), S. 317 – 333.

Karlsch, Rainer / *Tandler,* Agnes: Ein verzweifelter Wirtschaftsfunktionär? Neue Erkenntnisse über den Tod Erich Apels 1965, in: Deutschland Archiv, 1 (2001), S. 50 – 64.

Kette, Georg: Fernsehen auf der 13. Großen Deutschen Funkausstellung 1936, in: Telegraphen-, Fernsprech- und Funk-Technik, 12 (1936), S. 332 – 339.

Kosthorst, Daniel: Die verborgene Dimension. Als amerikanische Truppenkommandeure den Einsatz von Atomwaffen befehlen durften, in: Frankfurter Allgemeine Zeitung vom 24. 8. 2004.

Kreudel, Theodor von / *Fasel,* Christoph: Naturmedizin: Was wirklich hilft, Das Beste – Reader's Digest, März 1999, S. 79 – 91.

Landrock, Konrad: Friedrich Georg Houtermans (1903 – 1966) – Ein bedeutender Physiker des 20. Jahrhunderts, in: Naturwissenschaftliche Rundschau, 4 (2003), S. 187 – 199.

McMullan, D.: Von Ardenne and the Scanning Electron Microscope, in: Proceedings RMS 5 (1988), S. 283 – 288.

Oatley, C. W.: The early history of the scanning electron microscope, in: Journal of Applied Physics, 2 (1982), S. R1-R2.

Oleynikov, Pavel V.: German Scientists in the Soviet Atomic Project, in: The Nonprolifera-tion Review, (Summer 2000), S. 1 – 30.

Ruska, Ernst: Das Entstehen des Elektronenmikroskops und der Elektronenmikroskopie. No-belvortrag, gehalten am 8. 12. 1986, in: Physikalische Blätter, 43 (1987), S. 271 – 281.

Steinhausen, Dieter / *Mayer,* Wolf-Karsten / *Ardenne,* Manfred von: Evaluation of Systemic Tolerance of 42.0 °C Infrared-A Whole-Body Hyperthermia in Combination with Hyper-glycemia and Hyperoxemia. A Phase-I Study, in: Strahlentherapie und Onkologie, 6 (1994), S. 322 – 334.

Wolf, O. / *Hanson,* J.: Ergebnisse der Sauerstoff-Mehrschritt-Therapie bei der Behandlung des Hörsturzes, Laryngo-Rhino-Otologie, in: Zeitschrift für HNO-Heilkunde, Kopf- und Hals-chirurgie vereinigt mit Monatsschrift für Ohrenheilkunde, 9 (1991), S. 475 – 478.

Kurzbiographien

Alihanov, Abram Isaakovič

(1904–1970) *Physiker*
Maßgeblich an der Entwicklung von Kernreaktoren mit „schweren Wasser" als Bremssubstanz beteiligt; Mitglied des „Technischen Rates" im sowjetischen Atombombenprogramm; 1945 Gründung eines Kernforschungszentrums in Moskau; 25 Jahre Direktor dieses Instituts; seit 1939 Korrespondierendes Mitglied der AdW der UdSSR.
Zahlreiche hohe staatliche Auszeichnungen

Apel, Erich

(1917–1965) *SED-Funktionär* Ab 1958 Vorsitzender des Wirtschaftsausschusses sowie des Ausschusses für Wirtschafts- und Finanzfragen der Volkskammer; von 1963–65 Vorsitzender der Staatlichen Planungskommission; Anfang der 1960er Jahre entscheidend an der Umsetzung des NÖS beteiligt. Kurz vor Unterzeichnung des Wirtschaftsabkommens mit der UdSSR nahm er sich mit seiner Dienstwaffe das Leben.

Arcimovič, Lev Andreevič

(1909–1993) *Physiker*
Mitbegründer der Kernforschung in der UdSSR; leitete 1950 die experimentelle Erforschung der kontrollierten thermonuklearen Fusion; 1953 Mitglied und 1957 Mitglied des Vorstandes der AdW; Forschungsschwerpunkte: Elektronenoptik, elektromagnetische Isotopentrennung, Plasmaphysik; ab 1966 Mitglied der Amerikanischen Akademie für Kunst und Wissenschaft.
Wurde mit sieben Leninorden ausgezeichnet.

Barwich, Heinz

(1911–1966) *Physiker*
1932–1934 Assistent bei Prof. Hertz in Berlin; 1934–45 Mitarbeit im Forschungslabor der Fa. Siemens & Halske; 1945–55 als Spezialist für Isotopentrennung u. a. in Suchumi (UdSSR) tätig; 1956–64 Professor für Spezialgebiete der Kerntechnik an der TH Dresden und Direktor des ZfK in Rossendorf; seit 1957 Mitglied des Forschungsrates; 1960–64 stellv. Direktor des Vereinigten Instituts für Kernforschung in Dubna (UdSSR); 1964 Flucht in die BRD.
u. a. Stalin-Preis; Nationalpreis

Baudissin, Wolf Graf

1907–1993 *Offizier und Friedensforscher*
1930 Abschluss als geprüfter Landwirt (TH München); ab 1930 Offizierslaufbahn, gehörte zum Freundeskreis Henning von Treskows; 1951–56 Tätigkeit im „Amt Blank" und im Bundesverteidigungsministerium, Entwicklung der Konzepte „Innere Führung" und „Staatsbürger in Uniform"; 1961–67 Führungstätigkeit bei der NATO; ab 1968 Dozent an der Universität Hamburg, ab 1979 Professor; 1971–84 Gründungsdirektor des „Instituts für Friedensforschung und Sicherheitspolitik" an der Universität Hamburg (IFSH).
1967 Theodor Heuss Preis und Großes Bundesverdienstkreuz mit Stern und Schulterband

Bauer, Karl Heinrich

(1890 – 1978) *Mediziner*
Seit 1926 Professor für Chirurgie; 1933 – 42 Ordinarius für Chirurgie an der Universität Breslau und Direktor der Chirurgischen Universitätsklinik; seit 1943 Professor für Chirurgie in Heidelberg; 1945 – 46 Rektor; Initiator und Mitbegründer des Deutschen Krebsforschungszentrums in Heidelberg.

Berghofer, Wolfgang

(*1943) *SED / PDS-Politiker*
Ab 1970 Mitarbeiter bzw. 1978 – 85 Abteilungsleiter im Zentralrat der FDJ; 1986 – 90 Oberbürgermeister von Dresden; Oktober 1989 Mitinitiator der Gespräche zwischen Opposition und SED in Dresden; Dezember 1989 stellv. Vorsitzender der SED / PDS; 1990 Austritt aus der PDS; 1992 Verurteilung wegen „gemeinschaftlicher Anstiftung zur Wahlfälschung bei den DDR-Kommunalwahlen vom Mai 1989".

Beriâ, Lavrentij Pavlovič

(1899 – 1953) *Politiker*
1926 georgischer Chef der GPU; ab Oktober 1932 Vorsitzender der KP der Transkaukasischen Republik; ab November 1938 Chef des NKVD; 1941 Mitglied des fünfköpfigen staatlichen Verteidigungskomitees; Leiter des „Spezialkomitees" im sowjetischen Atombombenprogramm; Kommandeur der sowjetischen Atomwaffen-Einheiten bis zu seiner Hinrichtung 1953.

Biedenkopf, Kurt

(*1930) *Jurist, Politiker*
1964 – 70 Ordinarius für Handels-, Wirtschafts- und Arbeitsrecht an der Ruhr-Universität Bochum; 1967 – 69 Rektor der Ruhr-Universität; 1971 Wechsel in die Industrie; 1973 – 77 Generalsekretär der CDU; Gründer und wissenschaftlicher Leiter des Instituts für Wirtschafts- und Gesellschaftspolitik; 1989 Gastprofessur für Wirtschaftspolitik an der Leipziger Karl-Marx-Universität; 1990 – 2002 Ministerpräsident des Freistaates Sachsen.

Böhm, Horst

(1937 – 1990) *Offizier*
1955 Abitur und Einstellung beim MfS; 1961 Stellv. Leiter der KD Stollberg, 1962 der KD Hohenstein; 1967 Dipl.-Lehrer für Marxismus-Leninismus; 1966 Stellv., ab 1968 Leiter der Arbeitsgruppe Anleitung und Kontrolle der BV Karl-Marx-Stadt; 1973 Stellv. Operativ des Leiters der BV Karl-Marx-Stadt; 1981 Offizier für Sonderaufgaben, dann Leiter der BV Dresden; Mitglied der SED-BL Dresden; 1982 Generalmajor; 1989 Entlassung; 1990 Selbstmord.

Bohr, Niels

(1885 – 1962) *Physiker*
1912 – 16 Forschungsaufenthalte in Cambridge und Manchester; ab 1916 Professor für Physik in Kopenhagen; Direktor des Institutes für Atom-Studien; vereinigte 1913 das klassische Atommodell von Rutherford mit der Quantenhypothese von Planck zum Bohrschen Atommodell; Gründer des heute nach ihm benannten Instituts für Theoretische Physik in Kopenhagen; Begründer der sogenannten Kopenhagener Schule der modernen Physik.
Nobelpreis 1922

24*

Bolz, Lothar

(1903 – 1986) *Jurist, Politiker*

1933 Ausbürgerung wegen der Verteidigung von Antifaschisten; ab 1939 Journalist und Lehrer in Charkow und Nowosibirsk, Assistent am Marx-Engels-Lenin-Institut in Moskau; Mitgründer des „Nationalkomitees Freies Deutschland"; 1947 Rückkehr nach Deutschland; 1948 – 72 Vorsitzender der NDPD; 1953 – 65 Minister für Auswärtige Angelegenheiten; ab 1972 Ehrenvorsitzender der NDPD.

Bonhoeffer, Karl Friedrich

(1899 – 1957) *Chemiker*

Ab 1923 wissenschaftlicher Assistent, in Zusammenarbeit mit Dr. Paul Harteck gelang ihm die Zerlegung von Wasserstoff; 1929 Professor an der Universität Berlin, 1930 – 34 Lehrstuhl und Direktor des Institutes der physikalischen Chemie in Frankfurt / Main; 1934 – 46 Ordinarius für Physik und Direktor des physikalisch-chemischen Institutes an der Universität Leipzig; ab 1947 Ordinarius für physikalische Chemie an der Berliner Humboldt-Universität; ab 1949 Direktor des KWI für physikalische Chemie und Elektrochemie in Berlin und Leiter des MPI für Physikalische Chemie in Göttingen; grundlegende Arbeiten auf dem Gebiet der Fotochemie.

Braun, Erwin

(1921 – 1992) *Industrieller*

1949 Diplom-Betriebswirt; 1967 – 81 Leiter der Firma Braun in Frankfurt / Main; ab 1952 verstärkte Orientierung auf die Verbindung von Design und Funktionalität; 1967 Stiftung des renommierten Braun-Preises für technisches Design.

Brežnev, Leonid

(1906 – 1982) *Politiker*

Ab 1950 1. Sekretär der KP der Moldauischen Sowjetrepublik; 1960 – 64 Vorsitzender des Präsidiums des Obersten Sowjet der UdSSR; seit 1964 Vorsitzender der Verfassungskommission des Obersten Sowjet der UdSSR; ab 1966 bis zu seinem Tod Generalsekretär der KPdSU.

Burk, Dean

(1904 – 1988) *Biologe*

1923 Bachelor in Entomologie (Insektenkunde); Zusammenarbeit mit Otto Warburg auf dem Gebiet der Photosynthese (1949); 1939 – 74 Leitung des Zellphysiologischen Labors am National Cancer Institut in Bethesda / Maryland; daneben Lehrtätigkeit an der Cornell University, sowie mehrjährige Tätigkeit als Forschungsleiter an der George Washington Universität; ab 1953 Ausländisches Mitglied an Warburgs Institut; Autorität auf dem Gebiet der Photosynthese; widmete sich zwischen 1975 und 1988 besonders intensiv der Krebsforschung, speziell alternativen Heilmethoden.

Butenandt, Adolf

(1903 – 1995) *Chemiker / Biologe*

1931 – 1933 Leitung der organischen und biochemischen Abteilung des Chemischen Instituts Göttingen; Untersuchungen zu den Sexualhormonen; 1933 Ordinarius für Organische Chemie an der TH Danzig; 1936 Direktor des KWI für Biochemie; 1946 Ordinarius für Physiologische Chemie in Tübingen, ab 1956 in München; gleichzeitig Leitung des Instituts für

physiologische Chemie und des MPI für Biochemie; 1960–72 Präsident, anschließend Ehrenpräsident der Max-Planck-Gesellschaft.
Nobelpreis für Chemie 1939

Cosslett, Vernon Ellis

(1908–1990) *Physiker*
1941–46 Dozent für Physik an der Universität Oxford; 1946–49 Assistent am Cavendish-
Laboratorium in Cambridge und bis 1965 Dozent für Physik; Gründungsmitglied und von
1972–75 Präsident der International Federation of Electron Microscope Societies.

Diebner, Kurt

(1905–1964) *Physiker*
Ab 1934 PTR-Beamter und Referent im HWA, später Leiter des Uranprojektes des HWA;
1940–42 Geschäftsführer des KWI für Physik; 1940–45 Stellv. der Beauftragten für kern-
physikalische Forschungen; 1945/46 Internierung in Farmhall; 1955 zusammen mit Erich
Bagge Gründung der Studiengesellschaft zur Förderung der Kernenergieverwertung in
Schiffbau und Schifffahrt (GKSS); Mitherausgeber der Fachzeitschriften „Kerntechnik" und
„Atomenergie"; ab 1957 Dozent an der Staatlichen Schiffsingenieurschule Flensburg;
1957/58 Angestellter des Bundesverteidigungsministeriums.

Dieckmann, Friedrich

(*1937) *Schriftsteller/Publizist*
Studium der Germanistik, Philosophie und Physik an der Universität Leipzig; 1963–72 und
ab 1976 freischaffender Publizist und Kritiker; 1972–76 Dramaturg am Berliner Ensemble;
ab 1992 Mitglied des Goethe-Instituts in München; Vizepräsident der Sächsischen Akademie
der Künste, Mitglied der Akademie der Künste Berlin-Brandenburg, der Deutschen Akademie für Sprache und Dichtung, der Freien Akademie der Künste zu Leipzig und des PEN-
Clubs (Zentrum Deutschland).

Döpel, Robert

(1895–1982) *Physiker*
Ab 1938 Professor für Strahlenphysik an der Leipziger Universität; zusammen mit seiner
Frau Klara und Werner Heisenberg Arbeiten an einer „Uranmaschine"; 1940 Nachweis der
Eignung von „schwerem Wasser" als Bremssubstanz; 1942 erster Nachweis der Neutronen-
vermehrung im Uran.

Druckrey, Hermann

(1904–1994) *Pharmakologe, Toxikologe*
1942 a. o. Professur an der Universität Berlin; 1948–64 Leiter der Laboratorien der Chirurgischen Universitätsklinik in Freiburg i. Br.; 1964–73 Leiter der Forschungsgruppe Präventiv-
Medizin; 1949 zusammen mit Karl Küpfmüller Begründung der Pharmakokinetik und der
theoretischen Pharmakologie; 1954–58 Vorsitzender der Internationalen Krebsforschungs-
kommission, 1956–68 Berater der Weltgesundheitsorganisation (WHO).

Efremov, Dmitrij Vasil'evič

1945–56 Gründer und Direktor des Wissenschaftlichen Instituts für Elektrophysikalische
Apparaturen (NIIEFA) in Leningrad.

Emel'ânov, Vasilij Semenovič

(1901 – 1988) *Metallurge*
Ab 1932 Beauftragter des sowjetischen „Metallbüros" bei den Krupp-Werken in Essen; 1935 – 37 Technischer Direktor des Elektrometallurgischen Kombinats in Tscheljabinsk; 1937 – 40 im Volkskommissariat der Verteidigungsindustrie mit Fragen der Panzerstahlproduktion befasst; ab 1938 zugleich Professor für Elektrometallurgie am Moskauer Stahlinstitut; 1955 – 65 Mitglied des Wissenschaftlichen Beratenden Ausschusses bei der UNO, 1957 – 65 Mitglied der Internationalen Atomenergie-Organisation bei der UNO in Wien; seit 1953 Korrespondierendes Mitglied der sowjetischen AdW; 1957 Leiter des Hauptamtes für friedliche Nutzung der Atomenergie beim Ministerrat der UdSSR.
Zwei Staatspreise; vier Leninorden; ab 1965 ausländisches Mitglied der Akademie der Wissenschaften und Künste der Vereinigten Staaten

Esau, Abraham

(1884 – 1955) *Physiker*
1925 gelang ihm die erstmalige Herstellung der Ultrakurzwellen, 1925 Berufung nach Jena als a. o. Professor und Direktor des Technisch-Physikalischen Instituts; 1933 Eintritt in die NSDAP; 1933 – 35 und 1937 – 39 Rektor der Universität Jena; 1939 Ordinarius für technische Physik und Hochfrequenztechnik an der TH Berlin-Charlottenburg; PTR-Präsident und Fachspartenleiter im RFR für kernphysikalische Forschungen sowie für Hochfrequenzforschung; ab 1949 Honorar-Professor und Leiter des Laboratoriums für Ultrakurzwellentechnik und Ultraschall an der TH Aachen, zugleich ab 1952 Leiter des Instituts für Hochfrequenztechnik in der Deutschen Versuchsanstalt für Luftfahrt in Mülheim.

Faulstich, Helmuth

(1914 – 1991) *Ingenieur (Elektrotechnik)*
Studium an der TH Danzig; 1936 Eintritt in die NSDAP; 1946 – 56 Tätigkeit in der UdSSR; ab 1956 Bereichsleiter, 1965 – 71 Direktor des ZfK in Rossendorf; ab 1965 Mitglied des Vorstandes des Forschungsrates beim Ministerrat.
1974 „Verdienter Techniker des Volkes"

Flügge, Siegfried

(1912 – 1997) *Physiker*
1938 Assistent an den Universitäten Frankfurt / Main. und Leipzig sowie am KWI für Chemie in Berlin bei Otto Hahn; Mitarbeit an der „Uranmaschine"; Privatdozent an der Universität Berlin und Professor an der Universität Königsberg / Pr., ab 1945 in Göttingen; 1947 – 61 Lehrstuhl für Struktur der Materie an der Philipps-Universität Marburg; ab 1961 Professor an der Universität Freiburg.

Franck, James

(1882 – 1964) *Physiker*
1916 Titular-Professur in Berlin; 1917 Abteilungsvorstand im KWI in Berlin; 1920 Ordinarius in Göttingen zugleich dort Direktor des Physikalischen Instituts; Rücktritt aus Protest gegen die Entlassung jüdischer Wissenschaftler; 1934 Gastprofessor in Kopenhagen; 1935 Professor an der John-Hopkins-Universität in Baltimore; 1938 – 47 Lehrstuhl für Physikalische Chemie an der Universität in Chicago; seit 1941 auch Professur an der Universität von Kalifornien; beteiligt am Aufbau des ersten Atomreaktors in Chicago, entschiedener Gegner des ‚Manhattan-Project'.
Nobelpreis 1925 zusammen mit Gustav Hertz für Gesamtwerk

Frank, Il'â Mihailovič

(1908 – 1990) *Physiker*
Ab 1944 Lehrstuhl für Physik an der Moskauer Universität; 1946 – 56 Leiter des Labors für radioaktive Strahlung; seit 1946 Direktor des Atomkern-Laboratoriums am Lebedev-Institut; ab 1957 Leiter des Laboratoriums für Neutronenphysik im Vereinigten Institut für Kernforschung in Dubna.
Nobelpreis 1958; Stalin-Preis und weitere hohe staatliche Auszeichnungen

Frühauf, Hans

(1904 – 1991) *Hochfrequenztechniker*
1933 Eintritt in die NSDAP; 1933 – 38 Laborleiter bei der Firma SABA in Villingen; 1935 – 37 Dozent für Hochfrequenz- und Radiotechnik; 1938 Technischer Direktor bei der Ehrich & Graetz AG Berlin; 1945 – 48 Chefingenieur und stellv. Direktor von Stern-Radio Rochlitz; ab 1946 Mitglied der SED; Wissenschaftlicher Leiter und Technischer Direktor der VVB RFT in Leipzig; 1950 – 69 Professor für Schwachstromtechnik und Direktor des Instituts für Hochfrequenztechnik und Elektronenröhren der TH Dresden; seit 1957 Mitglied des Forschungsrat; ab 1961 / 62 Staatssekretär für Forschung und Technik.
Nationalpreis 1951, 1961

Fuchs, Klaus Emil Julius

(1911 – 1988) *Physiker*
1932 Eintritt in die KPD; illegale politische Arbeit; Juli 1933 Emigration nach England; ab Mai 1941 Tätigkeit an der Universität Birmingham, als Mitarbeiter von Prof. R. Peierls in das britische Nuklearprogramm eingebunden; ab 1943 Arbeit am US-Atombomben-Programm in Los Alamos; ab 1946 Leiter der Abteilung Theoretische Physik im britischen Atomforschungszentrum Harwell, Weitergabe der Erkenntnisse an das sowjetische Spionagenetz; 1950 Verhaftung und Verurteilung; nach vorzeitiger Entlassung Abschiebung in die DDR; 1959 – 74 Stellv. Direktor und Bereichsleiter im ZfK Rossendorf; seit 1963 nebenamtliche Professur an der TH Dresden; ab April 1967 Mitglied des ZK der SED; 1974 – 78 Leiter des Forschungsbereichs Physik, Kern- und Werkstoffwissenschaften der AdW.
1975 Nationalpreis; 1979 Karl-Marx-Orden; 1986 Titel „Hervorragender Wissenschaftler des Volkes"

Gandhi, Indira

(1917 – 1984) *Politikerin*
1946 – 64 politische Beraterin des indischen Politikers J. Nehru; 1964 – 66 Ministerin für Information und Rundfunk; 1966 Vorsitzende des Indian National Congress (INC) und Premierministerin; 1967 – 77 verschiedene Ministerposten; 1975 Verurteilung wegen Wahlfälschung; Gefängnisaufenthalte wegen Korruption; 1983 Sprecherin der blockfreien Staaten.

Gerlach, Walther

(1889 – 1979) *Physiker*
1921 – 24 a. o. Professur in Frankfurt a. M.; 1922 „Stern-Gerlach-Versuch"; 1924 o. Professur in Tübingen, ab 1929 in Bonn; 1929 Lehrstuhl für Experimentalphysik an der Ludwig-Maximilians-Universität München; ab 1943 Leitung der Fachsparte Physik und der Arbeitsgemeinschaft für Kernphysik im Reichsforschungsrat; 1944 / 45 „Beauftragter des Reichsmarschalls für kernphysikalische Forschung"; 1948 – 51 Rektor an der Universität München; 1949 – 51 erster Präsident der Fraunhofer-Gesellschaft; 1949 – 61 Vizepräsident der DFG; 1956 – 57 Präsident der Deutschen Physikalischen Gesellschaft (DPG); 1962 – 72 Vorsitzender der Kepler-Gesellschaft.

Göring, Hermann

(1893 – 1946) *Politiker*
1922 Eintritt in die NSDAP; 1923 Beteiligung am Hitler-Putsch; 1932 Wahl zum Reichstagspräsidenten; 1933 Reichsminister ohne Geschäftsbereich; Mitbegründer der Gestapo; 1933 Preußischer Ministerpräsident, Luftfahrtminister; ab 1935 Oberbefehlshaber der Luftwaffe; ab 1939 Vorsitzender des Reichsverteidigungsrats; 1945 Gefangennahme und Anklage vor dem Internationalen Militärgerichtshof in Nürnberg; Selbstmord.

Gorbačev, Michail

(*1931) *Politiker*
Ab 1955 Komsomol- und Parteifunktionär; 1970 Mitglied des Obersten Sowjets; ab 1985 Generalsekretär des ZK der KPdSU; leitete tiefgreifende Reformen im sowjetischen Staats- und Wirtschaftssystem ein, die zum Zerfall des Ostblocks und zur Beendigung des Kalten Krieges führten; 1990 Staatspräsident; 1992 Ausschluss aus der KPdSU.
Friedensnobelpreis 1992

Grotewohl, Otto Emil Franz

(1894 – 1964) *Politiker*
1920 – 25 Abgeordneter des Landtages (Braunschweig), Volksbildungs-Minister und Minister für Inneres; 1925 – 33 Vorsitzender des SPD-Landesverbandes Braunschweig, Mitglied des Reichstags; 1946 Befürworter des Zusammenschlusses von SPD und KPD zur SED; ab 1949 Mitglied des ZK und des PB; 1949 – 64 Vorsitzender des Ministerrates der DDR.

Gummel, Hans

(1908 – 1973) *Mediziner*
1935 – 38 Mitglied der NSDAP; 1935/36 Arzt in der Hitlerjugend; 1937 – 45 Chirurgische Klinik der Universität Breslau, ab 1939 Leiter der Abteilung für experimentelle Geschwulstforschung; 1946 Gründung eines Labors für Geschwulstforschung in Dresden; 1946/47 Abteilungsleiter beim Rat der Stadt Dresden; 1947 Eintritt in die SED; 1947/48 Wissenschaftlicher Leiter der HV Volkseigene Betriebe Sachsen; 1954 – 73 Professor und Ärztlicher Direktor der Geschwulstklinik des Instituts für Medizin und Biologie DAW in Berlin-Buch, 1959 Umbenennung zur Robert-Rössle-Klinik, 1963 Vereinigung mit dem Institut für experimentelle Krebsforschung zum Institut für Krebsforschung.
Nationalpreis 1959

Hager, Kurt

(1912 – 1998) *SED-Funktionär*
Ab 1930 Mitglied der KPD; 1933 Haft im KZ Heuberg; 1937 – 39 Teilnahme am spanischen Bürgerkrieg; 1947/48 stellv. Chefredakteur der Zeitschrift „Vorwärts"; 1949 Professor für Dialektik und historischen Materialismus an der HU Berlin; ab 1954 Mitglied, ab 1955 Sekretär des ZK der SED; ab 1963 Mitglied des PB („Chefideologe" und oberster Kulturverantwortlicher); 1990 Ausschluss aus der PDS/SED.
Karl-Marx-Orden 1972, 1977 und 1982

Hahn, Otto

(1879 – 1968) *Chemiker*
Ab 1910 Professor; ab 1912 Leitung der Abteilung für Radioaktivität im KWI für Chemie, 1928 – 45 dessen Direktor; 1918 Entdeckung des Elementes Protactinium (mit Lise Meitner); seit 1933 kommissarische Leitung des KWI für physikalische Chemie und Elektrochemie;

1939 Nachweis der Spaltung von Uran; 1946 – 60 Präsident der Max-Planck-Gesellschaft; Mitinitiator der „Mainauer Erklärung" und des „Göttinger Manifests"; Mitglied des Deutschen Rates der Europäischen Bewegung.
Nobelpreis 1944; Fermi-Preis der Atomenergie-Kommission der Vereinigten Staaten 1966

Hariton, Ûlij Borisovič

(1904-?) *Physiker*
Ab 1943 einer der führenden Kernphysiker der Sowjetunion; während des Zweiten Weltkrieges theoretische und experimentelle Untersuchungen zu Sprengstoffen; 1953 Eintritt in die KPdSU; ab 1953 Korrespondierendes Mitglied der AdW.
Erhielt dreimal den Staatspreis der UdSSR und den Leninorden.

Hartmann, Werner

(1912 – 1988) *Physiker*
Ab 1936 Arbeiten über Bildwandler und Fotokathoden; 1937 – 45 Anstellung bei der Fernseh-GmbH; 1945 – 55 in Agudseri (UdSSR) unter Gustav Hertz tätig; 1955 – 62 Aufbau und Leitung des VEB Vakutronik in Dresden; ab 1956 nebenamtlicher Professor an der TH Dresden; 1961 Gründung der „Arbeitsstelle für Molekulartechnik" (AME) in Dresden; 1974 Entlassung; danach wissenschaftlicher Mitarbeiter in Freiberg.
Nationalpreis 1959 und 1970

Havemann, Robert

(1910 – 1982) *Physikochemiker*
1943 Verhaftung als Mitbegründer und Leiter der antifaschistischen Widerstandsgruppe „Europäische Union"; Todesurteil; 1944/45 „kriegswichtige Arbeiten" in der Todeszelle; nach dem Krieg Zusammenarbeit mit KGB und MfS; 1945 – 48 Direktor der Berliner Institute der Kaiser-Wilhelm-Gesellschaft, Absetzung; 1948 – 50 Abteilungsleiter am KWI; ab 1946 Dozent und seit 1950 Professor an der HU Berlin; 1950 endgültige Übersiedlung in die DDR und Eintritt in die SED; 1963 Mitglied der Volkskammer; Direktor des Instituts für Physikalische Chemie an der HU Berlin; nach einer regimekritischen Vorlesungsreihe Ausschluss aus der SED, fristlose Entlassung durch die HU Berlin sowie durch die AdW; Berufsverbot, Überwachung und Hausarrest.
Nationalpreis 1959

Heisenberg, Werner Karl

(1901 – 1976) *Physiker*
1923 – 27 Assistent bei Born (Göttingen) und Studienaufenthalte bei Bohr (Kopenhagen); 1925 zusammen mit M. Born und P. Jordan Begründung der Matrizenmechanik; 1927 – 42 Professor an der Universität Leipzig; ab 1939 Leitung des „Uranvereins"; 1942 – 45 Leiter des KWI für Physik, zugleich Professor an der Berliner Universität, Beteiligung am Uranprojekt des Heereswaffenamtes; 1945 – 46 Internierung in England; 1946 – 58 Direktor des MPI für Physik in Göttingen; 1958 – 70 Direktor des MPI für Physik und Terrestrische Physik in München.
Nobelpreis 1932

Hertz, Gustav Ludwig

(1887 – 1975) *Physiker*
Ab 1908 Studium an der Berliner Universität; 1912/1913 Elektronenstoßversuche zusammen mit James Franck; ab 1926 Professor für Physik in Halle (Saale), ab 1927 an der TH Berlin; Entzug der Prüfungsvollmacht wegen seiner jüdischen Herkunft; Industriephysiker bei Sie-

mens; Entwicklung von Diffusions-Trennanlagen für leichte Isotope; 1945 – 54 Leitung eines Forschungslabors in Suchumi (UdSSR); ab 1955 Direktor des physikalischen Instituts an der Karl-Marx-Universität in Leipzig; Gründungsmitglied des Forschungsrates der DDR. *Nobelpreis 1925; Stalinpreis 1951*

Honecker, Erich

(1912 – 1994) *Politiker*
1930 Eintritt in die KPD; 1935 Verhaftung durch die Gestapo, bis Kriegsende im Zuchthaus Brandenburg; 1946 – 55 Vorsitzender der FDJ; ab 1949 Mitglied des ZK der SED; seit 1958 Mitglied des PB und Sekretär des ZK; ab 1971 1. Sekretär des ZK der SED, seit 1976 Generalsekretär und Staatsratsvorsitzender; 18. Oktober 1989 Rücktritt aus allen Ämtern, Ausschluss aus der SED; Anklage wegen Amtsmissbrauchs und Hochverrats; Flucht über Moskau nach Chile.

Houtermans, Friedrich (Fritz)

(1903 – 1966) *Physiker*
1928 – 33 Assistent bei Gustav Hertz am Physikalischen Institut der TH Berlin; 1933 Emigration nach England; ab 1935 am Ukrainischen PTI in Charkow tätig; 1937 Verhaftung während der stalinistischen Säuberungen; 1940 Ausweisung, in Deutschland Inhaftierung durch die Gestapo; 1940 Anstellung bei Ardenne, 1944 – 45 an der Physikalisch-Technischen Reichsanstalt in Berlin; 1945 – 52 Tätigkeit an der Universität Göttingen; 1952 – 66 Professur am Physikalischen Institut der Universität Bern.

Ioffe, Abram Fedorovič

(1880 – 1960) *Physiker*
Assistent Röntgens; später Lehrstuhl für Physik am Leningrader Polytechnikum; 1919 Dekan der physikalisch-technischen Fakultät Leningrad; gründete 1918 das PTI des Polytechnikums von Leningrad mit einer Abteilung für Atomforschung; ab 1932 zugleich Leiter des physikalisch-landwirtschaftlichen Instituts; seit 1920 Mitglied der AdW der UdSSR; 1921 – 51 Direktor des Radium-Institutes der Akademie; seit 1942 Mitglied der KPdSU.
Stalinpreis, zwei Leninorden, Ehrenmitglied verschiedener wissenschaftlicher Gremien der Sowjetunion; Ehrenmitglied verschiedener amerikanischer und britischer wissenschaftlicher Gesellschaften

Irving, David

(*1938) *Publizist*
Studium der Natur- und Staatswissenschaften an der London University, anschließend Tätigkeit bei Thyssen-Krupp; Veröffentlichungen zum „Dritten Reich"; Relativierung bzw. Leugnung des Holocaust; 1963 „Der Untergang Dresdens"; zwei Hitler-Biographien.

Joliot-Curie, Frédéric

(1900 – 1958) *Physiker*
Ab 1925 Tätigkeit als Assistent bei Marie und Irene Curie; Professor für Physik am Collège de France und Direktor des Laboratoire de Synthèse Atomique in Ivry (1937); nach dem deutschen Einmarsch Unterstützung der Widerstandsbewegung; 1946 französischer Repräsentant für die Atomenergiebehörde der Vereinten Nationen; Vorsitzender der französischen Atomenergie-Kommission; Mitarbeit am ersten franz. Atomreaktor (1948 in Betrieb); 1950 Entlassung auf Grund seiner Mitgliedschaft in der Kommunistischen Partei; 1956 Leiter des Institut du Radium.
Nobelpreis 1935 (zusammen mit seiner Frau Irene)

Kapica, Pëtr Leonidovič

(1894 – 1984) *Physiker*
1921 Assistent von Ioffe in Großbritannien; 1923 – 34 in Cambridge Schüler von Lord Rutherford; 1934 wird ihm nach einer Reise in die SU die Rückkehr verwehrt; ab 1935 Direktor des Instituts für Physikalische Probleme in Moskau; 1939 Professor für Tieftemperaturphysik an der Moskauer Universität; 1947 Entdeckung der ‚Supraflüssigkeit' von Helium II; nach 1949 Leitung der Wasserstoffbombenherstellung.
Nobelpreis 1978

Kikoin, Isaak Kušelevič

(1908 – 1984) *Physiker*
Tätigkeit am Leningrader PTI und am Institut für Metallphysik in Swerdlowsk; Autor von grundlegenden Werken zur Festkörperphysik, Kernphysik und Technologie; ab 1943 Abteilungsleiter am Institut für Atomenergie.
Leninorden, zwei Staatspreise

Kočemasov, Vâčeslav

(*1918) *Politiker*
1955 – 58 Berater im Auswärtigen Dienst der UdSSR; Gesandter in Ostberlin; ab 1960 Abteilungsleiter im Außenministerium in Moskau; seit 1962 stellv. Ministerpräsident der Russischen Föderativen Sowjetrepublik; seit 1983 Botschafter der UdSSR in der DDR; Ablösung im Juni 1990.

Körber, Kurt A.

(1909 – 1992) *Unternehmer*
Ab 1935 in der Dresdner Maschinenfabrik Universelle tätig, 1939 – 45 als Technischer Direktor; 1946 Aufbau der Hanseatischen Universellen (Hauni-Werke Körber & Co. KG) in Hamburg; Gründer verschiedener Stiftungen zur Förderung von kulturellen Einrichtungen; 1981 Zusammenlegung zur Körber-Stiftung.

Krenz, Egon

(*1937) *FDJ- / SED-Funktionär*
1953 Eintritt in die FDJ, 1955 in die SED; 1961 – 64 und 1967 – 71 Sekretär des ZR der FDJ; 1971 – 73 Sekretär und Vorsitzender der Pionierorganisation „Ernst Thälmann"; 1973 – 89 Mitglied des ZK der SED; 1973 – 83 1. Sekretär des ZR der FDJ; 1983 – 89 Mitglied des PB; 1989 für wenige Wochen Nachfolger Honeckers als SED-Generalsekretär und Staatsratsvorsitzender; 1999 Verurteilung zu $6^1/_2$ Jahren Haft wegen Totschlags und Mitverantwortung für das Grenzregime der DDR.

Krûčkov, Vladimir Aleksandrovič

(*1924) *Politiker*
1951 – 54 Diplomatenhochschule am Außenministerium in Moskau; 1954 – 59 3. Sekretär an der Botschaft in Budapest; 1974 Aufstieg in die Spitze des KGB, Leiter der 1. KGB-Hauptverwaltung; ab 1986 Vollmitglied des ZK; ab 1988 Leiter des KGB; Beteiligung am Putsch 1991, Inhaftierung; 1993 Freilassung nach Amnestie.

Krolikowski, Werner

(*1928) *SED-Funktionär*
1946 Eintritt in die SED; 1953 – 58 2. bzw. 1. Sekretär der SED-KL Greifswald; bis 1960 Sekretär für Agitation und Propaganda der SED-BL Rostock; 1960 – 73 1. Sekretär der SED-

BL Dresden; 1963 – 89 Mitglied des ZK der SED, 1971 – 89 Mitglied des PB des ZK der SED; 1973 – 76 Sekretär für Wirtschaft des ZK der SED; 1976 – 1989 Mitglied der Wirtschaftskommission; 1989 Rücktritt und Ausschluss aus der SED.

Kruglov, Sergej Nikiforovič

(1907 – 1977) *Politiker*
Ab 1918 Mitglied der KP, enger Freund Stalins; 1939 Stellv. Mitglied des ZK der KPdSU; ab 1941 Stellv. Volkskommissar für innere Angelegenheiten; 1946 – 53 Innenminister, 1953 / 54 auch Minister für Staatssicherheit; 1956 Amtsenthebung; 1960 Ausschluss aus der Partei.

Kurčatov, Igor' Vasil'evič

(1903 – 1960) *Physiker*
Ab 1925 Mitarbeiter des PTI Leningrad; ab 1930 Lehrstuhl am polytechnischen Institut in Baku; ab 1938 Leiter des Laboratoriums für Nuklearphysik am PTI Leningrad, ab 1943 wissenschaftlicher Leiter des Atomforschungsprogramms der SU; ab 1948 Mitglied der KPdSU; 1950 Wahl in den Obersten Sowjet; 1956 Direktor des Atomenergie-Instituts der AdW der UdSSR.
Stalinpreis, mehrere Leninorden und andere sowjetische Ehrungen.

Lansing Dulles, Eleanor

(1895 – 1996) *Diplomatin*
Zwischen 1932 – 36 an der Universität von Pennsylvania tätig; ab 1942 Angestellte des State Department; 1945 – 49 Finanzattaché an der Wiener Botschaft; 1952 – 59 Special Assistant in der Abteilung für Deutschlandfragen; ab 1959 in der Forschungsabteilung des Außenministeriums in Washington angestellt; Förderung vieler sozialer Einrichtungen für Berlin - „Mutter von Berlin"; nach ihrer Pensionierung u. a. Professorin an der Duke University (1962 – 63) und der Georgetown University (1963 – 71); 1964 – 67 Mitarbeiterin am Center for Strategic Studies in Washington; 1970 – 73 Beraterin des State Department.

Lasch, Hans-Gotthard

(1925*) *Mediziner*
Lehrstuhl an den Instituten für Innere Medizin in Heidelberg und Gießen; ab den 1990er Jahren Beteiligung an der Neustrukturierung der Hochschulmedizin im Freistaat Thüringen; Präsident der Deutschen Gesellschaft für Innere Medizin und der Europäischen Gesellschaft für Intensivmedizin.

Lejpunskij, Aleksandr Il'ič

(1903 – 1972) *Physiker*
Ab 1928 am PTI in Charkow tätig, ab 1933 Direktor; 1935 – 37 Arbeitsaufenthalt bei Rutherford in Cambridge; 1941 – 44 Direktor des Instituts für Mathematik und Physik an der Ukrainischen AdW; 1944 Einrichtung der Abteilung für Kernphysik; ab 1950 leitende Tätigkeit bei der Entwicklung eines Schnellen Brutreaktors.

Lynen, Feodor

(1911 – 1979) *Biochemiker*
Ab 1947 Inhaber des ersten Lehrstuhls für Biochemie in Deutschland an der TH München; ab 1953 dort ordentlicher Professor; ab 1954 zugleich Leiter des MPI für Zellchemie in München; ab 1972 Präsident der Gesellschaft deutscher Chemiker.
Nobelpreis 1964 (zusammen mit Konrad Bloch)

Lysenko, Trofim Denisovič

(1898 – 1976) *Biologe*
1925 Diplom am Kiewer Institut für Landwirtschaft; unter Stalin der führende Biologe der
UdSSR; 1938 – 56 Präsident der Akademie der Landwirtschaften der UdSSR; 1940 – 65 Direktor des Institutes für Genetik; Initiator politischer Verfolgung von kritischen Biologen;
1962 Entlassung.

Malenkov, Georgij Maksimilianovič

(1902 – 1988) *Politiker*
1921 – 25 Studium der Elektrotechnik an der Moskauer Technischen Hochschule; ab 1930
Parteikarriere; ab 1938 persönlicher Sekretär Stalins; ab 1939 Sekretär des ZK der KPdSU;
Mitglied des Nationalen Verteidigungsrates (1941 – 45), Organisation der Flugzeugindustrie;
1946 einer der stellv. Ministerpräsidenten, ab 1947 Sekretär des ZK der KPdSU; nach Stalins
Tod Ministerpräsident und Parteichef; 1957 als Mitglied einer sog. „Anti-Partei-Gruppe"
sämtlicher Partei- und Regierungsämter enthoben; 1961 Ausschluss aus der KPdSU.

Malyšev, Il'â Il'ič

(1904 – 1973) *Politiker*
1930 Abschluss an der Ural-Bergbau-Universität in Swerdlowsk; 1932 Eintritt in die KPdSU;
ab 1935 wissenschaftlicher Mitarbeiter an der AdW in Moskau; ab 1946 Minister für Geo-
logie der UdSSR; ab 1952 wissenschaftlicher Mitarbeiter und Leiter des Titan-Sektors im Ge-
samtrussischen Wissenschaftlichen Forschungsinstitut und ab 1957 Vorsitzender der Staatlichen Kommission für die Nutzung der Vorräte an Bodenschätzen.
Leninorden und weitere hohe staatliche Auszeichnungen

Markert, Rolf (eigtl. Helmut Thiemann)

(1914 – 1995) *Offizier*
Handwerkslehre; Wanderschaft in der SU; Eintritt in den Komsomol; 1934 Rückkehr nach
Deutschland, politische Untergrundtätigkeit; 1935 Inhaftierung im Zuchthaus Luckau, anschließend Inhaftierung KZ Esterwegen, Aschendorfer Moor und Buchenwald; 1945 Leiter
der Personalabteilung im Polizeipräsidium Chemnitz, Annahme des Namens Rolf Markert
und des Geburtsdatums 3. 9. 1911; 1948 Leiter des Dezernats K 5 (politische Polizei) des
Landeskriminalamtes Sachsen; 1949 Abteilungsleiter in der HV zum Schutz der Volkswirtschaft; 1951 Leiter der Länderverwaltung des MfS Brandenburg; 1952 Leiter der Abteilung
IV des MfS Berlin; 1953 Leiter der BV Dresden, Mitglied der SED-BL Dresden; 1964 ge-
heimdienstlicher Berater in Sansibar; 1969 Generalmajor.
Karl-Marx-Orden 1981

Modrow, Hans

(*1928) *Politiker*
1942 – 45 Ausbildung zum Maschinenschlosser; 1949 Eintritt in die SED; 1952 – 61 Funktionär im ZR der FDJ; ab 1954 Mitglied der BL Berlin der SED; 1958 – 90 Mitglied der Volkskammer; ab September 1961 1. Sekretär der SED-KL Berlin-Köpenick; 1967 – 73 Abteilungsleiter für Agitation im ZK der SED; 1967 – 89 Mitglied des ZK der SED; 1973 – 89 1.
Sekretär der BL der SED in Dresden; 1989 Mitglied des PB der SED und stellv. Vorsitzender
der SED/PDS, Ministerpräsident der DDR; seit 1990 Ehrenvorsitzender der PDS; 1990 – 94
Abgeordneter des Deutschen Bundestags für die PDS; 1999 – 2004 im Ausschuss für Ent-
wicklungshilfe des Europaparlaments als Abgeordneter tätig.
Karl-Marx-Orden 1978

Molotov, Vâčeslav Mihailovič

(1890 – 1986) *Politiker*

1912 Redakteur der Parteiorgane „Pravda" und „Svesda", enger Kontakt mit dem im Ausland lebenden Lenin; 1915 Verbannung; 1916 Flucht; 1921 – 57 Mitglied des ZK der KPdSU, 1926 bis 1952 Mitglied des PB der KPdSU; 1939 – 49 Außenminister der UdSSR; 1956 Minister für Staatskontrolle; 1957 aller Ämter enthoben, Botschafter in Ulan Bator; 1960 / 61 Vertreter bei der Internationalen Atomenergiekommission in Wien.

Mühlenpfordt, Justus

(1911 – 2000) *Physiker*

1931 Mitarbeiter im Laboratorium der Siemens AG; nach Kriegsende gemeinsam mit Gustav Hertz in Suchumi (UdSSR) am sowjetischen Atombombenprojekt tätig; 1956 Rückkehr nach Deutschland; Aufbau des Institutes für physikalische Stofftrennung in Leipzig, ab 1969 Korrespondierendes Mitglied der AdW; seit 1970 Leiter des Forschungsbereiches Kernwissenschaften.

Nasser, Gamal Abd-el

(1918 – 1970) *Politiker*

1952 Beteiligung am Sturz König Faruq I., Oberkommandierender der Streitkräfte; 1953 Innenminister; 1954 setzte er den Staatspräsidenten Nagib ab und übernahm selbst das Amt; 1956 Wahl zum ägyptischen Staatspräsidenten.

Nehru, Dschawaharlal

(1889 – 1964) *Politiker*

Seit 1919 Weggefährte Mahatma Gandhis beim Unabhängigkeitskampf; ab 1929 neben Gandhi Führer der Unabhängigkeitsbewegung; Mitbegründer der indischen Kongresspartei; 1947 – 64 erster Ministerpräsident Indiens; außenpolitisch ab 1955 Wegbereiter der Bewegung der Blockfreien Staaten.

Ohnesorge, Wilhelm

(1872 – 1962) *Politiker*

Ab 1890 bei der Reichspost, zugleich Studium der Mathematik und Physik in Kiel und Berlin; ab 1900 Oberpostdirektion Berlin; Leiter des Postdienstes im Kaiserlichen Hauptquartier während des Ersten Weltkriegs; gründete 1920 die erste außerbayerische Ortsgruppe der NSDAP; ab 1929 Präsident des Reichspostzentralamtes; ab 1933 Staatssekretär im Reichspostministerium; 1937 – 45 Reichspostminister.

Pauling, Linus Carl

(1901 – 1994) *Chemiker*

1931 – 63 Professor am California Institute of Technology; 1937 – 58 Direktor der Gates and Crellin Laboratories; 1958 Übergabe eines Friedens-Appells an den damaligen UNO-Generalsekretär Dag Hammarskjöld; ab 1963 Professor für Physikalische und Biologische Wissenschaften in Santa Barbara / Kalifornien; ab 1967 Professur für Chemie an der Universität von Kalifornien in San Diego; 1969 – 1974 Professor an der Stanford University.

Nobelpreis 1954; Friedensnobelpreis 1962

Pervuhin, Mihail Georgievič

(1904 – 1978) *Politiker*

1919 Eintritt in die KP; ab 1937 Direktor der Hauptverwaltung für Elektrizitätswerke beim Volkskommissariat für Schwerindustrie; ab 1939 Volkskommissar für Kraftwerke und Elektroindustrie; 1946 – 50 Volkskommissar für chemische Industrie; ab 1957 Minister für mittleren Maschinenbau und Vorsitzender des Komitees für Wirtschaftsbeziehungen zum Ausland; 1958 – 62 sowjetischer Botschafter in Ost-Berlin; ab 1966 Abteilungsleiter in der Staatlichen Plankommission.

Planck, Max Karl Ernst Ludwig

(1858 – 1947) *Physiker*
1885 Professor für Theoretische Physik an der Universität Kiel, 1892 – 1926 an der Berliner Universität; ab 1930 Präsident der Kaiser-Wilhelm-Gesellschaft (seit 1947 Max-Planck-Gesellschaft); 25 Jahre Sekretär der Preußischen AdW, Vorsitzender der Deutschen Physikalischen Gesellschaft.
Nobelpreis 1918

Rambusch, Karl

(1918 – 1999) *Physiker*
1945 Eintritt in die KPD; 1953 Leiter des Nautisch-hydrografischen Instituts in Berlin; 1955 Professor; 1955 – 61 Leiter des Amtes für Kernforschung und Kerntechnik der DDR; 1963 – 66 und 1967 – 69 Werkdirektor des VEB Atomkraftwerk Rheinsberg; 1966 – 69 Generaldirektor des Kombinates Kernenergetik; 1969 – 83 Bereichsdirektor im VEB Kombinat Kraftwerksanlagenbau; seit 1975 Korrespondierendes Mitglied der AdW.

Rexer, Ernst

(1902 – 1983) *Physiker*
1926 – 29 Tätigkeit in den glastechnischen Laboratorien der Osram-Werke in Weißwasser und Berlin; 1932 Eintritt in die NSDAP, 1933 in die SA; 1942 zur PTR abgeordnet; ab 1944 Professor am Physikalischen Institut der Universität Leipzig; 1946 Deportation in die UdSSR; ab 1956 Professor und Direktor des Institutes für die Anwendung radioaktiver Isotope an der Universität Dresden und Gründungsdirektor des Institutes für angewandte Physik der Reinststoffe, ab 1969 Zentralinstitut für Festkörperphysik und Werkstoffforschung; gilt als Begründer der Reinststofforschung in Dresden.

Riehl, Nikolaus

(1901 – 1990) *Physiker*
Seit 1939 Direktor der Wissenschaftlichen Hauptstelle der Auer-Gesellschaft Berlin; 1945 – 55 Mitarbeit an der sowjetischen Atombombe; ab 1957 Professor an der TH München; 1961 – 69 Professor und Direktor des Labors für technische Physik an der TU München.
Stalinpreis 1949

Röntgen, Wilhelm Conrad

(1845 – 1923) *Physiker*
Ab 1875 Professor für Mathematik und Physik an der Landwirtschaftlichen Akademie zu Hohenheim; 1879 Professor für Physik an der Universität Göttingen; am 22. Dezember 1895 erstmals Durchleuchtung einer Hand mittels X-Strahlen (später ihm zu Ehren Röntgen-Strahlen genannt); 1900 – 1920 Professor in München.
Nobelpreis 1901

Rutherford, Lord Ernest, Baron of Nelson

(1871 – 1937) *Physiker*
1896 Forschungsaufenthalt am Cavendish-Laboratorium; ab 1898 Leitung eines Forschungsinstitutes an der McGill University in Montreal; 1907 Rückkehr nach England; 1911 Rutherfordsches Atommodell; 1919 Spaltung des Stickstoffkerns.
Nobelpreis 1908

Saburov, Maksim Saharovič

(1900 – 1977) *Funktionär*

1920 freiwillige Meldung zu den NKVD-Truppen, Eintritt in die KPdSU; ab 1937 Chefingenieur in der HV des Schwermaschinenbaus; ab 1938 Leiter des Maschinenbausektors, dann
stellv. Vorsitzender bei der Staatlichen Planungskommission (Gosplan); 1939 – 61 Mitglied
des ZK; Beteiligung an den Zwangsumsiedlungen verschiedener Völker; Berater Stalins;
1944 – 47 stellv. Militärgouverneur und Leiter der Demontagemaßnahmen in der SBZ; 1949
und ab 1953 Leiter der Staatlichen Planungskommission.

Schabowski, Günter

(*1929) *SED-Funktionär*

1952 Eintritt in die SED; 1953 – 67 Stellv. Chefredakteur der Gewerkschaftszeitung „Tri-
büne"; 1978 – 85 Chefredakteur des „Neuen Deutschlands", zugleich Mitglied der Agitations-
kommission beim PB der SED; ab 1984 Mitglied des PB; 1985 – 89 1. Sekretär der BL Berlin
der SED; 1981 – 89 Mitglied des ZK der SED, ab 1986 Sekretär; 1990 Ausschluss aus der
SED / PDS; 1997 Verurteilung zu drei Jahren Haft wegen der Todesschüsse an der Mauer.
Karl-Marx-Orden 1989

Scheler, Werner

(*1923) *Pharmakologe*

1941 Eintritt in die NSDAP, 1946 in die SED; ab 1962 Professor für Pharmakologie an der
Universität Greifswald, 1966 – 70 Rektor; 1971 – 79 Direktor des Forschungszentrums für
Molekularbiologie und Medizin der AdW; 1978 – 89 Mitglied des ZK der SED; 1979 – 90
Präsident der AdW.
Nationalpreis 1970

Schintlmeister, Joseph

(1908 – 1971) *Physiker*

1934 – 38 Mitarbeiter des Österreichischen Patentamtes; 1938 Assistent am II. Physikalischen
Institut der Universität Wien; ab 1946 Tätigkeit in der UdSSR; 1956 Professor für Experimentelle Kernphysik an der TH Dresden; ab 1958 Amt für Kernforschung und Kerntechnik
der DDR, Leiter des Bereichs Kernphysik im ZfK Rossendorf; 1971 Honorarprofessor an der
TH / TU Dresden.

Schnitzler, Karl-Eduard von

(1918 – 2001) *Journalist*

1938 – 40 Ausbildung zum Kaufmann; 1946 Intendant des NWDR; 1947 Entlassung und Übersiedlung in die SBZ; 1948 Eintritt in die SED; Chefkommentator des DDR-Fernsehens, ab
1960 Moderation der Sendung „Der schwarze Kanal"; nach 1989 Austritt aus der SED / PDS.
Nationalpreis 1956

Sefrin, Max

(*1913) *Politiker*

1945 – 49 Betriebsleiter und Stadtrat für Handel und Versorgung, bis 1950 Stellv. Direktor
des Kommunalen Wirtschaftsunternehmens Jüterbog; 1946 Eintritt in die CDU; 1954 – 1989
Mitglied des CDU-Hauptvorstandes; 1954 – 58 stellv. Generalsekretär, ab 1966 als stellv. Vorsitzender der CDU; ab 1971 Stellv. Vorsitzender des Ausschusses für Nationale Verteidigung;
1958 – 71 Minister für Gesundheitswesen.

Sobolev, Arkadij Aleksandrovič

(1903 – 1964) *Diplomat*
Ab 1930 in einem Forschungszentrum tätig; 1939 Eintritt in den diplomatischen Dienst, Generalsekretär im Volkskommissariat des Auswärtigen Amtes; 1942 Ministerrang; bis 1949 stellv. Generalsekretär der UNO, Leitung der Hauptabteilung für Politik und Sicherheit; 1951 – 53 Botschafter in Warschau; 1953 Leiter der Amerika-Abteilung des Außenministeriums in Moskau; ab 1954 Leitung der Ständigen Vertretung der UdSSR bei der UNO; zwischen 1957 – 60 Vorsitz im Weltsicherheitsrat.

Späth, Lothar

(*1937) *Politiker*
Bis 1977 im Vorstand bzw. Aufsichtsrat der Firma Baresel in Stuttgart; 1972 Vorsitzender der CDU-Fraktion im Landtag von Baden-Württemberg; 1978 Innenminister, später Ministerpräsident von Baden-Württemberg; 1991 – 2003 Geschäftsführer der Jenoptik GmbH in Jena; ab 2005 Vorsitzender der Geschäftsführung der Investmentbank Merrill Lynch für Deutschland und Österreich; seit 1996 Präsident der Industrie- und Handelskammer Ostthüringen.

Stalin, (Josef Vissarionovič Džugašvili)

(1879 – 1953) *Politiker*
1918 Befehlshaber in der Roten Armee (Kommandeur der Südfront); zwischen 1927 – 53 als Vorsitzender der KPdSU de facto Alleinherrscher.

Steenbeck, Max Christian Theodor

(1904 – 1981) *Physiker*
1934 Entwicklung eines Betatrons; ab 1945 Mitarbeit am Kernwaffenprojekt der UdSSR bei Ardenne; 1947 Entwicklung der ersten Gaszentrifuge zur Uranisotopentrennung; 1956 – 69 Professor an der Universität Jena; 1956 – 59 Direktor des Instituts für magnetische Werkstoffe in Jena; 1956 – 69 Direktor des Instituts für Plasmaphysik in Jena; 1965 – 78 Vorsitzender des Forschungsrates der DDR, anschließend Ehrenvorsitzender; 1957 – 62 als Direktor des VEB Entwicklung und Projektierung kerntechnischer Anlagen maßgeblich am Aufbau der Kernforschung und Kerntechnik in der DDR beteiligt.
Nationalpreis 1959, 1971

Stoph, Willy

(1914 – 1999) *SED-Funktionär*
1931 Eintritt in die KPD; 1948 – 50 Leiter der Abteilung Wirtschaftspolitik beim SED-Parteivorstand; 1950 – 52 Vorsitzender des Wirtschaftsausschusses der Volkskammer; 1952 – 55 Minister des Inneren; 1950 – 89 Mitglied des ZK der SED; 1953 – 89 Mitglied des PB der SED; 1954 – 62 Stellv. Vorsitzender des Ministerrats; 1956 – 60 Minister für Nationale Verteidigung; 1964 – 73 Vorsitzender des Ministerrates und stellv. Vorsitzender des Staatsrats; 1973 – 76 Vorsitzender des Staatsrates; 1989 Rücktritt bzw. Abberufung von allen Ämtern.
Karl-Marx-Orden 1969, 1974, 1984 und 1989

Stubbe, Hans

(1902 – 1989) *Genetiker*
1929 – 36 Abteilungsleiter am KWI für Züchtungsforschung in Müncheberg, Entlassung, danach wissenschaftlicher Mitarbeiter am KWI für Biologie in Berlin-Dahlem; ab 1943 Direktor des KWI für Kulturpflanzenforschung in Tuttenhof bei Wien; 1946 – 67 Professor für

landwirtschaftliche Genetik an der Universität Halle und Direktor des Instituts für Kulturpflanzenforschung; ab 1951 Direktor der Berliner AdW in Gatersleben; 1951–67 Mitbegründer und Präsident der Akademie der Landwirtschaftswissenschaften, seit 1968 Ehrenpräsident; 1963–86 Abgeordneter der Volkskammer (Kulturbund), Mitglied des Forschungsrates.
Nationalpreis 1949, 1960

Thiessen, Peter-Adolf

(1899–1990) Chemiker
1935–45 Direktor des Instituts für Physikalische Chemie und Elektrochemie der Kaiser-Wilhelm-Gesellschaft in Berlin-Dahlem; 1925–28 und 1933–45 Mitglied der NSDAP; seit 1939 Mitglied der Preußischen AdW; Abteilungsleiter im Reichsforschungsrat; 1945–56 Tätigkeit bei Ardenne in der UdSSR; 1956–1964 Direktor des Instituts für Physikalische Chemie der DAW; 1957–65 Vorsitzender des Forschungsrates; ab 1960 Mitglied des Staatsrates der DDR; zugleich Professor für Physikalische Chemie an der Humboldt-Universität.
Leninorden 1951; Nationalpreis 1958

Tito, Josip Broz

(1892–1980) Politiker
Partisanenführer in Jugoslawien während des Zweiten Weltkrieges; 1945–53 Ministerpräsident und ab 1953 bis zu seinem Tod Staatspräsident; 1948 Bruch mit Stalin und Verfechter eines eigenständigen Weges Jugoslawiens zum Sozialismus; Wortführer der Bewegung der Blockfreien Staaten.

Ulbricht, Walter Ernst Paul

(1893–1973) Politiker
1912 Eintritt in die SPD, 1919 in die KPD, 1928 Eintritt in die KPdSU; ab 1928 Mitglied des Reichstages; 1933 Emigration nach Paris, später Moskau; 1943 Mitbegründer des Nationalkomitees Freies Deutschland; betrieb den Zusammenschluss mit der SPD zur SED (1946); 1950–53 Generalsekretär, danach bis 1971 Amt des 1. Sekretärs des ZK der SED; ab 1960 Staatsratsvorsitzender.

Vannikov, Boris L'vovič

(1897–1962) Funktionär
Teilnahme am Bürgerkrieg; in den 1920er Jahren Direktor verschiedener Maschinenbaufabriken; ab 1939 Minister für Rüstungsindustrie; 1942–46 Volkskommissar für Munition.
Auszeichnung mit sechs Leninorden; Grab an der Kreml-Mauer

Voznesenskij, Nikolaj Alekseevič

(1903–1949) Funktionär
Ab 1931 Professor für Wirtschaftswissenschaft in Moskau; 1937 Vorsitzender des Staatlichen Planungsamtes in Moskau, Mitglied des Wirtschaftsrates; ab 1949 Mitglied des PB, Stellv. Ministerpräsident; Anfang März 1949 Enthebung aus sämtlichen Funktionen; Hinrichtung.

Wankel, Felix

(1902–1988) Maschinenbauingenieur
1932 erste Patente; 1932 kurzzeitig Mitglied der NSDAP; 1933 Inhaftierung; 1933 Patent für den Drehkolbenmotor; ab 1936 Tätigkeit im Forschungslabor des Reichsluftfahrtministerium in Lindau; 1954 Erfindung des Wankelmotors; 1970 Gründung der Felix-Wankel-Stiftung.

Warburg, Otto Heinrich

(1883 – 1970) *Biochemiker, Arzt und Zellphysiologe*
1921 – 23 a. o. Professor für Physiologie an der Universität Berlin; 1914 Gründungsmitglied
der Kaiser-Wilhelm-Gesellschaft; 1914 – 30 Leiter der Abteilung Physiologie am KWI für
Biologie; ab 1916 Titularprofessur; ab 1931 Direktor des KWI für Zellphysiologie in Berlin-
Dahlem.
Nobelpreis 1931

Weidauer, Walter

(1899 – 1986) *Kommunalpolitiker*
1922 Eintritt in die KPD; 1924 – 28 Stadtverordneter in Zwickau; 1932 / 33 Abgeordneter des
Reichstages; ab 1933 Inhaftierung im KZ Sonneburg; 1945 Stadtrat und 1. Bürgermeister von
Dresden; 1946 Eintritt in die SED; 1946 – 58 Oberbürgermeister von Dresden; Mitglied der
SED-BL; 1958 – 61 Vorsitzender des Rates des Bezirks Dresden.
Karl-Marx-Orden 1969

Weiz, Herbert

(*1927) *SED-Funktionär*
1942 Eintritt in die NSDAP, 1945 in die KPD; 1951 – 53 Abteilungs- bzw. Werkleiter des
VEB „Optima" Büromaschinenwerk Erfurt; bis 1955 Leiter der Hauptverwaltung Leicht-
maschinenbau im Ministerium für Maschinenbau; bis 1962 stellv. Werkleiter im VEB Carl
Zeiss Jena und bis 1967 Staatssekretär für Forschung und Technik; seit 1963 Mitglied des Forschungsrates und Abgeordneter der Volkskammer; ab 1967 stellv. Vorsitzender des Ministerrates und ab 1974 Minister für Wissenschaft und Technik; 1989 Rücktritt von allen Ämtern.
Karl-Marx-Orden 1989

Weizsäcker, Carl Friedrich von

(*1912) *Physiker, Philosoph*
1929 – 33 Studium der Physik, Astronomie und Mathematik in Leipzig, Berlin und Göttingen; ab 1937 Assistent am KWI für Chemie in Berlin; 1942 – 45 a. o. Professor für Theoretische Physik an der Universität Straßburg; 1945 – 46 Internierung in Farm Hall; ab 1946 Abteilungsleiter am MPI für Physik, Honorarprofessor in Göttingen; ab 1957 Direktor des Philosophischen Seminars der Universität Hamburg; 1970 – 80 Direktor des MPI zur Erforschung der Lebensbedingungen der technisch-wissenschaftlichen Welt in Starnberg;

Westphal, Otto

(1913 – 2004) *Immunbiologe*
Ab 1963 Direktor des MPI für Immunbiologie in Freiburg; 1969 – 72 Vorsitzender der Biolo-
gisch-Medizinischen Sektion der Max-Planck-Gesellschaft, 1970 – 71 und 1979 – 82 Vorsitzender des Wissenschaftlichen Rats der Max-Planck-Gesellschaft; 1969 – 72 und 1979 – 82
Senator; 1982 – 83 wissenschaftlicher Stiftungsvorstand des Deutschen Krebsforschungszentrums in Heidelberg.

Wiener, Norbert

(1894 – 1964) *Mathematiker*
Ab 1915 Privatdozent in Harvard, danach (1916 – 17) an der Universität von Maine; 1918 / 19
Mitarbeit an der Encyclopedia America sowie Journalist beim Boston Herald; seit 1919 In-
structor am Massachusetts Institute of Technology (MIT); ab 1932 Professor für Mathematik
am MIT; Begründer der Kybernetik.

Zavenâgin, Avraamij Pavlovič

(1901 – 1956) *Politiker*

1917 Eintritt in die Kommunistischen Partei Rußlands; ab 1930 Dekan der metallurgischen Fakultät der Bergbauakademie Moskau; ab 1933 Direktor des Magnitogorsker Metallurgiekombinats; 1937 – 38 stellv. Minister für Schwerindustrie; 1938 Konstruktionsleiter des Norilsker Bergbau- und Metallurgiekombinats und Leiter der Norilsker Konzentrationslager; 1941 – 50 Stellv. Innenminister; 1953 – 54 stellv. Minister für mittleren Maschinenbau; ab 1955 stellv. Ministerpräsident.

Auszeichnung mit dem Staatspreis und sechs Leninorden; Grab an der Kreml-Mauer

Personenregister